高港年鉴 2016

GAOGANG YEARBOOK

中共泰州市高港区委区人民政府　主办

泰州市高港区史志档案办公室　主编

方志出版社
Publishing House of Local Records

图书在版编目(CIP)数据

高港年鉴. 2016 / 泰州市高港区史志档案办公室编.
-- 北京 : 方志出版社, 2016.10
ISBN 978-7-5144-2145-3

Ⅰ. ①高… Ⅱ. ①泰… Ⅲ. ①区(城市)- 泰州 -
2016- 年鉴 Ⅳ. ①Z525.33

中国版本图书馆 CIP 数据核字(2016)第 252644 号

高港年鉴(2016)

编　　者: 泰州市高港区史志档案办公室
责任编辑: 陈　菁

出 版 人: 冀祥德
出 版 者: 方志出版社
地址　北京市朝阳区潘家园东里9号(国家方志馆4层)
邮编　100021
网址　http://www.fzph.org
发　　行: 方志出版社发行中心
电话(010)67110500
经　　销: 各地新华书店
印　　刷: 南京凯德印刷有限公司

开　　本: 889×1194　　1/16
印　　张: 25.5
字　　数: 607千字
版　　次: 2016年10月第1版　　2016年10月第1次印刷
印　　数: 0001~2000册

ISBN 978-7-5144-2145-3　　**定价:200.00元**

高港年鉴编纂委员会

高港年鉴编辑部

2015年8月19日，省委副书记、省长李学勇（前右二）考察核心港区集装箱码头

2015年12月9日，省人大常委会党组书记、常务副主任蒋定之（前左二）调研高港区人大工作和经济社会发展情况

2015年9月7日，省政协主席张连珍（女，中）考察扬子江药业集团

2015年10月28日，省委常委、省纪委书记弘强（女，左二）考察永安洲镇社区综合体制改革情况

2015年1月16日，江苏省、泰州市暨高港区文化科技卫生“三下乡”集中服务活动在白马镇举行，省委常委、宣传部部长王燕文（女，前中）出席启动仪式，并为“种文化”共建点授牌

2015年10月29日，副省长张雷（左四）率全省安全生产工作会议与会人员考察口岸街道基层安监机构规范化建设情况

2015年5月28日，副省长徐南平（右一）调研益海（泰州）粮油工业有限公司

2015年1月24日，市委书记蓝绍敏（前中）调研临港经济园

2015年7月9日，市委副书记、市长陆志鹏（左二）参观泰州大自然德森堡木业有限公司

2015年3月4日，泰州市人大常委会副主任、区委书记王建（前左三）调研白马镇项目建设和企业运转情况

2015年9月29日，区委副书记、代区长顾萍（女，中）调研高港高新区项目建设情况

2015年7月20~22日，中共泰州市高港区委工作会议召开

2015年12月31日，中共泰州市高港区委四届六次全体（扩大）会议召开

2016年1月11日，中国共产党泰州市高港区第四次代表大会第四次年会召开

2016年1月13~15日，泰州市高港区第四届人民代表大会第五次会议召开

2016年1月12~14日，中国人民政治协商会议泰州市高港区第四届委员会第五次会议召开

2015年9月25日，世界首台百万千瓦等级二次再热燃煤发电机组建成投产

2015年1月17日，总投资3300万美元的益海嘉里丸庄酱油项目落户高港区

2015年2月8日，高港区举办重大项目集中签约仪式，当天签约1亿元以上项目17个，总投资超27亿元

2015年4月8日，高港区召开工业经济和开放型经济工作会议，会上举行18个1亿元以上项目集中签约仪式

泰州港核心港区集装箱码头

扬子江龙凤堂现代化厂区

泰州口岸船舶有限公司

泰州汇锦电子有限公司

泰州统一企业有限公司、泰州统实企业有限公司

万向精工江苏有限公司

新港大道

龙湖美景住宅小区

高港城区一瞥

口岸雕花楼景区夜景

永安洲实验学校

永安洲镇天德园兴隆农庄

高港基督教堂

城隍庙

2015年8月6日，泰州市庆祝全国第七个全民健身日暨高港区全民健身成果展示活动在大江剧院广场举行

2015年11月19日，高港区举办“美德善行，大爱港城”美德善行人物暨“大江儿女·高港好人”颁奖典礼

2015年7月9日，高港区举办寻找“最美家庭”工作观摩会

2015年11月4日，高港区举行“千名硕博看泰州——走进高港”主题活动

2015年2月28日，江苏省演艺集团锡剧团新版锡剧《珍珠塔》在苏演院线大江剧院上演

2015年2月12日，区领导慰问环卫工人

2015年12月4日，高港区举办"12·4"国家宪法日宣传启动仪式暨校园法治大讲堂观摩活动

2015年8月13日，高港区为在企业工作的229名应届毕业生和高层次人才发放1000万元购房券

2015年2月26日，高港区举办“春风行动——2015年度城乡劳动力交流洽谈会”

2015年5月27日，“周末高港·党员关爱服务行动”——“点亮微心愿，助力微梦想”主题活动在许庄中心小学启动

2015年12月3日，泰州市“邻里守望，姐妹相助”巾帼主题志愿服务活动启动仪式在刁铺街道举行

2015年5月23日，高港区巾帼志愿者、胡庄镇女大学生村官与汪群社区15名留守儿童一起提前过儿童节

2015年2月16日，中共泰州市高港区第四届纪律检查委员会第五次全体会议召开

2015年2月16日，全区组织宣传政法工作会议召开

2015年11月14日，区委中心组“三严三实”专题学习研讨暨省委巡视组巡视反馈意见整改落实情况督查动员会召开

2015年4月7日，高港区召开党的群众路线教育实践活动后续整改工作会议

2015年7月6日，高港区召开年轻干部"转作风、强实践、促发展"专题座谈会

2015年4月11日，高港区举办领导干部能力建设讲坛

2015年6月30日，高港区举行纪念建党94周年暨抗战胜利70周年知识竞赛

编 辑 说 明

一、《高港年鉴》是由中共泰州市高港区委、高港区人民政府主办，高港年鉴编纂委员会承办，全区各园区、镇街、部门共同参与编纂的地方综合性年鉴。2010年创刊，每年出版一卷，本卷为第7卷。旨在全面、系统、准确地记载高港区政治、经济和社会各项事业发展情况，为各级领导决策提供科学依据，为社会各界和海外人士了解、研究高港提供翔实信息，并为编修地方史志积累资料。

二、《高港年鉴》2016卷（以下简称本年鉴）主要记载2015年全区政治、经济、社会发展情况。

三、本年鉴采用分类法编辑，设类目、分目、条目3个层次。分目下视情设二级、三级分目。条目为记述的基本单位，其标题采用黑体加“【 】”表示。大事记前有“△”者，表示与前所记日期相同。

四、本年鉴共设14个类目：特载、媒体聚焦、专记、高港概貌、高港名片、政治、法治·人民武装、经济、综合管理与监督、城乡建设、社会事业、街道·镇、人物·荣誉、附录。

五、本年鉴资料由全区各园区、镇街、部门供稿，并由单位领导审核。撰稿人员署名于条目之后。文中数据及有关内容由区统计局和区委机要保密局审核把关。部分数据因统计口径不同存在差异，应以统计部门提供的统计数据为准。

六、外币注明币种，人民币不作标注。

七、本年鉴检索系统：卷首设中、英文目录，卷中设类目标题书眉，卷末设按汉语拼音字母顺序排列的主题分析索引。

八、本年鉴的编辑出版是在中共泰州市高港区委、高港区人民政府的领导下，依靠各单位和社会各界的通力合作而完成的，在此谨致谢意。由于编者水平有限，书中难免有疏漏之处，敬请批评指正。

泰州市高港区部分组织机构全称、简称对照表

全　　称	简　　称	全　　称	简　　称
中国共产党泰州市高港区委员会	区委	中共泰州市高港区委区级机关工作委员会	区委区级机关工委
泰州市高港区人民代表大会常务委员会	区人大常委会	中共泰州市高港区委机要保密局	区委机要保密局
泰州市高港区人民政府	区政府	中共泰州市高港区委老干部局	区委老干部局
中国人民政治协商会议泰州市高港区委员会	区政协	泰州市高港区信访局	区信访局
中国共产党泰州市高港区纪律检查委员会	区纪委	泰州市高港区人民代表大会常务委员会办公室	区人大办
泰州市高港区监察局	区监察局	中国人民政治协商会议泰州市高港区委员会办公室	区政协办
中共泰州市高港区委办公室	区委办公室	泰州市高港区人民政府办公室	区政府办公室
中共泰州市高港区委研究室	区委研究室	泰州市高港区人民政府研究室	区政府研究室
泰州市高港区接待办公室	区接待办公室	泰州市高港区人民政府法制办公室	区法制办
泰州市高港区督查与考核工作办公室	区督查考核办公室	泰州市高港区人民政府外事侨务办公室	区外事侨务办
中共泰州市高港区委组织部	区委组织部	泰州市高港区应急管理办公室	区应急办
中共泰州市高港区委宣传部	区委宣传部	泰州市高港区金融工作办公室	区金融办
泰州市高港区精神文明建设指导委员会办公室	区文明办	泰州市高港区发展和改革委员会	区发展改革委
中共泰州市高港区委对外宣传办公室	区委外宣办	泰州市高港区物价局	区物价局
泰州市高港区人民政府新闻办公室	区新闻办	泰州市高港区服务业发展办公室	区服务业发展办
中共泰州市高港区委统一战线工作部	区委统战部	泰州市高港区经济和信息化委员会	区经济和信息化委
中共泰州市高港区委台湾工作办公室、泰州市高港区人民政府台湾事务办公室	区台办	泰州市高港区中小企业局	区中小企业局
泰州市高港区民族宗教事务局	区民宗局	泰州市高港区教育局	区教育局
中共泰州市高港区委政法委员会	区委政法委	泰州市高港区人民政府教育督导室	区政府教育督导室
泰州市高港区社会治安综合治理委员会（办公室）	区综治委（综治办）	泰州市高港区科学技术和知识产权局	区科技和知识产权局
泰州市高港区机构编制委员会办公室	区编委办	泰州市高港区地震局	区地震局

全　称	简　称	全　称	简　称
泰州市高港区气象局	区气象局	中国人民解放军江苏省泰州市高港区人民武装部	区人武部
泰州市高港区民政局	区民政局	泰州市高港区总工会	区总工会
泰州市高港区司法局	区司法局	中国共产主义青年团泰州市高港区委员会	团区委
泰州市高港区财政局	区财政局	泰州市高港区妇女联合会	区妇联
泰州市高港区人力资源和社会保障局	区人力资源社会保障局	泰州市高港区残疾人联合会	区残联
泰州市高港区公务员局	区公务员局	泰州市高港区科学技术协会	区科协
泰州市高港区住房和城乡建设局	区住房城乡建设局	泰州市高港区工商业联合会	区工商联
泰州市高港区建筑工程管理局	区建工局	泰州市高港区文学艺术界联合会	区文联
泰州市高港区规划服务办公室	区规划办	泰州市高港区归国华侨联合会	区侨联
泰州市高港区水利局	区水利局	泰州市高港区红十字会	区红十字会
泰州市高港区农业委员会	区农委	泰州市高港区关心下一代工作委员会	区关工委
泰州市高港区商务局	区商务局	泰州市高港区哲学社会科学界联合会	区社科联
泰州市高港区粮食局	区粮食局	泰州市高港区史志档案办公室	区史志办
泰州市高港区文体旅游局	区文体旅游局	泰州市高港区机关事务管理局	区机关事务局
泰州市高港区卫生和计划生育委员会	区卫生计生委	泰州市高港区供销合作总社	区供销社
泰州市高港区审计局	区审计局	泰州市高港区政务服务管理办公室	区政务办
泰州市高港区环境保护局	区环保局	泰州市高港区政务服务中心	区政务服务中心
泰州市高港区统计局	区统计局	泰州市高港区城市管理委员会办公室	区城管办
泰州市高港区市场监督管理局	区市场监管局	江苏泰州高港高新技术产业园区	高港高新区
泰州市高港区安全生产监督管理局	区安监局	泰州市泰州港核心港区	核心港区
泰州市高港区人民检察院	区人民检察院	泰州市高港区临港经济园	临港经济园
泰州市高港区人民法院	区人民法院		

目 录

特 载

媒体聚焦

专 记

高港概貌

高港名片

政　治

法治 · 人民武装

经　济

综合管理与监督

城乡建设

社会事业

街道·镇

人物·荣誉

附 录

彩页目录

Contents

Specials

Media focus

Column

Briefs of Gaogang District

Gaogang cards

Politics

Law operation & Work of the people’s armed forces

Economics

Comprehensive administration and supervision

Urban and rural development

Social undertakings

Profiles of the administrative sub-districts and towns

People & List of Honors

Appendices

Index

特　载

加快转型升级　建设港口名城
奋力实现“十三五”良好开局

——在区第四次党代会第四次年会上的报告

中共高港区委书记　王　建

2016年1月11日

市人大常委会副主任、区委书记王建在区第四次党代会第四次年会上作报告

各位代表，同志们：

这次年会的主要任务是，深入学习贯彻习近平总书记系列重要讲话精神，全面落实中央和省经济工作会议、市委四届十次全会部署，回顾总结2015年工作，研究部署2016年任务，动员全区上下凝心聚力、攻坚克难，深入推进转型升级，加快建设“港口名城”，奋力实现“十三五”良好开局。下面，根据区委常委会研究精神，我讲五点意见。

一、在务实奋进中取得令人瞩目的新业绩

上周召开的市委四届十次全会，是建区以来首次在高港召开的市委全会。我们认真筹备，精心组织，既充分展现了一年来我区项目建设的新成效，又生动展示了高港人昂扬向上、奋勇争先的精气神，有力维护了“高港尊严”。蓝绍敏书记在会上特别表扬高港“目标定位高，完成任务好；园区活力强，项目支撑好；组织程度高，环境营造好”，这是对我们工作的充分肯定和高度评价。对此，我们倍受鼓舞、倍感振奋。

回顾2015年，既是拼搏奋斗的一年，也是收获成功的一年。在市委、市政府的坚强领导下，全区上下紧紧围绕“为泰州加快发展作出更大贡献”，聚焦聚力“三大主题工作”，统筹推进“六大建设”，经济社会发展取得丰硕成果，实现了“十二五”圆满收官。

过去的一年，我们坚持稳中奋进、进中致好，综合实力明显提升。致力稳增长、促改革、调结构、惠民生、防风险，主要经济指标继续保持高位增长。预计实现地区生产总值366亿元，可比增长11.10%；一般公共预算收入35.09亿元，增长22.36%，超过全市平均增幅8.50个百分点，列全市第一。工业经济保持强劲势头，规模以上工业产值、销售、利税、利润分别达1739亿元、1700亿元、232亿元和145亿元，分别增长20.10%、18.20%、18.40%和18.30%。创新驱动力持续增强，战略性新兴产业、高新技术产业产值占规上工业比重分别达28.50%和50.90%，研发投入占GDP比重达3.76%。金融支撑力进一步提升，银行存贷比达65.80%，比上年提高8.20个百分点，海天科技、榕兴医疗、友润电子获批在新三板上市。现代服务业加快发展，完成服务业增加值135.62亿元，增长10%。农业现代化步伐加快，新型农业经营主体适度规模面积比重达71.60%，农机、植保、农资专业合作社实现村居全覆盖。

过去的一年，我们突出重点重抓、持续发力，项目建设取得突破。坚持“说到、做到、做好”，大抓项目、抓大项目，真抓项目、抓真项目。全年新开工亿元以上项目60个，占全市的18%，其中，30亿元以上项目2个，占全市的50%，均列全市第一。完成产业投资260亿元，增长35.40%，其中，工业投资180亿元，增长42.70%。新批外资和港澳台资及增资项目15个，实际到账外资和港澳台资2.15亿美元，增长16.95%。园区承载力进一步增强，投入12.50亿元高标准建成连接三个园区的新港大道，集中供热管网西线工程实现供热，新建标准厂房14.70万平方米，集装箱年吞吐量达21万标准箱。

过去的一年，我们致力城乡一体、彰显特色，港城面貌显著改善。推进城建新提升两年行动计划，全年实施重点城建项目60个。道路交通体系不断完善，古田线改造、王营河路北延、泗白路南延、海军大道东延等竣工通车。城市功能品质不断提升，雕花楼景观区纳入国家AAAA级旅游景区创建计划，海军文化公园、春江花月夜主题公园加快建设，凤栖湖环湖道路全面建成、生态治理加快实施，全民健身中心一期、基督教堂建成开放。常态化开展文明城市创建，顺利通过省级复查测评。群众生活环境不断改善，“1+5”集中居住有序推进，16条后街背巷整治和9个老小区改造全面完成，通过国家级生态区验收。

过去的一年，我们注重以人为本、造福百姓，民生事业不断进步。坚持民生优先，财政用于民生支出24.70亿元，占一般公共预算支出的75.80%。社区综合体制改革由试点向面上推开，基层基础不断夯实，群众获得感进一步提升。城乡居民收入分别达34307元、17118元，增长8.90%和9.50%。社会保障体系更加健全，率先在全市实现居民医疗保险城乡一体，成为苏中唯一的国家“救急难”试点。教育现代化建设步伐加快，中考成绩再创佳绩，投入2.30亿元、建筑面积7.60万平方米的永安洲实验学校即将交付。市、区人民医院开展合作共建，乡镇卫生院和村居卫生室一体化管理加快推进。群众文化活动广泛开展，大江系列演出广受好评。安全生产形势保持稳定，食品药品安全监管体系更加健全，平安法治建设全省领先。

过去的一年，我们落实党要管党、从严治党，党的建设全面加强。区委常委会以身作则，带头学习研讨，带头整改提高，带动“三严三实”专题教育高质量开展。积极培育和践行社会主义核心价值观，深入开展“美德善行”系列活动，宣传思想工作取得显著成效。突出“公道、正派、能干、肯干”的用人导向，干部队伍结构优化、活力增强；选派20名机关干部到村担任“第一书记”，基层组织建设和服务水平进一步提升。全面落实党风廉政建设“两个责任”，坚决把纪律和规矩挺在前，创新开展“纪委基层行”活动，始终保持惩治腐败的高压态势。认真抓好省委巡视组反馈意见的整改落实，反“四风”、转作风向纵深推进。充分发挥区委领导核心作用，统筹协调区人大、政府、政协工作，营造了团结一心、和衷共济的良好政治生态。

取得这些成绩难能可贵，特别是在宏观经济形势严峻复杂、改革发展任务艰巨繁重的情况下，全区上下万众一心、团结拼搏，为高港又好又快发展贡献了智慧、心血和汗水，“高港尊严”在不断锤炼中得到进一步升华。在此，我代表区委向广大干部群众和社会各界人士，表示衷心的感谢和崇高的敬意！

在充分肯定成绩的同时，我们也清醒地看到工作中存在的问题，主要是：经济新常态下，企业创新能力还不够强，部分企业生产经营困难，转型升级显得尤为迫切；城乡居民持续增收难度加大，改善民生需要付出更多努力；少数干部纪律规矩意识、责任担当意识还不够强，推进党风廉政建设和反腐败斗争还需要下更大力气，等等。对于这些问题，我们要高度重视，切实加以解决。

二、在把握趋势中丰富转型升级的新内涵

站在“十三五”的新起点，向着更高目标迈进，必须对面临的形势有清醒的把握，对新常态认识深一层、适应快一步、引领高一招。从国际宏观形势看，世界经济仍将延续疲弱复苏态势，国际关系复杂程度前所未有，大国关系进入深度博弈阶段。全球产业面临大调整大重组，经济全球化、区域一体化趋势不可逆转。从国内发展趋势看，经济运行总体平稳，长期向好的基本面没有变，韧性好，潜力足，回旋余地大。面对新常态，中央提出了一系列重大战略举措，特别是围绕供给侧结构性改革，明确了宏观政策要稳、产业政策要准、微观政策要活、改革政策要实、社会政策要托底“五大政策支柱”，提出了去产能、去库存、去杠杆、降成本、补短板“五大重点任务”，对于我们实现速度、质量和效益的整体突破，提供了新机遇和新动能。从高港自身态势看，近年来，我们致力打基础、利长远，埋头苦干、自强争先，一批具有高港特色的主导产业加速集聚，一批对全区发展具有支撑作用的骨干企业快速成长，一批具有较强牵引力的重大项目加速推进并逐步进入收获期。特别是市委、市政府作出了建设“港口名城”的战略部署，高港的发展迎来重大历史性机遇。只要我们始终以“高港尊严”为引领，按照选准的路子坚定不移，朝着认准的目标坚持不懈，抓住看准的事情持之以恒，就一定能够在争先中实现领先、在跨越中实现率先。

今年全区经济社会发展的总体要求是：深入贯彻党的十八大和十八届三中、四中、五中全会，中央和省经济工作会议以及市委四届十次全会精神，按照“五位一体”总体布局和“四个全面”战略布局，全面落实创新、协调、绿色、开放、共享的发展理念，适应经济发展新常态，着力打好供给侧结构性改革组合拳，牢牢把握建设长江经济带“港口名城”和创成国家级经济开发区“两大任务”，深入开展“三大主题工作”，全面推动企业转型、政府转型、社会转型和技术升级、产品升级、产业升级，统筹推进经济、党建、社会、生态、文化、法治“六大建设”，努力实现“十三五”经济社会发展良好开局。

今年全区经济社会发展的主要目标是：地区生产总值增长11%以上；一般公共预算收入增长12%以上；固定资产投资增长18%以上；社会消费品零售总额增长11.50%；城镇登记失业率控制在2%以内；城乡居民收入与经济保持同步增长。

中央经济工作会议强调，要着力推进供给侧结构性改革，这是今年及今后一段时期经济改革发展的主线。供给侧结构性改革，可以理解为“供给侧+结构性+改革”，从提高供给质量出发，用改革的办法推进结构调整，加快转变经济发展方式，促进经济社会持续健康发展。推进供给侧结构性改革，必须结合高港实际，抓住关键点，打好歼灭战，切实落实好中央提出的去产能、去库存、去杠杆、降成本、补短板这五大任务。

去产能，就是要综合运用市场机制、经济手段、法治办法，化解产能过剩，实现市场“出清”。对高港而言，在存量上，要去高能耗高污染的产能、去低效落后的产能、去产业价值链末端的产能；在增量上，要严格项目准入，把好节能降耗门槛、把好生态准入门槛、把好产出效益门槛，以优质增量引领、提升和改造存量。

去库存，就是要提高户籍人口城镇化率，扩大有效需求，打通供需通道，消化房地产库存，促进房地产市场健康发展。这几年，我们以团购商品房的方式实施动迁安置，就是去库存的有效手段。今后，城区范围不再新建安置房，采取“市场筹集房源、开发企业让利、政府统一团购”的方式实施动迁安置。高港是在乡镇基础上组建的新区，城乡差别不大，推进城乡一体化最具条件，但目前的一体化层次还不高。要按照“适度超前”原则，实施制度改革创新，加快农民市民化进程，提高城市化水平。

去杠杆，就是降低负债率，主动释放信用违约风险，坚决守住不发生系统性和区域性风险的底线。广大企业家要拓宽融资思路，在资金有压力时，不仅依靠银行融资，也要接受外来资本整合，通过股权质押或接受资本重构，增强企业资本实力。积极推动有条件的企业上市，提高直接融资比重，降低杠杆率。要帮助企业办全“两证”，提高企业资产抵押、质押能力。加强政府性债务管理，通过发行债券、PPP等方式，降低利率水平。建立区财税金融联席会议制度，定期研究财税金融形势，评估资金运行质态，强化统筹，提高效益。

降成本，就是要大力推进降低实体经济企业成本行动，减轻企业负担，优化企业发展环境，使优质企业增强竞争力。要继续开展“金融超市”活动，联合企业与银行议价，以对公存款撬动银行授信规模，降低企业融资成本。发挥“中小企业应急周转资金”效应，缓解企业流动资金压力。进一步清理规范各类行政事业性收费和政府性基金项目，切实为企业松绑。鼓励和引导企业通过强化管理、技术创新、节能降耗等各种手段降低成本、增加效益、提高市场竞争能力。

补短板，就是要在薄弱环节上再发力、在难点问题上再突破。对高港而言，重点要补齐产业发展短板，大力发展代表市场未来方向的战略性新兴产业，调优产业结构，调高产业层次，调强产业特色；补齐民生保障短板，打好脱贫攻坚战，提高弱势群体救助水平，增加薄弱村集体经营性收入；补齐城市功能短板，加快教育、卫生、文化、公共交通等社会事业发展，完善城市商务功能，提高城市综合承载力。

近年来，我们先后实施了“品牌化、标准化、资本化、上市化、信息化、高端化”企业“六化”转型工程，系统推进企业转型、政府转型、社会转型和技术升级、产品升级、产业升级，明确了“产业相对集聚、企业绝对集中、土地必须集约”与“提升园区承载力、产业集聚力、行业吸附力、企业竞争力”的思路举措。这些都是高港转型升级的具体路径，都是致力于体制机制的调优、行政服务流程的再造、要素资源的优化配置、基层治理的改革创新，与中央提出的供给侧结构性改革在内涵和方向上完全一致。面向未来，我们要按照中央和省、市委的部署要求，不断丰富“三转三升”内涵，牢牢把准高港转型升级方向。

企业转型要重点以竞争力体系建设为内涵，推进资本化、国际化。

企业竞争力体系主要体现在创新能力、集聚资源要素能力和制度的先进性。在产能过剩、竞争加剧的大背景下,企业必须加快技术创新、管理创新、制度创新,才能立于不败之地。要提高资本运作水平。高港的企业大多是改制企业、中小企业,要做强做大,必须改变家族化的管理方式和家长制的管理思维,迈出股份制改造的关键一步。当前,要抓住资本市场改革的机遇,加强对拟上市企业的跟踪服务,确保全年新增挂牌上市企业3家以上。随着化解过剩产能的力度加大,企业兼并重组的机会大大增加,有条件的企业要争当“整合者”,集聚优质资源,提高市场竞争力;要主动与行业龙头联姻,实现高位嫁接、攀大附强。要提高科学管理水平。当前,市场需求疲软、劳动力成本上升、工业品价格下降,提升管理水平对于提高企业效益尤为重要。广大企业要牢固树立科学管理理念,高度重视现金流管理,全面加强对财务、生产、销售各个环节的精细核算、精准控制,降低生产经营成本。要提高企业国际化水平。广大企业要树立国际视野,接轨国际商务规则,统筹利用国际国内“两个市场、两种资源”,在“买全球、卖全球”中积极融入全球产业链的分工协作。支持企业全球化配置资源、全方位开拓国际市场,到技术人才密集的地方设立研发机构,到成本较低的地方建立生产基地,到资源丰富的地方开展合作开发。

政府转型要重点以公共服务体系建设为内涵,推进规范化、高效化。提升公共服务水平是建设服务型政府的直接体现,要以公共服务体系建设为重点,加快政府职能转变。简政放权要精准发力。现阶段,简政放权仍然是推动经济发展的关键一招。要加大简政放权力度,放出市场主体的活力、放出鼓励发展的宽松环境、放出资源要素的优化配置。要以建设全市最优的政务服务区为目标,加快组建区行政审批局,着力打造环节最少、效率最高、时间最短的行政审批流程。优化服务要倾心倾力。群众有所求、企业有所盼,政府必须有所应。围绕服务群众,要提供更多的公共产品和更优的公共服务,尤其对弱势群体,要做出制度化的保障安排,确保共享发展成果。围绕服务企业,要深入开展降低实体经济运行成本行动,全面落实中央、省、市一系列降本举措,切实减轻企业负担。围绕服务项目,要整合财政存量资金和现有土地资源,加快建设一批现代化标准厂房,确保年内新建20万平方米,推动土地资源高效利用、一批项目快速落地。依法行政要规范有力。深入推进依法治区,打造法治政府,提升公信力。严格落实“三重一大”事项决策程序,提高科学民主依法决策水平。加强市场公平准入,平等保护各类市场主体的合法权益,维护市场公平竞争秩序,营造良好的营商环境。

社会转型要重点以道德信用体系建设为内涵,推进生态化、现代化。加快治理体系和治理能力现代化步伐,建设现代法治文明社会。要以更实举措深化社区综合体制改革。在“1+4”政策文件的基础上,加快制定出台配套文件,确保各项改革举措落实落地。要因地制宜、讲求实效,在提升硬件水平的同时,更加注重服务内容、标准和质量的提升,更好地顺应群众需求。各地各部门要加大推进力度,确保5月份全面完成改革任务,创树高港改革品牌。要以更大力度培育现代文明。现代化的核心是人的现代化,人的现代化关键在于现代文明素养。要常态化开展文明城市创建活动,引导群众树立现代化的生活理念、价值观念和道德标准,实现社会文明程度的整体提升。要加快建设社会信用体系,大力推进政务诚信、商务诚信、社会诚信和司法公信建设,以社会信用环境的提升推动经济社会发展的转型。要以更强决心推动绿色发展。强化全社会“生态自觉”,推动生产、生活、消费等各个环节全面向绿色低碳转型,共建共享生态宜居家园。引导企业强化社会责任感,严格遵守环保法规,加快实施绿色化改造。健全“绿色GDP”考核评价体系,推动生态环保要求落到实处、见到实效。

技术升级要以智能制造为核心,推进标准化、信息化。放眼世界,主要国家都在进行新一轮科技革命,德国推动工业4.0计划,美国实施大数据专项计划,欧盟推出地平线2020计划,我国也出台了《中国制造2025行动纲要》。我们必须牢牢把握新赛场、新规则变换的机遇,推进“机器换人”,大力发展智能装备和智能产品,全面提升企业研发、生产、管理和服务的智能化水平,加快由“高港制造”向“高港智造”转变。要以标准制定赢得话语权。经济全球化的大趋势下,标准已经成为进入国内外市场的一道门槛和掌控市场的一种手段。要鼓励并支持企业主导和参与行业标准、国家标准和国际标准的制定修订,推进产业联盟标准化,掌握产业标准话语权。加快省测绘计量中心建设,省特防中心年内创成国家级。要以科技创新提升核心竞争力。企业与市场贴得最近,对市场需求、技术发展最为敏感。要把增强企业创新能力作为重中之重,实施企业制造装备升级计划,运用先进适用技术和现代信息技术,加快企业技术升级、设备更新和绿色低碳改造,增强企业竞争力。引导中小企业深度开展产学研合作,加快建立产业技术创新战略联盟,实现企业、高校、科研院所的优势叠加,产业链、资金链、技术创新链的深度融合。要以“两化融合”抢占产业制高点。不少企业的成功,一个很重要的原因就是在嫁接信息技术中形成了先发优势。要引导企业对接“互联网+”,推动生产方式和商业模式创新。鼓励企业综合应用云计算、大数据、工业互联网、虚拟制造等新一代信息技术,构建智能化、网络化生产系统。

产品升级要以品牌创造为抓手,推进高端化、集成化。产品升级既是向产业链、价值链高端攀升的过程,也是更好地满足消费者需求、创造有效供给的过程。要把品牌创造作为立身之本。品牌是产品的第一标识,是品质内涵的核心体现。广大企业要确立“品牌立企”战略,建立商标注册、品牌策划及发展机制,以品牌树品质、拓市场、增效益。高港有不少企业从事代工生产,在合作中要做到“不失自我”,重视企业自有品牌建设,借助代工品牌放大自身品牌效应。要建立全区企业品牌培育库,健全目标管理体系和工作推进机制,提高品牌创建组织化程度。要把高端发展作为永恒追求。所谓“高”,就是由价值链中低端向价值链高端攀升。要引导企业不断研发高新技术产品,做好产品的升级换代工作,引领未来市场空间,创造未来市场需求。所谓“端”,就是由零件配套向部件配套、终端配套转型。我们常讲,产业链的上游是成本,下游是市场。终端厂商拥有较强的议价能力,必然挤压供应链获得相对稳定的收益。要引导企业开发生产终端产品,获取更高的附加值。要把产品集成作为制胜法宝。提高本土企业产销配套程度,开展区内企业协作对接,引导和支持企业互为市场、互为配套,最大限度降低生产和物流成本。鼓励企业开展产品集中合成,加快由单一功能型产品向智能复合型产品升级,提升盈利空间。

产业升级要以战略性新兴产业为方向,纵向提升产业集聚度、横向调优结构多元化。战略性新兴产业代表着经济和科技发展的制高点,要突出先导性和支柱性,集中资源、集成政策,推动具有比较优势的新兴产业加速发展,早日形成集聚效应和规模优势。要以产业集聚提升竞争优势。深入研究产业链条上的细分领域,强化全产业链招商,按照产业链缺什么补什么的原则,推动上下游关联企业抱团落户、集聚发展。重点围绕培育龙头企业,集聚一批关联度高、专业化优势明显的中小企业,加强分工协作,提高配套程度。要以结构多元抵御周期风险。产业兴盛衰退的周期更替是市场经济的自然规律,结构的单一化容易造成一荣俱荣、一损俱损。横向多元和纵向集聚并不矛盾,产业虽然是多元的,但每一个产业都要按照集聚的要求发展。我们强调的结构多元化,是优质产业的多元化,是新兴产业不断壮大、优势不断增强的多元化。要找准与国家鼓励发展的十大重点领域的结合点和切入点,大力发展符合经济发展趋势、未来市场需求广阔的战略性新兴产业,为高港经济发展注入新动能、培育新特色。

三、在融合发展中找准“港口名城”的新坐标

建设江海联动、工贸发达的长江经济带“港口名城”,是泰州“十三五”发展的战略选择。高港作为泰州对外开放的桥头堡、“港口名城”建设的主阵地,必须坚持“国际化、现代化、特色化”发展方向,实现港产城一体化融合发展。

“港”是产业和城市发展的基石,必须加快完善港口功能和管理升级,提升港口核心竞争力。港口是高港发展最大的资源、最大的优势、最大的特色,我们要提高规划层次、调高发展定位、优化发展举措,以港口能级的大提升推动发展大跨越。2016年要重点抓好四个方面:抓规划编制。做好港口发展规划修编工作,启动核心港区长江岸线综合整治工程可行性研究及相关专题工作,并进行后续规划设计。做好综合保税区B区、泰州港口物流园规划设计等工作,同时做好港产城规划的对接和衔接。抓集装箱码头建设。全面启动梅兰码头通用码头改造,建设2个5万吨级集装箱泊位,集装箱年吞吐能力达到80万标准箱;实施集装箱码头三期前期工作,利用原太平洋码头岸线新建1个5万吨级集装箱泊位;推进原太平洋钢管码头改造工程,建成汇福粮油转运码头;优化杨湾、高港和永安港区货场布局,推进煤炭、铁矿石等散杂货向杨湾港区转移。抓公铁水集疏运体系建设。建成疏港北路、文锦路北延等一批道路工程,打造“四纵四横七连”公路集疏运体系;启动东夹江、北夹江“退渔还水”工程,实现“深水深用、浅水浅用”;积极向上争取,规划港口铁路专线,构建公铁水联运格局。抓港口对外合作。寻求与韩国釜山港、新加坡吉宝等国际航运巨头的战略合作,吸引境外资本参与港口基础设施和公共平台建设,提升港口建设和管理水平,扩大港口对外开放度。加强与重庆、武汉等长江中上游重点港口的战略合作,推动核心港区成为中西部地区通江达海的前沿阵地。

“产”是港口和城市发展的根本,必须大力推进产业集聚和项目突破,增强区域经济发展的后劲。强化“项目为零一切为零”理念,牢牢保持项目建设的强劲态势,加快特色产业集聚,做到以产兴港、以产兴市。要建设特色产业基地。在已建成国家级墙纸、通用动力产业基地和省级汽车零部件产业基地的基础上,加快打造国家级中医药、粮油食品加工、船舶产业基地和省级电子商务产业基地,以一批特色产业基地的建设推动国家级经济开发区创建。要加大招商引资力度。今年继续保持“每周1个、全年52个亿元以上项目开工建设”目标,力争1月份完成50%,一季度完成75%,5月底全面完成年度目标。要突出重大项目的招引,各园区确保今年招引过亿美元或10亿元人民币项目2个。区委、区政府将开展项目建设“百日会战”,6月份召开全区招商引资工作表彰大会,对引资有功人员,经济上重奖、政治上重用,对不能按序时完成任务的园区、镇街和部门,

"一把手"离岗招商，绝不打和牌。要盘活园区土地资源。盘活存量不仅是破解土地瓶颈的重要手段，也是去产能的重要方面。要列出低效项目清单，排出计划，分期分批分类处置。建立项目用地约束机制，依法依规劝退迟迟不开工、不投产的项目，提高土地利用效率。对持续亏损三年以上且不符合结构调整方向的企业，采取资产重组、产权转让、关闭破产等方式予以"出清"。

"城"是港口和产业的支撑，必须高度重视城乡统筹和区域融合，彰显滨江港城特色。推进以人为核心的城镇化，提高城乡工作的全局性和系统性，统筹生产、生活、生态三大布局，狠抓规划、建设、管理三大环节，努力建设生态宜居的滨江港城。编制规划要突出前瞻性引领性。按照"多规合一"要求，围绕《高港区城市总体规划》，认真修编城镇建设、土地利用、产业发展、基础设施和村庄建设等规划，实现城市规划"一张图"。加快完善各片区控制性详规和路网、绿化、水电气、地下空间利用等各类专项规划，做精做细城市重要节点、重要地段的深度规划设计。城市建设要突出精致紧凑。当前，高港城区框架已经初步形成，要加快城市建设由"补课型"向"引领型"转变，由打基础、拉框架向重细节、提品质转变。在城市道路上，加快实施环港大道连通工程、沿江高等级公路提档升级等重点道路工程，形成内联外通的交通路网体系。在完善城市功能上，建成全民健身中心二期、凤栖湖公园，古寿胜寺大雄宝殿主体封顶，加快推进雕花楼二期工程建设。在提升城市形象上，加快城中村、园中村动迁，大力实施河道疏浚、雨污分流和截污改造，规划建设一批绿化游园、环卫设施、公共停车场和公共自行车系统。在改善人居环境上，深入开展城市环境综合整治，完成城市所有主干道整治和老旧小区改造、后街背巷整治任务。推进新型城镇化要突出机制创新。推进新型城镇化，关键在于加快农民进城步伐。对于有意愿进城落户的农民，探索实施农村土地承包经营权置换土地股份合作社股权、农村住房和宅基地置换城镇住房和城镇社会保障。对于已经进城落户的农民，维护其原有的土地承包权、宅基地使用权和集体收益分配权，支持其依法自愿有偿转让。推进户籍制度改革，对已经进城购房的农民，探索建立城市居住证制度，让他们公平享受城市公共服务，全方位融入城市生活。

四、在普惠民生中实现幸福指数的新提升

今年是率先全面建成更高水平小康社会的攻坚之年，必须把民生事业放在更加突出的位置，打造共建共享的幸福高港。

拓宽群众致富渠道，以增收富民。实施城乡居民收入倍增计划，构建多渠道、宽领域、可持续增收格局。要发展现代农业。围绕打造泰州城南现代健康农业示范园区，培育招引一批优质农业项目，发展农业养生、观光、休闲等新业态，在提高农业比较优势中增加农民收入。有序推进土地流转，鼓励农民经营家庭农场，进一步提高适度规模经营比重。加大农业科技推广应用力度，完善水利基础设施建设，推进主要粮食作物、经济作物机械化全覆盖，降低农业生产成本。要促进就业创业。当前，我区就业结构性矛盾依然存在，一方面群众增收难，另一方面企业用工难。要建立全区居民就业台账，梳理企业用工需求和群众就业意向，提高就业的组织化程度。信息化浪潮下，农村电子商务蓬勃发展，已成为农民创业的重要平台。去年我们建立了8个社区电商服务站，要充分利用好这一平台，将具有本地特色的农产品、工业品上线销售，同时又要拓宽服务功能，为群众创业提供仓储、物流、融资、培训等全方位服务。要实施精准扶贫。坚持就业扶贫、创业扶贫、定向扶贫多措并举，重点聚焦城乡低收入人口，把钱花在对特定人群特殊困难的针对性帮扶上，确保小康路上一户不少、一人不落。统筹社区建设专项资金，加大对经济薄弱村的转移支付力度，实施一批扶贫项目，不断增强造血功能。

完善公共服务体系，以服务惠民。从解决群众最关心最直接最现实的利益问题入手，持续提高基本公共服务能力和均等化水平，让发展成果更多更公平地惠及全体人民。要提高教育现代化水平。近年来，我区教育教学质量不断提高，要继续保持良好势头，突出教育优质均衡发展，重点加强校长、教师队伍建设，打造教育强区。进一步整合教育资源，优化教育布局，加快建设许庄实验学校、孔桥实验学校、口岸中心小学、海军小学。优化职业教育发展思路，推动学校、园区、企业深度合作，使职业学校成为本地产业工人的培养基地。要加快完善现代医疗卫生体系。坚持"抓两头、促中间"，深化市、区人民医院战略合作，完善基层医疗卫生机构服务功能，推进区、镇、村医疗服务一体化。加快刁铺、许庄、白马卫生院建设，推动省级示范村卫生室全覆盖。实施家庭医生、乡村医生签约服务，建立居民电子健康档案，构建医疗卫生信息平台，提高医疗卫生服务便利化、规范化水平。要加快完善社会保障体系。全面推行全民参保计划，健全城乡居民大病保险制度，深化城乡居民医疗保险付费方式改革，进一步减轻参保人员负担。统筹推进助残、救孤、济困、优抚等福利事业发展，促进社会福利由补缺型向适度普惠型转变。积极应对人口老龄化，完善政府购买服务机制，推行医养融合发展。

提高社会治理水平，以法治安民。准确把握社会结构转型的新变化，把社会治理纳入法治化轨道，最大限度增加和谐因素，增强社会活力。要深化民主法治建设。支持人大及其常委会依法履行职能，加强法治政府、效能政府建设，推进协商民主广泛多层制度化发展。深化“两代表一委员”工作日活动，把工作日制度从回访选区上升到监督政府部门，实行动态监督、依法监督、全程监督。深入开展“平安法治建设两年行动计划”，全力争创省“平安建设示范区、法治建设先导区、社会治理样板区”。扎实推进“七五”普法，提升全民法治素养。要加强基层精细治理。培育和发展社会组织，壮大社会工作专业人才队伍，推动志愿服务和法律援助全覆盖，构建多元参与、多元服务的基层治理新格局。健全区、镇、村三级群众评议团成员库，开展“说事评理释法”活动，实现民事民议、民事民管、民事民治。实施社区减负增效，建立统一的考核评比制度，规范标牌台账管理，让基层干部有更多时间精力服务群众。要维护社会安全稳定。严格落实安全生产责任制，强化应急管理体系建设，全面排查整改各类安全隐患。突出源头防控，对重点人员动向、矛盾纠纷动态、群体性事件苗头及时分析研判，以法治思维和法治方式解决各类矛盾，实现维权与维稳的统一。

五、在从严治党中展示实干担当的新形象

经济发展进入新常态，干部队伍要有新状态。全区各级党组织和广大党员干部要贯彻落实全面从严治党要求，讲政治守规矩，振奋精神状态，奋力真抓实干，为经济社会发展提供坚强保证。

坚持德才兼备，建设担当有为的干部队伍。今年是区、镇、村三级党组织集中换届之年，要着眼增强班子整体功能，选拔培养一批政治强、懂专业、善治理、敢担当、作风正的优秀干部。要加强学习，提升担当能力。加大培训力度，帮助党员干部正确认识新常态，主动适应新常态，科学引领新常态。党员干部要加强对中国特色社会主义政治经济学的学习，遵循市场经济规律、社会发展规律、自然规律，自觉运用专业方法和法治思维深化改革、推动发展、维护稳定。要选贤任能，激发担当动力。坚持以实干论英雄、凭实绩用干部。对勤勉工作、勇于开拓、不谋私利的干部，旗帜鲜明地撑腰鼓劲；对群众认可、充满激情、敢想敢干的干部，不唯年龄、不唯资历、不拘一格，大胆启用，促进干部在岗更在状态，在岗更有作为。要严格考评，浓厚担当氛围。党员干部特别是“一把手”，绝不能有“做太平官”的念头。对分内工作、主抓工程，牵头更要带头，上“一线”还要上“火线”，高质量高效率、快推进快到位。今年，市委、市政府专门设立“蜗牛奖”，向懒政宣战。区委也将进一步落实从严管理干部的要求，完善考核评价体系，加强日常监督管理，坚决让“为官不易”者“不易为官”，让“为官不为”者“无官可为”。

强化基层基础，打造全面过硬的战斗堡垒。坚持重心下移、力量下沉，重抓基层基础，把管党治党责任传导落实到“神经末梢”。要筑牢组织根基。主动适应经济结构、党员流向新变化，抓好“两新”组织的党组织建设和村居软弱涣散党组织的整顿，推动基层党组织全面进步、全面过硬。深化村级“四有一责”建设，真心实意关爱基层，真金白银投入基层，精兵强将充实基层，打通联系服务群众“最后一公里”。要建强骨干队伍。一手抓选配、一手抓储备，认真抓好村居“两委”换届，确立任期目标，加强素质培训，打造一支数量足、素质优、能力强的基层带头人队伍。严格党员队伍教育管理，完善不合格党员处置机制，推动创先争优常态化、畅通出口制度化，始终保持党员队伍的先进性和纯洁性。要突出服务主题。社区综合体制改革以来，社区干部的待遇在向公职化靠拢、管理在向公职化规范，“一线化”服务群众的水平也要向公职化看齐。加强社会事业工作站、便民服务中心等平台建设，优化服务理念、丰富服务内涵，组织群众、教育群众、引领群众，汇聚推动改革发展的强大合力。

狠抓正风肃纪，营造风清气正的政治生态。始终保持狠抓的勇气、严抓的耐心，让“铁规”发力，让“禁令”生威，推动干部干净干事、勤政廉政。“两个责任”要扛在肩上。全面落实党风廉政建设主体责任和监督责任，各地各部门主要领导要既挂帅又出征，班子成员要认真履行“一岗双责”，正好家风，带好班子，管好队伍。坚持以制度管权管事管人，聚焦权力运行的关键点、内部管理的薄弱点，抓好制度完善和刚性执行，构建不敢腐、不能腐、不想腐的有效机制。纪律规矩要挺在前面。深入学习贯彻中国共产党《廉洁自律准则》和《纪律处分条例》，树立道德“高线”，严守纪律“底线”，正向明责和反向追责同时发力，把党规党纪刻在心上。坚持常吹“廉政风”、常敲“警示钟”，教育党员干部稳得住心神、管得住行为，对苗头性倾向性问题，早发现、早提醒、早纠正。执纪问责要严在实处。深化省委巡视组反馈意见和“三严三实”专题教育问题清单的整改，抓好中央八项规定和省、市、区委十项规定的落实，驰而不息改“四风”、转作风。深化“纪委基层行”活动，总结推广永安洲镇设置村居党组织纪检书记的经验做法，在查处大案要案的同时，加大对群众身边“四风”和基层腐败问题的查处力度，以党员干部的勤廉指数保障经济社会的发展指数。

同志们，百舸争流，破浪者领航；千帆共竞，奋勇者当先。让我们紧密团结在以习近平同志为总书记的党中央周围，以敢为人先的魄力、敢谋新篇的勇气、敢于担当的作风，闯新路、重实干、创佳绩，奋力实现“十三五”良好开局，为建设“强富美高”新高港而努力奋斗！

政府工作报告

——在区第四届人民代表大会第五次会议上

代区长 顾 萍

2016年1月13日

区委副书记、代区长顾萍在区第四届人民代表大会第五次会议上作政府工作报告

各位代表：

现在，我代表区人民政府向大会作工作报告，请予审议，并请区党代表、政协委员和其他列席人员提出意见。

一、2015年工作和“十二五”发展回顾

2015年，面对复杂严峻的宏观形势，我们在区委的正确领导下，认真贯彻党的十八大及十八届三中、四中、五中全会和习近平总书记系列重要讲话精神，坚持稳中求进、稳中奋进，扎实推进“三大主题工作”，加快新型工业化、信息化、城镇化、农业现代化“四化融合”，经济社会继续保持良好发展势头，较好地完成了区四届人大四次会议提出的各项任务。全区预计实现地区生产总值366亿元，增长11.10%；一般公共预算收入35.09亿元，增长22.36%；固定资产投资307亿元，增长24.10%；城镇居民和农村居民人均可支配收入分别为34307元、17118元，增长8.90%、9.50%。

加快转型升级，经济实力和发展后劲明显增强。项目建设取得突破。全年新开工亿元以上项目60个，其中，30亿元以上项目2个，分别占全市份额的18%、50%，均列全市第一。创新项目推进机制，建立项目履约保证金制度，邀请“两代表一委员”视察项目进展，实行项目现场实时监控，国电泰州电厂二期、扬子江龙凤堂一期、张驰轮毂、王老吉凉茶江苏生产基地、欧瑞格传动部件等建成投产，完成产业投资260亿元，增长35.40%。大力开展产业招商、以商引商，将军机械、大自然复合地板等一批超亿美元或10亿元以上项目成功落户，实际到账外资和港澳台资2.15亿美元，完成进出口总额11.60亿美元。产业结构持续优化。规模以上工业实现产值1739亿元、销售1700亿元、利税232亿元、利润145亿元，分别增长20.10%、18.20%、18.40%、18.30%，四大主导产业、战略性新兴产业产值占规模以上工业比重分别达70%、28.50%。企业“六化”转型成效明显，新增省著名商标4件、市名牌产品10个，获批省两化融合示范（试点）企业2家，华强照明获批省LED战略性新兴产业标准化试点，扬子江药业入选中国质量奖提名奖，成为唯一荣获“全国质量标杆企业”的医药行业企业。企业上市实现零的突破，海天科技、榕兴医疗、友润电子获批在新三板上市。现代服务业加快发展，完成服务业增加值135.62亿元、社会消费品零售总额43.60亿元，分别增长10%、8.10%；统一商超、顺丰速递等一批现代物流项目相继落户，苏中快递产业园临港园区正式成立，荣获省电子商务进农村示范县称号。农业现代化步伐加快，新增市级示范家庭农场12家，新型农业经营主体适度规模面积比重达71.60%；新增高效设施农业9000亩，主要农作物机械化综合水平达85%；引进1000万元以上农业项目19个，完成泰州城南健康农业示范园区规划编制。建筑业实现产值435亿元、利税19.10亿元，分别增长23%、16%。创新驱动能力提升。新增高新技术企业15家，高新技术产业产值占规模以上工业比重达50.90%，全社会研发投入占GDP比重达3.76%，许庄街道、胡庄镇创成省创新型试点乡镇，我区创成省可持续发展实验区。政产学研合作深入推进，新建产学研联合体16家，实施科技合作项目60个，省工程技术文献信息分中心落户高港。大力发展众创空间，“泰晶e空间”“蜂鸟驿站”助力创新创业。设立科技型中小企业贷款风险补偿专项资金，发放科技创新券3090万元。全区专利申请量达2704件，万人发明专利拥有量达11.10件，创成国家知识产权强县工程试点区。

深化改革开放，体制机制和载体平台逐步完善。各项改革有序实施。全面推进社区综合体制改革，出台“1+4”政策意见，新建标准化居家养老服务中心4家，建成省示范卫生室28家。口岸街道简政放权改革有序推进，许庄街道同一乡镇范围内村庄建设用地布局调整试点启动实施。深化行政审批制度改革，公布区级部门行政权力责任清单，审批效率进一步提升。加快政府职能转变，机构改革任务全面完成。推进医疗卫生体制改革，公立医院医药价格改革实施到位。深化农村领域改革，63个村居完成土地承包经营权确权登记颁证工作，区、镇两级农村产权交易市场建成运行。机关事业单位养老保险制度、不动产统一登记、资源性产品价格、公务用车制度等改革稳步推进。园区建设扩容提质。加快国家级经济技术开发区创建，新建园区道路29千米、标准厂房14.70万平方米，集中供热管网西线工程实现供热，永安污水处理厂二期工程投入使用，新港大道成为连接三大园区的“工业走廊”。加快现代港口开发，集装箱码头二期工程启动实施，海关、商检机构进驻办公，集装箱年吞吐量达21万标准箱。要素保障支撑有力。举办第四届“金融超市”活动，促成银企合作项目70个，授信规模达39.40亿元，高新区成功发行5亿元私募债券。全区金融机构存、贷款余额分别达354亿元、233亿元，比年初增长16.10%、36.30%。加强土地资源整合利用，设立“重大产业项目土地报批过桥专项资金”，盘活闲置土地、低效用地2210亩，被评为省土地节约集约模范区。实施“人才强企”战略，引进高层次人才（团队）218个，发放购房券1000万元。

推进城乡融合，区域面貌和生态环境持续改善。城市形态有了新提升。推进城建新提升两年行动计划，实施城建重点项目60个，完成投资72亿元。片区开发进程加快，滨江新城春江花月夜主题公园基本建成，京沪高速立交功能区明发五星级酒店加快推进，凤栖湖新区完成湖区开挖及环湖道路建设，雕花楼景观区成为高港新的旅游名片。路网体系更加完善，海军东路、泗白路南延、田古线改造竣工通车，金港路南延、龙窝路和春城路西延等进展顺利。积极做好京沪高速扩容、355省道、泰镇高速、东风路快速化改造等重点项目的服务保障，顺利完成市交征地拆迁、矛盾协调和维稳工作。全区重大项目征地拆迁任务全面完成，实施动迁21万平方米。开工限价商品房1654套，建成公共租赁房186套，永胜花苑、龙湖美景一期竣工交付，育才花苑、水岸景城、龙湖美景二期主体完工。加强城市环境综合整治，建成小游园12个，扬子江路、通扬路、港口东路形象提升，16条后街背巷整治到位，易淹易涝片区加快改造。开展“百日拆违”专项行动，防违控违工作成效明显。镇村建设取得新进展。启动镇村布局规划调整，永安洲、胡庄镇区控规获市政府批复。“1+5”集中居住有序推进，大泗、孔桥等集镇居住区加快建设。实施新一轮农村实事工程，建设农村公路39.60千米，建成农村桥梁41座，完成危房改造400户，管道燃气实现镇镇通。深化村庄环境长效管护，创成省三星级康居乡村、省美丽乡村各2家。生态建设收获新成效。坚持生态惠民，市级生态村实现全覆盖，国家生态区创建通过考核验收。实施绿化造林，新建绿色通道22千米，新增造林面积3334亩，林木覆盖率和城市绿化覆盖率分别达29.06%、45%。优化城市水环境，疏浚河道9.88千米，完成黑臭河道整治任务，河道管护考核全市第一。开展环保大检查，秸秆禁烧和综合利用工作全市领先，规模以上工业增加值能耗、主要污染物减排完成市交目标。

注重改善民生，群众获得感和满意度不断提升。民生保障更加健全。财政用于民生支出24.70亿元，占一般公共预算支出的75.80%，为民办实事项目全面完成。完善就业创业服务体系，发放创业券650万元，新增就业12715人、创业7151人，城镇登记失业率1.79%。稳步提高城乡居民社会养老、大病保险筹资标准，基本医疗保障实现城乡一体。健全社会救助体系，城乡居民低保、农村五保平均供养标准提高至每月570元、586元，我区成为苏中唯一的国家级“救急难”综合试点。实施服务农民工“123”工程，建立工资直发机制，切实维护农民工合法权益。公共服务均衡发展。实施学科优质化工程，编制完成学前教育五年规划，中考成绩再创佳绩，高港中等专业学校获得全国教育教学信息化大赛一等奖。在全市率先实施新一轮校车安全工程，永安洲实验学校即将交付。优化医疗资源布局，白马人民医院、许庄卫生院异地重建加快推进，组建健康服务团队57个。加强喉科、骨科等“一院一品”建设，区疾控中心、卫生监督所完成搬迁。落实流动人口均等化服务，通过人口均衡发展终期评估。高港美术馆、全民健身中心二期加快推进，基督教堂对外开放，建成刁铺宣传文化中心和4家村居综合性文化服务中心。大江放歌、大江艺术团基层巡演常演常新，群众自编自演的《洲堤杨柳舞港城》和《茉莉飘香中华情》赴美参赛并获世界顶级排舞大赛冠军，成功举办“高港杯”第二届全国象棋青年大师赛。广电、通信、气象、电力、机关事务、史志档案等工作稳步推进。社会环境和谐安宁。巩固全国文明城市创建成果，顺利通过省级复查测评。推进平安法治建设，"六五"普法通过终期考核，实现平安高港"十二连冠"、法治高港"六领先"，公众安全感满意率全市第一。完善社会稳定风险评估、矛盾纠纷动态排查机制，有效化解社会矛盾。健全区、镇、村三级食品药品安全监管体系，维护群众"舌尖上的安全"。加强企业安全生产标准化建设，开展住宅小区电梯安全检查，基层安监机构能力建设的做法在全省推广，安全生产形势稳定向好。做好国防动员和双拥工作，成功组织泰州大桥防卫实兵演练。支持工会、共青团、妇联、残联、老龄、红十字、关工委等人民团体开展工作，人防、消防、对台、交通管理、外事侨务、民族宗教等各项工作取得新成绩。

致力提速增效，政府服务和权力运行更加规范。行政效能不断提升。扎实开展"三严三实"专题教育活动，认真抓好省委巡视组反馈意见的整改落实。实行政府月度工作例会，加强工作研究和督查督办，确保重大决策和重点工作落到实处。继续深化"三服务、三尊重"活动，实行"一企一策"，帮助企业提振信心、化解难题。加大政府信息公开力度，完善网络舆情监控和应急联动机制，认真办理12345热线、区长公开电话和市、区长信箱5300多件。依法行政深入推进。修订完善《政府工作规则》和部门议事规则，主动邀请人大、政协常委和代表委员列席、旁听政府及组成部门的相关会议，推动决策科学化、民主化。推进行政权力网上公开透明运行，依法开展行政复议和应诉工作。自觉接受社会各界监督，定期向人大报告工作、向政协通报情况，办理建议提案183件，办结率、满意或基本满意率均达100%。廉政建设切实强化。加强廉政风险防控，履行"一岗双责"，党风廉政建设责任制落到实处。严控行政成本，机关事业单位一般性支出进一步压减。强化领导干部经济责任、财政专项资金、工程项目建设审计，政府资金规范、高效、廉洁使用。加强行政效能监察，坚决查处违纪违法案件，营造了风清气正的政务环境。

在肯定成绩的同时，我们也清醒地看到，工作中还存在一些问题和不足，主要有：产业集聚度还不高，园区承载力还不强，部分企业生产经营压力加大；全面深化改革进程还不快，改革红利没有充分释放；城市功能有待完善，城乡统筹力度需要进一步加大；社会公共产品还不丰富，民生保障与群众期待尚有差距；政府自身建设还存在一些薄弱环节，工作作风、服务效能需进一步提升。对此，我们将高度重视，采取有效措施，认真加以解决。

各位代表，2015年各项目标任务的顺利完成，标志着"十二五"发展圆满收官。五年来，我们致力综合改革快转型、开放创新促发展、"六大建设"惠民生，经济社会持续跨越发展，2010~2014年度均获泰州"四个文明"建设综合考评一等奖、第一名，实现"五连冠"，"三步走"目标取得阶段性成果。

五年来，我们始终坚持解放思想、争先进位，综合实力显著增强。大力弘扬"精神状态也是生产力"这一"传家宝"，以"高港尊严"凝聚人心、鼓舞士气，激发干部群众不屈不挠、敢于争先的精气神，形成了政通人和、共促发展的良好局面。牢固确立"全市领先、苏中率先、全省争先"的目标追求，增强份额争先意识和责任担当意识，努力为泰州加快发展作出更大贡献。全区地区生产总值、一般公共预算收入由2010年占全市比重的5.60%、6.80%上升到10.30%、10.90%。

五年来，我们始终坚持转型升级、优化结构，发展质态有效提升。主动适应和把握经济发展新常态，坚持"工业立区、工业强区"不动摇，大力发展实体经济、税源经济，规模以上工业产值为"十一五"期末的2.70倍，占全市比重由7%上升到15.30%。以产业基础明晰产业方向，以产业特色构建产业体系，以产业优势形成产业集聚，实施企业"六化"转型工程，形成了新医药、粮油食品加工、装备制造、新材料四大主导产业。加快农业现代化进程，以产业化为内涵，推进规模化、机械化；以生态化为内涵，推进园区化、社区化；以市民化为内涵，推进多元化、职业化。实施服务业提速计划，服务业占GDP比重年均提高1.22个百分点，三次产业结构由2010年的3.50∶69.20∶27.30调整为3.10∶63.50∶33.40。

五年来，我们始终坚持改革创新、开放开发，发展活力竞相进发。以争当全市转型升级综合改革排头兵为目标，深化经济体制、社会体制、行政管理体制等重点领域改革，破除体制机制障碍，经济社会发展动能不断增强。以创建国家级经济技术开发区为抓手，统筹三大园区发展，全面扩大对外开放，累计实际利用外资和港澳台资10.10亿美元，是"十一五"期间的2.60倍，省级开发区排名逐年提升。坚持"以港兴区、港城共荣"，长江岸线资源整合成效明显，港口与腹地实现联动开发，5万吨级集装箱码头投入运营。实施创新驱动战略，高新技术产业产值占规模以上工业比重、全社会研发投入占GDP比重超过苏南平均水平，蝉联全国科技进步先进区。

五年来，我们始终坚持城乡一体、融合发展，区域面貌深刻变化。以"现代化、国际化"为引领，加快重点片区开发，完善商业、旅游、文化、休闲等功能，城市内涵和品质不断提升；城乡路网体系基本形成，泰州长江大桥建成通车，盐泰锡宜城际铁路高港站完成选址，"江东明珠·泰州门户"展现新姿。累计实施城建重点项目192个，投入资金超过420亿元，建成区面积拓展到15.80平方千米，城市化率达61.40%，比“十一五”期末提高4.70个百分点。加快新型城镇化和城乡发展一体化，“1+5”集中居住格局有序推开，建成集中居住区90万平方米，提前一年完成村庄环境全域整治任务。重视生态治理和污染防治，“十二五”节能减排目标全面完成。

五年来，我们始终坚持以人为本、共建共享，民生福祉持续增进。把“人民对美好生活的向往”作为价值追求和奋斗目标，每年将新增财力的80%以上用于民生事业，优先发展教育、卫生、文化、体育等社会事业，努力为人民群众提供更多公共产品和更优公共服务。强基工程、社会建设和村庄环境长效管护3个1%专项资金作用充分发挥，累计安排资金超2.50亿元。常态化开展“三解三促·两送两增”活动，干群关系更加融洽。加强和创新社会治理，平安法治建设全省领先，社会大局和谐稳定。国防后备力量不断加强，被南京军区评为征兵工作先进单位。

“十二五”经济社会发展取得的辉煌业绩，得益于市委、市政府和区委的坚强领导，离不开区人大、区政协的有效监督和鼎力支持，凝聚着全区广大干部群众的辛勤汗水和不懈努力。在此，我谨代表区人民政府，向在座的各位代表、委员，向全区人民以及所有关心支持高港发展的社会各界人士表示衷心的感谢，并致以崇高的敬意！

二、“十三五”发展目标任务

各位代表，“十三五”是我区率先全面建成更高水平小康社会的决胜时期，也是率先基本实现现代化的关键阶段。为谋划好未来五年发展，根据区委的总体部署和要求，区政府组织专门力量编制了《泰州市高港区国民经济和社会发展第十三个五年规划纲要（草案）》，提请大会审议。

“十三五”时期，经济社会发展的指导思想是：全面贯彻党的十八大和十八届三中、四中、五中全会精神，以邓小平理论、“三个代表”重要思想、科学发展观为指导，深入贯彻习近平总书记系列重要讲话精神特别是视察江苏重要讲话精神，坚持“四个全面”的战略布局，大力弘扬“高港尊严”这一精气神，牢牢把握建设长江经济带“港口名城”和创成国家级经济技术开发区“两大任务”，聚焦聚力思想再解放、项目大突破、城建新提升“三大主题工作”，紧紧围绕经济强、百姓富、环境美、社会文明程度高“四个目标”，全面贯彻创新发展、协调发展、绿色发展、开放发展、共享发展“五大发展”理念，一以贯之推进经济、党建、社会、生态、文化、法治“六大建设”，努力谱写好中华民族伟大复兴中国梦的高港篇章。

今后五年，是争先超越的五年，也是再塑辉煌的五年。我们将抓住机遇，加快发展，以建设江海联动、工贸发达的长江经济带“港口名城”为方向，突出国际化、现代化、特色化的发展内涵，以港口建设为基础、以临港产业为关键、以城市建设为支撑，推动港产城联动发展，全力打造长江下游航运中心节点港区、长三角地区先进制造业和现代服务业融合发展的集聚区、江苏承南启北的传导区。到建区20周年即2017年，率先在全市全面建成更高水平小康社会，创成国家级经济技术开发区；到建区25周年，率先基本实现现代化；到建区30周年，率先全面融入苏南。

“十三五”时期经济社会发展主要目标是：地区生产总值年均增长10%以上，力争11%；一般公共预算收入和规模以上工业产值2016年比2012年翻一番，2020年比2015年翻一番；到2020年，力争地区生产总值、一般公共预算收入、规模以上工业产值占全市份额分别达到12%、14%、18%以上；三次产业结构进一步优化，服务业增加值占GDP比重每年提高1个百分点；高新技术产业产值占规模以上工业比重达51%以上，全社会研发投入占GDP比重达3.80%；城市化率提高5个百分点，城乡居民人均收入2020年比2012年翻一番；PM2.5浓度持续下降，创成国家级生态文明示范区。

实现“十三五”发展目标，我们将认真落实五个方面重点任务：

突出创新发展，更加注重质量效益。推进供给侧结构性改革，提高全要素生产率，加强制度创新、科技创新、文化创新等各方面创新，加快形成引领经济发展新常态的体制机制和发展方式。坚持纵向提升产业集聚度、横向调优结构多元化，推动产业迈向中高端水平，到2020年，规模以上工业总量突破3600亿元，力争达到4000亿元；新医药产业达千亿元规模，装备制造、粮油食品加工、新材料产业分别达到500亿元规模。以率先基本实现农业现代化为目标，加快转变农业发展方式。提速提质发展生产性、生活性服务业，到2020年，服务业增加值达220亿元。

突出协调发展，更加注重全面均衡。坚持以“人的城镇化”为核心，深入实施新型城镇化和城乡一体化战略，精准施策补好短板，“十三五”期间城建总投入达500亿元以上。顺应“互联网+”潮流，加快生产要素流动，注重资源优化整合，推动新型工业化、信息化、城镇化、农业现代化同步发展。以社会道德信用体系建设为内涵，深化文明城市创建，加快文化产业和事业发展，促进物质文明与精神文明同步提升。

突出绿色发展，更加注重生态文明。坚持节约资源和保护环境的基本国策，落实最严格的环保标准，加快建设资源节约型、环境友好型社会，坚定走生产发展、生活富裕、生态良好的文明发展之路，形成人与自然和谐发展的现代化建设新格局。到2020年，城乡生态环境显著改善，人民群众对生态建设满意度不断提高，高港成为天蓝、地绿、水清的宜居家园。

突出开放发展，更加注重合作共赢。主动融入国家全方位对外开放总布局，充分利用国际国内两个市场、两种资源，加强区域合作，在扩大开放中拓展发展新空间。持续推进项目突破，加快园区提档升级，创成国家级经济技术开发区。到2020年，三大园区规模以上工业产值突破2500亿元、一般公共预算收入突破30亿元。将港口建设作为开放龙头，完善集疏运体系，到2020年，港口货物吞吐量达8000万吨，集装箱吞吐量达100万标准箱，“港口名城”建设初见成效。

突出共享发展，更加注重普惠公平。把民生需求作为经济发展的根本导向，完善民生政策和制度安排，提高公共服务共建能力和共享水平，让高港的发展更有“温度”，让老百姓的幸福更有“质感”。落实城乡居民收入倍增计划，推进新一轮脱贫帮扶工作，加快共同富裕步伐。实施民生幸福工程，社会保障制度覆盖城乡，到2017年实现教育现代化，到2020年基本建成现代医疗卫生体系。推进依法治区，健全公共安全体系，建成全省平安建设示范区、法治建设先导区、社会治理样板区。

各位代表，今后五年的宏伟蓝图已经绘就，新的征程已经开启。我们坚信，经过全区上下的共同努力，“十三五”奋斗目标一定能够圆满实现，“强富美高”的美好篇章一定会在高港大地成为生动现实！

三、2016年工作任务

2016年是“十三五”开局之年，也是展示“三大主题工作”阶段性成果的关键之年。我们将认真贯彻中央、省经济工作会议、市委四届九次及十次全会和区委四届六次全会、区第四次党代会第四次年会精神，以企业转型、政府转型、社会转型和技术升级、产品升级、产业升级为抓手，以去产能、去库存、去杠杆、降成本、补短板为重点，全力推进供给侧结构性改革，抓住关键点，打好组合拳，确保“十三五”开好局、起好步。

根据区委的部署要求，建议今年全区国民经济和社会发展的主要调控目标为：地区生产总值增长11%以上，一般公共预算收入增长12%以上，城乡居民收入与经济保持同步增长；固定资产投资增长18%以上，社会消费品零售总额增长11.50%，实际利用外资和港澳台资2亿美元；高新技术产业产值占规模以上工业比重超过50%，全社会研发投入占GDP比重达3.80%；规模以上工业增加值能耗、主要污染物减排完成市交指标。

实现上述目标，我们将重点抓好六个方面的工作：

1.着力打造现代港口，积聚跨越发展新动能

坚持以港聚产、以产兴城，在建设“港口名城”上主动作为、全力以赴，努力建设辐射长江中上游、承接大江南北、支撑本地转型的要素集聚港、产业支撑港、发展带动港。

聚力现代港口建设。抓住长江下游12.50米深水航道疏浚契机，实施岸线资源综合整治工程，建立岸线准入机制和低效利用退出机制，提高岸线使用效率。全面启动2个5万吨级集装箱泊位改造建设，建成汇福粮油转运码头，确保当年集装箱吞吐能力达80万标箱。优化杨湾、高港和永安港区货场布局，推进煤炭、铁矿石等散杂货向杨湾港转移。按照“一次规划、分期实施”原则，配合开发2.20千米深水岸线，做好征地拆迁、矛盾协调等服务工作。启动东夹江、北夹江“退渔还水”工程，推进长江内港池建设，提升江海换装能力。积极引进韩国釜山港、新加坡吉宝等国际航运巨头，吸引境外资本参与港口基础设施和公共平台建设。加强与重庆、武汉等长江中上游重点港口的战略合作，形成组合优势，努力把核心港区建设成为中西部地区通江达海的前沿阵地。

提升港口服务功能。健全疏港道路网络，完成疏港北路、马永路拓宽改造、文锦路北延等道路工程，规划建设古马干河新跨河大桥，推动港口与各经济板块互联互通。积极向上争取，规划港口铁路专线，努力打造“公铁水”齐全、内外衔接高效的集疏运体系。推动海事、边检等机构入驻，完善电子口岸信息化管理功能，建立“一次申报、一次查验、一次放行”的通关机制。加强港口物流综合服务中心建设，大力发展商务贸易、金融保险、信息咨询、代理中介等相关产业，招引一批区域性加工中心、结算中心和进出口贸易总部。积极争取综合保税功能，规划设立综合保税区B区，延伸港口服务功能，提升港口开放度和竞争力。

加快临港产业集聚。发挥港口的辐射带动作用，致力招引大运输量、大用水量、大吞吐量的临港产业项目，带动腹地开发，做大港口经济。推进汇福物流、东君储运、正德物流等项目，建设粮油、化工、木材等特色物流中心，打造集加工、仓储、配送、信息等现代物流业务为一体的区域性物流基地。大力发展第三方、第四方物流，吸引国内外知名物流公司设立分支机构，拓展国际采购、分拨分销、多式联运等增值业务。依托苏中快递产业园，加快引进电子商务综合平台、配套服务企业和电商龙头企业，打造省级电子商务产业园。

2.着力推进项目突破，构筑区域竞争新优势

坚持产业相对集聚、企业绝对集中、土地必须集约，继续强化“一切围绕项目干”，以项目的快集聚、快推进、快达效补足投资短板、外资和港澳台资短板，增强经济发展后劲。

完善功能平台，提升园区承载力。突出规划引领。结合市区生产力和空间布局规划调整，聘请著名规划设计单位编制三大园区总体规划，推动园区互动融合、错位发展。注重精细化开发，同步编制产业、电力、污水、供热等专项规划，提高园区整体建设水平。提升园区能级。有序推进园中村动迁，加快永盛路、明珠大道东延等道路建设，建成集中供热管网；结合产业分布和行业分类，规划建设相应的污水处理设施，完善园区污水支管网，实现更高水平的“九通一平”。鼓励建设现代化标准厂房，实行以奖代补，全年新建标准厂房20万平方米。加快建设省测绘仪器计量中心，推动特防用品争创国家级检测中心，打造高端的产业服务平台。坚持“产城一体”，完善星级酒店、高档社区、商务中心等生活服务功能，为引进人才、留住人才创造良好环境。优化经营体制。创新园区运行机制，推行公司化组织架构、企业化管理模式、差别化考核方式，促进园区从管理型向经营型、服务型转变。牢固树立经营园区的理念，加强园区公共资源的资本运作，实现自我平衡、滚动发展。加强与苏南等先进地区的跨江联动，承接产业转移，实现共赢发展。今年是创建国家级经济技术开发区的关键之年，我们将抢抓国家审批“闸门”可能打开的机遇，更加注重品牌建设、规划实施、投资环境、债务管理，致力补齐科技创新、开放水平、集约水平的短板，增强创建的整体实力，确保年内进入省级开发区“第一方阵”。

延伸拓展链条，提升产业集聚力。开展精准招商。围绕主导产业强链、新兴产业补链、现代服务业扩链，编制产业招商目录和指南，精心组织北上广、中国台湾、日韩招商推介活动，大力开展驻点招商、委托招商、以商引商，加快招引一批提升产业层次、优化产业结构的“专精特新”项目，确保全年新开工亿元以上项目52个，力争1月份完成50%、一季度完成75%、5月底全面完成年度目标。统筹项目布局。常态化开展“八位一体”综合评估，确保招引项目符合产业集聚要求和转型升级方向。牢固树立“全区一盘棋”思想，完善“飞地”配套政策，实行税收分配、指标考核、土地使用等利益共享，引导同类、同质企业向特色板块集聚。优化服务保障。始终把“帮办墙内事”作为第一义务，把“包办墙外事”作为第一责任，继续实行“领导挂钩联系、部门服务包干”制度，狠抓项目合同履约率、开工建设率、投产达效率，形成“开工一批、建设一批、竣工一批、储备一批”的滚动开发格局。全年完成产业投资285亿元，汇福粮油、龙凤堂二期、扬泰电子、绿泰光电、特种兵饮料等项目建成投产。

招培龙头企业，提升行业吸附力。致力招大引强。密切关注世界500强、上市公司的项目布局和投资趋向，抢抓央企改革重组、布局新兴产业不断深化的契机，发挥人脉资源优势，多渠道收集项目信息，推进一批重大在谈项目取得突破性进展，加快引进一批行业领军型企业。确保招引超亿美元或10亿元以上项目6个。强化培育扶持。认真落实定向减税和降费政策，切实为企业松绑减负，帮助企业稳定资金链、稳定生产秩序、稳定市场份额，降低生产成本，提高盈利空间。主动对接市级相关部门，妥善解决企业“两证”遗留问题。对拥有核心技术、优质产品的成长型、科技型企业，加大扶持力度，培育一批行业“单打冠军”。注重资源整合。鼓励产能过剩行业通过资产重组，优化资源配置，实现优胜劣汰。对于回天无力、仅靠信贷资金输血以及优惠政策扶持生存的“僵尸企业”，通过兼并重组、债务重组、破产清算等方式实现市场出清。依托益海粮油、万向精工、扬泰电子等骨干企业，加快建立粮油食品、汽车部件、电子信息等行业协会，推动资源共享，实现抱团发展。

加快转型步伐，提升企业竞争力。丰富品牌化、标准化内涵。鼓励企业以品牌资源、技术专有、质量优秀为支撑，推进研发设计和品牌经营，提升产出规模和市场份额。新增著名商标3件、省市名牌产品9个。鼓励企业参与或主导行业标准制定，将技术优势转化为标准优势，增强话语权。加快资本化、上市化进程。抓住注册制改革机遇，按照“资源资产化、资产资本化、资本股份化”的思路，引导企业加快股份制改造，借力资本市场专注实业、做强主业，全年新增挂牌上市企业3家以上，打造资本市场的高港板块。提升信息化、高端化水平。鼓励企业瞄准行业标杆开展技术改造，提高产品技术、工艺装备和能效环保水平。制定《中国制造2025高港实施纲要》，支持企业主动嫁接互联网，开展“机器换人”“智慧车间”建设，逐步实现研发设计可视化、生产制造智能化、生产组织网络化、产品服务个性化。

3.着力加快城乡融合，展现滨江港城新形象

以构建新型城镇体系为目标，推动农民向城市集中，提升中心城区集聚力、辐射力，增强城乡发展的协调性，率先建成城乡一体化先行区。

城市形象再提升。把“人本发展、内涵发展”理念贯穿城市建设全过程，打造精致型、紧凑型滨江港城。全年计划投入78亿元，实施城建项目70个以上。完善路网体系。加快实施环港大道连通工程，衔接长江大道、新港大道，打造城市外环线。启动建设金港路北延、港口东路、扬子江南路改造和通港路、春港路、港城路东延等工程，实施高港大道城市化改造，建成金港路南延、柴墟路改扩建、龙窝路、春城路西延等项目。提升内涵品质。继续实施城建新提升两年行动计划，更加注重城市开发建设的建成率、配套率、达标率，确保“做一块、成一块，扩一块、用一块”。滨江新城，加快建设海军舰艇文化主题公园、生态湿地公园，打造集旅游、休闲、观光为一体的城市花园。京沪高速立交功能区，推进明发五星级酒店和商业广场等项目建设，打造泰州南部高端商务区。雕花楼景观区，实施二期工程，完善商贸、休闲、娱乐、文化创意、众创空间等业态，创成国家AAAA级旅游景区。凤栖湖新区，完成规划编制及公园片区道路、绿化建设，开工建设古寿胜寺，打造城市人文生态片区。加快口岸转盘、港城路道口、刁铺和许庄街区改造，扮靓城市景观，美化城市形象。有序推进棚户区、城中村、城郊结合部改造，实现货币安置全覆盖，使之变成市场的刚性需求、去库存化的动力，全年完成棚改10万平方米以上。注重城市管理。以创建省优秀管理城市为抓手，积极回应群众关切，6月底前完成口岸社区建设巷、柴墟社区小曲巷、人民路等6条后街背巷整治任务，实施教育新村、百年豪景、鸿翔御景等5个老旧小区改造，逐步消除城区积水点，建成城市小游园、街心公园9个。加快天然气入户进程，实施城区雨污水管网完善工程，建立城市地下管线数据库，探索建设地下综合管廊，推进海绵城市建设。有效缓解停车难、如厕难，新建公共停车场2个、公共厕所3座。规范城乡公交和出租车行业管理，增加出租车数量，在城区设置公共自行车服务点30个，先期投放500辆。加快智慧城市建设，搭建数字化城建指挥平台，强化信息资源共享和社会开发利用，统筹推进智慧政务、智慧医疗、智慧教育、智慧交通等工程。

现代农业再提效。打造泰州城南健康农业示范园区。按照“健康生产、健康产品、健康生活”理念，做大做强优质稻麦、绿色蔬菜、地道中药材、花卉苗木等区域优势产业，提高现代农业发展水平。依托省市现代农业园区平台，注入“生态旅游”元素，加快招引一批农副产品加工、农业农村特色旅游项目，迅速拉开园区框架，打响园区特色品牌。加快构建现代农业经营体系。充分发挥农村产权交易市场作用，引导土地承包经营权向新型经营主体集中，推动土地整建制流转，全区土地流转率达80%左右。着力提升小农场经营管理水平，新增家庭农场、专业合作社106个，主要农作物机械化综合水平达85%以上，适度规模经营比重提高11.80个百分点。加快粮食烘干中心、农机库和农机维修网点建设，启动高港粮库二期工程。推进电商进农村，整体包装、宣传、销售本地特色农产品、工业品，力争社区电商服务站实现全覆盖、交易额突破2亿元。深化供销合作社综合改革，提升为农服务水平。完善农田水利基础设施。实施国家农业综合开发县、小型农田水利重点县、中型灌区节水改造项目，新建幸福闸站，实行电灌站等水利基础设施网格化管理，改造硬质渠道90千米、电灌站84座。推进土地综合整治，新增高标准农田1万亩左右。

美丽镇村再提质。以“小城市”理念推进集镇建设，以美丽乡村行动提升村庄风貌，打造规模适度、功能完善、宜居宜业的现代小城镇。支持白马、大泗、胡庄挖掘资源禀赋，彰显地方特色，壮大镇域经济，规范乡镇工业集中区发展。引导村居盘活闲置资产，组建物业公司、劳务公司，增强自身造血功能。实施农村公路提档升级工程，加快泗白路北延等道路建设，形成与国省干线衔接、与城市道路连通的农村公路网。先行试点农村房地一体确权登记工作，推进集体经营性资产量化到人、固化到户。探索实施农村土地承包经营权置换土地股份合作社股权、农村住房和宅基地置换城镇住房和城镇社会保障，加快农民市民化进程。把城镇化与新农村建设相结合，健全村庄环境和农村河道长效管护机制，保留田园风光，涵养乡土风情，建成省美丽乡村1家。

4.着力深化改革创新，激发转型升级新动力

以深化改革释放活力，以全面创新增添动能，使改革创新真正成为经济社会发展的核心驱动力。

深化经济体制改革，推动强市场和强政府“双强叠加”。推进要素配置市场化改革。探索建立企业绩效综合评价体系，实施差别化的土地供应、金融信贷、技改扶持等政策，促进资源要素合理配置、高效利用。优化土地利用空间，建立土地节约集约利用评价机制，探索工业用地弹性出让制度，加大闲置、低效土地盘活力度。推进财税体制改革。完善区与园区、镇街的财政管理体制，加快构建财权与事权相适应、财力与事权相匹配的财税机制。实施全口径预算管理，推进预决算公开。优化政府债务结构，控制债务规模，防范化解财政风险。优化税源结构，推进二、三产分离，实现企业降本增效。推进投融资体制改革。建立“借用还”相统一的举债融资机制，支持高新区、核心港区打造AA级融资平台，积极争取国家政策性贷款。规范各类融资行为，加大非法集资清理打击力度，加强风险监测预警，坚决守住不发生系统性区域性风险的底线。统筹企业转型、产业升级等专项资金，运用股权投资、风险补偿、贷款贴息等方式支持经济发展、转型升级和科技进步。推行政府和社会资本PPP合作，支持社会资本参与重大基础设施、生态环境治理、民生公共服务等领域建设。

加快综合改革试点，创树具有高港特色的改革品牌。纵深推进社区综合体制改革。围绕组织保障、公共服务、综合治理、可持续发展四大体系，深入推进“政社互动”，加强村居干部制度化、规范化建设，提升社区卫生、居家养老和物业管理服务水平，引导群众有序参与社区治理、公共事务和公益事业，确保5月份完成改革任务，努力打造在全省有位置、全国有影响，可复制、可推广的改革品牌。深化行政审批制度改革。开展相对集中行政许可权一体化改革试点，争取市级审批权限下放，组建区行政审批局，实行“一枚公章管审批”。探索“互联网+审批”的服务模式，打造横向联通、纵向贯通的在线审批监管平台。加快综合执法改革，减少归并行政执法机构，推进跨部门、跨行业、跨区域执法。加强信用管理、市场秩序、产品质量等关键领域事中事后监管，规范中介服务和收费。深入推进口岸街道简政放权改革，加大赋权力度，探索简约便民高效的基层政府治理模式。稳步实施许庄街道同一乡镇范围内村庄建设用地布局调整试点。细化工作实施方案，制定完善拆旧安置、土地复垦利用、资金奖励等配套政策，确保群众能接受、政府能承受、工作能推进。按照“先安置后拆旧”方式，加快推进试点村庄拆旧复垦整治，鼓励农民集中安置。积极争取国开行低息融资，加大资金上争力度，为项目实施提供保障。

实施创新驱动战略，加快构建区域创新体系。强化科技创新支撑。发挥科技镇长团作用，实施“科技成果转化年”专项行动，鼓励企业以股权、期权为纽带，加强与武汉理工大学、吉林大学等高校院所的合作，新建产学研联合体15家以上，开展产学研合作项目50个以上。落实高新技术企业“千企行动计划”，推进省级以上技术中心和创新示范企业建设，新增高新技术企业10家以上。完善科技孵化器配套功能，争创国家级科技企业孵化器。实施知识产权密集型产业培育计划，发明专利申请量达600件以上。推动大众创业万众创新。积极打造众创、众包、众扶、众筹支撑平台，引导社会资本建立众创空间，培育市级以上众创空间2家。完善创业政策扶持体系，鼓励大学生、企业高管等重点群体自主创业。坚持以创业带动就业，完善税费减免、资金扶持等优惠政策，使产业增长点和就业增长点相融合。全年新增就业8000人以上、创业4000人。广泛集聚创新资源。鼓励发展天使投资，用好科技贷款风险补偿资金，推动科技金融深度融合。放大创新券、创业券、购房券等政策效应，推进“港城英才”五年行动计划，重点引进一批科技团队、海外工程师、职业经理人，以高层次人才支撑高水平创新，力争引进各类高层次人才（团队）225个。

5.着力加强生态建设，共建绿色低碳新家园

将生态文明建设融入经济社会发展全过程，提升城市绿色竞争力，让“生态美”成为高港的闪亮名片。

培育绿色风尚，树好“生态路标”。坚持“含绿量”就是“含金量”，严格落实环境保护“党政同责、一岗双责”和生态环境损害责任终身追究制，健全以绿色GDP为导向的政绩考核制度，实现经济与生态良性互动。倡导绿色发展、低碳生活，促进生态文明道德养成。广泛开展环保宣传“五进”活动，深化环境友好企业创建，新增市级以上绿色社区3个、绿色学校2所。

打造绿色空间，铸就“生态屏障”。以创建国家水生态文明试点城市为契机，加大长江滩涂湿地资源和饮用水源地保护，持续推进黑臭河道整治，实施蔡圩河东段等城区河道整治工程，建成一批近水、亲水的生态休闲景观，形成人水和谐、水城交融的生态特色。实施“绿满高港”造林计划，构建有机串联城市、集镇和村落的绿色廊道体系，新增造林面积1000亩、城市绿地50万平方米。落实主体功能区规划，严守耕地保护、开发强度和生态保护三条红线。加强工业废气治理、机动车尾气防治、扬尘治理和秸秆禁烧，城市环境空气质量优良率同比上升2%。

推动绿色转型，释放“生态红利”。加快传统产业绿色化改造，鼓励企业更新工艺技术装备，降低经济发展对资源环境的依赖，为环境减负、为生态增值。以“源头减量、循环利用、再制造”为重点，发展循环经济，推进企业清洁生产和生态园区建设。加大治污减排力度，实施重点减排工程8项，淘汰燃煤锅炉56台，完成企业落后产能淘汰任务。深化排污权有偿使用和交易制度改革，逐步形成政府引导、市场推进、社会参与的生态补偿机制。

6.着力改善民生福祉，奏响幸福高港新乐章

坚持尽力而为、量力而行，更加注重民生建设的稳定性、连续性、累积性，让群众有更多获得感、更高满意度。

彰显城市文化魅力。发挥文化引领作用。倡导社会主义核心价值观，弘扬“大气、大度、大器”的高港精神，加强公民道德教育，形成“爱、敬、诚、善”的良好风尚。落实文明城市创建长效机制，建成一批文明单位、文明社区，提升全社会文明程度。深入推进“美德善行”系列活动，培育选树“中国好人”“大江儿女”，再树一批“高港典型”群像。健全全社会征信体系，推进政务诚信、商务诚信、社会诚信建设。突出文化惠民导向。建成全民健身中心二期、高港美术馆、白马宣传文化中心，推进村居综合文化服务中心建设，创成省级公共体育服务示范区。常态化开展“大江放歌”“大江艺术团”巡演、苏演院线等活动，让群众有更多的文化归属感和自豪感。加强文化队伍建设，繁荣文艺创作，推出更多群众喜闻乐见的精品力作。建成图书总分馆，实现区、镇、村图书资源“一卡通”。加大政府购买公共文化服务力度，探索设立“文化惠民券”，满足群众多元化文化需求。壮大发展文化产业。注重历史文化遗产保护和修复，拓展城市文化内涵。推动红色旅游“南北联动”，打造海军诞生地原址、纪念馆和文化公园“三位一体”的海军文化展示平台。大力发展乡村旅

游、工业旅游，丰富旅游产品，拓展市场空间。用好文化产业引导资金，引进培育动漫设计、文化创意等产业，建设工艺壁纸文化产业示范园，增强文化整体实力和竞争力。

优先发展社会事业。推进教育现代化。整合教育资源，优化教育布局，支持口岸中学、市三高发展，加快建设许庄实验学校、孔桥实验学校、口岸中心小学、海军小学，明发、东方明珠幼儿园投入使用。扎实开展“素质教育5+2”工程，加强校长、教师队伍建设，提升教育教学质量，促进学前教育普惠化、义务教育均衡化、高中教育优质化、职业教育多元化。抓好校舍、校车和学校食堂安全，确保校园环境和谐稳定。提升医疗卫生服务水平。以“抓两头、促中间”为方向，推动市第三人民医院和市人民医院建立紧密型医疗联合体，加快刁铺、许庄、白马基层卫生机构建设，确保年内所有村卫生室达到省级标准。深化医疗卫生体制改革，推动形成基层首诊、双向转诊、急慢分治、上下联动的就医制度，推行家庭医生、乡村医生签约服务和电子健康档案。优化计生服务，落实全面两孩政策，促进人口均衡发展。完善社会保障体系。实施全民参保计划，强化社会保险扩面征缴，新增企业职工养老保险3000人、职工基本医疗保险3000人，城乡居民基本养老保险参保率达99.90%以上，新农合参合率、新增被征地农民进保率均达100%。完善社会救助标准动态调整机制，统筹推进助残、救孤、济困、优抚等福利事业发展。开展新一轮精准扶贫工作，及时有效解决返贫问题。推动医养融合对接，鼓励发展居家养老和社区养老，探索建立虚拟养老院，提供社会化、专业化、规范化的养老服务。

构建社会共治格局。加强平安法治建设。强化社会治安综合治理，加快实施“全球眼”、老旧小区技防改造和“村村通”工程，健全立体化治安防控体系，依法惩治各类违法犯罪活动。加强区、镇、村三级综合服务管理平台规范化建设，推进网格化管理、社会化服务。完善公共法律服务体系，精心组织“七五”普法。妥善化解社会矛盾。落实重大决策社会稳定风险评估制度，完善社会矛盾预警排查机制，努力从源头上减少社会不和谐因素。推行“阳光信访”，建立网上信访平台，引导群众逐级依法有序表达诉求。加大领导干部接访下访约访力度，及时化解征地拆迁、企业改制、劳动社保、生态保护等领域突出问题。健全公共安全体系。落实企业主体责任、行业监管责任和属地管理责任，加强企业安全生产标准化和基层安全生产能力建设，实行党政同责、一岗双责、失职追责，坚决杜绝重特大事故的发生。贯彻新《食品安全法》，强化行业监管和社会监督，建立食品药品安全“黑名单”制度，创成省食品安全城市。完善应急管理体系，加强城市公共消防建设，提高应急处置能力。

四、加强政府自身建设

对人民尽责是政府的庄严承诺，让人民满意是政府的不懈追求。适应新常态、描绘新蓝图、实现新跨越，需要我们更加注重职能转变，推进政府治理体系和治理能力现代化，努力建设为民、务实、清廉的政府。

全力打造服务型政府。弘扬“三个不相信”的新时期精神，倡导“马上就办、真抓实干”的工作作风，始终保持锲而不舍、永不懈怠的激情和干劲，形成凝心聚力、干事创业的良好氛围。坚持把经济一线当作生命线，把项目现场当作主战场，尚实干、勇作为、敢担当，确保区委决策部署落到实处。加强督查督办和效能监察，严格落实行政问责制和责任追究制，切实解决推诿扯皮、“中梗阻”等问题。

全力打造创新型政府。加强政策创新，遵循市场经济规律、社会发展规律和自然规律，重视发展战略、规划的研究和实施，增强工作的前瞻性、科学性。加强制度创新，突出问题导向，健全完善决策、执行、监督等环节的相关制度，构建科学有效的政府运行机制。加强实践创新，注重调查研究，用改革的思路和创新的办法破解难题、推进发展，不断提升政府班子及其组成人员的统筹力、执行力。

全力打造法治型政府。强化法治意识，提高运用法治思维和法治方式深化改革、加快发展、维护稳定的能力，做到“办事依法、遇事找法、解决问题用法、化解矛盾靠法”。严格依法行使权力、履行职责，健全重大决策专家咨询、重大事项社会公示等制度，提高决策科学化、民主化水平。加强电子政务建设，完善政府信息公开和新闻发布制度，确保行政权力网上公开透明运行。自觉接受区人大及其常委会的法律监督、工作监督和区政协的民主监督，认真办理人大代表建议和政协委员提案，不断提高落实率和满意度。

全力打造廉洁型政府。把党的政治纪律和政治规矩挺在前面，坚决落实“两个责任”，严格遵守中国共产党《廉洁自律准则》和《纪律处分条例》，巩固“三严三实”专题教育活动成果，坚持不懈纠正“四风”，严肃整治懒政庸政。加快推进惩治和预防腐败体系建设，突出对重点领域、关键环节的全程监管，坚决查处各类违纪违法案件。落实中央八项规定和省市区委十项规定，厉行勤俭节约，把更多的财力用于保障和改善民生，用政府的“紧日子”换取群众的“好日子”。

各位代表，回顾“十二五”，我们倍感喜悦和自豪；展望“十三五”，我们满怀信心和希望。让我们紧密团结在以习近平同志为总书记的党中央周围，在市委、市政府和区委的坚强领导下，进一步解放思想、振奋精神，开拓创新、扎实苦干，为建设“经济强、百姓富、环境美、社会文明程度高”的新高港而努力奋斗！

媒体聚焦

以“三个统筹”推进人大工作

党的领导是人民当家作主的根本保证。习近平同志指出，坚持和完善人民代表大会制度，必须毫不动摇坚持中国共产党的领导。与时俱进推进基层民主政治建设，需要加强和改善党委对人大工作的领导，以“三个统筹”推进地方人大工作。

思路上坚持统筹谋划。办好中国的事情，关键在党。坚持和完善人民代表大会制度同样如此。人民代表大会制度是坚持党的领导、人民当家作主、依法治国有机统一的根本制度安排，其中，关键是坚持党的领导。应始终发挥党委总揽全局、协调各方的领导作用，注重把人大工作纳入总体布局。近年来，江苏省泰州市高港区统筹推进重点建设，确定人大工作要点，着力保障人大依法行使职权。注重完善党委领导人大工作制度，坚持人大常委会组成人员列席区委常委扩大会、全体区人大代表列席区党代会年会制度。区委在作出重大决策前认真听取同级人大意见，并研究出台《关于进一步加强和改进人大工作的意见》等文件。注重加强基层人大工作考核，坚持将镇、街道人大工作纳入全区“四个文明”考核内容，激励基层人大依法履职尽责，提升全区人大工作水平。

组织上坚持统筹建设。选好干部、配强班子，是保证人大工作顺利推进的关键举措。为此，应把加强地方人大干部队伍建设放在党委工作重要位置，努力打造一支政治坚定、业务精通、结构优化的人大干部队伍。高港区委坚持把配足配强人大机关干部作为保障人大行使职权的基础，为人大机关各工委配备1名副主任；改进人大机关编制管理，实行动态编制与常态编制相结合，将部分政府部门副职安排到人大机关锻炼，使人大成为培养干部的摇篮。针对乡镇改街道后没有本级人大代表的实际，区人大常委会在区委支持下，在三个街道选配街道人大联络员，帮助街道人大工委和区人大代表收集社情民意。

工作上坚持统筹安排。习近平同志强调，领导干部要增强辩证思维、战略思维能力。今天，我们党团结带领人民协调推进“四个全面”战略布局，必须更加自觉地增强辩证思维、战略思维能力，围绕中心任务，统筹推进各项工作。高港区自觉将人大工作放在地方工作全局中来把握和推进，确保相关工作顺利实施。保障人大依法履行监督权，探索建立人大代表直评区四套班子和区级机关部门工作机制，对代表建议办理工作进行跟踪问效；保障人大依法履行重大事项决定权，凡是法律规定应由人大及其常委会讨论决定的重大事项，都依照法定程序提交人大及其常委会审议决定；保障人大依法行使人事任免权，把党管干部原则与人大常委会依法任免原则有机结合起来；保障人大代表依法执行代表职务，按照“有时间做事、有场所处事、有经费办事”的标准，区委指导区人大常委会建立“代表工作日”制度，明确以村居为单位设置“人大代表工作室”，以镇街为单位设置“人大代表之家”。

（2015年6月10日《人民日报》 作者：王建）

扬子江：打造中国医药第一品牌

2014年12月12日，由中国品牌建设促进会、中国国际贸促会、中国资产评估协会等单位联合发起，中央电视台向全球发布中国品牌价值评价榜：扬子江药业品牌强度得分903分，名列生物医药板块第1位；品牌价值评价为103.92亿元，名列生物医药板块第2位。

“这项沉甸甸的荣誉背后，凝聚着上万名扬子江人对质量强企与品牌提升的不懈追求。”扬子江药业集团党委书记、董事长、总经理徐镜人说。中国医药行业正大步迈入品牌竞争的新时代，扬子江药业要立足国内面向世界，与国际主流市场接轨，就必须打造一条自我发展、自我创新的品牌强企之路。

月月都是质量月，全员为品牌“加分”

2014年2月，省政府公布了2013年度江苏省质量奖获奖名单，扬子江药业位列“江苏省质量奖”5家获奖企业第1名，成为全省制药行业唯一入选者。

扬子江药业坚持把全员全过程质量管控作为品牌建设的着力点，严把药品研发、采购、生产、放行、储存、售后六道质量关，并建立了一整套高于法定标准的内控标准。与其他企业每年一次“质量月”不同的是，扬子江药业每年3月和9月开展两次“全员质量月”活动，系统排查存在问题，至今已连续开展16年。扬子江药业注重从源头上控制产品质量，对原辅料进厂实行严格管控，仅2014年就淘汰不合格的供应商10多家。他们还对关键的注射剂原料开展驻厂监督，严格监管供应商产品工艺合法性和GMP生产符合性。

建在高港江边的江苏制药股份有限公司，是“扬子江”全集团的中药提取物生产基地。在去年建成的提取2号车间，排成一条长龙的众多设备之间全部由管道连接，在全国率先实现了中药提取现代化和智能化。

扬子江人的高质量追求，不仅赢得用户青睐，也引起国家药检权威机构的关注。中国食品药品检定研究院自2008年9月决定将其唯一的化学药生产实训基地放在“扬子江”后，已分11批次安排中检院检验技术人员89人次轮流到企业实习锻炼。

以质取胜品牌至上，大步领跑中国医药板块

中国化学制药工业百强榜2014年11月底新鲜出炉，扬子江药业名列百强榜首。就在此前举行的中华中医药学会科学技术奖颁奖大会上，扬子江的拳头产品苏黄止咳胶囊荣获中华中医药学会科学技术奖最高荣誉。

技术创新是品牌的基石，品牌含量实质上就是科技含量。扬子江药业先后在生产、科研、质量一线成立了100多个质量管理（QC）小组，至今累计完成600多个课题攻关。在2014年7月举行的全国医药行业QC小组成果发表会上，扬子江药业以荣获92项质量管理成果一等奖的骄人业绩，蝉联全国同行业QC成果一等奖“十连冠”。

2014年8月的一天，公司冻干粉针2号车间有一套自德国进口的具有国际顶尖水平的全自动进出料系统突发故障。德方工程师远程排查3天3夜未找出症结，提出将该部件寄往国外维修，而这样整个车间就要停产一个多月。该车间机长率领QC小组昼夜攻关，在研究进出料系统核心备件结构原理的基础上，大胆进行解剖，仅用不到一周时间就完成了受损单元的修复工作。

降压药马来酸依那普利片是公司欧盟GMP认证品种，可起初外方提供的工艺并不过关，车间技术人员在同行没有可借鉴方案的情况下，经过20多次小试攻关和方案优化，终于解决了这一难题。经权威部门检测显示，该仿制药与原研药对比一致，为国内最高水平。

“中国产品质量用户满意第一品牌”“全国医生推荐用药”“国家中药保护品种”“中国高新技术产品”“中国中药名牌产品”……近年来正把“扬子江”品牌优势推向全国。如今，在全国1.70万家县级以上医院中，80%以上医院及药店都在使用扬子江“护佑”牌药品。

规范化管理“不抄近道”，抽检合格率连年百分百

2014年9月24日，由国家食药监总局主办的“老味道、老故事、老品牌——坚守诚信的力量”研讨会在京举行，徐镜人在会上表示，每当医药行业因药害事件陷入诚信危机时，扬子江人总能做到坦然面对，并将一个个全国第一纳入怀中。“这也是对我们坚守质量诚信的最好回报，因为扬子江药业在质量管理的原则性问题上从来不抄近道。”

扬子江药业一直把规范管理、诚信经营作为企业生命线，随着企业加速迈向“中国顶尖、世界有名”国际化制药企业，以及在北京、上海、广州、四川、南京、苏州、常州等地相继建成10多家子公司，一整套与之相适应的集团化大质量管理体系正在逐步完善。

2014年11月，在中国化学制药工业峰会上，“扬子江”地佐辛注射液等3个拳头产品获得中国优秀产品品牌；在10月份举行的中国非处方药物协会年会上，又有蓝芩口服液等3个名牌产品位居全国中成药分类前三名。多年来，扬子江药业保持了各级药监部门质量抽检合格率百分之百，有20多个产品质量达到欧美药典标准，3个车间通过欧盟GMP认证，目前又在全力实施多个品种的美国上市注册。扬子江药业还通过马德里体系注册国际商标，其领军品牌“护佑”商标已在45个国家和地区注册为国际商标。更值得一提的是，集团正在实施的“银杏叶提取物和银杏叶片欧盟注册项目”已取得实质性进展，将为扬子江中药产品进军欧盟市场打开新通道。

站在更高的起点上，徐镜人表示，“扬子江人正以积极主动的姿态融入世界医药市场，倾力打造民族医药最强品牌和国际知名品牌，我们对质量品牌的追求永远没有终点！”

（2015年1月5日《新华日报》记者：刘宏奇、顾介铸、赵晓勇；通讯员：刘良鸣）

高港工业经济夺得泰州“五连冠”

泰州市2014年工业经济工作目标考核结果近日揭晓，高港区再次获得一等奖，实现“五连冠”。泰州市人大常委会副主任、高港区委书记王建说，高港积极抢抓新一轮开放机遇，持续突破重大项目，加速集聚特色产业，积极推进转型升级。

深度转型带来“裂变效应”
高港：每周落户一个亿元项目

今年前四个月，高港区新医药、粮油食品加工、装备制造、新材料四大主导产业实现产值同比增长20.60%，占规模以上工业比重达72.20%；完成高新技术产业产值同比增长28.30%，占列统工业比重达50.90%。

“转型升级的深度与企业提升的力度是同频共振的。”泰州市人大常委会副主任、高港区委书记王建说，高港的发展，得益于转型升级带来的“裂变效应”。18年前，高港区刚刚成立时，在全泰州市、区中占地面积最小、人口最少，经济总量也最小。近年来，高港按照“产业相对集聚、企业绝对集中、土地必须集约”的思路，坚定不移地抓实体经济、税源经济，形成了产业发展的新优势，经济运行的新质态。统计显示，2014年，高港区规模以上工业产值总量跃居泰州市第三，达1438.80亿元，增长22.20%。实施亿元以上产业项目48个，高新技术产业产值占规模以上工业产值比重达50.90%。全社会研发投入占GDP比重达3.74%。高港省级经

江苏鹏翎胶管有限公司

济技术开发区年度排名也由过去的46名上升至39名，为创建国家级经济开发区奠定了良好的基础。

在泰州港核心港区，计划总投资45亿元的扬子江药业集团江苏龙凤堂项目二期工程正在抓紧建设。扬子江药业集团优化管理处主管蒋丹杰说，“按照目前进度，今年11月完工交付使用是没有问题的。”该项目将是国内最先进的全自动化的智能中药健康产业基地，全面建成后，预计形成销售100亿元、利税15亿元。

前不久，全球21家顶尖灯具制造企业参加了上海道路LED路灯产品的“华山论剑”。测试结果显示，泰州市华强照明器材有限公司的LED路灯技术性能指标与美国通用、荷兰飞利浦一道名列前三强。这之后，客户纷至沓来，南美多家客商组团赴高港实地考察华强LED道路照明效果，双方达成了多项合作意向。

扬子江药业集团、华强照明发展的良好势头正是高港区不断提升企业核心竞争力的一个缩影。致力于招大引强与培大育强并重，高港已初步形成了新医药、粮油食品加工、装备制造、新材料四大支柱产业，培育壮大了益海粮油、统一食品、口岸船舶、三福船舶、华夏重工、华强照明等一批龙头带动型企业，国机集团、华润雪花、万向精工、鹏翎胶管、大自然木业等一批央企、上市公司陆续落户。高港一直致力推动企业、政府、社会转型，技术、产品、产业升级，对企业进行“品牌化、标准化，资本化、上市化，信息化、高端化”“六化”改造，建设了墙纸、特防用品、汽车天线、LED等一批国家级、省级检测中心，企业竞争力和产业承载力不断提升，经济发展内生动力明显增强。

今年初，新加坡益海嘉里投资公司与中国台湾丸庄食品工业股份公司签约，共同在泰州港核心港区投资3300万美元建设益海嘉里丸庄酱油项目。益海粮油自2006年落户高港后已经数次增资，投资额从最初的2亿元追加至20亿元，产品从最初的小包装到食用油，到大米、大豆浓缩蛋白、维生素E、天然植物甾醇，产值从最初的几亿元到突破百亿元，形成集生产加工、贸易、物流、中转为一体的粮油集散中心，一艘粮油食品加工“航母”已呼之欲出。

不仅如此，高港始终把园区作为经济发展的主战场，全力推进国家级经济技术开发区建设，高标准建设现代港口，完善园区配套功能。随着一批新项目的陆续建成投产，高港区产业正加速集聚。截至4月

底，全区新签约亿元以上项目39个，新开工亿元以上项目29个，平均每周都有1个亿元以上项目落户。

（2015年6月9日《新华日报》通讯员：程荣稳、邵釜明、张玲、卞小士；记者：刘宏奇、顾介铸、赵晓勇）

高港“项目大突破”首战告捷

人勤春来早，实干正当时。2月8日，高港区举办了隆重、简朴、严肃的项目签约和开工仪式。当天上午，刚刚参加完该区第四次党代会第三次年会的党代表、人大代表、政协委员一同见证了17个亿元项目签约，下午又马不停蹄到属地见证了10个亿元项目开工。高港以实际行动贯彻市委书记蓝绍敏提出的“抢抓落实、真抓落实、敢抓落实”的要求，交上一份沉甸甸的成绩单。

抢抓落实　一批重大项目“花落”高港

据了解，当天开工的10个项目总投资达23亿元，其中，过亿美元或10亿元人民币项目1个。项目主要涉及中药、电子信息、高端装备制造、新能源等领域。这些项目全部符合国家产业政策，并与当地发展的重点产业高度契合，具有科技含量高、市场前景好、带动性强等特点。

在开工项目中，投资体量最大的是扬子江药业龙凤堂项目二期，总投资10.60亿元。据悉，整个龙凤堂项目分三期实施，其中，二期项目拟建提取车间、前处理车间、质检研发大楼、龙凤阁、宿舍生活区等相关配套设施，总建筑面积23万平方米，具备年提取中药材产能2.50万吨，计划2015年11月建成投产。三期项目拟建中药现代化技术研究中心、中药新药研发中心和保健品、化妆品基地。

扬子江药业集团总经理助理杨茂昌介绍，整个项目总投资45亿元，三期全面建成后，预计形成年销售100亿元、利税15亿元。

扬泰电子二期项目总投资4亿元，建设生产厂房、检测中心和办公楼，新上精密SMT贴装、柔性线路板等高端产品生产线，二期项目竣工投产后，可新增年销售40亿元、利税4亿元。

当天，高港区还集中签约了17个亿元以上项目，总投资超过27亿元。截至目前，全区新签约亿元以上项目20个，总投资37.60亿元。签约项目中，投资额最大的是落户临港经济园1.20亿美元的光电产业基地项目。这批项目将成带动区域提速发展新的经济增长点。

大自然木门落户两年之后，总投资3.10亿元的实木地板项目再次落子高港，此举将延长大自然在高港投资的产业链，实现项目多元化。

“大自然在全国有数十家企业，但高港的服务是第一的，真正做到了有困难找园区，找政府。这样的软环境是不可替代的，今后还会扩大在高港的投资，向建立大自然工业园区方向发展。”大自然木业有限公司董事长佘学彬说。

真抓落实　确保真抓项目、抓真项目

为确保项目的真实性，高港区创新建立项目建设管理流程。

项目签约前，该区有关职能部门组成联合评估组，实行产业、税收、环保、安全、技术、就业、节能、规划“八位一体”的综合评估，凡是评估不合格的项目一律不予签约。项目签约后，由园区镇街帮助企业领取“三证”、银行开户、办理项目立项等并联审批手续，并取得规划、国土、建设许可权证，金融办对项目资金运转状况进行全程跟踪。项目开工后，经信、科技、市场监管、国税、地税等部门将对工业项目的设备购置、安装进行全方位跟踪；发改、商务等部门对服务业项目进行全过程跟踪，确保项目早日投产达效。

按照项目建设管理流程，高港要求各园区镇街在通过“八位一体”综合评估的基础上，加强跟踪对接，帮助新签约企业办理项目立项等审批手续和各类权证，落实要素保障，排定开工时间。对新开工项目，健全督查机制，倒排实施进度，严格落实项目服务包保责任制。

为确保真抓项目、抓真项目，该区创新项目建设督查推进机制，组织“两代表一委员”每季度视察项目建设进程，监督政府服务。2月8日，“两代表一委员”见证项目集中签约和开工正是执行这项制度的开始。

科学、完善的项目推进机制产生了强大的叠加效应。此次，大泗镇共签约6个项目，总投资超过4亿元，其中，3个为亿元以上项目，令人刮目相看。该镇党委书记魏玉云说，由于经济发展相对滞后，该镇要求党员干部“起得早、行动快”，时刻树立项目意识和危机意识，明确专人负责收集各类项目信息，并及时开展跟踪对接。而且每个项目都明确了一套班子，从签约落户、手续办理到开工建设、投产达效，一抓到底、一刻不松。此次签约的6个项目全部投产后，该镇工业经济总量有望翻番。

敢抓落实　确保各项工作有序推进

“项目大突破”首战告捷，但高港全区上下并没有松懈。

2月8日上午，高港区第四次党代会第三次年会召开。会上，市人大常委会副主任、高港区委书记王建提出，高港要围绕市委书记蓝绍敏提出的“三落实”要求推进“三大主题”工作，全区广大党员干部要把“思想再解放”的落脚点放到“为谁干”的问题上，牢固确立“干工作不是为哪一个人而干，而是为一个地区而干，为自己所担负的历史责任而干，更是为人民群众的福祉而干”的认识。要把“项目大突破、城建新提升”的落脚点放到“怎么干”的问题上，创新思路，狠抓落实，努力把美好的蓝图变为现实，在为泰州加快发展作出更大贡献中展现新作为。

港口是泰州最大的资源、最大的优势、最大的特色。高港将科学编制港口发展规划，积极寻求战略合作，加快完善港口功能，推进集装箱码头二期建设，奋力打造国际化码头、国际化港口、国际化港区，为项目建设提供平台支撑。

创建国家级经济开发区是高港争当全市转型升级综合改革排头兵的重要抓手，高港将努力做到产业相对集聚、企业绝对集中、土地确保集约，确保今年省级经济开发区排名进入“第一方阵”。

围绕“思想再解放、项目大突破、城建新提升”三大主题工作，高港将对应成立三个工作班子，打破条块分割，实现整合资源、重点重抓。完善领导挂钩机制，进一步细化重点企业、重大项目领导包保责任制，严格兑现奖惩，确保各项目标任务圆满完成。

“我们将一鼓作气、乘胜追击，确保3月30日前，再完成15个亿元以上项目签约落户，一季度完成全年任务的50%；9月底之前要确保完成全年指标，力争超额完成。”王建表示。

（2015年2月9日《泰州日报》特约记者：邵釜明、张玲、卞小士；记者：潘荣进）

永安洲成江苏“水美乡镇”

地方美不美，一看绿化，二看水。高港区永安洲镇傍依滚滚长江，境内河道众多、水网密集，是大自然镶嵌在长江岸边的一颗“明珠”。

近年来，永安洲镇科学规划、统筹推进，全力打造“河畅、水清、岸绿、景美”独具特色的水美乡村。

近日，省水利厅公布了2014年度江苏省“水美乡镇”建设名单，永安洲镇榜上有名。

水　缘
21条骨干河道流淌着江南韵味

永安洲自古与水有着不解之缘。据史书记载，400多年前，永安洲还是江中一无名沙洲，“初时有一涨沙露出水面”。清光绪二年（1876年），泰兴县境图中载有永安洲、永昌洲、临镇洲和鳗鱼沙四个四面环江的沙洲，其中，永安洲面积最大。光绪十年开始，陆续有四面八方的乡民迁徙而来，在此繁衍生息。

当时，因永安洲为四面环水的江心洲，易受洪水威胁，常决堤成灾，全赖堤岸抗洪挡潮。人们总希望团圆昌盛、幸福平安，故得名“永安”。

随着历史变迁，永安洲逐渐与陆地连成一个整体，而长江在这里拐了个弯，变成了由北向南，形成了现在一面沿江的地貌特征。

“应该说永安洲是长江的‘儿子’。与水有着天然的感情，与水有着不解之缘。”高港区委常委、核心港区党工委书记韩亚介绍，大自然赐予了永安洲-12米以上长江深水岸线12.80千米，是黄金水道中的铂金岸线。

目前该镇有5座节制闸直通长江，长江与内河水系相连相通，形成了涝可排、旱可灌的完善水网体系，永安洲成为水美鱼肥的江东明珠、鱼米之乡，“永安”之名可谓名副其实。

“我镇拥有21条骨干河道、153条村庄河道，另外，建有14座一级入江排涝站、35座二级排涝站、7个通江涵。”永安洲水利管理服务站站长丁跃峰，这位干了20多年水利工作的老水利谈及水利设施如数家珍。

据了解，目前永安洲镇东西向主要河道有古马干河、界港、同兴港、小四圩港，南北向主要有文胜河、穿心港等。这21条骨干河道像21条项链，让永安洲镇到处流淌着水美稻香的江南韵味。

水　美
一幅乡村田园风情画完美展现

历史上，永安洲也曾遭遇水殇。10多年前，不少河道里渔网密

永安洲镇沿江风光

布、水面富营养化严重，水花生覆盖水面，厚的地方能走人，群众反响强烈。

为此，从2006年开始，永安洲镇花大力气实施清洁村庄、清洁家园的“双清工程”，对主要河道开展整治清理。经过几年的努力，河道环境焕然一新，面貌明显改观。在整治过程中，该镇制定了完整周密的整治方案，明确工作目标，实施挂图作战、序时推进，并建立健全管理网络，为河道整治工作奠定了坚实基础。

为进一步巩固整治成果，从2011年开始，该镇按照核心港区党工委提出的“整环境、出形象，惠民生、促发展”工作思路，坚持产城一体、城乡统筹，每年投入400多万元，进一步加大河道的清理整治力度。

丁跃峰列举了一串数字：近几年来，该镇共疏浚骨干河道32千米，疏浚土方30多万立方米，拆除遗留河房22个，清除渔网786条，新增河道绿化面积137亩；整治家前屋后河塘总长62千米，清运河道杂物3.60万多吨。

此外，该镇大力推进治污、活水工程。在对骨干河道进行疏浚的同时，加快现代化水利设施修复和建设，确保一年四季活水长流。目前，同联排灌站、胜利排灌站已经竣工投入使用，长2千米的同联中沟已经开挖。该镇还加大污水治理力度，铺设污水管网22.50千米，控制污水源排放，有效提升了工业和生活污水的处理能力。该镇福沙社区借助中航船舶安装的污水管网，已经完成进村入户的生活污水管网安装工程，核心港区污水处理厂二期工程也已开工建设。

通过多措并举的综合整治，到2014年永安洲镇的所有河道已实现水美乡村建设提出的“河畅、水清、岸绿、景美”的总体要求，河道环境面貌明显改善，污水处理能力进一步提高，农村河道脏乱差问题得到根本好转。

记者在该镇东江社区看到，贯穿该社区3个自然村的五七中沟碧波荡漾，蓝天、白云和岸边种植的杨柳、红叶石楠球、香樟倒映水中，构成了一幅不用修饰的乡村田园水墨风情画。谁曾想到，两年前这条中沟还是一副破烂不堪的模样，让人望而生厌。

据介绍，今后该镇将进一步建立健全河道常态长效管理机制，全面推行河长制。各社区成立河道管护队，配备专业人员，实行定人、定岗、定责的常态化管理，确保河道长年有人抓、有人管，全面巩固河道整治工作成果。

据了解，未来，永安洲还将打通泰州电厂北侧的北夹江，开挖东夹江，连通古马干河，形成内部河道的大循环，让河道连起来、活起来。

（2015年2月15日《泰州日报》本报记者：潘荣进；特约记者：张玲；通讯员：崔正彬）

高港打造凤栖湖水生态景区

如果说水是城市的灵魂，湖就犹如城市的眼睛。近日正式启动的凤栖湖水生态治理项目，有望为高港城市建设添上点睛之笔。

据了解，凤栖湖水生态治理项目位于高港城区东部。项目总投资约1.10亿元，总占地近700亩，其中，湖面水域占地近500亩，绿化景观占地100多亩。项目计划于2016年底完工。

引来一池活水

为保证水质，凤栖湖将具备补水换水的功能。高港区水利局总工叶文荣介绍，凤栖湖项目目前正在实施周边南马中沟、张马支沟、集成中沟、徐庄中沟等水系沟通和整治，同时新建张马庄沟闸站和集成中沟溢流闸两座配套建筑物。通过上述工程，可以构建一进一出两条通道让长江水自由进出凤栖湖，可谓是引来一池活水。“未来蓄水后，凤栖湖的水质可以达到三类水。”

朱自清的《荷塘月色》让不少人对荷塘边的那样一个静谧、恬淡的夜晚充满了幻想。未来的凤栖湖便是可以观月赏荷的大“荷塘”。

据介绍，为了净化水质、美化湖景，凤栖湖沿岸将种植荷花、再力花、水生鸢尾、芦苇、菖蒲等水生植物。此外，湖中还计划放养鲢鱼等净水鱼类充当水中“清道夫”。

值得一提的是，亲水的安全性也在该项目规划中充分体现。未来的凤栖湖水深0.50至3.50米，并规划以缓坡逐步过渡到湖底，即湖岸边浅、中心深，避免了陡坡可能造成的溺水事故。

让呼吸更自由的“绿肺”

“绿肺”是人们对城市中或周边绿地的形象称谓。“凤栖湖将成为让呼吸更自由的‘绿肺’。它让城湖相依，让城市无处不美景。”叶文荣说，该项目绿化景观占地100多亩，其中，湖岸将建15米宽的绿化带，湖中还将建成一个仅有一条通道的绿色湖心岛。

该项目初步绿化方案提出，按照四季有景的原则，在沿湖绿化带和湖心岛将种植金丝垂柳、悬铃木、意杨、鹅掌楸、栾树等观赏树。

相关绿化方案正在讨论中，可能还会有一些局部调整。叶文荣表示，原则上凤栖湖周围这一大片绿地的存在，不仅要为市民提供了一个休闲场所，更重要的是要给市民一个与大自然亲密接触的机会，体会到“花开春天，荫蔽夏天，秋色突显，冬写绿意”的意境。

此外，湖中还规划建设一个与陆地隔绝的小岛。该小岛规划面积约10亩，将在保留原有芦苇等植物的基础上，适当补种一些乡土树种，作为鸟类等野生动物的家园。

打造临湖生态新城区

市水利局相关专家认为，人工湖的开挖及岸边景观带建设，除了可改善周边景观和环境、满足居民的休闲功能外，还能集聚周边居住区的人气，提升其商业价值。同时，人工湖的开挖增加了区域内湿地面积，将有效地降低城市“热岛”效应，能在一定程度上增加居民的居住舒适度。

一个以凤栖湖为中心的临湖生态新城区呼之欲出。高港区此前出台的相关规划提出，临湖新区南至宣堡港、北到通港路、东临规划环城路、西接沿江高等级公路，规划总面积9.30平方千米，规划总人口约11.80万人。临湖新区整体布局为“一湖统领、四水穿越、六渠联系”的框架结构。其中，“一湖”即凤栖湖；“四水穿越”指的是蔡圩河、周潘中沟、南马中沟、宣堡港四大水系，从新区穿行而过；“六渠”分别指代各社区与中心湖紧密联系的六条河沟。整个设计依托凤栖湖的优美环境，将人们休闲游憩的活动区、商业区和现代化的科教园区及高标准、宜居的临湖居住社区，融合在生态景区中。

（2015年4月15日《泰州日报》记者：张仲明；通讯员：许杨丽、白伟）

高港群众评议化解基层矛盾

新常态下，化解社会矛盾要有新思维、新招数。

去年以来，高港区创新社会治理方式，在全区范围内设立群众评议机构参与矛盾调解，全力打造基层人民调解委员会的“升级版”。

这一招在化解社会矛盾中取得了意想不到的效果。

基层社会治理创新的有益探索

俗话说，公说公有理，婆说婆有理。究竟谁有理？让当事人身边有威望的熟人来评一评、议一议，可能双方都容易接受，而且心服口服。

新常态下，社会矛盾呈现主体多元化、内容多样化特征，调解的难度越来越大。化解一些错综复杂的矛盾纠纷，靠部门“单打独斗”、靠手段单一的调解方式往往难以奏效。只有发动广大群众参与矛盾调解，才能开辟出一番新天地。

去年以来，高港区在健全和完善人民调解、行政调解、司法调解相互衔接配合的“大调解”体系基础上，创新开展社会矛盾纠纷群众评议工作，成立群众评议团、群众评议队等群众评议机构，把矛盾纠纷放到群众跟前，晒在阳光下，让群众参与评议。这是该区完善基层社会治理体系，进一步强化人民调解第一道防线作用的又一有益探索和尝试。

那么，群众评议在化解矛盾纠纷中究竟有多大作用呢？不妨来看一则案例。

几年前，该区口岸街道某村一户人家的独生子因一场意外事故身亡，留下一对年幼的子女。去年，儿媳与婆家为争夺子女的监护权闹起了纠纷，双方摩擦不断升级，最终对簿公堂。因双方分歧较大，几次调解都未能达成一致意见。由于该案涉及失独老人、妇女再婚、未成年人监护等敏感问题，高港区人民法院决定引入群众评议团参与调解，调解场所设在当事人所在村的村部。

今年4月中旬的一天，经过双方当事人认可的5名群众评议员来到现场，10多名村民代表也应邀前来想为和解出一把力。法官详细介绍了案件的缘由，双方当事人陈述了各自的主张。然而，由于矛盾较深，双方一开始就互不相让，调解一度陷入僵局。

有着多年调解经验的群众评议员老陈敏锐地捕捉到了双方的“软肋”——心里都疼爱孩子。他动情地说：“现在的问题并不是双方都不要两个孩子，而是都在抢着养孩子，这是一个好现象，我佩服你们敢于担责的勇气。既然大家都是为了孩子才坐到了这里，那我们不妨把之前的争议都放下，好好想一想怎样才是真正对孩子好，怎样才能最大限度地弥补孩子的创伤。”

血浓于水。这句颇具杀伤力的话像一枚深水炸弹，击中了双方心底最柔软的那一部分，他们立即停止了争吵。群众评议团其他成员也趁热打铁，从孩子和当事人的角度出发，围绕孩子的成长、关爱老人等方面，阐述了各自主张和观点。

激烈的评议从上午9点一直持续至下午1点多，最终拿出了一个兼顾双方当事人诉求并得到大家一致认可的调解方案。村民代表们纷纷表示事后将主动去做当事人的思想工作，推动矛盾加快化解。

群众评议工作大显“神威”

据了解，在去年口岸街道、永安洲镇群众评议工作试点成功的基础上，今年该区将这一做法在全区范围内推广。如今，该区在区级层面成立群众评议团，多数镇（街）成立群众评议队，不少村（居）成立了群众评议组，初步实现区、镇、村三级联动。

今年以来，该区通过群众评议共调解各类棘手矛盾和群众诉求156件，成功化解150件，信访总量同比下降20.40%，达到了矛盾在基层化解、问题在一线解决的良好效果。

群众评议机构的介入使一些久拖未决的矛盾得到钝化缓和，进而推动问题解决，其中，有何奇妙之处呢？

首先，是群众评议机构成员“去行政化”。他们中的大多数人本身就是群众，能讲群众听得懂的话、说老百姓明白的理，化解矛盾更有优势。

据了解，评议员的选聘经过严格的筛选。他们必须公道正派、为人正直，并具备调解的基本素养。群众评议机构一般由人大代表、党代表、政协委员、法律工作者、村干部、德高望重并且热心公益事业的能人贤士、“五老”人员（老党员、老干部、老军人、老模范、老教师）以及普通群众组成。在实际操作中，严格控制现职干部比例，最大限度地体现群众性。目前，该区已建成群众评议机构成员库。更为重要的是，在双方认可的前提下，当事人还可以选择成员库以外的群众，甚至是亲属、邻居、同事等作为评议员参与调解。

其次，是社会矛盾纠纷群众评议工作具有科学性、合理性，能巧妙运用群众的智慧化解矛盾纠纷。群众发生矛盾纠纷并提出诉求后，村（居）民调解委员会首先介入并组织调解。调解不成的，在征得当事人同意后，邀请群众评议员参与调解，参与调解的评议员要获得双方共同认可。评议员在合法、合理的基础上，对当事人陈述的事实、理由和诉求进行评判，只评理不评人，使之尽可能合情合理，让双方当事人容易接受。

“评议员从不同的角度、不同的侧面对矛盾纠纷进行说事、评理、释法，运用法律和亲情及道德力量对矛盾双方进行劝解和心理疏导，促成和解，保证调解的公正公平合理。同时，评议员根植于群众，他们没有大话、套话，阐述观点通俗易懂，极易为当事人接受，增强当事人对调解结果的认同感，极大地减少调解出现反复的现象。”高港区委常委、政法委书记蒋向荣说。

据悉，下一步该区将充分发挥群众主体作用，加大群众评议机构建设，形成覆盖全区的群众评议组织网络，为改革发展创造平安稳定的社会环境。

（2015年5月3日《泰州日报》通讯员：李敏、卫军、管波；记者：潘荣进）

高港累计投入8000多万元推进创建工作

创建全国文明城市，高港书写了精彩一笔

2014年，该区在全市组织的四次城市文明程度指数测评中均保持领先，高分通过省级测评和中央文明委验收，为泰州创成全国文明城市这一金字招牌作出了积极贡献。

市人大常委会副主任、高港区委书记王建说，在创建过程中，我们始终以“高港尊严”为追求引领创建工作，以“巩固提升”为要求推进创建工作，以“创则必成”为目标抓好创建工作，累计投入资金8000多万元，确保了创建工作“硬件过硬、软件不软”。

四套班子成员挂钩督查，累计现场解决实际问题300多件

精神状态也是生产力。作为泰州滨江主城区，高港始终以良好的精神状态凝聚全区共识，在全区上下牢固树立“每个板块都是主战场、每个部门都是主力军、每个人都是主人翁”的担当意识，确保创建工作一个声音喊到底、一份责任抓到底、一气呵成干到底。

该区区委、区政府主要领导靠前指挥，定期召开创建工作联席会议，听取创建工作汇报，了解创建工作动态，经常深入创建一线召开现场会，研究解决实际问题。四套班子成员挂钩联系路段、社区、专项工作组和重点整治工作，带头督促检查，协调会办，解决问题。去年，累计现场解决实际问题300多件，有力地推动了创建工作的有序开展。

深入开展社会主义核心价值体系教育，好人评选引领市民素质提升

城市的文明程度归根到底是由市民的文明素质决定的。近年来，该区始终坚持创建为民、创建惠民、创建育民，把教育群众、引导群众、服务群众纳入创建的全过程，深入开展社会主义核心价值体系教育，不断提升广大市民的文明素质。

该区区委常委、宣传部部长程荣稳说，典型选树活动是高港开展社会主义核心价值体系教育，打造城市名片、涵养城市文明的一个创新载体。通过开展“大江儿女”——道德之星、创业之星、诚信之星、最美高港人、最美志愿者、师德及医德模范等评选活动，产生各类先进典型400多名。

泰州市东方离合器有限公司董事长兼总经理江国辉累计捐款800余万元发展社会公益事业，当选敬业奉献类“中国好人”；口岸街道张马社区姜玲玲一边照顾重病丈夫，一边哺育初生女儿，当选为孝老爱亲类“中国好人”；胡庄镇史记宏、赵玉芳夫妇22年捐资200余万元造福乡亲，当选助人为乐类“中国好人”……

截至目前，该区共培育产生“中国好人”10人、“江苏好人”20人，在全省县市区率先实现“助人为乐”“见义勇为”“诚实守信”“敬业奉献”“孝老爱亲”五大类别“中国好人”全覆盖，有力推动了全区精神文明建设工作的长足发展。

突出抓好城市环境综合整治，累计修复路面2万平方米，绿化补栽200余万株

城市环境和市民素质提升是创建取得实效的关键和核心。该区以

城市环境综合整治为重点，扎实开展居民居住卫生环境、交通出行环境、市场经营环境、校园周边环境、社会文化环境专项整治，累计修复路面2万平方米，绿化补栽200余万株，取缔流动摊贩350多个、夜市排档40多个，累计查处非机动车、行人违法行为3000多起，城市环境焕然一新。

按照“主干道严禁、次干道严控、小街巷规范，夜市烧烤排档等占道经营坚决取缔”原则，该区城管办累计出动执法车辆600余次，取缔流动摊贩350多个、夜市排档40多个，发放限期改正通知书40多份，规范入店经营1000多户，消除了占用人行道、自行车道、盲道等各类占道经营现象。

针对小区环境脏乱差、绿化毁坏、车位不足、设施破损等问题，该区住建和城管等部门组织实施社区环境综合整治行动，累计投入资金961.49万元，有序整治违章搭建，改造老旧管线，修整破损道路，补建绿化植被，推行专业化物业服务。整治后的小区环境得到明显提升，锦江花园、新城花园还获评泰州市首届文明小区。

（2015年5月21日《泰州日报》通讯员：陶春山、夏玮、张玲；记者：王庭君）

汇福粮油打造产业“航母”

在高港，你可以看到，一条条“金龙鱼”从这里“游”向千家万户，一瓶瓶统一冰红茶“流”到大江南北，一箱箱华润雪花啤酒“飘”落天南海北。不仅如此，不远的将来，一桶桶汇福食用油将从这里“福撒”四方。

由国内粮油巨头汇福粮油集团在泰州港核心港区全力打造的江苏汇福蛋白科技及油脂深加工项目，将成为我市沿江乃至长江中下游的又一粮油产业“航母”。

总投资23亿元，致力打造重量级的粮油产业“航母”

据了解，汇福粮油集团有限公司成立于1999年，是河北省内最大的民营粮油综合加工企业，位于河北省三河市燕郊高新开发区，是以生产食用植物油为主导的综合性企业集团。如今已发展成为年加工油料能力300万吨，年生产一级食用油60万吨、饼粕240万吨的“国家大型企业”“国家农业产业化重点龙头企业”。

“高港地处江苏地理几何中心，拥有24.20千米长江黄金岸线，港口优势是我们落子高港的决定性因素之一。相信随着核心港区集装箱码头等港口基础设施的建成，将为我们原料和产品运输提供极大的便利。”谈起项目为何选择高港，江苏汇福（泰州）项目负责人王振山如是说。

目前，在高港集聚了益海粮油、统一食品、华润雪花、苏萨食品等一大批国内甚至全球顶尖的食品加工企业，粮油食品加工产业发展得如火如荼。王振山认为，他们选择在高港与益海粮油毗邻而居，正是看中了这种集聚效应，它会像核聚变一样产生巨大的正能量，推动整个产业向高端攀升。“我们并不惧怕业内的良性竞争，因为在粮油行业中，汇福存在着自身的优势，我们的食用磷脂、乳清蛋白等多个专利项目列入国家863计划，相信未来汇福粮油在高港将书写粮油产业的又一新篇章。”

在位于长江边的汇福粮油施工现场，记者看到，工程车辆进进出出，大型施工机械正一刻不停地作业。目前，该项目桩基工程基本结束，部分厂房主体工程施工，设备采购已经全部结束。其中，原料和成品仓库基础已经完工，主体工程正在加紧建设；油罐区正在进行基础施工，厂区道路开挖基本结束。

据悉，汇福项目建设内容主要包括三方面，其中，饲料蛋白生产项目总投资12.50亿元，建成后年产饲料蛋白240万吨，磷脂2.40万吨、发酵粕12万吨，膨化饲料20万吨；植物油精炼及综合深加工项目总投资5.20亿元，年处理脱胶油60万吨，加工皂脚3.30万吨，建成达产后仅精炼植物油产值可达50亿元至60亿元；汇福长荣物流项目总投资1.50亿元，将购置200辆运输车辆，形成年综合14.40亿吨千米货物中转的运输能力。整个项目建成达产后，可新增年产值200亿元、利润3.80亿元，上缴税收总额10亿元以上。

王振山透露，在这个项目建成后，他们还将在高港追加投资约4亿元，建设米厂和面粉厂，全部投资将超过23亿元，致力于打造又一重量级的粮油产业“航母”。

剑指大健康产业，研发制造医药级磷脂等高端产品

汇福粮油集团高起点定位，将朝着打造环保型示范、节能型示范、科技型示范、质量型示范项目的目标，全力推动粮油食品加工产业转型升级。

据介绍，为配合我市发展大健康产业的战略之举，汇福项目将引入总部的研发团队，研发制造结构脂、食品级磷脂、医药级磷脂等高端产品。项目建成后年生产食品级磷脂2.40万吨，可产胚芽油4500吨，胚芽蛋白粉4万吨。此外，茶籽油、紫苏油、非转基因冷榨油等尖端产品也将在此进行罐装加工。

在工艺设计过程中，汇福粮油十分注重充分利用原材料的原则，采用“大循环”方式，使得物尽其用。比如，菜籽等饲料蛋白原料处理后一部分生产出饲料蛋白，另一部分则分解成为脱胶油和其他物质，而精炼植物油的原材料就是脱胶油。原料的循环制造模式将极大降低成本，提升产品竞争力。

同时，本着节能环保的原则，该

项目将对水实现循环利用，所有废水都将进行深度处理并达到工艺回用标准，处理后的水回到生产车间作为循环冷却用水，部分作为绿化用水。

据了解，汇福粮油在加工过程中将采用经过38层渗透过滤的纯净水，确保了食用油的高品质，使食用油达到油类尖端产品的水平。

而令人眼前一亮的不仅仅是“大循环”系统，汇福粮油集团引进世界最先进的工艺设备，创造出具有汇福特色的精炼法。整个生产线全部采用电脑自动化控制，并引进世界最先进的罐装设备，罐装全过程的监测、检测使用“抓拍”技术，取代人工肉眼的删选，确保产品质量安全万无一失。

业内人士指出，随着该项目落户高港，可直接带动就业人数超过1000人，间接就业3000余人，并带动当地油料产业、物流、电子商务、健康保健品等相关产业的发展，对高港支柱产业之一的粮油食品加工业加快做大做强、形成集聚效应具有重要意义。

（2015年7月14日《泰州日报》通讯员：许杨丽、李誉；记者：潘荣进）

高港列入全国“救急难”试点

近日，民政部办公厅、财政部办公厅联合印发《关于确定全国“救急难”综合试点单位的通知》，高港区成功入选，成为苏中地区唯一入选的县级试点单位。

高港区民政局相关负责人介绍，“救急难”顾名思义，即救急、救难，是对群众遭遇突发事件或变故导致生活困难而提供的临时性救助。“救急难”是对低保等社会保障体系的有益补充和完善，能起到群众困难时“拉一把”的作用，帮他们渡过难关，保证他们生活正常。

临时性救助对象具有不确定性，加之信息不对称，有关部门无法及时提供救助。这也是近年来我国冲击社会道德和心理底线事件频发的重要原因。为此，高港区探索出一条“救急难”信息搜集整理反馈为一体的新路子，加快建立快速响应机制，全力破解救助迟钝难题。

近年来，互联网的各类论坛、政府热线、帮助类电视专栏等新的互动平台日益成为群众反映诉求的重要载体，它们既带来舆论拷问的挑战，也为搜集“救急难”信息，提升救助响应能力带来机遇。为此，高港区民政局在积极协调开通“12349”社会救助热线的同时，加强与大江论坛、民生热线、“小范帮你忙”等平台的互动联动，建立信息互动共享平台，第一时间获得信息，做到救助对象发现从“大海捞针”到“精确定位”。

传统信息平台的作用同样重要。当前，随着村（居）务公开工作深入推进，村（社区）公示栏公示的内容越来越多，社会救助信息往往“淹没”在众多信息中。为此，该区民政局拿出专项资金，为每个村（社区）统一制作社会救助公示栏，公布救助政策、对象和举报电话，群众在监督“不该救助的是否救助”的同时，能及时发现“该救助的有没有救助”。

在信息搜集中，高港区重视借助社会力量，扩大社会参与度，切实提升信息搜集效率。该区充分发挥党组织、群众自治组织和社会组织的主体作用，组织开展困难家庭调查摸底，已建立了949户因病、因残、因灾等致贫的特困边缘家庭档案资料库，这些家庭一有“风吹草动”都能及时响应。该区还发挥社区网格员、社区志愿者贴近群众的优势，引导他们定期入户评估，及早发现和报告陷入困境的群众。

社会救助工作面广量大，涉及部门多，仅发现信息是远远不够的，如何对信息进行甄别并及时处置才是关键。为此，高港区7个镇街均设立了社会救助“一门式”受理窗口，初步实现机构挂牌、人员进驻、职责明确、运转有序的目标。结合基层民政机构建设工作，该区民政局采取已有人员明确分工和购买公益服务岗位两种办法，加强村（社区）救助工作站建设，确保每个村（社区）配备一名救助协理员，及时发现救助对象，并负责代理辖区内困难群众的救助申请。为保障协调办理机制高效运转，区民政局完善急难救助“首问负责制”和“转介”工作制度，编制分转办理流程图，规定办结时限，建立发现与救助的“绿色通道”，确保“救助有门”、受理及时。

目前，高港区已初步建立起纵向到底、横向到边的应急救助网络，基本实现了突发生活困难群众的早发现、早干预、早救助。

据悉，去年该区共救助因重病、突发事件等原因导致的困难家庭217户。

（2015年9月14日《泰州日报》记者：潘荣进；通讯员：杨盟、王志春）

国电泰州电厂二期工程3号机组建成投产

9月25日17时58分，世界首台百万千瓦超超临界二次再热燃煤发电机组——国电泰州电厂二期工程3号机组顺利通过168小时连续满负荷试运行，正式进入商业运营，脱硫、脱硝装置同步投运。市委书记蓝绍敏，国电江苏电力有限公司党组书记张世山，市委常委、秘书长张国梁，副市长杨杰出席投产仪式。

国电泰州电厂二期工程总投资86.10亿元，共建设3号、4号两台百万千瓦超超临界二次再热燃煤发电机组，是国家能源局、环境保护部燃煤发电示范项目，也是科技部确定的“十二五”节能减排国家重大科技支撑计划项目。二期工程全部建成投产后，泰州将成为江苏省最大火力发电基地，国电泰州电厂年销售有望突破百亿元大关，利税在一期工程基础上实现翻番，供热能力也将大幅提升，对我市大力培植税源经济，推进集中供热进程，加快生态文明建设均有着重大现实意义。

二期工程由中国国电集团、中国电力工程顾问集团、上海电气电站集团三方联合攻关，首次在全世界将二次再热技术应用到百万千瓦超超临界燃煤发电机组，实现机组能效、排放水平大幅提升。该项目设计发电煤耗256.20克／千瓦时，比当今世界最好水平低6克/千瓦时，比常规百万机组降低发电煤耗约14克/千瓦时，二氧化碳、二氧化硫、氮氧化物和粉尘排放量减少5%以上，优于燃气机组排放水平，代表了世界领先发电技术。

工程建设过程中，各级政府和中国国电集团高度重视，扎实推进能源消费、供给、技术、体制的“四个革命”，引领中国能源安全。地方政府和相关部门全力服务，成功破解土地、环保资源约束，为工程建设创造良好建设环境。国电泰州电厂扎实推进中国国电集团“一五五”战略，严格执行“四高四优”标准要求，全面推进基建“双提升”工作，全过程实现洁净化、精细化管理，为机组投产实现“3+1”目标奠定坚实基础。3号机组168试运期间，机组各项性能指标优良，达到设计标准。

蓝绍敏在建成投产仪式上讲话。他说，泰州电厂二期工程是国家能源局、科技部的示范工程，这个项目的建设投运，得益于国家相关部委的鼎力支持，得益于省委、省政府的坚强领导，也得益于国电集团和我市的密切配合。我们相信，泰州电厂二期工程必将成为央企与地方合作共赢的标志性项目，必将为全国燃煤发电节能减排作出更大的贡献。蓝绍敏希望国电泰州电厂进一步加强管理，高效运行，为泰州的经济社会发展作出贡献。

蓝绍敏表示，当前，我市正在奋力推进“项目大突破”，真诚期望有更多的大项目、好项目落户泰州，支撑泰州的转型升级和跨越发展。

（2015年9月26日《泰州日报》记者：钱兰；通讯员：陈大林、顾炜）

王老吉（泰州）创新产业基地投产

昨天，王老吉（泰州）创新产业基地举行揭牌暨投产仪式。副省长张雷发来贺信，市委书记蓝绍敏、广药集团董事长李楚源为产业基地揭牌，副市长杨杰、广药集团副总经理刘菊妍为王老吉大健康产业泰州科研技术中心揭牌。

蓝绍敏在致辞时说，大健康产业是永不衰落的“朝阳产业”。当前，我市正充分利用中国医药城的先发优势、部省共建的政策优势、坚实的产业优势，致力打造长江经济带上集“医、药、养、游”为一体的大健康产业集聚发展试点城市。广州医药集团作为一家集科、工、贸于一体的大型企业集团，长期以来，致力于振兴“大南药”、发展“大健康”、推进“大商业”、开拓“大医疗”。近年来，广药集团大力推进凉茶产业的健康发展，凉茶品牌“王老吉”已经成为“中国饮料第一品牌”。应该说，双方在大健康产业的发展上，理念是相通的、方向是一致的。

蓝绍敏说，2012年，广药集团与我市签订“大泰州、大南药、大健康”战略合作协议，组建医药大健康战略同盟。王老吉（泰州）创新产业基地，作为双方战略合作的重要项目之一，不仅是广药集团战略版图的重要组成部分，也对泰州大健康产业的发展产生了良好的示范和带动效应。我们将以此为新的起点，进一步加强联系，增进互信，密切配合，优化服务，双方的合作领域必将更加广阔，合作前景必将更加美好。

李楚源在致辞时说，广州医药集团是广东省的重点骨干企业，拥有187年历史的王老吉是广药集团大健康产业的核心板块，2014年销售突破200亿元。王老吉首个创新产业基地落户泰州，得益于江苏省、泰州市政府的大力支持，也是王老吉抢夺市场、战略布局的需要。这一产业基地是广药集团产业模式的一次突破，不仅承载王老吉凉茶的灌装生产功能，还将建立王老吉泰州凉茶博物馆，成立王老吉大健康产业泰州科研技术中心，集生产、文化、科研三位一体。我们也将利用广药集团、江苏省和泰州市资源优势，将这一产业基地打造成为在江苏乃至整个华东地区推广凉茶文化、促进大健康科研合作的平台和窗口。

2012年，广药集团决定由江苏港城中药养生有限公司作为其代加工商，在高港区建设王老吉（泰州）创新产业基地，加工生产王老吉罐装凉茶。该项目总投资2.60亿元，已建成两条国内顶级的智能凉茶（易拉罐）生产线。项目达产后，年可生产王老吉罐装凉茶约10亿罐，年销售额约20亿元。

（2015年10月17日《泰州日报》记者：叶桂华；特约记者：邵釜明；通讯员：杨鼎）

苏萨饮品项目在高港破土动工

被称为业界“黑马”的“特种兵”生榨椰汁，再次“搅热”了中国饮料业。

12月16日上午，“特种兵”泰州生产基地在高港高新区破土动工。出人意料的是，其掌门人——广东苏萨食品有限公司董事长刘保兴在开工典礼现场宣布，项目总投资提升至11亿元。这比去年签约时公布的6亿元，整整追加了5亿元。

单一饮料产品投资10亿元级

的生产基地，国内几乎绝无仅有。"我们将把泰州打造成中国最大的植物蛋白饮料生产基地。"刘保兴说。

"总投资的追加将给'特种兵'项目带来巨大变化。"高港高新区党工委副书记、管委会主任顾为进介绍，生产线由10条增至20条，产能由4000万箱提升到8000万箱，年产值由30亿元上升到70亿元，税收由1.50亿元增至3.50亿元。"原先'特种兵'只准备将高港作为其华东区域总部，而现在，则是作为整个公司集团总部来打造，包括集团的研发总部、营销总部及未来的上市公司总部等全部搬到园区来。"

据悉，占地120亩、建筑面积8万平方米的项目一期工程将用7个月时间建设完成，然后边装修边安装调试设备，2016年底将进入试生产。也就是说，明年这个时候，泰州市民就可以喝上本地产的"特种兵"啦。

说起"特种兵"的落户，还有段故事。

2011年，广东苏萨食品有限公司研发的"特种兵"生榨椰子汁面世，产品以天然、健康的特点迅速获得消费者认可，在市场飞速蹿红，供不应求。

健康食品产业是高港高新区今后重点发展的产业之一。2013年底，园区党工委副书记、管委会常务副主任、招商局局长田光明，偶然在自己亲戚喜宴上喝到了这种新饮料。随即，园区组织市场调研，迅速派出招商小分队按饮料瓶标签上的地址上门拜访，同时详细梳理出"特种兵"建设生产基地所需各项条件，并一一介绍园区如何满足。

这群"不速之客"的诚意和专业水准，让刘保兴十分感慨。正打算增设生产基地的他实地考察后与园区一拍即合，随后，双方于2014年底签约，项目总投资为6亿元。

经济新常态下，投资者普遍更加谨慎。缘何项目签约一年后，精明的刘保兴又决定巨额增资？

"首先是我们产品发展前景很好。"刘保兴分析说，随着大健康观的发展，80后、90后对健康要求更高，对食品也更为挑剔，因此"没有防腐剂、甜蜜素、增稠剂和香精，同时还很好喝"的生榨椰汁将迎来更为广阔的市场空间。

"从企业战略考量，我们决定让泰州基地挑大梁。"刘保兴透露，目前，国内椰汁细分行业尚无龙头企业，这就给"特种兵"带来了成为"行业老大"的契机。"根据规划，'十三五'末，我们年销售将超过100亿元，泰州基地年销售将超过70亿元。"

不过，在刘保兴看来，大手笔增资还须一个关键条件，"那就是在一处投资能不能让人放心、安心，否则宁可将资本多放几个'篮子'。"他直言，有些地方招商时是一副面孔，项目落户之后又是一副面孔。

"但在高港高新区，经过这一年的紧密接触，他们的热情与认真始终如一。我和同事们常说，这里提供的是一种'超值服务'，在别的地方找不到。"

据了解，建成后的"特种兵"泰州基地将汇集瑞典、德国、法国、日本等地先进设备，设备投资将超6亿元，生产水平将达业界一流。同时，产品也更加多元，除现在市场已有的大瓶装、易拉罐装外，还有纸包装、玻璃瓶装及适合儿童饮用的小瓶装等。

而更长远的计划是，未来，在榨取椰汁后，椰渣将被制成食品添加剂，椰壳将被做成活性炭，雄心勃勃的"特种兵"早已瞄准了椰子制品全产业链。

记者手记

在这里兴业　在这里安家

看来，广东苏萨食品有限公司董事长刘保兴，真的是从骨子里喜欢上了高港。

"你知道吗？我老婆已经在这里的明发国际广场买房了，我准备将一大家子包括父母、岳父母都搬来高港生活。"提起家人，这位机敏果断、叱咤商场的男人，嘴角浮起笑意，眼神满是温情。

作为投资商，刘保兴知道有个叫"泰州高港"的所在，也才两年左右。

一个人，对一个地方究竟有多喜欢，才会在短短的时光里，决定将挚爱的家人带往那里？一定是觉得那里有信任的朋友，有惬意的环境，有蒸蒸日上的事业。

不仅如此，目前苏萨其他高管也已在高港购房。春节后，"特种兵"整个营销体系将迁来，到时公司还将组织员工们在高港团购商住房，让更多伙伴把家安置于此。

这不禁让人想起高港高新区孜孜不倦的追求：竭诚为每一位投资者提供"3最""6全""5心"的"365"服务——"3最"就是审批流程最简、速度最快、服务最优；"6全"就是全身心帮办、全过程跟进、全天候服务、全方位配合、全覆盖保障、全社会支持；"5心"就是让客商在园区可以做到投资放心、发展安心、干事顺心、创业开心、生活舒心。

愿泰州能成为更多投资者兴业安家的乐土！

（2015年12月26日《泰州日报》记者：谢荣；通讯员：栾勇）

专　　记

王建当选全国优秀县委书记

2015年5月，中央组织部启动全国优秀县委书记推选表彰工作。5月30日，省委组织部根据中央组织部部署和要求，在组织推选、深入考察和征求意见的基础上，对拟推荐的4名优秀县委书记初步人选进行公示，泰州市人大常委会副主任、高港区委书记王建位列其中。6月10日，中央组织部对拟表彰的优秀县委书记人选进行公示。6月30日，中央组织部正式表彰全国优秀县委书记，共有102人获评，其中，江苏省3人，分别是高港区委书记王建、海门市委书记姜龙、常熟市委书记惠建林。当日，王建和其他受表彰的优秀县委书记一道在人民大会堂西大厅，集体接受表彰。中共中央总书记、国家主席、中共中央军委主席习近平会见全国优秀县委书记，代表党中央向受到表彰的全国优秀县委书记表示热烈的祝贺，向全国广大共产党员和党务工作者致以节日的问候。中共中央政治局常委、中央书记处书记刘云山参加会见并出席表彰会议。

在热烈的掌声中，习近平发表重要讲话。指出“在党的生日前夕，以中央组织部名义再次表彰一批优秀县委书记，非常有意义。这是一个崇高的荣誉。大家是从全国2800多名县（市、区、旗）委书记中选出来的，都在各自岗位上做出了出色业绩，得到了群众认可，是领导干部中的标杆。这次表彰，既是对大家工作成绩的肯定，也是为了形成学赶先进、见贤思齐的社会氛围，让更多党员领导干部学有榜样、赶有目标，更好为人民服务，更好干事创业。党中央决定开展这次表彰活动，意义还在于为广大干部成长指明正确的途径。”习近平强调，郡县治，天下安。在党的组织结构和国家政权结构中，县一级处在承上启下的关键环节，是发展经济、保障民生、维护稳定的重要基础，也是干部干事创业、锻炼成长的基本功训练基地。县委是党执政兴国的“一线指挥部”，县委书记就是“一线总指挥”，是党在县域治国理政的重要骨干力量。习近平强调，县委书记责任不小、压力不小，要当好县委书记是不容易的。焦裕禄、杨善洲、谷文昌等同志是县委书记的好榜样，县委书记要以他们为榜样，始终做到心中有党、心中有民、心中有责、心中有戒，努力成为党和人民信赖的好干部。习近平给广大县委书记提出四点要求。一是要做政治的明白

中央和省重点新闻媒体集中采访全国优秀县委书记王建

人，对党绝对忠诚，始终同党中央在思想上、政治上、行动上保持高度一致，坚定理想信念，坚守共产党人的精神家园，自觉践行社会主义核心价值观，自觉执行党的纪律和规矩，真正做到头脑始终清醒、立场始终坚定；二是要做发展的开路人，勇于担当、奋发有为，适应和引领经济发展新常态，把握和顺应深化改革新进程，回应人民群众新期待，坚持从实际出发，带领群众一起做好经济社会发展工作，特别是要打好扶贫开发攻坚战，让老百姓生活越来越好，真正做到为官一任，造福一方；三是要做群众的贴心人，坚持全心全意为人民服务的根本宗旨，自觉贯彻党的群众路线，心系群众、为民造福，心中始终装着老百姓，先天下之忧而忧，后天下之乐而乐，真正做到心系群众、热爱群众、服务群众；四是要做班子的带头人，带头讲党性、重品行、做表率，带头搞好“三严三实”专题教育，带头抓班子、带队伍，带头依法办事，带头廉洁自律，带头接受党和人民监督，带头清清白白做人、干干净净做事、堂堂正正做官，真正做到率先垂范、以上率下。习近平要求各级党委和组织部门关心爱护县委书记，支持县委书记干事创业。

7月29日，人民网、新华网、《新华日报》、江苏电视台、江苏人民广播电台等中央和省重点新闻媒体到高港区，集中采访全国优秀县委书记王建。王建围绕贯彻落实习近平总书记要求，介绍以心中“四有”（心中有党、心中有民、心中有责、心中有戒）履职尽责，在全面深化改革进程中不断开拓创新，推进全区经济社会科学发展、生态发展、全面发展的做法和成效，并与媒体记者交流。

8月11日，江苏省首期“四个全面”战略布局研修班在省委党校开班。省委书记罗志军与参加研修班的县（市、区）委书记座谈，强调每一位县（市、区）委书记都要自觉把习近平总书记提出的“四有”“四个人”（政治的明白人、发展的开路人、群众的贴心人、班子的带头人）要求作为为官从政的导航标、干事创业的座右铭，认真落实政治责任、发展责任、为民责任、管党责任，争做让党放心、群众满意的优秀县委书记。座谈会上，高港区委书记王建、常熟市委书记惠建林、海门市委书记姜龙等先后发言，结合各自工作实践，交流学习贯彻习近平总书记提出的“四有”“四个人”要求、履行职责的情况。

9月7日，人民网发表《固本强基惠群众——记全国优秀县委书记、江苏泰州高港区委书记王建》专题报道，从“‘三个1%’专项资金，强化执政根基”“两代表一委员工作日，拉近干群距离”“发展壮大集体经济，一个村都不落下”三个方面介绍王建先进事迹。（高志办）

省委第三巡视组巡视高港

巡视情况

8月10日至9月24日，根据省委巡视工作领导小组部署，省委第三巡视组进驻高港区开展巡视工作。高港区信访接待点设在泰州供电公司安泰输变电工程有限公司（原高港供电营业厅）一楼。根据巡视工作职责，巡视组主要受理反映高港区领导班子及其成员和下一级领导班子主要负责人问题的来信、来电、来访，重点是关于党风廉政建设、作风建设、执行政治纪律、执行民主集中制和选拔任用干部方面的举报与反映。其他不属于巡视受理范围的信访问题，按规定由被巡视地区和有关部门处理。

8月10日上午，高港区召开省委第三巡视组巡视高港动员部署会。市人大常委会副主任、高港区委书记王建，高港区领导任寿南、张兆洋、陈军、程荣稳、韩亚、薛永忠、吴斌、蒋向荣、陈志斌等出席会议。王建指出，省委第三巡视组到高港开展巡视工作是对高港各项工作的全面检阅，也是对各级党员领导干部廉洁自律的政治体检，一定要站在讲政治的高度，充分认识巡视工作的重大意义，切实提高认识，以虚心诚恳的态度接受监督检查，真正把这次巡视作为高港领导班子建设和反腐倡廉建设的契机，作为改进工作、推动发展的动力，促进高港科学发展、绿色发展、全面发展。强调各级党员领导干部要积极协调配合巡视工作，加强组织协调，积极支持配合，提供服务保障，全力保障巡视工作的顺利开展；要强化纪律意识，坚持领导带头，严守工作纪律，做到实事求是，自觉主动接受巡视监督检查。

8月10日下午，巡视靖江市、海陵区、高港区工作动员会在泰州市召开，省委第三巡视组组长白国珍就巡视工作作讲话，市委书记蓝绍敏主持会议并作动员讲话，市人大常委会副主任、高港区委书记王建在会上作表态发言。

巡视组反馈情况

10月29日，省委第三巡视组组长白国珍、副组长周政兴向市人大常委会副主任、高港区委书记王建反馈巡视情况，周政兴代表巡视组向高港区领导班子反馈巡视情况。市委常委、市纪委书记马士光对高港区做好巡视整改工作提出要求。王建主持反馈会议并作表态发言。

周政兴指出，近年来，高港区委认真贯彻落实中央、省委关于党风廉政建设和反腐败工作一系列重大部署，认真落实党风廉政建设“两个责任”（党委主体责任和纪委监督责任），加强制度建设，建立完善干部评价机制，聚焦纠正“四风”（形式主义、官僚主义、享乐主义和奢靡之风）问题，加大查办案件力度，党风廉政建设取得新的成效。但从巡视情况看，高港区党风廉政建设和反腐败工作依然存在一些问题，主要是：党委主体责任的落实存在薄弱环节，部分党委（党组）和主要负责人主体意识不够强，指导督查不够有力；纪委监督责任没有完全落实到位，对有些问题没有及时组织查处；少数领导干部纪律和规矩意识淡薄，基层领导干部违规违纪行为时有发生；少数领导干部以他人名义从事经营活动；有的领导干部亲属在其管辖范围内违规改变企业土地用途性质；有些园区（镇街）对土地出让自由裁量权过大，定价比较随意，为利益输送留下空间；有的领导干部插手干预工程建设项目，在项目未按规定协议完成进度情况下，多次提前支付财政资金，造成损失；有些基层领导干部在征地拆迁、安置房分配、粮食直补中存在以权谋私、贪污贿赂问题；对有的重大事项讨论不充分；在少数干部的选拔任用上重能轻德；文山会海，以会议贯彻会议、以文件代替执行现象没有得到有效改变；领导干部变相公款吃喝问题依然存在，有的部门办公经费监管不严，存在乱开乱支现象；有些领导干部缺乏担当和作为意识，有的部门和基层领导干部服务意识不强，对部分群众反映的问题重视不够、解决不及时；有些改制企业遗留问题没有得到妥善处理等问题，应引起高度重视。对巡视组收到一些反映领导干部的问题线索，按规定转省纪委、省委组织部有关部门处理。

周政兴代表巡视组提出四点建议。一是全面落实“两个责任”，深入推进反腐倡廉建设，加大查办违规违纪案件力度，始终保持惩治腐败的高压态势。二是切实加强领导干部廉洁从政纪律教育，带头执行廉洁自律规定，把纪律和规矩挺在前面。三是坚决贯彻民主集中制，完善“三重一大”决策制度，严格执行《党政领导干部选拔任用工作条例》，坚持德才兼备、以德为先的用人标准，防止领导干部“带病提拔”。

省委第三巡视组巡视高港区情况反馈会

四是严格执行中央“八项规定”，严肃查处各类顶风违纪行为，切实解决涉及群众切身利益的问题，持续深化作风建设。

周政兴强调，高港区委要按照中央和省委要求，切实担负起全面领导党风廉政建设和反腐败工作的主体责任，高度重视巡视反馈意见，对巡视指出的问题要认真研究，立行立改，抓好落实。对巡视整改落实情况，区委要以适当形式向社会公开，接受干部群众监督，省委巡视工作领导小组将适时组织开展监督检查。

马士光对高港区抓好反馈意见的整改落实工作提出四点要求。一是提高思想认识，切实增强整改自觉，做到坚决改、立即改、彻底改。二是加强组织领导，确保整改落实到位，取得良好的政治效应和积极的社会反响。三是借力巡视整改，深入推进党风廉政建设。当前和今后一段时间，高港区委要从全面从严治党的战略高度，学习贯彻好《中国共产党巡视工作条例》《中国共产党廉洁自律准则》和《中国共产党纪律处分条例》三项法规。四是重视成果运用，促进高港全面发展，真正把巡视成果体现好、运用好、发展好。牢固树立政治观念和大局观念，坚决按照省委巡视组的要求，认真履行职责，切实兑现承诺，不折不扣完成各项整改任务。

王建表示，省委第三巡视组的反馈意见，既肯定高港区近年来的工作，又严肃指出巡视中发现的主要问题，提出明确的整改要求，是对全区领导班子一次深入全面的体检，为高港区进一步做好党风廉政建设和反腐败工作提供有力指导。区委将以高度的政治责任感和使命感，用最坚决的态度、最有力的措施，抓好巡视反馈意见的整改落实。坚持把巡视整改工作，与市委“三大主题工作”、区委中心工作有机结合起来，加大对巡视成果的综合运用，进一步提振党员干部的精气神，更好地推动经济社会发展，切实做到精神文明和物质文明“两不误、两促进”，努力向市委和全区人民交上一份满意的答卷。

省委第三巡视组部分成员，市委巡视工作联络办有关人员，高港区四套班子全体领导，区人民法院院长、区人民检察院检察长，区委办公室、区人大办公室、区政府办公室主任，区政协秘书长，区纪委（监察局）、区委组织部班子成员，各园区、镇街党政主要领导出席会议。

高港区整改、落实情况

高港区委高度重视，将迅速整改落实巡视反馈意见作为全区上下最重要的政治任务。一是迅速建立领导体系。区委先后召开三次常委会专题进行研究部署，成立以市人大常委会副主任、区委书记王建为组长，区委副书记、代区长顾萍，区委副书记张兆洋为副组长，区委常委为成员的整改落实工作领导小组。同时，针对巡视组反馈的4类问题，在领导小组下设4个专项小组，组长、副组长均由区四套班子相关领导担任，负责逐一整改落实巡视反馈意见。二是认真研究制定整改方案。区四套班子领导首先自身逐一对照省委巡视组反馈的14个问题，切实把自己摆进去，认真查找、认领相关问题，拿出整改措施。11月12日，区委召开常委会，研究通过《省委第三巡视组巡视反馈意见整改工作方案》，方案将巡视组反馈的四个方面问题梳理成20条具体问题，细化分解为88条整改措施，每条整改措施中均明确负总责的牵头区领导、负直接责任的单位负责人，并逐一列出整改时间和进度要求。三是扎实推进整改落实。区委成立6个联合督查组，对各责任单位整改落实情况开展督查和指导，及时掌握情况，及时发现问题，对进展缓慢、整改不力的单位，及时督促批评，确保整改工作扎实迅速有序开展。区领导带头认领任务、对照检查、抓好整改，特别是对省委巡视组点到的典型问题坚决整改到位，整改工作取得初步成效。

一、关于政治纪律方面问题的整改

（一）关于党委主体责任的落实存在薄弱环节，部分党委（党组）和主要负责人主体意识不够强，指导督查不够有力，制度执行有“打折扣”现象的问题。

1.强化责任意识。区委常委会带头贯彻落实省委《关于落实党风廉政建设党委主体责任、纪委监督责任的实施意见》、市委《关于落实党风廉政建设责任制防止“挂帅不出征”的九项规定》。区委常委会定期召开专题会议研究部署和推动党风廉政建设工作，强调把纪律和规矩挺在前面，全力支持纪委开展工作。区委常委会结合“三严三实”（严以修身、严以用权、严以律己，谋事要实、创业要实、做人要实）专题教育活动，切实做到把党委主体责任放在心上、抓在手中、扛在肩上。

2.注重指导督查。根据区委常委分工，进一步细化主体责任清单，督促各地各部门党组织制定领导班子责任清单、领导班子成员个人责任清单。出台《关于园区、镇（街）和区级机关部门党委（党工委、党组）书记向区委、区纪委当面报告落实党风廉政建设主体责任情况的意见》，规定区委一届任期内，组织各园区、镇（街）党（工）委书记当面报告落实党风廉政建设主体责任情况2次，区级机关部门（单位）党委（党组）书记报告落实党风廉政建设主体责任情况至少2次。区委实行日常检查考核与年终检查考核相结合，明确落实“两个责任”考核要素，对履行主体责任存在苗头性、倾向性问题的基层党委下发提醒督办函。

3.狠抓责任落实。认真落实省委《关于实施党风廉政建设责任追究的办法（试行）》，针对“两个责任”落实不到位的情况，“一案双查”科级干部6人，其中，5人受党纪处分，1人受组织处理。12月18日，召开全区落实“两个责任”推进大会，对落实党风廉政建设“两个责任”进行再部署、再促进，通报全区发生的落实“两个责任”不力的相关典型案例，2名“两个责任”落实不力的部门责任人在会上作公开检讨，并给予党委主要负责人警告处分，纪委主要负责人诫勉谈话并由区纪委实施“召回”管理，分管副区长由区委主要负责人进行提醒谈话。制定出台《关于对领导干部党风廉政建设约谈函询的暂行办法》，针对落实党风廉政建设党委主体责任不到位等14种情形，函询12人次，诫勉谈话3人。

（二）关于纪委监督责任没有完全落实到位，一些单位和部门纪检监察“三转”未能到位，对有些问题没有及时组织查处的问题。

1.巩固“三转”（转职能、转方式、转作风）工作。结合“三严三实”专题教育活动，教育引导全区纪检监察干部不断增强忠实履职的担当意识，进一步强化“份额争先”意识，努力在全市纪检工作全局中贡献“高港份额”，在高港发展大局中贡献“纪检份额”。11月，全面组织开展对各园区、镇（街）、部门（单位）纪检监察组织落实“三转”、聚焦主业主责情况专项检查工作，认真梳理各园区纪工委书记、镇（街）纪（工）委书记、部门（单位）纪检组组长（纪委书记、纪工委书记）分工情况，进一步规范纪检监察干部分工，对2个分工不规范的镇（街）予以批评纠正。根据《关于加强中央纪委派驻机构建设的意见》文件精神，修订完善《区纪委监察局派驻机构工作汇报暂行办法》《区纪委监察局向派驻机构通报情况暂行办法》《区纪委监察局派驻机构业务工作管理暂行办法》《区纪委监察局派驻机构干部工作管理暂行办法》四个办法，由区纪委会同相关部门对派驻纪检组组长（纪工委书记）进行考核，督促其履职尽责。建立全区纪检监察干部“一人一档”数据库，加强纪检监察干部内部监督。开展纪检监察系统内部巡察工作，强化对纪检监察干部履职情况的监督检查。制定出台《高港区纪检监察干部召回管理办法（试行）》，对1名“监督责任”落实不力的部门纪工委书记实施“召回”管理。

2.加大纪律审查力度。组织召开全区纪律审查工作推进会和形势分析会，进一步加强纪律审查工作，及时有力查处腐败案件。制定出台《高港区纪委监察局问题线索集中管理办法》，严格执行问题线索向同级党委报告的同时必须向上级纪委报告制度。深入开展“纪委基层行”活动，修订完善《高港区纪委巡查工作办法（试行）》，对1个镇、1个部门、3个村（社区）进行专项巡查，查找问题14个；组织纪检监察干部、纪检监察后备干部深入7个镇（街）90个村（社区）开展“纪委基层行”驻村联络工作，发放联络卡片1万余张，收集、整理群众反映的问题36条，帮助查找基层党风廉政建设薄弱环节。区纪委组建信访件办理情况督查组，对省委巡视组移交的信访件，明确办理主体，规定办理时限和质量要求，加强督查指导。目前，50件检控类信访件已办结46件，其中，属实8件，立案调查10人，立案率16%，办结件中实名举报件均已反馈举报人；24件涉法涉诉类信访件已全部办结；145件社会问题类信访件已办结131件。全年纪检监察组织共立案55件，比上年增长48.60%，其中，乡科级干部案件11件，增长175%，移送司法机关处理7人，增长133%。

（三）关于少数领导干部纪律和规矩意识淡薄，基层领导干部违规违纪行为时有发生的问题。

1.注重教育引导。以区委中心组为龙头，把加强党员干部的纪律规矩意识作为“三严三实”专题学习教育的重要内容，在第二专题“严以律己”两次交流研讨中，21名区四套班子负责人围绕“纪律与规矩”进行了交流发言。为促进全区党员干部严守纪律和规矩，区委提出“定向、定位、定标、定力”具体要求，即把握方向、摆正位置、坚持标准、守住底线。10月31日，召开全区领导干部会议，专题学习《中国共产党廉洁自律准则》和《中国共产党纪律处分条例》。11月17日、12月18日，分两批次组织开展各园区、镇（街）、机关部门（单位）“一把手”以及纪检监察领导干部专题知识测试，对考试不合格的人员集中培训，直至“全员过关”。印发《全区干部教育培训工作要点》，要求各地、各部门着力加强党性教育特别是政治纪律和政治规矩教育。以“大江讲堂”为载体，邀请专家作专题廉政讲座，不断提升党员干部预防和反腐败的能力。通过报纸、电视、网络、手机等平台，加大宣传教育力度，对涌现的先进典型宣传92条次，对执纪不严的单位、个人进行曝光2次；在高港廉政网增设“我要举报”版块，公布举报电话、电子邮箱以及QQ举报等方式方法，确保全天候接受社会监督。

2.把纪律和规矩挺在前面。认真落实中央和省委关于党员干部廉洁自律的相关规定，以及市《作风建设问责暂行办法》《党员领导干部行为失范记录暂行办法》等制度，把纪律和规矩挺在前面。严格执行中央纪委《关于对妨碍违纪案件查处的党组织和党员党纪处分的规定（试行）》，进一步严明纪律，对妨碍案件查处、致使案件查处工作不能顺利进行的行为严肃处理。研究制定《关于在区管领导班子和领导干部中推行“三设三亮”加强日常监督的实施办法（试行）》，设监督哨、亮责任人，设预警线、亮提醒卡，设曝光台、亮问题源，立足抓早、抓小、抓常。在全区范围内开展“码头习气、土豪习气、游击习气”专项整治行动，印发《高港区党员干部“三种习气”典型问题通报》。进一步加强基层站所作风建设，建立健全对基层一线单位和工作人员的监督管理机制，加大明察暗访力度，及时纠正工作中的不作为、乱作为等问题。严格执行《农村基层干部廉洁履行职责若干规定（试行）》，全年查处村（社区）干部各类违纪违法案件28人。

二、关于廉洁纪律方面问题的整改

（一）关于少数领导干部以他人名义从事经营活动；有的领导干部亲属在其管辖范围内违规改变企业土地用途性质的问题。

1.严查领导干部以他人名义从事经营活动。严格执行领导干部亲属经商办企业的有关规定，对全区领导干部个人及亲属有无违规从事经营活动，包括有无以他人名义从事经营活动的情况进行调查摸底，对区四套班子领导干部发放调查表27份，发现个别领导亲属存在经商办企业的情况，区委主要负责人及时对其提醒谈话，要求规范经营，确保无瑕疵；各园区、镇（街）、机关部门纪检监察组织对所辖干部的基本信息及相关线索情况进行摸排，对排查出的21名区管干部存在亲属从事经营活动的情况逐一进行约谈，源头预防违规违纪。对领导干部在企业兼职的清理工作开展“回头看”，对个别退居二线的领导干部在企业服务的情况进行纠正，进一步明确纪律要求，不得身份混同、不得兼职取酬；畅通领导干部在企业兼职、本人或以他人名义从事经营活动的信访举报渠道，建立干部监督“三员一网”（建立包括督导员、监督员、联络员的用人监督网络）、电话、网络等平台，形成立体式、多方位的干部监督体系。

2.开展全区违规改变企业土地用途性质行为排查活动。围绕领导干部亲属是否在其管辖范围内违规改变企业土地用途问题，通过自查自纠、组织核查等方式开展专项检查。下发《关于开展改变土地用途情况调查和土地出让优惠政策清理的通知》，在全区组织开展企业改变用途专项调查。针对发现的个别园区、镇（街）存在少数企业将工业用地未经审批改建商业用房的问题，要求国土、规划等部门依规采取相关整改措施，相关企业已被责令作出拆迁零补偿承诺。同时，由区纪委、区人民检察院、区国土资源分局、区规划分局和区城管办定期召开专项联席会，针对有关问题线索进行认真梳理，对发现的违纪违规问题予以严肃处理。

（二）关于有些园区（镇街）对土地出让自由裁量权过大，定价比较随意，为利益输送留下空间的问题。

1.规范土地出让金收取、缴存程序。严格执行《国务院办公厅关于规范国有土地使用权出让收支管理的通知》《省政府办公厅关于进一步加强国有土地使用权出让收支管理的通知》要求，研究出台《关于进一步加强建设用地出让管理的若干意见》，进一步规范土地出让工作。积极推行土地出让网上公开交易，进一步完善土地出让金收取、缴存程序。严格按“土地出让金缴款单”和《国有土地使用权出让合同》规定的期限收取土地出让金。

2.开展土地出让专项审计。10月，区政府专题召开土地出让审计工作部署会，对2012年1月至2015年6月全区土地出让收支情况进行全面审计。基本摸清土地审批、征收、供应、土地出让金收支、开发区用地、土地融资抵押等情况，完成现场审计在即。梳理审计中发现的问题，逐一调查核实有关重点问题，确保把每一个问题查深查透，分析产生问题的原因，提出规范性要求和建议，督促相关单位迅速整改落实。

3.对各园区、镇（街）擅自设定的优惠政策进行清理规范。组织开展园区、镇（街）土地出让优惠政策的清理活动，对各园区、镇（街）早期为招商引资出台的通知、意见、纪要等文件进行全面梳理，对违反法律、法规、政策规定的，下发整改通知书要求及时修改或废止。年内，修改或废止各类不符合规定的自定义文件5个。

（三）关于有的领导干部插手干预工程建设项目；在项目未按规定协议完成进度情况下，多次提前支付财政资金，造成损失的问题。

1.完善相关制度。进一步规范工程项目招投标行为，明确要求不得以领导批示或会议纪要等形式代替招投标。严格执行市《关于加强工程招投标实施意见》，规范招投标程序。制定出台《高港区公共资源交易中心网上竞价管理办法》，对交易流程进行完善细化，以信息化手段减少人为因素对招投标的影响；同时，对招标过程实行“五统一”（统一监管机构、统一招投标平台、统一招投标管理制度、统一的评标专家库和统一的招标行业自律组织），严格控制变更金额。研究出台《高港区区级政府投资项目财政资金拨付管理办法》，完善项目资金拨付使用办法，明确相关流程，明晰责任追究。

2.着力问题排查。认真分析排查城市建设、土地出让、招投标等重点领域可能存在的领导干部干扰市场秩序的“特权”问题。对重点项目支付资金等情况进行全程跟踪，并发挥反腐败协调小组作用，收集党员领导干部的问题线索。根据巡视组发现的卫生系统在使用财政资金采购过程中不规范的情况，开展对卫生系统的专项整治，共排查各类线索9件，立案查处4人，移送司法机关2人。

（四）关于有些基层领导干部在征地拆迁、安置房分配、粮食直补中存在以权谋私、贪污贿赂的问题。

1.严格规范程序。严格履行“两公告、一登记”（《征用土地公告》《征地补偿、安置方案公告》和补偿登记）征地各项程序，严格执行征地预缴款制度，做到征地政策、补偿标准、失地保障“三统一”。建立评估机构备选名录库，拆迁项目评估机构按程序通过抽签方式产生，并由公证处公证，拆迁评估机构的确定更加规范。安置房分配坚持所有房源在拆迁现场公示、拆迁户按照交房先后顺序选房、公证处现场公证，坚决杜绝错分、多分现象发生。

2.认真开展相关工作“回头看”。对2015年度征地工作进行自查，未发现有不规范行为。认真核对各拆迁项目的政策、程序、补偿标准等是否按规定进行。加快安置房及配套设施建设进度，督促已完工的安置房尽快交付使用；认真清理不符合安置政策错分、多分的安置房。截至目前，全区安置房及配套设施项目均按计划完成或超额完成年度目标任务。转发《关于印发江苏省2015年国家农作物良种补贴项目实施方案的通知》，确保省委、省政府良种补贴惠农政策落实到位。

3.查处相关以权谋私、贪污贿赂问题。积极探索“互联网+纪检监察工作”方式方法，进一步拓宽违纪问题线索的收集渠道。共查处发生在群众身边的腐败案件28件，其中，涉及粮食直补以及农机骗补的案件13起。结合基层干部收受贿赂案例，召开重大典型案件剖析会，防范和杜绝相关案件再次发生。

三、关于组织纪律方面问题的整改

（一）关于民主集中制落实不到位，集思广益不够，重大事项讨论不充分，如现代农业生态园项目规划设计不严谨、科学论证不足，盲目上马，形成“半拉子”工程的问题。

1.认真落实民主集中制。严格执行区委《关于加强“三重一大”事项决策和监管的意见》《区委常委会全面贯彻执行民主集中制的意见》，进一步规范区委重大事项的议事决策程序。集思广益，广泛听取各方面意见，加强和改进“两代表一委员”依法履职工作的实施办法，明确“两代表一委员”列席旁听区委、区政府重要会议相关制度。对于一些专业性较强的重大事项，坚持专家论证必经程序，增强决策的科学性。修订完善《政府工作规则》，指导各园区、镇（街）和机关部门出台部门议事规则，进一步规范“三重一大”事项决策程序，并加强巡查，对擅自违规决策的相关人员，一经发现，严肃处理。结合“三严三实”专题民主生活会，要求各地各部门把贯彻执行民主集中制情况作为开展批评与自我批评的重要内容。强化区管干部年度考核工作，把贯彻执行民主集中制和严格党内组织生活情况作为对领导班子和领导干部

"作风考核"的重要指标，在述职和测评工作中予以充分体现。

2.优化现代农业生态园项目。11月上旬，邀请专家实地察看农业生态园项目，并召开专题会议进行重新论证，决定将其纳入"泰州城南健康农业示范园区"整体规划设计，作为城郊观光、休闲农业的重要节点来打造。专题成立生态园项目整改工作小组，对现有人员、资产、财物等进行系统梳理，对生态园资产负债状况进行评估，根据评估结果提出具体整改措施，结合区内目前还欠缺的一些公益用房统筹考虑对部分闲置资产盘活使用。进一步强化对各生产项目的管理，在本轮合同到期后，将全部实行公开招标、市场化运作。同时，对近年来的其他各类农业园项目进行"回头看"，对2010年以来其他农业园区所承担的中央、省、市各类农业项目进行重新梳理，查找项目实施存在的问题3条，已整改2条。

（二）关于在少数干部的选拔任用上重能轻德，有的反映较多的干部仍被提拔使用；对个别领导干部提拔使用较快、岗位变动频繁，干部群众意见较大的问题。

1.严格执行干部选拔任用相关规定。认真贯彻《干部选拔任用条例》，严格执行《区管干部动议提名"三审把关"制度》，全年3次区管干部调整工作均按要求审核把关。严格执行廉政预审制度，对有问题反映尚未核查或正在核查的，坚决不提交常委会讨论，防止领导干部"带病提拔"，一年来累计廉政预审85人次。严格执行《关于严格干部德的考核试行办法》，对全年34名提拔或重用人选德的情况进行考核。严格执行《党政领导干部选拔任用工作有关事项报告办法（试行）》，对凡涉及领导干部亲属及身边工作人员提拔使用的情况，均及时按要求书面上报市委组织部审批。

2.加强干部分析研判工作。制定《"双方约谈、双向走访、双线考察"实施方案》，力求全面、客观地掌握全区干部队伍情况。先后通过届中考察、后备干部专题调研和结合"三严三实"专题教育等中心工作开展调研，掌握区管领导班子和领导干部的动态情况。梳理全区各地各部门干部配备情况，结合干部队伍建设需要，适当兼顾部门间平衡，提出干部调整配备建议方案，进一步优化领导班子结构，增强班子整体功能。

3.强化干部监督管理。研究制定《关于贯彻落实"五个要"，建立从严管理干部常态化机制的实施意见》，强化对党员干部尤其是领导干部的监督管理。严肃学习培训纪律，制作《高港区干部培训情况登记表》，编制学员培训手册，制定学员管理办法，对不合格学员建议年度考核不得评优评先。编印《干部监督工作文件汇编》，开展"向领导干部送政策"活动，让领导干部熟悉政策、自觉遵守政策，客观公正地评价、推荐、使用干部。每季度召开干部监督联席会议，收集干部监督信息，交流相关情况。全年对4名思想有波动、工作推进力度不大的干部进行组织约谈；开展提醒工作1次，提醒区管干部1人；开展诫勉工作1次，诫勉谈话区管干部1人。

（三）关于少数领导干部个人有关事项申报有漏报、瞒报现象的问题。

在做好副县（处）级以上领导干部个人有关事项报告工作的同时，下发《关于做好2014年区管领导干部报告个人有关事项工作的通知》，组织全区400多名副乡科级以上领导干部填写2014年度个人有关事项报告表，做到报告对象不漏人、报告内容不漏项。11月，干部选拔任用工作中，每名考察对象均须填写《考察对象个人有关事项报告书》。考察组对填写内容认真审核，对存在的疑问及时请相关考察对象进行情况说明，对确认存在问题的考察对象暂缓提拔。严格执行《关于领导干部个人有关事项报告抽查核实结果处理办法（试行）》，建立全区领导干部个人有关事项报告电子数据库；对个人有关事项报告内容进行随机抽查，针对故意不如实填报或漏报、瞒报等情形，根据情节轻重给予批评教育、组织处理或纪律处分。

四、关于群众纪律、工作纪律、生活纪律方面问题的整改

（一）关于在中央和省明令禁止滥发奖金的情况下，区委、区政府仍向班子成员发放奖金的问题。

严格执行中央和省市有关政策、禁令，研究制定《关于进一步规范我区机关事业单位津贴补贴和奖金发放工作的意见》，规范领导干部工资收入和福利待遇。今后，区四套班子成员的各类津补贴发放严格按照《意见》执行，同时做到透明公开，主动接受监督。印发《关于定期开展专项督查严防"四风"反弹的通知》，明确人社、财政、审计部门联合对津补贴、奖金管理执行情况开展常规检查。对全区89家机关事业单位津贴补贴、奖金等发放情况进行专项检查，下发整改通知书2份、反馈意见1份。

（二）关于文山会海，以会议贯彻会议、以文件代替执行现象没有得到有效改变的问题。

从严落实"转文风、改会风"有关规定，严格控制发文规格和文件数量，压缩领导小组等临时机构的发文。修订完善《公文办理制度》，严格控制发文数量，不符合规定的一律不发；严格公文处理程序，程序不规范或内容不符合要求的一律退回。研究制定《高港区区级机关会议管理办法》，规定区委办公室、区政府办公室扎口管理会议，除由区委、区人大常委会、区政府、区政协主办的全区性会议外，其他部门召开的全区性会议，需提前三天向区委或区政府写出请示，经区委、区政府批准后方可召开；除党代会、人代会、政协会等法定会议外，全区性会议一般控制在一天以内，部门性会议一般不超过半天。认真落实市《关于贯彻〈中国共产党党内法规和规范性文件备案规定〉的实施办法》，制定出台《关于1997年至2012年6月党内规范性文件的清理决定》，全面清理党内规范性文件，共废止30件，宣布失效10件，予以修改2件。加大党内规范性文件备案工作力度，对2014~2015年度区委以及区委办公室制定出台的规范性文件27件，全部及时向市委报备，报备率、及时率、规范率均达100%。

（三）关于领导干部变相公款吃喝问题依然存在，有的部门办公经费监管不严，存在乱开乱支现象的问题。

1.严厉整治领导干部变相公款吃喝问题。严格按照《泰州市党政机关公务接待管理规定》，定期不定期地检查机关、园区、镇（街）食堂接待情况。建立健全《区级机关食堂管理制度》及相关监督检查制度，进一步规范公务接待行为。在全区范围内，对在公园等公共资源中有无实行会员制的会所、只对少数人开放的场所、违规出租经营的场所进行全面检查，未排查到有类似会所存在。严格执行中央“八项规定”精神，坚持抓早抓小，继续深入开展公款吃喝等“四风”突出问题专项整治行动。全年组织开展“四风”问题专项检查32次，先后查实违规公款吃喝、收受企业礼品、接受企业吃请等违反中央“八项规定”精神及群众身边的“四风”和腐败问题8起，在全区实名通报3人，党纪处分10人，对1人进行诫勉谈话，对4人进行批评教育。

2.加强机关部门办公经费监管。督促各部门（单位）认真排查财务管理工作中的风险点、薄弱点，建立健全各项财务管理制度，防范财务风险。已有17家单位报送风险点和财务管理制度，11家单位报送财务管理制度。积极构建财政大监督工作机制，举办财经纪律制度培训班，开展财政专项资金、涉农专项资金、预决算公开情况、镇街财政财务收支等专项检查，及时纠正各类违纪违规行为。严格执行《关于规范财政经费报支程序的规定》，对10家区级部门、单位办公经费进行审计和监督检查。11月，对区教育系统进行财政资金使用情况专项检查，发现各类问题线索8件，立案查处7人，移送司法机关1人。

（四）关于有些领导干部缺乏担当和作为意识，有的部门和基层领导干部服务意识不强，对部分群众反映的问题重视不够、解决不及时，有些改制企业遗留问题没有得到妥善处理的问题。

1.畅通群众信访投诉渠道。认真执行中办、国办《关于创新群众工作方法解决信访突出问题的意见》，建立“区、镇街、村（社区）、网格”四级信访工作网络，完善群众意见征集、问题反映制度。健全领导干部接访约访下访制度，定期开展区领导接待群众来访活动，全年区四套班子领导、区直部门和镇街党政负责人共接访群众495批2502人次。依托“阳光信访”信息平台，建立“网下办理、网上流转”的信访事项办理程序，通过平台办理信访件83件，办结率100%，群众满意率90%。研究制定《区委书记、区长来信来访事项交办件办理工作规则》，进一步加强与市委书记信箱、市长信箱、政风行风热线等群众诉求渠道的沟通对接，提升办理效能。

2.专项整治党员干部“不作为、慢作为、乱作为”。研究制定《党政领导干部不作为不担当问责办法（试行）》，严格干部绩效考核管理，对不愿作为、不敢担当的干部加大问责力度。印发《区纪委、区委组织部关于服务企业、改进作风“三个必须、三个严禁、十个不准”规定》，督促区级机关涉企管理服务部门开展自查自纠，不断提升服务效能。下一步，将在全区范围内针对“庸、懒、散”开展专项整治，做到处理一批人，提醒一批人，教育警醒大多数人。

3.健全群众工作制度。制定出台《关于进一步优化“两代表一委员”工作室工作日活动安排的实施方案》，定期督查活动开展情况。各镇人大主席团会议室、镇街人大代表之家、各片区人大代表工作室全部建设到位，定期开展“人大代表工作日”活动，广泛征求群众的意见、建议，并组织代表走访慰问困难群众。区政协根据委员变化情况，合理调整政协机关委（办）负责人联系镇街委员活动小组、界别小组等分工表，紧紧围绕区委、区政府中心工作，组织开展委员工作日活动，广泛听取基层群众的建议和意见，帮助群众解决困难问题。

4.妥善处理改制企业遗留问题。严格执行《企业国有产权转让管理暂行办法》《企业国有产权向管理层转让暂行规定》和《关于规范国有企业改制工作的意见》等文件，不断加大监管力度。对江苏登月集团等三家区属企业改制政策的执行情况进行“回头看”，就职工提出的集体资产流失问题进行清理核实，形成书面答复意见，对职工进行集中答复。严格执行市总工会《关于重申在企业关闭破产中切实维护职工合法权益的指导意见》，切实保障企业职工合法权益。（高纪办）

“三严三实”专题教育

2015年，高港区按照中央和省、市委统一部署，立足区情实际，突出问题导向，引导党员领导干部积极践行“三严三实”（严以修身、严以用权、严以律己，谋事要实、创业要实、做人要实），努力在深化“四风”整治、巩固和拓展教育实践活动成果上见实效，在守纪律讲规矩、真抓实干上见实效，营造推动改革发展稳定的良好氛围。

一、基本情况

根据中央和省、市委部署要

求，高港区“三严三实”专题教育于5月正式启动，63家单位领导班子和500多名乡科级以上领导干部全部参加。在中央和省、市委的领导下，区委紧密结合高港实际，坚持高起点谋划、高标准要求、高质量推进，“三严三实”专题教育取得务实成效。

二、主要做法及特色工作

坚持从高港实际出发，紧扣严实标准、突出问题导向，深学、细照、笃行，各项工作既稳步推进，又亮点频现。

抓部署安排注重系统性，防止责任落空　在专题教育方案制定、部署推进中，区委将责任落实到位，将压力传递到人，确保专题教育扎实有序推进。区委认真履行党委主体责任，常委会坚持“早学习、早思考、早对照、早整改”，先后多次召开会议，专题谋划部署专题教育。全市动员大会召开后，第一时间召开常委扩大会议专题传达学习，并研究制定实施方案、工作手册，明确工作要点，细化目标任务，梳理实施步骤。区委主要负责人带头为区、镇、村三级500多名党员干部上专题党课，并对专题教育进行动员部署。区四套班子中的党员负责人和各地各单位“一把手”，也分别在分管领域或所在单位进行党课宣讲。在抓好领导干部的同时，把参学对象扩展到社区干部，引导社区干部提升整体素质。成立协调小组和工作组，全面加强对专题教育的组织领导。研究出台《“三严三实”专题教育“一把手”职责任务清单》，明确各级“一把手”6项工作职责和20条工作任务。各地、各单位“一把手”通过直接负责、靠前指导、示范带头、严格把关等一系列举措，推动本地、本单位各项“规定动作”落实到位。

抓学习研讨注重指导性，防止思想疲倦　把学习教育作为一条主线贯穿专题教育始终，组织党员干部学深学透规定内容，注重创新形式、丰富内涵，切实在真学真懂真信真用上下功夫、见实效。引导党员干部认真学习党章党规和习近平总书记系列重要讲话精神，重点研读《习近平谈治国理政》《习近平关于党风廉政建设和反腐败斗争论述摘编》《中国共产党党内监督条例（试行）》《中国共产党廉洁自律准则》《中国共产党纪律处分条例》等书目和党内法规，读原著、学原文、悟原理。区委常委会带头制定个人学习计划，列出必读篇目，班子成员按照一周至少2篇的进度对完成时间作出详细安排。在《泰州日报》高港周刊开设《“三严三实”大家谈》专栏，组织党员干部撰写心得体会。区委常委会分3个专题先后开展6次集体交流研讨，每次交流研讨均由区委主要负责人主持并带头发言，班子成员逐一进行重点发言或补充发言，最后由区委主要负责人进行点评总结。通过相互交流学习心得，寻找存在差距、明确整改方向，为全区党员干部做示范。依托领导干部能力建设讲坛、大江讲堂、读书班等载体，先后邀请中央党校博士生导师张志明等专家学者为各级党员干部开展专题辅导。组织开展纪念建党94周年暨抗战胜利70周年知识竞赛活动，引导党员干部继承和发扬党的优良传统与作风。在深学细照焦裕禄、谷文昌、杨善洲等先进典型的同时，深入组织学习全国优秀县委书记王建、全国先进工作者乔向民、全省优秀党务工作者徐勤生等的优秀事迹，让党员干部学有标杆、行有示范。在《高港新闻》栏目开播党建专栏《高港先锋谱》，重点宣传各条线优秀党员的先进典型事迹。创新开展“纪委基层行”活动，围绕“不作为、慢作为、乱作为”开展专项整治，查处通报8起典型案件，党纪处分10人。

抓问题查摆注重针对性，防止雷同反复　专题教育一开始，高港区就对党的群众路线教育实践活动成果进行再深化，把“三严三实”查摆问题与高港干部不同程度存在的共性问题相结合，梳理并聚焦码头习气、土豪习气、游击习气“三个习气”，并列举突出表现和严重危害，要求全区党员干部查不足、抓整改，确保取得群众满意的实效。区委常委会班子成员带头赴挂钩联系园区、镇街，开展“三严三实”专题调研，面对面听取干部群众的意见建议。在常委班子的示范带动下，各级领导干部依托“三解三促、两送两增”“两代表一委员”工作日、“周末高港·党员关爱服务行动”等载体，到分管部门、联系镇村、项目现场、困难家庭，开展以“牵头一次蹲点调研、组织一次座谈交流、安排一次民情接访、开展一次访贫问苦”为主要内容的“四个一”活动，确保群众声音听得“真”、“不严不实”问题查得“准”。巩固拓展“同岗同级学习与思考”“对标找差”活动成果，开展以“问一问做了哪些工作，比奉献，查是否勤政；问一问取得哪些成绩，比业绩，查是否懒政；问一问存在哪些不足，比正气，查是否廉政；问一问群众是否满意，比担当，查是否庸政”为主要内容的“四问四比四查”专项行动。通过各级干部自己问、同级相互比、部门联动查等方式，紧盯“三个习气”等不严不实的具体表现，深入查找问题。把“三严三实”专题教育与党的群众路线教育实践活动后续整改工作统筹部署、深度对接，对已经完成的整改事项紧盯不放，一抓到底，对整改不力、问题反弹的严格问责，全部完成省委18项专项整治任务，整改办结率100%。针对省委巡视组反馈意见，及时制定整改方案，细化完善88项整改措施，逐一明确牵头区领导、责任单位负责人和时间进度要求等。按照中央组织部《深化县级“三严三实”专题教育着力解决基层干部不作为乱作为等损害群众利益问题的通知》要求，专题研究制定实施方案，组织各级党组织认真整治，形成专项整治情况报告63份，

基层干部的作风进一步优化。通过网络、报刊等载体，面向社会及时公布整改工作进展和举报联系方式，让群众知晓，请群众评判，受群众监督。

抓党内生活注重严肃性，防止庸俗随意　注重借鉴和运用党的群众路线教育实践活动专题民主生活会的成功经验，从谈心谈话、撰写对照检查材料、开展批评和自我批评等方面，进行认真准备和精心组织。区委常委之间谈心不搞默契，坚持把话讲在当面、问题摆上桌面，以坦荡的胸怀"谈"出凝聚力、"谈"出战斗力。常委班子成员重点与区政府党员副区长、挂钩联系园区（镇街）党政负责人进行谈心谈话，累计谈话235人次。经过汇总，对区委常委会领导班子的意见建议共14条，对常委个人的意见建议达到人均1条以上。基层党组织班子成员，尤其是村居"两委"班子成员也分别开展谈心谈话。区委主要负责人主持起草区委常委班子对照检查材料，区四套班子每位成员撰写个人对照检查材料，坚持"主动找、自觉查"，把思想和工作摆进去，逐条梳理、逐项分析，弄清问题性质、找到症结所在。对照检查材料坚持"一把手"直接把关、班子集体把关，对不同层面提出的修改意见，及时进行修改完善。最终形成的对照检查，区委常委班子共查摆不严不实问题3大类9小条，11名区委常委共查摆不严不实问题96条。围绕不严不实问题，逐一列出具体事例，严格按照规定对个人住房、办公用房、公车改革、工资关系等情况进行说明。各地各单位领导班子向区四套班子看齐，确保不严不实问题查摆准确到位。区委常委班子专题民主生活会上，每名常委自我批评敢于抛开面子、揭短亮丑，相互批评不讲虚话套话，直截了当，达到统一思想、增进团结、解决问题、促进工作的目的，市委常委、市纪委书记马士光全程参会指导。全区737个基层党支部，也分别召开专题组织生活会，对13900多名党员开展民主评议和党性分析。

抓督查指导注重实效性，防止形式主义　专题教育协调小组负责全区专题教育的督查指导，协调小组下设3个工作组，定期召开督导例会，明确阶段任务，提升督导工作的针对性、实效性。区委组织部围绕以督促学、以督促改，多次对教育实践活动后续整改、"三严三实"专题教育提出指导性意见。抓好教育实践活动后续整改，为"三严三实"专题教育做好准备，4月上旬，专题召开教育实践活动后续整改会议，传达学习省、市会议精神，全面自查专项整治任务落实情况，推动参学单位整改事项落实到位。5月、8月，先后召开"三严三实"专题教育推进会，传达中央、省、市委决策部署和相关文件精神。区委"三严三实"联络督查组先后对教育实践活动后续整改情况开展1次集中督查，对"三严三实"专题教育情况开展2次集中督查，督查单位涵盖所有园区、镇街、区级机关部门。对于督查中发现的问题，均在第一时间进行反馈，并在全区范围内进行通报，要求立行立改。8月，省委组织部专题调研检查组到高港检查指导，对高港区相关做法给予充分肯定。

三、活动成效

接受思想洗礼，纪律规矩意识树立得更牢　全区上下始终把强化理论武装作为首要政治任务，紧密联系思想实际，加强主观世界改造。区委理论学习中心组认真学习贯彻习近平总书记治国理政系列重要讲话精神和《中国共产党廉洁自律准则》《中国共产党纪律处分条例》等，自觉在思想上、政治上、行动上同以习近平为总书记的党中央保持高度一致，自觉将严的标准、严的措施、严的纪律贯穿领导党建和自身建设全过程，在讲政治、守纪律方面为各级党组织和领导班子做榜样。通过示范引领，广大党员干部普遍增强践行"三严三实"的思想自觉和行动自觉，做到心中有党、心中有民、心中有责、心中有戒。

强化责任担当，干事创业的热情充分激发　区委紧抓专题教育契机，以"高港尊严"为精神引领，以"全市率先、苏中领先、全省争先"为目标追求，进一步提振党员干部干事创业的精气神，推动经济社会事业跨越发展，各项主要经济指标继续保持全市领先，成功蝉联全市"四个文明"综合考评第一名、一等奖，实现"六连冠"。全区新开工亿元以上项目60个，占全市的18%，其中，30亿元以上项目2个，占全市的50%，均列全市第一。企业上市取得新突破，海天科技、榕兴医疗、友润电子在"新三板"挂牌上市。

丰富基层实践，取得一批制度成果和实践成果　区委坚决贯彻落实中央和省、市委部署，坚持专题教育与改革发展同谋划、同部署、同推进。在全市率先启动社区综合体制改革，把永安洲镇、口岸街道作为责任主体，围绕组织保障、公共服务、综合治理、可持续发展四个体系，深入推进基层治理体系和治理能力现代化建设，推动基层组织和干部队伍建设不断加强，农村集体经济实力不断增强，相关做法被《群众》杂志刊载。

优化政治生态，党群干群关系更加密切　区委坚决贯彻落实全面从严治党要求，以专题教育为抓手，严字当头、管处用力、实上见效，着力营造风清气正的政治生态。严格执行《党政领导干部选拔任用工作条例》，把"公道、正派、能干、肯干"作为检验干部的现实标尺。加强基层服务型党组织建设，"周末高港·党员关爱服务行动"被评为全市十佳优秀志愿服务组织、全市第三批文明优质服务品牌。全面落实党风廉政建设"两个责任"，坚决把纪律和规矩挺在前，创新开展"纪委基层行"活动，保持惩治腐败高压态势，构建不敢腐、不能腐、不想腐的长效机制。认真抓好省委巡视组反馈意见的整改落实，反“四风”、转作风向纵深推进。积极培育和践行社会主义核心价值观，深入开展“美德善行”系列活动，“高港好人”打响品牌，“比好人、学好人、当好人”蔚然成风。

普惠民生福祉，群众的获得感幸福感显著增强　区委始终把为群众提供更多公共产品和更优公共服务，作为践行新时期群众路线的重要内容之一，大力推动民生事业持续取得新进步。民生投入不断加大，全年区财政用于民生支出24.70亿元，占一般公共预算支出的75.80%。城乡居民收入分别达34307元、17118元，增长8.90%和9.50%。城市功能品味不断提升，全年实施重点城建项目60个，16条后街背巷整治和9个老小区改造全面完成，全民健身中心一期、基督教堂建成开放，通过国家级生态区考核验收和文明城市创建省级复检测评。教育现代化建设步伐加快，中考成绩再创佳绩，投入2.30亿元、建筑面积7.60万平方米的永安洲实验学校交付使用。市、区人民医院开展合作共建，乡镇卫生院和村居卫生室一体化管理加快推进，率先在全市实现居民医疗保险城乡一体，成为苏中唯一的国家“救急难”试点。　（区委组织部）

国家生态区创建

历届区委、区政府高度重视生态建设和环境保护工作，从建区之初提出“环保优先、生态立区”理念，到2009年在“六大建设”（经济建设、党的建设、社会建设、生态建设、文化建设、法治建设）中突出以生态建设为抓手，再到2010年作出建设生态区的决策部署，环保意识不断增强，工作措施更加扎实。全区生态文明建设水平明显提高，人居环境质量持续改善，实现国家级生态镇街全覆盖，创成省级生态区。1月，高港区顺利通过国家生态区技术评估；11月，通过国家生态区创建验收。

一、强化行政推动，打造生态创建强力引擎

提供人力、物力、财力支撑　成立由区委、区政府主要领导任组长，区政府分管领导任副组长，各职能部门主要负责人为成员的创建工作领导小组。区委、区政府多次召开工作动员会、推进会、现场观摩会，及时协调解决创建过程中遇到的问题，区领导多次到先进地区学习考察，借鉴创建经验。区人大常委会、区政协多次听取情况报告，开展执法检查、专项视察。2012~2015年，累计投入39.90亿元用于生态建设，环保投入占GDP比重不断提升，2014年达3.67%。

明确创建工作方向　编制完成《高港区生态区建设规划》《高港区生态文明建设规划》，推动环保专项规划和城市总体规划、土地利用规划等“多规融合”。综合考虑生态区建设总体目标与区域空间管制等因素，制定《高港区生态红线区域保护规划》，确立14处重要生态功能保护区，总面积45.15平方千米。出台《生态建设工作实施意见》《创建国家生态区实施方案》等文件，将生态创建目标任务分解落实到各责任单位。各园区、镇街、部门结合实际，制定具体推进方案和行动计划。

强化考核与督查工作　明确生态文明建设各级党委负主体责任、纪委负监督责任，明确“一把手”抓、抓“一把手”。制定和实施体现生态文明建设要求的评价体系、考核激励机制，将生态创建任务列入每年的环保责任状，实行环境保护一票否决制。对生态区建设工作实行专项考核，并作为区“四个文明”建设考评的重要内容，逐步提高比重。开展阶段性督查，定期发布督查通报，对督查中发现的问题限时整改；对没有完成创建既定任务的园区、镇街、部门实行通报批评；对消极怠工、推诿扯皮、影响生态区创建的责任单位严肃责任追究。

营造良好的创建氛围　在城乡主要路口、标志性建筑上设立创建宣传广告牌，在政府网站、主流媒体、部门内刊上开辟创建专栏，提高生态区创建的知晓度和参与度。广泛开展生态创建进机关、进企业、进学校、进社区、进农村活动，创成市级以上生态村81个、绿色社区30个、绿色学校19所。开展植树节、爱鸟周、世界环境日等专题宣传，引导群众养成珍爱自然、保护环境、节约资源、低碳生活的生态文明观念。

二、转变发展方式，探索环境保护治本之路

坚持优布局，全力争创国家级经济开发区　按照“产业相对集聚、企业绝对集中、土地必须集约”的工作思路，在创新和开放中推动园区加快转型，提升园区承载力。2014年，高港高新区创成省级生态园区。打造特色园区。科学规划园区发展定位，围绕新医药、粮油食品加工酿造、装备制造、新材料四大主导产业，打造特色产业园区，形成高港高新区、核心港区、临港经济园三大板块。高港高新区重点打造汽车零部件、通用动力、新型装饰材料等产业，核心港区重点培育船舶制造、重工装备、粮油酿造等产业，临港经济园重点发展电子信息产业。优化空间布局。结合城市规划调整和生产力布局调整，鼓励和支持企业进园区、进标准厂房。对于落户的小企业、小项目，不仅确保质态优、效益好，更避免无序落户、杂乱布局，凡投资额不足5000万元的项目不单独供地。华润雪花、华强照明、昆仑光源等工业企业被有序搬迁、整合到产业园区集中发展。推进节约集约。按照“控制增量、盘活存量、处置闲量”思路，深入推进节约集约用地。发挥“土地储备银行”作用，加强土地资源整合利用，对招引项目占用土地、税收贡献情况逐一“回头看”，排定一批“腾笼换鸟”项目。对闲置2年以上、一直没有项目落户的土地，依法予以收回。对城区范围内，符合产业方向和生态环保要求、就业和地方财政贡献大的企业，就地实行“优二升级”。推进许庄街道“同一乡镇村庄布局调整试点”，研究制定激励扶持政策，通过引导农民集中居住，为园区发展腾出更多用地空间。

坚持调结构，构建现代产业体系　按照产业发展生态化、生态经济产业化的要求，加快构建以新型工业为主导、现代服务业为支撑、现代农业为基础的现代产业体系。提质发展工业。按照“以产业基础明晰产业方向、以产业优势构建产业体系、以产业特色形成产业集聚”思路，致力培大育强和招大引强并重，重点培育全国医药龙头企业扬子江药业集团和口岸船舶、三福船舶等本土企业，招引益海粮油、统一食品、华润雪花、万向精工、大自然木业等20多家央企、上市公司，打造壁纸、汽车零部件、通用动力、新型建筑装饰材料等一批国家级、省级产业基地。加快淘汰落后产能，大力发展高新技术产业，培育国家级高新技术企业32家。提速发展服务业。加快泰州港核心港区建设，集装箱码头一期工程建成运营，高港综合物流园建成百亿级服务业集聚区。大力发展商贸、现代物流等服务业态，引进红星美凯龙、时代广场、奥特莱斯等一批重点项目，建成益嘉物流区域性总部和中通、圆通、国通泰州快递集散中心。加快构建集红色旅游、工业旅游、乡村旅游为一体的大旅游格局。全区服务业产值占GDP比重由2011年的28.30%上升至2014年的32.40%。提效发展农业。突出“农业要强”，以产业化为内涵，推进规模化、机械化；突出“农村要美（好）”，以生态化为内涵，推进园区化、社区化；突出“农民要富”，以市民化为内涵，推进多元化、职业化。全区现代化高效农业比重达96.45%、新型农业经营主体适度规模经营比重达68.90%、农业机械化综合水平达81%，创成国家级农业综合开发项目县。推进现代农业园区建设，建成江苏中药科技园、高港现代农业产业园、大泗生态种养产业园、永安洲生态农业示范园等一批生态农业园区。大力发展生态、休闲、观光农业，打造高港农业生态园、“上膳源”泰州农场、腾龙林业科技园、御庐园等一批休闲农业基地。严控农业面源污染，推广农作物病虫害综合防治、测土配方施肥技术，加快畜禽粪便资源化、能源化利用，化肥使用强度为195.10千克/公顷。

坚持促转型，提升企业发展质态　实施以“品牌化、标准化，资本化、上市化，信息化、高端化”为主要内容的“六化”转型工程，加快企业转型、政府转型、社会转型，推进技术升级、产品升级、产业升级。加强科技创新。发挥“蓝火计划”平台作用，鼓励企业加大研发投入和技术改造，累计建成市级以上工程技术研究中心42家，实施产学研合作项目168个。获批省创新型试点城市，蝉联全国科技进步先进区。加快公共服务平台建设，建成特防用品、壁纸两个省级检测中心，加快建设省级测绘计量中心、家居用品检测中心，争创汽车天线、LED两个国家检测中心，产业集聚力和行业吸附力不断提升。发展循环经济。鼓励企业在节能、节水、污染防治等领域实施技改，实施照明、煤改气、节水等工程，培育一批循环经济试点企业。对污染较重的化工、建材、电力等行业和企业开展强制性清洁生产审核，引导企业开展ISO 14000环境管理体系、环境标志产品和其他绿色认证。口岸船舶、博泰电子等26家单位通过强制性清洁生产审核，创新电子、苏中天线等9家单位通过自愿清洁生产审核，百顺胶粘带、德泰墙纸等5家单位通过ISO 14000环境管理体系认证。实施节能减排。贯彻落实《泰州市区热电联产规划》，积极整合热源点，关停供热覆盖范围内的小锅炉，工业园区及城区供热管网逐步完善，共铺设供热网管37.50千米。全面停止新建燃煤窑炉、锅炉审批，14家企业实施初始排污权交易。2012~2015年，共削减化学需氧量1098.16吨、氨氮152.36吨、二氧化硫162.74吨、氮氧化物256.47吨，逐年超额完成省、市下达的主要污染物总量减排任务。

三、推进城乡统筹，建设美丽宜居滨江港城

加强环境基础设施建设　高标准建设污水处理设施，全区累计铺设污水管网135千米，建设乡镇污水处理厂3座、污水提升泵站10座，总投资4.30亿元的永安洲污水处理厂二期工程有序推进，城区生活污水和园区工业废水的集中处理率稳定在80%以上。率先在全市建立“户三包、组保洁、村收集、镇转运、区处理”的生活垃圾处理模式，先后投入2650万元，建成压缩式垃圾中转站9个，设置垃圾池413座，购置密闭垃圾运输车12辆，实现城乡一体化、垃圾无害化处置，全区垃圾无害化处理率稳定在90%以上，危险废物安全处置率达100%。大力发展清洁能源，建成清洁能源区15平方千米，城市气化率达95%以上。规范医疗废物收集处理，区、镇、村三级医疗机构的医疗废物全部实现集中处置。

注重城市精细管理　以创建全国文明城市为契机，深入推进城市环境综合整治，重点对城郊结合部、城中村、老旧小区、后街背巷等开展专项整治，润洲社区、新城社区创成省级城市管理示范社区。社区综合体制改革全面推进，为持续改善城乡环境提供根本保证。加强城市长效管理，对主干道、商业街、车站、公园等重点公共场所实行全天候保洁，加大对户外广告设置、渣土车运营、占道经营、占绿毁绿等管控力度，积极开展防违控违、道路修护、绿化养护、设施维护等工作。提升城市管理水平，数字化城管信息平台项目通过省级验收，累计处置案件近5万件，全区市容市貌得到明显改观。

开展农村环境综合整治　每年拿出上年公共财政预算收入的1%用于村庄环境综合整治长效管护，围绕城乡结合部、乡村道路、河塘坡岸等重点领域开展专项清理，农村环境卫生不断改善，在全市率先通过省级村庄环境整治全域考核验收。开展覆盖拉网式农村环境综合整治试点工作，列入2013~2014年度的10个农村污水处理设施及配套管网项目全部建成。结合新一轮农村实事工程，不断加大农村户厕改造力度，全面推广建设标准化、无害化粪池，完成农村户厕改造7.90万座，改厕率98%。积极推进美丽乡村建设，着力打造重点特色村，全区创成三星级康居乡村8个、二星级康居乡村23个、一星级康居乡村58个、环境整洁自然村156个。

四、强化铁腕治污，不断改善区域环境质量

实施蓝天工程　加强工业废气污染防治，完成口岸船舶、三福船舶等企业挥发性有机物治理和74台燃煤锅炉整治任务。强化扬尘管控，开展建筑工地、渣土车运输扬尘治理专项督查，全区施工现场环境不断改善。开展机动车污染防治，累计淘汰黄标车及老旧机动车551辆，超额完成市交任务。投入1000余万元建设环境监测站、大气自动监测站、在线监控中心、机动车尾气监测站，秸秆禁烧和综合利用工作保持全市领先。

实施碧水工程　投资1.40亿元治理和修复河道水域生态，先后整治区级河道5条、乡级河道56条、村庄河道972条。摸清全区雨污水管网"家底"，实施活水截污工程，推进污水收集管网和雨污分流建设，城区黑臭河道整治任务全面完成。落实"河长制"，建立完善区管干河和城区河道、镇（街）管中沟、村（居）管村庄河道三级河道管理体系，实现河道整治、管护长效化。排查治理饮用水源地、备用水源地污染隐患，建立常态巡查、环境整治、突发事件处理等工作机制，有序搬迁保护区内的渔船停泊点，先后关闭拆除顾江船厂、天发渔港码头、新桥垂钓服务有限公司，杜绝工业及生活污水直排入江。

实施绿地工程　以滨江新城湿地建设和凤栖湖环境打造为重点，推进植树造林、城乡绿化和湿地保护，对沿江、主要河流实施绿化美容，拓展生态走廊。推进生态景观林带建设，实施长江大桥北接线、高港大道和沿江公路等道路绿化，建成泰州大桥绿色景观带和高港生态公园、银杏广场、港城公园、滨河绿地等生态景点，全区道路绿化率98%、森林覆盖率26.89%、城市绿化覆盖率47.30%，均列全市前茅。

五、加强监管执法，保障人民群众环境权益

严格准入　强化从源头防治污染和保护生态的意识，将环评作为项目准入的第一门槛，从源头上筑牢"绿色防线"。严格项目审批，对新进项目实行严格的产业、税收、环保、安全、技术、就业、节能、规划"八位一体"的综合评估，凡是"八评"不达标的项目一律不得落户。严格项目管理，全区建设项目"三同时"（环保设施与主体工程同时设计、同时施工、同时投产使用）制度执行率100%，限制发展化工项目，逐步淘汰小电镀、玻璃窑炉等落后项目，先后关停10家高耗能、高污染企业。致力沿江岸线资源保护，先后劝退总投资40亿元的梅兰化工、总投资10亿元的太平洋钢管等15个亿元以上项目，在未新占用长江岸线资源的情况下，实现经济的健康快速发展。

严密监管　加大企业监测力度，强化对重点污染源的动态监管，市属重点污染源全部建立自动监控系统。开展企业环境信用评价，加大对评价结果为黄色、红色、黑色企业的监察监测频次，同时将评价结果直接与信贷挂钩，构建环境保护"守信激励"和"失信惩戒"机制。强化环境应急处置，编制完善大气、水环境应急预案，组织开展环境安全应急演练，实现管理方式由事后被动处置向事前主动排查转变。妥善处理解决各类环境纠纷，实行环保信访回复、信访包案和带案下访制度，第一时间受理、处置、回复群众反映的环境信访事项，答复人大建议和政协提案13件，调查处理率和办结回复率均达100%。

严肃执法　坚持把化工企业和重金属排放企业作为环保监管的重中之重，通过关停淘汰、限期治理、挂牌督办等方式，督促全区17家风险企业建立风险源基本台账。深入开展环保专项行动，对工业园区污染防治、排污单位污染治理开展拉网式检查，全区挂牌督办的96家单位按要求全部整改到位，18家存在环境问题的化工、电镀企业全部关闭。　（区环保局）

高港概貌

自然环境

【地域面积】 高港区位于泰州市市区南半部，濒临长江。北连泰州医药高新区，东接姜堰区、泰兴市，西临扬州市江都区，南与扬中市隔江相望。高港城区中心坐标为北纬32° 19′06″、东经119° 52′33″。全区总面积286.83平方千米。其中，中心城区东至高港大道，西至南官河，南至港口路，北至宁通高速，建成区面积13.70平方千米。

【地形地貌】 高港区属长江三角洲冲积平原。古代是浅海，后来渐次成陆。地形平坦，地面高程一般2~5米、最低处1.80米（永安洲北沙局部地面）。大体北部为高沙平原，南部为沿江平原，江岸线附近的狭长区域为江边滩地。

【河流交通】 区域内主要河流有8条，东西向有许庄河、宣堡港、古马干河、生产河和周山河，南北向有南官河、引江河和西干河，均可通航。G2京沪高速、G40沪陕高速、336省道穿境，乡际、乡村均有公路通达。长江港口泰州港、引江河高港枢纽及泰州长江公路大桥坐落境内。

【气候】 2015年，高港区总降水量明显偏多，高温日和暴雨日数偏多，主要气象灾害有短时强降水、雷雨大风、暴雨涝灾、雷电、高温、大雾、大雪等。

气温　平均气温15.70℃，比常年偏暖，极端最高气温37.20℃，极端最低气温-8.30℃。全年高温日数11天，比常年（7天）偏多，夏季平均气温偏低，冬季、春季、秋季气温偏高。

降水　年降水量1449.40毫米，比常年（1022.60毫米）明显偏多，其中，1月（23.90毫米）、2月（38.70毫米）正常。春季（344.50毫米，常年227.20毫米）、夏季（795.50毫米，常年477.70毫米）、秋季（225.60毫米，常年205.80毫米）三季节降水都偏多，11月连阴雨给秋收秋种带来严重影响。

日照　全年1818.90小时，较常年同期偏少1成。4月、8~10月较常年偏多，其余月份偏少，其中，11月日照时数仅有常年同期的5成。

雾霾　全年雾日数97天，霾日数196天。持续的雾霾天气对群众生产生活和交通运输产生较大影响。

高温　8月2~6日，出现连续高温，最高温度均达37℃以上，胡庄镇个体螃蟹养殖场出现螃蟹死亡现象。

暴雨　全区区域性暴雨过程多，降水量大。6月2日，降水89.50毫米；6月27日，降水142.40毫米；7月19日，降水93.50毫米；8月24日，降水53毫米。6月27~30日，暴雨期间高港区受灾比较严重。

强对流　4月28日傍晚，全区出现雷暴天气，降水最大的站点22.60毫米，极大风13.80米/秒。5月11日、12日，均出现区域性大风，5月11日瞬时极大风速为16.70米/秒（7级），出现在胡庄镇。7月3日，短时强降水，导致胡庄镇农业园区部分蔬菜种植业主的大棚遭受水灾，棚内作物损失严重，每个棚损失在3000元以上。8月27日下午15~16时，许庄街道发生大范围强雷电，雪花啤酒厂摄像设备被打坏。

梅雨　6月24日入梅，7月13日出梅，入梅偏迟（常年6月18日），出梅偏迟，梅期基本正常，长21天。梅雨量明显偏多，共264.80毫米，比常年偏多1成。

台风　7月11~12日，受9号台风“灿鸿”影响，降水量19.90毫米，极大风力达17.10米/秒（7级）；8月10~11日，受13号台风“苏迪罗”减弱的低压影响，高港区出现强降水天气，最大日降水量150.40毫米（口岸），达到大暴雨量级，极大风力达

14.90米/秒（7级）。

寒潮　共出现3次寒潮过程，1月1~2日，最低气温-7.10℃，最低气温最大降温幅度10℃；11月23日，过程最低-6.50℃，最低气温最大降温幅度11.80℃；12月2日，过程最低-0.70℃，最低气温最大降温幅度10.70℃。

大雪　1月28日夜，出现大雪天气。许庄街道自动气象站的积雪深度3.20厘米，过程降雪量7.90毫米。

【水文水情】 2015年，高港境内长江最高水位为4.58米（废黄河高程，下同），发生在6月18日；长江最低水位为-0.04米，发生在1月19日。口岸闸全年引水263次25594.30万立方米，排水1次194.30万立方米。

【自然资源】 长江岸线资源　高港区拥有沿江岸线24.20千米，其中，水深-10米以上的一级岸线13.60千米，水深-5~-8米的二级岸线3.30千米。可供开发利用深水岸线9.50千米，可建设5万吨级以上码头近20个。

水资源　可利用水资源主要为长江水，水量每年约有14.40亿立方米。全区水面广阔，资源丰富，江河塘中主要产鱼、虾、蟹、蚌、龟、鳖等。

江河资源　全区有区级干河9条、75.60千米，镇级中沟108条、254千米，村级河道1709条、750.30千米。

土地资源　全区土地总面积28683.55公顷，其中，农用地16687.24公顷，建设用地7563.80公顷，未利用地4432.51公顷。

矿产资源　全区共有砖瓦用黏土资源181.83万立方米，暂无其他矿产资源。

史　略

【概况】 高港区境域在周秦时代即为海阳（今泰州）邑地。汉武帝元狩六年（前117）为海陵县地。有史记载追溯至五代南唐升元元年（937）。清康熙《扬州府志》云："南唐析济川镇置泰兴县，创治于柴墟。宋初徙治延令村，是为今县治。"柴墟是口岸的古称。南宋建炎四年（1130），岳飞任通泰镇抚使兼知泰州，因泰州无险可恃退保柴墟，在南坝桥大败金兵。南宋绍兴十年（1140），泰州的治所曾一度移至柴墟。元末，徐达为进攻泰州，自境内大江口开浚河道直至泰州南门。明嘉靖年间（1522~1566），泰州至泰兴的驿道经过境内，并设刁家渡铺、口岸铺。明代，口岸成为泰兴的西北重镇，先后建有口岸察院、口岸公馆等。清代在口岸设巡检司，所治范围为泰兴县的西北片。清雍正十三年（1735），泰兴全县分为四辖，口岸巡检司所治地域为"口辖"。口岸逐渐发展为长江北岸的一个重要港口和物资集散地。民国时期，境内各乡镇分属泰兴、泰县。民国38年（1949）4月，中国人民解放军第三野战军副司令员兼副政委粟裕等，率司令部直属队抵达白马庙（今白马镇），设立东突击集团渡江作战指挥部。4月23日，成立中国人民解放军华东军区海军司令部，张爱萍任司令员兼政委，白马庙成为中国人民解放军海军诞生地。1997年8月，国务院批准设立泰州市高港区。

行政区划

【概况】 1997年8月高港区成立时，辖永安洲、田河、口岸、刁铺、许庄、白马、野徐7个乡镇。2008年区划调整，辖口岸、刁铺、许庄3个街道及永安洲、野徐、白马3个镇，代管泰兴市胡庄镇、姜堰市大泗镇及两市部分行政村，野徐镇1个村划归泰州市周山河街区代管。2009年区划调整，辖口岸、刁铺、许庄3个街道及永安洲、白马、胡庄、大泗4个镇，许庄街道2个村划给野徐镇，调整后的野徐镇及刁铺街道部分村组划归泰州经济开发区代管。至2015年末，辖街道3个、镇4个，共有社区50个、村40个。

2015年高港区各街镇所辖村（社区）一览表

表1

街道、镇	社　区	村
口岸街道	引江社区、新明社区、东南社区、城南社区、龙窝口社区、城东社区、王营社区、蔡滩社区、口岸社区、田河社区、集成社区、戴集社区、张马社区、朱营社区、柴墟社区、新城社区、育才社区	大石村、徐桥村、郎庄村、雅儒村、吴楼村、徐庄村
刁铺街道	关桥社区、通太社区、环溪社区、万庄社区、大丰社区、界牌社区、圩岸社区	—
许庄街道	马厂社区、三星社区、官沟社区、周梓社区、三旗营社区、曹官营社区、许庄社区、乔杨社区、赵王社区、孔桥社区	明河村、钱赵村、管营村、蔡庄村
永安洲镇	福沙社区、新街社区、中心社区、永兴社区、兴洲社区、永胜社区、上桥社区、建安社区、东江社区、兴隆社区、润洲社区	—

续表1

街道、镇	社　　区	村
白马镇	金马社区、白马社区	岱白村、陈家村、陆家村、黄河村、前进村
大泗镇	大泗社区	时庄村、马龙村、康乐村、霍堡村、大马村、佴陈村、佴庄村、二陈村、北港村、曹于村、前进村、杨营村
胡庄镇	胡庄社区、汪群社区	赵市村、薛垛村、戴陈村、刘荡村、单王村、刘元村、史庄村、庵桥村、周马村、宗林村、丁庄村、田野村、陈隆村

人口·民族·语言

【人口】 2015年末，高港区户籍总人口26.27万人，其中，女性13万人，占总人口49.49%；男性13.27万人，占总人口50.51%。男女性别比控制在正常范围内，为102.08。人口密度为916人/平方千米。全年出生人口2800人，死亡人口2420人。

【民族】 2015年，全区有定居少数民族31个，与上年持平；定居少数民族人数695人，减少26人，占全区总人口0.26%。少数民族人口中，以土家族最多，有188人；各镇街中，以口岸街道最多，有144人。

2015年高港区少数民族人数及分布情况一览表

表2　　　　单位：人

民　族	口岸街道	刁铺街道	许庄街道	永安洲镇	白马镇	大泗镇	胡庄镇	小　计
土家族	28	3	22	12	61	32	30	188
苗族	9	—	6	9	11	19	41	95
壮族	10	2	12	4	8	10	9	55
满族	20	1	7	5	5	6	5	49
彝族	11	1	12	10	2	7	4	47
回族	18	1	11	2	6	3	3	44
蒙古族	11	1	6	3	2	4	6	33
布依族	4	3	2	5	2	8	6	30
侗族	5	—	3	1	4	2	11	26
黎族	5	—	—	2	5	4	3	19
傣族	3	—	2	3	3	4	2	17
白族	3	—	2	—	—	2	9	16
瑶族	—	—	—	5	2	3	3	13
土族	3	—	1	2	1	1	—	8
畲族	1	—	3	1	3	—	—	8
仡佬族	3	—	3	—	—	—	—	6
朝鲜族	3	1	—	—	2	—	—	6
傈僳族	3	—	—	2	—	—	—	5
藏族	3	—	—	—	—	—	2	5
哈尼族	—	—	—	—	—	2	2	4
纳西族	—	—	—	1	—	1	2	4
锡伯族	1	—	—	2	—	—	—	3
拉祜族	—	—	—	—	—	—	2	2

续表2

民 族	口岸街道	刁铺街道	许庄街道	永安洲镇	白马镇	大泗镇	胡庄镇	小 计
保安族	—	—	2	—	—	—	—	2
景颇族	—	—	—	—	2	—	—	2
水族	—	—	—	—	—	2	—	2
羌族	—	—	2	—	—	—	—	2
佤族	—	—	—	—	1	—	—	1
普米族	—	—	1	—	—	—	—	1
维吾尔族	—	—	—	1	—	—	—	1
裕固族	—	—	—	—	—	1	—	1
合计	144	13	97	70	120	111	140	695

【语言】 高港方言属汉语北方方言的江淮方言泰如片。高港方言与同属江淮方言泰如片的海陵话、姜堰话、泰兴话有一定联系。江都话、扬中话对高港方言有一定影响。同时高港方言留有吴方言痕迹。随着普通话普及速度的加快，高港方言向普通话靠拢的趋势明显。区内方言一致性较强，但也存在一定的地域差异。

古迹·名人

【古迹】 高港辖区内有全国重点文物保护单位1处（中国人民解放军海军诞生地旧址），省级文物保护单位1处（雕花楼），市级文物保护单位7处（城隍庙、龙王庙、泰昌生木号、龙泉池浴室、解放街戚宅、解放街孙宅、佴家庄战斗纪念碑）；有南宋民族英雄岳飞大胜金兵的遗址南坝桥，有明代南京吏部左侍郎储巏读书处古迹口岸寿胜寺，有南宋遗址口岸庆元街、口岸解放街清式民居、古东岳庵等，另有红色旅游景点中国人民解放军海军诞生地纪念馆。

【名人】 有东汉秣陵（今南京）县尉蒋子文（被孙权追封为“白驮将军”，民间俗称“白马大将军”）、北宋名臣潘及甫、明代儒学大家储巏、明代武进士戚世光、清康熙侍卫徐左柱、清开明绅士赵良礼、一代高僧仁德法师、《解放军报》总编赵易亚少将、工程力学专家蔡强康、现代“生命之约”英雄刘绍安、民间收藏家蔡礼泉、儿童文学作家陈模、作家叶文彬、中国空间技术研究院空间科学与深空探测专家叶培建、职业经理人唐骏等。

地方美食

【全鱼席】 高港南濒长江，自古盛产以“长江三鲜”（鲥鱼、刀鱼、河豚）为代表的各类江鲜。高港全鱼席精选高港特产的各类江鲜，根据不同水产品的特点，通过清蒸、白汁、黄焖、红烧等烹饪手法，保证各类江鲜的原始口味。高港全鱼席约有30余个品种，其中，红烧河豚、白汁鮰鱼、清蒸刀鱼、黄焖江鳗、清蒸江蟹等为全鱼席中的上品。

【全羊席】 刁铺全羊席具有上百年历史，用料考究、工艺独特、口味鲜嫩、色香俱佳、养身补体。全部菜肴皆以1年生山羊为原料，经去膻工艺后，或焖、或炖、或炒、或冷切、或红烧、或油浸，将羊的眼、耳、心、肝、腰、脑、蹄、卵、鞭、肠、肚、肉等每个部位都做成一道或数道佳肴。

全羊席

其中，以扒乳羊、蟹黄羊肉狮子头、生爆羊球片、多子多福、豆腐烩羊脑、鳜鱼烧羊肉为代表。

【全牛席】 新中国成立前，大泗有“霍堡庄、穷丁当、杀老牛、卖生姜”的说法。霍堡人做牛肉生意已有近百年的历史。霍堡牛肉传承到今成为大泗独特的菜肴。大泗镇现有几十个牛肉店，其中，以“泗水人家”全牛席最为有名。全牛席以牛的头、尾、蹄、内脏、肉为原料。上菜顺序，从头到尾，极为讲究，共有百余种菜品。最具代表性的有十大名菜，依次是：牛气冲天（牛头）、爆炒世界（牛眼）、美味牛簧（牛舌）、生爆牛宝（牛宝）、酸辣牛肚（牛肚）、心怀天下（牛心）、铁板腰花（牛腰）、快马加鞭（牛鞭）、祥龙摆尾（牛尾）、脚踏实地（牛蹄）。牛肉分水牛肉和黄牛肉，水牛肉虽然肉嫩，但水分多，味不正。而黄牛肉纹理清晰，肉实味美，为大泗全牛席的首选。

国民经济和社会发展统计公报

【概况】 2015年，高港区实现地区生产总值377.67亿元，按可比价计算，比上年增长11.10%。其中，第一产业增加值10.88亿元，增长3.50%；第二产业增加值226.91亿元，增长11.20%；第三产业增加值139.88亿元，增长11.60%。产业结构持续优化，三次产业结构调整为2.88∶60.08∶37.04，服务业增加值占GDP比重较上年提高4.39个百分点。按常住人口计算，全年人均地区生产总值149899元，增长11.10%。城镇化水平进一步提高，年末，人口城镇化率62.48%，比上年提高1.34个百分点。

2011~2015年地区生产总值及三产占比示意图

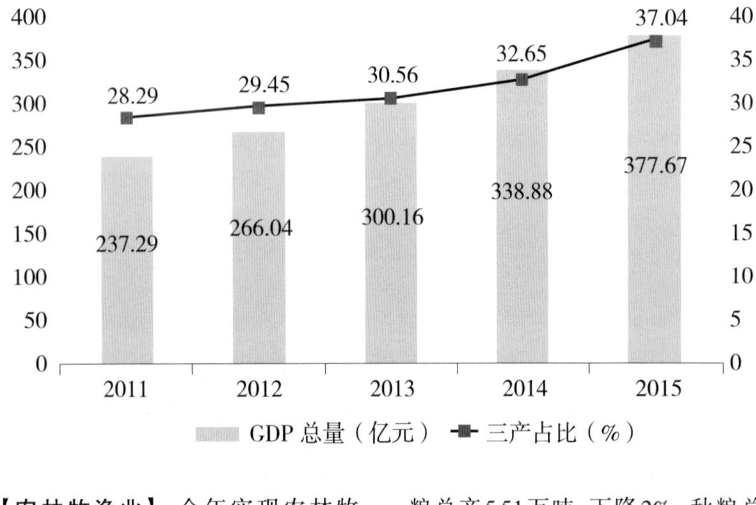

【农林牧渔业】 全年实现农林牧渔业产值17.83亿元，比上年增长4.70%，其中，农业产值11.92亿元，增长4.70%；林业产值0.14亿元，增长0.20%；牧业产值4.26亿元，增长6.30%；渔业产值1.52亿元，增长1.70%。全年粮食播种面积1.92万公顷，比上年减少2.30%。粮食总产量13.66万吨，减少2.30%。其中，夏粮总产5.51万吨，下降2%；秋粮总产8.15万吨，下降2.60%。全年新增造林面积220公顷，完成中幼林抚育面积333.33公顷，零星植树20万株。实施绿化造林，林木覆盖率和城市绿化覆盖率分别达29.10%、41.60%。全年生猪饲养量30.30万头，增长1.90%；肉牛饲养量0.07万头，与上年持平；肉羊饲养量6.13万只，增长7.70%；家禽饲养量322.20万羽，增长0.10%。出栏猪21.10万头，增长2.40%；牛0.02万头，与上年基本持平；羊2.63万只，增长15.40%；家禽235.23万羽，下降0.10%。禽蛋产量5220吨，增长3.90%。全年完成高效设施渔业6.67公顷，累计227.67公顷，占全区渔业面积的36%。水产品总产量6003吨，增长1.50%。其中，淡水捕捞产量781吨，淡水养殖产量5222吨。

【工业和建筑业】 全年实现规模以上工业总产值1739.84亿元，比上年增长20.10%。其中，民营工业实现产值1429.33亿元，增长21.70%；私营企业实现产值664.62亿元，增长32.50%。分轻重工业看，轻工业产值847.26亿元，增长12.60%；重工业产值892.46亿元，增长28.40%。分经济类型看，集体、股份制、外商及港澳台商投资企业分别完成产值30.52亿元、1393.37亿元、263.65亿元，分别增长24.30%、20.90%、14.40%。从主要行业看，医药制造业503.36亿元，增长6.50%；铁路、船舶、航空航天和其他运输制造业313.43亿元，增长23.90%；农副食品加工业169.22亿元，增长20.20%；化学原料和化学制品制造业144.08亿元，增长23.70%；计算机、通信和其他电子设备制造业128.25亿元，增长55.80%；通用设备制造业68.34亿元，增长28.90%。全年实现规模以上工业增加值455.28亿元，增长16.80%。高港三大园区共有企业117个，比上年增加7个，实现工业总产值1066.94亿元，比上年增长28.40%，占全区（不含扬子江、国电）规模以上工业总产值89.26%。规模以上工业企业实现主营业务收入1719.74亿元，增长22.60%；实现利税总额251.53亿元，增长28.30%；实现利润总额153.92亿元，增长25.10%。

全年共完成建筑业总产值402.64亿元，比上年增长17.20%；

竣工产值323.24亿元，增长16%，竣工率80.28%；建筑业企业房屋建筑施工面积2511.16万平方米，增长17.65%，其中，新开工面积1521.73万平方米，下降3.54%；竣工面积1283.36万平方米，增长20.68%，其中，住宅竣工面积910.68万平方米，增长11.78%。

【固定资产投资和房地产】 全年完成固定资产投资304.65亿元，比上年增长23.20%。其中，基础设施投资80.07亿元，增长34.60%；民间投资197.41亿元，增长25.30%，占固定资产比重64.80%。从登记注册类型看，内资企业投资274.29亿元，增长24.50%；港澳台商企业投资9.35亿元，下降8.10%；外商企业投资7.50亿元，增长21.20%。第二产业投资187.22亿元，增长48.40%，第三产业投资117.43亿元，下降3.10%。二产投资中，工业投资115.95亿元，增长6.90%；高新技术产业完成投资41.25亿元，占工业投资22.03%。主要工业行业中，计算机、通信和其他电子设备制造业投资13.87亿元，纺织业投资10.51亿元，医药制造业投资8.91亿元，专用设备制造业投资8.03亿元，分别增长132.40%、409.40%、-60.90%和156.80%。第三产业投资中，科学研究和技术服务业投资24.03亿元，批发和零售业投资7.12亿元，文化、体育和娱乐业投资6.59亿元，住宿和餐饮业投资3.56亿元，分别增长2430.90%、139.90%、64%和132.90%。全区入库新开工1亿元以上项目78个，累计完成投资74.90亿元，完成进度平均1.04亿元/个，占全区固定资产投资的24.59%。

全年房地产开发完成投资13.12亿元，比上年增长24.20%。商品房待售面积19.03万平方米，增长347.65%。商品房销售10月底触底，下降23.10%，11、12月逐步反弹，全年实现商品房销售38.77万平方米，上升1.30%。

【国内贸易】 全年实现社会消费品零售总额43.97亿元，比上年增长9%。按销售单位所在地分，城镇消费品零售额43.61亿元，增长8.60%；农村消费品零售额0.37亿元，增长100.70%。按消费形态分，批发业零售额18.29亿元，零售业零售额21.94亿元，住宿业零售额0.09亿元，餐饮业零售额3.65亿元。实现限额以上社会消费品零售总额32.87亿元，比上年增长3.50%。从全区限额以上批零企业商品销售26大类情况来看，零售额总量排前三的商品分别为中西药品类、石油及制品类、粮油食品类，这三类商品零售总额合计25.35亿元，占限额以上消费品零售额八成以上。限额以上电子出版物及音像制品类、家用电器和音像器材类、文化办公用品类零售额分别增长29.50%、12.50%、13.10%，增速分别比上年回升6.50个、7.80个、6.60个百分点；限额以上化妆品类实现零售额1977.20万元，增长29.40%；金银珠宝类实现零售额883.80万元，增长27.40%。

【开放型经济】 全年完成进出口总额12.15亿美元，比上年增长17.80%。其中，出口4.55亿美元，增长50.50%。实际到账外资和港澳台资1.73亿美元，下降6%。一般贸易出口额13975万美元，增长3.90%；加工贸易出口额31493万美元，增长87.90%。机电产品出口额32060万美元，增长83.40%。化工产品出口额7145万美元，增长5.60%。高新技术产品出口额251万美元，增长166.40%。对日本、韩国、土耳其和阿联酋出口额分别为2361万美元、1242万美元、1073万美元和4304万美元，分别增长85.70%、-72.30%、7.60%和2030.70%；对东盟、非洲、欧洲、欧盟、北美洲和大洋洲出口额分别为10214万美元、1450万美元、5077万美元、4405万美元、3409万美元和11677万美元，分别增长16.70%、276%、-4.50%、-1.40%、-7.10%和1298.70%。

【财政和金融】 全年实现公共财政预算收入35.09亿元，比上年增长22.40%，其中，实现税收收入28.92亿元，增长22.7%，占税收82.42%。政府性基金收入23.11亿元，增长18.80%；上划中央四税23.46亿元，增长11.50%。实现公共财政预算支出31.78亿元，增长28.90%。其中，教育支出6.35亿元，增长37.60%；公共安全支出0.71亿元，增长7.80%；科学技术支出0.99亿元，增长30%；社会保障和就业支出2.18亿元，增长16.20%；医疗卫生支出1.88亿元，增长8.50%；城乡社区事务支出6.52亿元，增长65%。

年末，全区银行业金融机构存、贷款余额分别达354亿元、233亿元，较年初增长16.10%、36.30%。全区存贷比达65.80%，比上年提高8.20个百分点。

2015年高港区财政收入分项情况一览表

表3

指　标	绝对数（亿元）	比上年增长（%）
公共财政预算收入	35.09	22.40
#增值税	7.22	13.10
营业税	12.95	49.40

续表3

指　　标	绝对数（亿元）	比上年增长（%）
企业所得税	1.95	6.40
个人所得税	0.81	26.30
城市维护建设税	2.62	14.60
房产税	0.46	4.80
印花税	0.26	-9.40
城镇土地使用税	0.78	1.20
土地增值税	0.69	-45.80
政府性基金收入	23.11	18.80
上划中央四税	23.46	11.50
#国内增值税（75%）	19.05	11.60
国内消费税	0.26	4.70

【科学技术和教育】 全年实现高新技术产业产值899.67亿元，比上年增长19.10%，占规模以上工业产值51.71%。获批各类市级以上科技计划项目200余项，扬子江药业集团成功获批省级战略性新兴产业发展专项资金1000万；获批新标准高新技术企业15个，至年底全区高新技术企业数43个。组织开展“企业院校行”“一对一项目专题对接会”“科技成果专题讲座”“政策解读培训会”等各类科技推介活动16次，促成产学研合作协议60项，新建产学研联合体16个。全年共申请专利3177件、发明专利914件，专利授权952件、发明专利授权43件，实现万人发明专利12.05件，获批省企业知识产权战略推进计划重点项目2项，省企业知识产权管理标准化示范先进单位2个，11个企业通过省贯标备案。

全区共有各级各类学校34所，其中，普通中学8所，职业中学1所，小学10所，九年一贯制学校2所，幼儿园13所。普通中学在校人数5378人，毕业人数1805人；职业中学在校人数2498人，毕业人数1313人；小学在校人数12258人，毕业人数2061人；在园幼儿5903人。学龄儿童入学率、小学毕业生升学率、初中毕业生升学率均为100%。

【文化、卫生和体育】 全力打造城市“15分钟文化圈”、农村“十里文化圈”、城市社区“10分钟体育健身圈”和农村“15分钟体育健身圈”。新建村居综合性文化服务中心4个，完成文化活动室和村居体育健身点“提档升级”10个。文化馆全年举办声乐、舞蹈等各类免费文艺培训12场，培训人员超过500人。启动口岸雕花楼景区争创国家AAAA级景区工作，完成景区道路、绿化工程和生态停车场建设。推进文化与旅游融合发展，丰富各类景区文化内涵，提升景区知名度，全年旅游点接待游客超过45万人。文化产业增加值占GDP 6%。

至年末，全区有各类卫生机构106个。其中，医院3个，卫生院（社区服务中心）10个，疾病预防控制中心1个。各类卫生机构拥有病床924张，医院拥有病床444张，卫生院、社区服务中心拥有病床480张。共有卫生技术人员922人，其中，执业医师、执业助理医师387人，注册护士294人，疾病预防控制中心卫生技术人员15人，妇幼卫生保健机构卫生技术人员7人。农村有医疗点的村占总村数100%，新型农村合作医疗覆盖面100%。

全年新成立风筝协会、篮球运动协会、口岸街道文体总会等体育社团组织。新培训广场健身舞社会体育指导员130人。承办全省社会体育指导员健身走项目培训，全区150人参加培训。为28个村居定向培训社会体育指导员150余人，成立相应的健身队伍。广场舞《大江儿女》在全国排舞大赛中获一等奖，“高港大妈”广场舞队受邀赴美国参加世界冠军赛，参赛节目《洲堤杨柳舞港城》和《茉莉飘香中华情》，分别获得民族舞组和大众排舞组冠军。

【人民生活和社会保障】 年末，全区家庭总户数80846户，户籍总人口26.27万人，其中，女性13万人。户籍人口中，18岁以下人口3.60万人；18~34岁人口5.44万人；35~60岁人口11.06万人；60岁以上人口6.17万人。全年出生人口2800人，人口出生率10.66‰，较上年提高0.69个千分点；死亡人口2420人，死亡率9.21‰，较上年提高0.21个千分点；全年迁入1256人，迁出957人。常住人口25.22万人，其中，城镇人口15.76万人，人口城镇化率62.48%。

全年居民人均可支配收入28140元，比上年增长9.10%，其中，城镇居民人均可支配收入34382元，农村居民人均可支配收入17056元，均增长9.10%。城乡居民人均可支配收入差距呈逐年缩小趋势。

全年共新增就业12118人，新增创业7151人，带动就业22053人，城镇登记失业率1.79%。引进各类高层次人才203人、海外人才39人。全区社会保险参保覆盖率99.80%；城镇职工基本养老保险、医疗保险参保人数分别为4.91万人、7.24万人；城乡居民医保参保率100%；城乡居民养老保险参保人数5.65万人，待遇领取人数4.62万人。

说明：1.本公报使用的数据为快报数。

2.地区生产总值及其分类项目增长速度按可比价计算，为实际增长速度；其他指标除特殊说明外，按现价计算，为名义增长速度。

大 事 记

1月

4日 高港区召开集中学习暨项目大突破推进大会，传达学习中共中央总书记习近平视察江苏时重要讲话和省委十二届九次全会精神，对招商引资、项目建设工作进行动员部署。

△ 原工商、质监、食药监三局正式合署办公，区市场监督管理局开始正常运作。

7~9日 中国人民政治协商会议泰州市高港区第四届委员会第四次会议召开。

8~10日 泰州市高港区第四届人民代表大会第四次会议召开。

11~16日 市人大常委会副主任、区委书记王建带领核心港区招商代表团到中国台湾开展经贸交流合作活动。

13日 高港区政府被省全面推进依法行政工作领导小组确认为全市首家省级依法行政示范点。

16日 2015年度江苏省、泰州市暨高港区文化科技卫生“三下乡”集中服务活动在白马镇举行。

17日 总投资3300万美元的益海嘉里丸庄酱油项目落户高港区。

18日 由中华医学会主办、扬子江药业集团协办的中国医药卫生行业最高科技奖——中华医学科技奖（2014）颁奖大会在高港区举行。

18~19日 高港区通过国家生态区创建技术评估。

20日 位于口岸街道蔡滩社区的全市首家地震主题科普馆开馆。

21日 高港区颁发出第一张加载营业执照号码、组织机构代码、税务登记号“三证合一”的营业执照。

2月

5日 市人大常委会副主任、区委书记王建率团到浙江省舟山市慰问“泰州舰”全体官兵。

8日 高港区召开第四次党代会第三次年会。

△ 高港区举办重大项目集中签约和开工仪式。当天签约1亿元以上项目17个，总投资超27亿元；开工1亿元以上项目10个，总投资23亿元，其中，超1亿美元项目1个。

9日 高港区被市委、市政府评为2014年度绩效管理先进市（区）一等奖。

27日 口岸街道引江社区被评为泰州市2014年度全面小康建设十强村。

3月

8日 刁铺街道新组建圩岸社区，社区面积1.50平方千米，有格林美郡和水岸帝景2个小区。

12日 高港区首个“环保志愿服务实践基地”在刁铺街道界牌社区揭牌。

22日 高港区召开凤栖湖景观区古寿胜寺设计方案专家评审会。

29日 许庄街道农贸市场开业。

4月

8日 高港常农商村镇银行举行开业仪式。

10日 全国人大常委会原副委员长盛华仁考察扬子江药业集团。省人大常委会副主任张艳等陪同。

△ 中央电视台社会与法频道《道德观察》栏目报道反映高港区检察工作的电视新闻专题片《谁的背叛》。

11日 高港区首届风筝节开幕。

23日 台湾工业总会理事长、金仁宝集团董事长、海基会副董事

高港区组团慰问“泰州舰”官兵

长许胜雄参观考察高港区。

24日 高港区被评为江苏省农村电子商务示范县（区）。

△ 许庄街道乔杨社区党总支书记乔向民被评为全国先进工作者。

5月

6日 从高港车站开往泰州市中西医结合医院的518路公交车投入运营，成为连接高港、海陵两区的第二条公交线路。

13日 省政协副主席罗一民带领省政协教育文化委员会、医卫体育委员会负责人和全省13个市政协分管副主席，考察高港区文体事业发展情况。

18日 区教育局与泰兴市教育局在明发国际广场举行联合办学签约仪式，引进泰兴市实验初中、襟江小学、实验幼儿园高港分校，均为区公办学校。

21日 高港区举办第四届“金融超市”金融形势分析会暨签约仪式。

28日 副省长徐南平调研益海（泰州）粮油工业有限公司和泰州中航船舶重工有限公司。

△ 高港区召开“三严三实”专题党课暨专题教育部署会议。

6月

6日 口岸水景街区首届“啤酒美食节”开幕。

8日 区委、区政府印发《泰州市高港区人民政府职能转变和机构改革实施意见》。（详见67页）

16日 泰州市华强照明器材有限公司在全区率先通过AAAA级标准化良好行为企业验收。

19日 《大泗镇现代农业发展总体规划》通过专家评审。

24日 经市编委办批准，区委机要保密局的机构规格由副科级调整为正科级，区市场监督管理局永安洲分局、胡庄分局机构规格由股级调整为副科级；经区委、区政府批准，区效能建设领导小组下设办公室由设在区纪委监察局调整为设在区委办公室，具体工作由区督查与考核工作办公室承担。

30日 中央召开全国优秀县委书记表彰会议，市人大常委会副主任、区委书记王建荣膺全国优秀县委书记称号，受到习近平、刘云山等党和国家领导人接见。

7月

9日 市委书记蓝绍敏，市委副书记、市长陆志鹏分别带领市委工作会议与会人员参观江苏鹏翎胶管有限公司、泰州大自然德森堡木业有限公司、扬子江药业集团新医药产业基地项目和港城中药王老吉项目。

12日 全国医药工业信息年会发布2014年度中国医药工业百强企业榜单，扬子江药业集团列榜首。

16日 泰州市政务服务中心高港分中心举行揭牌仪式。

20~22日 高港区召开区委工作会议。

24日 高港区召开派选机关干部担任村居“第一书记”工作部署会。

29日 《新华日报》、人民网、新华网、江苏广播电台等多家主流媒体集中采访全国优秀县委书记——市人大常委会副主任、区委书记王建。

8月

3日 中央文明办发布7月“中国好人榜”榜单，高港区人民检察院袁亚琴获评“敬业奉献”类中国好人。

10日 高港区召开省委第三巡视组巡视高港动员部署会。是日起，省委巡视组进驻高港区，开展为期1个半月的巡视。

13日 高港区举办高校毕业生购房券发放仪式，为扬子江药业集团、益海（泰州）粮油工业有限公司等企业229名应届毕业生和高层次人才发放1000万元购房券。

15日 高港区召开安全生产工作会议，传达习近平、李克强对天津滨海新区危化品仓库爆炸事故作出的重要指示批示，以及省委、市委主要负责人就当前安全生产工作作出的重要批示精神。

19日 省委副书记、省长李学勇调研核心港区，听取泰州港规划建设情况汇报，实地考察码头建设和岸线开发情况，现场会办相关具体问题。

9月

6日 海军东路一期工程（春兰路—海纪馆）通车运行。该工程全长2.50千米，道路规划红线宽45米，设计双向6车道，采用一级公路技术标准施工。

7日 省政协主席张连珍率住苏全国政协委员视察扬子江药业集团。

25日 世界首台百万千瓦超超临界二次再热燃煤发电机组国电泰州电厂二期工程3号机组建成投产。

10月

5~7日 扬子江药业集团获国际质量管理小组会议（ICQCC）最高奖项——金奖2个，系中国医药企业首次获得ICQCC金奖。

13日 高港区举行基督教堂开堂庆典。高港基督教堂占地面积1.73公顷，建筑面积7500平方米，可同时容纳1000人聚会，2014年3月正式开工建设，历时1年建成。

16日 高港区举办王老吉（泰州）创新产业基地揭牌暨投产仪式。

16~18日 “高港杯”第二届全国象棋青年大师赛在高港区举行。来自全国各地的32名象棋特级大师参加比赛。

22日 农工党高港支部换届暨总支部委员会成立大会召开。选举产生农工党高港区总支第一届委员会,为高港区首个民主党派总支。

28日 省委常委、省纪委书记弘强调研高港区经济社会发展和党风廉政建设工作。

29日 省委第三巡视组组长白国珍、副组长周政兴向高港区领导班子反馈巡视情况。

△ 副省长张雷率全省安全生产工作会议与会人员考察口岸街道基层安监机构规范化建设情况。

30日 是日零时起,高港区启动城市公立医院医药价格改革,涉及泰州市第三人民医院和高港中医院两家公立医院。

31日 由中国造船工程学会主办,武汉理工大学和泰州口岸船舶有限公司共同承办的全国船舶与海洋工程发展论坛在高港区举办。

11月

1日 胡庄镇宗林村获"江苏最美乡村"提名奖。

6日 高港区省级可持续发展实验区建设规划通过省专家组论证。

9日 "衡麓·高港之星"城市建设基金启动仪式在高港高新区举行。该基金为全区首个PPP项目,专为高港高新区投融资服务,融资规模10亿元以上,首次发行育才花苑二期项目投资基金8000万元。

△ 在中国化学制药行业年度峰会上,扬子江药业集团产品培德(注射用培美曲塞二钠)、氨苏(曲司氯铵片)、乙己苏(注射用生长抑素)、仁苏(罗红霉素胶囊)被授予中国化学制药行业优秀产品品牌。

19日 高港区举办"美德善行、大爱港城"2015年美德善行人物暨"大江儿女·高港好人"颁奖晚会。

△ 全国名老中医学术传承工作团队暨朱婉华、朱胜华名医工作室在刁铺街道社区卫生服务中心挂牌成立。该工作室为全市首个国医大师名医工作室。

19~21日 高港区国家生态区创建工作通过验收。

20日 高港区获批江苏省可持续发展实验区,系全省第二家、苏中地区首家区级层面的省级可持续发展实验区。

25日 全国中小企业股份转让系统(简称"新三板")正式批准泰州市海天电子科技股份有限公司在该系统挂牌,股票简称"海天科技",代码为834814。海天科技成为全区首家新三板挂牌上市企业。

△ 高港区获批国家知识产权强县工程试点区,试点时限自2015年12月至2017年12月。

12月

3日 全市"邻里守望,姐妹相助"巾帼志愿服务活动启动仪式在刁铺街道大丰社区举行。由高港区各镇街、社区和部分单位200多名巾帼志愿者组成的12支志愿服务队开展集中服务活动。

△ 高港高新区"泰晶e空间"被评为省级众创空间。

7日 全国人大代表和省人大代表泰州组视察高港区项目建设情况,先后视察田许线建设现场、扬子江药业集团龙凤堂项目和口岸雕花楼景区项目。

9日 省人大常委会党组书记、常务副主任蒋定之调研高港区基层人大工作,实地察看新港大道、永安洲镇人大主席团活动室、扬子江药业集团、口岸街道城东片区人大代表工作室和口岸水景街区。

12日 扬子江药业集团以143.97亿元的品牌价值和913.30分的品牌强度成功上榜"2015年中国品牌价值评价信息"榜单,位列生物医药类品牌价值第一名、品牌强度第二名,成为中国制药领域第一品牌。

16日 高港区举行邮政管理局暨苏中快递产业园临港园区揭牌仪式。高港邮政管理局是全市成立的首家县级邮政管理机构。

△ 泰州舰副舰长叶毅带领12名优秀舰员代表参观考察高港区。

△ 江苏苏萨食品年产4000万箱椰汁饮料项目开工奠基。项目总投资11亿元,用地14.67公顷,其中,一期8公顷,建设面积约8万平方米,主要从事椰子汁饮料的生产和销售,项目投产后可实现年销售20亿元,纳税超1亿元。

18日 雕花楼景区入选江苏省2016年国家AAAA级旅游景区创建计划。

23日 中共泰州市高港区委党建工作领导小组办公室成立,设在区委组织部。不再保留泰州市高港区党代表大会常任制办公室。

25日 江苏(泰州)设施蔬菜机械化现场会在胡庄镇上膳源农场召开。

是月 泰州市榕兴医疗用品股份有限公司、泰州友润电子科技股份有限公司在新三板挂牌,股票简称分别为"榕业医疗"和"友润电子",代码分别为835367和835618。

高港名片

人民海军诞生地

·纪念场所·

【中国人民解放军第三野战军渡江战役指挥部旧址】 1982年，中国人民解放军第三野战军渡江战役指挥部旧址白马庙王氏小楼被认定为江苏省文物保护单位。1986年11月20日，由省文物管理委员会拨款修建的白马庙王氏小楼修缮完工，前厅墙上嵌着国防部部长张爱萍题写的“中国人民解放军第三野战军渡江战役指挥部”石刻。占地1500平方米，建筑面积800平方米，有清式二层小楼1座及平房数间，楼上为三野渡江战役指挥中心会议室，楼下为粟裕、张震、张爱萍的卧室兼办公室。旧址陈列当年粟裕睡过的雕花木床，抗战时期支前用的独轮车及木箱、茶几、太师椅、马灯、灯柜、铜盆等50余件文物用品，设有6个展区、6个展室。1996年和1997年，相继被认定为江苏省全民国防教育基地和爱国主义教育基地。2006年，被认定为全国重点文物保护单位。

【中国人民解放军海军诞生地纪念馆】 1994年4月23日，中国人民解放军海军诞生地纪念馆奠基仪式在白马庙举行。1998年中共中央总书记江泽民第二次视察泰州时，题写馆名。1999年4月29日，落成开馆。占地面积23126平方米，主馆面积2700平方米，辅楼面积1300平方米。主体建筑外形像艘军舰，室外广场左侧竖有象征海军舰艇的高桅杆，广场上陈列一批海军退役的轰炸机、歼击机、超黄峰直升机、舰炮、鱼雷、导弹等装备，馆内展览运用实物、图片、模型等多种表现形式，以及幻影成像、影视音像、场景制作等方式复原渡江作战和解放一江山岛等多个历史场景。纪念馆从近代沧桑、白马建军、威震海疆、发展壮大、鱼水情深5个方面展示人民海军发展壮大的光辉历程，设有贵宾接待厅、报告厅、互动区和4D动感影院。

【海军文化主题公园】 2011年，高港区规划建设海军文化主题公园。

海军文化主题公园

公园位于高港区最南部江堤两侧，靴子圩渡江作战前夕战场旧址。规划用地面积24.50公顷，主要由“一路一堤一码头”连成外围游览线。“一路”即锦江路，为东西主干道，全长约4千米，路宽60米，路的两侧建设绿色景观带。“一堤”即江堤堤顶道路，为公园与江水之间的屏障和沿江登高观景的通道。“一码头”指由数个码头串成的码头群，位于公园西岸，每个码头都用来停放一艘退役军舰。海军文化主题公园中心广场（渡江广场）由北向南形成一个船型，成为公园的南北中轴线，将公园分为东、西两大景观区。西部景观区建设海军舰艇博物馆，东部景观区建设天然氧吧和互动休闲地带。至2015年末，完成整个公园的绿化造景和千人观江平台建设，从海军退役的515舰（厦门舰）、108舰（西宁舰）和1艘潜艇入驻。

·宣传教育·

【参观接待】 2015年，中国人民解放军海军诞生地纪念馆保证免费开放惠民措施落到实处，提升接待水平和服务质量。接待社会各界观众达15.25万人次，引导讲解1400余场次，清明、七一、十一前后每天都有近1000人参观。

【纪念海军诞生66周年活动】 4月22日，中国人民解放军海军诞生地纪念馆举办中国人民解放军海军诞生66周年系列纪念活动。泰州市文广新局、海陵区和高港区教育局代表，海军中学、小学师生代表近600人参加活动。活动特别邀请到近50名海军老战士（皆为人民海军首批学员、新中国最早水兵，年龄在77~88岁之间，均于1953年和1954年进入南京海军预科学校）参加。活动现场，海军小学少先队员代表为海军老战士佩戴红领巾，近200名学生代表朗诵诗歌《献给人民海军的赞歌》，海军中学海军班学生挥动手中的红黄旗帜，进行旗语表演。在海纪馆4D影院举行的纪念大会上，老海军战士王广林代表全体老海军战士发言，老海军战士分别向纪念馆捐赠20余件藏品。纪念大会结束后，师生代表表演文艺节目。

【主题实践活动】 6月，中国人民解放军海军诞生地纪念馆举办“我爱蓝天，我爱海洋”主题实践活动，组织海军小学100余名师生代表到江阴市“远望二号”测控船停泊基地参观学习。实地参观“远望二号”测控船，听取讲解员讲解，观看“远望二号”测控船纪录片。

【纪念抗战胜利70周年活动】 8月24日，中国人民解放军海军诞生地纪念馆举办纪念抗日战争胜利暨世界反法西斯战争胜利70周年主题教育活动，泰州市民兴中学近800名高一师生参加活动。民兴中学负责人讲述抗日战争重大史实，阐述中国人民取得抗日战争胜利的伟大历史意义；学生代表向全校作郑重倡议，学习先辈精神，刻苦学习。仪式结束后，师生们参观纪念馆。

【抗战老兵摄影图片展】 9月，中国人民解放军海军诞生地纪念馆与泰州市双拥办联合举办抗战老兵摄影图片展，展出图片26幅，展示抗战老兵生活状态、精神、风貌。在纪念馆展出后，到白马镇政府、白马社区、白马中学、海军小学进行巡回展出。

（海纪馆　高志办）

港　口

【概况】 2015年，泰州港高港港区（高港、杨湾、永安作业区）有长江泊位22座，其中，万吨级泊位9座，集装箱、石油、沥青、液化气等专用码头各1座。堆场面积60万平方米，其中，集装箱堆场1.30万平方米，各类仓库面积1.20万平方米。有各类装卸机械300余台（套），最大起吊能力40吨，作业船舶6艘。具备集装箱、件杂、散货、液体等各形态货物的装卸能力，以接卸木材、钢铁、原油、沥青、铁矿、煤炭、硫磺等近20个大宗外贸货种为主，与40余个国家的港口有运输往来。完成货物吞吐量1880万吨，比上年下降28%；完成装卸自然吨834万吨，下降35.50%；完成外贸吞吐量303万吨，下降21%。集装箱进出口21.20万标准箱，增长10.60%，首次突破20万标准箱。完成总营业收入1.99亿元，下降25%，略有盈利。

泰州港集装箱码头

2015年泰州港高港港区主要泊位一览表

表4

作业区	码头（泊位）名称	长度（米）	宽度（米）	结构型式	前沿机械	前沿水深（米）	实际靠泊能力（吨级）
杨湾作业区	万吨级通用件杂货码头	360	30	高桩板梁式	40T门机1台，10T门机4台，25T门机6台	15.00	50000
高港作业区	油品码头	250	—	高桩梁板式	管道	11.00	30000
	1号码头	80	12	浮码头	—	8.00	6000
	集装箱码头	250	32	高桩梁板式	40T门机2台，10T门机3台，岸桥2台	9.80	35000
	7号码头	65	11	浮码头	—	5.00	3000
	综合码头	130	—	浮码头	5T —25M浮吊	10.00	10000
	汽渡码头	34	—	块石斜坡	—	1.50	—
	内河码头	170	—	重力式	5T电吊1台	5.00	1000
永安作业区	一期工程	270	25	高桩梁板式	25T门机3台，10T门机1台	13.00	70000
	二期工程	435	25	高桩梁板式	25T门机6台	13.00	70000
	三期工程	240	45	高桩梁板式	40T门机2台，25T门机2台，集装箱桥吊4台	13.61	50000

【业务多元化调整】 2015年，受国家宏观经济调整，航运市场持续低迷影响，泰州港高港港区生产呈现下滑趋势。港区通过实施业务多元化调整，推进转型发展，遏制生产快速下滑势头。杨湾作业区年初新增石油焦中转业务，全年完成装卸量16万吨；永安作业区新增水泥和工业盐出口业务；高港作业区全力承接各种件杂件业务，线材中转量提升，新增氯化钙出口业务。重点发展新型绿色货源，摆脱老货种的制约，继续推进“前港后厂”的物流发展模式。在两大货种煤炭、铁矿中转量大幅下降的情况下，依托益海（泰州）粮油工业有限公司、亚洲水泥（中国）控股公司泰州中转站等港口后方企业，扩大港口中转比率。全年益海（泰州）粮油工业有限公司靠泊作业船舶260艘次，完成装卸量280万吨，创历史新高。3月，永安作业区亚洲水泥（中国）控股公司泰州中转站项目进行试投产。5月，巴拿马籍“海洋和平”轮靠泊永安港区3号泊位，3.60万吨散装水泥装运出口新加坡，此为永安作业区首次停靠万吨以上散装水泥船舶。全年靠泊作业船舶71艘次，完成装卸自然吨36万吨。

【码头建设】 7月，永安作业区二期码头通过江苏省交通运输厅提升靠泊能力等级验收，靠泊能力由5万吨级提升至7万吨级。高港作业区4号、5号、6号通用泊位升级改造工程基本完成，开展工程竣工验收和对外开放验收。11月，完成国际集装箱码头集装箱业务和设备的整体搬迁工作。

【安全生产管理】 2015年，泰州港高港港区制定事故报告调查处理和责任追究办法、安全生产管理处罚管理办法，针对外包劳务工作业安全管理，制定装卸外包业务安全管理规定。组织安全管理人员参加岗位技能测试、“安康杯”知识竞赛，开展挖掘机司机安全知识培训。开展“安全隐患随手拍”活动。永安港务有限公司、杨湾港务分公司、高港港务分公司取得交通运输部颁发的“交通运输企业安全生产标准化‘港口普通货运’一级达标证书”。

【职工技能】 2015年，泰州港高港港区组织开展电动装卸机械司机、修理工等工种技术工人高级工考核，联合泰州技师学院、泰州市职业技能鉴定中心组织开展电动装卸机械司机、内燃装卸机械司机、维修电工、值班电工职业技能鉴定，提高职工技能。朱正鹏获泰州市五一劳动奖章、“金牌工人”和五一创新能手称号，徐洪获泰州市五一劳动奖章，李苏明、杨勇、孙晓磊获市五一创新能手称号。

【技术改造】 2015年，永安作业区实施高杆灯智能遥控项目，每小时节约30%～50%的用电量，年节约电费16万元。杨湾作业区门机作业监控系统进入最后安装调试阶段，该系统通过移动自动识别系统技术，将巡查人员在巡查工作中的时间、地点和情况自动记录下来，避免巡查人员一次多签、漏签情况的发生。　（季　玲）

全国医药行业龙头企业

【概况】 2015年，扬子江药业集团实现总产值502亿元、销售501亿元、利税60亿元，比上年分别增长20.60%、20.50%和18%，增幅均高于同行业平均水平。龙凤堂项目已建生产区6幢车间、生活区宿舍楼，在建二期项目13幢。集团捐资“树森·兰娟院士人才基金”，向天津大爆炸事故捐赠300万元药品和资金，紧急调拨药品支援尼泊尔抗震救灾，组织党员慰问全区274户特困户。

【企业实力】 1月，扬子江药业集团入选2014年度中国幸福企业。1月21日，获2014年度卓越企业称号。6月，通过首批高校毕业生就业见习国家级示范单位考核评估。7月12日，全国医药工业信息年会发布2014年度中国医药工业百强企业榜单，集团名列榜首。10月5~7日，扬子江药业集团获国际质量管理小组会议ICQCC最高奖项——金奖2个。11月9日，在中国化学制药行业年度峰会上，集团产品培德（注射用培美曲塞二钠）、氨苏（曲司氯铵片）、乙己苏（注射用生长抑素）、仁苏（罗红霉素胶囊）被授予中国化学制药行业优秀产品品牌。12月12日，扬子江药业集团以143.97亿元的品牌价值和913.30分的品牌强度上榜2015年中国品牌价值评价信息榜单，位列生物医药类品牌价值第一名、品牌强度第二名。12月28日，获“质量之光”质量标杆企业称号，是全国医药行业唯一。

【领导考察】 4月10日，全国人大常委会原副委员长盛华仁考察扬子江药业集团。4月19日，参加“泰州太美”全国知名晚报、都市报泰州行的社长及总编一行到扬子江药业集团采访、参观。7月9日，市委书记蓝绍敏，市委副书记、市长陆志鹏分别带领市委工作会议的与会人员参观集团新医药产业基地项目。9月7日，围绕编制江苏省国民经济和社会发展“十三五”规划，全国政协委员、省政协主席、党组书记张连珍率住苏全国政协委员100余人实地考察扬子江药业集团。10月28日，国家食品药品监督管理总局副局长吴浈考察扬子江药业集团。10月28日，省委常委、省纪委书记弘强一行到扬子江药业集团考察调研。12月7日，全国人大代表和省人大代表泰州组视察高港区项目建设情况，察看扬子江药业集团龙凤堂项目建设情况。12月9日，省人大常委会党组书记、常务副主任蒋定之调研扬子江药业集团。

【2014年度中华医学科技奖颁奖大会】 1月18日，由中华医学会主办、扬子江药业集团协办的中华医学科技奖2014年度获奖项目在扬子江药业集团总部揭晓，共有85项医学科研成果获奖，其中，一等奖8项，二等奖25项，三等奖47项，国际合作奖1项，卫生管理奖2项、医学科普奖2项，另有1人获卫生政策奖。同期举行第一届树兰医学奖颁奖仪式。2014年中华医学科技奖获奖代表及学会所属各专科分会主任委员、秘书长，全国医务工作者代表共1500余人出席颁奖大会。

【中国儿科专用药高峰论坛】 8月1日，中国儿科专用药高峰论坛暨神曲消食口服液中国地区上市会在扬子江药业集团总部召开。会上，与会人员就儿科领域的最新研究热点和前沿问题作专题报告和深度讨论。扬子江药业集团对外发布儿科的专用药“神曲消食口服液”，启动该药中国地区上市仪式，正式进军儿科专用药市场。原卫生部部长、国家卫生计生委儿童专业用药专家委员会顾问张文康，国家卫计委副巡视员齐平江以及来自全国各地医疗卫生系统儿科领域专家、教授500余人出席大会。

【蝉联全国医药行业QC成果一等奖“十一连冠”】 7月10日，在第36届全国医药行业质量管理（QC）小组成果发表会上，扬子江药业集团获QC成果一等奖95项，最佳发表奖94项，再次获全国医药行业QC成果一等奖总数第一名，奖牌总数再创历史最高水平，蝉联全国医药行业QC成果一等奖“十一连冠”。

（扬子江药业集团 高志办）

扬子江药业集团

政　治

中共高港区委

·重要会议·

【区第四次党代会第三次年会】 2月8日，高港区召开区第四次党代会第三次年会。市人大常委会副主任、区委书记王建作题为《解放思想再发力，真抓实干勇担当，为泰州加快发展作出更大贡献》的工作报告。会议提出，在经济新常态下，高港要把握“两带一路”国家战略带来的重大机遇，充分发挥自身发展的现实优势，把高港打造成长江下游航运中心节点港区，长三角地区先进制造业和现代服务业融合发展的集聚区，江苏承南启北的枢纽区。会议强调，广大干部要在思想再解放中提升新境界，把思想再解放的落脚点放到“为谁干”的问题上，牢固确立“干工作不是为哪一个人而干，而是为一个地区而干，为自己所担负的历史责任而干，更是为人民群众的福祉而干”的认识，为高港争当“六连冠”、勇当排头兵提供强劲的思想动力。会议要求，全区上下要以时不我待、只争朝夕的干劲“抢”抓落实，在现代港口建设上主动作为，在国家级经济开发区创建上争先进位，在实施企业“六化”转型上持续发力；以踏石留印、抓铁有痕的作风“真”抓落实，项目大突破必须加强好项目、大项目的突破，城建新提升必须抓好城市形象、文明素质的提升，增进民生福祉必须注重群众的现实需求和真切感受；以勇于创新、动真碰硬的态度“敢”抓落实，创新机制推动落实，转变作风促进落实，从严治党保障落实，确保以更加自觉的责任担当、更加振奋的精神状态、更加务实的工作作风，推动经济社会发展迈上新台阶。

【区委工作会议】 7月22日，高港区召开区委工作会议。市人大常委会副主任、区委书记王建作题为《认清形势抓提升，把握方向再奋进，努力开创三大主题工作新局面》的工作报告。会议指出，全区上下围绕“为泰州加快发展作出更大贡献”，扎实推进三大主题工作，经济社会继续保持良好发展态势。做好下半年工作，要深入贯彻省委十二届十次全会和市委工作会议精神，推动三大主题工作再深化、再提升。会议强调，在三大主题工作中，项目大突破始终处于最重要的战略位置，思想再解放的成效要通过项目大突破来体现，城建新提升的内涵也需要项目大突破来丰富。园区是载体，要完善功能，提升承载力；产业是链条，要培育特色，提升凝聚力；行业是体系，要依托龙头，提升吸附力；企业是主体，要加快转型，提升竞争力。要坚定不移地在企业“六化”转型上下功夫、做文章，坚持以品牌化、标准化开拓市场，提升效应；坚持以资本化、上市化借力发展，做大做强；坚持以信息化、高端化注入功能，提升质效。会议要求，全区上下要按照习近平总书记提出的管理要全面、标准要严格、环节要衔接、措施要配套、责任要分明的“五个要”要求，把从严要求贯穿到干部监督管理、选拔任用、教育培养的全过程、各方面，全力开创三大主题工作新局面，为建设经济强、百姓富、环境美、社会文明程度高的新高港而努力奋斗。

【全区社区综合体制改革推进大会】 11月25日，高港区召开全区社区综合体制改革推进大会。会议指出，抓住干部这个关键，突出公职化、规范化。广大社区干部要知足、知不足，有为、有不为，添动力、加压力，全身心地服务群众、造福群众；紧扣为民这个根本，突出普惠、便捷。要在“四化”融合进程中，始终聚焦群众需求，提升现代文明，做到服务内

高港区社区综合体制改革推进大会

容贴切、服务渠道多元、服务方式便捷；把握治理这个重点，突出民主、法治。要强自治、讲法治、重德治，着眼于维护群众的根本利益，最大限度增加和谐因素、创新治理方式、提高治理水平，确保群众安居乐业、社会安定有序；围绕发展这个中心，突出富民、强村。要以改革激发农村发展活力，促进农业增效、农民增收、农村繁荣，加快推动传统农民向现代农民，"置家业"向"创实业"、"输血"扶持向"造血"发展转变。各单位要抓紧编制符合自身实际的"十三五"规划，咬紧全年目标任务不放松。"项目大突破"方面，要倒排时间表，紧抓项目投产达效；"城建新提升"方面，要加快推进民生实事项目和城建重点项目建设，加大后街背巷和老小区整治力度，让经济社会发展成果惠及全区群众；外资外贸方面，要不断优化投资环境，创新改革举措，全面推进外资外贸发展提质增效。

【区委四届六次全体（扩大）会议】12月31日，区委四届六次全体（扩大）会议召开。会议审议通过《中共泰州市高港区委关于制定高港区国民经济和社会发展第十三个五年规划的建议（讨论稿）》。市人大常委会副主任、区委书记王建就《建议（讨论稿）》向全会作说明。会议认为，"十三五"时期，是高港深入贯彻落实习近平总书记系列重要讲话精神特别是视察江苏重要讲话精神、谱写"迈上新台阶、建设新江苏"高港篇章的关键时期，是率先全面建成更高水平小康社会的决胜阶段，"十三五"规划必须紧紧围绕这一奋斗目标来制定。会议高度评价"十二五"时期高港经济社会发展取得的重大成就，全区顺利完成"十二五"发展的主要目标任务，综合实力迈上新台阶，转型升级取得新成效，城乡面貌展现新形象，改革开放迈出新步伐，社会民生实现新提升，贯彻落实习近平总书记视察江苏重要讲话精神和省、市委决策部署取得新的重大成果，经济、党建、社会、生态、文化、法治"六大建设"扎实推进。过去五年取得的重大成就和宝贵经验，为"十三五"规划乃至更长时期发展奠定良好基础。会议提出，"十三五"时期高港发展的指导思想是全面贯彻党的十八大和十八届三中、四中、五中全会精神，以毛泽东思想、邓小平理论、"三个代表"重要思想、科学发展观为指导，深入贯彻习近平总书记系列重要讲话精神特别是视察江苏重要讲话精神，坚持全面建成小康社会、全面深化改革、全面依法治国、全面从严治党的战略布局，大力弘扬"高港尊严"这一精气神，牢牢把握建设长江经济带"港口名城"和创成国家级经济开发区"两大任务"，聚焦聚力思想再解放、项目大突破、城建新提升"三大主题工作"，紧紧围绕经济强、百姓富、环境美、社会文明程度高"四个目标"，全面贯彻创新发展、协调发展、绿色发展、开放发展、共享发展"五大发展"理念，一以贯之推进经济、党建、社会、生态、文化、法治"六大建设"。会议提出，"十三五"时期高港经济社会发展的目标要求以建设江海联动、工贸发达的长江经济带"港口名城"为方向，突出国际化、现代化、特色化的发展内涵，推动港产城联动发展，全力打造长江下游航运中心节点港区、长三角地区先进制造业和现代服务业融合发展的集聚区、江苏承南启北的传导区。以"三步走"为目标，到建区20周年即2017年，率先在全市全面建成更高水平小康社会，创成国家级经济开发区；到建区25周年，率先基本实现现代化；到建区30周年，率先全面融入苏南。会议强调，实现全区"十三五"规划目标任务，重点要构建现代产业体系、城乡统筹发展体系、民生服务体系、生态文明体系、社会治理体系，关键要把创新、协调、绿色、开放、共享的发展理念，贯穿落实到发展的全过程和各方面，努力实现更有质量、更有效率、更加公平、更可持续的发展。会议提出，要坚持以经济建设为中心，建设更具发展优势的实力高港；要坚持以社会建设为基础，建设更加惠民的幸福高港；要坚持以生态建设为抓手，建设更宜人居的美丽高港；要坚持以文化建设为内涵，建设更富特色的魅力高港；要坚持以法治建设为关键，建设更为和谐的平安高港；要坚持以党的建设为第一责任，为"十三五"规划顺利实施提供坚强保障。会议要求，全区各级党组织和广大党员干部群众，要更加紧密团结在以习近平同志为总书记的党中央周围，积极投身谱写“迈上新台阶、建设新江苏”高港篇章的宏伟实践，同心同德推动发展，凝心聚力抓好落实，为实现“十三五”时期全区国民经济和社会发展各项目标任务而努力奋斗。（王耀华）

·信息与调研·

【信息工作】 2015年，全区党委信息系统贯彻落实中央和省、市、区委决策部署，围绕全区“推进三大主题工作，为泰州加快发展作出更大贡献”工作大局，为区委领导和上级党委掌握情况、科学决策、推动落实提供信息服务。全区信息工作绩效考核继续保持全省市辖区第二名，获得全市一等奖，省委办公厅、市委办公室专门发来感谢信。全年编发《高港情况（快报）》55期、《专报》13期，《我区农村资金互助合作社发展存在三方面问题》等信息获得区领导批示，推动相关工作。上报信息被市委办公室采用近100条（篇），《高港区创新实施“区领导履约承诺制度”强力推进项目突破》等信息获得市委书记蓝绍敏批示；被省委办公厅采用223条（篇），获得省领导批示14件次；中办采用信息实现历史性突破，获中央领导批示1件次。区委办公室被评为省、市信息工作先进单位；高港高新区被评为全市信息工作优秀基层直报点。

【调研工作】 2015年，区委办公室撰写《把真情惠民作为工作的主旋律》《以改革创新激发基层发展活力》《以“三个统筹”推进人大工作》《严以修身重在修心》《坚持开放创新双轮驱动，推动经济发展迈上新台阶》《建设现代港口，打造动力引擎》《聚神聚力，抓紧抓实，全力打赢项目大突破攻坚战》《社区综合体制改革的基层实践》十几篇理论文章，在《人民日报》《新华日报》《群众》《江苏通讯》《泰州日报》《泰州通讯》等中央、省、市级报纸杂志上发表。（王耀华　徐志鹏）

·督查与考核·

【概况】 2015年，区督查考核办公室围绕市考评体系的新变化，调优区内各项考核体系，督促各单位做到经济指标比占比、常规工作比特色、上争工作比贡献、项目建设比服务，各项考核评估有据可依、有章可循。运用绩效管理电子评估系统抓好园区、镇和部门个性目标考核，新增签约开工1亿元以上项目推进计划按月申报、适时添加，建立起具有高港特色的责任单位、重点工作、区管干部考核“三位一体”联动考评机制。常态化开展“月评比、季考核”活动，全程参与招商引资项目建设工作，建立健全全区招商引资项目信息、合同、开工、竣工四大类台账，对全区1亿元以上新开工项目施工现场安装摄像头进行实时监控。开展督查督办工作，全年共发放重要事项督办单40份、印发区委书记交办事项办理通知单13份，印发督查通报19份，形成专题汇报材料15篇，对领导批示和交办事项做到专人负责办理和督办检查相结合，及时反馈，做到事事有着落、件件有回音。

【实现市绩效考评“六连冠”】 2015年，区督查考核办公室围绕转型升级、跨越发展、民生改善、党建法治和公众评议的新考评体系，加强调查研究，调整考核内容，明确目标任务，建立考评领导小组定期例会制度，预测、分析和通报各项工作完成实绩，通过查摆问题、把握关键、狠抓弱项，放大得分优势，全力争先进位。高港区获全市2015年度绩效考评一等奖第一名，实现“六连冠”。

【镇街“四个文明”综合考评】 2015年，区督查考核办公室根据中央、省、市新要求，结合工作实际，制发《关于对各园区、镇（街道）2015年度工作实施目标考评的意见》《高港区2015年工作目标任务分解落实方案》、招商引资项目建设工作考核奖惩办法和开放型经济等专项考核办法。在区2015年度“四个文明”（物质文明、政治文明、精神文明、生态文明）目标考评中，核心港区（永安洲镇）、临港经济园（口岸街道）、白马镇获一等奖，高港高新区（许庄街道、刁铺街道）、大泗镇、胡庄镇获二等奖。

【“创新创优”评选】 2015年，区委、区政府继续开展“创新创优”工作评选活动。“社区综合体制改革试点”等5个项目获一等奖，“推进基层社会治理精细化”等6个项目获二等奖，“何芬法官工作室”等10个项目获三等奖。

【区级机关部门绩效管理】 2015年，区效能建设领导小组办公室组织开展2015年度区级机关部门（单位）绩效管理考核工作，制定出台绩效管理实施细则，协调综合牵头部门制定共性目标考核细则，对个性目标实施季度考评，组织牵头责任部门开展共性目标考核、公众评议等工作，综合评选出人民满意机关（单位）和效能建设先进单位。

2015年度人民满意机关（单位）　总工会、人民法院、人民检察院、发展改革委、财政局、文体旅游局、环保局、安监局、经济和信息化委、市场监管局、国税二分局、审计局、地税三分局、交警二大队、商务局。

2015年度效能建设先进单位　交通分局、国土资源分局、农委、科技和知识产权局、人力资源社会保障局、统计局、水利局、信访局、政务办、机关事务局、公安分局、住房城乡建设局、卫生计生委、城管办、规划分局、建设银行。

（蒋逸仙　姚　敏）

·组　　织·

【概况】2015年,高港区组织系统紧扣“三严三实”专题教育,聚焦聚力“思想再解放、项目大突破、城建新提升”三大主题工作,突出发挥组织建设的龙头作用。突出全面从严治党这个主线,坚持从严选拔、从严教育、从严管理、从严监督干部,进一步加强领导班子和干部队伍建设。以“创建国家级经济开发区”为目标,实施招才引才计划,加快人才扩量提质步伐,为实现全区转型升级、跨越发展提供智力支撑。牢固树立“功夫在平时、重点在基层、责任在干部、服务在一线”的基层党建理念,持续放大“3个1%专项资金”效应,对基层组织建设投入机制、管理模式、服务方法等进行大胆探索创新,基层党建工作的层次水平不断提升,组织活力得到有效释放。全区有党(工)委23个、党总支95个、党支部736个。党员13951人,其中,女党员3121人,占22.37%;35周岁以下党员3318人,占23.78%;大专以上学历党员5463人,占39.16%。

■ 干部工作

【干部选拔任用】2015年,高港区共调整区管干部4批次209人,其中,平级调整84人,提拔51人,机构改革36人,到龄退休13人,退二线6人,调进2人,调出5人,挂职锻炼5人,试用期满正式任职7人。区委组织部调整部管干部27人。

【后备干部队伍建设】4月上旬,高港区启动新一轮区管正职、副职、年轻干部、女干部、党外后备干部队伍调整工作。全区60个部门单位,推荐区管副职初步人选220人、中长期培养对象(年轻后备干部)初步人选53人。区委组织部联合区纪委等单位,采取谈话推荐、个别了解,以及就相关人选的廉洁从政、编制性质、德的情况、任职备案分别征求意见等形式进行专题调研。经综合分析研判,并经专题会议研究,形成新一轮后备干部队伍名单,包括区管正职后备人选、区管副职后备人选和中长期培养对象(年轻后备干部)。

【年轻干部培养】2015年,区委组织部实施“年轻公务员成长计划”,开设“基本功学堂”,举办公文写作比赛和“强信念,促成长,青春贡献美丽高港”演讲比赛等,帮助年轻公务员练好基本功。

【干部人事档案管理】2015年,区委组织部实施公务员职务职级并行制度,33名符合晋升条件的区(部)管干部落实待遇。在全区开展干部人事档案专项审核工作,印发《区管干部任前档案审核暂行规定》,推进干部人事档案规范化、制度化建设。

【干部监督】2015年,区委组织部开展“干部监督制度落实年”活动,全面推行区管干部动议提名“单位自审、部门联审、组织会审”三审制度,严格区管干部任前档案审核和中层干部选任方案事前审核,防止“带病提拔”和“带病上岗”。加强对党政主要负责人监督,对2名党政正职干部进行“三责联审”(用人责任审查、编制责任审核、经济责任审计),对7名党政正职干部进行经济责任审计。推行“三设三亮”(设监督哨、亮责任人,设预警线、亮提醒卡,设曝光台、亮问题源)制度,坚持“抓早、抓小、抓常”,构建常态、开放、高效的干部管理监督体系。全区400余名副科级以上干部填报领导干部个人有关事项报告表。做好个人有关事项报告信息的电脑系统录入工作,通过电子化、信息化建设,方便个人有关事项信息的更新、查询和分析研判。开展“三超两乱”(超职数配备干部、超机构规格提拔干部、超审批权限设置机构,擅自提高干部职级待遇、擅自设置职务名称)等专项治理工作,92名超职数配备干部全部消化完毕。

【镇(街)党(工)委书记“三大主题工作”专题研讨】5~8月,区委组织部共举办镇(街)党(工)委书记“三大主题工作”专题研讨4次。以镇(街)党(工)委书记书面交流为基础,突出重点交流发言,年轻干部、机关部门负责人与镇(街)党政主要负责人互动问答,区分管领导分别提出点评意见。

【市区联动研修班】8月16~20日,区委组织部在上海交通大学徐汇校区举办“滨江城市建设”专题研修班,共有高港区和泰兴市、靖江市的36名学员参加。培训主要采取专题授课、现场教学、交流研讨等方式。邀请同济大学、上海交通大学、东华大学等高校的教授围绕新型滨江港城——“智慧城市”建设、基于“城市经营”的滨江城区规划与策划研究等主题进行专题授课。组织学员参观上海市松江区泰晤士小镇。

【领导干部能力建设讲坛】4~12月,区委组织部举办领导干部能力建设讲坛5期,邀请浙江大学、清华大学等高校教授对中国社会经济转型发展、廉政建设与预防腐败等专题进行讲解。区四套班子成员、各单位(部门)领导班子成员、村(社区)党组织书记、省委选调生、专门人才、大学生村官等近3000人参加。

【新上岗副乡科级干部和年轻干部培训】11月4~7日,区委组织部以“集中开班、融合办班”的方式,统筹举办高港区第九期新上岗副乡科级干部培训班和第六期年轻干部培训班,共有2013年8月以来新上岗的副乡科级干部及部分年轻干部63人参加培训,邀请省委党校教授张舒屏等结合严守政治纪律、政治规矩等内容进行授课，组织全体学员参观泰州市看守所。

【远程教育】 4月，区委组织部分组对全区7个镇街机关站点和90个村（社区）远教站点的硬件设施逐个实地检查，逐项排查不足，实地指导"江苏先锋"智能TV操作，确保市第五届村干部"培训周"顺利开展。7月，区委组织部和泰州广播电视台高港电视节目中心联合推出党建电视栏目《高港先锋谱》，以全区各地、各单位优秀共产党员为拍摄对象，让广大基层干群学习身边的优秀典型。9月，区委组织部划拨专项资金35万元，用于提升全区远程教育设备，为94个远程教育终端站点购买数字电视11台、投影仪40台、电脑43台。区委组织部11月组织拍摄的党员教育电视片《调解"达人"》、远程教育教学课件《创业梦想，青春激扬》、微视频《托起"心"的希望——泰州市第三人民医院副院长叶炳华》在全市第六届党员教育电视片（微视频）和远程教育教学课件观摩评比活动中分别获一等奖、二等奖和三等奖。

（李　艳　周丽雅　褚红艳　居裕强）

■ 高层次人才工作

【组织领导】 2015年，高港区召开全区人才工作会议，表彰奖励10名优秀人才和10个人才工作先进单位。印发《"港城英才"五年行动计划》，确立新一轮人才发展战略目标。调整优化区人才工作领导小组成员，由市人大常委会副主任、区委书记王建任组长，区委常委、常务副区长陈军和区委常委、组织部部长陈志斌为副组长，科技、人社、财政等部门主要负责人为成员。出台《关于加强党管人才工作的实施办法》。

【人才引进】 2015年，高港区共引进各类高层次人才218人，18人被

第三期高港籍"985工程""211工程"高校应届大学毕业生座谈会

确定为各类人才项目资助对象，累计上争资金714万元。组织召开第三期高港籍"985工程""211工程"高校应届大学毕业生座谈会。组织开展2015年专门人才选聘工作，共选聘14名"985"高校应届硕士以上研究生。以项目大突破促进高端人才引进，成功引进一批创业团队和优质创业项目，累计投资额过亿元。鼓励企业广泛参与国际人才交流活动，引导企业组团参加深圳留交会、大连海创周等高端论坛。与欧美同学会、德国中小企业联合会等组织，就"人才+项目"合作等构建交流渠道。

【人才培育】 2015年，高港区采取校企合作、"订单式"培养、"菜单式"培训等方式，不断加大省市科技企业家和省市"双创计划"、蓝领精英、专业技术骨干、农技推广专家等人才的培养力度。出台"科技企业家培育工程"实施意见，共有90人被确定为区第一期"科技企业家培育工程"培育对象。举办专利申报、科技金融、项目申报等培训20场，累计培训人数1000人次。利用科技活动周、科普宣传日、科技下乡等活动，开展新型农民科技教育培训工作。全年培训专业农民1600余人，形成统分结合、上下联动、协调高效、整体推进的"本土人才"培育机制。

【平台搭建】 2015年，高港区先后组织赴西安、长春、上海、南京参加省第19~22届精英人才对接峰会，从省科技厅、省农机局、哈尔滨工业大学、江南大学等地接收7名省第八批科技镇长团成员到高港区挂职。组织开展"企业院校行""一对一项目专题对接会""科技成果专题讲座"等各类科技推介活动16次，促成产学研合作协议36项，新建产学研联合体9个。组织开展"专家高港行"等活动，招引各类高层次人才到高港区为企业服务，帮助企业解决技术难题30余项。成功申报省级工程技术研究中心1个、省级研究生工作站3个。江苏省工程技术文献信息高港区分中心落户运转，"泰科易"网上技术交易平台工作稳步推进，共发展平台科技专员142人，挖掘企业有效需求48个。开展"智汇泰州——高端人才创业项目对接·高港站"活动，先后接收2批共20余名专家教授到高港区实地考察创业环境，成功落户多个高层次人才创业项目。

【保障措施】 2015年，高港区转发"人才强企"若干政策意见，举办"人才政策宣讲会暨人才交流座谈会"，面向229名应届毕业生和高层次人才发放1000万元购房券。开展"千名硕博看泰州——走进高港"活动，

为130名高层次人才发放旅游券。为全区所有规模以上企业建立“一企一卡”人才服务需求清单，为企业提供针对性服务。按时下拨省、市“双创计划”及省“企业博士集聚计划”资助资金，省第四期“333工程”、市第四期“311工程”培养对象图书资料补贴等各类人才奖补资金共600余万元。组织开展“人才强企年卡”和高层次人才“创业券”申领兑付。全区107人次获批生活补贴，共计146.40万元，列全市第一。走访慰问24名市“311工程”第二层次以上优秀人才和7名科技镇长团成员。定期召开人才工作座谈会听取意见建议，帮助各类人才解决家属安置、子女入学、住房、社保等各种实际问题。

（刘　宇　钱锦江　王安峰）

■ 基层组织建设

【基层党建制度建设】 2015年，高港区出台《关于加强和规范社区基层组织建设的暂行办法》，建立定岗定编、定责定酬和能进能出、能上能下“四定四能”机制，健全完善社区重大事项议事规则，推动社区干部管理公职化、服务一体化，其做法入选《沃土妙招——江苏农村基层党建工作创新集锦》，并被省《群众》杂志推介。完善基层党建“三级联述联评联考”机制，组织各园区党工委、各镇党委、各街道党工委及区属党组织书记签订党建工作责任状，分批次召开各级党组织书记抓基层党建工作述职评议会，评议结果纳入年度党建工作考核内容。建立备案管理、痕迹管理、效能管理三项制度，各级党组织通过“任期规划备案、工作计划备案、工作总结备案”等形式，实现基层党建目标任务明晰化。通过实时监控、随时督查、及时完善等举措，实现基层党建过程管理精细化。通过常规工作一月一评、重点工作半年一评、年度工作一年一评等手段，实现基层党建考核评估科学化。印发园区、镇街、农村（社区）、“两新”组织（新经济组织和新社会组织）、机关、学校等领域党组织书记党建工作责任清单，围绕“党建工作责任化、责任党建具体化、党建责任落地化”，建立“明责、定责、诺责、亮责、督责、问责”六位一体的责任体系，全面落实党建工作责任制。

【党员管理】 2015年，区委组织部做好《中国共产党发展党员工作细则》的传达学习，从党费中列支专项经费，购买350册《中国共产党发展党员工作手册》，下发至各基层党组织，实现机关、村（社区）、非公有制企业等领域党组织全覆盖。对贯彻实施《发展党员工作细则》情况进行“推磨式”互查，组织党务工作者互相“挑刺”、相互“取经”。对检查整体情况下发通报，个别情况及时反馈，倒逼发展党员质量提升。严格实行发展党员基层党（工）委、区委组织部两级预审，上、下半年分别明确预审时间节点，为全年工作明确“时间表”。严格审核标准，对入党动机、发展对象产生过程、培养考察、政治审查和基层党（工）委预审等情况进行逐一审核，结果实行书面反馈，从程序上确保新发展党员质量。科学分析全区党员队伍状况，组织编制年度工作目标，合理安排发展计划，严格预审把关，动态跟踪发展进度，全区新发展党员183人，党员结构比例进一步优化。园区、镇街、区级机关联动开展新发展党员专题培训，对2012年以来新发展党员进行集中培训。区级机关采取观看警示教育片、专题辅导、参观烈士陵园和反腐倡廉教育基地、交流研讨及闭卷考试等形式。各园区、镇街按照统一部署，分别开展专题培训。

【中国共产党成立94周年纪念活动】 2015年，高港区开展中国共产党成立94周年纪念活动。组织开展纪念建党94周年暨抗战胜利70周年知识竞赛，推选第四届“我最喜爱的共产党员”，举办党的群众路线教育实践活动暨“周末高港·党员关爱服务行动”专场文艺演出等活动。王海东、刘俊、李军、陈新、韩九灯等人被评为全市第四届“我最喜爱的共产党员”，其中，王海东被评为全市第四届“十佳我最喜爱的共产党员”。

【“关爱服务月”活动】 2015年，高港区以“践行严实要求、关爱党员群众”为主题，深入开展第八次“党员关爱服务月”活动，组织全区各级党员领导干部，走访慰问各类对象4519人，帮助解决各类实际问题437个，累计投入764.16万元。

【党代表工作室活动】 2015年，高港区遵循“错时有序、科学合理”原则，每季度统筹安排1次党代表工作室工作日活动，全年收集梳理合理化意见建议360余条，帮助基层解决实际问题90余件。出台《关于加强和改进“两代表一委员”依法履职工作的实施办法》，建立“两代表一委员”（党代表、人大代表、政协委员）每季度督查项目工作推进机制，坚持定期开展工作日活动与经常性走访联系群众相结合，推动“两代表一委员”旁听列席区委、区政府决策会议。

【流出党员服务管理】 2015年，高港区加强本地流出党员的教育管理，引导每名村官与本村流动党员结成“1+1”或“1+N”联系对子，通过手机短信、微信、QQ聊天等方式，定期联系互动，让流动党员离乡不离党。充分发挥3个流动党员工作室作用，统一核发“流入党员登记证”，详细排查园区、非公有制企业周边生活服务、交通出行、医疗保健、入学就业等民生信息，为流动党员工作室分别“量身定做”流动党员服务卡。

【村级综合服务中心建设】 2015年，高港区划拨105万元专项资金，用于补助新建村级综合服务中心，结合社区综合体制改革,加快硬件配套建设。各村(社区)综合服务中心面积均达200平方米以上。统筹推进村居社会事业工作站、便民服务中心、卫生服务站、居家养老服务站和邻里中心建设。

【村(社区)干部管理】 2015年,高港区对村(社区)干部实施"五位一体"(公开目标承诺、提升履职能力、工作实绩公示、年终述职询评、考核星级排位)为主要内容的管理。公示村(社区)干部2015年度目标承诺书,注重强化考核结果运用。按照"五位一体"管理要求,评选表彰口岸街道引江社区等五星级村居10个。以"守规矩·严管理·正风纪"为主题,举办第五届村(社区)干部培训周活动,通过组织收看空中课堂、举办基层干部能力提升专题讲座、集中参观先进村居等形式,对1000余名基层干部进行培训。推行村居干部现代师徒模式,选择优秀村居党组织书记与年轻村居干部结成63个师徒对子。建立结对联系、跟班学习、跟踪回访、双评双考四项制度,确保结对成效,其做法被《江苏组工信息》推介。

【选派村居"第一书记"】 2015年,高港区从区级机关选派20名后备干部,到20个村(居)担任"第一书记",帮助村(居)谋划发展思路、指导党建和干部队伍建设,做好对外协调、项目上争及重要事项决策等工作。区委组织部强化对"第一书记"的跟踪考核管理,引导年轻后备干部在服务基层、服务群众中不断实践锻炼、增长才干。

【村居党组织书记后备人才库建设】 2015年,高港区建立村居党组织书记后备人才库,培育基层后备力量。通过分析推荐、组织考察、党(工)委研究等程序,173名优秀年轻村居干部被纳入村居党组织书记后备人才库,实行区、镇、村三级跟踪培养。

【大学生村官管理】 2015年,高港区集中开展村居"两委"正职后备大学生村官"公推月"活动,通过述职推荐、民主测评、调研考察、差额票决、公示确认等程序,推选出30名优秀大学生村官。开展培养"三能"(能说、能写、能干)型大学生村官主题活动。举办大学生村官专题培训班,通过专家授课、座谈交流、实地观摩等形式,帮助大学生村官提升履职能力。打造"创业梦工场、创业互助会、创业同心圈"三大主题平台,在全市率先成立大学生村官"为民电商创业联盟",制作大学生村官创业专题纪录片《创业梦想青春激扬》,发放创业富民引导资金12.60万元。先后有40名大学生村官通过独资、合资、融资等形式创办项目34个,其中,新增创业项目11个,"唐唐果急送"等项目得到团中央书记处书记徐晓肯定,原代码网络科技有限公司被评为省大学生优秀创业项目。

【社会组织党建管理】 12月,高港区开展社会组织党建专题调研,召开社会组织党建工作学习部署会,建立400平方米社会组织孵化中心,设立公益创投专项资金。结合党员组织关系排查工作,将98名"空挂"党员的组织关系转移到社会组织党组织,并建立专门的社会组织党员信息库。

【"一校一品"党建文化建设】 2015年,高港区深化"一校一品"党建文化品牌创建工作。市第三高级中学"打造绿色党建、助推幸福教育"、白马镇海军小学"面朝大海、春暖花开"2个特色党建品牌被评为泰州市学校"一校一品"党建特色品牌。

【非公有制企业党建"一企一品"创建】 2015年,高港区开展非公有制党建"一企一品"特色品牌评比工作,通过听取汇报、查看资料、实地考察、发放问卷、个别访谈等多种形式,对申报的20个品牌创建项目进行严格考核、综合评分。授予华润雪花啤酒(泰州)有限公司等10个企业高港区非公有制党建"一企一品"建设先进企业党组织称号。

【非公有制企业党务工作者培训】 2015年,高港区建立非公有制企业党建培训"一年一专训、一人一档案、一季一报送"三项制度。在昆山市委党校专题举办全区非公有制企业党建工作示范培训班,共48名学员参加,通过专家授课、现场观摩、座谈交流等多种形式,帮助非公有制企业党务工作者开阔视野、拓宽思路。非公有制企业党建培训连续4年被评为省优秀等次。

(乔 峰)

·宣 传·

【概况】 2015年,高港区举办"大江讲堂"系列报告会、读书班20余场次。区四套班子负责人带头上党课、抓宣讲,为基层作表率,全年有10余篇理论调研文章在《人民日报》理论版及《求是》《群众》等省级以上报刊发表。在市级及以上媒体用稿500余篇,提升高港形象。常态化开展全国文明城市创建,促进市民文明素质提升。省、市、区文化科技卫生"三下乡"活动启动仪式在白马镇举行。加大典型培育选树力度,评选产生"大江儿女·高港好人"20人,泰州市最美人物10人,"中国好人"2人,累计推选产生"中国好人"12人,率先在全省县(市、区)实现五大类"中国好人"全覆盖。

(杨 城 孙兰香)

■ 理论武装

【中心组学习】 2015年,区委中心组推进"六学并举",即专题"点学"、示范"领学"、旁听"督学"、实践"促学"、成效"验学"、考核"述学",做到理论学习与贯彻上级决策部署相结合、与深入基层调查研究相结合,促进区委中心组学习制度化、规范化、实效化。全年围绕党的十八届四中、五中全会精神，中共中央总书记习近平系列重要讲话精神，“三严三实”专题研讨等，组织开展26次学习活动。

【党员轮训和冬训】 2015年，高港区结合学习中共十八届五中全会精神，制定党员干部年度轮训意见和冬训意见，组织镇街分管负责人和宣传委员参加全市基层党员干部冬训工作部署会暨理论骨干培训班。区、镇、村分设“读书班”“主体班”“冬训班”，并在全市推广。开展“机关干部百村行”，轮训党员万余人。举办为期3天的党员冬训读书班，邀请专家围绕“两学一做”、十八届五中全会精神、全面从严治党、基层党组织建设、港口经济与临港产业、新常态下的招商工作进行讲解，近1000名基层党员干部参加。

【“大江讲堂”举办12期】 2015年，高港区举办“大江讲堂”12期，每场参加人数500余人。邀请专家围绕社会热点难点和干部群众需求作专题讲座、辅导报告。3月13日，邀请江苏省高级人民法院民一庭副庭长、副区长李亚林作题为《经济法实务——经济活动中的风险防范》专题报告；4月22日，邀请省委宣传部部务委员、研究员，南京大学哲学博士，河海大学思想政治教育专业、扬州大学马克思主义中国化专业博士生导师双传学解读“四个全面”重大战略思想；12月18日，邀请市纪委副书记刘秋平作“学用新党规，适应新常态”专题报告。

【社科宣传】 2015年，区社科联组织15篇社科成果参加市社科成果评奖，1篇论文获市二等奖。9月26日，开展高港区第四届社科普及宣传周活动，共接受咨询300人次，开展义诊义疗200人次，发放科普资料1800余份，展出展板30余块。

（孙婷婷　王卫军）

■ 新闻舆论宣传

【省内外宣传】 2015年，高港区编辑出版《泰州日报·高港周刊》50期。在市级以上党报刊发稿件500余篇，实现中央电视台及《人民日报》《经济日报》《光明日报》《农民日报》《工人日报》《法制日报》等中央主流媒体宣传高港全覆盖。中央电视台《新闻联播》用稿5篇；《新华日报》用稿60余篇，头版头条2篇，头版7篇；《江苏新时空》用稿42条，头条5条；《泰州新闻》用稿190条，头条28条；《泰州日报》头版头条10余篇。

【网络舆情】 2015年，高港区以“大江论坛”为平台，完善网络发言人和网评员“主力军”队伍，主动回应网民关切问题。大江论坛“百姓心桥”栏目共办结市民反映问题近200个，回复率95%以上。围绕习近平总书记系列重要讲话精神和全区“三大主题”工作，开展网上正面宣传。在大江论坛开辟“六大建设”“美德善行”“大江儿女”等专题专栏，加强中国特色社会主义和中国梦、培育和践行社会主义核心价值观、“六大建设”成就宣传。实名认证“高港发布”政务微博，全年推送微博500余条。

【“三下乡”活动】 1月16日，区委宣传部在白马镇举行2015年省、市、区文化科技卫生“三下乡”活动启动仪式。省委常委、宣传部部长王燕文出席，为“种文化”共建点授牌。是日，江苏省2015年度“全民阅读手拉手·春风行动”在中国人民解放军海军诞生地纪念馆举行，来自省、市、区的科技、文化、卫生、司法等30余个部门单位代表现场参与广场咨询服务活动。专家们面对面提供农村科技咨询，耐心为群众解疑释惑；开展法治文化宣传，举办普法讲座；在白马镇敬老院为老年人提供医疗服务。省新闻出版局等部门在中国人民解放军海军诞生地纪念馆室外广场启动“全民阅读手拉手·春风行动”，开展阅读惠民、志愿服务、结对共建等活动。省艺术家专门组建文艺下乡志愿服务团，现场表演文艺节目。

（王国民　戚锁林　张　玲）

■ 精神文明建设

【文明创建】 2015年，高港区按照“不失分、得高分、多加分”标准，推进全国文明城市创建专项行动，确保创建工作“硬件过硬、软件不软”，

文明市民“十要十不要”教育活动启动仪式签名现场

在泰州市创建办组织的月度测评中连续6次名列第1名，高标准通过省级和国家级考核验收。申报实施社区环境综合整治项目35个，累计投入资金2000余万元。深入开展泰州文明市民“十要十不要”主题教育活动，改善城市人居环境，提升市民对创建工作的满意度和支持率。3个街道获市级月度测评考核一等奖。14个社区被评为泰州市创建文明城市先进社区。全区134个单位获评2013~2014年度泰州市文明单位（行业、镇村、社区）。东方明珠、水岸帝景、鑫港花苑被评为第二届泰州市文明小区。

【培育和践行社会主义核心价值观行动】 2015年，高港区组织开展社会主义核心价值观社会宣传活动，开展“图说我们的价值观”公益广告宣传。完善美德善行工作网络，打造美德善行榜、美德善行一条街，加强美德善行榜建榜工作。全区7个镇街、90个村居全部建立美德善行榜，每半年更新一次，全年上榜好人300余人，镇街、村居建成覆盖率100%。为《泰州美德善行故事》采编8篇核心故事。印发《关于在全区开展社会主义核心价值观建设“五进五树”工作的实施方案》，指导、推动全区社会主义核心价值观培育践行工作开展。

【“典型培育”工程】 2015年，高港区认真做好道德模范、中国好人的推荐、学习、宣传工作。区委书记王建被评为全国优秀县委书记，评选产生“大江儿女·高港好人”20人（丁正英、张华女、王海东、吉玲、纪进珠、李波、杨慧、金秋桦、赵仁元、侯先栋、张海霞、王永红、张杰、陈湘、莫志娟、钱荣华、钱维胜、蒋燕、韩绍庆、戴莉），组织宣讲团进机关、进社区、进企业、进医院、进学校巡回宣讲。袁亚琴、侯先栋被评为“中国好人”，累计上榜“中国好人”12人，在全省县（市、区）中率先实现“助人为乐”“见义勇为”“诚实守信”“敬业奉献”“孝老爱亲”5类“中国好人”全覆盖。徐勤生及史记宏、赵玉芳夫妇当选2013~2014年度“感动泰州”美德善行十大人物，王永红、戴莉获提名奖。纪进珠、杨慧等10人当选泰州市“最美人物”。

【“道德讲堂”建设】 2015年，高港区共建成“道德讲堂”134个，实现村（社区）全覆盖。全年举办“道德讲堂”总堂活动20期、800余场次，参加5000人次。

【未成年人思想道德建设】 4月13日，高港区未成年人法制教育“5+5”模式，获全国未成年人健康成长法治保障制度创新事例奖和泰州市未成年人思想道德建设创新创优奖。9月28日，高港实验小学、高港实验学校等7所学校被泰州市文明办评为市级文明礼仪示范试点学校。9月29日，泰州市暨高港区2015年“我的中国梦·向国旗敬礼”主题活动在高港区举行，高港实验学校、高港实验小学1000余名学生参加。9月30日，结合纪念抗日战争胜利70周年，在高港实验小学举办“为和平歌唱”大型少儿歌会。12月8日，白马中学青春仪式、口岸中心小学入学仪式获江苏省未成年人文明礼仪养成教育“四仪”创新案例三等奖。

【志愿服务】 2月9日，高港区文明委授予戴莉等10人高港区最美志愿者称号，授予包菊兰等8人及刁铺街道社会妈妈集体、白马中学志愿服务队集体等高港区优秀志愿者称号。3月2日，启动“文明高港”志愿服务行动。各镇（街道）、区各有关部门（单位）以公共场所和城乡社区为重点，广泛开展文明秩序引导、文明游览引导、文明礼仪宣传、生态文明共建、窗口单位文明共建、关爱空巢老人、关爱留守儿童、关爱农民工、关爱残疾人、关爱生命、“送文化、种文化”等学雷锋志愿服务活动，推进全区志愿服务工作制度化、常态化，培育“工会伴你行”“文化港城行”等一批志愿服务项目。4月24日，孙涛当选为泰州市第二批优秀志愿者，区“大江艺术”文体志愿服务队当选为泰州市第二批优秀志愿服务组织，戴莉等57人当选为泰州市星级志愿者。9月18日起，高港区面向各乡镇、街道招募注册第二批志愿者2.40万人，注册志愿者人数占全区城镇人口18.70%。（杨　盟　杨　寅）

·统　　战·

【概况】 2015年，高港区有市、区两级党外人大代表38人，党外政协委员104人；35名党外人士担任副乡科级以上领导职务。年初，高港区召开全区党外人士迎新春座谈会。召开党风廉政建设和反腐倡廉情况、经济情况、政情通报等会议3次，接受党外人士、政协委员的监督和评议。组织党外政协委员对政府部门进行民主评议。组织党外代表人士100余人次，视察全区重点工业项目、城建项目和社区综合体制改革试点社区，进行项目点评、建言献策。推荐3名无党派知识分子成为市党外知识分子联谊会理事。

【统战教育培训】 2015年，高港区先后组织党外干部、非公经济人士600余人次参加学习，帮助党外人士提升综合素质。召开镇街统战委员、民主党派支部、知联会负责人学习座谈会，传达学习中央统战工作会议、十八届五中全会、统战工作条例等重要会议和文件精神。11月底，联合兴化市委统战部在无锡市社会主义学院举办为期一周的党外青年干部和统战委员培训班，全区26名学员系统学习统一战线政策理论、非公经济发展经验借鉴等方面知识，参观荣毅仁、王选、钱伟长等统战名人故居和纪念馆，加深

高港区统战工作会议

对统战理论的认识和对社会主义核心价值观的认同。开展非公有制经济人士“四信”（信念、信任、信心、信誉）主题教育实践活动，组织20余名非公有制经济人士收看全省理想信念教育实践活动电视电话会议。

【协助民主党派建设】 2015年，区委统战部走访调研各民主党派支部（小组），了解主要做法、经验及存在问题，协助民主党派加强自身建设。全区有民主党派成员101人，其中，民革13人、民盟22人、民建18人、民进8人、农工党21人、九三学社18人、致公党1人。有5个支部、1个小组，分别为民革高港支部、民盟高港支部、民建高港支部、农工党高港支部、九三学社高港支社，民进泰州总支普教支部高港区小组。成员中有市人大代表1人、市政协委员1人、区政协委员19人。

【党外干部选拔培养】 2015年，区委统战部对全区股级党外干部进行调查统计，结合全区党外干部队伍建设发展的数量和结构等要求，推荐产生党外副科级后备干部14人、正科级后备干部2人。配合做好党外干部的考察和任用，新提拔党外副科级干部1人、正科级1人，交流4人。22个政府部门中有15个部门配备党外领导干部，占68.20%，11个必配部门中全部配备党外领导干部，区人民法院、区人民检察院配备党外副院长和副检察长。

【统战信息宣传】 7月，高港区组织召开统战调研宣传信息工作会议，建立各镇街、民主党派信息员队伍，拓宽信息来源渠道。全年共编发统战信息220余条、采用117条次，其中，《中国统一战线》1条、《挚友》2条、《江苏民族宗教》2条、《经济领域统战工作信息》3条、《泰州统战》5条，省民族宗教网站16条、市政府网站2条、市民宗局网站81条，《泰州日报》5条。区、镇两级统战干部就基层社区统战工作、民族宗教工作、民主党派建设等内容进行调研，形成调研文章11篇。

【非公有制经济人士爱心活动】 2015年，区委统战部组织镇街商会开展送文化、送法律、送医疗等活动，向非公企业赠送法律法规、卫生保健、劳动技能等方面书籍2000余册。在《泰州日报》《泰州商界》等刊物上报道杨谢、谢卫东、于建江等非公有制经济人士乐善好施、捐资助学的先进事迹。指导胡庄镇、大泗镇等镇街非公有制经济人士设立“江苏大邦”“大泗圆融”等助学助教基金会，每年投入资金30万元以上。刁铺街道12个非公有制企业与14户少数民族贫困户结成“亲戚”；胡庄镇40余个会员企业与特困群众结对帮扶，无偿帮助30余个社会青年提升职业技能，结对资助困难学生21人。全区非公有制经济人士全年用于走访慰问、建桥修路、捐资助学等公益活动物资达千万元。

（黄文静　徐永强）

·政　　法·

【概况】 2015年，高港区围绕“平安建设示范区、法治建设先导区、社会治理样板区”工作目标，坚持“功夫在平时、重点在基层、责任在干部、服务在一线”工作理念，深入实施平安法治建设“两年行动计划”和10个全覆盖行动。全区社会大局和谐稳定，未发生重大群体性事件，未发生恶性刑事案件和治安案件，未发生重大公共安全事故，未发生重特大交通事故，连续9年实现重大敏感时期“零进京”“零登记”。综治平安和法治建设继续保持全市领先，实现泰州市平安镇街连续13年保持全覆盖，永安洲镇、胡庄镇获评2015年度泰州市社会治安综合治理工作先进集体；社区综合体制改革获市2015年度政法工作创新奖二等奖；陈新群众工作室、何芬法官工作室获三等奖。高港区获批首批江苏省食品安全城市，全省政府法制工作成绩突出单位，区政府获评泰州市法治政府建设优秀单位。

【案件评查】 2015年，高港区开展“百案评查”活动，通过案评促规范，提升司法公信力。优化充实区法律专家库，从45名法律专家库成员中抽调25人成立执法督查和案件评查组，分别对法院执行案件、检察院不捕不诉和反贪反渎自侦案件、公安分局经济案件和中央巡视组交办信访案件等100余件案件进行“推磨式”评查。健全完善执法督查和案件评查常态机制，专题召开案件评查点评分析会，逐案进行点评分析，通过案评促规范，提升政法机关办案质量和执法效能。

【服务保障三大主题工作“三零”行动】 2015年，高港区全面实施政法系统服务保障三大主题工作“三零”行动。通过“零距离”服务、“零缝隙”预防、“零容忍”打击，全力打造安全稳定的社会环境、公平正义的法治环境和优质高效的服务环境。全区政法机关累计为项目建设服务420余次（场），上门提供安防指导服务90余次，依法处置各类突发事件30余起，依法执结涉企案件84起。成立重大决策司法研判领导小组，实现政府法律顾问全覆盖，推动完善法律风险化解机制，未发生一起因决策不当引发的群体性事件。

【“双争双创”活动】 2015年，高港区政法系统致力打造过硬队伍，积极参加“争当模范干警创一流队伍、争当示范单位创一流业绩”活动，共有38个集体和63名干警获得市级以上表彰。通过举办全区政法系统“双争双创”先进典型事迹宣讲报告会、多方宣传报道先进典型事迹等，引领广大政法干警尽职尽力、创先争优。（罗小英）

·机关党建·

【概况】 2015年，区委区级机关工委辖党组织63个，其中，党总支部6个、党支部57个。党员928人，其中，女党员243人、大专以上学历848人、35岁以下党员293人。发展党员16人，预备党员转正20人。全年督促指导20个基层党组织调整改选，新建区人民检察院四支部、科协支部、红十字会支部共3个党支部。3月，成立区妇女联合会区级机关工作委员会。

【入党积极分子培训】 4月15~20日，区委区级机关工委举办2015年度入党积极分子培训班，区级机关近60人参加培训。培训内容包括党的基础知识、十八届四中全会、形势教育；实行全程纪实，严肃纪律，并注重学思结合，开展学员读书笔记评选；结合“周末高港·党员关爱服务行动”，组织入党积极分子参加社会实践活动。

【新党员专题培训】 8月11~13日，区委区级机关工委联合区委组织部举办区级机关新党员示范培训班，区级机关2012~2015年新发展且组织关系仍在高港的党员（含同期转入的预备党员）150余人参加培训。通过集中辅导、警示教育、交流研讨等，加强理想信念、党性党风、党规党纪教育，引导新发展党员增强党员意识，提高党性修养，推进党员队伍“素质提升工程”。

【基层党组织规范化建设】 9月，区委区级机关工委联合区委组织部、区财政局印发《关于贯彻落实〈中国共产党党和国家机关基层组织工作条例〉和省委〈实施办法〉几个具体问题的意见》，就机关党组织隶属关系、机关党务干部选配、机关基层党组织活动经费落实等作出明确规定。区商务、经信、卫生、市场监管、公安、住建、教育、供销、交通9个系统党委（总支）成立机关党支部，并划归机关工委管理；按机关工作人员总数的1%~2%比例配备专职党务工作人员；从2016年起将区级机关部门机关党建活动经费列入年度部门预算，区级机关按每名党员600元的标准在部门预算公用经费定额中统筹安排。

【“书香港城”主题读书月活动】 4月中旬~5月中旬，高港区开展“书香港城”主题读书月活动。主要内容：好书大家荐，各单位确立本单位干部职工年度必读书目和选读书目；书香满机关，各单位设立阅览室、建立书报栏或数字图书馆、开辟学习园地等，区图书馆开辟专门区域，设立“机关优质书籍共享平台”，定期集体借阅、集体归还，实现资源共享、交互利用；依托“大江讲堂”平台，邀请知名学者、专家举办文学艺术作品赏析类讲座，着力提升机关干部的人文素养；组织开展“影响我一生的好书”优秀读后感评选表彰活动。读书日活动期间，共推荐时政法律、哲学研究、经济管理、历史文学、人文社科、生活科普6大类100本好书。

【周末高港·党员关爱服务行动】 2015年，高港区开展以“亮身份、树形象、作表率”为主旨的“周末高港·党员关爱服务行动”，构建区总队、机关及镇街分队、专业队三级组织网络，全区招募党员志愿者1500人。区总队按照行业系统不同特点，分别明确1个机关部门负责组建专业队；机关及镇街分队结合党员岗位特点、业务特长、业余爱好等，分类组建社会治理创新、文体卫生、社会事务、宜居环境、农业发展、企业转型等6支专业队，定期上报集中关爱服务活动主题，由区总队统筹安排，每期确定1个主题，由1个专业队牵头开展活动。年内，先后组织开展“送温暖，献爱心”“放心消费，畅想消费”“书香港城”“点亮微心愿，助力微梦想”“项目大突破政策宣传基层行”“城建新提升现场办公会”等各类主题活动20余场次，总计投入资金150余万元，服务群众1万余人次，其中，慰问帮扶基层特困家庭、社会弱势群体、困难老党员、老干部等1000余人次，关爱帮扶留守儿童1100余人，向社区赠送各类图书600余册。“周末高港·党员关爱服务行动”入围全国最佳志愿服务组织。

【机关优质服务品牌创建】 7月14日，区委区级机关工委召开全区机关党建暨服务品牌创建工作推进会。组织参观机关服务品牌创建展示，创成单位作典型经验介绍，市、区领导作专题辅导。12月，区委区级机关工委“周末高港·党员关爱服务行动”和区人民检察院“涉法涉诉预约服务”被评为泰州市第三批文明优质服务品牌。（薛兰云）

·机构编制·

【概况】 2015年，高港区行政编制总数为845名，其中，区级机关（含街道）行政编制572名、镇行政编制121名。实有行政编制人员798人，其中，区级党政群机关549人、街道94人、镇108人。

【口岸街道简政放权改革试点】 9月30日，高港区召开口岸街道简政放权改革试点工作推进会，成立口岸街道简政放权改革试点工作组织人事组、人员培训组、权力梳理组、平台建设组、制度建设组，明确各工作组负责人、目标任务、时间节点及工作职责。11月20日，市政府法制办、市城市管理局联合下发《关于赋予高港区口岸街道办事处部分城市管理权限的通知》。11月29日，区委常委会讨论通过《关于赋予口岸街道部分区级经济社会管理权限的建议方案》，明确区市场监管局口岸分局和区城管办柴墟中队机构下沉、人员管理及管辖范围事项，明确口岸街道办事处执法主体、法律责任及相关机制事项，明确口岸街道行政审批、综合执法等经费管理事项，明确首批赋予口岸街道部分区级经济社会管理权限事项。是日，区政府印发《关于赋予口岸街道办事处部分区级经济社会管理权限的通知》，涉及发展改革委、住房城乡建设局、卫生计生委、市场监管局、城管办5个部门共1101项权限，自2015年12月1日起运行。12月，根据“三定”工作方案，开展口岸街道简政放权改革定岗定员工作。制定议事规则、一办八局一中心日常管理等制度。12月底，口岸街道便民服务中心、社会管理服务中心和综合执法局办公场所调整改造到位。便民服务中心按照相对集中行政许可权要求，科学设置经济、建设、社会、综合四个综合审批窗口，推行“一窗式”受理、“一站式”服务。

【行政审批制度改革】 4月，高港区办开展关于行政审批制度改革工作的征求意见活动，共征集审批事项、审批环节、办事效率以及收费情况等各方面意见建议183条。5月6日，印发《2015年高港区行政审批制度改革主要目标任务的通知》，明确改革任务、责任单位和时间节点。6月，成立区政府推进政府职能转变协调小组。7月，完成区级部门权力事项责任清单公开工作，39个区级部门（单位）共有主要职责434项，涉及部门职责边界划分事项125项，公共服务事项257项，事中事后监管制度236项。做好省、市下放行政权力事项的承接工作。11月17日，经区政府常务会议研究，制定出台《高港区区级部门行政权力事项目录清单管理办法》，明确行政权力事项清单管理的目标、适用范围、原则、部门职责、管理内容、调整方式、监督管理、责任追究8个方面内容，对行政权力的行使进行监督和制约。11月19日，制定出台《区政府关于深化行政审批制度改革加强事中事后监管的实施意见》。年内，《以模拟审批创项目审批“新速度”》入选省编委办《江苏简政放权100例》。

【政府职能转变与机构改革】 3月6日，经市委、市政府审批通过《泰州市高港区人民政府职能转变和机构改革方案》。3月30日，区委决定区国家安全领导小组办公室办设在区委政法委。6月8日，经区委常委会审议，区委、区政府制定出台《泰州市高港区人民政府职能转变和机构改革实施意见》。将区卫生局的职责、区人口和计划生育委员会的计划生育管理和服务职责整合，组建区卫生和计划生育委员会，为区政府工作部门。不再保留区卫生局、区人口和计划生育委员会。将区计划生育宣传技术指导站更名为区妇幼保健计划生育服务中心。不再保留镇（街道）人口和计划生育服务中心，将计划生育技术服务职能及设备划入各镇（街道）卫生院（医院），挂“××镇（街道）妇幼保健计划生育服务站”牌子。各镇（街道）计划生育管理工作仍由镇（街道）负责。整合工商行政管理、质量技术监督、食品药品监管部门的职责以及区卫生局承担的食品安全综合协调职责，组建区市场监督管理局，挂区食品药品监督管理局牌子，为区政府工作部门。将区政府法制办公室由在区政府办公室挂牌调整为单独设置，为区政府工作部门。将区科学技术局更名为区科学技术和知识产权局，仍为区政府工作部门，不再保留区知识产权局牌子。将区纠正行业不正之风办公室由在区监察局挂牌调整为在区纪律检查委员会机关（区监察局）内设机构党风政风监督室挂牌。区住房和城乡建设局不再保留区建筑工程管理局牌子。将区政府办公室下属事业单位区区级机关事务管理局更名为区机关事务管理局。改革后，区政府设置工作部门21个。6月24日，经市编委办批准，区委机要保密局的机构规格由副科级调整为正科级，区市场监督管理局永安洲分局、胡庄分局机构规格由股级调整为副科级；经区委、区政府批准，区效能建设领导小组下设办公室由设在区纪委监察局调整为设在区委办公室，具体工作由区督查与考核工作办公室承担。6月底，基本完成区政府职能转变和机构改革工作。7月16日，省编委办检查组对区政府职能转变和机构改革工作进行检查验收，并给予充分肯定。11月29日，经区委常委会研究，区纪委机关（监察局）内设机构数由9个调整为8个，明晰工作职责，增强监督力度。11月30日，经市编委办批准，区环境保护局下属事业单位泰州市高港区环境监察大队机构规格由相当股级调整为相当副科级。12月7日，对区市场监管局、区卫生计生委开展职能转变和机构改革评估工作。12月23日，区委决定成立中共泰州市高港区委党建工作领导小组办公室，设在区委组织部；不再保留泰州市高港区党代表大会常任制办公室。

【机构编制监管】 3月，区编委办开展2014年度全区机关事业单位人员变动情况分析工作。对照入编通知、核销编制备案表及2015年部门预算、编制审核时各单位提供的工资信息和文件，对全区各单位逐一进行清理，摸清基础数据。3~9月，会同区委组织部、区审计局对区卫生局、区人民法院原主要负责人进行"三责联审"。4月，全面梳理全区科级行政机构及相当科级事业单位，根据单位沿革情况，准确列出各单位领导职数及领导职务名称。与市编委办做好对接，进行材料申报，并根据审核情况完善资料。7月，重点对全区机关事业单位机构设置、全区在编人员数据库、人员增减统计表进行逐一核对汇总，形成核查台账资料。做好机构编制信息库中机构、编制、领导职数及实有人员情况的核查、比对；定时掌握机构编制事项的变动情况，及时做好信息库的更新。印发《区编委办关于申报2016年度全区机关事业单位空编使用计划的通知》，强化空编使用计划管理。根据《中央编办综合司关于纠正有关部门干预地方机构编制事项的通知》精神，就区级部门严格执行机构编制审批程序和严禁干预园区、镇（街道）机构编制事项提出明确要求。

【事业单位年检】 2015年，区编委办按照《事业单位登记管理条例》及其实施细则规定，按时完成2014年度事业单位年检工作，年检率100%。共办理事业单位变更登记39个，设立登记17个，注销登记1个，并及时对事业单位档案严格按"一户一档"制度进行整理。

【中文域名注册】 2015年，高港区共注册机关事业单位中文域名261个，注册率100%；机关事业单位网站挂标76个，机关网站挂标率100%，圆满完成政务和公益中文域名注册及网站挂标工作。

（陈　伟）

·信　　访·

【概况】 2015年，高港区未发生一起到京非正常访和集体访，未发生一起到省规模访，未发生一起到市大规模访，未发生一起因信访问题而引发的群体性事件。在敏感时期，全区无一起进京赴省上访，连续10年实现敏感时期"零进京"工作业绩，被评为全省信访工作先进市（区），连续6年获评市信访工作先进区。全年共受理群众来信来访1277人次，其中，来访252批989人次，来信288件，办结率95.60%。

【矛盾纠纷排查化解】 2015年，高港区进一步深化矛盾纠纷排查化解工作，在村每周一排查、镇半月一碰头、区每月一汇总的滚动排查基础上，突出集中排查与化解，分别于5月、8月和12月开展3次"矛盾纠纷排查化解月"活动。各镇街、相关部门围绕群众反映强烈的热点、难点问题，做到主要矛盾找得准，重大隐患不遗漏。共排查出各类有影响的矛盾纠纷92起，化解85件，化解率92%。

【初信初访办理】 2015年，高港区积极推行群众依法逐级走访权益保障卡制度，按照接待—甄别—发卡—登录—反馈的运作方式操作，确保程序规范、责任明确，初信初访一次性办结率90%以上。

【重要信访处置】 2015年，高港区高度重视重要信访处置，严格实行"挂牌销号"制度，采取现场督办、部门联办、去函督办、网上提醒、电话催办、信访通报等形式，对上级交办的信访件进行督办落实，做到交则必办、办则必果、件件有着落，事事有回音。受理上级交办和领导批示件15件，办结15件，办结率100%。

【信访复查复核】 2015年，高港区立足于事要解决，严把办结质量关，对每一件复查案件，都及时召集相关部门集体会诊、分析案情。严格审查职能部门作出的答复书，对答复明显不当的，直接要求重新办理。在办理过程中，对受理的每一件复查件，坚持实地调查原则，确保调查结果真实可信。全年受理复查复核案件12项。

【领导干部接访下访】 2015年，高港区坚持领导干部接访下访常态化、全覆盖。年内，区委常委班子成员共接访40次，接访群众87批207人次，当场解决问题44件，其余问题明确相关镇街、部门负责，并均已落实解决。为扩大"三严三实"专题教育学习成果，以"党代表工作日""三解三促"等活动为重要载体，全区各级党政干部深入基层、排查化解矛盾、促进和谐稳定。全年共有123名党政领导参与下访786次，接待群众3314人次，排查各类社会矛盾1900余件，现场化解1031件，现场不能化解的均交办责任部门，化解率达95%；收集群众意见建议664件，为民办实事430件。

【"阳光信访"信息系统】 2015年，高港区、镇两级全面建成"阳光信访"信息系统和"视频接访"系统，实现互联互通。区信访局对群众反映的信访事项实现在线流转，分类直接传输至有关镇街、部门，均能及时办理、答复到位。遇有问题和困难，通过“视频接访”系统进行沟通交流，确保信访事项在规定时间内及时处理。做到办理流程全公开，网上信访过程和结果“可查询、可跟踪、可督办、可评价”，实现“数据多跑腿、群众少跑路”。全年在“阳光信访”信息系统上办理信访件172件，其中，国家交办网上投诉件34件、省交办领导信箱件52件、省交办初信委托86件，共办结165件，办结率95.90%。

【“五老”调解矛盾纠纷】 2015年，高港区创新群众工作方法，充分挖掘“五老”（老干部、老专家、老模范、老教师、老战士）潜在力量，发挥他们具有一定法律、政策水平，在群众中有威望、熟知社情民意的优势，让他们参与村居矛盾纠纷调解、公益志愿服务、社区议事决策。全年先后通过群众评议调解各类棘手矛盾和群众诉求256件，成功化解250件，化解率97%。“挖掘‘五老’人员正能量，打造群众工作‘升级版’”经验做法被省信访局专题刊发。

（区信访局）

·老干部工作·

【概况】 2015年，高港区有离休干部27人，平均年龄89岁。其中，90周岁以上11人，85~89周岁16人。副乡科级以上退休干部144人，其中，副县处级以上退休干部13人，正乡科级退休干部72人，副乡科级退休干部59人。有老干部党支部9个。

【老干部待遇落实】 2015年，区委老干部局严格按政策要求发放四项补助（特需费、参休费、护理费、交通费），住房补贴和补发工资及时发放，改制破产企业离休干部月租补贴经协调发放到位。常态化开展学习文件、通报情况、参观考察、走访座谈等活动。向老干部免费赠阅《银潮》《泰州日报》《党的生活》等报纸杂志。走访慰问全区抗战时期参加工作的离休干部。10月21日，区委召开重阳节老干部情况通报会，市人大常委会副主任、区委书记王建向老干部介绍全区经济社会发展情况。

【老干部文体活动】 2015年，高港区举办老干部钓鱼比赛、掼蛋比赛、庆国庆京剧歌舞演唱会，组织老干部参加市委老干部局开展的各类文体赛事。组织老干部参加全市纪念抗战胜利70周年系列活动，参演“铭记历史，共筑中国梦”老干部文艺汇演。老干部撰写的8篇文章入选市委老干部局纪念抗战胜利70周年征文集。投入6万余元改造老干部活动中心门球场遮雨棚，4块高标准门球场全部改造翻新。全年组织活动12次，参加人数100余人。通过以奖代补形式，帮助老干部党支部改善条件、拓展活动项目，口岸街道老干部活动室修葺一新，刁铺街道老干部活动室顺利搬迁，其他镇街的老干部活动室也有固定场地。向省、市争取资金，重点打造蔡滩社区、新城社区等为老干部服务的品牌社区。

【老干部思想建设】 2015年，区委老干部局举办老干部支部书记学习会、专题读书班等，组织老干部深入学习领会中共十八大、十八届三中、四中全会精神，特别是习近平总书记系列重要讲话精神。组织老干部学习中央和省、市、区委重大发展战略，以及市、区委重要会议精神，引导老干部认清形势，把握大局。按照全面从严治党的要求，以创建“五好”（支部班子好、党员队伍好、组织设置好、活动开展好、群众反映好）党支部和“四好”（学习活动好、教育后代好、发挥作用好、保持本色好）离退休党员为抓手，进一步加强离退休干部党支部建设和老干部党员队伍管理。

【老干部作用发挥】 2015年，区委老干部局宣传全国离退休干部先进集体和先进个人表彰大会精神、全国离退休干部先进个人高寿祥以及全省离退休干部先进个人戚正欣、周月康等先进典型。发挥老年人团体和老干部团体的示范带头作用，对人数较多、影响较大的团体，如门球协会、京剧协会、民乐协会等，给予活动补助。继续依托“周末高港·党员关爱服务行动”等平台，组织老干部关心教育青少年、开展法治宣传、化解矛盾纠纷、参与社区建设等。

（史文娇）

·保密工作·

【概况】 2015年，区保密局组织保密宣传和检查活动4次。开展保密法制宣传周活动，宣传《中华人民共和国保守国家秘密法》及其实施条例。向全区转发《普通手机使用保密守则》，加强对各单位手机使用保密管理的督促、指导，将手机使用的保密管理作为日常保密工作的重要组成部分，防止手机泄密事件的发生。开展全区保密工作数据统计工作，重点服务好涉密信息量大、保密工作数据多的单位，确保统计数据报送工作顺利完成。按照全市统一部署将保密资格、资质单位纳入日常监督管理范围，提升全区军工行业保密工作水平。

（戚斐斐）

·对台工作·

【台资利用】 2015年，高港区新批泰州统一超商有限公司、泰州久裕精密工业有限公司2个台资企业，总投资7876万美元，协议利用台资3938万美元，实际利用台资2863万美元。

【对台交流】 1月，市人大常委会副主任、区委书记王建带队赴台，洽谈益海嘉里与台湾丸庄酱油合作项目；5月，带队赴台招商，先后拜访台湾工业总会、台湾家具工业同业公会高层以及海基会前任董事长江丙坤等，并与宏国建设、台湾统一企业集团、台湾亚力山卓国际家居集团等10余个知名企业高层进行会晤。7月，区委常委、宣传部部长程荣稳带队赴台就高港修建古寿圣寺等事宜进行佛教和文化交流，在台期间参观佛光山和善导寺，拜会台湾同乡会和两岸经营者俱乐部主席王国安，并就项目合作进行洽谈。9月，市人大常委会副主任、区委书记王建带队赴台进行经贸交流，到访台北、新北、桃园、台中、屏东、高雄等地，拜会一批知名人士、企业总部，组织多场次交流活动，接洽商界精英和政界要员，并与国民党荣誉副主席吴伯雄、台湾海基会董事长林中森以及郁慕明、林伯丰、潘维刚、洪奇昌、林坤铭、陈威仁、黄松雄、陈聪波、郭义松等政商产学研界代表人士会晤。

【涉台服务】 2015年，区台办调处泰州成兴汽车零部件有限公司与建筑商之间的矛盾。调处泰州洁西卡精致农业有限公司与区园林绿化工程有限公司经济纠纷。帮助重点台资企业泰州亚东建材有限公司协调建厂过程中遇到问题。帮助协调处理3起台胞、台干子女入学问题。春节、中秋等重大传统节日期间，区台办向台胞、台属开展节日慰问。年末，看望困难台属2人次，重点台属2人次。12月下旬，举办年度台商联谊会，邀请在区台商、台干和台属联谊会会长、市台企协会副会长等共计40余人参加。（包红燕）

·农村工作·

【概况】 2015年，高港区有84个涉农村（社区），总农户6.86万户，农业人口24.10万人，农村劳动力11.90万人，耕地1.32万公顷。利用农村“一事一议”筹资财政奖补政策，有40个村（社区）实施“一事一议”，筹集资金161.24万元，建设项目33个。创成市级十强村1个、全面小康示范村9个。84个涉农村（社区）全面建成小康达标村。

【村级集体经济发展】 2015年，高港区村级集体经营性收入总额8056万元，村平均95.90万元，其中，村级集体经营性收入50万元以上的村（社区）46个，村级集体经营性收入100万元以上的村（社区）19个。创新管理方式，探索集体经济组织运行新机制。8月中旬，永安洲镇11个村投资3300万元成立泰州市永成投资开发有限公司。

【三大合作组织发展】 2015年，高港区社区股份合作社工商注册率100%，登记成员总数23.13万人；土地股份合作社累计工商注册32个，登记成员数7140人；新增农民专业合作社51个，新增登记成员数820人。87个合作社列入2015年政府优先扶持农民专业合作社名单。共有49个（新增30个）纳入征东软件农民合作社管理平台，推进农民合作社内部财务管理电算化。创成市级“五好”（服务成员好、经营效益好、利益分配好、民主管理好、示范带动好）示范社11个、区级11个。

【农村土地改革试点】 2015年，高港区开展农村土地承包经营权确权登记工作。泰镇高速以西地区、高港主城区以及镇区规划范围内承包地申请暂缓确权，与农户签订临时承包合同，健全土地承包资料。泰镇高速以东地区、高港主城区暂不建设利用的涉及63个村（社区）全面开展农村土地承包经营权登记颁证工作，全部完成前期准备、权属调查、测量制图等阶段工作。创新农村财务管理方式，严格执行资金结算“结报制”，全面推行村级支出非现金结算。区、镇两级农村产权交易平台及村级服务点均建成运行，开展土地流转及产权交易服务，完成10笔交易，实现成交额1474万元。

【农村生态环境保护】 2015年，全区夏、秋季秸秆综合利用率分别达98.50%和97%。建设规模养殖场畜禽粪便有机肥加工点1处、规模养殖场畜禽粪便处理中心1处。畜禽粪便综合利用率90.50%，农村清洁能源利用率超过72.50%。

【农村实事工程】 2015年，高港区完成农业专项技术培训1358人、农机职业技能培训66人、乡镇企业经营管理人员培训320人，转移农村劳动力743人。新型农村合作医疗水平筹资标准调整为每人每年520元，全区参保率100%。送电影786场，送戏14场，送图书7000册。新增数字电视用户1430户。为全区低保、特困、五保等困难家庭减免入网费、收视维护费46.80万元。实施农村公路提档升级建设项目24个、39.60千米，建设农村公路桥梁23座、农桥18座。新建绿化示范村10个，疏浚乡级河道3条、1.77千米，土方2.85万立方米，生态护岸3.47千米，配套电灌站1座。稻麦秸秆机械化还田1.33万公顷。（王　勇）

区　人　大

【概况】 2015年，高港区召开区人代会1次，人大常委会会议6次、主任会议8次，组织审议专项工作报告20余件；开展专题视察5次、执法检查3次、专题询问2次，组织代表约见政府工作部门负责人1次；作出决议决定11项，任免国家机关工作人员46人次；受理群众来信40余件，接待群众来访20余人次。至年末，高港区人民代表大会共有代表172人，驻高港的全国人大代

表1人、省人大代表2人、市人大代表30人。

·重要会议·

【区四届人大四次会议】 1月8~10日召开。应到代表172人，实到代表165人，列席246人。会议听取和审议区政府工作报告；审查和批准区2014年国民经济、社会发展计划执行情况和2015年国民经济、社会发展计划草案的报告；审查区2014年财政预算执行情况和2015年财政预算草案的报告，批准区2014年区级财政预算执行情况的报告和2015年区级财政预算；听取和审议区人大常委会工作报告、区人民法院工作报告、区人民检察院工作报告。会议通过上述各项报告的决议。选举杨春宣为区人大常委会副主任，李友荣为区人大常委会委员，陈富贵为区人民法院院长。

【区人大常委会会议】 区四届人大常委会第二十次会议　3月30日召开。听取和审议区政府关于为农服务工作情况的报告、关于《中华人民共和国社会保险法》贯彻实施情况的报告、关于国际财富中心项目资产盘活工作情况报告的审议意见落实情况的报告、关于提请审议《高港区招商引资项目建设工作考核奖惩办法（草案）》的议案，区人大常委会关于加强检察建议工作的决议（草案）。通过关于批准《高港区招商引资项目建设工作考核奖惩办法》的决议、关于加强检察建议工作的决议。

区四届人大常委会第二十一次会议　5月29日召开。听取和审议区人大常委会执法检查组关于检查《中华人民共和国安全生产法》和《江苏省安全生产条例》贯彻实施情况的报告，区政府关于行政监察工作情况的报告。审议通过《关于区人大常委会任命的国家机关工作人员向区人大常委会报告履职情况的实施办法》。会议决定接受李亚林辞去区政府副区长（挂职）职务的请求。

区四届人大常委会第二十二次会议　7月31日召开。听取和审议区政府关于2015年上半年国民经济和社会发展计划执行情况的报告、关于2014年区本级财政决算（草案）和2015年上半年财政预算执行情况的报告、关于2014年区本级财政预算执行和其他财政收支情况的审计工作报告，区人大常委会执法检查组关于检查《中华人民共和国食品安全法》贯彻实施情况的报告，区发展改革委、区商务局、区统计局主要负责人的履职情况报告。会议决定接受徐绍文辞去区第四届人大代表职务、区政府副区长职务的请求，决定免去孙跃的区科技局局长职务、陈新兵的区卫生局局长职务，任命孙跃为区科技和知识产权局局长、陈新兵为区卫生计生委主任、冷洪为区法制办主任。

区四届人大常委会第二十三次会议　9月2日召开。决定接受周裕昌辞去区政府区长职务、胡道勇辞去区政府副区长（挂职）职务的请求，决定任命顾萍为区政府副区长、代理区长，陈永清为区政府副区长（挂职）。

区四届人大常委会第二十四次会议　9月30日召开。听取和审议区政府关于代表建议、批评和意见办理情况的报告，区人民法院关于司法公开工作情况的报告，市人大代表陈建国和区财政局、区住房城乡建设局主要负责人的履职情况报告。会议对代表建议办理工作情况进行专题询问。

区四届人大常委会第二十五次会议　12月8日召开。听取和审议区人大常委会执法检查组关于检查《中华人民共和国全国人民代表大会和地方各级人民代表大会代表法》贯彻实施情况的报告、区政府关于"城建新提升"年度目标任务完成情况的报告、区人民检察院关于反渎职侵权工作情况的报告，市人大代表乔向民和区科技和知识产权局、区农委主要负责人的履职情况报告，审议通过关于召开区四届人大五次会议的决定。会议对"城建新提升"年度目标任务完成情况进行专题询问。

【区人大常委会主任会议】 区四届人大常委会第二十五次主任会议　1月30日召开。讨论通过区人大常委会2015年工作要点。

区四届人大常委会第二十六次主任会议　3月27日召开。听取区政府关于周边环境污染24小时监测机制建立和运行情况的汇报、区人大常委会法工委关于加强检察建议工作决议（草案）的说明。

区四届人大常委会第二十七次主任会议　4月27日召开。听取区政府关于全区残疾人事业发展情况的汇报。

区四届人大常委会第二十八次主任会议　5月22日召开。听取区政府关于国家生态区创建迎检工作情况的汇报，初审《关于区人大常委会任命的国家机关工作人员向区人大常委会报告履职情况的实施办法（草案）》。

区四届人大常委会第二十九次主任会议　6月25日召开。听取区政府关于区人大常委会2014年度审议意见和纪要落实情况的汇报，讨论2015年高港区市四届人大代表、区人大常委会任命的"一府两院"工作人员向区人大常委会报告履职情况的安排方案。

区四届人大常委会第三十次主任会议　7月30日召开。听取人事任免事项的说明，初审区政府关于2015年上半年国民经济和社会发展计划执行情况的报告、关于2014年区本级财政决算（草案）和2015年上半年财政预算执行情况的报告、关于2014年区本级财政预算执行和其他财政收支情况的审计工作报告。

区四届人大常委会第三十一次

主任会议 9月2日召开。听取人事任免事项的说明、区政府关于解决住宅小区停车难和城区如厕难问题的情况汇报。

区四届人大常委会第三十二次主任会议 12月7日召开。听取人事任免事项的说明、讨论关于召开高港区第四届人民代表大会第五次会议的决定（草案）。（倪守红）

·重要活动·

【专题询问】 9月30日，区四届人大常委会第二十四次会议听取和审议区政府关于代表建议、批评和意见办理情况报告，以联组审议的形式进行专题询问。常委会组成人员、部分代表就加强校外辅导站规范管理，加快村（社区）卫生室建设，解决农田排水系统建设，加强土地流转后续管理，解决部分商品房土地证、房产证难以办理，解决城区部分居民使用天然气等6个方面代表建议意见的办理情况提出询问，有关部门分别受询作答。询问后，常委会形成审议意见，要求区政府提升建议办成率，扩大建议办理成效，持之以恒跟踪督办。12月8日，区四届人大常委会第二十五次会议听取和审议区政府关于“城建新提升”年度目标任务完成情况报告，以联组审议的形式进行专题询问。常委会组成人员和代表就全区60个城建项目进展情况、龙湖美景安置房小区二期项目建设情况、柴墟路改扩建情况、田许线改扩建工程规划设计情况、体育公园建设情况提出询问，有关部门分别受询作答。询问后，常委会形成审议意见，要求区政府重视规划引领作用、完善城市功能、加大工程推进力度、坚持建管并重，打造干净整洁、秩序井然、生态良好、环境优美的宜居宜业城市。

【视察活动】 3月6日，区人大常委会组织部分区人大代表视察口岸水景街区开街情况。代表们实地察看雕花楼、国学馆、武进士馆、天语雅阁、财神庙、城隍庙、关帝庙、历史文化展示馆，听取区政府专题工作情况汇报。代表们建议加大工作力度，尽快完成工程扫尾工作；加大宣传力度，挖掘、恢复传统文化；加大招商力度，迅速集聚街区人气商气；加大管理力度，确保街区经营有序。

5月22日，区人大常委会组织部分区人大代表视察《中华人民共和国消防法》贯彻实施情况。代表们实地察看红星美凯龙、刁铺果菜农贸市场、区消防大队、金磨坊KTV、新城社区消防体验馆，听取区政府专题工作情况汇报。代表们建议加大宣传力度，完善消防设施，强化消防管理，健全组织网络，加强队伍建设，推动消防法在全区正确实施。

7月3日，区人大常委会组织部分区人大代表视察“六五”普法工作情况。代表们实地察看刁铺街道大丰社区、许庄中心小学、地税三分局等单位普法工作情况，听取区政府专题工作情况汇报。代表们建议认真做好全区“六五”普法总结评估工作，落实“谁执法，谁普法”工作责任制，提升普法实效，形成普法工作合力，争创全省“六五”普法先进区。

10月26日，区人大常委会组织部分区人大代表视察教育现代化建设情况。代表们实地察看海军小学、白马中心幼儿园、许庄中心幼儿园、高港中等专业学校、永安洲镇社区教育中心和口岸实验学校，听取区政府专题工作情况汇报。代表们建议强化组织领导，落实工作责任，优化教育规划布局，推进校安工程建设，在教育人才引培、教育教学管理、教育资源均衡配置等方面多下功夫，确保2017年高港区教育现代化创建达标。

区人大常委会组织人大代表视察教育现代化建设情况

11月23日，区人大常委会组织部分市、区人大代表视察重点产业项目建设和城乡建设用地增减挂钩情况。代表们实地察看万向精工江苏有限公司、泰州大自然德森堡木业有限公司、江苏港城中药养生有限公司（王老吉）、汇福粮油集团、江苏春之谷生物制品有限公司（维生素E）、永安洲镇新街社区，听取区政府专题工作情况汇报。代表们建议加大项目招引，深化产业招商；突出改革创新，强化项目推进；坚持规划引领，做好增减挂钩工作。

【执法检查活动】 4~5月，区人大常委会组成执法检查组，对全区贯彻实施《中华人民共和国安全生产法》和《江苏省安全生产条例》（以下简称“一法一条例”）情况进行检查。4月29日，执法检查组组织开展集中执法检查活动，听取区政府关于贯彻实施“一法一条例”情况汇报，分组实地检查区安监局和三大园区、两个镇街的12个单位。5月29日，区四届人大常委会第二十一次会议听取和审议执法检查组关于检查“一法一条例”贯彻实施情况的报告。建议区政府推动落实企业主体责任，完善安全监管体制机制，加大综合整治执法力度，强化安全生产基层基础。

5~7月，区人大常委会组成执法检查组，对全区贯彻实施《中华人民共和国食品安全法》情况进行检查。6月30日，执法检查组组织开展集中执法检查活动，听取区政府关于贯彻实施食品安全法情况汇报，分组检查全区部分食品生产企业、餐饮企业（学校食堂）、食品流通企业和农产品生产基地的食品安全管理工作。7月31日，区四届人大常委会第二十二次会议听取和审议执法检查组关于检查食品安全法贯彻实施情况的报告。建议区政府强化责任意识，落实从严执法要求；推进体制改革，着力完善监管体系；加大财政投入，强化监管设施建设；强化日常监管，切实提高监管实效；推进社会共治，努力形成监管合力。

8~12月，区人大常委会组成执法检查组，对全区贯彻实施《中华人民共和国全国人民代表大会和地方各级人民代表大会代表法》情况进行检查。10月19~20日，执法检查组组织开展集中执法检查活动，分组实地检查各镇街“人大代表工作室”“人大代表之家”建设和代表建议办理情况，听取各镇街人大和各镇人民政府、街道办事处关于贯彻实施代表法情况的汇报。12月8日，区四届人大常委会第二十五次会议听取和审议执法检查组关于检查代表法贯彻实施情况的报告。建议加强对法律法规的宣传，加大代表履职保障力度，着力发挥代表主体作用，提高代表建议办理质量。

（倪守红）

·代表工作·

【“人大代表工作日”活动】 2015年，区人大常委会共组织开展4次“代表工作日”活动。每次活动明确一个主题，广泛征求选民对“三大主题工作”和“三严三实”专题教育活动等方面的意见，听取节假日回乡探亲选民对家乡建设和发展的建议，组织代表向选民述职，走访慰问困难群众。部分镇街拓展代表联系选民渠道，组织代表进企业、进学校，帮助解决招工难题，为企业发展和学校建设出谋划策。全年共接待选民2500余人，走访选民600余户，慰问困难群众250余人，收集整理意见建议200余条。12月9日，省人大常委会党组书记、常务副主任蒋定之专题到高港调研，对高港区建立“人大代表工作室”和“人大代表工作日”制度给予充分肯定。

【代表约见活动】 8月25日，部分区人大代表约见政府部门负责人。8名区人大代表就民用水价气价、拖车停车收费、医疗服务收费等人民群众关注的价格热点问题，与区物价局、交警二大队、区卫生计生委负责人探讨具体问题的解决办法。代表们建议区政府本着认真负责、勇于担当的态度，从解决问题的角度入手，拿出具体、务实、有效的举措，加强联动、形成合力，践行承诺、抓好落实，切实解决民生价格中存在的问题。

【代表建议办理】 区四届人大四次会议及闭会期间，代表们共提出建议、批评和意见84件（连同议案转成的建议），见面率、办复率以及代表对办理工作的满意或基本满意率均为100%。区人大常委会通过与区政府联合召开交办会、审议区政府专项工作报告、开展专题询问等活动，现场沟通；对“主任接待代表日”和“人大代表工作日”活动中收集的代表与选民意见，及时整理交“一府两院”办理，并要求按时回复；组织五级人大代表回选区访选民，对区四届人大以来的代表建议办理工作进行回头看，确保让代表满意、群众满意、社会满意。

（倪守红）

高港区四届人大四次会议代表建议交办情况一览表

表5

编号	建议人	承办单位		案　由	满意度
		主办单位	会办单位		
154401	刘小如等10人	水利局	财政局	关于加大宣堡港生态整治资金投入力度的建议	满意
154402	奚美芳等10人	水利局	财政局	关于新建友谊闸的建议	满意
154403	王泰生等10人	人力资源社会保障局	—	关于合理调整城乡居民医疗保险意外伤害报销限额的建议	满意
154404	吕春红等10人	规划分局	口岸街道、住房城乡建设局	关于破解高港中医院停车难问题的建议	基本满意
154405	夏永清等10人	住房城乡建设局	—	关于建设扬子江南路绿化隔离带的建议	满意

续表5

编号	建议人	承办单位		案　由	满意度
		主办单位	会办单位		
154406	虞继罗等10人	规划分局	—	关于调整田河医院病房大楼地块规划用途的建议	满意
154407	戚庆鹏等10人	教育局	财政局、口岸街道	关于给予口岸中心幼儿园适当资金补助的建议	满意
154408	吴朝勤等10人	城投中心	—	关于将刁铺圩岸工业园北侧原三泰啤酒厂闲置土地交由刁铺街道开发的建议	满意
154409	韩绍庆等10人	规划分局	高新区、国土资源分局	关于在孔桥片区规划建设民营工业园建议	满意
154410	孟伯兰等12人	住房城乡建设局	财政局、规划分局、国土资源分局	关于加快“1+5”集中居住区建设的建议	满意
154411	金星等10人	财政局	核心港区	关于加大对核心港区基础设施建设补助力度的建议	满意
154412	王红英等10人	交通运输分局	—	关于拓宽改造农村公路的建议	满意
154413	陈根柏等10人	规划分局	住房城乡建设局、白马镇	关于为白马镇相关企业补办工程规划许可证等手续的建议	满意
154414	刘海霞等10人	人口计生委	财政局	关于提高结扎后遗症病人补助标准的建议	满意
154415	窦新谋等10人	住房城乡建设局	—	关于提高农村危房建设补助标准的建议	满意
154416	李年娣等10人	交通运输分局	大泗镇、白马镇	关于拓宽改造泗白路的建议	满意
154417	殷国海等10人	农委	—	关于加大对小农场建设帮扶力度的建议	满意
154418	于留贯等10人	大泗镇	高港高新区、水利局	关于尽快连接高新区和大泗镇污水管网的建议	满意
154419	徐念久等10人	交通运输分局	大泗镇	关于启动实施塘许路大泗段拓宽改造的建议	满意
154420	季宝宏等10人	水利局	财政局	关于加快宣堡港危桥改造的建议	满意
154421	曹月华等10人	卫生局	编委办、人力资源社会保障局	关于加大医务人才的培养和引进，提高基层卫生服务中心医疗条件和服务水平的建议	满意
154422	史建伟等10人	交通运输分局	—	关于将128路公交延伸至胡庄镇的建议	满意
154423	张晓兰等10人	农委	—	关于加大秸秆综合利用补助力度的建议	满意
154424	张连兰等10人	教育局	—	关于加强校外辅导站规范管理的建议	满意
154425	王甫智等10人	高港高新区	—	关于实施金港路北延工程的建议	满意
154426	孔文四等10人	组织部	—	关于提高退职村居干部待遇的建议	满意
154427	蔡年生等10人	民政局	—	关于将银杏广场更名为知青广场的建议	满意
154428	周义松等10人	财政局	—	关于加大对核心港区税收返还力度的建议	满意
154429	刘纪云等10人	商务局	农委、国土资源分局	关于加大对小农场基础设施建设扶持力度的建议	满意
154430	陆军	水利局	—	关于建立水文监测数据市区信息共享平台的建议	满意
154431	于智	核心港区	—	关于尽快启动滨江新城基础设施建设的建议	满意
154432	于智	水利局	财政局	关于改造幸福闸的建议	满意
154433	韩九灯	住房城乡建设局	规划分局	关于适当放宽农村建房政策的建议	满意
154434	郭宏鹤	交通运输分局	—	关于妥善解决宁靖盐高速公路债券遗留问题的建议	基本满意
154435	郭宏鹤	交通运输分局	—	关于协调泰兴沿江高等级公路收费站免收我区车辆通行费的建议	基本满意
154436	孙建华	民政局	—	关于加大养老机构扶持力度的建议	满意

续表5

编号	建议人	承办单位		案　由	满意度
		主办单位	会办单位		
154437	李金兰	住房城乡建设局	—	关于加大城区道路管养维护力度的建议	满意
154438	栾进	住房城乡建设局	规划分局、国土资源分局、城投中心、刁铺街道	关于补办育才花苑一期房产证的建议	满意
154439	江国辉	民宗局	住房城乡建设局、规划分局、文体旅游局、刁铺街道	关于修复、扩建龙王庙和关帝庙的建议	满意
154440	高国达	环保局	高港高新区	关于加大对园区企业偷排行为监管力度的建议	满意
154441	耿金芳	商务局	农委、国土资源分局	关于妥善解决小农场晒场用地、粮食仓储等问题的建议	满意
154442	李秀年	规划分局	水利局、文体旅游局	关于规划建设南官河—许庄河—周潘中沟—宣堡港沿线风景区的建议	满意
154443	邱翠琴	高港高新区	—	关于解决被拆迁社区办公场所问题的建议	满意
154444	邱翠琴	交通运输分局	—	关于在银杏路绿化隔离带栽种低矮灌木的建议	满意
154445	邱翠琴	人力资源社会保障局	卫生局	关于将新农合区外转诊审批权限下放至社区卫生服务中心的建议	满意
154446	田红梅	住房城乡建设局	交警二大队	关于尽快完善高港大道监控设施的建议	满意
154447	韩绍庆	许庄街道	交通运输分局	关于尽快维修两泰官河蔡庄大桥的建议	满意
154448	徐念久	住房城乡建设局	规划分局	关于增加村居建房标准的建议	满意
154449	谢加宣、王红英	卫生局	人力资源社会保障局	关于解决基层群众看病报销难问题的建议	满意
154450	谢加宣	农委	财政局	关于提高强基工程费用，加大农田基础设施投入的建议	满意
154451	孙永忠	城投中心	刁铺街道	关于补偿关桥社区群众土地流转损失的建议	满意
154452	李风华	规划分局	国土资源分局	关于建设刁铺街道环溪工业园的建议	满意
154453	尤俊明	规划分局	国土资源分局	关于利用通太社区河港优势，大力发展新型物流业的建议	满意
154454	于智	核心港区	—	关于明确滨江新城建设主体，加大建设力度的建议	满意
154455	乔向民	交通运输分局	—	关于改造刁泗路赵王段问题的建议	满意
154456	吴继山	交通运输分局	许庄街道	关于合理动迁江广线附近住户的建议	满意
154457	吴继山	交通运输分局	—	关于扩大宁通公路过道涵洞的建议	满意
154458	邱翠琴	高港高新区	住房城乡建设局、交警二大队	关于改善许庄中学道口交通秩序的建议	满意
154459	邱翠琴	水利局	环保局、城管办、许庄街道	关于整治周梓中沟的建议	满意
154460	陈富贵	高港高新区	许庄街道	关于妥善安置许庄街道拆迁户的建议	满意
154461	高国达	高港高新区	民政局	关于启动实施高新区康复中心建设工程的建议	满意
154462	高国达	高港高新区	许庄街道、教育局	关于组建许庄实验学校的建议	满意
154463	高国达	高港高新区	许庄街道	关于提高许庄街道三星社区环卫工人工资待遇的建议	满意

续表5

编号	建议人	承办单位		案　由	满意度
		主办单位	会办单位		
154464	高国达	高港高新区	住房城乡建设局	关于降低预拆迁门槛的建议	满意
154465	虞继罗、吉云	城管办	规划分局、国土资源分局、口岸街道	关于设立龙窝口社区临时疏导点的建议	满意
154466	虞继罗	交通运输分局	交警二大队、住房城乡建设局、口岸街道	关于整治扬子江南路交通、环境状况的建议	满意
154467	毛继生	交通运输分局	交警二大队、住房城乡建设局	关于修复田河振兴路，整治道路状况的建议	满意
154468	毛继生	交通运输分局	—	关于开通口岸街道徐桥村公交车线路的建议	满意
154469	沈同章	人力资源社会保障局	—	关于调整失地农民保障标准的建议	满意
154470	沈同章	城管办	住房城乡建设局	关于集中处置非生活垃圾的建议	满意
154471	李菊萍	交通运输分局	—	关于厘清道路清扫范围的建议	满意
154472	刘俊	环保局	—	关于整治滨江工业园区化工企业偷排行为的建议	满意
154473	刘俊	城管办	住房城乡建设局、口岸街道、刁铺街道	关于加强城市后街背巷环境管护的建议	满意
154474	李年娣	水利局	白马镇	关于维修白马镇粮管所西侧危桥的建议	满意
154475	张连兰	农委	—	关于加强小农场主管理的建议	满意
154476	张连兰	文体旅游局	—	关于丰富春节期间文化活动的建议	满意
154477	曹月华	交通运输分局	—	关于解决农村群众出行难的建议	满意
154478	曹月华	财政局	—	关于加大邻里中心建设奖补力度的建议	满意
154479	顾姐	住房城乡建设局	交警二大队	关于在春港路与向阳北路交汇处安装红绿灯的建议	满意
154480	丁新成	住房城乡建设局	—	关于解决高港城区主干道绿化带阻碍小区车辆进出及引发交通事故的建议	满意
154481	吉云、陈建国	住房城乡建设局	—	关于加强城市建设和管理，提升城市品位和竞争力的建议	满意
154482	吉云、陈建国	水利局	—	关于加强蔡圩河南岸边绿化和道路文明卫生管理的建议	满意
154483	吉云、陈建国	交警二大队	—	关于加强交通秩序管理的建议	满意
154484	吉云、陈建国	文体旅游局	—	关于加强和完善城区体育设施场馆建设的建议	满意

·人大常委会自身建设·

【镇街人大(工委)建设】 2015年，区人大常委会召开镇街人大工作专题会议，交流工作情况，研究镇街人大建设问题。建立各委办与镇街人大联系制度，加强对重点工作督查指导。举办镇街人大秘书培训班，学习镇街人大工作知识。聘请街道人大工作联络员43人，开展专题培训，参加所在街道人大活动，搭建街道人大与基层群众联系的桥梁。修订镇街人大工作考核细则，开展督查考核，增强镇街人大工作的主动性、责任感。各镇街人大认真履行职责，积极开展视察、评议、调研活动，推进地方经济社会发展和基层民主政治建设。重视基础设施建设，各镇人大主席团活动室全部建成，镇街人大代表之家、人大代表工作室建设更加规范，为基层人大更好履行职权奠定基础。

【理论研究与宣传】 2015年，区人大常委会组织制作《民主政治在基层生根开花》专题片，介绍区人大创新监督方式方法、拓展代表履职平台、提升自身履职能力的做法和经验，在全省县乡人大工作和建设座谈会上播出。全年共有70余篇稿件在全国、省、市人大报刊刊载，其中，《以"三个统筹"推进人大工作》在《人民日报》发表，多篇稿件获泰州市人大新闻奖。完善人大门户网站，开通"高港人大"官方微信。

【往届人大代表联谊会】 8月25日，高港区人大常委会开展往届人大代表联谊活动。部分往届人大代表听取核心港区经济社会发展情况介绍，参观泰州港核心港区集装箱码头、汇福粮油项目和润洲社区建设情况。　（倪守红）

区人民政府

·重要会议·

【区政府全体（扩大）会议】 9月18日，区政府召开四届四次全体（扩大）会议，贯彻落实区委工作会议精神，确保完成和超额完成全年各项目标任务。区委副书记、代区长顾萍出席会议并讲话。会议要求，统一思想，深化认识，全面贯彻区委工作会议精神；从严从实，奋力冲刺，确保完成全年各项目标任务；锤炼作风，提升效能，为推进三大主题工作提供有力保障。区发展改革委、区住房城乡建设局、区卫生计生委、区商务局等单位代表作交流发言。

（王　青）

2015年高港区政府重要会议一览表

表6

会议类别	召开时间	主　要　内　容
区政府全体（扩大）会议	9月18日	贯彻落实区委工作会议精神
区政府常务会议	9月20日	讨论区政府四届四次全体（扩大）会议报告等
	11月16日	讨论高港区国民经济和社会发展"十三五"规划思路等
项目编审会议	1月21日	关于口岸中学门前东侧人行道维修等工程相关问题
	3月17日	关于大江剧院五楼会议室改造等工程相关问题
	5月14日	关于江胜大道改道等工程相关问题
	7月24日	关于观五垃圾中转站等工程相关问题
	10月9日	关于补建城区主干道市政消火栓等工程相关问题
城建例会	1月30日	关于江广线改造项目征地动迁等问题
	4月16日	关于扬子江路沿线环境提升等问题
	5月14日	关于东方明珠二期、王营宇业项目征地动迁等相关问题
	8月4日	关于扬子江路与解放路交叉道口改造等有关问题
区长办公会议	1月6日	协调大泗镇、许庄街道土地整治项目相关问题
	1月19日	关于追加专项经费
	1月21日	研究区属重点工程违法用地（建设）查处相关问题
	3月30日	关于泰州市金鼎电子有限公司融资相关问题
	4月2日	关于国有土地上企业办理权证相关问题
	5月27日	研究东方明珠幼儿园建设方案等问题
	5月27日	协调国电泰州电厂二期工程临时用地代征相关问题
	6月3日	研究柴墟路改造项目涉及企业改制有关矛盾问题
	6月10日	协调望涛公司为三福船舶公司发行债券提供信用担保问题
	6月15日	协调高港区基本农田划定举证工作相关问题
	6月17日	协调义乌大市场消防整改等相关问题
	6月18日	研究2014年区级机关公务员奖励等问题
	7月1日	追加专项经费
	7月15日	协调刁铺街道关桥社区潘嘴组征地农民保障相关问题

续表6

会议类别	召开时间	主　要　内　容
区长办公会议	7月15日	研究部分老放映员参保问题
	8月28日	研究柴墟路改造项目动迁政策等相关问题
	9月10日	协调处理府后人家小区电梯故障问题
	9月25日	明确中心城区城市管理有关事权问题
	10月8日	协调国际财富中心续建工程相关问题
	10月16日	研究住宅小区电梯安全问题
	10月29日	协调高标准农田上图入库等问题
	11月9日	研究望涛公司与华夏重工融资服务合同纠纷
	11月13日	研究区污水处理公司组建运行有关问题
	11月16日	关于口岸南部片区拆迁等工作
	12月9日	追加专项经费
区政府专题会议	1月4日	协调解决义乌大市场消防整改等问题
	1月22日	协调解决35千伏刁铺变电所升压工程用地等问题
	1月27日	协调全区河道长效管理工作有关事宜
	2月7日	协调解决义乌大市场消防安全问题
	3月3日	协调2015年度省级农村河道疏浚整治工程有关事宜
	3月4日	讨论安全生产工作有关事项
	5月5日	协调全区猪肉配供体系建设有关事宜
	7月13日	协调部分水利工程项目建设有关事宜
	7月24日	协调解决江东热力公司股东变更等事宜
	8月4日	研究校车运营主体登记注册事项
	8月12日	协调机关幼儿园办理建设工程相关手续
	8月28日	协调解决义乌大市场消防隐患整改
	9月21日	协调解决义乌大市场五楼中庭消防隐患整改
	10月23日	关于江东供热管施工图纸有关事宜
	10月23日	协调病死畜禽无害化处理及畜禽养殖污染物减排等工作
	11月26日	协调解决益海粮油、汇福粮油等企业蒸汽价格问题
	12月16日	协调文胜河堤防加固工程有关事宜

·为民办实事项目·

【概况】 2015年，高港区确定为民办实事项目涉及住房保障、就业保障、生态环境、公共服务4大类，共8个项目。至年末，8个项目全部实施到位。

【住房保障项目】 2015年，高港区开工建设各类保障房1000套，总投资4.07亿元，共建成各类保障房1038套。

【就业保障项目】 建立城乡居民大病保险基金　2015年，该项目按照《关于明确2015年度城乡居民大病保险筹资标准和保障水平的通知》要求，进行大病保险补偿506万元。

推动就业创业　目标任务新增就业6000人、创业4500人、带动就业1.30万人。全年新增就业12715人，新增创业7151人，新增创业带动就业22053人。

城乡贫困家庭帮扶活动　重点开展“五送”（送养老、送医疗、送岗位、送技能、送项目）活动。至年末，全区有7户贫困家庭成员被认定为就业困难对象，享受免费职业介绍、社保补贴等扶持政策。

【生态环境项目】 凤栖湖生态湿地建设一期工程　该项目2015年完

成投资6000万元，完成湖区开挖整理、护坡、环湖路建设，完成周边4条中沟沟通整治，完成张马支沟闸站、集成中沟闸桥、湖区景观绿化部分工作。

永安洲污水处理厂二期工程 该项目2015年完成投资2.10亿元，完成10.15千米污水管网建设、全线管网检测、沿线4座污水提升泵站建设等，完成污水处理厂全部工程量建设。

【公共服务】 气象突发事件预警信息发布平台建设 2015年，全区10个单位安装气象突发事件预警信息发布平台（7个镇街及政法委、安监、环保3个部门），明确专人负责平台的监控和信息发布，建立短信平台QQ群，及时收集、解决出现的问题。全年共发布服务短信130万条。

网格化建设和管理项目 按照精细化管理要求，将全区划分为378个一级网格和1794个二级网格。明确镇街负责人担任网格督导员，村"两委"成员兼任一级网格长，从优选聘二级网格员，制定网格员宣传教育、信息采集、民意反馈、便民服务、治安防范、矛盾调处六大工作职责，建立健全上岗公示、工作例会、巡查走访、民情回应、定期考评五项制度。举办全区综治法治业务骨干培训班，专门对网格划分、人员配备、工作职责、制度建设等方面进行培训，制发《民情日记》。网格员管理工作进入常态化。

（夏华俊）

·政府法制·

【概况】 2015年，区法制办保障和促进行政机关依法行政，维护公民、法人和其他组织合法权益，认真清理和审核政府规范性文件，开展行政执法监督活动，履行行政复议职能，推进法治政府建设。被省法制办评为2015年度政府法制工作成绩突出单位。

【行政执法监督】 7月下旬，区法制办联合区人民法院、区人民检察院对全区25个行政执法部门105份执法案卷进行抽查，指导相关部门总结经验、排找差距、弥补不足，促进行政执法规范化建设。会同区编委办、区政务办、口岸街道与区相关部门对赋予口岸街道的部分市、区级经济社会管理权限进行梳理对接，稳步推进口岸街道简政放权改革。

【规范性文件制定备案】 2015年，区法制办严格按照规范性文件制定和备案的规定要求，按时向市政府及区人大常委会报备区政府规范性文件1件。加强部门规范性文件的实质性备案审查，对各镇街和部门报送备案的12件规范性文件从是否超越权限、内容是否适当、是否违反制定程序等方面进行严格审查。对市政府拟出台的13件规范性文件征求意见稿及时组织部门研讨，提出修改意见。及时废止与现行法律法规规章和市场经济体制、行政管理体制不相适应的规范性文件10件。

【行政复议和应诉】 2015年，区法制办认真贯彻《中华人民共和国行政复议法》及其实施条例，创新工作机制，积极推行灵活的受理、办理方式，加大行政调解力度。办理行政复议案件4件，行政应诉案件5件。落实行政机关负责人出庭应诉行政案件制度，行政机关负责人出庭应诉比率100%。

【涉法事务处理】 2015年，区法制办充分发挥法律参谋作用，对重大决策事项以及各类规范性文件进行认真细致地审核把关。完善政府合同管理制度，制定《泰州市高港区政府合同审查备案办法》，全年审查各类政府合同16份，从签约源头上防范法律风险和经济风险。

（刘艳萍）

·信息与督查·

【政务信息】 2015年，区政府办公室编发《政务通讯》34期、专刊6期，上报政务信息近1000条、应急管理信息100余条，被市采用31条、省采用3条。

（郭 靖）

【公开电话及信箱办理】 2015年，区政府受理公开电话和信箱邮件5298件，比上年增加20.33%。其中，受理市"12345"政风行风热线3429件，区"12345"民生服务热线997件，区长公开电话219件，市长信箱556件，区长信箱91件，"民生回音壁"网友来贴6条。办结5298件，回复率100%。

（龚 雪）

【人大代表建议与政协委员提案办理】 2015年，区政府共受理人大代表建议（包括议案转建议）84件、政协委员提案99件。全部按时高质办结，办结率、见面率100%，满意、基本满意率100%。

（王润环）

【专项督查】 2015年，区政府办公室对政府工作报告中提出的年度工作目标，逐一细化梳理，明确责任部门，落实工作分工，定期跟踪督办。对为民办实事等民生工程和群众最关心、最期盼解决的热点难点问题，加大协调力度，加强督查督办，做到监督到位、协调到位、解决到位。开展全区重点项目建设、招商引资、园区建设等各项工作督查。加强对区政府常务会议、区长办公会议、区政府专题会议、区政府编审会议和城乡规划会议纪要中各项议题或决定事项的专题督查。全年编发《督查通报》21期。

（陆建龙）

·政策调研·

【概况】 2015年，区政府研究室组织撰写涉及项目大突破、城建新提升、农业农村、民生幸福等领域的综合类、调研类文章80余篇，被上级采用9篇。围绕经济转型升级、推进项目建设等重要决策，开展调查研究，撰写《坚持特色发展，加快产业集聚》《关于我区壁纸产业发展情况的调研报告》《先行先试，改革破冰，以行政审批提速增效助推项目建设》等调研材料。开展探寻高港全面深化改革、依法行政等重大课题调查研究，《高港区生态文明建设情况的报告》《关于高港区为农服务体系建设情况的调研报告》《关于土地节约集约利用的调查与思考——以高港高新区为例》等调研文章，为区委、区政府决策提供依据和参考。（张智颖）

·应急管理·

【应急预案体系建设】 2015年，高港区按照"广覆盖、重实用、易操作"要求，组织修订、完善各类应急预案。制定下发《关于开展应急预案重新编制和修订工作的通知》和《关于进一步完善各类应急预案编制修订工作的通知》，督促相关部门先后修订完善《高港区文体旅游局应急预案》《高港区气象灾害防御规划》《高港区机关事务管理局应急预案》《高港区市场监督管理局应急预案》等区级部门专项预案，对永安洲镇、白马镇、大泗镇等总体应急预案进行更新，预案的科学性、针对性、操作性和实用性不断增强。

【应急队伍建设】 2015年，高港区按照"立足现实、着眼长远、专兼结合、整体联动"原则，积极整合现有资源，加强应急救援队伍、专业技术队伍和志愿者队伍建设。以公安、消防、民兵预备役和各专业应急救援队伍为骨干，企业专兼职救援队伍为补充，社会志愿者共同参与的应急救援体系初步形成。创新民兵应急队伍建设，优先招录退役士兵，实行"宽进宽出"政策，充分发挥退役士兵在抢险救援中的作用。

【应急值守】 2015年，高港区始终把值守应急和突发事件信息报告工作作为政府值班工作"一岗双责"的重要内容，牢固树立值守应急责任重于泰山的观念，坚决克服各种麻痹思想和侥幸心理，做好值守应急和突发事件信息报告工作。全年上报应急信息125条，被市应急办采用15条。

【应急救援演练】 2015年，高港区按照"统一指挥、反应灵敏、协调有序、运转高效"应急救援要求，高度重视应急预案演练工作，先后组织开展住宅电梯事故应急救援演练、食品安全事故应急演练、校园应急疏散演练、暴雨应急演练及重油储罐火灾事故应急救援演练等活动，在演练中检验预案，增强应急处置能力。

【应急知识宣传培训】 2015年，高港区邀请省政府应急办副主任左健伟作应急管理工作专题讲座，先后组织开展劳动密集型企业安全生产培训、重大动物疫病防控技术和应急管理知识培训、综合防灾救灾知识培训、预防餐饮单位食物中毒专题培训等活动。全区举办培训20余批次、2000余人次，开展宣传活动40余次，发放宣传材料3万余份，发放率98%以上，接受群众咨询2000余人次。（刘　岩）

·外　　事·

【概况】 2015年，区外事侨务办办理因公出国（境）任务审批审核手续12批48人次，办理护照签证手续12批48人次，办理外国人来华邀请函材料审核37批69人次。

（侯　颖）

·电子政务·

【政府网站群建设】 8月，区政府网站群上线，采用"统一规划、协同建设、分级管理、集中维护"模式，以"中国·高港"门户网站为中心主站，60个部门、镇街、社区网站为子站，形成统一规范的网站集群体系。突出政民互动，新设《民意征集》《在线调查》《政策解读》等栏目。11月，高港政府门户网站手机APP（微门户）试运行，向移动客户端同步推送信息，为手机用户提供信息阅读、互动参与、公共服务等应用功能。全年区政府门户网站发布各类政务信息5149条，采编镇街和部门上报信息1458条；子站发布各类政务信息13430条；通过市政府网站报送平台上报各类政务信息2684条，被市政府网站采用700余条。3~12月，按照《国务院办公厅关于开展第一次全国政府网站普查的通知》，分统计摸底、检查整改、抽查核查、通报总结4个阶段对镇街及部门网站进行普查，6个部门网站出具关停情况说明，政府门户网站和25个部门网站通过第一次全国政府网站普查验收。

【政府信息公开】 3月，区电子政务中心编制《高港区人民政府2014年政府信息公开年度报告》，指导各镇街、部门编制2014年政府信息公开年度报告，制作专题集中展示。11月，制作"重点领域信息公开"专题，设置行政权力运行、财政资金、公共资源配置、公共服务、公共监管等5大类20个栏目，并做好重点领域信息公开落实工作。12月，制作"中国·高港2015信息公开报告单"专题，并做好网晒政府信息公开"成绩单"的各项准备工作。年初，编制并报送"2015年政府信息公开考核要素一览表"。年底，开展政府信息公开考核，将考核结果纳入机关单位绩效考评体系。全年政府信息公开平台共发布信息2310条，收到依申请公开政府信息5件，主要涉及拆迁、征地等方面，均办结。

【电子政务平台】 2015年，区电子政务中心接入电子政务OA平台的镇街及部门83个、收发员160余人。全年公文交换5000余条，基本实现全区无纸化办公全覆盖。继续大力整合全区各类信息化硬件及软件资源，加强电子政务OA系统、行政权力运行系统等15个系统的整合，形成一网多用格局，并将电子政务网延伸到村居。全年共处置网络故障2000余起，完成城乡居民医疗保险村卫生室入网初装测试、电子政务系统重新部署、路由环路故障排查、网管中心应用系统升级、市公安局审计系统安装测试、民政局电视电话会议系统调试安装、网站群防火墙设备新增等一系列工作。对82381条“一户一卡”房屋数据进行跟踪管理。行政权力公开透明运行系统办件数8514条，其中，乡镇受理2251条，办结2250条，办结率99.96%；大厅事项受理6270条，办结6269条，办结率99.98%。网络舆情实行24小时监测，全年编辑《高港网络舆情》251期。　（彭铁官）

·政务服务·

【概况】 2015年，区政务办进驻事项157项，大厅办理各类审批项目70118件，其中，即办件61378件，承诺件8740件，办结69831件，办结率99.59%，群众满意率100%。

【“一照一码”商事制度改革】 2015年，区政务办从工商、质监、国税、地税抽调专门人员组建企业注册登记综合窗口，依托省企业注册登记并联审批平台，采取“一窗办理、一口收件、一网录入、一本发证”方式，形成同步受理、同步审批、同步发照（证）的高效审批模式。1月26日，发出高港区首张“三证合一”营业执照。9月2日，发出高港区首张“一照一码”证照。全年共办理“一照一码”证照122件。

【规范项目审批目录】 2015年，区政务办按照《中共江苏省委、江苏省人民政府关于进一步简政放权加快转变政府职能的实施意见》要求，对照区政府公布的权力清单，按照行政许可必进，行政确认、行政征收、行政其他三类事项根据便民利企需求而定的原则，在与入驻各部门做好对接、审核的基础上，对进驻窗口事项进行新一轮梳理筛查。进驻中心审批服务事项162项，其中，行政许可111项，行政确认5项，行政征收8项，行政其他38项。

【构建三级政务体系】 2015年，区政务办转发《关于全市镇（村）级便民服务中心（站）规范化建设的指导意见》。7月初，对各镇街便民服务中心建设工作进行规范指导，7个镇街充分利用现有资源进行要素重组、功能升级，按照要求均建成便民服务中心，实现全覆盖，做到人员、场所、办公设施、服务标准、制度保障到位。8月，对照市检查的要求，区政务办进一步规范村（社区）便民服务站建设，90个村（社区）统一制作铜牌，建立办事台账，公开事项、流程、制度等内容。

【重大项目联审联办】 2015年，区政务办深化项目建设联合预审、联合踏勘、并联审批“三联”工作模式，根据项目落户、落地及审批建设要求，组织区发展改革委、区环保局、区经信委、区国土资源分局、区安监局、区规划分局等部门，开展项目联合预审和现场踏勘，对项目安全评估、环境评估、用地规划等前置条件先行把关。共承接服务项目87个，项目总投资75亿元，召开联合预审会议9次，组织开展联合踏勘18次，召开项目审批协调推进会21次，协调解决问题8个，其中，41个项目办结试产。

【三级联动审批】 2015年，区政务办对涉及市级层面的审批难题，在做好初审准备的基础上，邀请市级部门现场踏勘、审批。通过市、区联动绿色通道服务平台，先后帮助江苏德泰墙纸有限公司补办施工许可证，泰州市美诺医疗器械有限公司办理土地批文，江苏祥宏消防装备有限公司、泰州威迈机电科技有限公司办理土地证。组织市、区两级部门到大泗镇、核心港区为泰州市伟平石油机械有限公司等9个项目现场办公，提前介入、协调解决项目施工许可证、消防设计审查等难题。

【推行容缺受理】 2015年，区政务办对部分民生项目承诺件开展容缺受理，凡在中心办理的行政审批事项（主要是承诺件事项），基本条件具备、主要申报材料齐全并符合法定条件，但次要条件或手续有欠缺的，在服务对象签署书面承诺限期补齐的情况下，相关职能部门窗口可以先行予以容缺受理，进行实质性审查。年内，容缺受理范围涵盖民生、建设两大类，涉及区发展改革委、区环保局、区规划分局、区市场监管局等15个部门的51个经常性审批项目，可容缺材料121件，审批效能提速20%。

【模拟审批】 2015年，区政务办对区委、区政府会议确定的重大产业项目、重点城建项目、重要民生项目在尚未供地但建设项目已经明确，暂不具备审批条件的情况下，组织各职能部门提前介入，按现行审批要求对报送资料进行实质性审查，出具非正式文件，其审查结果作为职能部门正式审批的重要参考依据。当建设项目正式供地并达到法定审批条件后，由各职能部门对模拟审批确认的审查资料进行补充、完善，并出具正式审批文件，将模拟审批转化为正式审批。确定至成储运项目为模拟审批试点，区发展改革委、区环保局、区规划分局阶段性模拟审批完成，为正式审批做好充足准备，有利于项目的早开工、早建设。10月14日，《泰州日报》专题介绍该创新做法。

【升级帮办代办服务】 2015年，区政务办进一步健全项目服务体系，有效整合全区代理服务资源，形成企业、审批部门、项目代理机构、政务服务中心四位一体的项目服务体系。发挥项目代理机构在项目服务中的支撑作用，加强园区、镇街项目代理员队伍建设和管理考核；定期召开项目协调推进会，会商解决项目审批难题。开展各类结对共建活动2次，派员挂职学习3人次，帮助结对镇街申报审批项目2个。9月9日，《泰州日报》作专题报道。

【政府采购】 2015年，区公共资源交易中心按照《中华人民共和国政府采购法》规定，做到依法采购、规范操作、廉洁高效。全区政府采购的范围涉及货物、工程、服务3大类，共30项、140余个品种。全年共组织政府采购189次，采购预算金额9768.57万元，采购合同金额8765.23万元，节约资金1003.34万元，节约10.27%。

（管国栋　张　玥）

·机关事务管理·

【概况】 2015年，区机关事务局完成省委第三巡视组巡视高港、市委四届十次全会、省市公共机构节能工作现场会议等重要会议、重大活动后勤保障任务；保障机关公务出行125万千米；保障工作用餐人数11万人次。承担全民健身中心二期工程、区人民检察院业务用房等10余个项目的建设和改造。公共机构能耗数据实现"十二五"既定目标，主要能耗指标均下降15%以上。加强所辖楼宇的安全管理，做好物业管理工作。开展消防演练培训30人次。推进公务用车制度改革，确保新旧制度平稳衔接。国有资产、公务用车、办公用房等管理工作显著加强。

【工程项目建设】 2015年，区机关事务局组织实施全民健身中心二期工程、区人民检察院业务用房、大江剧场五楼会议室、区市场监管局办公楼和区卫生监督所疾控中心办公楼等10余个项目的建设与改造。其中，全民健身中心二期工程作为区重点公益性项目、体育惠民工程，投入4000余万元。完成笼式足球场、网球场、象棋广场和露天文化舞台等场所建设。

【公共机构节能】 2015年，区机关事务局推进公共机构节能改造和合同能源管理工作，公共机构人均综合能耗、单位建筑面积能耗、人均水耗逐年降低。围绕"节俭有道、节能有德"，深入开展节能宣传活动，编印节能宣传画册60余套，发放各类节能小标签500余张、节能科普扇100把。积极开展公共机构节能省级示范单位创建活动，区级机关后勤服务中心获批江苏省节能示范单位。

【公务用车改革和管理】 2015年，区机关事务局对车改相关数据测算、公务用车改革方案和司勤人员安置分流等进行研究和细化，牵头起草公车改革总体方案及7个配套文件，完善全区公车档案台账，集中封存一般公务用车91辆，执法执勤车27辆。同步做好公车改革过渡时期应急用车保障服务工作。加大车辆安全、油耗、维修等综合考核力度，严格"一车一卡"加油管理，加强维修项目的鉴定、审核，车辆运行费用比上年下降18.80%。开展车辆加油、使用、停放专项督查10余次，对违规违纪现象，及时上报查处。

【机关国有资产管理】 2015年，区机关事务局开展资产年度统计，盘实区级机关资产数据。规范区级机关国有资产配置和处置管理，出台区级机关资产处置流程，按规定和程序处置2003~2004年价值约4万元的资产。

【机关办公用房清理】 2015年，区机关事务局按照"摸清底数、严格标准、迅速整改"要求，做好办公用房清理整改工作，完善全区办公用房使用情况台账。健全长效管理机制，起草办公用房管理办法以及维修改造实施细则。

【机关后勤服务保障】 2015年，区机关事务局服务各类会议906场次，协助做好各园区、镇街、企业的各类签约仪式和考察活动。定期做好管辖楼宇的电梯、中央空调、消防设施、电力等检测调试，确保各类设备设施正常运行，共完成各类维修5300余起。妥善处理群众集访事件57起、1500余人次，个访事件500余起。下属企业泰州市润勤服务有限公司取得物业管理暂定三级资质，全年营业收入约170万元，比上年增长15.50%。（曹舒扬）

区　政　协

【概况】 2015年，区政协召开常委会议5次、主席会议4次，分别讨论通过事宜28项；收到委员提案122件，立案99件，所立提案全部办复，委员满意率和基本满意率100%，表彰优秀提案12件；开展调研6次，形成调研报告6篇；组织视察、议政活动8次，提出意见、建议34条。共有界别12个，包括中共、工青妇、工商联、文新教体、经济、科技、农业和农村、民族宗教、侨台联、特邀、无党派、医卫。区政协委员160人，在高港区的市政协委员18人。常务委员会有主席1人，副主席3人，秘书长1人，常委23人。政协机关内设办公室、学习提案文史委、经济城乡建设委、社会法制委、科教文卫体委。

·重要会议·

【区政协四届四次会议】 1月7~9日，区政协四届四次会议召开。应到委员161人，实到151人。会议听取并讨论市人大常委会副主任、区委书记王建的讲话；听取并审议区政协主席任寿南所作的常委会工作情况报告和区政协副主席周法鸣所作的提案工作报告；列席区四届人大四次会议，听取并讨论政府工作报告。会议期间举行经济社会发展情况通报会，补选胡万源为区政协四届委员会副主席，杨勇为区政协四届委员会秘书长，孙素红为区政协四届委员会常务委员，表彰2014年度优秀镇街工作委员会、优秀委员界别小组、优秀政协委员和四届三次会议以来的优秀提案。号召全区各党派团体和全体政协委员，深入贯彻落实区委四届五次全会精神，充分发挥人民政协作为协商民主重要渠道作用，更加活跃有序地组织专题协商、界别协商、对口协商、提案协商，为区委、区政府科学决策和民主决策提供参考；认识新常态、适应新常态、引领新常态，发挥政协位置超脱、包容性强、渠道畅通、智力密集、联系广泛的优势，为加快实现“三步走”目标贡献智慧和力量；牢记为民宗旨，把群众路线贯穿履职全过程，努力促进社会和谐稳定；全面加强自身建设，进一步探索履职形式、丰富内容、注重实效，不断提高政协工作的科学化水平，为加快建设现代化国际化滨江港城作出更大贡献。

【政协常委会议】 *区政协四届十七次常委会议* 1月7日召开。会议通过人事任免、有关人员辞职事项，增补区政协四届委员会副主席、秘书长、常务委员候选人建议名单，区政协四届四次会议选举工作人员名单。

区政协四届十八次常委会议 1月8日召开。听取各组讨论市人大常委会副主任、区委书记王建在区政协四届四次会议上的讲话，区政协常委会工作报告和提案工作报告，区政府工作报告，区政协四届四次会议决议（草案），以及协商候选人情况汇报。以举手表决的方式确定胡万源为区政协四届委员会副主席候选人、杨勇为区政协四届委员会秘书长候选人、孙素红为区政协四届委员会常委候选人，提交区政协四届四次会议选举。

区政协四届十九次常委会议 3月3日召开。学习全省机关作风建设大会精神和省、市政协全会精神，通过区政协2015年工作要点和人事任免事项，通报区政协四届四次会议提案审查情况。

区政协四届二十次常委会议 8月4日召开。区委常委、副区长吴斌通报上半年全区经济社会发展情况，常委们建言献策。会议通过区政协人事任免和委员任免事项。

区政协四届二十一次常委会议 12月30日召开。听取和讨论区政府办公室关于区政协四届四次会议以来提案办理情况的通报，通过区政协常委会工作报告和提案工作情况报告及报告人，通过关于召开区政协四届五次会议的有关事项，通过2015年度优秀委员、优秀镇街工委和区政协四届四次会议以来优秀提案表彰名单。

【政协主席会议】 *区政协四届十四次主席会议* 2月27日召开。学习全省机关作风建设大会精神和省、市政协全会精神，讨论通过区政协2015年工作要点和人事任免事项，通报区政协四届四次会议提案审查情况，通过关于召开区政协四届十九次常委会议的实施方案。

区政协四届十五次主席会议 4月28日召开。听取区委常委、副区长吴斌关于全区项目大突破的情况通报，围绕如何进一步推进项目大突破建言献策。

区政协四届十六次主席会议 8月4日召开。通过区政协人事任免和委员任免事项，通过关于召开区政协四届二十次常委会议的实施方案。

区政协四届十七次主席会议 12月30日召开。通过区政协常委会工作报告和提案工作情况报告及报告人，通过区政协关于召开区政协四届五次会议的有关事项，通过2015年度优秀委员、优秀镇街工委和区政协四届四次会议以来优秀提案表彰名单，通过关于召开区政协四届二十一次常委会议的实施方案。

（朱　娟）

·协商议政·

【专题协商】 10月16日，区政协社会法制委组织12名政协委员与区政府办公室、区法制办、区法治办、区人民法院、区人民检察院、区公安分局、区司法局、区信访局对口协商“法治高港”建设情况。建议继续在强化全民法治信仰、助推法治政府建设、维护社会公平正义、提升法治建设实效上下功夫。

【主席走访】 5月22日，区政协组织开展主席走访城建新提升活动，听取区委常委、常务副区长陈军关于城建新提升的情况通报。提出统一思想，在思想认识上再提升；突出重点，在提升城市形象上快推进；多措并举，在凝聚合力上下功夫，又好又快推进现代化国际化滨江港城建设等建议。

【委员议政活动】 10月28日，区政协科教文卫体委组织11名委员，对区政府办公室、区教育局、区财政局、区人力资源社会保障局、区编委办开展推进教育现代化议政活动。建议落实责任，制订教育总规划；建好校舍安全和学校内涵工程，改善教育硬环境；用好教育管理者、校长和教师队伍，提升教育软实力；推进各类教育优质化、优质教育均衡化、城乡教育一体化和各级教育国际化建设，提高教育满意度。

【政情通报会】 4月28日，区政协经济城乡建设委召开项目大突破政情通报会，听取区委常委、副区长吴斌相关工作情况的通报，开展座谈讨论。提出强化质量效益意识，注重大项目建设；精心做好项目规划，引领项目建设；进一步完善机制，狠抓项目推进落实；广开渠道多措并举，加强招商队伍建设等建议。

8月24日，区政协科教文卫体委召开医药卫生体制改革政情通报会，听取卫生计生委工作情况通报，开展座谈讨论。提出加大投入，助推医疗卫生事业发展；理顺机制，创新医疗卫生管理方式；引培人才，提高医疗卫生诊疗水平；建强专科，提升医疗卫生机构内涵等建议。

【调研活动】 4~6月，围绕加快核心港区港口建设与发展开展专题调研，走访泰州港务集团有限公司、市港口管理局、核心港区、区发展改革委、区商务局，以及部分船运代理、货运代理、集装箱运输公司，开展座谈讨论，到扬州港、洋口港学习考察，形成调查报告。建议明确港口功能定位和发展战略；拓展港口货源；完善港口基础设施，调整码头布局；创新港口开发建设体制机制；加密航班开辟航线，大力发展集装箱运输；争取泰州市级支持。

5~7月，会同区卫生计生委、区人力资源社会保障局、区民政局围绕推进全区医疗卫生体制改革开展专题调研，先后走访市、区相关部门和部分医院、村（社区）卫生室、居家养老服务中心，并到镇江市润州区考察学习，分析存在的主要问题。提出加大政府投入，健全一体化建设的保障机制；拓展合作领域，提升一体化建设的水平；重视队伍建设，构建一体化所需的人才梯队等建议。

5~7月，围绕社区综合改革开展专题调研，听取口岸街道、永安洲镇关于社区改革试点的情况介绍，召开社区座谈会征求基层干群意见，进行问卷调查，到太仓市、常州市武进区参观学习，形成调研报告。提出厘清政府权责边界，使政府职责从社区职能中回归原位；建立政府向社区购买服务新模式；进一步完善社区基础设施，增强为民服务功能；创新社区体制机制，调动社区干部的工作积极性；积极探索社区群众自治的新途径等建议。上述建议在区委、区政府出台的改革政策意见中被采纳。

7月，围绕法律援助工作开展专题调研，听取区司法局情况介绍，到永安洲镇和江苏柴墟律师事务所、江苏戚鸭章律师事务所开展座谈，征求区人民法院、区人民检察院对法律援助工作的意见，形成调研报告。提出整合资源科学界定援助范围，增强法律援助的保障力度，探索建立法律援助与公检法沟通协作新机制，完善法律援助案件评价制度，壮大律师队伍、增加公职律师人数等建议。

10~11月，围绕全区小农场建设情况开展专题调研，走访区农委，召开各镇街分管负责人、相关科室工作人员、农场主座谈会，针对农田基础设施薄弱、土地要素制约突出、资金缺乏融资困难、农场经营水平不高、社会化服务组织不健全等问题，撰写调研报告。提出精心编制"十三五"小农场发展规划，进一步加大扶持力度，强化对小农场的服务和指导，加快社会化服务体系建设等建议。

10~11月，围绕全区基本公共文化服务标准实施情况开展专题调研，听取区文体旅游局情况介绍，分别到刁铺街道大丰社区、白马镇察看各项文化服务设施运行和文化活动开展情况，并到如皋市考察，形成调研报告。建议对照标准，高起点建设公共文化服务设施；多元合力，大幅度提升公共文化服务水平；齐抓共管，全方位保障公共文化服务运行。

【视察活动】 7月8日，组织14名政协委员视察消防工作情况。视察义乌大市场、泰州远大旅游用品有限公司、大润发高港店等现场，听取情况介绍，开展座谈讨论。提出加强消防公共设施建设，加大火灾隐患整治力度，更加突出消防救援能力建设，不断增强全民的消防安全意识，持续增强做好消防工作的整体合力等建议。

9月23日，组织12名政协委员视察全民健身计划实施情况。视察区全民健身中心、口岸街道蔡滩体育公园等现场，听取情况介绍，开展座谈讨论。提出统筹规划，确保全民健身事业有序发展；科学指导，引领全民健身事业创新发展；强化保障，助推全民健身事业跨越发展；注重宣传，促进全民健身事业健康发展等建议。

区政协组织政协委员视察消防工作

11月3日，组织18名政协委员视察水利工程建设情况。视察凤栖湖建设等现场，听取情况介绍，开展座谈讨论。提出精心编制“十三五”水利建设规划；突出重点，加快水利基础设施建设；强化水利工程设施的维护和管理；做好凤栖湖的后续开发与管理；进一步改善水环境；多措并举，化解水利建设资金难题等建议。

（朱　娟）

·民主监督·

【提案办理】 2015年，区政协通过区政府负责人领办、区政协主席督办、联合协同办、媒体跟踪督办、网上公示、“三办”（区委办、区政府办、区政协办）联合通报等方式，对年度提案和区政协四届一次会议以来的提案办理情况，开展专项督查，推动办理质量的整体提高。区政协四届四次会议立案交办的99件提案全部办结，见面率100%，委员满意率和基本满意率100%。

高港区政协四届四次会议以来优秀提案一览表

表7

提案号	提案人	案　　由
1544002	唐秧林	加快推进项目建设的几点建议
1544004	姚　洁	加大中小企业扶持力度，促进企业转型升级
1544009	包继林	加强城区环境卫生常态化管理
1544017	朱　平、孙志勇	加大对基层医院的投入力度，打造一流的基层医疗服务网络
1544027	杨　谢	推动我区义务教育均衡发展
1544032	毛红星	加强镇（街）文化站建设
1544038	曹逸群	加强中小学音、体、美学科师资队伍建设
1544047	孙建新	加强城区后街背巷环境长效管理
1544060	戴永建	完善城市公共配套设施
1544063	殷继东、都兴宇	加强对房屋出租的管理
1544069	宗家林	完善政策，培大育强民营企业
1544092	杨国平	办好政府网站，切实服务于民

【社情民意信息】 2015年，区政协编发社情民意信息115期，其中，报区27期，区领导批示19期；报市政协88期，采用31期；省委办公厅采用5期；全国政协采用2期。针对长江沿线粗放开发、带动腹地发展能力较弱、码头众多同质化竞争严重、私占乱用现象严重等问题，编写社情民意信息《科学规划开发利用长江岸线资源》。针对农业发展中生产模式陈旧，化肥、杀虫剂、除草剂使土壤地力每况愈下，生态环境愈益恶化；旱田作物大量使用薄膜，土壤有害成分逐年增多，农作物重金属含量超标等问题，编写社情民意信息《建议将发展有机农业列入“十三五”规划》。以上两篇社情民意信息被全国政协采用。根据反腐条例，组织开展座谈，了解各民主党派和无党派人士对反腐工作的反响，搜集基层干群的反应和意见，提出进一步完善选人用人机制、改革领导干部秘书任用机制、加大对领导干部个人财产监督力度的建议，编写社情民意信息《审判周“虎”昭示后人》被省委办公厅采用。高港区社情民意信息工作在全市政协系统23个考核单位中位列第一。

（朱　娟）

·文史工作·

【《高港文史》编纂】 4月起，区政协开展《高港文史》第八辑史料征集工作，征集内容为“文化大革命”期间（1966~1976年），区域内发生的政治、经济、文化、教育、社会生活等方面的重大事件和重要人物史料；反映该时期人民群众生产生活方式、民俗风情等方面史料；反映该段历史时期的文稿、图片、信函、证书史料等。共征集稿件107篇。9月，《高港文史》第七辑（1949~1966）出版发行，共收录文章92篇、32万字，图片102幅。

【文史组稿】 3~12月，区政协先后向市政协报送《泰州文史资料精选》（高港篇）资料14篇、4万余字；《泰州文史》（1992~2000）资料15篇、4万余字。4~9月，协助区民政局进行历史地名文化书籍组稿，完成《江苏省历史文化地名录》文稿48篇、3万余字，《泰州历史文化地名记忆》文稿20篇、4万余字。

（李文华）

·政协自身建设·

【镇街工委工作】 2015年，各镇街政协工委围绕党政工作中心和政协工作重点，开展工作。口岸街道工委组织委员视察柴墟东路、口岸转盘等动迁现场，走访动迁对象，反映群众诉求，推动“阳光拆迁”；刁铺街道工委连续4年牵头开展“为了大山里的孩子”主题活动，帮扶湖南省洪江市熟坪乡中小学贫困生；许庄街道工委围绕校舍安全工程和农贸市场建设开展视察，撰写提案和社情民意；永安洲镇工委在全镇11个社区聘请33名群众担任民主监督员、社情民意信息员及和谐发展促进员，拓展基层协商民主渠道；大泗镇工委广泛发动委员收集史料，组织《大泗镇志》编撰工作；胡庄镇工委对镇机关、基层站所和干部进行评议。

【党派及界别工作】 2015年，区政协听取各民主党派、工商联和无党派人士对政协工作的意见和建议，邀请其参加调研视察、协商议政等活动。区工商联与区经济和信息化委、区文明办、区市场监管局等部门联合在全区生产型会员企业开展“做精工产品、做诚信企业”活动，引导生产企业强化信用观念；组织会员参加“浙江大学现代管理高级研修班”“泰州市民营企业发展讲坛”，培育高素质民营企业管理人员队伍；与区人民法院开展“法企共建”活动，积极开展法律维权和法律咨询服务；联合9个金融机构举办小微企业政策服务宣传月活动，推介小微企业特色金融产品，帮助企业解决转型升级发展中的资金难题。各民主党派、工商联、人民团体以组织或个人名义提出提案32件，被立案的比例占提案总数的32.30%。关注“两新组织”发展，慰问少数民族困难群众，视察宗教活动场所。

【“政协委员工作日”活动】 2015年，区政协分别于2、5、8、11月最后一周组织开展“政协委员工作日”活动。委员们通过调研视察、座谈走访等形式，向基层干群宣传中共十八届五中全会、区第四次党代会第三次年会、区四届人大四次会议和区政协四届四次会议精神。帮助村（社区）理清工作思路，听取基层群众对政协工作的建议。向区委、区政府反映80余条建议，其中，加强乡村医生队伍建设、跨区域医疗费用报支、加强河道整治、强化食品安全监管等建议都得到落实。向所在社区赠送种植养殖、科技创业、医疗保健等书籍；开展老年人和妇女儿童权益保障、交通安全、消费者权益保护等知识讲座，为社区群众免费提供法律咨询服务；组织医疗专家到社区开展义诊，讲授卫生防疫知识，赠送药品。

【“主席接待委员日”活动】 5~6月，区政协副主席周法鸣、李强、胡万源分别开展接待委员日活动。通过调研、走访、座谈等形式，听取委员对全区经济社会发展情况和对政协工作的意见、建议；收集群众普遍关注的社会热点、难点问题；了解委员工作、学习和生活情况。主席们指出，委员们提出的意见和建议十分中肯，代表性强，充分体现委员们热心政协事业、尽心履职、尽责的精神。区政协将通过提案、社情民意等方式，向区委、区政府和相关部门反映委员们提出的意见和建议。希望委员们继续努力，增强履职能力，为推动高港区经济社会发展积极建言献策。以社情民意、建议函等形式上报的将电子商务向广大农村发展、深化文明城市创建成果、农村通达工程实施分类改造、强化乡村医生队伍建设等建议，区政府相关部门均作答复。

【交流联谊活动】 2015年，区政协承办全市“政协之友”联谊会年会、全市政协机关乒乓球友谊赛。先后接待福建柘荣、江西永丰、山东博兴、辽宁抚顺和省内大丰、宝应、如东、海安等地政协单位15批次。组织政协委员到镇江、太仓、武进、如皋、靖江、兴化等地考察6批次，学习借鉴先进经验。组织区“政协之友”联谊会会员开展调研视察、联欢联谊等活动。（朱　娟）

纪检·监察

·作风与效能建设·

【概况】 2015年，区纪委修改完善区级机关部门（单位）绩效管理实施细则，对考核对象、指标体系、分项内容、权重分配等及时进行调整。针对“庸、懒、散”等突出问题，开展明察暗访12次，查实上班时间玩游戏、炒股、网购、看电影，参会迟到早退、玩手机、打瞌睡等各类问题61个，先后下发通报2期，通报批评53人。转变监督检查方式，督促部门依法履职、高效履职、廉洁履职，确保区委、区政府的重大决策部署落到实处。根据市纪委《关于印发“12345·政风行风热线”上线安排的通知》要求，组织“市（区）长上线日——高港”活动，督促职能部门办理群众诉求83件。元旦、春节期间，开展党风廉政建设情况专项督查，促使相关单位清退违规发放的考核奖金，查处部分公务消费报销凭证不规范问题和个别村干部涉嫌违反财经纪律的行为。联合区委组织部出台《关于服务企业、改进作风“三个必须、三个严禁、十个不准”规定》。

延伸阅读：《关于服务企业、改进作风“三个必须、三个严禁、十个不准”规定》

一、三个必须

1. 凡企业（项目）签约、落户，相关部门（单位）必须主动对接、主动联系，“包办墙外事、帮办墙内事”，做到“包办有力、帮办有方”；

2. 对企业发展情况、重大事项，挂钩负责人必须及时熟悉掌握；

3. 重要政策规定出台后，相关

部门(单位)必须在第一时间与企业对接、向企业宣传。

二、三个严禁

1. 严禁现职和不担任现职但未办理退休手续的党政领导干部在企业兼职(任职);

2. 严禁党政领导干部辞去公职或者退(离)休后三年内,到本人原任职务管辖的地区和业务范围内的企业兼职(任职);严禁从事与原任职务管辖业务相关的营利性活动;

3. 严禁挂钩服务企业的单位和个人,收受企业礼品、加油卡、电话费等任何形式的酬劳。

三、十个不准

1. 不准借部门管理职权,随意到企业乱检查、乱收费、乱罚款、乱摊派或违反国家规定组织培训、考评等加重企业负担;

2. 不准违反规定插手、干预企业的生产经营活动,或者入股企业参与经营,兼职取酬,从事有偿中介活动;

3. 不准在项目审查、项目引入、项目投资、企业招标投标、涉企资金安排等事项中搞权钱交易,暗箱操作,牟取私利;

4. 不准在行政监管、检查验收、为企业服务办事等过程中,向企业吃、拿、卡、要,收受礼金礼品和各种有价证券、支付凭证,或徇私舞弊,假公济私,以借为名索取、接受、占用企业财物;

5. 不准接受企业安排的外出考察、旅游观光、度假疗养,以及到高消费场所的健身、娱乐等活动;

6. 不准将个人消费的发票拿到企业报销,或让企业支付应由个人支付的各类费用;

7. 不准利用职权进行垄断性经营和服务,代他人向企业推销产品,或为他人说情开道,强迫企业购买他人产品,从中收取好处费;

8. 不准纵容自己的亲属、子女或身边工作人员到企业拉赞助、要物品,或为自己办事开绿灯、行方便、牟私利;

9. 不准与企业相互请托,相互利用,违规为对方的特定关系人牟取私利;

10. 不准借本人及家庭成员婚丧嫁娶、过生日、乔迁新居、子女上学、调动晋升等时机,向企业关系人发请柬,打招呼,收礼敛财。

各园区、镇(街)和各涉企部门(单位)及其党员干部有违反上述规定情形之一的,由区纪委监察局、区委组织部调查核实后,按照有关党纪政纪规定予以严肃处理。

【"四风"问题专项督查】 2015年,区纪委开展"四风"(形式主义、官僚主义、享乐主义和奢靡之风)问题专项督查,印发《关于定期开展专项督查严防"四风"反弹的通知》。督促区财政局、区审计局、区人力资源社会保障局、区市场监管局、区总工会、地税三分局、区公安分局等部门针对"四风"高发、易发问题,以及出现隐身、变种的新情况,切实履行部门主体责任。按每季度不低于25%的面,对区级机关部门(单位)和园区、镇街常态开展监督检查活动。全年开展"四风"问题专项检查32次,先后查实违规公款吃喝、收受企业礼品、接受企业吃请等违反中央"八项规定"精神及群众身边的"四风"和腐败问题26件,在全区实名通报3人,给予党政纪处分和组织处理30人,诫勉谈话1人,批评教育4人。开展"三种习气"(码头习气、土豪习气、游击习气)专项整治,通报典型问题12件、15人。

·案件查处·

【概况】 2015年,区纪委共受理信访举报305件次,其中,来信221件次,来访23批次29人次,网上举报29件次,电话举报10件次,按期办结率100%;实施信访监督29人。为31名干部澄清事实。保持反腐败斗争力度不减,查处各类违纪违法案件55件,党政纪处分53人,其中,乡科级干部11人,比上年分别增长48.60%、43.20%、83%。其中,移送司法机关7人,增长75%;通报6批次、40余人,比上年成倍增长。通过查案挽回经济损失120余万元。

【粮食直补、农机补贴专项整治】 2015年,区纪委针对全区农村粮食直补资金和农机补贴发放过程中存在的问题,对涉农补贴发放情况进行专项检查,发现农村干部虚报冒领粮食直补款、侵占农机补贴等问题线索29件,立案14件14人,其中,村干部侵占农资补贴案10件,村干部侵占农机补贴案4件,上述案件全部结案,涉案人员均被给予党纪处分。

·惩防体系建设·

【党风廉政建设责任制落实】 2015年,区纪委推进"两个责任"(党委主体责任,纪委监督责任)落实,制定2015年党风廉政建设和惩防体系建设"工作项目任务分工表",印发主体责任、领导班子成员责任、监督责任三份清单,将年度党风廉政建设66项重点任务进行责任分解,与各地各部门"一把手"签订《主体责任书》和《监督责任书》。出台《落实主体责任情况当面报告意见》,按照"确定对象、收集情况、组织报告、现场质询、落实整改、跟踪督查"的程序,先后组织胡庄镇、区教育局主要负责人当面报告"两个责任"落实情况。专题召开全区落实"两个责任"推进会,严肃处理2名部门党委和纪委"一把手"落实"两个责任"不力问题,起到"问责一个、警醒一片、教育一方"的良好效果,受到市委、市纪委主要领导肯定。强化考核督责,对30个部门(单位)66项重点任务完成情况开展专项督查,对完成情况不理想的19个部门(单位)32项工作发出建议书。全年党风廉政建设责任追究4人,党政纪处分3人,组织处理1

人，下发落实“两个责任”不力典型通报3件。

【党风廉政宣传教育】 2015年，区纪委组织学习贯彻新修订的《中国共产党廉洁自律准则》和《中国共产党纪律处分条例》，编发《违纪违规典型案例剖析》，组织近400名党员干部参加专题测试。开展干部家属廉政教育，举办反腐倡廉成果图片展，编发“四风”问题廉政漫画组织“百人进百村”大宣讲，举办《中国共产党廉洁自律准则》和《中国共产党纪律处分条例》专题培训班，增强党员廉洁自律意识。春节、五一、国庆节期间，向党员领导干部发送廉政短信28批次，覆盖2万余人次。开通“高港尊严·阳光纪检”微信公众平台，全年编发206期，约3万人次关注。在重要节点推出7期“守规矩、做选择”主题测试，围绕作风建设有关规定，以“家有喜事”“假日休闲”“公务活动”等主题，对全区党员干部进行纪律和规矩教育，1万余名干部、群众参与。全年17篇文章被省级以上媒体采用。

【“纪委基层行”活动】 2015年，区纪委开展“纪委基层行”活动，探索实施“网格化”监督，查处发生在群众身边的腐败和“四风”问题，形成纪检监察干部全参与，区、镇、村三级全覆盖，互联网+监督检查全天候，纪律审查全过程的工作新机制。全年密集访谈481人次，集体座谈25次，走访单位、科室54个，发放调查问卷846张，查找问题69件，收集问题线索14件，转立案9件。通过设立区纪委驻村（社区）联络员，探索实施“网格化”监督。区纪委各室分别挂钩联系1个镇街，每个村（社区）安排联络员1人、助理联络员1人，通过印发驻村联络卡片、建立驻村联络微信群、定期到村现场联络走访等方式，对90个村居实现“网格化监督”。学习运用“互联网+”思维，促进线上、线下互联互通。在“高港尊严·阳光纪检”微信公众平台，开辟“纪委基层行”活动专栏，利用微信群和QQ群，畅通互动渠道。常态化关注、搜集网上涉及全区的舆情动态，逐步形成内容丰富、分类有序、即需即取的“大数据库”，并及时分析研判。

【巡查工作】 9月，区纪委修订完善《高港区纪委巡查工作办法（试行）》。抽调纪委（监察局）机关、园区、镇（街道）及区级机关部门（单位）纪检干部、村（社区）纪检委员、各部门（单位）纪检监察后备干部组成巡查组。巡查组通过听取专题汇报、进行个别谈话、受理来信来电来访、列席被巡查单位有关会议、民主测评、问卷调查等方式，对各园区、镇（街道）、机关各部门（单位）以及村（社区）领导班子及其成员执行《中国共产党章程》和其他党内法规，遵守党的纪律，落实党风廉政建设主体责任和监督责任等情况进行监督。针对机关各部门（单位）的重点人、重点事、重点问题线索巡查整改情况，开展灵活的专项巡查。全年通过专项巡查共查找问题69条，立案9件，党政纪处分9人，移送司法机关1人。

高港区“纪委基层行”活动动员大会

·行政监察·

【重点领域专项监察】 2015年，区监察局开展转变经济发展方式重点督查，组建10个专项督查组，开展各类督查20余批次，督促整改问题30余个。关注民生实事重点工程，选择新高港中小学、龙湖美景安置区、田许线改扩建工程、泗白路南延工程4个项目，进行跟踪督查。先后对新星染料化工厂“2·23”爆炸事故、核心港区“4·10”挤压事故、兴港船舶“9·22”坠落事故等进行调查核实，给予3名党员干部党纪政纪处分，2名副科级干部分别被诫勉谈话和批评教育。对违反节能减排法律法规、未按要求淘汰落后产能的企业进行公开通报，明确整治要求、解决时限和责任单位。围绕行政审批制度改革举措落实、基督教堂建设、后街背巷整治和16项移交职能部门事项落实情况开展“立项式、问责式、查案式”督查，及时发现问题并督促相关职能部门依法、高效、廉洁履职。开展机关作风效能“亮剑”行动，先后开展8次专项监督检查，并责令相关部门（单位）对查实的28起反面事例的相关责任人员进行追究和处理。

·纪委自身建设·

【“纪委开放日”活动】 3月3日，区纪委组织首个“纪委开放日”活动，邀请“两代表一委员”和网民代表参观纪委（监察局）机关，让外界群众了解、支持、参与、监督纪检监察工作。区委常委、区纪委薛永忠书记与代表们面对面交流，听取意见建议，主动接受监督，并聘请9名纪检监察干部作风监督员、纪检监察工作信息员，共同促进全区党风廉政建设和反腐败工作。

【“纪检工作品质提升年”】 2015年，区纪委在纪委全会上明确提出“谁来监督纪委”问题，将2015年定为“纪检工作品质提升年”。制定出台《“工作品质提升年”活动实施意见》《“高港尊严”守护、促进、引领三个行动计划》，提出“定量工作争第一、定性工作争一流”的“双争”奋斗目标，细化14项定量指标、7项定性目标，全年工作目标细化为47项任务，实行项目化管理、阶段化考核。新出台23项工作制度，新修订68项具体业务流程。年内，信访工作、信息工作、办案增幅等多项考核指标跃居全市前列或创历史最高水平。

【纪检监察干部考核机制】 2015年，区纪委制定出台《全区纪检监察组织工作目标考核意见》《全区纪检监察工作要点》，对各项重点任务分解细化、责任到人、倒排进度、严格考核。坚持“全员过关”要求，围绕“一准则、两条例”（《中国共产党廉洁自律准则》《中国共产党巡视工作条例》《中国共产党纪律处分条例》）、信访举报、案件审理等主题，累计举办“月讲月考”11期，在区纪委微信公众平台上发布测试前5名“光荣榜”。出台《纪检监察干部召回管理办法》《驻村（社区）联络工作考核办法》，对考核末位的1名工作人员实行停职检查，对落实监督责任不力的1名部门纪委书记实施“召回”管理、1名镇街纪委书记诫勉谈话并调离纪检岗位。

（高纪办）

民主党派·工商联

·民革高港支部·

【概况】 2015年，民革高港支部共有党员13人，其中区政协委员2人。撰写政协提案6件。向区人民法院、区人民检察院、区司法局、区人力资源社会保障局等部门提出合理化建议10余条。先后2次给身患重病的支部党员送去慰问金4000元。开展送医、送法下乡活动3次，为特困群体提供帮助100余人次。

（丁觉民　徐永强）

·民盟高港支部·

【概况】 2015年，民盟高港支部共有盟员22人，其中，市人大代表1人，区政协委员6人。先后组织参加学习中共十八届五中全会和中共中央总书记习近平系列重要讲话精神、江苏经济发展研究、江苏省民营企业发展状况、中国政党制度的特点和优势、文化战略研究、个性与适应等学习班及研讨会，开拓成员视野，增强成员的政治把握能力。12月，支部主委陈学东联系江苏海慈生物药业有限公司对田河小学徐雯静、孔桥中学吴瑞年2名孤儿学生进行帮扶，每学期资助1000元生活补助。

（陈学东　徐永强）

·民建高港支部·

【概况】 2015年，民建高港支部新发展党员4人，共有党员18人，其中区政协委员2人。5月2日，组织新入会会员学习会，加强会员之间学习交流，增强新会员对党派的认识。4月、9月、12月，3次召开支部生活会，讨论支部建设事项。7月，设立特困家庭助学基金。

（郭玉林　徐永强）

·民进高港小组·

【概况】 2015年，民进泰州总支普教支部高港区小组有会员8人，其中区政协委员1人。

学习活动　6月，配合口岸中学党委开展“三严三实”学习宣传活动。7月，举行会员暑期培训班，重点就如何撰写社情民意进行讲解。张慧娟、桂芳2名会员参加民进泰州总支举办的培训班。

教学交流　4月，钱玲娣、夏雪、戴健美3名教师参加在苏州沙溪中学举办的“杏坛杯”教师教学基本功大赛，钱玲娣展示课获省级二等奖。9月，接待口岸中学澳大利亚友好学校——科耐中学代表团一行13人。

参政议政　定期到大泗镇走访调研，及时了解反映群众呼声，帮助大马村推销滞销农产品芋头。撰写提案《加强城区环境卫生常态化管理》；撰写社情民意《要大力整治露天烧烤》，被区政协评为优秀提案。

（包继林　徐永强）

·农工党高港支部·

【概况】 2015年，农工党高港支部新发展党员2人，共有党员21人，其中区政协委员3人。

组织建设　10月22日，农工党高港支部委员会换届暨农工党高港区总支部委员会成立大会召开，泰州市政协副主席、农工党泰州市委主委黄立红到会祝贺并作讲话。会议听取和审议高港支部工作报告，选举产生农工党高港区总支第一届委员会。

学习活动　利用农工党成立85周年、教师节等重要时间节点，支部组织全体党员认真学习中共十八大，十八届三中、四中、五中全会精神，进行答题竞赛。5月，创建“农工高港支部”微信群。

服务社会　3月10日，参加区委统战部组织的大型义诊咨询活动,为群众提供健康医疗、保健咨询服务。4月,农工高港支部联合区疾控中心开展为期1周的“进社区”“办讲座”等宣传活动,发放宣传资料800余份,制作展板50块,提高群众对预防接种的认知水平。6月,组织部分党员和疾控中心工作人员到幼儿园等托幼机构开展夏季传染病防治知识宣传。10月,组织部分党员为大泗镇霍堡砖瓦厂外来务工人员适龄子女进行查验预防接种证工作。11月,联合泰州市中医院总支部在高港中医院开展“快乐孕妇、聪明宝贝”孕妈妈课堂活动。

参政议政 全年共报送信息8条、社情民意6条、撰写调研报告《加强基层中医建设,提高社区康复水平》,受到区委统战部表彰。

(周 娟 徐永强)

·九三学社高港支社·

【概况】 2015年,九三学社高港支社新发展社员2人,共有社员18人,其中,市政协委员1人,区政协委员5人。

学习活动 坚持每季度常态化开展组织生活,组织社员学习中共十八届三中、四中、五中全会精神,并进行交流讨论,提高社员的思想政治素质和政治把握能力。

参政议政 提交《完善“飞地”政策,推动项目大开发》《在城区公交站(台)增设果壳箱的建议》《搬迁高港人民医院旁加油站》《关于泰州市第三人民医院招聘医务人员的建议》《整合医疗资源,提高医生服务水平》《取消新农合转诊手续》共6件提案。撰写社情民意6条,5条被采用,其中,《“专车”服务不应一禁了之》《提高查验效率,优化泰州港通关环境》被市政协采用;《探讨将市港口管理部门入驻正大财富中心的可行性》得到区领导批示,被区政协采用;《调整贪污受贿罪处罚的量刑区间》《放权于市场决定环评价格》被区政协采用。(徐桂明 徐永强)

·区工商联·

【概况】 2015年,高港区工商联引导非公经济人士参与人大、政协的提案议案工作,履行参政议政和民主监督职能。全区有工商联会员848人,有镇街商会7个、行业商会4个、异地商会1个。区工商联创建成省级“五好”县区工商联示范单位。

【思想政治教育】 2015年,区工商联开展非公有制经济人士思想政治工作。通过《高港商会》会刊和“高港商会网”平台,围绕民营经济发展政策、“四信”(信念、信任、信心、信誉)教育、转型升级、企业文化建设、经济体制改革等主题,宣传9个会员企业转型发展的典型事迹。利用《泰州商界》平台创办高港专刊,宣传区工商联活动、基层商会和非公有制经济企业。全年出版《高港商会》刊物4期,上报信息65条,被《高港新闻》和省、市工商联采用23篇。

【参政议政】 2015年,区工商联召开提案、社情民意征集工作会议,组织中小企业和规模以上民营企业专题调研,开展小微企业监测工作。引导非公有制经济代表人士提高调查研究能力和参政议政水平,积极反映社情民意,有序参与政治生活和社会事务,区工商联会员共提交政协提案9件。

【服务非公有制经济】 2015年,区工商联帮助会员企业培育高素质的民营企业管理人员队伍,组织会员参加浙江大学现代管理高级研修班、泰州市民营企业发展讲坛,为会员企业进行“互联网时代:企业转型与升级战略”培训。与区人民法院合作举办“法企共建”活动,开展法律维权和法律咨询服务。联合邮储银行高港支行举办“冬日暖阳,邮储送贷”信贷沙龙活动,组织50余个会员企业参加活动,邮储银行高港支行预授信2亿元给区商会。举办第二届“助小微、促升级、防风险、惠民生”小微企业政策服务宣传月活动,签约和授信资金1.80亿元,帮助企业解决资金问题。帮助泰州市艳阳天塑料科技有限公司从江苏农商行刁铺支行取得1500万元信贷资金,解决企业新上科技项目资金短缺难题。召开工商联系统工作会议,部署项目招引工作,引进高端体育装备、农业机械项目,签约数控机床生产线、仪器设备生产线项目。联合区人力资源社会保障局举办“2015年夏季高校毕业生就业专场招聘会”活动,组织63个会员企业与800余名高校毕业生进行现场交流洽谈,达成意向招聘353人。

【商会组织建设】 2015年,区工商联继续开展创建“五有五好”(有专职工作人员、有资料档案台账、有经费收支保障、有会刊信息剪报、有社团注册登记,领导班子好、办公条件好、制度落实好、活动开展好、作用发挥好)商会活动。年内,创成省“五好”区县工商联,刁铺街道商会和许庄街道商会分别创建成省和市“五有五好”基层商会合格单位。召开四届五次执委会,布置工商联系统2015年工作。召开四届六次执委会,补选第四届执行委员会新的常、执委和主席。刁铺街道商会与江都区浦头镇商会结为友好商会。新发展会员近80人。

【光彩事业】 2015年,区工商联引导非公有制经济人士参与光彩事业。刁铺街道商会邀请泰州职业技术学院专家围绕企业管理流程设计和企业沟通管理专题授课,举办“金蓝领”培训班,50余个会员企业的中层干部参加培训。永安洲镇商会开展“四送”活动(送演出、送电影、送体育、送宣讲),助力企业文化建设,动员非公企业支持抗洪抢险工作。许庄街道商会组织泰州市万达轮业制造有限公司、泰州市银杏织锦有限公司、泰州市润辉机械制造有限公司开展劳动竞赛；组织开展民营企业工资集体协商培训班，36个民营企业和各社区的负责人参加培训。刁铺街道商会组织会员企业向环溪小学捐助8.80万元用于教室维修改造和更新教学设备，组织会员企业到街道敬老院慰问，爱心代表团连续4年开展"为了大山里的孩子"活动，先后帮扶湖南省洪江市熟坪乡中小学贫困学生69人次，累计捐助资金17.19万元。许庄街道商会开展"捐资助学圆梦行动"，12名企业家代表、非公经济代表人士与12名贫困大学生进行结对帮扶。（王莹月）

人民团体

·区总工会·

【概况】 2015年，区总工会新建独立基层工会36个，净增工会会员3200余人。全区有基层工作491个，其中，独立基层工作355个，涵盖单位1789个，工会会员5.10万人。开展"四统筹一创争"活动，3个企业被省委组织部、省总工会评为"四统筹一创争"示范点。推选市级以上模范职工之家、小家20个，其中，全国模范职工之家和模范职工小家各1个；优秀工会工作者8人，其中，全国优秀工会工作者1人，省优秀工会工作者2人。《中国工运》《工会信息》《江苏工人报》《泰州日报》等媒体报道高港工会工作信息80余篇。

【工会组织建设】 2015年，高港区在全省率先将"劳动者之家"与村（社区）便民服务中心资源进行整合，建成15个"五位一体"（思想教育的课堂、维护权益的阵地、帮扶服务的平台、技能提升的基地、文体活动的中心）的服务平台。针对企业"空壳"工会问题，在全市率先推进企业"五有"（有健全的工会组织、有畅通的民主渠道、有基本的维权机制、有丰富的活动平台、有独立的银行账户）规范化工会建设，投入资金33万元，打造出9个规范化企业工会。开展农民工集中入会行动，总计3.20万名农民工入会，入会率94%。"双争"（争创模范职工之家、争做职工信赖娘家人）活动成效显著，推选市级以上模范职工之家、小家20个。其中，扬子江药业集团凯威药用包装有限公司工会委员会获评全国模范职工之家，江苏能建机电实业集团有限公司钳工车间工会小组获评全国模范职工小家；泰州市东方离合器有限公司工会委员会获评江苏省模范职工之家，地税三分局工会小组、泰州市阳泰服装有限公司缝纫车间工会小组获评江苏省模范职工小家。丁新成获评全国优秀工会工作者，曹云、张华女获评省优秀工会工作者。

【服务农民工"123"工程】 11月12日，高港区出台《高港区总工会服务农民工"123"工程实施方案》。"123"工程指搭建一个优质服务平台（劳动者之家），强化两项基本技能（民主管理、维权维稳），实施三大普惠措施（素质提升、就业创业、关爱服务）。将农民工全面纳入城镇就业登记范畴，将居住半年以上的城镇常住人口和土地被依法征用或流转达到一定比例的农村劳动者纳入失业登记和就业困难人员认定范围，平等享受公共就业服务和就业援助。省总工会简报将此项工作向全省推广，《人民日报》专题报道。

【"蓝领"提升工程】 2015年，区委、区政府出台《高港区"蓝领"提升工程实施意见》。区总工会与泰州职业技术学院合作举办的全省首家船舶专业大专免费学历班常态化运行，为49名船舶企业职工提供全免费教育。开展"项目建设、优质服务、技术创新、节能减排、技能提升"五大竞赛活动，促进职工素质提升。全区新增初级工2970人、中级工1319人、高级工552人。

【先进表彰】 2015年，乔向民被评为全国先进工作者，蒋宝华、詹森获省五一劳动奖章，地税三分局、泰州宇航航空器材有限公司销售部获评省工人先锋号，陈斌、解恒友、史爱梅、曹桂兰获市五一劳动奖章，泰州中航船重工有限公司船坞车间电焊班、江苏神驰机电有限公司机组车间、泰州艳阳天塑料科技有限公司挤出班、泰州市茂尧聚氨酯塑料制品厂多元醇车间、泰州市华杰光电仪器设备有限公司冲床车间、泰州市天圣针织机械实业有限公司调试班获评泰州市工人先锋号。开展"最美工会人"评选活动，选出优秀工会工作者和支持工会工作的企事业单位负责人10人，享受区级劳模待遇。4月28日，区委、区政府召开五一国际劳动节表彰会议，为获得省工人先锋号单位和区"最美工会人"颁奖。制作劳模宣传片，开展劳模"三进"（进企业、进校园、进社区）活动，宣传劳模先进事迹和崇高精神。落实劳模待遇，按时、足额发放劳模"三金"（低收入困难补助金、特殊困难帮扶金、春节慰问金）。按规定组织劳模70人外出疗休养；组织167名劳模进行体检，在五一劳动节、中秋节和春节等节日期间慰问劳模360余人次。

【工资集体协商】 2015年，区总工会打造工资集体协商"个性版"，探索青年职工谈培养、中年职工谈保障、临退职工谈关爱协商体系。培育胡庄镇医疗器械行业工资集体协商典型1个，全市工资集体协商现场会在高港召开。推行普遍协商，全区签订工资专项协议企业306个，签订区域性、行业性工资集体协议101份，建制率90%以上，其中，百人以上企业全部开展工资集体协商。举办工资集体协商专题培训班，全区130余名工会干部参加。

【职工普法维权】 2015年，区总工会利用微信平台，开辟《举案说法》栏目，定期发布法律法规常识600余条，在大润发广场等职工集聚地发放《一办法七条例》1000余册。与律师事务所签订合作协议，聘请法律顾问1名、兼职法律援助志愿者30人，为职工提供维权咨询和帮助。

【劳动保护】 4月，高港区组织开展"安康杯"竞赛活动，参赛企业和职工数比上年增长6%。区总工会获省"安康杯"竞赛组织工作优秀单位，泰州统实企业有限公司获省"安康杯"竞赛优胜单位，江苏海企化工仓储股份有限公司发车台获省"安康杯"竞赛优胜班组。全区规模以上企业"劳动保护合格工会"创建率90%以上，劳动安全卫生专项集体合同签订率100%。推进"劳动保护监督检查员片区服务站"建设，新增3个片区服务站，口岸街道获泰州市片区服务站建设一等奖。扩大"三送"（送清凉、送安全、送法律）活动覆盖面，筹集资金42万余元，慰问职工1800余人。加大安全法律法规知识宣传力度，举办新安全生产法知识竞赛，并参加市级比赛获一等奖。

【职工文体活动】 2015年，高港区新增"职工书屋"示范点11个。其中，泰州中航船舶重工有限公司获评江苏省工会"职工书屋"示范点。组织开展"中国梦・劳动美"主题教育活动，举办庆"五一"文艺演出。结合自身特色，打造《播撒阳光的人》等一批精品文艺节目，获得泰州市工会系统文艺汇演一等奖。举办"高港好声音"、绝活秀、摄影大赛、"中行杯"篮球联谊赛、"农行杯"乒乓球赛等活动。推进企业文化建设，华润雪花啤酒（泰州）有限公司、泰州中航船舶重工有限公司创成高港区廉政文化进企业示范点；华润雪花啤酒（泰州）有限公司、江苏正申索具有限公司获泰州市企业文化"五个一"（铸就一种精神，形成一套制度，搭建一个平台，建好一片阵地，培育一支队伍）建设先进单位；泰州市银杏织锦有限公司成筒车间等8个班组获评泰州市"学习型班组"，吴莉萍等8人获评泰州市"知识型职工"。

"中行杯"职工篮球联谊赛开幕式现场

【职工帮扶】 2015年，高港区创新帮扶机制，分类实施不同群体精准帮扶。对64名特困职工给予每人每月560元的资助；对困难学子推行物质与精神双轨助学制，给予29名学生最高6000元/人的资助，邀请区委主要负责人与学生进行互动交流，帮助他们树立战胜困难的勇气和信心；对农民工开展服务农民工"进企业"行动，送出"安全保险资金"20万元。"职工阳光互助互济"基金报销比例由50%调整为60%，新增参保职工3940人，帮助职工225人。 （隆四清）

・团　区　委・

【概况】 2015年，团区委建立青年志愿者服务站2个，注册青年志愿者120余人，发放青年创业贷款2233万元。全区新发展团员938人，团员总数15275人，有基层（工）委22个，团总支45个，团支部503个，团干部213人，其中专职团干部13人。王海东被评为第七届泰州市十大杰出青年，金秋桦获提名奖；8个团组织被授予泰州市五四红旗团委、五四红旗团支部（总支）称号；获评泰州市优秀共青团干部5人、泰州市优秀共青团员5人；获评江苏好少年35人、泰州好少年71人；获评泰州市十佳（优秀）少先队员、泰州市十佳（优秀）少先队辅导员共12人；泰州中航船舶重工有限公司人力资源部等3个单位获市青年文明号称号。

【团组织建设】 2015年，团区委落实习近平"坚定理想信念、心系广大青年、提高工作能力、锤炼优良作风"指示精神，开展"团干部如何健康成长"大讨论活动，提高团干部素质。7月开始，在全区范围内开展团员队伍基本状况调查统计工作，做好全区各镇街、学校、机关团员青年的调查统计。制定全区11所中学、职中2015~2016学年团员发展计划数，新发展团员938人。

【服务青年就业创业】 2015年，团区委联合区人力资源社会保障局举办高港区返乡青年专场招聘会。组织重点高校大学生14人暑期到区财政局、区环保局、永安洲镇、胡庄镇等11个部门、镇街见习。全年累计办理青年创业小额贷款108笔、2233万元。推进青年电商创业工程，坚持“政府牵头、平台运营、孵化支撑、全民参与”推进方式，建立青年电子商务创业孵化基地，打造高港青年电商创业平台，开展青年电商进社区活动。建成青年电商孵化基地——润泰蜂鸟创客驿站，为创业者提供政策咨询、资金扶持、导师引领、工商注册、专利申请等一站式服务，有20个企业和创业青年团队入驻平台。

纪念五四运动96周年暨第二届“高港区十大杰出青年”表彰大会

【青少年之家】 2015年，高港区建成许庄街道青少年之家和永安洲镇青少年之家两个乡镇级青少年综合服务平台。许庄街道青少年之家依托原马厂社区科普馆建成，占地面积280平方米，分上、下两层，一楼主要是学习和活动场所，配有图书角；二楼是健身和健康科普馆、电脑房、心理咨询室。平台实现“志愿行动，助力公益”“青春作伴，共话成长”“孵化组织，服务社会”“爱心助学，点燃梦想”四大功能。永安洲镇青少年之家以永安洲镇宣传文化中心为建设阵地，共5间教室，总面积约250平方米，为留守流动儿童开展文化、科技、心理辅导等活动，建立“核心港区·书香永安”品牌项目。创建区级青少年综合服务平台，选址于港城东路369号区卫生计生委大楼一楼，面积150平方米。

【青少年主题教育活动】 3月12日，团区委联合区环保局、区财政局、消防大队、刁铺街道和环溪小学在刁铺街道界牌社区开展“拥抱春天，播种绿色”主题植树活动。“五四”期间，开展“纪念五四运动96周年主题团日活动”“第二届十大杰出青年表彰大会”。围绕“奏响五月主旋律，培育团员好青年”活动主题，开展十四岁成长仪式、高三学生十八岁成人仪式、“魅力团支书、活力团支部”展示评比活动，参加全市中学中职、示范性团课评比活动。

【青年志愿服务】 年初，团区委组织青年志愿者到白马敬老院开展“情系夕阳，欢度元宵”活动。联合浦发银行志愿服务队为大泗学校小学部捐赠图书，建立爱心阅览室。春节期间，为江苏省口岸中学新疆班不能回家的学生捐赠图书。组织高港区留守儿童参观泰州青少年服务中心，参加各类职业体验。开展希望工程圆梦行动，帮助困难大学生。依托希望来吧，常态化开展关爱留守儿童活动。“六一”前夕，团区委“点亮微心愿，助力微梦想”项目被定为全区“周末高港·党员关爱服务行动”月度活动，全区共有1100余名学生的微心愿得以实现，部分儿童得到长期帮扶。

【“成长护航工程”】 2015年，团区委每月排查全区五类重点青少年群体（有不良行为青少年、闲散青少年、流浪乞讨未成年人、服刑强戒人员未成年子女和流动留守儿童），数据季度更新，录入综治数据系统，落实帮扶措施。以“牵手朝阳·校园卫士”系列工程为抓手，依托管护基地和少年帮教工作站平台，按照属地管理原则，组织128名志愿者结对帮扶，定期开展“多帮一”心理矫正帮教活动，常态化开展社区矫正工作。建立不良行为青少年帮教档案，制定闲散青少年花名册，加强对社会闲散青少年动态服务管理，对符合条件继续入学条件的青少年，联合区教育局开展“回归学校”行动，对符合就业条件的青少年，联合区人力资源社会保障局、区电商服务中心开展专项技能培训和就业（创业）帮助。加强流浪乞讨未成年人救助帮扶，在全区范围内开展专项排查“接送流浪孩子回家”活动，先后开展专项排查活动5次，未发现流浪乞讨未成年人。建立服刑强戒人员未成年子女档案，整合学校、家庭、社区资源，组织“教师妈妈”结对帮扶，并定期开展走访慰问活动。建立农村留守儿童亲情档案，针对全区留守儿童分别联系配备1名“亲情家长”，安装1部“亲情电话”，多部门联动累计送去学习和生活用品3000余套。开展以赛促学，以青少年模拟法庭大赛促进在校学生学法用法守法，在中职院校开展青少年模拟法庭大赛，教育在校学生遵守法律、学法用法。高港中等专业学校获第二届泰州市中等职业学校在校生模拟法庭大赛一等奖，并获全省比赛金奖。4月15日，泰州市“轻松备考·12355与你同行”公益讲堂在江苏省口岸中学启动，邀请国家二级心理咨询师、泰州学院心理学教研室主任王强为口岸中学新疆班近200名高三学生做高考心理健康辅导。（夏　艳）

·区　妇　联·

【概况】2015年，区妇联实施巾帼创业行动，助推广大妇女创业就业。践行巾帼文明行动，开展巾帼志愿者活动，促进家庭和谐稳定，社会和谐进步。依托区政府妇女儿童工作委员会，整合社会有效资源向妇女儿童倾斜，依法维权，推动各领域落实好妇女儿童合法权利，推动发展成果惠及妇女儿童。全区有园区、镇街妇联8个，村妇代会40个，社区妇联50个，系统妇委会26个，基层妇女干部108人。区妇联被评为江苏省妇女报刊宣传工作先进单位。

【妇女儿童发展规划终期检查评估】2015年，高港区开展《泰州市高港区妇女发展规划（2011~2015）》《泰州市高港区儿童发展规划（2011~2015）》终期检查评估工作。"十二五"期间，区妇儿工委坚持实施妇女儿童发展规划，贯彻男女平等和儿童优先原则，妇女儿童各项事业取得长足发展，各项指标全部达标，与"十一五"期末相比成效明显。女干部队伍规模逐步扩大，增幅114.30%。

【助推妇女创业就业】2015年，区妇联举办各类创业就业培训39次，建立巾帼现代农业科技示范基地、女大学生创业实践基地16个。重点开展农村妇女"网上行"培训，培养有文化、懂技术、会经营、高素质的新型农村妇女，共有497人获证。举办"好苏嫂"家政服务技能培训班，为胡庄镇200余名农村留守妇女拓宽就业思路，提升就业技能。三八妇女节期间，与残联联合开展"坚强女性 精彩人生"座谈会，鼓励残疾女性创业。开展"搭建创业平台，激扬青春风采"女企业家牵手女大学生主题活动，为女大学生聘请创业导师，牵手传授创业经验，提供创业就业指导。全年评定省级争创岗一星级7个、二星级25个、三星级9个，全国争创岗一星级5个、二星级20个、三星级4个。

【"最美家庭"评选】2015年，全区有区级以上"最美家庭"48个。区妇联围绕"寻找"主题，以"妇女儿童之家"为阵地，发动基层群众，实施多层面联动。全区各村（社区）"妇女儿童之家"开展"最美家庭"故事会。三八妇女节期间，举办"最美家庭·幸福时刻"微视频拍摄比赛和优秀微视频展播，收到作品69件。7月9日，在口岸街道举办寻找"最美家庭"观摩会，组织各镇街、系统、村居妇联干部100余人现场观摩。在48户"最美家庭"中，评选出书香家庭、绿色家庭、平安家庭、廉洁家庭等10户特色家庭。口岸街道莫志娟家庭获评江苏省书香家庭。

【妇女维权】2015年，区妇联共接待来信来访39件，其中婚姻家庭权益类34件，信访调处率100%。3月10日，在大江剧院举办婚姻家庭知识讲座，邀请扬州大学博士王晓燕为500名妇女干部和代表讲课。三八维权周期间，组织人民法院、人民检察院和司法系统的巾帼志愿者"送法律进社区"，增强农村妇女群众依法维权意识和自我保护意识。11月24日，举办"人人学法·共建和谐"法治大讲堂，邀请区人民法院家事审判庭负责人讲授"如何预防和制止家庭暴力"，180余名基层妇女干部和群众代表参加。

【巾帼志愿服务】2015年，全区共开展巾帼志愿服务集中活动30余次，为留守儿童、困难儿童实现微心愿100余个。儿童节期间，区妇联组织巾帼志愿者与胡庄镇留守儿童开展"微爱同行，相伴成长"活动。重阳节期间，组织巾帼志愿者与小小志愿者到口岸敬老院开展"情暖夕阳"关爱空巢老人活动。12月3日，在刁铺街道大丰社区开展"邻里守望，姐妹相助"巾帼主题志愿服务活动，省妇联副主席李玉娟、市妇联主席黄海燕参加活动。

【家庭教育】2015年，区妇联注重家庭教育，丰富家教载体，推动"科学好家教"深入千家万户活动。开展"好家风好家训"征集活动，发动村居从普通家庭中收集感人、励志、具有教育意义的家风家训，通过故事会分享平常人的家教故事。组织送家教讲座到基层，在全区开展"幸福港城，爱家讲座"巡讲5场，指

高港区"幸福港城，爱家讲座"巡讲

导家长帮助孩子跨越人生栏杆。口岸街道和大泗镇分别组织“科学家教进万家”活动2场，发挥村（社区）家长学校作用，引导家长更新教育理念，提升家教水平。全年共举办各类家庭教育培训班110余期，受教家长8000余人。12月4日，全市家长学校工作交流观摩会在高港区召开，各市、区妇联主席观摩部分社区家长学校。

【女企业家协会慈善活动】 2015年，女企业家慈善基金新增爱心基金45万元，全部用于扶助贫困家庭。成立“赫莉莎”春蕾班3个，帮助52名困境儿童，发放爱心助学金3万元。走访慰问单亲贫困母亲、困难妇女、困难老人、贫困大学生等77人，发放慰问金2.95万元。4名女企业家为4名贫困家庭儿童当“爱心妈妈”。举办“牵手成长，成就未来”助学活动，对26名贫困学生进行资助，发放助学金4万元。

（陈　媛）

·区　科　协·

【概况】 2015年，区科协推进科普阵地建设，建成中国数字科技馆高港二级子站、高港科普文化广场、乔杨社区科普文化公园；开展科普宣传和科普创建活动；组织参政议政活动，征集各类建议、意见12条，其中，2条建议被推荐至省、市科协；做好学术交流工作，举办“科技咖啡馆”和省复合材料学会高性能纤维复合材料发展论坛；开展专家高港企业行活动8次；有12个项目被列入泰州市2015年“讲理想、比贡献”项目；申报“厂会协作”与“金桥工程”项目10项。全年新增企业科协46个，注册登记农村专业技术协会3个。

【数字科技馆建设】 2015年，中国科学技术馆与区科协合作建成中国数字科技馆二级子站，为全省首个县级二级子站。中国数字科技馆系由中国科协、教育部、中国科学院共同建设的科技教育网络平台，由中国科学技术馆负责管理。高港数字科技馆设置高港概况、科普动态、图说科普等12个栏目。承办中国数字科技馆“青稞沙龙”第108期活动，江苏农牧科技职业学院教授潘林元为口岸实验学校师生作“让生活充满阳光”青少年心理健康专题。

【科普宣传】 5月16~24日，区科协举办以“创新创业，科技惠民”为主题的第19届科普宣传周活动，在口岸街道举办启动仪式，先后举办科技成果展、现场宣传咨询、健康知识进万家、科普一日游等科普宣传活动，22个机关部门、7个镇街参加。9月18日，在许庄街道乔杨社区科普文化公园场举办以“万众创新，拥抱智慧生活”为主题的全国科普日活动，组织开展发放宣传资料、免费义诊送药等活动，14个机关部门参加。区科协被省科协评为江苏省2015年度全国科普日优秀组织单位。年内，在高港电视台开设《科普新说》专栏，利用电子显示屏滚动播放低碳环保、节能减排等科普知识，向群众发送科普手机短信，在各单位网站增设科普栏目。

【科普创建】 2015年，高港区组织开展科普示范创建活动，深入推动全民科学素质行动。4月14日，团省委副书记司勇带领省全民科学素质工作督查组考察高港社区、农村科普工作。10月，高港区获批省级科普示范区。年内，刁铺街道通太社区、胡庄镇宗林村获批省级科普示范村（社区），江苏上膳源生态农业有限公司获批省级科普教育基地，许庄街道乔杨社区获批省级社区科普益民计划，口岸中心小学被省科协评为江苏省科学教育特色学校。

【学术交流活动】 5月21日，高港区举办“科技咖啡馆·泰州高港高新区站”活动，都灵理工大学教授罗天明、省科技创业导师杜剑峰老师分别就“当代互联网视频技术开发应用”“创业江苏行动在路上”作主题演讲，并与50个高新技术、科技型企业研发负责人座谈交流。

【科技服务平台】 2015年，省复合材料学会、临港经济园、区吊索具产业协会协同创新服务基地，以及省汽车工程学会江苏追日汽车同步器有限公司科技服务站、省环境科学学会泰州晟禾水处理设备制造有限公司科技服务站、省真空学会泰州库宝制冷设备制造有限公司科技服务站建成，4个项目均获省科协认定立项。10月，省级海外智力为国服务行动计划（以下简称“海智计划”）泰州市高港区工作基地成立。

【“科学梦·我们在行动”青少年科技引领活动】 2015年，区科协联合区教育局等部门开展“科学梦·我们在行动”青少年科技引领活动。9月22日，在高港中等专业学校举办“大手拉小手——院士专家科普报告校园希望行”活动，邀请中国科技日报社原副总编王直华主讲“科学趣谈”。10月，结合学校科技周、科技节活动，举办2015年度高港青少年科技创新大赛，评选表彰优秀组织单位5个、一等奖59个、二等奖117个、三等奖90个，并推荐65件作品参加省、市青少年科技创新大赛。在泰州市第25届青少年科技创新大赛中，区科协、口岸中心小学被评为优秀组织单位，获一等奖13个、二等奖22个、三等奖36个；25人次获江苏省第27届青少年科技创新大赛一、二、三等奖。开展青少年科学教育特色学校创建活动，口岸中心小学被评为省级科学教育特色学校。高港实验小学科技辅导员季振华获首届泰州市青少年科技创新市长奖“优秀科技辅导员”，白马中学徐雨祺获首届泰州市青少年科技创新市长奖“青少年科技创新优秀成果提名奖”。

【科普惠农“三化”建设】 2015年，区科协推进科普惠农“三化”（组织化管理、标准化生产、品牌化经营）建设，引导泰州高港泗禾养殖专业合作社、江苏上膳源生态农业有限公司、泰州丰汇长江水产养殖有限公司注册登记农村专业技术协会。江苏上膳源生态农业有限公司获批省级农村科普示范基地、省级科普惠农服务站，新增市级科普惠农示范基地项目2个、市级优秀科普惠农服务站1个。

【院士专家高港行活动】 2015年，区科协邀请东南大学、南京航空航天大学、江苏科技大学等高校及科研院所专家35人次，先后到江苏追日汽车同步器有限公司、泰州库宝制冷设备有限公司、泰州晟禾水处理设备有限公司等企业指导科技创新工作，在环保设备开发、汽车零部件技术攻关等领域达成合作意向。

【“讲理想、比贡献”竞赛】 2015年，区科协组织320名科技人员参加“讲理想、比贡献”竞赛活动，泰州市榕兴抗粘敷料有限公司医用水胶体敷料、江苏扬泰电子有限公司高密度软性线路板（FPC）、江苏昆仑光源材料有限公司基于柔性轧制高精度双金属带材、泰州市兴东煤矿机械制造有限公司煤矿井下综采工作面智能化供水供液系统、泰州市金鹰齿轮有限公司185S大型机械用同步器、泰州市东方传动技术有限公司新型高强度齿圈、江苏追日汽车同步器有限公司A7G副箱汽车同步器、江苏海企化工仓储股份有限公司环氧丙烷立式储罐的密闭低压安全环保存储技术、泰州市宏泰电力设备有限公司真空聚结透平油净油机、江苏能建机电实业集团有限公司蓝宝石泡生发晶体生长炉热场关键技术、江苏福马高新动力机械有限公司6MF-22-50B背负式风力灭火机、江苏安凯隆消防装备实业有限公司电子智能正压式消防空气呼吸器共12个项目被列入泰州市2015年“讲理想、比贡献”项目。

【“厂会协作”与“金桥工程”】 2015年，区科协组织100余名科技工作者参与“厂会协作”与“金桥工程”，全年申报交流（直流）电机电动车感应器电能量回收装置等10个项目。

（陈　群）

2015年高港区“厂会协作”与“金桥工程”项目一览表

表8

项目名称	项目提供单位	项目需求单位	搭桥单位
交流（直流）电机电动车感应器电能量回收装置	吉林大学	泰州苏中天线集团有限公司	区科协
185S大型机械用同步器	韶关飞翔自动变速箱有限公司	泰州市金鹰齿轮有限公司	刁铺街道科协
绝缘栅双极型晶体管（IGBT）封装技术研发及产业化	武汉理工大学泰州研究院	泰州海天半导体有限公司	高港高新区科协
带磁感应圈的双列轮毂单元	武汉理工大学泰州研究院	万向精工江苏有限公司	高港高新区科协
木窗项目	武汉理工大学泰州研究院	泰州大自然德森堡木业有限公司	高港高新区科协
壁纸生产工艺技术改造	武汉理工大学泰州研究院	江苏郁金香装饰材料有限公司	高港高新区科协
1P65F发动机组合箱体的研究与开发	武汉理工大学泰州研究院	泰州市天鑫机械有限公司	许庄街道科协
纯电动客车无离合器式电动变速驱动系统研究与开发	江苏大学	泰州市海博汽车科技有限公司	许庄街道科协
预调理食品中病原微生物快速分子检测与溯源体系的建立与应用	江苏农牧科技职业学院	泰州市乐太食品有限公司	胡庄镇科协
枫香快繁技术集成及配套示范	江苏农牧科技职业学院	江苏腾龙园林绿化工程有限公司	白马镇科协

·区　侨　联·

【概况】 2015年，高港籍在海外的华侨、华人约230人，主要分布在美国、欧洲、日本、澳大利亚等国家和地区。侨眷属约560人。全年接待8批18人次侨商考察。

【侨界服务】 2015年，区侨联开展“温暖侨企”活动，由区领导挂钩联系侨资企业，实行定期走访、定点联系、定人服务制度，了解企业生产经营状况，为企业出谋划策。做好侨界信访办理，主要涉及建房造屋、拆迁补偿、生活保障等方面。每逢传统节日，向重要海外侨胞寄去贺卡、慰问信。坚持侨眷家中发生重大事件必访，海外侨胞回乡探亲必访，侨胞侨眷提出有价值建议的必访。拿出资金慰问侨眷代表和困难侨眷。组建关爱侨界空巢老人工作网络，对侨界空巢老人，每月至少电话问候一次，每季度至少上门探望一次，每半年至少办一件实事。（卢国平）

法治·人民武装

法治建设

【依法行政】 2015年，高港区成立重大决策司法研判领导小组，重大决策、重大执法决定主动征询意见。对事关民生以及对经济社会发展有较大影响的重大行政决策事项，由公、检、法“三长”和政府法制办主任列席会议，为依法决策提供法律支持。组织听证并进行社会稳定风险评估，推动完善以源头预防、事前预防为主的法律风险化解机制。年内，未发生一起因决策不当引发的社会矛盾和群体性事件。建立行政机关负责人出庭应诉通知制度和情况通报制度，全年行政机关负责人出庭应诉率达100%。认真落实行政权力清单制度，全面完成政府及部门权力事项清理工作，并通过区政府网站向社会公布。健全“两代表一委员”工作日、工作室制度，促进代表委员更好地深入基层一线，宣传方针政策，反映群众诉求，帮助党委完善决策，监督政府行政行为。推行代表委员旁听列席区委、区政府决策会议制度，更好地发挥代表委员在参政议政督政等方面的积极作用，让重大事项决策更广泛地集中民智、更充分地反映民意。区政府设立法律顾问团，分别与江苏骥行律师事务所、戚鸭章律师事务所签订法律顾问协议，32个区级行政执法部门全部配备法律顾问。各镇街聘请区政法部门的法官、检察官、公安干警、律师为法律顾问团组成人员，重大决策、重大执法决定主动征询法律顾问团的意见。组建区级法学会，积极为区委、区政府决策部署提供理论支持。

【司法公正】 2015年，高港区加大审判公开、检务公开、警务公开力度，打造互联网站、微博、微信“一体两翼”司法公开平台，依法及时公开司法依据、程序、流程、结果和生效法律文书，着力构建开放、动态、透明、便民的阳光司法体制。网上司法拍卖成交率全省第一。出台《关于开展邀请人大代表、政协委员旁听庭审活动的实施方案》，规范代表委员旁听庭审活动，主动接受监督，促进阳光司法，邀请代表委员座谈研讨、参观视察、旁听庭审73人次，主动走访人大代表26人次，代表委员满意率100%。健全“两法衔接”工作机制，开展专项巡查，推动“两法衔接”全覆盖。

【法治惠民实事】 2015年，高港区开通“12368”司法服务热线、完善诉讼信用系统、构建阳光司法机制、

护航“港口名城”普法进企业活动

专业化调解组织建设等10件法治惠民实事项目，下发法治惠民实事工程实施意见，制定项目化推进序时进度计划，并督促责任部门按序时完成。年内，10件法治实事全部办结。

【诚信体系建设】 2015年，高港区推进企业诚信经营，健全企业社会形象ABC等级评估机制，对企业遵守商业道德和法律规定、安全生产、环境保护、维护职工权益等进行全方位评估。落实诚信“红黑榜”发布和失信被执行人信用监督、威慑制度，在区政府网站公布“红黑榜”名单，依法采取限制高消费、限制出境等联合信用惩戒措施，让失信被执行人无处遁形。全年共曝光“老赖”信息1298人次，开展凌晨突击执行17次。

【民主法治示范村（社区）创建】 2015年，高港区加大民主法治示范村（社区）创建力度，创成国家级民主法治示范村（社区）1个，创成省级民主法治示范村（社区）35个，命名率40%，居泰州各市（区）之首。

（罗小英）

社会治安综合治理

【矛盾纠纷调解】 2015年，高港区进一步健全矛盾纠纷大调解体系，新建消费维权、涉校涉生、征地拆迁和土地流转4个专业调解组织，推动行业性专业调解组织建设全覆盖。全面推行矛盾纠纷群众评议团做法，广泛开展“说事评理释法”，及时将矛盾纠纷化解在基层。年内，群众评议各类棘手矛盾和群众诉求156件，成功化解154件，省委办公厅《江苏信息》简报和央视《道德观察》栏目专题报道高港区群众评议成功案例《监护权之争》。严格执行群众依法逐级走访权益保障监督卡制度，建成区、镇两级“阳光信访”信息系统，建立信访矛盾问题第一时间反应、第一时间受理、第一时间稳控、第一时间化解联动工作机制，社会大局持续保持和谐稳定。全区去省上访量比上年下降22.30%，连续9年保持进京“零非访”，重大敏感时期“零进京”“零登记”。高港区被省联席办评为省信访工作先进区。

【平安“天网”建设】 2015年，高港区全面加强平安“天网”建设，推进农村技防升级改造，实现区、镇、村三级视频监控联网。先后完成252个“全球眼”监控、240个校园监控、290个老小区监控、13个车载移动监控、15个平安机关监控等技防建设工程。对大泗镇、孔桥社区等地监控系统进行补盲，推进“4+N”模式（在每个村居东、南、西、北四个主要出入口安装摄像头，在易发事故其他重要路口安装摄像头）的技防入村工程建设，安装监控近1500个。投资190余万元建设监控实战应用平台，在全省率先启用自主研发的“视频监控实战应用平台”。推广使用“小威士”智能报警系统，并将服务范围延伸到“孤老病残”、留守老人、儿童等弱势群体，提供免费上门服务。全年，通过图像监控研判破获各类刑事案件、治安案件和交通肇事逃逸案件1122起，抓获现行作案人员632人，抓获网上逃犯86人，协助处置大的群体事件63次，为群众提供求助服务6700余人次。

【群防群治队伍建设】 2015年，高港区不断发展壮大群防群治队伍。围绕提升见警率，常态化开展“军警民大联防”、邻里守望等群防群治活动。强化街面路段巡防，形成以100余名专业巡防警力为龙头，220余名派出所巡防力量为主力，3000余人的社会力量为补充的大巡控格局。成立区平安义工协会和镇（街道）平安义工分会，90个村（社区）分别成立平安义工站，全区平安义工队伍达1.56万人。建立“科技+机制”平安义工运行模式，搭建平安义工科技信息化平台，开发包括平安义工基础信息采集、分类管理、奖励记载、短信交联等功能，推动工作更加简便、高效。平安义工协会运行以来，共搜集报送线索信息210条，协助公安机关抓获犯罪嫌疑人16人，破获案件30余起。

【社会稳定风险评估】 2015年，高港区健全区、镇街两级稳定风险评估工作网络，调整充实社会稳定风险评估专家库，注重发挥“两代表一委员”、平安义工、群众评议员等作用，建立第三方评估组织，引导更多群众参与风险评估，形成“党委统一领导、政府组织实施、主管部门具体负责、维稳部门指导督促、社会各界共同参与”工作格局。按照应评尽评、真评实用要求，先后对24个重大项目实施风险评估，实施稳定风险评估的重大项目未发生一起重大涉稳事件。

【“六无”村（社区）创建】 2015年，高港区将“六无”（一无非正常上访和群体性事件；二无刑事犯罪；三无涉毒案件；四无邪教组织；五无安全事故；六无社区服刑和刑释解教人员及肇事肇祸精神障碍患者漏管失控）村（社区）建设列入年度综治平安建设重点工作，并将其纳入绩效考核范畴。区委政法委制定印发《关于开展六无村（社区）创建活动的实施意见》，专题召开会议进行部署，并统一印制“六无”村（社区）创建基础台账装订本。出台《高港区2015年度“六无”村（社区）考核办法》，充分发挥公安、安监、司法、信访等多个部门职能优势，形成综治办协调推进、各职能部门配合联动、创建任务齐抓共管的工作态势。年内，全区共评选出48个“六无”村（社区），其中，31个村（社区）被市委政法委评为2015年度“六无”创建达标村（社区）。

（罗小英）

社会治理

【城乡社区网格化管理】 2015年，高港将网格化服务管理纳入区政府2015年为民办实事项目，采取试点先行，全面推开的方法，在永安洲镇、口岸街道试点的基础上，面向全区规范网格化管理工作。全区共划分378个一级网格和1794个二级网格，实现"户户入网、人人进格"。合理配备网格人员，明确镇街负责人担任网格督导员，村"两委"成员兼任一级网格长，从治安中心户长、"五老"志愿者中从优选聘二级网格员。明确网格管理员宣传教育、信息采集、民意反馈、便民服务、治安防范、矛盾调处六大工作职责，并通过集中组织培训、公示栏公示、记载民情日记等方式，建立健全上岗公示、工作例会、巡查走访、民情回应、定期考评五项制度。落实网格员工作报酬，经区委常委会研究确定，网格员每人每年补助1200元，所需资金由区财政承担，镇（街道）、村（社区）配套考核发放。

【社会管理服务三级平台建设】 2015年，高港区推进社会管理服务三级平台规范化建设。区社管中心按月督查镇、村两级平台，将每月考核的成绩予以通报，并按照规范化的要求，督促相关平台整改；三级平台先后调处矛盾213件，开展法律援助281例，服务流动人口33128人，开展社区矫正154人，办理各类民生服务事项约43191件。

【省综治信息系统试点区建设】 2015年，高港区大力推进综治信息平台实战化运用，全区共配备222部手持终端，开通154个电脑账户，信息数据累计达65万条。整合资源，创新"网格+网络"工作模式，通过综治信息平台将灾难性天气预报、火灾预防等便民服务信息发送到网格员的手持终端，网格员通过手持终端及时将排查到的洪涝、火灾等隐患信息第一时间反馈到区气象局、区消防大队等职能部门，提高综治信息系统便民服务实效。年内，高港区被确认为省综治信息系统试点地区。（罗小英）

公　安

【概况】 2015年，泰州市公安局高港分局（以下简称"区公安分局"）破获刑事案件240起，抓获刑事作案成员377人，刑拘185人，提请批准逮捕113人，公诉189人。破获经济犯罪案件16起，刑拘17人，移送起诉14人，挽回经济损失2000余万元。查破治安案件1955起，查处违法人员401人。接待处理群众来信来访73件，比上年上升28%，其中，来信35件，上升37.80%；来访38次，下降23%。查办信访57件，查结率76.30%。受理"12345"政府热线48件，增长41.18%，市长信箱9件。完成省委巡视组巡视高港、纪念抗日战争胜利70周年、"国家公祭日"等重大活动安保任务23次，妥善处置群体性事件40起。全区公众安全感和群众对公安满意度连续10余年保持全市前列，实现平安创建省优"十三连冠"，荣膺省级文明单位"五连冠"；升级版"微警务"、"小威士"智能报警平台、"群众议事团"化解矛盾等经验在省市政法、公安机关内部得到推介交流，同时被央视等中央级媒体宣传报道；公安执法质量考评成绩排名全市第二，并再次获得执法质量"省优"奖牌。胡庄派出所牺牲民警陈晓帮被追授"江苏最美警察"特别奖，3人各被记个人二等功1次，1人获评泰州"最美警察"，1人获提名奖。

·刑事侦查·

【八类案件侦查】 2015年，全区发生八类案件（杀人、抢劫、强奸、放火、投毒、爆炸、贩毒、故意伤害致人死亡案件）14起，其中，故意杀人案1起，故意伤害案10起，强奸案2起，放火案1起。区公安分局坚持五侦并用、合力攻坚，年内发生的八类案件全部侦破，连续5年保持八类案件全破和建区18年"命案"全破。

【"百城禁毒会战"】 2014年10月~2015年3月，公安部在全国109个城市组织开展为期半年的百城禁毒会战。会战期间，区公安分局共打掉涉毒团伙3个、侦破毒品案件11起，公诉涉毒犯罪嫌疑人9人，查获吸毒人员58人，强制隔离戒毒2人，社区戒毒6人，缴获毒品500余克。

【经济案件侦查】 2015年，区公安分局共破获经济犯罪案件16起，刑拘17人，移送起诉14人，挽回经济损失2000余万元。7~11月，区公安分局经侦大队破获赵某非国家工作人员套取公司资金案，挽回经济损失600余万元。

【警银协作】 2015年，区公安分局与金融部门合作，联合开展打击银行卡犯罪专项行动，每季度定期召开警银联席会议，实行案源交接串并、打防资源共享，进一步净化金融环境。全年共受理信用卡诈骗案件报警3起，立案1起，挽回经济损失8万余元。

【打黑除恶】 2015年，区公安分局共打掉3人1起恶势力团伙2个，抓获团伙成员7人，破获敲诈勒索、寻衅滋事、聚众斗殴等案件14起。

【"泰安"行动】 2015年，区公安分局组织开展以"大要案件侦破、打击侵财性犯罪、电信诈骗犯罪侦防、'打黑除恶'工作以及打击毒品犯罪"为主要内容的"泰安"行动。行动期间，共侦破省厅挂牌案件、市局挂牌案件各1起；侵财类案件共发生1088起，破156起，破案率

14.30%；公诉涉毒犯罪23人，查处吸毒人员59人。

【"净网"行动】 5月起，区公安分局开展为期3个月的打防通信网络诈骗犯罪"净网"行动。行动期间，全区共接报通信网络诈骗警情91起，打掉电信诈骗犯罪团伙1个4人，侦破电信网络诈骗案件8起，涉案总金额7万余元。

【"技防城"建设】 2015年，区公安分局完成252个"全球眼"监控、240个校园监控、290个老小区监控、13个车载移动监控、15个平安机关监控等技防建设工程；实施80个"全球眼"高清改造，以"4+N"为模式的技防入村工程（共计90个村居、380个监控探头）等监控建设，监控数量共计1500余个；在全市率先建成集外圈17个点位、34个方向、46个车道，中圈3个治安卡口、6个点位、6个方向、18个车道，内圈40个点位、73个方向、147个车道，共计66个点位、125个方向、211个车道的"3.20"高清抓拍系统，达到主城区1~1.50千米抓拍一次，郊区3~5千米抓拍一次的高密度，"技防城"建设顺利通过省公安厅、科技厅验收。

【"净风"和"利剑"行动】 5月7日起，区公安分局开展为期1个月的打击赌博违法犯罪"净风"行动。共检查场所220个次，其中，处罚问题单位5个、取缔1个；捣毁赌博机窝点23处，缴获赌博机32台；查破涉赌治安刑事案件12起，抓获涉赌违法犯罪嫌疑人24人，追究刑事责任4人。5~12月，开展打击食品药品环境犯罪"利剑行动"，共破获案件2起，抓获涉案人员24人，追究刑事责任9人。（戴　华）

·治安管理·

【场所行业管理】 2015年，区公安分局对全区娱乐休闲服务场所开展两轮次清查暗访活动，共检查场所305个次，对涉黄违法行为场所责令停业，对赌博机违法场所实施行政查封措施。共为132个宾馆、旅馆换发特种行业许可证，新开8个旅馆，均安装娱乐场所治安管理系统，办理从业人员管理卡68份；共检查旅馆321个次，下发整改通知书35份，处罚17个。

【流动人口管理】 2015年，区公安分局认真落实流动人口居住证制度，组织开展"流动人口信息采集核查攻坚会战"活动，全区共登记录入流动人口信息51886条（包括注销22495条），居住房屋信息6510条，审核上传办理居住证信息25773条，制作发放居住证25501张。

【户口管理服务】 2015年，区公安分局共受理户口审批材料1811件，办理临时身份证13932张，受理异地办证24人，接受和答复户口咨询950人次，户口清理整顿共注销重户144件。

【危险物品管理】 2015年，区公安分局严格落实"谁主管、谁负责、谁签字、谁检查"制度，积极采取多种措施，细化落实责任，全力确保危险物品管理的绝对安全。年内，共检查剧毒化学品单位17个，烟花爆竹仓库1个，烟花爆竹营业网点172个；排查从业人员344人，签订责任书172份；检查涉危单位180个，发现整改隐患52个；办理非法携带枪支、弹药、管制器具案件4起，行政处罚7人；共收缴气枪21支，管制刀具105把，子弹600余发。

高港区平安义工协会揭牌

【"平安义工"】 2015年，区公安分局会同区综治办成立全区"平安义工"协会，吸收理事单位36个，建立镇街分会7个，在全区90个村（社区）全面建成"平安义工"工作站，吸收"平安义工"志愿者1.50万余人。

【联勤巡逻机制】 2015年，区公安分局启动巡特警、机关和派出所常态化联勤巡逻机制，对全区治安复杂部位开展巡逻防范。通过巡逻直接抓获现行犯罪嫌疑人64人，全区"两抢一盗"等侵财性案件得到明显遏制，连续两年实现抢劫"零发案"。

【重大活动安全保卫】 2015年，区公安分局适时调整安全保卫领导小组及办公室，实行现场指挥全权负责制，周密制定工作方案。针对规格高、规模大的安保任务，及时调度3G移动监控警车在各主要路口现场监控，全面掌握现场动向，确保大型活动安全。完成"三下乡"集中服务、省委巡视组视察、清明庙会等各类大型活动安全保卫任务27次。

【网络监管】2015年，区公安分局建立信息发布制度，开通官方微博，强化网上信息发布，增强对突发事件的舆论把握能力和引导能力，最大限度地压缩不实消息、诽谤谣言和攻击性言论在网上的传播空间。年内，全区涉及党委政府、公安机关的负面舆情发现和及时处置率均为100%。全年，区公安分局受理网络诈骗案件154起，比上年增长26%。通过专业平台对涉网案件进行串并分类和证据补强，侦破涉网案件5起，抓获犯罪嫌疑人10人。

【网吧管理】2015年，区公安分局在“全国文明城市创建活动”期间，加强网吧管控力度，建立和完善互联网上网服务营业场所管理机制，定期开展清查整顿和联合执法行动，共处罚网吧15个，网吧检查覆盖率100%，实名率为98.76%。

（戴　华）

·出入境管理·

【出入境服务】2015年，区公安分局严格规范出国境受理、审核、审批工作程序，通过强化前台接待、警务公开、延时服务、错时服务、开辟办证“绿色通道”等措施，全面做好窗口服务工作。全年共受理出国（境）申请8696人次，比上年增长35.94%，其中，电子护照3968人次，港澳台通行证申请4728人次。全年未发生一起数据差错，未发生群众投诉及违规违法办理出入境证件事件。

【涉外安全管理】2015年，区公安分局强化境外人员居住地调查和安全检查工作。年内，共审核上传临时住宿境外人员370人，登记长期居住或经常往来高港区的境外人员120人，其中，常住人员50人（外国人14人，中国台湾居民36人）。（戴　华）

·道路交通治安管理·

【概况】2015年，泰州市公安局交通警察支队二大队（以下简称“交警二大队”）接处警10565起，比上年增长6.40%，查处各类交通违法行为117478起，处罚114438起，扣留车辆2888辆，扣留证件113本。完成春运、五一、端午、高考、中考、国家卫生城市复检、江苏省优秀管理城市检查等各类交通安全保卫任务116起。交通事故造成死亡32人，伤41人，直接经济损失594万元，比上年分别增长6.70%、-9.80%和100%。交警二大队被评为泰州市文明单位。

【路面勤务管理】2015年，交警二大队通过“定人员、定时间、定路段”，采取流动巡逻与定点查纠相结合等方式，加大对无牌无证、超载超速、酒后驾驶、疲劳驾驶、逆向行驶等严重交通违法行为查处力度。组织开展春运、酒驾毒驾、危化品运输车辆整治、交通安全隐患排查整治百日行动，完成各项创建检查任务。

【交通安全宣传】2015年，交警二大队借助“百场电影下乡”活动，播放交通事故警示教育片。安排民警在全区所有中小学校开展交通安全宣传48场次，发放《致广大村民公开信》3万余份，到农村开展交通安全知识讲座35次。

【交通安全隐患排查】2015年，交警二大队对长江大道、沿江高等级公路、主城区道路和农村道路进行交通安全隐患排查。对安全防护设施和交通标志、标线进行检查，列出详细整改清单，并要求主管部门加大投入，落实整改措施，开展综合治理，尽快消除隐患。

【车管业务办理】2015年，交警二大队共办理二、三轮摩托车驾驶证705本，补换证6604本，提交体检证明300人，办理摩托车注册登记1464辆，年检摩托车2756辆，年检汽车3138辆，办理临时号牌2387个。

（王阿林）

·消　防·

【概况】2015年，武警泰州市消防支队高港大队（亦称“高港区公安消防大队”，以下简称“区消防大队”）共接警381起，比上年增加22起。出动车辆596辆次，出动警力2604人次，抢救被困人员16人，疏散被困人员14人，抢救财产价值345万元。其中，火警161起，减少22起，确认为火灾的56起，减少15起，下降26%；抢险救援类警情122起，增加22起，上升18%；社会救助类警情104起，增加41起，上升39%。

【执勤训练】2015年，区消防大队开展石油化工、大跨度等实战训练，购买训练器材装备。开展“实兵、实装、实地”灭火救援实战演练，完善编制8种类型灾害事故灭火救援预案，修订重点单位灭火作战预案125份，开展重点单位实地演练95次。

【后勤保障】2015年，区消防大队提请区政府投入100万元用于购置1辆水罐车、专勤器材及个人防护装备，协调区政府紧急拨付资金25万元购置防汛装备；核心港区用于永安消防站日常维持性经费年内得到落实，永安消防站车库改造工程全部完成。与高港中医院、扬子江凯旋修理厂、大润发超市等单位签订战勤保障协议，形成指挥统一、平战结合、联勤保障、反应快速、协调有序的消防战勤保障体系。

【防火监督】2015年，区消防大队检查单位1864个，发现并消除火灾隐患2465处，督促整改2368处，行政处罚82份，临时查封40处，责令

消防安全大检查

“三停”（停止施工、停止使用、停产停业）13个，拘留6人。开展消防宣传活动72场、灭火疏散演练40次，受教育人群2.50万人。积极谋划全区城乡消防规划，联合区规划分局、各镇街开展小城镇消防规划；联合区住房城乡建设局开展市政消火栓普查，制定维护、保养方案，在城区增设市政消火栓51个，胡庄镇筹资80余万元建设市政消火栓40个。

（马彬彬）

检　察

【概况】 2015年，区人民检察院共办理审查逮捕案件55件87人，办理审查起诉案件133件218人。案件审结率、起诉案件有罪判决率100%。查办贪污贿赂犯罪7件7人，查办渎职犯罪2件2人，科级以上干部4人。立案监督6件8人，纠正漏捕1人，纠正漏诉6人，提出监督和纠正意见4次，向区人民法院发出刑事审判监督类检察建议3份，向有关部门发出刑事执行监督类纠正违法或检察建议13份，监督收监执行5人。审查处理刑事申诉案件9件，办理国家赔偿案1件，开展国家司法救助5件，发放救助金4.30万元，继续保持涉检赴省进京“零上访”。2名干警分别入选全国检察机关刑事申诉专门人才库和全省检察机关预防人才库，1名干警被评为全省检察机关“十佳侦查员”，2篇论文分获“第十届中国法学家论坛征文”优秀奖和全国检察机关“2015年度刑事执行检察重点课题研究”三等奖。1名干警获评“敬业奉献中国好人”。全年在省级以上刊物发表文章98篇，编发《检察简报》9期、《检察情况反映》31期。档案室通过江苏省五星级档案室测评。

【刑事检察】 2015年，区人民检察院共办理审查逮捕案件55件87人，审查起诉案件133件218人，无一出现错漏。将具有严重社会危害性的犯罪作为打击重点，派员提前介入，引导证据补强，快捕快诉故意杀人、贩卖毒品等重大刑事案件4件18人，促使被告人当庭认罪。与相关部门共同完善轻微刑事案件快速办理机制，就相对集中移送、集中起诉、集中审判等事项作出规范，压缩各个诉讼环节的办案期限，刑事案件办结率100%。落实疑难复杂案件庭前证据交换制度，参加庭前会议6次，避免证据突袭带来的庭审被动。与公安机关会签实施意见，共同规范强制措施适用。先后对20名犯罪嫌疑人作出不批捕、不起诉决定；对2名犯罪嫌疑人作出变更强制措施决定，促进认罪悔改。

【职务犯罪查处和预防】 2015年，区人民检察院共查办贪污贿赂犯罪7件7人，查办渎职犯罪2件2人，其中，涉及科级以上干部4人。突出查办司法人员和基层干部职务犯罪案件，依法查处区公安分局国保大队原大队长王某某受贿案、祥泰公证处原主任蔡某某受贿案、口岸街道办原副主任赵某某受贿案等案件。结合对大泗镇原科教文卫助理周某某受贿案和许庄街道三旗营社区原支部书记曹某某滥用职权案等个案分析，在大泗等地召开典型案例剖析会，引入公诉人释法、犯罪心理轨迹分析、现场观感发言等环节，强化警示效果。推行“机关企业同步预防”工作模式，在市场监管、环保等部门举办预防讲座7次，为全区新招录机关事业单位人员和入党积极分子专题授课2场，组织国电泰州电厂等单位到看守所接受警示教育，承办机关“法治大讲堂”示范观摩活动，开办“法治与责任”预防渎职侵权犯罪巡展，剖析“软腐败”风险，在全体公职人员中强化“既要廉政，也要勤政”的从业认知。

【非公领域职务犯罪预防】 2015年，区人民检察院推动非公领域职务犯罪预防工作现场化、联动化。向大型非公企业增派特约预防员1人，帮助健全对高风险岗位的履职评价、失职惩戒机制4项。对2起涉案总额98万元的职务侵占案件，按节点提供通报案情、告知权利、帮助挽回损失等服务，在法律框架下帮助重点企业稳定职工队伍和生产经营秩序。发挥驻扬子江药业集团非公预防示范点的引领作用，吸收非公组织志愿者共同参与重大典型案件剖析、企业廉政文化建设等。开展非公预防的工作实景照入选最高人民检察院《检察官·平凡的世界》专题影册。

【诉讼监督】 2015年，区人民检察院共立案监督6件8人，纠正漏捕1人，纠正漏诉6人，提出监督和纠正意见4次。开展刑事案件见证人见证情况专项核查，被评为全省检察机关2013~2015年度十大优秀侦查监督活动。发出书面检查建议3份，检察长列席区人民法院审判委员会讨论案件并发表意见2次，均得到采纳。向有关部门发出纠正违法或检察建议13份，监督收监执行5人。出台《信访接待“八要八忌”规定》，审查处理刑事申诉9件，办理国家赔偿案1件，开展国家司法救助5件，发放救助金4.30万元，继续保持涉检赴省进京“零上访”。贯彻修改后的民事诉讼法和行政诉讼法，发出检察建议5份。对25个行政部门的150本执法案卷进行分析，就梳理出的11类问题，向有关单位发出督促履职建议5份，督促消除执法瑕疵，规范履行工作职责。就养老机构消防执法不能闭环背后的风险进行研判，专题报告得到区委主要领导批示关注，相关单位迅速进行整改。

【服务经济发展】 2015年，区人民检察院出台《护航港口经济发展“345”计划》，将“巡回检察基层行”“举报宣传周”等活动向港区企业延伸，为江苏能建机电实业集团有限公司、泰州市旺灵绝缘材料厂等单位提供诉讼指引等服务34件次，帮助群众化解矛盾纠纷11件。结合办案，对1名工程承包负责人以涉嫌拒不支付劳动报酬罪快捕快诉，敦促其及时支付拖欠工资。推行行贿犯罪记录现场和网络“双轨”查询，出具查询函391份，为公共投资项目招标筑牢廉洁准入的第一道关口。高度重视金融秩序稳定，严厉打击非法吸收公众存款、金融诈骗等犯罪，共批准逮捕10人，提起公诉8人。高度重视食品药品安全，检察长办理并出庭公诉一起生产销售假药案，追诉药店经营者4人。

“牵手朝阳·校园卫士”开学第一课

分管检察长出庭公诉泰州地区首例制售“境外疫区牛肉”案。与安监、公安、市场监管等部门会签执法联动协议，介入各类安全事故调查10件次。

【检察为民服务】 2015年，区人民检察院继续放大“陈新群众工作示范岗”品牌效应，提升全员矛盾纠纷化解水平，将区级机关、基层组织中群众认可度高的接访能人聘请为陈新群众工作室“特约接访员”，根据群众点名预约，共提供涉法涉诉预约服务120余次，成功化解矛盾纠纷14件，避免3起非正常访的发生。开通“网上陈新群众工作室”，结合“走机关、访干部”等活动，推动群众诉求线上受理、线下解决，先后在基层社区开展不捕不诉说理、羁押必要性审查、刑事和解等活动11次，提升司法办案的现场效果。涉法涉诉预约服务机制被评为泰州市文明优质服务品牌。《法制日报》《检察日报》持续对高港区检察为民服务工作予以报道。

【“牵手朝阳·校园卫士”工程】 2015年，区人民检察院贯彻“打击、监督、帮教、维权、预防”并举的工作方针，切实履行未成年人刑事检察职能。监督并引导公安机关对2起容留未成年人吸毒案立案侦查，成功化解2起在校生伤害纠纷案，帮助4名学生回归正常学习生活。开设“汤姐姐法治课堂”，分批走进中小学“开学第一课”。开通“牵手朝阳·校园卫士”微信公众号，向中小学生及家长发布法律常识、维权案例、“检察官办案手记”等信息27期。完善未成年人保护网络，参与编印和发放全区中小学生法治教育特色读本。组织高港区“十大护苗维权事例”“十大护苗维权之星”评选及全区法制公开课、优秀法制教案评比活动。年内，中央电视台、《检察日报》等媒体专题报道该工程。

【检务公开】 2015年，区人民检察院顺应“互联网+”新形势，推进检务公开，构建开放、动态、透明、便民的阳光检务。通过检察门户网站、微信、微博，及时向社会公开办案的流程、期限等动态性信息30余条，在中央电视台、江苏卫视和《法制日报》《检察日报》《新华日报》《江苏法制报》等省级以上媒体刊发稿件45篇。依托“陈新群众工作室”“巡回检察室基层行”“牵手朝阳·校园卫士”工程、代表委员联络月活动等，在各类场所建设专门的检务公开宣传栏。全年共发放宣传画册1000余份、检民联系卡500余张，播放法治电影10次，文艺演出3次，开展职务犯罪宣讲8次。公开起诉书108份、不起诉决定书5份，公开各类案件程序性信息330件、重要案件信息28件，为律师绑定案件32件。案件信息公开的做法被最高人民检察院和省人民检察院简报转发。（周峻嵘）

审　判

【概况】 2015年，区人民法院共受理各类案件4723件，审、执结4008件，分别比上年增长22.01%、24.82%。结案标的额10.79亿元，上升64.73%。其中，受理刑事案件168件，审结147件，分别增长33%、40%。判处罪犯209人，其中，5年有期徒刑以上刑罚17人；受理民事案件2144件，审结1874件，分别增长13.92%、16.98%；受理商事案件577件，审结496件，分别增长65.33%、83.03%，标的额3.90亿元；受理行政诉讼案件14件，审结12件，分别下降22%、20%；受理并审结非诉行政执行审查案件35件；受理执行案件1785件，执结1444件，分别上升33.81%、36.48%；执行到位标的额1.47亿元。

【刑事审判】 2015年，区人民法院依法严惩严重暴力犯罪、毒品犯罪、多发性侵财犯罪，审结此类案件65件106人。依法惩治腐败，审结贪污贿赂、渎职侵权等职务犯罪案件5件5人。会同公安、检察、司法部门制定《轻微刑事案件快速办理机制若干规定》，实行集中移诉、集中审理、集中宣判，审结此类案件42件，平均审理天数仅7天。依法用足用好财产刑，判处罚金、没收财产399.20万元。对95名具有从轻、减轻处罚情节的被告人，依法从宽适用非监禁刑。加强人权司法保障，禁止让被告人穿马甲、囚服等具有监管机构标识的服装出庭受审。审结一起生产、销售假药案，5名被告人获刑受罚，首发从业“禁止令”。

【民事审判】 2015年，区人民法院推进案件繁简分流，出台《简易民商事案件适用速裁程序审理的实施意见》，实现简案快审、难案精审，提升办案质效，降低当事人诉讼成本，办结速裁案件294件，其中，小额诉讼199件，平均审理天数18.50天，调撤率88.90%。推行交通事故案件“要素式”审判，实行“要素式”庭审，制作“要素式”文书，审判效率明显提升。充分保障民生权益，审结人身损害、赡养抚养、劳动争议、民间借贷等案件764件。加强家事案件巡回审判，吸纳群众工作评议团意见，形成“百姓说事、群众说理、法官说法”工作合力，化解家事纠纷102起。妥善审理恒江置业公司诉江苏果菓投资公司租赁合同纠纷案，依法保障刁铺农贸市场正常经营。加大群体性纠纷调处力度，妥善化解金港装饰城物业服务、房屋租赁系列纠纷案，90%以上案件调解结案，做到案结事了。强化司法裁判的定纷止争功能，依法判决土地承包经营权、建设工程合同、追索劳动报酬等纠纷案件125件，服判息诉率96.30%。

【商事审判】 2015年，区人民法院积极应对经济发展新常态，坚持平等保护原则，切实尊重契约自由，有效化解经济领域矛盾纠纷。依法维护金融安全，审结借款、票据、股权、融资租赁等纠纷案件124件。加强与市保险行业协会沟通联系，进一步健全诉调对接机制，成功调处涉诉保险纠纷7起。妥善审结扬子江药业集团、江苏华夏重工有限公司、泰州诚达精工新材料有限公司等重点企业诉讼案件18件。构建金融安全绿色屏障，对非银行金融机构进行专项调研，提出意见建议，防范金融风险。完善“法企共建”机制，召开法企对接座谈会15次，举办法律专题讲座6场，帮助企业提升防范风险能力。审慎采取保全措施，及时维护债权人合法权益，保全标的额2.90亿元。

【行政审判】 2015年，区人民法院规范行政案件受理工作，畅通行政诉讼案件入口。监督与支持并重，依法保护行政相对人合法权益，支持行政机关合法行政行为。增进行政与司法良性互动，积极开展法律宣讲，促进行政执法人员树立法治思维，进一步提升执法水平，从源头上预防和减少行政争议。积极协调泰镇高速相关行政案件，妥善化解征地拆迁次生矛盾。深化行政机关负责人出庭应诉工作，健全出庭应诉通报机制，行政负责人出庭应诉率100%。

【案件执行】 2015年，区人民法院强化执行指挥中心信息化建设，建成远程视频执行指挥系统，提升信息化水平。开通“点对点”“总对总”执行查控平台，查控银行存款1361次、金额5162万元；查封房屋151套、车辆78辆。全面推进网上司法拍卖，完成网拍96场，成交率57.14%，金额2059万元，溢价率22.80%，为当事人节省佣金102.90万元。开展凌晨、夜晚、节假日突击执行17次，执结“骨头案”“钉子案”49件，标的额350余万元。加大失信惩戒力度，拘留91人次，罚款6000元。严格执行“黑名单”制度，曝光“老赖”信息1298人次，通过限制离境、高消费、招投标、银行贷款等“软强制”措施，促使当事人主动履行义务。

【“司法护航年”活动】 2015年，区人民法院扎实开展“司法护航年”活动，主动服务“柴墟路动迁”“泰州国际集装箱码头”等重点工程项目，优化服务举措，为“项目大突破”提供司法保障。针对永安洲15.13公顷鱼塘水利行政处罚执行一案，强化法律释明，加大执行威慑，长期非法占用江滩矛盾最终化解，有力保障海军文化公园建设顺利推进。依法审查裁定孙某某土地征收一案，协助区政府完成强制执行工作，确保东方明珠二期工程如期开工。在泰州口岸船舶有限公司、泰州市华强照明器材有限公司等65个企业设立法官挂钩联系点，实行“一企一策”。加强对中小微企业创新发展法律支持，保护企业合法债权3.50亿元。

【参与社会治理】 2015年，区人民法院强化社区矫正工作，注重教育感化，回访帮教16人次，促使非监禁刑和刑满释放人员改过自新。创新未成年人审判工作机制，设立“未成年人综合庭”，专司涉少案件审理，依法保护未成年人合法权益。对审判实践中发现的苗头性、倾向性问题，积极提出对策建议，有69篇信息被省、市、区委或上级法院采用，向相关部门提出司法建议18条。联合区综治办、区司法局、区信访局印发《建立第三方参与涉诉矛盾纠纷多元化解工作机制的实施意见》，促进司法资源与社会资源融合，第三方参与化解矛盾纠纷83起。健全诚信预警和承诺机制，贯彻诚实信用原则，随案发放《诚信诉讼义务告知函》，签署《诚信诉讼承诺书》，引导当事人诚信诉讼，对2名失信当事人予以训诫、罚款。

【诉讼便民服务】 2015年，区人民法院构建“互联网+”诉讼服务平台，开通“12368”诉讼服务热线和诉讼服务网，向当事人发放诉讼服务卡，来访群众足不出户，即可接受24小时“全天候”“全方位”诉讼服务，帮助解答诉讼咨询270余次。在全市率先推行公益律师和志愿者值班制度，接待来访群众121人次，代写诉状58份，协助化解涉诉矛盾10起。开展“基层法官百村行”活动，在镇街、社区成立“何芬法官工作室”，延伸诉讼服务，着力打通服务群众“最后一公里”。为群众答疑解惑453人次，就地立案45件，调处纠纷78起，巡回审理560余次。开设民生案件“绿色通道”，优先立案、优先审理、优先执行。加大对弱势群体的司法救助，依法减、缓、免诉讼费35.40万元，发放执行救助资金10.70万元。

【司法公开】 2015年，区人民法院推进审判流程、裁判文书、执行信息公开平台建设，构建开放、动态、透明、便民的阳光司法机制。增设庭审点播区，网络直播庭审303次，发送审判流程告知短信9293条，开展公众“听庭评审”活动4次，增强庭审透明度。出台《裁判文书上网公布管理办法》，明确文书公开范围、发布原则、上网流程及考评标准，上网生效裁判文书2178份。健全执行信息查询系统，及时公开执行人员、执行程序、执行措施、款项收付信息。完善互联网站、微信、微博建设。加强与媒体互动，举办新闻发布会4场，自觉接受舆论监督，切实满足人民群众知情权。组织“法院开放日”“网友进法院”活动6次，增进人民群众对法院工作的理解、认同和支持。

【涉诉信访工作】 2015年，区人民法院实行甄别、分类、归口负责制，落实院领导定期接访、带案下访、包案化解、首问负责制度，引入第三方参与涉诉信访矛盾化解，接待来访31人次，处理来信35件，办结省委巡视组交办信访案件11件。畅通信访渠道，开通网上申诉信访平台，提高办理效率，网上信访回复率100%。

【立案登记制改革】 2015年，区人民法院强化立案监督，坚持“有案必立、有诉必理”，依法保障当事人诉权。畅通立案渠道，推行网上立案、预约立案、自助立案、巡回立案，切实方便当事人诉讼。其中，办理网上立案227件。优化登记职能，分设民商事、刑事、执行、小额诉讼等立案登记窗口，为老妇幼残开设“服务专窗”，配备导诉员，确保立案秩序井然。完善立案指导，制作诉讼文书样本，告知立案、审理、执行流程，引导当事人有序诉讼。明确立案登记范围，符合立案条件的及时办理，当场登记立案率99.30%。对起诉材料不齐全的，发放《补正材料通知书》，一次性全面告知补正事项，减轻当事人讼累。

【主审法官负责制】 2015年，区人民法院深化审判权运行机制改革，严格落实司法责任制，让审理者裁判，由裁判者负责。以组建“1+N+N”（主审法官+法官助理+书记员）审判团队为审判权运行载体，设置速裁、民事综合、劳动争议、金融借贷、交通事故、普通刑事、执行裁决等13个专业审判庭，实行类案专审。根据案件类型和数量，选任16名主审法官，分别负责各专业领域审判。明确主审法官权力清单，取消院、庭长对裁判文书的审签权，确保主审法官依法独立行使审判权。完善专业审判庭运行规则，设立主审法官联席会议，突出主审法官主体地位。建立主审法官业绩评价体系和业绩档案，强化履职考评，严格审判责任追究。

【司法监督】 2015年，区人民法院自觉接受区人大及其常委会监督，坚决贯彻人大决议，主动接受人大评议，积极落实人大审议意见。向区四套班子领导报送《法院简报》12期，向代表委员报送《法院工作通报》4期，编发“向您报告”亮点短信20条。制定《邀请人大代表、政协委员旁听庭审实施方案》，完善代表委员旁听庭审制度。全年走访代表委员45人次，邀请代表委员座谈研讨、视察调研、听庭评审146人次。聘请13名公正司法监督员，主动接受外界监督。尊重和保障律师依法履职，建立法官律师互评制度，搭建沟通平台，定期交流座谈，共促司法公正。健全人民陪审员随机抽选机制，划分不同专业小组，人民陪审员参审案件713件1141人次，陪审率100%。（王晓伟）

司法行政

【概况】 2015年，区司法行政系统调处各类民间纠纷422件，调解成功率100%，劝阻群体性上访26起1536人次，防止民转刑案件13起21人。全区在册社区服刑人员145人，无一脱管、漏管和重新犯罪。法律服务从业人员全年代理诉讼案件579件、非诉案件167件，办理各类公证事项864件，办理法律援助案件293件。"12348"平台接待群众来电、来访、网上咨询1010人次。区司法局被省司法厅评为绩效评价优秀单位，并在"法网杯"竞赛中名列全省前茅、全市第一。胡庄司法所获评2014~2015年度江苏省优秀司法所。全区司法行政系统受市以上表彰先进集体8个次、先进个人9人次，其中，省级以上先进集体3个次、先进个人5人次。

【法治宣传】 2015年，高港区开展各类法治宣传讲座300余场，法治文艺演出10余场，发放各类宣传资料16万份，创新开展"法治大讲堂"活动，创建省级"民主法治示范村（社区）"4个（永安洲镇东江社区、永胜社区，口岸街道新明社区，大泗镇杨营村）。深化"法律进学校"长效机制，放大"未成年人法治教育'5+5'（计划、课时、师资、教材、经费五落实，月月有主题、周周有课时、班班有活动、岗岗有培训、年年有考核五统一）模式""牵手朝阳·校园卫士"工程等品牌效应。开展农民工学法活动周，组织"法律进车站""法律集中咨询""法治专场讲座""法律服务大走访""法治文化活动"的"五个一"法治宣传活动；开展"12·4宪法进万家"活动，发动村（社区）"法治副主任"、中心户长、普法志愿者等力量，深入村（社区）、学校、企业、车站、农贸市场等场所进行宣传，共张贴、发放宣传单7.66万份；开展"百场法治电影下基层"，在全区90个村（社区）不同场次播放普法微电影。依托市民法治学校、司法行政服务站、区级机关法治讲坛等平台，构建全区"法治大讲堂"工作体系。对高港区法治文化广场进行提档升级，以石刻、展牌、图标等形式增添法治元素，丰富法治内容。"六五"普法通过省、市考核验收。

【社区矫正】 2015年，全区完成审前调查133份，假释环境评估9份，填报出入境报备书111份。新增社区服刑人员111人，到期解矫122人，迁居3人，死亡1人，对3名社区服刑人员予以收监执行。在册社区服刑人员145人，其中，缓刑134人，假释11人，无一脱管、漏管和重新犯罪。区司法局每月编印《高港区社区矫正情况》。运用科技手段加强特殊人群监管，完善手机定位功能和指纹头像考核管理系统，率先配备执法记录仪及"刑罚执行矫务通"，实现执法程序规范化、信息化、立体化。年初，将区社区矫正管理教育服务中心提档升级，高标准建立心理咨询室，配备电脑、沙发、沙盘游戏设备、心理测量软件和温馨挂图，建立工作职责、工作纪律等八项制度，提升社区服刑人员心理矫治水平。

【安置帮教】 2015年，高港区开展"托起明天希望"——监内服刑人员未成年子女帮扶工程，为监内服刑人员未成年子女解决生活、教育、心理难题。中秋前夕，组织司法干警赴盐城监狱对15名高港籍服刑人员开展帮教"双延伸"活动，督促服刑人员安心改造、争取早日回归社会，与盐城监狱签订《联合帮教协议》，聘请监狱干警担任高港区社区矫正指导员，定期到区指导社区矫正工作。全年接受刑释解矫人员158人，落实帮教158人，落实安置158人，帮教率、安置率均为100%。过渡性安置帮教基地数9个（其中，1个属于区级，8个属于镇街级），均已挂牌。

【法律服务】 2015年，高港区新增律师事务所1个，共有律师事务所4个，执业律师20人。推行区法律援助中心和区法院诉讼服务中心律师值班制度，提升法律服务质效。组织开展"律师送法进企业"活动，搭建律师服务企业平台。完善公共法律服务平台，全区7个镇街公共法律服务中心，90个村（社区）司法行政服务站全部挂牌成立。开展农民工维权，在区法律援助中心成立农民工维权法律服务中心，开辟绿色通道，对外来农民工讨薪、工伤索赔等法律援助案件免予经济条件审查，及时办理。推行预约上门服务，对行动不便的老年人、残疾人、正在接受住院治疗的病人、军人军属等特殊对象，实行电话和网上预约，上门服务。

【人民调解】 2015年，高港区实现专业调解组织全覆盖，规范交通事故、劳资争议、医患纠纷、物业管理纠纷等人民调解委员会的运作，新组建消费纠纷、涉校涉生、征地拆迁、土地流转纠纷人民调委会，全区专业调解组织11个。从资深法律从业人士中选拔12人组建人民调解法律顾问团，为依法调解重大矛盾纠纷提供法律支撑。区法律顾问团成员共接受咨询调解案件60余起，占全年调处案件约15%，直接参与调处重大复杂矛盾纠纷6起。对一些重大复杂、难以解决的矛盾纠纷，充分发挥群众主体作用，在调解过程中组织、引导群众评议员说事评理释法，通过群众评议方式，成功调处20余起久拖不决的重大复杂矛盾纠纷。（张　曼）

人民武装

【概况】2015年，区人武部下辖镇（街）武装部7个和企业武装部3个，有专职武装干部18人。预备役高炮某团直属队在高港区编化工连1个。年内，安排2名"达龄"专武部部长转岗，选送3名专武干部参加省军区集训考核，顺利通过资格认证，并专题组织专武干部队伍建设调研。

【思想政治建设】2015年，区人武部扎实开展主题教育活动，学习习近平系列重要讲话、中共十八届五中全会精神。对照要求，广泛征求意见建议，高标准召开民主生活会，班子成员相互间提出批评意见和建议15条。对查找的问题，具体到人，限期整改。抓好民兵政治教育和全民国防教育，结合整组和重大活动，通过训练动员、录像辅导等方式开展教育；结合征兵宣传、防灾减灾宣传、纪念抗战胜利宣传，联合区委宣传部、区民防办，把国防教育嵌入小区画廊，植入沿街电子屏公益广告，插入数字电视开机画面。

【民兵整组】2015年，区人武部成立民兵整组工作领导小组。组织对省级企业、国有企业、民营企业和高新技术企业的潜力情况进行调查统计。5月，对民兵应急连进行集中点验。

高港区召开2015年民兵整组点验大会

【兵员征集】2015年，区人武部针对兵员征集方法和标准调整改革的实际，坚持政府主导、部门配合，早计划、早部署、早着手，开展征兵工作。全区适龄青年网上登记报名率全市第一，参加目测初检、进区站体检比例全市第一。实现连续18年无责任退兵。6月，区人武部被南京军区评为征兵工作先进单位。（陈　曦）

人民防空

【概况】2015年，泰州市民防局高港办事处（以下简称"高港人防办"）坚持"长期准备，重点建设，平战结合"方针，把融合发展作为人防建设转型发展的重点，以重点工程、重要任务、重大活动为牵引，优化工程结构，加强应急演练，推进基层人防建设；深化宣传教育工作，提升机关"准军事化"建设水平，推进人防建设科学发展，发挥服务保障作用。建成社区民防工作站33个，实现主城区民防工作全覆盖。

【民防知识教育】2015年，高港人防办在各初级中学全面普及民防知识教育，开课率100%。增强青少年学生防空意识，提升战时防核武器、防化学武器、防高技术空袭，以及平时防灾、灭灾、防灾发事故知识和技能。9月18日，配合市民防局开展大型综合演习，面对核战争，人民防空指挥部快速实施综合救援，清除空袭后果，最大限度减小空袭灾害，保障人民财产和生命安全。

【防空警报试鸣】5月12日和9月18日，高港人防办组织全区防空警报试鸣。防空警报鸣36秒，停24秒，连续3分钟；空袭警报鸣6秒，停6秒，连续3分钟；解除警报连续鸣3分钟。准确无误地依次鸣放预先警报、空袭警报、解除警报三种信号，鸣响率100%，音响覆盖率95%以上。

【防护工程建设】2015年，高港人防办坚持人防建设与城市建设融合发展，合理开发利用地下空间，以"以建为主，建收并重"原则，加大防护工程建设力度。全年新立项2.30万平方米，开工建设5.30万平方，竣工3.20万平方米。筹集人防经费1400万元。（王　锋）

经　济

开放型经济

·经济技术合作·

【概况】 2015年，高港区实现外经营业额5119万美元，完成市交任务108.91%，比上年增长20.70%；新设境外企业5个，完成市交任务166%，新增境外投资2203.75万美元。泰州市高港对外经济技术合作有限公司新签劳务人员合同额1545万美元，外派劳务人员108人次，累计在外劳务人员413人。

【境外工程承包】 2015年，江苏大江建设工程有限公司继续扩大安哥拉市场，承包卡玛库巴综合农场项目，合同额1500万美元；新签万博农场工程项目，合同额1800万美元。

【境外投资】 2015年，江苏能建机电实业集团有限公司在香港投资设立香港宏途道投资有限公司，投资额1000万美元。泰州市天圣针织机械实业有限公司在孟加拉国设立孟加拉天圣机械有限公司，投资额285万美元。江苏大江建设工程有限公司在安哥拉设立泰州市高港建筑安装工程有限公司安哥拉公司，投资额50万美元。泰州市金百格织造有限公司与外方合资在泰国投资设立凯碧包装有限公司，投资额68.75万美元。泰州市天圣针织机械实业有限公司在香港设立森洋实业控股有限公司，投资额800万美元。

（李雪云）

·进出口贸易·

【概况】 2015年，高港区完成进出口总额12.15亿美元，比上年增长17.81%。其中，进口7.60亿美元，增长4.26%；出口4.55亿美元，增长50.51%。国际大豆价格低位徘徊，大豆进口保持稳定增长。船舶企业普遍存在接单难、交船难现象。全球油价下跌，化工进口下滑较大。

【企业自营进出口】 至年末，全区有进出口实绩的企业累计119个，其中，外贸流通企业16个、自营生产企业69个、“三资”企业34个。自营生产企业进出口1.72亿美元，比上年增长8.11%；“三资”企业进出口7.54亿美元，增长0.58%；流通企业进出口2.88亿美元，增长136.67%。进出口产品涉及船舶、大豆、化工、纺织服装、建材、轻工等，主要出口亚洲和欧洲，主要从拉丁美洲、北美洲、亚洲和欧洲进口。

【上争进出口扶持资金】 2015年，全区外贸企业争取各类项目资金671.54万元。其中，中小企业国际市场开拓资金59.91万元，省商务发展专项资金152.30万元；省外经贸稳定增长暨市外贸发展专项资金98.50万元；省外经贸稳定增长及转型升级资金357.50万元；进出口信用保险资金3.33万元。

【组织企业参展广交会】 2015年，全区共组织14个企业参展第117、第118届广交会（中国进出口商品交易会），展出摊位42个，摊位类别涉及家具、工具、玩具、旅游休闲、餐具等，其中，一般性摊位32个、品牌摊位10个。企业签约成交额3500万美元。江苏张驰轮毂制造有限公司、江苏天华索具有限公司首次参展，更新率保持4%以上。（詹　绎）

·利用外资和港澳台资·

【概况】 2015年，高港区新批外资和港澳台资项目11个，增资项目3个，协议注册外资和港澳台资2.80亿美元，实际利用外资和港澳台资2.17亿美元，总投资3000万美元以上项目6个。江苏绿泰电子有限公司、泰州久裕精密工业有限公司、泰州统一超商有限公司等重点项目落户。

【服务外包】 2015年，高港区新增注册服务外包企业3个，分别为江苏扬子江计算机科技有限公司、泰州祥云软件开发有限公司、泰州板桥软件有限公司，全年完成服务外包执行额2812万元。（张　杰）

【招商活动】 2015年，高港区先后到北京、上海、广州、台湾等地开展专题招商活动。全年协议注册外资和港澳台资2.80亿美元，实际利用外资和港澳台资2.17亿美元。新招引1亿元以上项目89个。将军机械、大自然复合地板等一批超1亿美元或10亿元人民币重大项目成功落户。国电泰州发电有限公司二期、扬子江药业集团龙凤堂中药基地一期、王老吉凉茶江苏生产基地等项目建成投产。（郭尚彬）

2015年高港区新批外资和港澳台资企业一览表

表9　　单位：万美元

企业名称	企业性质	总投资	注册资本	协议利用资金
丸庄益海嘉里（泰州）食品工业有限公司	独资	3300	1150	1150
泰州百盛原生木业有限公司	独资	3000	1000	1000
泰州盈柏家居有限公司	合资	11	8	5
泰州台水水产有限公司	独资	2900	2900	2900
泰州志宏电子有限公司	独资	4000	2500	2500
江苏绿泰电子有限公司	独资	18000	6000	6000
森港（泰州）商贸有限公司	独资	1032	580	580
江苏阅港医疗器械有限公司	独资	158	158	158
正丰国际贸易（江苏）有限公司	独资	9000	9000	9000
泰州统一超商有限公司	独资	1876	938	938
泰州久裕精密工业有限公司	独资	6000	3000	3000

·开发区建设·

■ 高新技术产业园区

【概况】 2015年，江苏泰州高港高新技术产业园区实现地区生产总值88.40亿元，比上年增长12.21%；规模以上工业总产值294.35亿元，增长30.83%；公共财政预算收入4.75亿元，增长39.50%；高新技术产业产值161.08亿元，增长33.48%；服务业税收收入4.08亿元，增长21.15%；工业企业一般纳税人开票销售81.04亿元，增长2.90%；固定资产投资105.75亿元，增长25.50%。列2014年度江苏省开发区科学发展综合评价第35名，较2013年上升4名。

【特色产业发展】 2015年，园区新型装饰材料、通用动力、汽车零部件等特色产业实现开票销售61.21亿元，占全部工业企业开票销售的76.47%；实现产值216.97亿元，占全部工业总产值的66.99%。万向精工江苏有限公司依托科技创新，净入库税收首次突破千万元；华润雪花啤酒（泰州）有限公司运用现代企业管理方式，降本节支，实现净入库税收2925万元，比上年增长8.42%；泰州永盛彩印包装有限公司克服经济下行压力，调整产品结构，实现净入库税收817万元，增长48.29%。泰州友润电子科技股份有限公司、泰州海天半导体有限公司成功实现上市，园区入驻上市企业累计达21个。培育市级名牌企业2个，新增著名商标1个、知名商标1个，省、市名牌产品2个。建成“中国壁纸商城”线上交易平台和线下体验馆。

【项目建设】 2015年，园区完成合同项目18个，其中，10亿元以上项

泰州大自然德森堡木业有限公司

目2个、1亿元以上项目12个。引进10亿元以上重大项目2个，分别为总投资11亿元的明发商业广场，总投资10亿元的压铸机、注塑机零部件项目；引进1亿元以上外资和港澳台资项目4个，分别为总投资1亿美元大自然复合地板项目、总投资5000万美元大自然实木地板项目、总投资1.20亿元人民币仓储物流项目、总投资6000万美元的自行车轮组项目。实际利用外资和港澳台资7626.10万美元。项目建设有序推动，江苏鹏翎胶管有限公司正式投产泰州；泰州海天半导体有限公司年产20亿只电子晶体管、泰州市飞翔车辆工具厂扬子江通机缸体及车加工、江苏亚龙电气有限公司天龙电器及电控系统等项目主体竣工；泰州光华医用敷料有限公司、江苏安凯隆消防装备实业有限公司、江苏大宇液压机械有限公司大宇液压破碎锤等项目主体封顶。明发五星级酒店项目酒店主体竣工，11栋高层顺利交房；台湾国际新城商铺、别墅区19栋完成主体验收。

【基础设施建设】 2015年，园区所有道路完成黑色化改造，总投资5000万元的创业大道东延、总投资3000万元的永盛路东延建成，环溪路、解放路、永福路、创新大道等游园竣工。建成各类管网6千米，完成动迁面积近10万平方米。投入1.65亿元，团购商品房332套。

【科技创新】 2015年，园区有效发明专利拥有量60件，居高港区首位。75个企业获批市级科技创新券。实施产学研合作项目21项，共建产学研联合体5个。获市、区两级科技进步奖11项。江苏神驰机电有限公司获批建立省级工程技术研究中心。上争技术改造扶持资金、高新技术产业化扶持资金、研发设备补助资金等各类扶持资金600余万元。

【江苏高港通用动力产业园获批】 12月25日，江苏省商务厅批复同意高港高新区设立江苏高港通用动力产业园。通用动力产业为园区第一大主导产业，落户投资10亿元的江苏福马高新动力机械有限公司国机福马通用动力项目、投资10亿元的万向精工江苏有限公司年产1500万套汽车轮毂轴承单元项目、投资10亿元的万向精工江苏有限公司年产100万套安全气囊项目、投资10亿元的江苏鹏翎胶管有限公司年产1.50亿件汽车流体管路项目、一期投资3亿元的江苏神驰机电有限公司小型汽油发电机组项目、二期投资5亿元的神驰机电园林机械和大型通机项目、投资3亿元的江苏星光重工有限公司星光重工发电机组项目等一批通用动力相关企业及项目。

【“泰晶e空间”获评省级众创空间】 12月15日，由高港高新区打造的众创空间“泰晶e空间”获批省级众创空间，获得省科技厅资金资助。“泰晶e空间”由泰州市鼎顺创业投资有限公司运营，建筑面积2200平方米，内部设施有开放式工位、独立办公室、咖啡吧、项目路演厅、卫生设施、创客公寓等，拥有100兆光纤宽带、10部免费电话。至年底，成功孵化互联网项目3项，汽车零部件项目1项，新能源项目1项，电子项目1项，电商项目1项，其余15个项目孵化中。

【PPP城市建设基金建立】 11月9日，高港高新区举行“衡麓·高港之星”PPP(公私合作)产业投资基金启动仪式。该基金是高港区第一个PPP项目，专为园区投融资服务，融资规模不低于10亿元，首期发行8000万元育才花苑二期项目PPP产业投资基金。

【简筑农房体系项目签约】 6月16日，北京工业大学建筑与城市规划学院和江苏保力自动化科技有限公司举办绿色低碳装配式住宅——简筑农房体系项目签约仪式。该项目是用冷弯薄壁型钢做原材料，桁架式力学结构，榫卯式连接方式，集合国内外安全、环保、节能、性价比高的新型建材与工艺进行工厂化、模块化生产，现场装配的新型绿色一体化建筑体系。以北京工业大学简筑科研开发中心为核心，联合冷弯型钢、新型建材、机械自动化制造等行业企业组成产学研联盟，打造线下研发制造平台，建立OTO(线上到线下)电商平台，实现成果转化与市场推广。江苏保力自动化科技有限公司作为该项目唯一的机械设备自动化制造合作伙伴，负责机械设备自动化部分的研发、试制、优化、标准及规范编写、批量生产、结构部件制作、后期布局及管理等工作。

(王 娜)

■ 泰州港核心港区

【概况】 2015年，泰州港核心港区实现地区生产总值85.54亿元，比上年增长11.50%。完成财政总收入8.53亿元，增长11.20%，公共财政预算收入6.34亿元，增长36.78%。全社会固定资产投资129.31亿元，增长25.60%。工业总产值528亿元，增幅31.37%。服务业增加值24.14亿元、税收4.73亿元，分别增长17.31%、25.16%；高新技术产业产值138.94亿元，增长33.76%。进出口总额25440万美元。协议利用外资和港澳台资1.31亿元，实际利用外资和港澳台资7849万美元。实施1亿元以上项目17个，完成投资91亿元。获泰州市2015年度绩效管理先进市级专业园区一等奖。

【基础设施建设】 2015年，园区启动兴园路南延、创园路南北延工程；污水处理厂扩建工程投入使用；姜堰净水管网改道工程全面完成；供热管网益海西线工程铺设完成并实现供热，东线工程开工建设。疏港北路拓宽改造工程顺利推进，古马干河大桥（疏港路）开始规划设计，港区集疏运体系逐步健全；集装箱码头二期梅兰堆场完成吹填增高、土地平整，汇福粮油码头改造工程启动建设。

【重大项目建设】 2015年，园区新签约1亿元以上项目16个。新开工1亿元以上项目17个，其中，10亿元以上项目2个，分别为扬子江药业集团江苏龙凤堂中药项目、三河汇福粮油江苏基地项目，计划投资近100亿元。扬子江药业集团江苏龙凤堂中药项目一期、国电龙源环保泰州有限公司、泰州新安阻燃材料有限公司二期等项目竣工投产，泰州汇福粮油有限公司、泰州市天润合成化工有限公司、江苏泰联石油化工有限公司沥青、丰益春之谷生物科技（江苏）有限公司维生素E等项目主体工程封顶。

【服务业发展】 2015年，园区实现服务业增加值24.14亿元、税收4.73亿元，比上年分别增长17.31%、25.16%。共有规模以上服务业企业39个。服务业产业投资33.93亿元，增长14.91%。服务业占地区生产总值28.22%，提高1.40个百分点。高港综合物流园创成省级现代物流示范基地，泰州化工产品交易市场创成首批省级进口商品交易中心，江苏海企化工仓储股份有限公司入选省"十百千"行动计划创新型企业。

【科技创新】 2015年，核心港区完成高新技术产业项目立项49个，获批江苏省高新技术产品36个，实现高新技术产业产值138.94亿元，比上年增长37.76%。泰州市亚星塑业有限公司、富彤化学有限公司、江苏华夏重工有限公司、泰州市宏泰电力设备有限公司被认定为省高新技术企业，泰州市宏泰电力设备有限公司、江苏华夏重工有限公司、泰州市御庐园现代农业科技有限公司、泰州市博泰电子有限公司、泰州市宏博节能环保科技有限公司、江苏泰氟隆科技有限公司、泰州市光明电子材料有限公司被评为省级民营科技企业。全年新增注册商标50件，获批泰州市名牌产品2个、江苏省名牌产品1个，完成专利申报545件、授权293件。

【丸庄酱油落户】 1月17日，益海嘉里投资有限公司与丸庄食品工业股份有限公司签约，共同在核心港区建设益海嘉里丸庄酱油项目，这是台湾丸庄食品首次进军大陆。项目总投资3300万美元，注册资本1600万美元，设计生产能力9万吨，主要生产黑豆酱油、黄豆酱油、豆麦酱油等天然酿造酱油。

【华夏重工开发新型节能铰刀装置】 2015年，江苏华夏重工有限公司开发新型节能双绞式挖砂船铰刀装置，与传统工艺相比，每小时采砂可节约能耗60%、含砂浓度可提高18%、增加挖深10米、增加作业4米，每天节省燃油15万元。

【能建特种铝材打破依赖进口历史】 10月，江苏能建集团特种铝材（超强硬质铝合金）项目竣工投产，打破中国轻量化特种金属材料和核工业放射性原料存储容器材料长期依赖进口的历史。与常规铝合金相比，超强硬质铝合金具有更轻、更快、更强、高度抗氧化和耐腐蚀特点，广泛应用于轻轨列车、汽车、军事、航空航天、核工业等领域。该项目增量投入5000万元（不包括原有的厂房等基础设施），其中，设备投入3500万元。 （李 誉）

■ 临港经济园

【概况】 2015年，泰州市高港区临港经济园实现地区生产总值96.46亿元，比上年增长13.86%；完成一般公共财政预算收入3.55亿元，增长36.20%；固定资产投资50.50亿元，增长26.10%；实际利用外资和港澳台资5053万美元；城乡居民收入接近苏南人均水平。完成高新技术产业产值134亿元，占规模以上工业比重达50%，比上年提高10个百分点。获批苏中快递产业园临港园区，服务业增加值占GDP比重达56%。泰州市榕兴抗粘敷料有限公司成功在"新三板"挂牌。

【基础设施建设】 2015年，园区完成高港大道东侧绿化景观、园区主次干道绿化带、企业绿化美化工作，高标准实施文胜河等4条河道疏浚整治及绿化配套建设，园区污水管网体系基本建成。水岸景城安置区保障房项目一期工程房源全部交

临港经济园标准厂房区

付,二期主体结构封顶,幼儿园、邻里中心、社区用房、农贸市场等配套工程顺利推进。

【项目建设】 2015年,园区招引1亿元以上项目16个,其中,超1亿美元或10亿元人民币以上重大项目3个;实际利用外资和港澳台资5053万美元,超额完成区交目标任务;完成项目有效信息26.50个,占全年指标的106%。开工建设1亿元以上项目18个,其中,超1亿美元或10亿元以上重大项目2个。江苏港城中药养生有限公司王老吉凉茶、江苏扬泰电子有限公司一期、江苏欧瑞格传动部件有限公司汽车变速箱等6个1亿元以上项目竣工投产。

【科技创新】 2015年,园区完成专利申请790件,其中,发明专利218件,授权累计数107件,万人发明专利拥有量53件。实施产学研合作项目7项,共建产学研联合体4个。获市级科技进步奖4个、区级7个。全年35个单位申领科技创新券,总计710万元,两批共计兑现154.94万元。获批江苏省高新技术产品19个,泰州苏中天线集团有限公司、泰州市创新电子有限公司、泰州市恒源化织厂、泰州市榕兴抗粘敷料有限公司、江苏图南智能科技有限公司等企业成功申报高新技术企业或通过复审。泰州汇锦电子有限公司、江苏扬子江药业集团凯威药用包装有限公司、泰州恒源化织厂等企业获批市级工程中心,泰州市海博汽车科技有限公司与北京理工大学合作成立电动车辆工程技术中心,江苏扬子江药业集团凯威药用包装有限公司与南通大学合作建立江苏省企业研究生工作站,江苏扬泰电子有限公司与中科院电子研究所合作事宜进入实质阶段。江苏欧瑞格传动部件有限公司与吉林大学合作成立国家级变速箱检测中心事项在洽谈中。

【苏中快递产业园临港园区成立】 12月16日,苏中快递产业园临港园区揭牌成立,标志着临港苏中速递物流集散基地发展迈上新台阶。园区围绕“集纳高端快递企业、创建精品物流基地,打造苏中快递集散中心”的目标定位,依托自身突出的区位和交通优势,整合各类资源,积极引进和培育物流企业,加强物流信息平台建设,加快现代物流业发展,先后吸引中通、圆通、国通等12个快递企业的区域性分拨中心落户,共投资3.80亿元。年末,有3个速递物流公司竣工投运,快件中转量20万件/日,实现生产资料、工业产品、农副产品“线上销售”和“线下物流”的有机融合。 (戚冬娟)

农　业

【概况】 2015年,高港区粮食生产实现十二连增,平均单产475.30千克。畜禽养殖平稳发展,生猪、蛋禽、奶牛和山羊规模养殖比重分别达84.24%、97.28%、100%、52.68%。有序推进土地适度规模经营,小农场、农业龙头企业、农民专业合作社、专业大户分别达到214个、19个、328个和186户。新型规模经营主体规模经营面积6647公顷,占承包耕地面积比重62.40%。实施高标准农田项目1000公顷。推广各类农机具274台(套),农机化综合水平达79.50%。推动农业社会化服务组织建设,经工商注册登记的农业社会化服务组织106个,全区专业化统防统治和联防联治覆盖面67.60%。农产品质量安全追溯监管信息平台运行率100%,农产品质量抽检合格率100%。新增无公害农产品68个,绿色食品3个,有机食品24个。全区“三品”(无公害农产品、绿色食品、有机食品)产量占比56.71%,在全市率先完成农业基本现代化进程监测指标,获评2015年度泰州市农产品质量安全绩效考核优胜单位。完成成片造林222.27公顷,森林抚育面积666.67公顷,建成省级村庄绿化示范村10个。农业利用“三资”24.79亿元,其中,1000万元以上农业内资项目19个,总投资15.36亿元。农业实际利用外资和港澳台资600万美元,农产品出口1823.72万美元。

【农业执法检查】 2015年,高港区开展农资打假、农业投入品整治、种子“双打”等各类专项行动,强化农业投入品监管,确保农业生产安全和农产品质量安全,维护农民合法利益。组织各类农业执法检查行动26次,出动执法人员650余人次,联合市农委执法检查5次,检查规范农资经营点和农产品生产单位100余个。组织开展各类农资产品抽样送检34个批次,蔬菜监督抽检37个批次。立案查处农资违法案件7起,其中,农药案件4起、肥料案件2起、种子案件1起,依法调解农资纠纷2起。

【农业保险】 2015年,高港区水稻、小麦、油菜、能繁母猪执行100%承保率,高效设施农业做到应保尽保。高效设施农业保险保费收入767万元,占农业保险总保费收入59.30%。新开办生猪价格指数保险,在全市开出生猪价格指数保险第一单。 (王　勇)

·种　植　业·

【概况】 2015年,高港区农作物总播种面积2.71万公顷。其中,粮食面积1.92万公顷,比上年减少2.30%,总产量13.70万吨,减少2.10%;油料面积2260公顷,增加3.20%,总产量7225吨,增加6.50%;蔬菜(含菜用瓜)播种面积公顷4960公顷,增加1.80%,总产量17万吨,增加3.80%。

【粮食生产】 2015年,高港区水稻种植面积7430公顷,比上年减少

4%；公顷产9375千克，增加0.70%；总产量7万吨，减少2.70%。主推品种为南粳5055、南粳9108和武运粳24，后者重感稻瘟病，在多雨的年份产量有些受影响。夏粮生产面积9230公顷，减少2.10%，公顷产5974千克，增加0.10%，总产量5.50万吨，减少2.30%。其中，小麦种植面积8850公顷，减少2.10%，公顷产6010千克，与上年持平，总产量5.32万吨，减少2%。品种推广以扬麦20为主，搭配种植宁麦13。

【油料生产】 高港区油料作物主要为油菜籽和花生。2015年，油菜籽种植面积1300公顷，总产量3609吨，比上年分别减少6.50%和4.90%。花生种植面积950公顷，总产量3591吨，分别增加20.10%、21.10%。

【种植业补贴】 2015年，高港区水稻直补面积7456.60公顷，补贴300元/公顷，补助223.70万元。农资综合补贴面积9198.90公顷，补贴1242元/公顷，补贴1142.50万元。良种补贴资金322.32万元，其中，水稻良种补贴面积7455公顷，补助225元/公顷，补贴167.75万元；玉米良种补贴面积510公顷，补助150元/公顷，兑付资金7.65万元；小麦良种补贴面积8509公顷，补助150元/公顷，补贴127.63万元；油菜良种补贴面积1286公顷，补助150元/公顷，补贴19.29万元。

【高产增效创建】 2015年，高港区共建设小麦万亩示范方1个和水稻万亩示范方5个，涉及胡庄镇、白马镇、大泗镇、许庄街道，示范方全部通过省、市级验收，其中胡庄镇1个水稻示范方通过省级A级方验收。

（王　勇）

·林　　业·

【概况】 2015年，高港区新建、完善绿色通道22千米，新增造林面积222.27公顷，新建、完善高标准农田林网533.33公顷，完成森林抚育666.67公顷；四旁植树20万株，林木覆盖率29.56%；完成湿地恢复38公顷，自然湿地保护率45.60%；新增林下经济规模基地5个，成功创建10个省级绿化示范村。

【经济林果】 2015年，高港区现存100年以上银杏嫁接树2351株。定植银杏树113.80万株，年产银杏果1.50万吨以上；提档升级银杏果、叶、花、材、苗专业产品专用林933.33余公顷；改造低产低效银杏林186.67公顷。改、扩建葡萄、桃、冬枣等生产基地，增加猕猴桃、油桃等新品种种植面积，全区水果种植面积333.33公顷。获省级以上无公害食品、绿色食品、有机食品认证9个。

（王　勇）

·畜　牧　业·

【概况】 2015年，高港区实现畜牧业总产值4.26亿元、增加值2.13亿元。生猪饲养量16.50万头，家禽存栏115万羽，肉羊饲养量3.30万只，奶牛栏存271头。生猪大中型规模养殖比重75.12%，全区畜禽养殖场总备案率77.27%。有县级以上规模养殖场254个，其中，生猪养殖场173个、山羊养殖场36个、蛋禽养殖场28个、肉禽养殖场15个、奶牛养殖场2个。创建口岸街道、刁铺街道、大泗镇和胡庄镇4个乡级兽医实验室；完成口岸街道、胡庄镇、大泗镇省级“五有”（有独立建制机构、有固定工作场所、有基本服务手段、有定编专业队伍、有稳定财政保障）乡镇畜牧兽医站创建。

【动物疫病防控】 2015年，高港区牲畜口蹄疫和高致病性禽流感等重大动物疫病应免率、抗体检测合格率、免疫标识佩戴率、免疫档案建档率均为100%。采集畜禽血样3666份，检测抗体8970份，发放使用消毒药2.04吨，消毒面积165万平方米。开展流行病学调查工作，排查畜禽养殖场（户）69户，查看生猪2.72万头、牛540头、羊1.53万只、鸡5.87万羽，省、市春秋防检查免疫抗体合格率均超过80%。重新修订《高港区口蹄疫防控应急预案》《高港区高致病性禽流感防控应急预案》等6个专项预案。

【动物检疫监督】 2015年，高港区未发生动物及其产品安全事件。检测“瘦肉精”2700份，均为阴性。全区动物产地、屠宰检疫率100%，共检疫生猪4.40万头，屠宰检疫85.68万千克，家禽25.92万羽。出动执法人员350人次，检查饲料、饲料添加剂生产企业2个，饲料经销点10个，兽药经营企业7个，规模养殖场（户）160个，未发现违规现象。建设病死畜禽无害化处理收集点1个，杜绝病死畜禽及其产品流入市场、流向餐桌。

【畜禽屠宰监管】 2015年，高港区有序关闭口岸街道、永安洲镇、大泗镇最后3个不合格屠宰场，妥善解决市场肉品供应及遗留问题。实施猪肉配供体系建设，在各镇街各设立1个猪肉配供点，全区设立2个生猪代宰中转站，由周边有证企业提供猪肉配供及代宰服务，以满足全区猪肉市场供应和小刀手代宰需求，确保猪肉市场稳定、供应安全。

【畜禽养殖污染治理】 2015年，高港区出台《关于印发高港区2015年畜禽规模场（小区）污染物节能减排工作方案》，根据“谁污染、谁治理”和“属地管理”原则，对全区16个畜禽规模场（小区）实施减排设施建设，其中，关停搬迁2个。建设规模畜禽场沼气治理工程2处、畜禽粪便处理中心1个，畜禽粪便综合利用率90.50%。

（王　勇）

·园 艺 业·

【蔬菜业】 2015年，高港区蔬菜(含菜用瓜)播种面积4960公顷，比上年增加1.80%，总产量17万吨，增加3.80%。蔬菜产值约2.63亿元，年外销蔬菜约4.80万吨。

【花卉苗木】 2015年，高港区各类苗木栽植面积1333.33公顷，计30余个品种；规模兰花企业4个。引繁、推广香椽、落羽杉、樱花等优良树种10余个，建成省级林木良种基地1个、面积13.33公顷。拥有苗木基地40余个，在田苗木150余万株，林下复合经营面积433.33公顷；带动农户1200余户。(王 勇)

·渔 业·

【概况】 2015年，高港区水产品养殖面积611公顷，总产量6003吨，实现渔业总产值1.58亿元。长江专业捕捞渔船195艘，总吨位530吨，总功率2663千瓦。新增高效设施渔业面积6.67公顷，高效设施渔业面积161.65公顷，占比26.20%，渔业“三品”认证率91.20%。区水产站在永安洲镇东江社区、胡庄镇单王村组织实施江苏省水产“三新”工程《七星鲈鱼集约化生态养殖技术集成与示范》项目，引进8厘米七星鲈鱼34万尾，养殖面积7公顷，公顷产1.50万千克以上。在胡庄镇宗林村、永安洲镇东江社区建立水生动物疫病测报点2处，全年未发生重大水生动物疫病。开展渔业执法检查53次，立案查处电鱼案件5起。2月，区水产站被省水产技术推广中心评为水产技术推广先进单位。

(王 勇)

·农业产业化·

【概况】 2015年，高港区实施省级产业化引导资金项目1个，为泰州市高港区银杏休闲食品加工项目，项目总投资105万元，获省级财政资金补助50万元，由泰州市集泰农产品有限公司负责实施。实施国家农业综合开发中央财政贷款贴息项目1个，为泰州市高港区8000吨银杏收购储存流动资金贷款贴息项目，项目贴息贷款额800万元，中央财政贴息资金21万元。全区有市级以上农业龙头企业19个，其中，泰州市乐太食品有限公司为新认定省级；江苏西来原生态农业有限公司、江苏上膳源生态农业发展有限公司、泰州市高港区润林花卉苗木种植专业合作社、江苏逸夏果园有限公司和江苏神奇中药科技有限公司被新认定为市级。

江鲜州河蟹生态养殖中心

【农产品质量建设】 2015年，高港区加强农产品质量安全监管站规范化运行建设，规模化果蔬生产基地实行农产品可追溯管理。区级、7个镇街监管站和7个规模果蔬基地检测点共上传速测果蔬样36257个，合格率100%；发布监管动态信息211条，添加巡查记录681条。市级以上农、畜、水产品例行监测、监督抽检和风险监测抽检样品385个，合格率均为100%。开展“三品一标”(无公害农产品、绿色食品、有机食品和农产品地理标志)认证和获证后监管工作，新申报无公害农产品68个，绿色食品3个，有机食品24个。全区种植业“三品”农产品产量达16.11万吨，占全区粮食总产量的56.71%；新增无公害水产品基地3个，无公害水产品6个，无公害渔业产地面积562.67公顷。获评泰州市农产品质量安全红名单1个、诚信企业6个、守信企业5个。区农委获评泰州市农产品质量安全绩效考核优胜单位。江苏上膳源生态农业发展有限公司、泰州市杏都葡萄专业合作社、泰州市高伟草莓种植专业合作社申报江苏省农产品质量安全追溯管理示范单位，加入省放心吃联盟网。

【“一村一品”建设】 2015年，高港区建设“一村一品”专业特色村10个，其中，蔬菜瓜果类2个，花卉苗木类2个，粮食种植类1个，畜禽类2个，水产养殖类1个，休闲农业1个，非农产业1个。主导产业总收入3.49亿元，从事主导产业的农户数5802户，特色产业种植面积696.67公顷。白马镇岱白村(花卉苗木种植)为全国“一村一品”示范村。

【上膳源泰州农场】 2015年，上膳源泰州农场先后开发农事体验、农耕文化科普教育、休闲采摘、健康养老等项目，建设上膳源“三馆一区”(有机餐馆、有机农业文化馆、有机农业科普会务馆和农耕生活体验区)，成功创建江苏省四星级乡村旅游景区。

上膳源泰州农场蔬菜大棚

农耕文化体验区全年接待体验会员5000余人次。农场会员客户5000余户，每户年均会费2.50万元，基地根据不同季节提供150余种蔬菜，定时定量为会员配送，会员可以通过电子商城、微信、APP等互联网工具，实现自助购买、自助点菜，从蔬菜采摘到送货上门不超过24小时。年内，江苏上膳源生态农业发展有限公司获中国蔬菜百强品牌、中国品牌社区菜店五十强等称号。　（王　勇）

·农业综合开发·

【概况】 2015年，高港区实施农业综合开发土地治理项目3个，治理面积1000公顷，包括国家农业综合开发高标准农田项目2个，省级沿江高沙土项目1个，总投资1979.80万元，其中，财政资金1950万元。项目区共建设泵站9座，硬质明渠13.17千米，暗渠2.65千米，农桥15座，涵洞36座，盖板涵6座，渡槽1座，分水闸1座，仓库100平方米，硬质水泥路26.69千米，项目区农民人均增收289元。　（王　勇）

·农业机械化·

【概况】 2015年，高港区新增农机专业合作社22个，其中，植保专业合作社18个，农机服务组织作业面积占机械化作业总面积的69%。农业综合机械化水平79.50%，粮食生产主要农作物耕种收综合机械化水平87.50%。全区农机总动力11.17万千瓦，推广各类新型农机具274台（套），使用农机购置补贴资金330.37万元。6月，全市秸秆机械化还田暨水稻机插秧现场会在口岸街道徐庄村举行；12月，全省设施蔬菜生产机械化现场会在胡庄镇江苏上膳源生态农业发展有限公司举办。

【水稻种植机械化】 2015年，高港区新增高速插秧机24台（套），水稻机插率90.10%；7个镇街中机插率90%以上的有5个，整乡镇推进率71.40%；84个涉农村（社区）中机插率90%以上72个，整村推进率85.70%；实现规模育秧秧池面积68.82公顷。

【秸秆综合利用】 2015年，高港区夏季秸秆机械化还田面积7340.67公顷，秋季秸秆还田5266公顷，还田率超90%。还田补助资金兑付到位。区财政投入资金用于配套补助、工作经费、第三方核查和考核奖补。夏、秋秸秆综合利用率分别为98.50%和97%。

【农机监理】 2015年，高港区落实农机安全生产责任制，深化安全生产专项治理活动，构建"平安农机"长效机制。注册登记联合收割机23台，拖拉机32台。年检拖拉机342台，年检收割机74台；驾驶员换证107人；注销长期脱检变拖358台；投保各类农机政策性保险205份。　（王　勇）

·农业园区·

【概况】 2015年，高港区有各类农业园区10个。其中，省级农业产业园区1个、市级农业产业园区4个、其他特色园区5个。10个园区分别为省级高港现代农业产业园区、胡庄蔬菜园艺产业园区、大泗生态种养产业园、白马现代农业产业园、胡庄粮食现代化种植示范园、江苏中药科技园、高港农业生态园、高港区江鲜养殖园、永安洲御庐果园和胡庄提水养殖园。共涉及5个镇街32个村居，累计投入7.17亿元，建成区面积4553公顷。

【泰州城南现代健康农业示范园区启动建设】 2015年，区委、区政府决定在"十三五"期间重点打造泰州城南现代健康农业示范园区，组织区农委等部门编制园区规划。规划片区位于泰州大桥北接线以东，以胡庄镇、大泗镇、白马镇为核心，围绕泗白路、西干河路、姜高路、张大路、金果路、古宣路"两纵四横"框架，依托省级高港现代农业产业园区现有基础进行拓展建设。规划以"三健三养"（健康生产、健康产品、健康生活，养眼、养生、养心）为理念，打造健康生产示范高地、健康产品供给基地、健康生活三养福地。规划基期为2014年，期限为2016~2020年，分三个阶段。第一阶段（2016年）为重点打造阶段，第二个阶段（2017~2019年）为全面建设阶段，第三个阶段（2020年）为巩固提升阶段。

【市级粮食产业园区】 2015年，高港区胡庄现代粮食生产现代化示范园被认定为市级粮食产业园区。该园区规划总面积约1333.33公顷，以刘元、胡庄、周马、史庄、庵桥、丁庄、汪群为核心区，辐射全镇其他行政村。通过优质稻米项目、高标准农田项目等强化基础设施建设，通过商品化集中育供秧、农机库集中存放、专业社会化服务组织建设等提高规模化粮食生产水平。至年末，全区拥有省级农业园区1个，市级农业园区4个。（王　勇）

工　业

【概况】 2015年，高港区完成工业总产值1871.90亿元，比上年增长20.70%；规模以上工业产值、销售、利税、利润分别达1739.80亿元、1719.70亿元、251.50亿元和153.90亿元，分别增长20.10%、22.60%、28.30%和25.10%。全年实施1亿元以上重大工业项目46个，工业投资187.20亿元，增长48.40%。扬子江药业集团入选中国质量奖提名奖，为唯一获"全国质量标杆企业"的医药行业企业；泰州益嘉物流有限公司被认定为省级重点物流企业；泰州口岸船舶有限公司被认定为省级工业设计示范企业；泰州市博泰电子有限公司、江苏宇马铝业有限公司获批省级企业技术中心；江苏扬泰电子有限公司、泰州中航船舶重工有限公司、益海（泰州）粮油工业有限公司等8个企业获批市级企业技术中心；益海（泰州）粮油工业有限公司、泰州市旺灵绝缘材料厂、江苏宇马铝业有限公司、江苏华夏重工有限公司等10个企业获评泰州市转型升级示范企业；核心港区粮油食品产业集群被认定为江苏省特色产业集群；许庄街道乔杨社区被认定为江苏省农村信息化应用示范基地；益海（泰州）粮油工业有限公司被认定为省"两化"融合示范企业，万向精工江苏有限公司被认定为省"两化"融合试点企业；江苏保力自动化科技有限公司、泰州天鑫机械有限公司、泰州市天圣针织机械实业有限公司、江苏昆仑光源材料有限公司等4个企业被认定为泰州市"两化"融合示范企业，江苏扬泰电子有限公司、泰州市银杏织锦有限公司、泰州市汇锦电子有限公司、江苏浩瀚蓝宝石科技有限公司、泰州新安阻燃材料有限公司等5个企业被认定为泰州市"两化"融合试点企业；临港经济园通过省"两化"融合示范园区复核。（孙　骁）

·新医药产业·

【概况】 2015年，高港区新医药产业实现产值527.90亿元、销售526.50亿元、利税31.30亿元，比上年分别增长7.20%、11.90%、-0.30%。有规模以上企业7个。

【江苏扬子江药业集团凯威药用包装有限公司】 创建于1994年，位于口岸街道春港东路。占地面积13.33公顷，建筑面积2.50万平方米。主要生产药用PVC硬片、药用PVC/PVDC复合硬片、药用PVC/PE/PVDC复合硬片等新型药用包装材料，广泛应用于食品、保健品包装行业。有职工342人，工程技术人员76人，其中，高级职称人员6人。

【扬子江药业集团江苏龙凤堂中药有限公司】 创建于2013年，位于永安洲镇。占地面积约100公顷，总投资50亿元，建成后预计形成年销售100亿元、利税15亿元。项目符合国家食品药品监管GMP要求，建设集中药及保健食品研发、中试于一体的大健康产业基地。（孙　骁）

·粮油食品产业·

【概况】 2015年，高港区粮油食品产业实现产值205.80亿元、销售201.40亿元、利税32.20亿元，比上年分别增长18.90%、26%、17.20%。有规模以上企业9个。

【益海（泰州）粮油工业有限公司】 成立于2006年，位于核心港区内。总投资2.31亿美元，注册资本8900万美元，占地66.67公顷。主要从事大豆、菜籽等农产品生产加工、仓储及销售，是"金龙鱼"系列食用油和米的主要生产基地之一。有日处理大豆6000吨的榨油厂（其中有2000吨生产线也可处理菜籽），日处理毛油1000吨的精炼厂、日分提1000吨的棕榈油分提厂、日罐装1250吨的小包装厂、日加工瓶坯43万只的注塑厂、600吨/天稻谷加工、140吨/天大豆浓缩蛋白，配套建设18万吨筒仓、16万吨储油罐区和内河及长江岸线码头，形成集生产加工、贸易、中转为一体的粮油集散中心。

【江苏汇福蛋白科技有限公司】 创建于2014年，位于永安洲镇疏港北路西侧。总投资30.71亿元。计划占地53.33公顷，年加工油料300万吨，包含2条5000TPD大豆加工生产线和2条1000TPD食用油精炼生产线。

【泰州统实企业有限公司】 创建于2012年，由台湾统一实业股份有限公司投资兴建，位于高港高新区内。总投资9000万美元，注册资本3000万美元，是高港区投资规模最大的台资企业。建有生产线3条和制盖线6条，生产"统一"牌冰红茶、低糖绿茶、鲜橙多、蜜桃多、冰糖雪梨、阿萨姆奶茶、伯爵奶茶、海之言等饮料。

【华润雪花啤酒（泰州）有限公司】 创建于2011年1月，位于高港高新区创新大道东侧，是央企华润集团旗下华润雪花啤酒（中国）有限公司全资子公司。投资1亿美元实施年产60万吨啤酒项目，其中，项目一期主要投资实施年产20万吨啤

华润雪花啤酒（泰州）有限公司

酒项目，项目总投资6000万美元，注册资本1850万美元。采用国际啤酒行业最高工艺标准进行规划和设计，将自动化与信息化贯穿于技术设备、节能、安全、环保等各方面。

【江苏康贝宠物食品有限公司】 创建于1992年，位于许庄街道创业大道南侧，是集研发、生产、销售宠物食品为一体的实业公司。注册资本2000万元，总资产9000万元。

【泰州正大饲料有限公司】 泰州市唯一一家中外合资大型饲料工业企业。由正大集团投资2.50亿元，占地面积8公顷，2012年8月正式生产。采用国内最先进的饲料生产加工设备及中央自动控制系统，建设年产18万吨现代化饲料生产线及配套设施。生产工艺控制采用美国WEM 4000控制系统，系统控制进料、粉碎、混合、膨化、二次粉碎、二次混合、制粒、包装等各个工序。有3条自动化程度高的600制粒生产流水线，全套引进国际先进的超微粉碎系统，形成猪料专业生产线、禽料专业生产线、水产料专业生产线，是正大集团使用的最先进系统。

（孙　骁）

·装备制造产业·

【概况】 2015年，高港区装备制造产业实现产值546.10亿元、销售533.80亿元、利税84.20亿元，比上年分别增长27.70%、28.20%、36.40%，有规模以上企业62个。其中，船舶行业实现产值322.40亿元、销售314.60亿元、利税51.70亿元，分别增长24.90%、25.50%和35.30%，有规模以上企业13个；汽车零部件行业实现产值88.90亿元、销售87亿元、利税11.40亿元，分别增长33.40%、33.40%和44.50%，有规模以上企业26个。

【泰州口岸船舶有限公司】 创立于20世纪70年代初期，有40年造船历史，是国内十强民营造船企业。2015年，公司完工交付18艘船，共约90万载重吨。新接订单24艘，在手订单51艘，共约300万载重吨，生产任务排产至2018年上半年。合作开发新船型产品9项，自主研究开发新技术、新工艺、新工装共22项，申报国家专利共10项，其中4项实用新型专利获授权。自主开发相关应用软件12项，其中6项获国家软件著作权登记证书。公司研发的节能环保型38000DWT散货船和节能环保型4350TEU集装箱船被江苏省科技厅认定为高新技术产品。公司有各类从业人员9000余人，各类专业技术人员1000人，其中，中高级职称400余人，经ABS、BV、CCS、DNV、GL、LR、NK、RINA等船级社认可的有证焊工1000余人，组织各类培训2万人次以上。全年交付船舶均一次试航成功，出厂合格率100%，合同履约率100%。公司先后被国家工商总局、省工商局评为“守合同、重信用”企业。

【泰州三福船舶工程有限公司】 创建于1985年，公司拥有职工近7000余人，各类工程技术人员500人，中高级技术人员120余人，国内外船级社认可发证焊工800余人。固定资产40余亿元。可以承接100000 DWT以下各类散货船、多用途船、油轮/化学品船、拖船、海洋工程船、铺管船以及各类驳船。产品远销德国、希腊、南非、意大利、新加坡、日本、韩国、印尼、中国台湾等国家和地区，得到美国ABS、德国GL、日本NK、韩国KR、法国BV、英国LR等国际船级社的检验和认可。全年企业新开工船舶17艘55万载重吨，交船23艘68.70万载重吨，新接订单25艘37.60万载重吨。公司院士工作站在2013~2014年度全国“讲理想，比贡献”活动中获先进院士专家工作站称号，受到中国科协、国家发展改革委、科技部、国务院国资委联合表彰。11月25日，企业顺利通过CCS质量管理体系、环境职业健康、安全及能源管理体系审核。

【泰州苏中天线集团有限公司】 创建于1986年，2000年改制为有限公司，注册资金8880万元，有员工326人。是国内规模最大、技术开发力量最强、自动化程度最高的汽车天线专业制造商。公司在行业内率先通过汽车行业最高标准ISO/TS16949:2002体系认证；被授予江苏省新标准高新技术企业、江苏省“重合同、守信用”企业、国家火炬计划重点高技术企业、江苏省民营科技企业称号；获大众、通用、福特、标致雪铁龙、奔驰、宝马、菲亚特、现代、克莱斯勒等26个公司的独家配套证书；获江苏东宇国际咨询评估公司颁发的AAA资信等级证书。被国家发展改革委列为汽车电子高技术产业化基地。

【江苏华夏重工有限公司】 2011年3月全面竣工投产，位于永安洲镇育才路南，由泰州市华夏机械制造有限公司投资建设。项目总投资3亿元，注册资本5000万元，占地10.53公顷，使用古马干河岸线500米，总建筑面积6.29万平方米。新建万吨级造船平台1座，船坞宽29米，长136米，适用建造6000吨以下各类挖泥船舶。主要生产排水量6000吨左右的非自航绞吸式挖泥船和排水量10000吨左右的自航耙吸式挖泥船。

【江苏能建机电实业集团有限公司】 创建于1984年，系原国家电力公司定点生产企业，集自动化控制、分离机械、维修机具、医疗机械等制造为一体的高新技术企业。主要生产KGJ空气干燥机、GDJ锅炉炉膛检修吊架、ZLY透平油真空滤油机、小型无气泡真空注抽机、NJ212微机CT过电保护装置、高速列车用闸瓦闸片、DFQ多方位牵引床、蓝宝石晶体等。集团公司下设9个分公司，包括泰州市昊天房地产开发有限公司、江苏鹤天达软件有限公司、江苏永合管业有限公司、江苏浩瀚蓝宝石科技有限公司、江苏昊天闸瓦闸片制造有限公司、泰州市鹤天达大酒店有限公司、江苏省普菲柯医疗器械总厂、泰州市高永化工开发有限公司、泰州市浩瀚物业有限公司。总资产1.28亿元，职工532人，技术人员98人，占地面积8.20万平方米。

【泰州市博泰电子有限公司】 成立于2005年11月，位于永安洲镇马船路10号。专业从事微波高频电路板高频器件研发、设计、加工的省级高新技术企业，是江苏省“两化”融合转型升级示范企业、江苏省企业知识产权管理标准化示范单位、江苏省2015~2016年度电子商务示范企业、江苏省管理创新优秀企业，建有省级高频器件技术中心、省级高频多层电路板工程技术研究中心。注册资本1200万元，占地面积3.33公顷，建筑面积2.19万平方米，总资产9400万元，银行信用等级AAA级。有员工160人，大专以上学历67人，从事研究开发人员31人，博士3人，研究生1人，高级技术人员8人。公司产品多次经江苏省电子信息产品质量监督检验研究院检测合格，通过欧盟ROSH检测CTI标准、ISO 9001质量体系认证、ISO 14001环境体系认证、美国UL安全认证、TS 16949汽车行业质量管理体系认证。

泰州市博泰电子有限公司生产车间

【泰州市惠利电子材料有限公司】 创建于2004年，占地面积3.20公顷，建筑面积1.27万平方米，固定资产4600万元。从事生产与研发电子元器件用各类封装绝缘材料。产品主要应用于汽车和摩托车点火器、节能型照明LED等光电子产品的绝缘封装，以及数码显示器、集成电路、电阻、电容和大型环保防腐设备的表面处理。公司通过ISO 9001质量管理体系认证，产品获美国UL安全认证。

【万向精工江苏有限公司】 系浙江万向精工有限公司全资子公司，2011年3月正式投产，位于高港高新区内。占地面积13.33公顷。主要开发生产“万向WANXIANG”“WGC”牌汽车轮毂轴承单元（第一代、第二代、第三代带ABS电子速度传感器）、汽车轮毂轴承等汽车零部件产品。

【泰州市旺灵绝缘材料厂】 创建于1984年，2000年改制为股份合作制企业，位于永安洲镇马船东路8号。有职工290人，工程技术人员46人，其中高级职称人员11人。固定资产1亿元。主导产品有聚四氟乙烯玻璃布覆铜箔板系列、微波复合介质基片系列、LED铝基板系列、微波电子器件及绝缘、防黏漆布等，产品广泛应用于航天、航空、通信、导航、雷达、电子对抗、无线传感网络、半导体照明等领域。市场占有率90%以上。其产品与神舟系列飞船配套成功，先后获航天科技集团公司、中国载人航天工程办公室等多家单位嘉奖。

【泰州市创新电子有限公司】 创建于2001年，注册资本3000万元，位于临港经济园内。专业从事液晶显示器支架、笔记本电脑转轴、一体机电脑支架、汽车零部件等机构件研发与制造。

【江苏神驰机电有限公司】 创建于2009年2月，由重庆神驰机电股份有限公司投资兴建，总投资1亿元，注册资本3000万元。占地4.20公顷，建筑面积3万平方米，可年产60万台电机和30万台通用机械，产品主要销往美国、加拿大、日本和欧洲。拥有国内及国外专利22项，研发出节能型智能变频电机逆变装置技术。

【泰州市欣港电子材料有限公司】 创建于2010年3月，位于刁铺街道。占地面积2.40万平方米，建筑面积1.30万平方米。有职工126人，其中，残疾人员36人，工程技术人员12人（高级工程师3人，中级职称9人）。

【江苏扬泰电子有限公司】 创建于2013年7月，位于临港经济园东风路南侧。职工568人，研发技术人员170人，固定资产2亿元。主导产品为高密度柔性线路板。年内，公司获得高港区、泰州市技术改造项目资金扶持，通过泰州市企业技术中心认证。

【泰州市宏泰电力设备有限公司】 创建于1994年，占地面积8900平方米，办公楼1196平方米，厂房2270平方米；有车床、刨床、剪板机、折弯机等大型设备11台（套），电焊机、钻床等小型设备数十台（套）。产品广泛应用于电力、石油、化工、冶金、矿山、机械、航空、船舶、铁路多个行业。先后被评为江苏省名优企业、江苏省质量信得过企业、重合同守信用企业、诚信单位、江苏省AAA级资信企业，通过ISO 9001国际质量管理体系标准认证，获中国知名滤油机、升降机十佳品牌称号。 （孙　骁）

·新材料产业·

【概况】 2015年，高港区新材料产业实现产值164.10亿元、销售161.80亿元、利税24.40亿元，比上年分别增长23.50%、26.30%和34.80%，有规模以上企业43个。其中，化工新材料行业实现产值111.40亿元、销售110.70亿元、利税24.40亿元，分别增长25.10%、29.20%和34.80%，有规模以上企业20个；壁纸行业实现产值4.80亿元、销售4.60亿元、利税0.14亿元，分别增长-1.10%、7.90%和-45%，有规模以上企业9个。

【泰州市恒源化织厂】 创建于2001年4月4日，位于口岸街道江平东路。主要生产及销售绳、网、带、吊具、机械工具、染料、颜料、有机硅柔软剂。

【富彤化学有限公司】 创建于2004年10月，位于高永医药化工园区内，注册资金10020万元，占地13.33公顷，员工200余人。公司形成三氯化磷，三氯氧磷，有机磷阻燃剂TCPP、TEP、BDP等完整的产业链。通过ISO 9001、ISO 14001质量体系认证及欧盟REACH认证，先后获得全国氯碱行业标准化工作先进单位、江苏省高新技术企业、江苏省信用等级AAA企业等荣誉，系三氯化磷和三氯氧磷行业标准参与制定单位，中国监控化学品协会理事单位。产品销往全国，并出口欧美等国际市场。

【泰州市亚星塑业有限公司】 创建于1995年，集销售、制造、研发为一体的综合性企业。位于永安洲镇标准厂房区永新路。其前身是泰州市亚星特种塑料器材厂，是中国有机氟（硅）协会会员、中国电子元器件协会会员单位，通过ISO 9001 : 2000质量管理认证。有职工120余人，其中，专业技术人员60余人。主营业务为聚四氟乙烯（teflon）制品、电子元器件用耐温绝缘制品及片式元器件包装用编带材料3大类近100个品种，广泛应用于电子、化工、轻工及航天等领域。具备年产铁氟龙（特氟龙）高温输送带、网带、微波输送带150吨，电磁流量计衬里（四氟防腐衬里）万台，聚四氟乙烯（PTFE）/聚全氟乙丙烯（F46）板、管、棒、膜（活化处理膜）、漆布（塑钢焊布）、胶带150吨，49us系列垫片5亿只，SMD编带千万米的生产能力。

【江苏泰氟隆科技有限公司】 创建于1997年，位于泰州港核心港区永新东路8号，系专业从事高分子新材料研发、生产、销售为一体的科技型企业，通过ISO 9001 : 2008质量管理、ISO 14001 : 2004环境管理及OHSAS 18001 : 2007职业健康安全管理三体系认证，为江苏省民营科技企业、江苏省科技型中小企业、江苏省高新技术企业、泰州市“两化”融合试点企业。产品覆盖聚四氟乙烯（Teflon）系列、功能薄膜系列、电子元器件用耐温绝缘制品及片式元器件承载带系列、太阳能光伏组件应用材料四大系列近百个品种，广泛应用于电子、电器、化工、轻工、航空、航天、军工、船舶、高铁及太阳能光伏等领域。

【泰州市今朝伟业精细化工有限公司】 创建于2000年，位于永安洲镇兴园路19号，集研究、开发、销售为一体的新型医药化工企业。占地1.66公顷，有职工50余人，其中技术人员5人。有中心实验室1个、质检中心1个、生产车间2个及废水处理站1个。以生产经营医药中间体、医药原料药为主体。与上海药物所、沈阳药科大学、上海医药工业研究院、北京化工大学共建药物工程开发中心，建立成果孵化及研究基地。

【泰州市永昌化工有限公司】 成立于2003年9月，位于永安洲镇高永医药化工园区内。占地面积1万余平方米，建筑面积3600平方米。有员工65人，其中工程技术人员8人。主要从事三氯化磷、三氯氧磷、亚磷酸的生产和销售。有三氯化磷生产装置4套、三氯氧磷生产装置4套、亚磷酸生产装置6套。产品市场遍及整个华东地区，并出口到东南亚、欧洲。（孙　骁）

·电力工业·

【国电泰州发电有限公司】 2015年，国电泰州发电有限公司共有员工388人，其中，专业技术人员66人、技能人员225人、应届大学毕业生27人。全年保持人身、设备、基建零事故，机组无非停，实现连续安全生产2777天。完成发电量132.53亿千瓦时，比上年增加16.37亿千瓦时；平均上网电价374.45元/兆瓦时（含税），降低27.94元/兆瓦时。实现营业收入45.55亿元，减少2.29亿元；资产负债率68.51%，降低1.64个百分点；经济增加值（EVA）完成7.82亿元，增加1.13亿元；国税开票销售60.18亿元，上缴税费4.97亿元。实现利润总额12.70亿元，创历史最高水平。先后获江苏省电力行业优秀企业、江苏省厂务公开民主管理示范单位、集团五星级企业等荣誉称号。

安全生产　认真贯彻新安全生产法，严格落实各级安全生产责任制，强化三标管理，持续深化“三反四保”（反行为违章、反装置违章、反管理违章，保人身、保设备、保电网、保供热）工作。在1号机组C修、环保设施改造、安全文明生产整治、二期工程建设等工作方面，发挥安全监督网络的作用，大力开展安全大检查及专项整治活动，共排查并整改安全隐患25条，整改率100%。落实制粉系统防爆、危化品管理、迎峰度夏、防汛抗台、抗战纪念活动保电等专项措施，滚动管理预案，开展反事故演习，巩固全厂保安全的联动机制。结合二期投产新情况，修订应急预案58项，进一步规范应急预案分级响应管理。经过安全文明生产整治，一期通过集团公司首批验收，二期达到投产达标的标准。全年对外签订安全协议349份，进行入场安全教育1356人次。

挖潜增效　开展电力“大营销”工作，实现生产、营销、燃料、财务等专业间的高效协同，抢占电量份额，优化电量结构，提高发电质量，实现度电效益最大化。全年争取外部替代电量10.40亿千瓦时，居五大发电集团（中国华能集团公司、中国大鹿集团公司、中国华电集团公司、中国国电集团公司、中国电力投资集团公司）及同域（江苏）、同类型（火电）、同等级（100万千瓦）第一，增加边际利润3752万元。在直供电扩大交易中签订交易电量7.50亿千瓦时，以占比4.78%的机组容量获得6.03%的直供电量。共争取以热定电、环保、二次再热、直供电奖励基数电量2.40亿千瓦时，增加利润3654万元。实现内部电量优化，二期替代一期发电5.60亿千瓦时，节约燃料成本503万元。全年共采购原煤576万吨，完成集团互保煤任务54.50万吨，平仓销售原煤171万吨，阳光采购299.30万吨，市场煤阳光采购率100%，完成入厂标煤单价448.30元/吨，降低117.50元/吨，比对标企业低55.30元/吨；掺烧经济煤种429.70万吨，掺烧节约燃料成本1亿余元；完成入炉标煤单价464.50元/吨（不含税），降低125.90元/吨，保持入厂、入炉标煤单价在区域内同类型电厂中最优。以成本费用对标为抓手，建立成本管控和资金管控两个模型，实现技改维修维护费、管理费用、财务费用等固定成本的压降和自由现金流的有效管控。银团利率由基准调整为下浮10%，新增融资租赁10亿元，开具不带息票据2.60亿元、带息票据7亿元，平均贴现率3.65%，共节约财务费用1300万元。累计发生财务费用9001.50万元，减少3722万元。

转型升级　通过加强与政府、周边企业沟通，形成区域热电联产新规划。科学预测热负荷，有序推进供热改造，联合益海（泰州）粮油工业有限公司、江苏汇福蛋白科技有限公司两个用热大户，形成3条供热管线的布局，供热量从不到20吨/小时到突破100吨/小时。全年

国电泰州发电有限公司

对外供热44.25万吉焦，实现销售收入2260.19万元（不含税）。副产品经营方面，在保障安全生产的前提下，以提高产品质量为基础，开展外部市场拓展和阳光销售工作，全年综合利用率达100%，实现销售收入4009.30万元（含税）。

节能环保　认真策划实施改造，积极将环保“硬约束”转化为企业竞争力，成为江苏省内首家全部机组实现超低排放的电厂。4月，1号机组完成脱硫提效和加装湿式电除尘改造，一期机组2台百万机组在省内率先实现超低排放，均拿到电量、电价补贴。3号机组严格按照环保三同时，实现投产即达到超低排放。4个煤场全部建成相对封闭煤场，降低扬尘污染和损耗。全年累计获得各级环保引导资金1800余万元。抓实设备管理，严格落实《设备检修标准化作业规范》要求，加强检修过程控制，实施机组检修后评价制度，确保设备治理达到预期目标。1号机组C修后供电煤耗下降2.30克/千瓦时，锅炉效率提高0.30个百分点。一期机组完成供电煤耗286.45克/千瓦时，比上年降低1克/千瓦时，较投产之初降低13克/千瓦时；综合厂用电率2.79%，降低0.32个百分点，厂用电率在集团对标排序中处于第一位，各项技术经济指标在哈电老机型中达到最优。

二期扩建工程　建成世界首台百万千瓦级超超临界二次再热燃煤机组，成为江苏省装机规模最大的电厂。为防范技术风险，多次组织各方对技术方案进行反复论证评审，保证关键技术先进可靠。基建过程中，扎实开展基建双提升工作，认真落实“四高四优五控制”（高标准开工、高水平建设、高质量投产、高效率收尾；设计优化、设备优选、施工优良、调试优质；控制安全、控制质量、控制工期、控制造价、控制环保）的标准要求，全面推行工程精细化管理和洁净化施工，创新开展监造、监装管理和回顾性评审，处理水冷壁、悬吊管、蒸冷器等关键设备存在的设计制造缺陷，优化二次再热机组轴封汽匹配以及启动方式，保证设备投运后的可靠性。2月10日，3号汽机扣盖一次成功；5月26日，3号锅炉酸洗结束；7月5日，3号锅炉冲管结束；8月4日，3号机组首次冲转至3000转/分；9月2日，3号机组完成首次并网；9月6日，3号机组首次带满负荷运行；9月25日，3号机组顺利通过168小时连续满负荷试运。实现厂用电受电、锅炉水压试验、汽机扣盖、锅炉点火、首次并网一次成功，并网后不到一天时间汽水品质便达到运行机组标准，从首次并网到带满负荷出力不到四天时间，成功实现APS一键启动等多个方面的技术突破。机组发电煤耗256.80克/千瓦时，发电效率47.82%，各项指标均达到设计值，处于世界最优水平，得到国家能源局和科技部的充分肯定。至年底，共发电18.10亿千瓦时，实现利润1.40亿元。二期工程项目被国家能源局评为电力安全生产标准化一级工程建设项目。　（张倩倩）

·其他工业企业·

【泰州远大旅游用品有限公司】　创建于2005年，位于临港经济园临港大道。注册资本436万美元，总投资450万美元，占地7.53公顷。主要生产经营桌上游戏台、篮球架、货架等系列产品。

【泰州市科冕木业有限公司】　创建于2011年1月，位于永安洲镇上桥村疏港路，注册资本3.07亿元，占地20.07公顷，计划总投资23.19亿元，建设规模为年进口原木160万立方米（年销售原木100万立方米，年加工原木60万立方米）。主要生产单板层积材、胶合板、中密度纤维板及实木复合地板等。一期年产6万立方米单板层积材项目和10万立方米胶合板项目，于2013年10月建成投产，二期年产500万平方米实木复合地板项目，于2014年12月完成厂房建设。公司单板层积材（LVL）生产线总投入1.40亿元，从芬兰引进，是国内第一条单板层积材生产线。原木经过截断、扒皮、软化处理后，进入该生产线，即可产出长18.30米、宽1.80米的单板层积材，厚度可随需要进行调整，最薄可达1.80毫米。单板层积材为高性能人造板材，具有比普通钢材更高的强重比，弹性、弯曲强度等力学指标是实木的两倍以上，适用于大跨度、高抗震等级建筑物上。

【江苏奥莱克冷链有限公司】　创建于2010年7月，位于泰州港核心港区永安洲标准厂房东侧。职工60余人，其中，技术人员15人以上。主要从事食品冷冻冷藏展示柜生产，为美国通用磨坊、可口可乐、百事可乐、费列罗、瑞士莲等知名食品和饮料生产企业配套供应。一期总投资1亿元，注册资本7000万元，占地面积6.67公顷，建筑面积4万余平方米，2012年6月投产。公司产品获国家专利10项，被评为江苏省高新技术（后备）企业，通过ISO 9001质量管理体系认证，系列产品获中国CCC认证、欧共体TUV/CE认证、美国UL认证。

【泰州乐彩印刷材料有限公司】　创建于2009年6月9日，位于胡庄镇工业集中区，占地面积1.33公顷，厂房面积12000余平方米，总投资4000余万元。是一家专业从事印刷版材生产的制造型企业，生产的阳图型PS版、热敏CTP版、CTCP版材。公司通过GB/T19001、ISO 9001国际质量体系认证。

【泰州金禾商砼制品有限公司】　创建于2004年11月，位于永安洲镇古马干河北侧。2006年1月正式投产。拥有2条HZS120混凝土搅拌楼生产线。主要产品有C10、C15、C20、

C25、C30、C35、C40、C45、C50、C55、C60等系列商品混凝土。拥有汽车泵6台、固定输送泵2台、专用搅拌车30余辆。职工92人，其中，本科以上文化程度10余人，具有职称的工程技术人员和管理人员占企业总人数15%以上。获江苏省混凝土行业质量、安全、信誉AAA级保障单位称号。（孙　骁）

建　筑　业

【概况】2015年，高港区完成建筑施工总产值431.69亿元，比上年增长21.93%；完成工程结算收入228.69亿元，增长28.11%；完成当年工程2723项，建筑面积2479万平方米，竣工工程1726项，竣工面积1241万平方米。完成境外营业额619.50万美元。

【规范建筑市场】2015年，全区工程报监61项，总建筑面积312.53万平方米，总造价48.30亿元，办理外地施工企业信用管理手册19项。建立完善建筑施工企业信用监管平台，开展建筑施工领域"打非治违"专项行动和3次建筑市场综合大检查，立案查处1项违法建设工程，下发停工通知书10份、整改通知书和督办函50余份。

【资质管理】2015年，全区103个施工企业开始新资质就位和换证。完成建筑业企业建造师初始注册、变更注册、注销注册254人次。举办中岗人员培训210人次，技术工人培训875人次，三类人员教育培训717人次，特种作业人员387人次。工程系列中级职称评审通过189人，初级职称评审通过91人。

【工程质量管理】2015年，区住房城乡建设局强化对工程项目参建各方执行建设工程质量管理规定和工程建设标准情况的监督检查，对检查中发现有重大质量问题的项目，及时发出整改通知，限期整改，依法查处违法违规行为。全年创成省优工程2项，创"梅兰杯"等市优质工程10项，"凤凰杯"市建筑装饰优质工程1项，创建省级文明标准化工地4个、市级文明标准化工地5个。

【江苏大江建设工程有限公司】前身为1998年成立的泰州市高港建筑安装工程总公司，同年取得二级施工企业资质。2000年，改制为股份制公司并更名为泰州市高港建筑安装工程有限公司。2007年10月，定为现名。2008年3月，取得房建施工总承包一级资质，同年8月，经商务部批准，获对外承包工程经营资质证书。2015年，完成建筑业总产值44.44亿元，利润7174.80万元，被评为2015年度泰州市建筑业明星企业。

【泰州市宏泰市政工程有限公司】前身为1992年成立的泰兴市煤气设备安装公司，为私人合资企业，1998年定为现名。2004年，取得市政公用工程施工总承包二级资质。2007年，取得专业桥梁施工二级资质。2015年，完成建筑业总产值25.63亿元，利润3581.90万元，被评为2015年度泰州市建筑业十佳专业企业。（姚　翔）

服　务　业

·金　融　业·

■ 金融管理与服务

【概况】2015年，高港区建立企业运行质态"健康档案"，探索设立5000万元金融信贷风险基金，为企业融资提供增信服务。举办第四届"金融超市"活动。至年末，工商银行、农业银行、中国银行、建设银行、交通银行、邮政储蓄银行、招商银行、江苏银行、南京银行、中信银行、泰州农商行、江阴农商行、常农商村镇银行均在区内设有支行。人保财险、人保寿险等14个保险机构开展业务。有小额贷款公司6个，其中，农村小额贷款公司5个、科技小额贷款公司1个，注册资本金9.40亿元，贷款余额11.65亿元，支持客户数691户，累计贷款余额162.09亿元。全区金融机构存、贷款余额348.12元、215.97亿元，比上年分别增长14.40%、26.20%，存、贷款增幅分别高于全市平均水平1.70个和13.70个百分点。

【金融招商】2015年，区金融办积极招引金融机构入驻高港。高港常农商村镇银行落户高港区，为全区第一家村镇银行。全市第一家注册成立的金融控股类企业——泰州金通金融控股有限公司在高港区开业。大泗镇、刁铺街道筹建农村小额贷款公司。泰州农村商业银行在大泗镇设立大泗支行，江苏银行、江阴农商行分别在口岸街道和永安洲镇设立营业网点。

【企业上市服务】2015年，区金融办定期邀请华泰证券、宏信证券、南京证券等券商到泰州市榕兴医疗用品股份有限公司、泰州海天电子科技股份有限公司、江苏海企化工仓储有限公司、龙冉装饰材料有限公司等拟上市企业开展上市指导，详细介绍企业上市融资途径、流程以及奖励措施。成立上市工作领导小组，建立领导小组联席会议制度，协调各职能部门提供行政服务，帮助企业解决土地、房产、环保、社保等历史遗留问题。消除上市障碍，加快上市进程，并多次到拟上市企业实地调研，现场召开上市工作联席会。至年末，泰州海天电子科技股份有限公司、泰州市榕兴医疗用品股份有限公司、泰州友润电子科技股份有限公司取得全国中小企业股份转让系统（新三板）挂牌同意函。

【金融监管】 2015年，区金融办对全区1~9月1亿元以上新开工项目运转资金投入情况进行统计整理并形成报告，掌握项目实施进程和资金运转情况。先后开展打击非法集资宣传和排查等专项行动，印发《高港区打击和处置非法集资专项工作》和《高港区排查清理涉嫌非法集资广告资讯信息活动方案》，开展全区新型农村合作金融组织专项督查，对全区14个农村资金互助合作社挨家走访，建立监管体制，帮助富彤化学有限公司、江苏华夏重工有限公司和江苏庆泰钢结构有限公司等企业完成资金转贷，缓解企业融资困境。引导泰州农商行等银行机构实施按月还本或者按季还本的还贷方式，为企业减轻负担。召开小额贷款公司监管会议，要求各小额贷款公司规范运营。指定专人负责日常监管，建立健全小额贷款公司财务数据和经营情况定期报送制度。定期查询小额公司季度账目情况，了解小额公司实时经营情况及存在问题。

【"金融超市"活动】 5月，高港区举办第四届"金融超市"（金融服务月）活动。开展银证企融资服务推介会、"科技+金融"融合发展对接会、金融形势分析会暨签约仪式等主题活动。最终促成市、区16个银行与61个企业达成70个合作项目，总计金额39.40亿元。区政府与泰州农商行达成战略合作协议，泰州农商行通过设立高港总部，整合原有辖区内9个支行，成立按揭中心、票据中心、大客户服务中心、法律服务中心。（马　霓）

第四届"金融超市"活动

■银　　行

【中国工商银行股份有限公司泰州高港支行】 2015年，支行人民币各项存款余额21.04亿元，各项贷款余额15亿元，实现利润4721万元。

贷款管理　发放国电泰州发电有限公司二期项目3.30亿元营运期贷款及9000万元银团贷款、泰州医药高新区滨江工业园环境综合整治项目3.80亿元贷款。扶持中小微企业和个体经营户发展，重点做好扬泰电子、王老吉江苏业务基地等新项目服务工作，累计发放各类贷款2.86亿元。办理全省首笔进口代收保付2764万美元、全省最大金额进口保理业务3笔5686万美元，并被全省推广运用；办理单证业务7736万美元，名列全辖第二；办理国际贸易融资57041万元，比上年增长46%。推进存量贷款移位管理和风险贷款经营处置，把存量贷款和信贷布局结合起来，加大向优质客户、低资本占用业务的移位力度，保障信贷安全，促进结构调整，提高资本回报。

存款管理　坚持把储蓄存款工作放在突出的位置，发挥比较优势，以优势产品为抓手，拓展储蓄存款新增长点。利用好营销资源，充分发挥支行渠道、产品、费率等综合竞争优势，推动个人资金归集业务发展。把握住"节节高"和"薪金溢"等创新产品上线契机，通过挖转行外优质客户，吸引客户闲置资金和行外资金，抓好日均存款，确保客户收益最大化，促进储蓄存款快速增长。建立理财类业务营销管理的长效机制，加强对市场不同需求的分析和不同时间段销售策略的研究，在确保客户资金在该行体系内流转的前提下，合理配置金融产品。

中间业务　全年实现中间业务收入2266万元，比上年增长339万，计划完成率105.16%，拨备前利润4721万元。以"N+3"（一张银行卡可以配置三种以上银行产品）产品渗透为切入点，围绕重点产品，加强产品组合营销，从源头上拓宽中收途径；发挥网点阵地营销作用，充分挖掘结算、基金、保险、理财产品、分期付款业务、国际业务和电子银行业务增收潜力；重点抓好手机银行客户端用户的拓展，提高活跃度，提升线上金融产品贡献度，继续保持中收增长的强劲势头；严格落实岗位责任，规范中间业务收入，保证业务长期健康稳定发展。

内控管理　结合内控案防形势、监管部门要求、银行面临的发展环境和管理要求，通过案例分析、教育引导、以会代训等深入贯彻从严治行的理念，迅速增强全员的内控案防意识，增强责任感和自觉性。全面推进内控管理纲要的分解落实，强化管理责任，推进支行分管负责人、网点负责人、业务运营主管和科室负责人等管理人员的有效履职，突出抓好网点现场管理，加强业务审核，严格落实责任制。加强员工思想动态管理，准确把握员工思想脉搏，激发员工干事创业情怀，为经营发展提供动力。

服务管理　围绕“服务体验建设年”工作目标，强化服务内生动力的培养，为客户构建更加多元化、更加有层次感的服务体验，全面提升服务品质，积极培育服务竞争优势。强化服务监测和考评机制，健全和落实责任机制，改善和加强客户评价及投诉管理机制，加强服务管理队伍建设。强化部门间沟通协调，明确目标，稳步推进，较好地完成服务工作年度工作任务，客户满意度和社会美誉度明显提高。组织开展优质服务样板网点创建活动，支行营业部被省分行树立为服务水平优、客户满意度高、经营业绩好、示范能力强的优质服务样板网点。

（魏金山）

【中国农业银行股份有限公司泰州高港支行】 2015年，支行本外币各项存款余额52.24亿元，净增7.53亿元；各项贷款余额20.53亿元，净增3.79亿元。支行先后获得总行五一劳动奖状、总行和省行安全保卫先进单位等荣誉称号，内控评价连续6年保持一类行水平。全年未发生重大案件、责任事故和有影响的风险事件。

资产业务　以个贷客户经理为主力军，全面带动辖内各营业网点客户经理的营销热情，大力推进区内新开发楼盘和二手房中介的营销拓展工作，全年成功签约4个新楼盘，年末个人贷款增量达7300万元，增量份额始终保持同行业第一的位置。面对经济下行、潜在信用风险加大的严峻形势，主动调整投放策略，稳步推进信贷结构调整。紧紧抓住与政府平台合作的机会，实行滚动营销项目贷款，成功营销江苏望涛投资有限公司项目贷款、江苏泰高高速公路有限公司项目贷款、国电泰州发电有限公司项目贷款。紧紧围绕产业园区优质企业、农业产业化龙头企业、供应链上下游企业、科技创新型小微企业4类客户进行集群营销，整合信贷资源投向运行质态优、科技含量高、发展前景好的小微企业以及贴现、质押等低风险信贷业务，信贷结构和资产质量逐步改善。

负债业务　通过组织实施“春天行动”“激情仲夏”和“赢在金秋”等专项竞赛活动，强化网点外拓营销、实施客户分群营销、做实大堂协作营销、加强贵宾客户维护、推进产品组合营销、发挥资产业务杠杆作用等，夯实存款基础，打牢日均份额，提升整体贷存比，实现本外币各项存款高平台上的平稳发展。其中，储蓄存款余额25.69亿元，净增1.67亿元；人民币对公存款余额25.02亿元，净增4.76亿元；外币存款余额2382万美元，净增1675万美元。

中间业务　实现中间业务收入2948万元，实现拨备前利润10273万元、拨备后利润9352万元，全行人均拨备后利润近112万元。既注重零售业板块中收的颗粒归仓，围绕电卡业务体系建设，通过支行强势推动、网点全员营销、公私批零联动，促进电卡业务有效发展；又注重对公板块中收的拓展营销，围绕信托融资、私募债、存放同业等新兴业务，抓好国际结算业务收入、贸易融资手续费收入以及外汇交易类收入，全面实现中间业务收入的稳步增长。

（张国太）

【中国银行股份有限公司泰州高港支行】 2015年，支行本外币存款余额42.82亿元，净增2.73亿元，其中，公司存款余额23.39亿元，储蓄存款余额19.43亿元。本外币各项贷款余额17.70亿元，净增0.75亿元，其中，公司贷款余额13.11亿元，个人消费贷款余额4.59亿元。

存贷协调发展　秉承“存款立行，贷款兴行”经营理念，继续巩固与泰州口岸船舶有限公司、扬子江药业集团等传统优质客户互赢互利的战略关系，强化沟通与服务，争取更多份额，确保存款稳定。对接好辖区各大工业园，拓展企业客户，争揽核心存款，成功争揽泰州大桥大额存款7亿元，新滨江公司债7.90亿元。加大对代发薪业务的争揽力度，巧抓储蓄存款增长源头，带动基础客户群增长。提升惠裕支行服务，牢牢抓住扬子江药业集团供销员月末回笼资金，增强个人VIP客户核心存款揽存。跟进中海油气（泰州）石化有限公司、泰州长江大桥等重要项目，做好金融服务。抓住时间窗口积极叙做公司授信业务，实现泰高高速投放1.43亿元，中海油气（泰州）石化有限公司累计投放4.05亿元，泰州口岸船舶有限公司投放2.45亿元。

国际结算业务　实现国际结算市场业务量5.70亿美元，同业排名第一。新增跨境人民币结算业务7.41亿元人民币，新增远期结售汇1.04亿美元，在全区同领域内名列前茅。为中海油气（泰州）石化有限公司成功叙做金额合计1.25亿元的国内信用证项下买方付息的福费廷业务，系全省首笔创新型产品。

内控管理　组织员工参加增强员工综合素质系列培训、员工违规处理办法学习、典型案例学习会议等活动，提升全员内控合规意识、业务技能和职业操守。组织全员观看总行警示教育片，组织民间借贷和非法集资专项排查，提升全员内控防案水平。

（程伟倩）

【中国建设银行股份有限公司泰州高港支行】 2015年，支行本外币各项存款余额47.44亿元，净增5.08亿元，各项贷款余额43.32亿，净增15.07亿元，对公存款新增4.36亿，实现中间业务收入5139万元。

资产业务　注重传统对公资产业务的发展，强化对国电泰州发电有限公司、泰州三福船舶工程有限公司、泰州口岸船舶有限公司等传统优质客户的综合化服务。在重大园区、重大企业、重大项目上加大服务力度，增强与高港高新区、核心港区、临港经济园三大园区间合作关系。当年贷款投放量居高港区四大行第一。

负债业务　在个人金融业务方面重点引入全量资金，在抓个人存款的同时大力发展理财、保险、基金业务，突出资金总量概念，以客户为抓手，在考核资源上予以支持。着力调整存款结构，尽量将低付息成本，业务经营模式向“综合、集约、智慧、创新”转变。公司存款方面，通过理财产品质押实现外币存款的大幅增长。

创新转型　坚持创新发展理念，通过转型创新谋求业务发展。做大做强个人资产业务，推动个人资产业务再上规模。实现对公产品创新，投放国电泰州发电有限公司融资租赁保理贷款5亿元，在泰州分行系统内办理首笔“汇金宝”业务，“汇金宝”业务量占江苏分行系统一半以上。拓展借记卡行业应用，成功发放“天逸华府智能管家卡”，推广实施小区APP项目。

（许佰岳）

【交通银行股份有限公司泰州高港支行】 2015年，支行本外币各项存款余额20.78亿元。发放各类贷款14.64亿元，其中，大企业12.75亿元，中小企业及个人贷款1.89亿元，年末贷款余额17.65亿元；国际业务结算10.04亿美元；实现经营利润4145万元。大力发展资产业务，支持政府重点项目发展，加大城市建设投入，发放高港高新区土地平整项目贷款4亿元；服务实体经济，把握实体企业的真实需求，为多家实体企业新增贷款，其中，为泰州福海钢结构有限公司发放贷款1000万元、泰州鑫海科能新型材料有限公司发放贷款500万元等；重点帮扶小微企业，加大利率优惠。发放低利率科技贷款，其中，为泰州友润电子科技股份有限公司发放科技型贷款500万元，为泰州海天电子科技股份有限公司发放科技型贷款300万元，为泰州汇锦电子有限公司发放科技型贷款500万元。

（凌　杰）

交通银行

【中国邮政储蓄银行股份有限公司泰州市高港支行】 2015年，支行共实现各项存款余额19.37亿元，贷款余额13.17亿元。被中国邮政储蓄银行总行评为2015年度全国先进支行。

贷款业务　通过与区金融办、工商部门的合作，实现“信息同享”“服务同步”，锁定优质客户进行实地走访，了解中小企业的贷款需求，筛选一批重点服务企业、农业产业化龙头企业、商贸流通企业，提供差异化融资服务。

业务拓展　加快中间业务发展，按照政府统一规范财务报账体系的要求，批量办理发放邮储信用卡公务卡。推出“鑫鑫向荣”理财系列，5万元起存，灵活期限，随用随取，按档计息，在保证客户资金流动性的前提下实现客户理财收益最大化。

（包粉华）

【招商银行股份有限公司泰州高港支行】 2013年12月10日正式开业。2015年，支行本外币各项存款余额8.02亿元，贷款余额9.05亿元。秉承“因势而变，因您而变”经营理念，充分利用网络科技、移动互联网技术，创新服务手段，拓展服务渠道，率先实现所有个人客户通过网上个人银行、手机银行APP办理境内任何转账，均享受零费率。打造天天24小时随时转入转出理财产品“朝朝盈”，新增“周转易”“随借随还”等多款贷款产品。

（朱湘云　陈　乐）

【江苏银行股份有限公司泰州高港支行】 2015年，支行本外币各项存款余额30.70亿元，净增9.30亿元。其中，储蓄存款净增0.50亿元，公司存款净增8.80亿元，对公存款日均新增15亿元，计划完成率187%。各项贷款余额27.50亿元，净增5.20亿元，其中，个人贷款余额1.70亿元，净增0.80亿元；公司贷款余额25.80亿元，净增4.40亿元。完成中间业务收入4870万元，计划完成率225.44%；完成国际结算业务量1.39亿美元。全口径小企业贷款新增2.89亿元，户数新增15户。

（汪　俊）

【南京银行股份有限公司泰州高港支行】 2015年，支行共有员工20人，存款余额32.96亿元，净增9.96亿元。其中，企业存款30.47亿元，净增9.87亿元，储蓄存款2.49亿元，与上年基本持平；贷款余额14.50亿元，其中，公司贷款余额13.65亿元，净增4.35亿元，个人类贷款0.85

亿元，与上年基本持平。

金融服务 调整信贷结构，支持区域重点项目建设和重点企业的信贷需求。服务区域小微企业，解决小微企业融资难问题。全年表内外授信总额27.47亿元。打造"金梅花"理财品牌和"信易贷""购易贷""房易贷"等个人金融服务产品。

服务社会 全年举办系列金融知识专题宣传6次，常年在厅堂进行防范通读网络诈骗宣传，全年无一起此类案件发生。关心社会弱势群体，为各类福利机构捐送物资达万余元。（汤冬梅）

【中信银行股份有限公司泰州高港支行】 2014年12月18日正式开业。2015年，支行一般性存款日均余额8.65亿元，净增0.56亿元，时点达到10.71亿元，净增2.13亿元；其中，对公日均存款为8.02亿元，净增0.32亿元，时点为9.66亿元，净增1.49亿元；储蓄日均存款为0.63亿元，净增0.24亿元，时点为1.05亿元，净增0.64亿元。各项贷款余额8.25亿元，净增2.92亿元，其中个人贷款0.17亿元。

金融服务 快速推动项目进展，12月，口岸水景街区4亿元经营性物业获批，2015年成功投放2亿元。加强产品交叉销售提升结算类存款，以吸收低成本为重点，上半年新开募集资金账户1户，最高时点余额达4.08亿，全年新增结算存款日均余额3500万元。强化国际业务，推动中间业务快速发展，成功办理1565万美元国际购付汇业务和1000万美元二合一产品。

客户服务 与扬子江药业集团等多单位公私联动营销，实现"1+1＞2"联动效应。利用手机银行、信用卡等延伸服务渠道半径。与滨江工业园区合作，成功代发1800余户年终分红，代发金额超1000万元。建立贵宾客户档案，按管理资产一对一开展客户维护工作。注重对贵宾客户的服务，加强对贵宾客户重大节日、重要纪念日的回访工作。（郑宝鹏）

【江苏泰州农村商业银行股份有限公司新港支行】 2015年，支行各项存款余额22.49亿元，净增8.95亿元，比上年增幅66.1%；各项贷款余额7.01亿元，净增0.88亿元，增幅14.35%。全年实现营业利润0.32亿元。

信贷投放 坚持以立足地方经济发展为主线，着力优化信贷资源配置，积极服务区重点项目、重点企业，以及园区和镇街建设，大力扶持实体经济发展。全年累计投放贷款0.87亿元，利息收入6000万元。

产品创新 围绕地方经济发展需要和城区居民日益丰富的金融服务需求，支行着力加大惠农、惠民、惠及中小企业发展转型的服务产品和服务手段创新。推出"科贷通""诚信贷"等信贷产品，创新"转续贷""接信融资通"等还贷服务方式，启动"商铺+物业+银行"小微贷款营销模式。（祝正祥 潘浒）

【江苏江阴农村商业银行股份有限公司高港支行】 2015年，支行本外币各项存款余额4.30亿元，比上年增长49.06%；贷款余额3.19亿元，其中，小微企业贷款余额9800万元，占比22.33%。

存贷业务 实行人民币存款利率一浮到顶，全部上浮30%。推出多样化的特色存款业务。完善授信模式，重点针对园区、乡镇小微企业开展各项金融服务。

特色业务 加快特色业务发展，推出芙蓉创盈理财产品，年化收益率4%~5%，资金用途清晰明确，主要投向债券、货币市场金融工具等高流动资产。奉行"离你最近，和您最亲"服务理念，最大限度降低存贷风险，实现客户存款受益最大化，得到社会各界的广泛认可。

中间业务 全年完成国际业务结算量156.50万美元，结售汇125.20万美元；个人理财业务5264万元；新增企业网银35户、个人网银50户，手机银行签约144户。（仇文鸣）

【泰州高港常农商村镇银行有限责任公司】 2015年4月8日正式开业。全年实现各项存款余额4878.39万元，各项贷款余额10635.94万元。

特色业务 针对扬子江药业集团销售推出"兴佑贷"产品；同期推出智能存，利率按照同档次整存整取定期存款利率分段计算利息，在保证客户存款流动性的前提下实现客户存款收益最大化。（汪悦）

■保　　险

【中国人民财产保险股份有限公司泰州市分公司高港营业部】 2015年，营业部实现总保费收入7595万元，比上年增长20.38%；其中，车险保费收入4471万元，增长17.37%；非车险保费收入2639万元，增长26.69%；农险保费收入485万元，增长5.25%。全年实现表结利润1389万元，完成年度计划的171.91%。（季丹）

【中国人寿保险股份有限公司泰州市分公司高港营业部】 2015年，营业部实现总保费收入1.52亿元，比上年增长11.76%，其中，个人保险业务实现保费收入7707万元，银行保险业务实现保费收入6605万元，团体保险业务860万元。

业务发展 标保年度预算目标达成率113%，比上年增长68%；首年期缴达成全年目标108.39%，增长55.24%。银保渠道在满付压力巨大的情况下，做到业务发展不停滞，强化网点沟通、项目运作和平台运作，业务额度稳中有升。团险渠道通过调责增费等择优承保优化业务结构，不断拓宽业务市场，在蓝海项目上取得新突破。短险业务以及意外险业务保持稳定增长，增幅列全市第一。

内部管理 强化合规经营，防

范和化解经营风险。开展打击非法集资活动，加强教育宣导和风险排查。按照内控手册的要求，各部门、各岗位认真排查风险控制措施执行情况，对排查中发现的问题，限期进行整改。落实反洗钱各项工作，对重点岗位、重点人群进行梳理，确保反洗钱工作的规范性和有效性。落实销售督查工作，开展销售误导专项检查，加强诚信教育，组织销售人员观看警示教育片，从源头上控制经营风险。（赵桂根）

雕花楼四方阁

·旅　游　业·

【概况】2015年，高港区共接待游客62.10万人次，比上年增长72.90%；实现旅游总收入8731.16万元，增长20.06%；旅游产业带动周边就业1334人。各旅游项目上争省、市旅游专项引导资金112万元。全区新创成省四星级乡村旅游点、三星级乡村旅游点各1个。全年旅游行业无安全生产事故，实现旅游零投诉。

【口岸雕花楼景区】2015年，口岸雕花楼景区全面升级，总占地面积8.80万平方米，集楼景、水景、桥景、街景于一体，融休闲娱乐、餐饮购物功能。年内，景区举办旅游活动，主要包括水景街区首届风筝节、“爱在雕花楼，全城寻爱”大型相亲活动、啤酒美食节、全国“文化遗产日”民俗展示活动以及“我唱我精彩，声动泰州城”口岸雕花楼专场等。全年景区接待旅游人数52万人次。

【旅游项目建设】2015年，全区新开工或续建旅游项目11个，完成投资额8.59亿元。其中，景区类项目包括口岸雕花楼景区提升工程、白马海军诞生地博览园、江苏中药科技园、凤栖湖景区水生态治理4项，完成投入4.42亿元；乡村旅游类项目包括胡庄生态旅游健康养生服务项目、天德园、御庐园生态果园、白马庙森林公园、杏都葡萄园配套设施建设5项，完成投入1.28亿元；基础设施类项目包括海军大道东延工程建设和明发国际大酒店基础设施建设2项，完成投入2.89亿元。

【旅游品牌创建】2015年，上膳源泰州农场获评江苏省四星级乡村旅游点，杏都葡萄园获评江苏省三星级乡村旅游点，口岸雕花楼景区被列入江苏省2016年国家AAAA级旅游景区创建计划。全区有国家AAA级旅游景区1个，三星级酒店1个，省四星级乡村旅游点2个，省三星级乡村旅游点1个，省二星级乡村旅游点2个，省级工业旅游点1个，省二星级旅行社1个。（仲伯荣）

·物　流　业·

【概况】2015年，高港区实现物流业增加值9.51亿元，比上年增长17.40%。有规模以上物流企业36个，从业人员3906人，营业收入21.49亿元，比上年增长16.28%；规模以下物流企业95个。全年港口货物吞吐量3050.73万吨；集装箱吞吐量21万标准箱。总投资5亿元的东君集装箱配套物流项目成功落户，江苏汇福粮油物流项目、益海（泰州）粮油工业有限公司小码头群改造等一批沿江物流项目启动建设。临港快递产业园成功入选2015年度江苏省“十百千”行动计划重点项目。（秦伟峰）

2015年高港区规模以上物流企业一览表

表10

企业名称	企业名称
江苏鑫诚运输有限公司	泰州港明船务有限公司
泰州市上桥运输有限公司	泰州市海顺水运有限公司
泰州市高港区华凯运输有限公司	泰州益嘉物流有限公司
江苏正德物流有限公司	泰州港盛船务有限公司
泰州婷婷运输有限公司	泰州市永安洲镇交通运输服务公司

续表10

企业名称	企业名称
泰州市泰盛运输有限公司	泰州市高港区四达运输公司
泰州市源通运输有限公司	泰州市万顺运输有限公司
泰州市悍马运输服务有限公司	泰州港务集团有限公司
泰州市盛源运输有限公司	泰州益海码头有限公司
泰州市万峰运输有限公司	泰州市高港区永安起重有限公司
泰州新港物流有限公司	泰州永安港务有限公司
泰州龙马货运有限公司	泰州市高港区永安船舶代理有限公司
泰州市天路运输有限公司	泰州益友船务代理有限公司
江苏优力博国际货运代理有限公司	泰州鸿宇国际货运代理有限公司
泰州市天都运输有限公司	江苏海企化工仓储股份有限公司
泰州华盛物流有限公司	泰州中瑞物流有限公司
江苏泰州大桥有限公司	泰州圆通速递有限公司
泰州长丰海运有限公司	泰州顺丰运输有限公司

·通　　信·

■ 电　　信

【概况】 2015年，中国电信股份有限公司泰州分公司高港区局（以下简称“区电信局”）完成业务收入9840万元，净增智能机用户0.80万户，净增移动用户0.60万户，净增宽带用户0.30万户，净增ITV信息互通频道用户0.50万户。

【网络建设】 2015年，区电信局在全区范围内快速推进光纤到户工程建设，全面提供100M接入能力，实现全区所有镇、村FTTH全覆盖。新增覆盖住户3.56万户，总体覆盖率由年初68.90%提升至99.04%，实现光纤宽带在全区无条件受理。加快4G网络建设，累计开通4G基站202个，基本实现全区4G网络无缝覆盖，有效面积覆盖率由年初4.20%提升至95.80%，人口覆盖率98.30%，4G下载速率均值达到50.2Mbps，上行速率均值接近25Mbps，较好地实现移动终端执法和视频通话等大数据、高速率业务需求。（孙　伟）

■ 移动通信

【概况】 2015年，中国移动通信集团江苏有限公司泰州分公司高港营销中心（以下简称“高港移动”）用户规模达19万户，运营收入超过1.27亿元，比上年增长5.50%。积极参与企事业单位信息化建设，全年新增签订专网专线、一网通146条，范围覆盖全区7个镇街，产生收入298万元。积极参与惠民工程建设，协助区人力资源社会保障局完成金保线路建设，实现全区村、社区的线路覆盖。

【网络建设】 至2015年，高港移动累计建成宏站288座（其中4G建设268个），累计建成2G室内分布系统102个、3G室内分布系统63个、4G室分布系统60个，累计建成62处WLAN（无线局域网）热点覆盖区域。

【业务发展】 2015年，高港移动新建宽带小区27个，新增覆盖9801户，总覆盖6.90万户，90%以上小区和村（社区）实现宽带接入。全年宽带用户净增6998户，用户规模提升49.60%，覆盖区域渗透率31%。对宽带用户进行网内20M免费提速，基本满足用户对网速需求。（王　艳）

■ 联合通信

【概况】 2015年，中国联合网络通信有限公司泰州市高港区分公司（以下简称“高港联通”）完成通信服务收入2002.80万元。共建4G基站72座、3G基站12座、2G基站40座，新增合作厅14个、便利店82个。

【业务发展】 2015年，高港联通围绕“沃3G”品牌，结合存费送机合约计划、购机送费合约计划，尤其是苹果手机合约计划实施方案，实现2G业务稳步增长、3G业务快速增长目标。全年累计发展2G用户9736户；3G、4G用户37216户，其中，合约机用户近7000户。新增宽带用户683户。（邹　群）

·商贸流通·

■ 市场建设

【商品市场】 2015年，全区有各类商品市场16个，其中，农贸市场10个，工业品消费市场1个，小商品市

红星美凯龙国际家居广场

场1个，建材家居市场3个，工艺品交易市场1个。

【鲜活农产品直供社区示范工程】 上半年，江苏泰供海诞现代农业发展有限公司完成2014年度鲜活农产品直供社区示范工程9个直供店、10个直供点建设，12月，项目顺利通过验收。全年共完成总投资185.65万元，新增就业人数18人，新增营业收入约500万元。

【成品油市场监管】 2015年，全区有加油站（点）22个，其中，中石化12个、中石油2个、社会加油站8个（水上加油点共4个）。21个加油站（点）完成成品油零售经营批准证书年检工作。配合市规划设计院做好“十三五”期间加油站布点规划，上报“十三五”期间加油站布点规划8个，其中新增布点4个。（焦　岩）

■ 批发零售业

【概况】 2015年，高港区社会消费品零售总额43.97亿元，比上年增长9%。其中，批发贸易额18.29亿元，零售贸易额21.94亿元，住宿营业额923.50万元，餐饮营业额3.65亿元。（尹　曦）

■ 粮食购销

【概况】 2015年，高港区粮食系统完成地储粮轮换、库存检查、全社会粮食食用油及油料供需调查、仓储企业熏蒸作业备案、地方应急粮油加工企业落实、烘干中心建设等工作。全区原粮收购123643吨，其中，小麦30944吨，粳稻92699吨；累计销售27951吨，其中，小麦13239吨，粳稻14712吨。

【烘干中心建成】 上半年，高港区投资160万元新建日烘干能力200吨的大泗烘干服务中心，配备烘干机、热风炉、粮食输送设备、粮食保管设备（空调、测温设备）等设施。下半年，中心在收购期间24小时不停机为周边农户烘干粮食4500吨。

【“粮食银行”建设】 2015年，高港粮食购销公司与25个农场主签订600公顷粮食订单，无偿帮助农户运输到库，为有信誉的农场主筹款40万元，帮助解决购买化肥农药的资金困难，保障农户种粮积极性。（毛梅林）

【粮食流通监督检查】 2015年，区商务局协调服务益海（泰州）粮油工业有限公司取得粮食收购许可，对辖区内取得粮食收购许可证的所有法人、其他经济组织和个体工商户进行粮食收购资格核查2次。持有粮食收购许可证的经营户共20户，其中，国有9户、民营企业4户、港澳台商及外商投资企业2户、个体工商户5户。全年夏粮、秋粮收购期间进行监督检查57次，出动执法人员172人次，检查在辖区从事收购活动经营者19个，其中，政策性粮油委托收储库点数1个。完成升级改造放心粮油示范柜8个、放心粮店2个。

【粮食行业安全生产】 2015年，高港区实现粮食行业安全生产零事故。组织开展粮食行业消防安全排查活动，共出动检查人员270余人次，检查粮食系统安全生产，回访、督查户数110户次，排查安全隐患13个，先后发出整改通知书10份。在夏季防尘防暴专项检查中，采取聘请行业安全生产专家检查现场和企业间互查相结合的方式，先由省属粮库与地方粮油加工企业进行互检，再请安全专家对全区粮食企业作逐一全面检查排查，对企业安全生产提出整改意见，并督导企业提高安全生产规范化程度。加强对检查档案的整理，做到检查有方案、有组织、有通知、有检查、有整改、有总结，形成完整的档案。（周　洪）

■ 供　销

【概况】 2015年，高港区供销系统实现商品销售总额64.12亿元，消费品零售额43.73亿元，农产品购销12.61亿元，农副产品交易额16.07亿元，连锁销售额19.68亿元，农资销售7917万元,电子商务农产品销售8000万元,基层社销售1.68亿元,实现利润1881万元。新建庄稼医院3个,创建农民专业合作社4个,杏都葡萄、永诚蔬菜专业合作社为省级农民专业合作社示范社。提档升级为农服务社6个,龙窝为农服务中心、宗林为农服务社为省级样板社。区供销总社获2015年全市供销系统综合业绩考评特等奖。泰州市福齐天生物科技有限公司、江苏上膳源生态农业发展有限公司被评为全市供销系统十强企业,永安洲、口岸街道供销合作社被评为全市供销系统十佳基层社。

【基层供销合作组织建设】 2015年,区供销社系统提档升级为农服务社6个,新建庄稼医院3个,全部通过省、市供销社验收。全区91个为农服务社实现销售额5.99亿元,比上年增长10.72%。领办、参办农民专业社4个,全区43个农民专业合作社实现销售额7.73亿元,增长1.84%。全区8个基层供销社实现销售额1.68亿元,增长4.35%。

【农产品农村电子商务建设】 2015年,区供销系统建立特产中国高港馆、51赶网、乐村淘O2O电子商务平台。高港区建成省级电子商务示范区。投资50万元在全区7个镇街建立8个村(社区)电商服务站,投资120万元注册成立绿篱笆电子商务公司、港德电子商务公司、海港农产品电子商务公司、乐村淘电子商务公司。全年实现线上销售2亿元,其中,农产品销售8000万元。制定出台《高港区农村电子商务奖励扶持办法》,举办"电商进农村"培训班30次,受训人员1400人,全区新增电子商务企业100余个,各类网店694个。

【社有企业发展】 2015年,泰州市集泰农产品有限公司与南京林业大学、武汉轻工学院、甘肃农业大学合作,研发银杏仁、银杏晶、银杏粉、银杏奶茶等产品,投入300万元引进生产流水线。区供销社投资350万元参股发展江苏上膳源现代农业发展有限公司、投资350万元参股发展泰州乐太食品有限公司、投资200万元参股发展永安普安大药房有限公司。完成泰供海诞农产品有限公司"农超对接"改扩建项目申报。制定出台《2015年高港区供销合作总社社有企业业绩考核办法》,全年社有企业实现销售8.20亿元、利润800万元。

【建成省级农民专业合作社示范社2个】 12月,杏都葡萄专业合作社、永诚蔬菜专业合作社获评省级农民专业合作社。

杏都葡萄专业合作社 创建于2007年4月,位于胡庄镇薛垛村,总面积33公顷,注册资金900万元,供销社参股360万元,占注册资金40%,合作社社员总数204户,带动农户1051户。"杏都牌"夏黑葡萄、巨玫瑰葡萄、甬优一号葡萄和醉金香葡萄获中国绿色食品发展中心颁发的绿色食品证书。2015年,合作社销售总额1050万元,实现效益120万元。

永诚蔬菜专业合作社 创建于2010年2月,位于白马镇陈家村,总面积20公顷,注册资金416万元,供销社参股78万元,占注册资金18.75%,合作社社员总数212户,带动农户1035户。"永诚牌"大白菜、青椒、油桃、茄子、黄瓜、莴笋等蔬菜获农业部农产品质量安全中心颁发的无公害农产品证书。2015年,合作社销售总额1080万元,实现效益80万元。

【建成省级样板社2个】 龙窝口为农服务中心创建于2009年10月,服务中心总面积2200平方米;宗林为农服务社创建于2010年10月,服务总面积1800平方米。2个为农服务社(中心)都设有"一牌、二市、二场、八家、八室"。"一牌",按照全省统一样式悬挂为农服务社标牌;"二市",设有农资超市和日用品超市,日用品超市经营品种1100种以上,农资超市经营品种65种以上,日用品配送比例60%,农资配送比例80%;"二场",设有篮球场和健身场;"八家",设有党员之家、人大代表之家、政协委员之家、民兵之家、工会之家、妇女之家、老年人之家和残疾人之家;"八室",设有医疗卫生室、计生服务室、文体活动室、图书阅览室、村民电教室、民事调解室、村民代表议事室和警务室。12月,被江苏省供销合作总社评为省级样板社。 (高庆东)

·住宿餐饮业·

【概况】 2015年,全区限额以上住宿餐饮企业15个,星级酒店1个,连锁酒店2个。全年住宿业实现营业额923.50万元,餐饮业营业额3.65亿元。

【烹饪餐饮行业协会工作】 2015年,高港区烹饪餐饮行业协会指导餐饮企业调整经营策略,走大众餐饮之路。10月24日,组织3个餐饮企业参加江苏国际餐饮博览会。11月18日,组织5个餐饮企业参加市烹饪餐饮行业协会举办的泰州美食展暨秋冬新品发布会。每季度,组织4个餐饮企业送烹饪技艺进社区公益活动。春节前,组织7个企业开展"送年夜饭走进敬老院"活动。 (尹 曦)

综合管理与监督

发展规划管理

【概况】2015年，全区实现固定资产投资304.65亿元，比上年增长23.20%。完成服务业产业投资95.50亿元，增长38.97%。区发展改革委上争项目14个，获各类扶持资金1.63亿元。全区签约1亿元以上项目89个；新开工1亿元以上项目60个，其中，10亿元以上项目5个，30亿元以上项目2个。

【“十三五”规划编制】2014年8月，高港区启动《高港区国民经济和社会发展第十三个五年规划》(以下简称“十三五”规划)编制工作，成立规划编制工作领导小组，在区委常委会领导下开展工作。多次召开专题会议，对“十三五”的指导思想、目标定位、主要任务等重大问题进行研究。采取政府统筹安排、职能部门分工负责方式，开展29个规划前期重大课题研究，区政府召开前期课题成果研讨会，形成约60万字《高港区“十三五”规划前期课题研究成果汇编》。在规划编制之前，对重大问题进行研究，形成基本思路，进而再编制规划。2015年初，区政府开始组织研究起草“十三五”规划基本思路，经过4次征求意见，由区政府常务会议审议通过。区委研究起草建议，征求各地、各部门、各单位意见，专门听取人大代表、政协委员、离退休老干部意见。建议经区委常委会及常委扩大会多次讨论研究、三轮修改后，最后经区委四届六次全会审议通过，用于指导编制“十三五”规划纲要。根据区委四届六次全会精神，区政府按照区委建议要求，编制完成纲要初稿，征求意见。纲要在区委建议的指导下，对“十三五”时期的发展目标、重点任务、重大项目、政策措施等方面进行细化和深化，将区委、区政府重大决策部署落实到“十三五”规划中。区政府办公室印发《关于下达“十三五”专项规划编制计划的通知》，确定城镇化、战略性新兴产业发展、生态建设、环境保护等31个重点专项规划，为总体规划提供必要的支撑和细化。纲要初稿编制完成后，征求区人大常委会、区政协、园区、镇街、部门和社会各界意见，并根据意见建议修改完善，报市发展改革委衔接。

“十三五”时期高港区经济社会发展主要指标一览表

表11

分　类	指　　标	“十三五”时期目标	属　性
经济强	地区生产总值年均增长(%)	10以上	预期性
	一般公共预算收入年均增长(%)	14以上	预期性
	固定资产投资累计(亿元)	2000以上	预期性
	社会消费品零售总额年均增长(%)	10左右	预期性
	进出口总额累计(亿美元)	65以上	预期性
	实际注册利用外资和港澳台资累计(亿美元)	10以上	预期性
	研发经费支出占地区生产总值比重(%)	3.80左右	预期性

续表11

分类	指标		“十三五”时期目标	属性
经济强	科技进步贡献率（%）		65以上	预期性
	每万人发明专利拥有量（件）		12	预期性
	户籍人口城镇化率（%）		67以上	预期性
	服务业增加值比重（%）		42左右	预期性
	高新技术产业产值占规上工业产值比重（%）		51以上	预期性
	现代农业发展水平（%）		92以上	预期性
	港口发展	货物吞吐量（万吨）	8000以上	预期性
		集装箱吞吐量（万标准箱）	100以上	预期性
	宽带接入能力	城市（Mbps）	1000	约束性
		农村（Mbps）	100	约束性
百姓富	城镇居民人均可支配收入（元）		50700	预期性
	农村居民人均可支配收入（元）		26000	预期性
	人均预期寿命（岁）		81	预期性
	新增劳动人口平均受教育年限（年）		15	预期性
	高等教育毛入学率（%）		65以上	约束性
	城镇就业	城镇登记失业率（%）	2以内	预期性
		五年新增城镇就业（万人）	3.50以上	预期性
	城乡基本社会保险覆盖率（%）		99.90以上	约束性
	城镇常住人口保障性住房覆盖率（%）		23以上	约束性
	每千人执业医师数（人）		2.50	约束性
	每千名老年人养老床位数（张）		40以上	约束性
环境美	耕地保有量（万亩）		21.20	约束性
	非化石能源占一次能源消费比重（%）		10左右	约束性
	单位地区生产总值能耗降低（%）		15左右	约束性
	单位地区生产总值二氧化碳排放降低（%）		15	约束性
	主要污染物排放减少（%）	化学需氧量	完成省定目标	约束性
		二氧化硫	完成省定目标	约束性
		氨氮	完成省定目标	约束性
		氮氧化物	完成省定目标	约束性
	空气质量达到二级标准的天数比例（%）		68以上	约束性
	地表水国控断面优于Ⅲ类水质的比例（%）		80以上	约束性
	林木覆盖率（%）		30左右	约束性
	单位工业增加值用水量降低（%）		20	约束性
	生态红线区域占国土面积比重（%）		16	约束性
社会文明程度高	法治建设满意度（%）		90以上	预期性
	公众安全感（%）		95以上	预期性
	文化产业增加值（亿元）		30以上	预期性
	每万人拥有社会组织数（个）		12以上	预期性
	社会文明测评指数		90以上	预期性
	城乡居民依法自治	城镇居委会依法自治达标率（%）	100	预期性
		农村村委会依法自治达标率（%）	100	预期性

延伸阅读：高港区“十三五”规划纲要目录

【经济运行预警预测分析】 2015年，区发展改革委加强对经济运行的监测和分析，总结全区经济运行中取得的成绩，剖析存在的突出问题，有针对性提出应对措施，按季形成经济运行形势分析报告，提交区人大常委会审议通过《关于全区2015年国民经济和社会发展计划执行情况的报告》，为区委、区政府研究部署发展举措提供依据。

【推进服务业发展】 2015年，江苏中药科技园发挥“政产学研”平台优势，项目建设加快。扬子江计算机科技有限公司创成省级“十百千”行动计划重点企业。高港综合物流园纳入省级示范物流园区备选库，临港速递物流园创成市级服务业集聚区。重点推介15个服务业项目，制作招商宣传资料，编写项目投资指南。组团参加2015中国香港（泰州）服务业投资说明会、上海服务业投资促进周等招商活动，成功签约皇朝假日酒店、废气环保处理2个项目，项目总投资额1.70亿港币。引进国电龙源环保泰州有限公司、泰州东君物流发展有限公司、泰州汇福长荣物流有限公司等项目，协议引进外来资本20亿元。全区完成服务业固定资产投资95.50亿元，比上年增长38.97%。12个投资1亿元以上市级服务业重点项目进展顺利，完成投资27.50亿元，永安洲艺体中心、海军文化公园一期、辉春医疗器械交易中心等项目竣工，国家级药物制剂实验室、明发五星级酒店等项目加快推进。完成服务业税收21.95亿元，增长22.68%。其中，列入市“提速升级四大工程”的8个服务业重点企业，实现利税7.63亿元。新培育规模以上服务业企业15个。

【投资管理】 2015年，区发展改革委完成审批文件247件，包括核准项目7个、备案项目96个、政府投资项目审批55个，出具前期工作意见14个，转报市发展改革委审批项目5个，出具节能审查意见或节能备案通知70个。推进全区固定资产投资管理工作，加强固定资产投资分析，促进优化投资结构，全区固定资产投资增速平稳，完成固定资产投资304.65亿元，比上年增长23.20%。

【项目上争】 2015年，区发展改革委共上争项目14个，涉及服务业、高新技术产业、循环化改造、棚户区改造等领域，获各类扶持资金1.63亿元。其中，江苏上膳源生态农业发展有限公司农产品冷链物流宅配服务标准获市级扶持资金3万元；泰州市海博汽车科技有限公司获批泰州市新能源汽车传动工程中心，获市级扶持资金5万元；泰州市博泰电子有限公司获批泰州市北斗导航系统移动终端微波高频电路板工程实验室，获市级扶持资金5万元；江苏华夏重工有限公司获批泰州市海洋疏浚机械工程实验室，高港高新技术产业园区循环化改造示范试点项目获省级扶持资金250万元；临港经济园水岸景城（二期）棚户区改造安置住宅相配套基础设施工程获中央预算内投资专项补助资金673万元；王营花苑二期棚改安置房获国开行专项建设资金债券7000万元；永安花苑获农发行专项建设资金债券8000万元。

【重大项目建设】 2015年，全区1亿元以上新开工项目60个，总投资175.30亿元，当年完成投资62.40亿元。

工业项目　45个项目全部开工，总投资151.19亿元，当年实际完成投资48.71亿元。

服务业项目　15个项目全部开工，总投资24.11亿元，当年实际完成投资13.69亿元。　（夏华俊）

2015年高港区重大项目建设情况一览表

表12　　单位：亿元

项目名称	建设单位	建设规模及内容	总投资	年内完成投资	年内建设进度
合计（60）	—	—	175.30	62.40	—
工业项目（45）	—	—	151.19	48.71	—
摩托车缸体生产及车加工项目	江苏扬子江车辆配件有限公司	用地约2公顷，新建厂房及办公楼约18000平方米，年产300万套摩托车缸体及车加工，预计年开票销售1.50亿元	1.00	0.30	1号厂房主体完成80%
电器及电控系统生产项目	江苏天龙电气有限公司	用地约2.67公顷，新建厂房及办公楼约20000平方米，预计年开票销售1.50亿元	1.00	0.50	办公楼、厂房主体完成
电子晶体管生产项目	泰州海天半导体有限公司	用地约1.53公顷，新建厂房及办公楼约15000平方米，年产20亿只晶体管，预计年开票销售20亿元	1.00	0.50	办公楼、厂房主体完成
航空固定器具生产项目	江苏润阳信息产业有限公司	用地约4.97公顷，新建厂房约20000平方米，主要生产航空固定器具，项目建成后年产航空固定器具500万套	1.10	1.10	竣工试生产
光华医用敷料生产项目	泰州市光华医用敷料有限公司	用地1公顷，新建厂房及办公楼8850平方米，年产3000吨医用脱脂棉、1000吨医用脱脂纱布、500吨化妆棉片	1.10	0.51	主体施工完成70%
安凯隆消防设备生产项目	江苏安凯隆消防装备有限公司	盘活高新区原明阳公司厂房土地，新征土地约1.33公顷，新建厂房约10000平方，生产高端消防装备	1.30	0.60	厂房装修
年产5000台YC系列液压破碎锤项目	江苏大宇液压机械有限公司	新建标准厂房约10800平方米，年产5000台YC系列液压破碎锤	1.00	1.00	厂房主体施工完成90%
汽车内饰件项目	泰州海新汽配有限公司	用地约1.53公顷，新建厂房及办公楼约16000平方米，为悦达起亚整车厂配套生产汽车内饰件，项目建成后年开票销售约2亿元	1.00	0.40	由于投资方原因，项目设计重新变更后开工建设
木门及衣橱柜项目	泰州市聚龙源建筑装饰材料有限公司	项目总投资1亿元，计划用地20亩，新建18000平方米厂房，主要从事原木门和衣橱柜项目的生产制造、销售；项目建成后，年纳税不低于300万元	1.02	0.20	厂房建设完成50%
年产8000万箱饮料项目	江苏苏萨食品有限公司	总投资11亿元，一期项目用地8公顷，新建厂房8万平方米，主要建设年产8000万箱椰子汁饮料项目	11.00	0.60	开工建设
三河汇福粮油江苏基地项目	三河汇福粮油集团有限公司	用地28.33公顷，新建厂房、仓库、精炼车间、灌装车间、成品油罐区、研发中心等设施建筑面积385739万平方米，购置677台（套）进口和国产设备，项目建成后年处理油料（主要为菜籽等常用植物油料）300万吨，年产蛋白饼粕240万吨、脱胶油60万吨、磷脂2.40万吨、发酵粕12万吨、膨化大豆9万吨、膨化玉米6万吨，年精炼及分装60万吨植物油、加工皂脚3.30万吨，年销售183亿元，税收33363万元	30.71	7.10	饼粕仓1仓顶钢栈桥安装，饼粕仓2仓顶钢栈桥安装，原料筒仓钢板仓安装完成80%，部分道路水稳完成90%，混凝土路面浇筑20%

续表12

项目名称	建设单位	建设规模及内容	总投资	年内完成投资	年内建设进度
龙凤堂二期项目	扬子江药业集团江苏龙凤堂中药有限公司	用地29.07公顷，新建厂房、仓库、办公楼及其他配套工程，总建筑面积23万平方米。建设中药提取及中药饮片生产线，项目达产后年产中药饮片15000吨、浸膏3250吨，预计项目建成后新增销售100亿元，利税10亿元	30.15	6.00	龙凤阁(办公楼)四层排架搭设结束，现浇模板搭设；西侧箱涵完成50米，40米基础底板浇筑完成
年产10万吨风电叶片用改性环氧树脂生产线项目	泰州天润合成化工有限公司	用地3.93公顷，新建厂房及办公楼、消防站等31200平方米，购置不锈钢反应釜、缓冲罐、DCS自动控制生产系统、污水处理装置等国产设备55台(套)，项目达产后，预计年销售12亿元，实现利税1.50亿元	1.76	0.70	继续内部装修，储罐建设，订购第二批设备，排水系统继续施工、道路施工扫尾
年产20万吨沥青生产线项目	泰州市泰联石化有限公司	用地4.20公顷，新建厂房办公楼面积30000平方米，年产20万吨沥青	1.50	1.45	土建竣工等待验收，继续安装工艺管道、设备，道路完成20%，办公楼继续装修
年产8000吨阻燃剂二期项目	泰州新安阻燃剂材料有限公司	用地约1.33公顷，改建厂房、仓库及其他配套工程，总建筑面积3288平方米，项目年产1000吨/年辛酸亚锡、2000吨/年V6、5000吨/年 TEP，项目达产后预计可新增销售收入2亿元、利税4344万元	1.02	0.60	土建扫尾完成80%，消防图送审，消防工程招标结束，消防设备进场安装
益海高端VE、植物甾醇酯二期项目	江苏春之谷食品有限公司	用地2.67公顷，建设生产厂房及办公楼13900平方米，主要生产高端维生素E琥珀酸酯、植物甾醇酯。项目建成达产后，预计能形成年销售1.20亿元，实现利税2800万元	1.30	0.70	厂房主体结构已封顶，完善设备安装和管道安装
电厂一期技改项目	国电泰州发电有限公司	1号机组湿式电除尘器、1号炉烟囱防腐、全厂废水系统治理、厂内供热部门、燃料智能化等工程改造	1.46	1.01	1号、2号炉烟囱防腐改造
年产2万吨羧甲基纤维素钠(CMC)项目	恒达化工科技泰州有限公司	用地面积3.21公顷，建设厂房、仓库、辅助用房30564平方米，建设两条生产线，购置设备313台(套)，建成后年产2万吨甲基纤维素钠(CMC)	2.00	1.50	罐区、综合楼继续建设，厂区雨水、污水、废水、市政给水施工，消防工程施工中
年产6万吨醋酸甲酯技改项目	江苏瑞丰高分子材料有限公司	对原厂房进行改造升级，购置设备	1.26	1.00	试生产
国电600万吨输煤系统扩建项目	国电泰州发电有限公司	建设2×1000MW机组输煤系统工程	1.58	1.00	设备投入试运营
国电干煤棚EPC项目	国电泰州发电有限公司	用地13.33公顷，新建干煤棚2个及附属用房约74400平方米	1.17	1.30	设备投入试运营
国电二期5万吨级煤炭专用码头建设项目	国电泰州发电有限公司	对电厂二期卸煤码头进行扩建	1.38	1.00	设备投入试运营
年产40万平方米FPC柔性线路板项目	江苏扬泰电子有限公司	扬泰电子二期征地约8公顷，新建厂房及办公楼约80000平方米，新上8条FPC柔性线路板生产线，年设计生产能力40万平方米	5.00	1.50	4号、5号楼正在施工
年产5亿罐王老吉凉茶生产线改建项目	江苏港城中药养生有限公司	用地6.27公顷，建设厂房及办公楼等62000平方米，新上2条凉茶生产线，年设计生产能力5亿罐	2.60	1.97	竣工投产
年产2万吨高强圆环链条生产线项目	江苏钜能链条有限公司	用地约2.8公顷，新建厂房及办公楼约24000平方米，年设计生产能力2万吨	1.20	0.60	厂房和办公楼正在施工

续表12

项目名称	建设单位	建设规模及内容	总投资	年内完成投资	年内建设进度
海洋工程装备生产线技改项目	江苏三福船舶工程有限公司	对口岸厂区老船坞进行改造，用于建造海工等特种船舶	1.20	1.00	部分设备安装
高端手机、屏膜面板项目	江苏绿泰电子有限公司	一期用地4公顷，建设4条高端显示面板生产线；二期用地20公顷，建设无尘车间和研发楼等，总建筑面积240000平方米，项目建成后形成月产500万片高端显示面板和300万片触控光电面板贴合生产能力	14.00	0.75	目前正在实施一期6栋标准厂房的改造和设备采购
年产8000吨吊带、收紧带项目	江苏天华索具有限公司	用地1.33公顷，新建厂房及办公楼18570平方米，年可形成8000吨吊带和收紧带生产能力	1.06	0.40	厂房主体封顶，设备正在安装
汇锦电子二期 TV/PC 一体机专用支架和转轴生产项目	江苏汇锦电子有限公司	项目位于团结路西侧、小刘港北侧，总投资11000万元，资金由泰州汇锦电子有限公司自筹，项目计划用地面积23715平方米，新建厂房及办公楼约21000平方米。项目建成后年产TV/PC一体机专用支架和转轴600万台（套）	1.10	0.72	附属工程施工和设备安装调试
年产50万套机械零配件项目	江苏欧瑞格传动部件有限公司	项目总投资10亿元，一期用地94亩，建筑面积6万平方米，新上机械配件生产线，年设计生产能力20万套；二期用地10公顷，建筑面积10万平方米，年设计生产能力30万套	10.00	3.00	2/3设备入厂，试生产
永磁电机生产销售项目	泰州吉比特动力技术有限公司	项目位于临港经济园发展大道南侧，总投资10500万元，项目用地约2公顷，新建厂房及办公楼19998平方米，主要从事永磁电机的生产、研发、销售	1.00	0.30	研发基地部分设备安装到位、调试
复合新材料医药包装制品项目	泰州凯威药用包装有限公司	项目位于口岸街道春港东路66号，总投资1.05亿元，利用原厂区内用地面积约1公顷，建设厂房、办公及附属用房10000平方米，项目建成后年产2万吨药用PVC硬片和2500吨药用PVDC复合硬片	1.05	1.05	试生产
固体制剂、口服液和冻干粉针生产线技改项目	扬子江药业集团	利用厂区原厂房进行改造，引进灌装机、胶塞处理机等进口设备5台（套），配套配料系统、配液系统、铝塑包装机等国产设备15台（套），对固体制剂、口服液和冻干粉针、针剂生产线进行技术改造，年新增销售6.10亿、利税1.83亿元	1.49	1.46	竣工投产
软袋输液生产线技改项目	扬子江药业集团	利用厂区原厂房进行改造，引进德国全自动制袋灌装封口机2台（套），配套相关国产设备18台（套），年新增销售3.90亿元，利税9600万元	1.38	1.00	厂房改造等待竣工
工业胶带生产项目	泰州市环威胶带有限公司	项目位于刁铺街道许河路，利用原有厂区，新购置各类设备10台（套），主要生产"环威"牌传动带和传动带轮，项目达产后年产500万根齿形带	1.20	0.90	完成厂房改造、设备安装调试，试运行
同平面推拉窗	泰州市欣港电子材料有限公司	项目利用原厂区土地，新建厂房面积15000平方米，主要生产车用同平面推拉窗，达产后年产20万套同平面推拉窗	1.10	0.10	立项、环评，主体建筑施工中
电梯配件项目	泰州市威迈机电设备有限公司	用地2公顷，新建厂房约20000平方米，附属用房800平方米，购置冲床约6台、激光切割机4台等设备，预计新增销售6000万元、税收180万元	1.10	0.31	厂房及办公楼主体封顶，正在内部建设

续表12

项目名称	建设单位	建设规模及内容	总投资	年内完成投资	年内建设进度
页岩气高压水带生产项目	江苏三木页岩气有限公司	用地约2.47公顷，新建厂房约9000平方米，新增高压软管挤出生产线3条，橡胶高压软管冷喂料挤出生产线2条，预计新增销售5500万、税收165万元	1.00	0.62	竣工投产
医疗器械设备生产项目	泰州市美诺医疗器械有限公司	用地约1.07公顷，新建厂房约9000平方米，仓库2000平方米，附属用房500平方米，购置吹塑机5台，注塑机4台，挤出机4台等设备，新增4条生产线，预计新增销售6000万元、税收180万元	1.00	0.78	竣工投产
年产20万台套工矿电力设备及配件项目	江苏亿泰电力设备科技有限公司	用地面积2公顷，总建筑面积21000平方米，其中，厂房及办公区16000平方米，配套用房5000平方米，购置冲、压、车、剪等设备5套，新上矿用设备生产线5条左右，预计年产20万台套矿用电力设备，可新增年销售4亿元、税收1000万元	1.20	0.72	一期试生产
年产5.50万吨铝板材项目	江苏阅胜铝业科技有限公司	用地5.14公顷，新建厂房2.50万平方米，其中，车间1.20万平方米，办公楼6000平方米，综合用房及车库7000平方米，购置冷轧机组、重卷机组等主要设备2套，配套购置横剪机列、纵剪机列等国产设备4套，新上2条铝板材生产线，新增年产能5.50万吨铝板材，预计新增年销售8亿元、税收1600万元	2.50	0.50	完成总平面设计并送规划初审，完成勘探并出具勘探报告，启动建筑施工图纸设计，正式启动建设
医疗器械产业园项目	江苏茂林投资有限公司	拟征地6.67公顷，一期用地3.33公顷，建筑面积5万平方米，其中，办公楼6000平方米，标准化厂房40000平方米，综合用房4000平方米，主要用于承载10~15个医疗器械生产型企业入驻，同时购置数控车床等设备4套，新上一类医疗器械生产线2~3条	2.00	0.28	完成总平面设计并送规划初审，完成勘探并出具勘探报告，启动建筑施工图纸设计，正式启动建设
消防装备生产项目	江苏祥宏消防装备有限公司	用地面积约1.33公顷，建设标准厂房及办公楼约15000平方米。项目主要从事消防服装、避火器、消防梯、安全绳带、气垫、空气呼吸器、排烟机、防化服等消防装备的生产、销售	1.10	1.10	规划、建设、用地手续办理完毕，厂房外装饰完毕，综合楼主体验收
金属模具表面处理及机械零配件生产项目	泰州亚泰金属有限公司	项目计划新征工业用地2.11公顷，总建筑面积19911平方米，一期已办证土地面积0.78公顷，购置主要设备28套及各类辅助设备65台。项目建成后年产机械零配件30万套、电子配件45万套	1.10	0.35	厂房二层主体完工
白马塑料编织袋技改项目	泰州市白马塑料有限公司	新征用地约1.27公顷，新建厂房及办公楼约15000平方米，并且对原有厂房及设备进行基数改造升级	1.00	0.20	清淤、降水结束，基础建设
服务业项目(15)	—	—	24.11	13.69	—
明发五星级酒店项目	泰州明发房地产开发有限公司	项目用地位于明发城市综合体地块内，总建筑面积60000平方米，主要建设118米高26层五星级酒店	5.00	2.00	主体施工完成至十层顶板
艺体中心项目	广厦建设集团有限责任公司	用地94000平方米，建设教育培训中心、图书馆、报告厅、游泳馆、艺体馆，总建筑面积75000平方米	1.68	1.50	外墙镶贴面砖结束，外墙涂料完成85%，内部装修

续表12

项目名称	建设单位	建设规模及内容	总投资	年内完成投资	年内建设进度
益海小码头扩建项目	益海（泰州）粮油工业有限公司	利用港口岸线136米，改扩建8个300吨级（水工结构均按1000吨级预留）挖入式内港池泊位，港池宽度127米，长度75米，年设计吞吐量230万吨	1.01	0.35	地连墙（-15米）完工，防撞灯完成80%，护坡施工完成50%
国电泰州电厂脱硫一期项目	国电龙源环保泰州有限公司	项目采用单塔双循环石灰石-石膏湿法烟气脱硫工艺方案，为电厂3、4号机组提供脱硫服务，投入设备	1.32	1.32	试运行
国电泰州电厂脱硫二期项目	国电龙源环保泰州有限公司	项目对脱硫系统进行改造，采用新建耳机吸收双塔双循环方案，取消GGH，脱硫系统设计脱硫效率≥98.65%，更换氧化风机，相应的电气、热控和其他辅助系统进行配套改造，为电厂提供脱硫服务，投入设备	2.34	2.34	试运行
国电供热益海、汇福粮油及临港经济园段项目	泰州江东热力有限公司	项目采用管廊、管道架设，供热管道包括管径DN600的10550米、管径DN500的9000米、管径DN400的10000米。架空蒸汽管道选用L245螺旋缝埋弧焊钢管，疏放水管道选用20#优质无缝钢管	1.10	1.00	国电供热益海、汇福粮油项目支架施工基本完成，管道安装90%
汇福物流基地项目	三河汇福粮油集团有限公司	建设8层调度和信息中心楼1栋、单层器材库1栋、大型货车停车位39个及驾驶员健身活动中心，建成投产后预计年营业收入57600万元，税收3168万元	1.50	0.25	桩基施工
国家重点实验室项目	扬子江药业集团有限公司	改扩建面积7200平方米，购置各类进口研发设备100余台套，建设国内一流制剂类研发平台	1.20	0.60	11、12层楼装修
泰州国际财富中心改建项目	泰州市港城建设投资发展中心	对原财富中心大楼51700平方米进行改造，建成银行、保险、酒店和写字楼一体的综合商务中心	1.40	0.25	20层楼以上外立面施工结束
泰州市计量检测检验中心	泰州市计量检测所	用地面积约2.33公顷，总建筑面积约14000平方米	1.10	0.30	进场施工
郁金香大酒店项目	泰州市郁金香大酒店有限公司	改建、装修面积约40000平方米，建成集餐饮、休闲、住宿为一体的综合型酒店	1.20	1.00	实施内外部改造和酒店用品购置
顺丰泰州中转场	泰州市高港高新区开发建设有限公司	占地4.20公顷，建设快件中转平台、快件分拣中心及相关配套设施	1.20	0.10	平台开工建设
老行当文化园二期项目	泰州老行当文化发展有限公司	项目用地8公顷，建设老行当古街坊、老行当创意园、老行当手工坊，建筑面积10000平方米	1.56	1.30	进行项目招租入驻
生态旅游健康养生服务项目	泰州市胡庄生态旅游发展有限公司	项目主要从事特色生态健康养生旅游业开发，建设内容包含农耕文化体验区、百果采摘区、高档花卉苗木观赏区以及旅游集散区等。共占地433.33公顷，规划建筑面积13800平方米，总投资1.30亿元。其中，游客集散区建筑面积9755平方米，计划投资3000万元；百果园占地86.67公顷，计划投资3500万元；农耕文化体验中心占地333.33公顷，计划投资5000万元；名贵苗木观赏园占地13.33公顷，计划投资1500万元	1.30	1.08	农耕文化体验中心投入试运营，百果园进行大门等景观形象建设，苗木观赏园基本完成，游客集散商务服务区完成立面装修
泗水商业中心	泰州华亭投资有限公司	用地面积约2.67公顷，建设金融、商场、宾馆、酒店、影院、健身中心等共计约21000平方米	1.20	0.30	基础施工

财 政

【概况】 2015年，高港区完成财政总收入81.66亿元，比上年增长15.80%。一般公共预算收入35.09亿元，增长22.40%。其中，税收收入28.92亿元，完成年度预期目标的109.80%，增长22.70%，增幅列全市第一。一般公共预算收入规模首次超过姜堰区。一般公共预算收入占全市10.90%，提高0.80个百分点。一般公共预算支出31.78亿元，政府性基金支出22.20亿元。

【转型升级财政政策】 2015年，全区福利企业、软件企业等退税5233万元，出口退税4.35亿元，对月营业额低于3万元的小微企业，暂免征收增值税和营业税等税费。积极兑现区委、区政府对工业企业扶持政策，审核、拨付工业企业奖补资金744.31万元。制定《高港区科技型中小企业贷款风险补偿专项资金管理办法》，设立专项资金500万元，支持科技型中小企业融资。积极落实市科技创新券政策，累计发放科技创新券3090万元，共计兑现金额1204.28万元，兑付总额在泰州市各市、区处于前列。

【民生保障支出】 2015年，区财政用于民生支出24.70亿元，占公共财政支出75.80%，全面完成为民办实事项目。其中，区财政预算安排教育专项8813万元，用于校舍安全工程，推动高规格录播教室、校园无线网络建设，并在全市率先实施新一轮校车安全工程；安排民生及社保专项3.95亿元，用于拨付企业职工基本养老保险、城乡居民基本养老保险、城乡低保；安排6683万元，用于支持城乡居民医疗保险；安排1004万元，向城乡居民免费提供12大类45项基本公共卫生服务项目；安排9700万元，用于节能减排和区域环境整治，保障国家级生态区顺利通过验收；安排6770万元，用于拨付农村危房、棚户区改造。开展宁靖盐公路资本金兑付工作，在全市率先完成兑付任务，共兑付资本金815万元。

【预算管理改革】 2015年，区财政局深化预算管理改革，逐步完善全口径财政收支预算，编制一般公共预算、政府性基金预算、社会保险基金预算三本预算，除涉秘部门外，政府预决算、区本级部门预算、试点部门决算信息均在政府网站进行公开，首次公开2014年政府部门专项资金管理清单。深化公务卡改革，细化公务开支报销程序，在机关行政事业单位推行个人公务卡结算。设立社区建设专项资金，为社区综合体制改革提供必要的资金保障。深化政府采购改革，出台《高港区推进政府购买服务工作实施意见》，全年完成政府购买服务项目20个，比上年增长42%；政府购买服务预算1642万元，实际采购金额1453万元，节约财政资金189万元，节约11%。

【财政资金监督】 2015年，高港区开展农村危房改造、国家农业综合开发、社会救助、“少年宫”补助等专项资金管理使用情况检查，提出规范使用和加强管理的建议。集中开展涉农资金专项整治，发现违法违规项目9个，涉及资金664.32万元，全部督促整改到位。推进财政票据网络管理改革，建立与银行代收系统相衔接的网络版票据系统，通过网络直接征收，减少中间环节，从源头上杜绝“小金库”、乱收费等现象。加强国有资产监管，制定《高港区国有单位资产清查方案》，选择区住房城乡建设局、区经济和信息化委等10个单位和3个园区作为试点先期进行清查。突出国有企业资产监管，拟订区属国有企业领导人薪酬管理方案，参与企业改制遗留问题处理，完成56个国有企业产权登记资料的收集工作。

（赵　明）

税 务

·国家税务·

【概况】 2015年，泰州市国家税务局第二税务分局（以下简称“国税二分局”）组织国税收入28.21亿元，比上年增长11.98%。其中，入库增值税25.64亿元，增长9.98%；入库消费税0.26亿元，增长4.74%；入库企业所得税1.67亿元，增长12.69%。国税二分局先后被评为市文明行业标兵、市文明单位标兵。

【“营改增”实施】 2015年，国税二分局加大“营改增”政策宣传力度，帮助企业掌握税收政策、熟悉办税流程。帮助重点企业逐户梳理和分析，引导企业实施主辅分离、分类核算，及时处理政策执行过程中的各种问题，增加地方公共财政预算收入。对辖区内交通运输企业和物流辅助等现代服务业进行专题辅导和专项核查，确保重点行业“营改增”税款不流失。全年入库“营改增”税收0.87亿元，比上年增长25.10%；落实“营改增”退税1344.39万元。

【税收数据情报综合管理平台应用】 2015年，国税二分局各团队成员充分运用各类平台，提高内外部数据情报采集、质量管理和多层次分析应用能力，盘活数据资源，不断完善和提升案头评估的针对性和有效性，找准风险点，为风险应对提供精确引导。从日常工作实际需求出发，结合业务和政策热点，运用数据情报平台的快捷分析、智能分析等功能制作产生各类查询报表、风险分析指标，并对产生的分析数据进行准确性验证比对，在风险应对工作中作进一步应用。

充分运用数据情报平台，发挥情报交换、情报转化功能，重点针对大额普通发票核查、财政补助收入申报、企业付汇信息核查等方面，专项应对，切实提升数据情报运用成效。在市国税局综合治税平台发布的外部数据基础上，由业务科牵头，与工商、地税、房管、电力、国土等部门形成常规型信息交换，并完善采集机制，分组实施梳理筛选，扩大第三方信息来源范围和获取力度。分局情报团队充分运用互联网资讯，结合行业规律，在"中国政府采购招标网"积极收集辖区内企业中标、拍卖情报，在"江苏土地市场网"收集辖区内土地拍卖情报等。

【税收风险应对】 2015年，国税二分局以风险应对模板为纲领规划风险应对工作流程，将现行的风险应对管理分为任务接收、专项分析、应对支持保障、检查预案编制、应对实施、应对报告审核与文书出具6个环节，通过规范岗位设置实现分析团队、应对支持保障团队、应对实施团队的分工协作。分析团队对上级推送任务与本级补充任务进行整合，实现同一纳税人多条风险应对任务的按户归集，对纳税人基本情况、身份及生产经营特征和上级风险识别结果中单户纳税人的异常指标或涉税疑点进行专项分析；应对支持保障团队根据分析及应对实施等环节，提出《风险应对支持保障申请》，梳理内、外部数据情报；应对实施团队制定评估预案，通过电话询问、信函调查、约谈实施应对；评审岗及复核岗对专项分析、案头检查预案及应对处理结果进行初审和集体审议。

【税收管理】 2015年，国税二分局以《纳税评估法律适用指引》为蓝本，嵌入专项分析、预案制作、应对处理等环节，对易产生执法风险的相关税收政策执行环节及时梳理，提出完善规定、健全制度、防范风险、促进管理的建议措施；对可能导致案头评估执法风险的一些技术要素和关键环节适时改进，加强对执法风险内控机制建设和案头评估的过程控制。充分利用新闻媒体、税收例会等手段，围绕社会关注的税收热点、焦点问题，及时对新出台的税收政策和管理措施进行解读宣传，预防和化解可能出现的征纳矛盾，构建和谐税企关系。建立健全分行业税收管理制度，加强对房地产企业、船舶制造业、壁纸和绳网带生产企业的跟踪管理，完善查前辅导、税务约谈、案件复审等制度，强化个体定额管理，营造依法诚信纳税的良好环境。

【税法宣传】 2015年，国税二分局开展税法宣传进农村活动，深入田间地头、走进蔬菜大棚，将税法宣传资料、纳税服务联系卡送到广大农户手中，宣传讲解农产品税收优惠政策，现场回答农户提出的涉税问题。开展税法宣传进学校活动，到中小学校发放税法宣传资料，通过现场互动播放、动漫短片等方式，讲解税收的种类、税收的作用，普及青少年税法知识。开展税法宣传进园区活动，组织业务骨干团队深入园区企业，重点讲解"营改增"政策及其对企业发展的影响，宣讲与园区重点工程、项目相关的税收政策，听取企业涉税需求，助推企业健康发展。

【纳税服务】 2015年，国税二分局分局落实各项服务举措，提升税收服务水平。推进纳税服务规范化建设，强化"线上+线下"办税服务场所建设，利用税企QQ群、"12366"纳税服务热线、纳税人学堂打造智能化办税服务厅，全面推行"一窗式""免填单""限时办结"等服务举措，进一步简化办税流程、提高办税效率。做好项目跟进服务，深入开展"走进园区、服务项目"系列活动，加大对重大项目跟进服务力度，对于符合国家产业政策、享受税收优惠的重大产业项目，提前对接，做好政策辅导、手续报批等服务工作。

（李　洋）

·地方税务·

【概况】 江苏省泰州地方税务局第三税务分局（以下简称"地税三分局"）共组织入库各项收入370974万元，比上年增收74281万元，增长25.04%。其中，组织入库税收收入263922万元，增收56953万元，增长27.52%。区、县级公共财政预算收入210320万元，增收44296万元，增长26.68%，增幅在全市地税系统处于第一位。组织其他收入107052万元，增收17328万元，增长19.31%。其中，社会保险费入库83431万元，增收15796万元，增长23.35%。营业税入库143822万元，增收49092万元，增长51.82%。其中，租赁和商务服务业营业税入库83721万元，增收47093万元，增长128.57%；建筑业营业税入库17618万元，减收1078万元，下降5.77%；房地产业营业税入库13780万元，减收7835万元，下降36.25%。企业所得税入库32042万元，增收986万元，增长3.17%。其中，制造业企业所得税入库23.674万元，增收1353万元，增长6.06%；建筑业企业所得税入库3693万元，增收57万元，增长1.57%；房地产业企业所得税入库798万元，减收571万元，下降41.71%。个人所得税入库22952万元，增收6127万元，增长36.42%。其中，工资、薪金所得项目个人所得税入库14838万元，增收6633万元，增长80.84%。分登记类型看，个体工商户生产、经营所得项目个人所得税入库4745万元，减收1436万元，下降23.23%；利息、股息、红利所得税目个人所得税入库1005万元，减收207万元，下降17.08%。土地增值税入库6931万元，减收5743万元，下降45.31%。其中，城镇土地使用税入库7678万元，减收677万元，下降8.10%；契税入库11565万元，增收4565万元，增幅65.21%。地税三分局先后获评省级工人先锋号、市文明行业标兵、市文明单位。

【机构调整】 1月，市地税局围绕“风险管理在税收资源配置中起主导作用”总要求，深化征管改革，在市、区成立三个风险应对分局，其中，地税三分局具体负责高港行政区域中等风险应对，内设办公室、业务管理科（税源监控科）、3个风险应对科，共有正式干部23人。承担对一般性遵从风险评定处理，风险应对过程中纳税人各项基础信息的核实维护，部分涉税行政审批事项以及专业性较强、复杂程度较高的涉税事项的核查应对，区域内重点税源监控，政府联系人制度的执行等职能。

【税收征管】 2015年，地税三分局落实组织收入责任机制，建立镇街联系人制度。创新推出“收入责任平台”，设置基层数据采集、案头审核分析和风险案源搜集等功能，利用信息化手段贯彻落实收入责任管理办法。出台《中等风险应对案件集体审议制度》《自报案源选取制度》《实地核查审批制度》等制度，规范中等风险应对各环节工作，撰写《中等风险应对工作中的问题与建议》被《江苏地方税务简报》第47期专题刊载。全年实现风险应对户数347户，入库应对税款9140万元，中等风险应对贡献率3.57%。逐户核实陈欠税收，共清理陈欠447.34万元，陈欠清欠率74.73%，清理当年新欠59.60万元，新欠发生率0.15%。组织开展执法督查自查，重点开展建筑业、房地产业税收管理情况执法督查和专项执法督查，共发现问题5户次，追征税费和滞纳金1073万元。完善建筑业、房地产业税收征管措施，提升督查内审对日常税收征管的促进作用。向市地税局报送QC平台建议66条，被采用29条，列各市、区分局第一。

【小微企业税收优惠】 2015年，地税三分局严格落实小微企业所得税优惠政策，组织开展3次企业所得税汇算清缴培训。276户次享受小微企业优惠政策，享受优惠税款额度173万元。开展小微企业退费工作，全面落实小微企业防洪保安基金减免优惠，梳理和排查上半年误申报防洪保安基金的小微企业，共办理退费手续954户次，退还防洪保安资金等基金费264万元。

（顾　蕾）

统　计

【年报和定报工作】 2015年，区统计局通过国家统计局“一套表”网报平台完成规模以上工业和能源、资质以上建筑业、房地产企业、服务业、限额以上商贸业的月度、季度、年度统计调查任务，直报率100%，及时将符合条件的61个新增“四上”企业（规模以上工业企业、资质等级建筑业企业、限额以上批零住餐企业、规模以上服务业企业）纳入到一套表网报平台中。完成全区GDP核算、农业、固定资产投资、城乡居民收入、其他服务业、文化产业等专业定期统计任务。全年举办各类培训会议30场次，参训1000余人次。

【统计服务】 2015年，区统计局印发《高港统计年鉴》300册、《高港统计月报》1000余册、《统计季度系列分析》50册、《高港统计手册—2015年》150册、《高港统计月报—工业生产》160册。全年撰写统计分析90篇，统计信息354则，其中，被区政府网站和《高港新闻》《高港情况》等采用89篇，被市政府网站、市统计局内网采用265篇，被省统计局采用30篇，被国家统计局采用2篇。

【统计监测与调查】 2015年，区统计局围绕全面建成小康社会、加快农业现代化进程等统计监测，认真开展微观情况研究和发展趋势研判，实现统计服务由事后解读向事前事中预测预判预警转变。撰写《消费市场增势平稳，网络零售分流趋重》《缩小城乡差距，打造增收通道》等专题分析，为区委、区政府科学决策提供参考依据。坚持“请进来”和“走下去”相结合方式，深入基层了解真实情况，扎实开展企业景气情况、妇女儿童发展状况、市（区）绩效管理社会公众满意度等专项调查监测，撰写《居民消费状况调查》《新开工项目调研》等报告。完成1%人口抽样调查工作。

【统计基础建设】 2015年，区统计局全力推进统计工作人、财合一，所有基层统计站人员工资、业务经费等全部纳入区财政预算，实现基层站所垂直管理。推行工业联网直报企业电子台账“双轨制”，率先在建筑业、批零住餐、房地产等领域推进联网直报企业统计电子台账，组织开展联网直报企业统计基础状况调研，制定企业规范化创建“一企一策”分类指导方案。全区联网直报企业规范化验收达标率95%。全年新增联网直报企业规范化创建率100%。“一企一策”规范化分类指导创建工作被评为全省统计基层基础建设示范项目。

【统计改革】 2015年，高港区被列为全省唯一的国家部门数据比对核实试点，实现指导服务覆盖率100%、区镇村参培率100%、实地核实率100%。根据国家固定资产投资统计改革工作统一部署，从2015年年报开始，总投资5000万元及以上项目采取联网直报模式进行统计。至年底，符合条件的41个计划总投资5000万元及以上结转项目申报进入联网直报企业名录库。

【统计电子台账推行】2015年，区统计局制定《高港区联网直报企业规范化建设及统计电子台账推进实施方案》，从指导思想、总体目标、基本原则、工作进度安排以及具体要求5个方面对统计电子台账推行作出明确规定，各专业均设计操作性强、实用性好的电子台账。举办电子台账交流培训会议12场次，集中培训联网直报企业统计人员台账操作流程，做好台账运用知识普及讲解。做好跟踪服务，入户培训，与已经建立和使用台账单位统计人员进行沟通联系，了解台账数据采集和使用情况，指导统计人员使用统计台账采集数据和形成报表。至年末，联网直报企业电子台账使用率93%。

【部门统计规范化建设】2015年，区统计局制定出台《部门统计规范化建设实施方案》，专门召开专项工作推进会议，明确部门职责，确保达到"五有"（有一名分管领导、有一个责任科室、有一名统计人员、有一个健全网络、有一套统计制度）标准。至年末，共有19个部门被评为江苏省部门统计示范点。围绕GDP、省"八项工程"、农业、工业、服务业等领域，建立部门监测工作联席会议制度，定期会商经济运行中的热点、难点问题，基本形成职能明确、分工合理、资源共享大统计体系。（区统计局）

审　计

【概况】2015年，区审计局共实施审计项目16个、固定资产投资工程造价审核项目97个，查出违纪违规金额2648万元，管理不规范金额7.06亿元，核减工程造价1.55余亿元，移送案件线索2条。对高港正大财富中心工程实际投资额、东风路南延动迁工作经费、龙凤堂中药项目拆迁安置费、污水处理厂二期用地补偿费、索菲特项目征地工作经费等进行审核，完成柴墟路拆迁涉及的3个企业清产核资。各镇街审计所共审计和审核项目265个，审计金额3.51亿元，促进增收节支2055.60万元，提出65条建议被采纳。

【财政财务审计】2015年，区审计局组织对2014年度区级预算执行及其他财政收支、原卫生局预算执行及其他财政收支、国有土地出让收支等实施审计。区级预算执行及其他财政收支审计发现预算收入未按规定缴库、城市市政公用基础设施配套费未及时收缴、部分专项资金存量过大等问题。全区7个镇街审计所共对20个科室、村（社区）财务收支进行审计。

【民生项目审计】2015年，区审计局对2014年度城镇保障性安居项目、住宅维修资金管理使用情况、污水处理厂运营情况等民生资金项目实施审计和审计调查，有村（社区）干部9人因粮食直补和农资综合补贴资金管理及使用情况审计调查分别受到党内严重警告等处分。

【经济责任审计】2015年，区审计局对区政府办公室原主任、区人力资源社会保障局原党组书记、区经济和信息化委原主任、区司法局原局长、高港高新区管委会原主任、口岸街道（临港经济园）党工委原书记实施任期经济责任审计，会同区委组织部、区编委办对区人民法院原院长、区卫生局原局长实施"三责联审"。许庄街道、口岸街道、大泗镇、胡庄镇等审计所完成干部经济责任审计项目14个。

【固定资产投资审计】2015年，区审计局强化对外聘中介机构审计质量的控制，建立政府投资项目审计外聘中介机构备选库，对入库机构实行准入和退出机制。出台《高港区审计局关于中介机构实施政府投资项目造价审核工作质量控制及考核管理的办法》，明确委托审计项目内容、程序、考核措施、考核办法等。对高港自来水公司出厂总管改造、高港实验小学抗震加固工程等88个工程项目实施结、决算审计，共核减工程造价2597.44万元。组织对银杏路工程等总投资额为39.95亿元的80余个政府投资项目实施跟踪审计。永安洲镇、口岸街道、许庄街道审计所对本级财政投资219个基本建设项目实施审计。（沙　亮）

物　价

·价格改革·

【居民用水阶梯价格改革】2015年，高港区按照国家发展改革委、住房城乡建设部《关于加快建立完善城镇居民用水阶梯价格制度的指导意见》，拟定居民用水阶梯价格方案。11月27日，召开居民用水阶梯价格听证会。2016年1月7日，经区政府常务会讨论通过。高港区居民用水阶梯价格制度自2015年12月31日用水量起实施，对机表用水户第一次抄表执行原价格，第二次抄表执行阶梯价格。居民生活用水阶梯水价的考核以1年为1个周期，居民生活用水阶梯式水费实行分级累加计费制。即按家庭常住人口4人为基础单位，分别设定三级水量阶梯。第一阶梯户年用水量204吨及以下；第二阶梯户年用水量在204~312吨（含）；第三阶梯户年用水量312吨以上。阶梯水价分为三级，以基本水价为基数，三级阶梯水价的级差之比为1∶1.50∶3，即第一阶梯执行基本水价；第二阶梯按基本水价的1.50倍执行；第三阶梯按基本水价的3倍执行。加上代收的污水处理费、水资源费为各阶梯最终到户价格。5人（含）及以上家庭，可申请每档年度增加每人51吨水量基数，由供水企业根据用户提供的居民户口簿，认定其阶梯水量和

高港区居民管道天然气价格改革听证会

水价。对经区民政局及区总工会核定低保户、特困户和特困职工，提高优惠政策标准，由每月免费使用自来水5吨上调到6吨（全年72吨，在1年内可滚动使用）。

【居民管道天然气价格改革】 2015年，高港区根据国家发展改革委《关于建立健全居民生活用气阶梯价格制度的指导意见》，拟定居民管道天然气价格改革方案。9月25日，召开高港区居民管道天然气价格改革听证会。11月16日，经区政府常务会议研究同意。12月1日起，高港区居民管道天然气价格从每立方米2.20元上调至2.42元。根据家庭年用气量划分为三档，实行阶梯气价，第一档气量为每户每年300（含）立方米及以下；第二档气量为每户每年300~600（含）立方米；第三档气量为每户每年600立方米以上。三档气价关系比例为1∶1.10∶1.40，对应天然气价格分别为2.42元/立方米、2.66元/立方米和3.39元/立方米。全区大部分家庭年用气量在300立方米以下，95%的家庭年用量不超过600立方米，此次调价对于高港大部分家庭影响不是很大。5人以上家庭（含5人），每增加1人，增加用气量基数每年50立方米，气量基数增加值最高不超过每年150立方米，用户可凭户口簿（本）和所属街道（居委会、派出所）证明，经燃气公司确认后执行。对困难群体给予每月每户减免6立方米天然气费用优惠（不足6立方米按实计算）。

【城市公立医院医药价格改革】 2015年，高港区逐项审核医院测算数据，合理确定基层医疗服务项目价格幅度，完成各项数据汇总上报。10月30日起，启动城市公立医院医药价格改革，涉及泰州市第三人民医院和高港中医院2个公立医院。此次改革的核心是取消药品价格加成和改革医疗服务价格机制。改革后，医疗费用有升有降。药品取消15%加价率，实施零差价；降低核磁共振、CT等大型检查设备检查费；将挂号费、急挂号费项目纳入诊察费，提高诊察费注射、护理等综合服务类部分项目价格；提高部分病理检查和部分临床各系统诊疗、手术项目价格。改革对涉及特殊群体的医疗服务价格不调整，如放射治疗、血液透析等项目。做好对医院药品价格和医疗服务价格执行情况的跟踪监督，做好医疗服务价格公示。

·收费管理·

【收费情况报告和清单制度实施】 4月1日起，高港区按照全省统一部署，取消收费许可证及年度审验制度，价格主管部门停止发放、变更收费许可证，停止实施收费许可证年度审验工作。实施收费单位收费情况报告和清单制度。印发《高港区行政事业性收费目录清单》《高港区涉企行政事业性收费目录清单》《高港区政府制定价格经营服务性收费项目清单》，公布行政事业性收费项目65项、涉企行政事业性收费项目41项。年内，行政事业性收费单位全部实行收费情况报告和清单制度，年报率100%。

【涉农收费价格公示】 2015年，高港区开展涉农收费价格公示工作，整理2015年省、市下发的各类调整收费项目文件，重新梳理涉农收费项目，制作收费公示牌100份，在全区各镇街、各村（社区）公共场所张贴公示。

2015年高港区主要涉农价格和收费项目一览表

表13

部门	序号	收费项目	收费标准	备注
农林	1	动物及动物产品检疫收费	大家畜产地检疫收费：3元/头（匹）； 中家畜产地检疫收费：2元/头（只）； 羊产地检疫收费：1元/只； 大家屠宰检疫收费：6元/头（匹）； 中家屠宰检疫收费：4元/头（只）； 羊屠宰检疫收费：2元/只	暂停征收

续表13

部门	序号	收费项目	收费标准	备注
农机	2	上道路行驶拖拉机及其驾驶员农机监理收费	号牌费：反光40元/副、不反光25元/副； 临时号牌：5元/张； 号牌架：铁质5元/只，铝合金10元/只； 行驶证：15元/本、临时10元/本； 机动车登记证书工本费：10元/证； 机动车安全技术检验费：60元/次，人工检验费：30元/次； 驾驶证：10元/证； 驾驶员考试费：笔试20元/次、计算机考试30元/次、场地考试桩考30元/次、电子桩考40元/次、路考50元/次	—
	3	道路交通安全教育强制培训费	100元/期・人	暂停征收
	4	纯农机驾驶人员、操作人员考试费	学科10元/次；术科40元/次；自走式15元/次；固定式15元/次	—
水利	5	水利工程供水价格	稻麦田：7元/亩・年（沿江片），8元/亩・年（里下河）； 旱田：1元/亩・年（沿江片），1.10元/亩・年（里下河）	—
工商	6	个体工商户注册登记费	（1）开业登记费：20元/户； （2）变更登记费：10元/户次； （3）补（换）发营业执照：10元/次	对所有个体工商户暂停征收
公安	7	证件、号牌费	—	—
		（1）户口簿工本费	6元/簿；更换人造革封面3元/本；更换首页1元/张；更换内页0.50元/张	免征（不含丢失、损坏补办收费）
		（2）居民身份证工本费	临时身份证：10元/证； 第二代身份证（含加急）：20元/证； 补、换第二代身份证：20元/证	五保户、特困户、低保免收
		（3）船舶户口簿工本费	工本费6.20元/本；首页更换1元/张；水上人口登记卡更换0.50元/张	免征（不含丢失、损坏补办收费）
		（4）船民证、船舶户牌证件费	船民证、临时船民证：5元/证； 船舶户牌：60元/块	船民证、临时船民证免征（不含丢失、损坏补办和过期失效重办收费）
		（5）自行车（含电动助力车）牌照费	8元/套	暂停征收
教育	8	公办义务教育收费	—	—
		（1）社会实践活动费	10元/生・学期	—
	9	普通高中收费	—	—
		（1）学费	省级重点中学850元/生・学期； 市级重点中学650元/生・学期	—
		（2）寄宿生住宿费	按物价部门核定标准执行	—
		（3）代办费	按物价、教育部门每学期公布标准执行	—
	10	公办幼儿园收费	—	—
		（1）保育教育费	省优质园400元/月・生； 市优质园300元/月・生； 合格园220元/月・生	1.保育教育费浮动幅度不超过20%，具体收费标准经价格部门核定后执行；2.每学期保育教育费按5个月计收；3.民办幼儿园收费实行备案制；4.优惠政策详见泰价费〔2013〕44号
		（2）伙食费	每生每天不超过7.50元	
		（3）托管费	80元/生・月	
计生	11	社会抚养费	城镇居民以孩子出生前一年设区的市城镇居民年人均可支配收入，农村居民以乡（镇）农村居民年人均纯收入为计征的基本标准，缴纳一倍至九倍的社会抚养费	—

续表13

部门	序号	收费项目	收　费　标　准	备　　注
住建	12	村镇房屋所有权证工本费	10元/本	暂停征收
	13	农村住宅固定电话月租费	企业自主定价	—
电信	14	固定电话资费	企业自主定价	—
	15	土地证书工本费	普通证书5元/本； 国家特制证书20元/本	暂停征收
国土	16	有线电视初装费	楼房：380元/户； 平房：400元/户	—
广电	17	有线数字电视收视维护费	23元/月·终端	五保户、低保户、特困户8元/月·终端
电力	18	用电价格	农村居民生活用电价格：居民生活用电实行阶梯电价，第一档为230千瓦时及以内，维持现行电价标准0.53元/千瓦时；第二档为231~400千瓦时，在第一档电价的基础上，每度加价0.05元；第三档为高于400千瓦时部分，在第一档电价的基础上，每度加价0.30元。阶梯电价按年为周期执行 农业生产用电价格：0.51元/千瓦时	五保户、低保户以家庭为单位，每个家庭每月给予15千瓦时免费用电基数

·价格监督检查·

【价格监测】 2015年，高港区监测重要商品和服务价格走势，分重点、一般、日常、临时、补充5种形式合理布局监测网点，分常规、应急、特色3种等级合理确定监测等级，建立健全动态监测、市场分析、定期报告等价格监管制度，实时监测市场价格情况和价格异动苗头，及时预警预报。全年撰写价格波动简析47篇，月度价格监测分析12篇，季度分析4篇，半年、全年分析各1篇。

【价格检查】 2~6月，高港区对4个社区卫生服务中心开展医药卫生服务价格专项检查，查处各类违价案件4件，没收违法所得12.58万元，上缴财政12.58万元。开展涉企收费、商品房明码标价执行情况专项检查，纠正不规范行为执行行政处罚1万元。涉企收费、商品房价格秩序总体规范。

【旅游景区价格行为专项整治】 10月，高港区开展口岸水景街区价格行为专项整治行动。通过发放政策提醒函、上门宣传价格政策、现场发放商品标价签、具体指导明码标价、定期开展市场巡查等措施，全面整治口岸水景街区市场价格行为。经过整治，水景街区明码标价及价格诚信工作得到改进。免费配送各式标价签共6万张，区域内112个商户明码标价率100%。

【价格举报】 2015年，区物价局加强“12358”价格举报电话的值守工作，保证24小时值班，及时答复“12358”价格举报电话、物价局网站举报箱、市（区）长信箱、“12345”政府热线、大江论坛等各类投诉平台上群众提出的问题。全年接听电话50次，接待来信来访12次，受理价格举报投诉案件3件，价格咨询59件，办结率和回复率均为100%。

【价格诚信创建】 2015年，区物价局制定《高港区价格诚信单位创建方案》，梳理具备创建条件的单位，上门指导创建工作，邀请媒体全程参与创建工作。授予泰州市高港区润良商业有限公司、泰州市高港自来水有限公司、泰州市茵爱蓓婴童用品有限公司、高港区华日家居经营部、泰州市百姓人大药房连锁有限公司、江苏金震手机连锁商贸有限公司高港区价格诚信单位称号。

·价格公共服务·

【成本监审】 2015年，区物价局多次到企业查阅、核算各类成本，完成管道天然气成本监审、自来水定价成本监审和雕花楼景区门票价格成本监审。开展校车运营成本测算，调查校车外包服务所需实际成本，界定合理成本。完成泰州市物价局交办的救护医疗收费项目、优质公办幼儿园保育教育费、特色农产品草莓种植等成本调查工作。

【价格认证】 2015年，区物价局做好刑事案件价格鉴证工作，承办各类涉案价格鉴证65件，标的总额114万元。对涉案物品中常见的黄金、铂金、钢铁、烟酒等物品建立专门的监测目录，定期采价。检查分局对建设项目涉及的农民田间作物补偿价格进行认证。全年开展10个项目涉及的花卉苗木价格认定，标的额1300余万元。为立标（泰州）文具有限公司出具放弃物无价值证明，系全区首

价格咨询宣传活动

例海关放弃物价格认定。全年累计开展价格鉴证、价格认证、价格服务163件，标的总额5.80亿元。

【民生价格公示】 2015年，区物价局完善高港城市频道、物价网站、社区“价格服务之窗”公示栏、《高港价格监测》简报、区政府网站价格公示5大平台建设，修理维护镇街、居民小区公示栏，强化“价比三家”民生商品价格信息发布后的市场巡查。及时变更采集点，整合价格信息资源，完善监测指标规范，累计发布监测数据2.20万个。

【平价商店和惠民药店建设】 2015年，区物价局强化平价商店、惠民药店日常督查考核，推行价格、检查、监测联合督查机制。配合省、市物价局为平价商店安装日常智能监管系统。全区共有平价商店13个、惠民药店2个。（赵　菲）

市场监督管理

·工商行政管理·

【概况】 2015年，高港区企业登记注册总数7970户，注册资本总额574.47亿元，其中，有限责任公司5238户、国有企业35户。累计注册外商投资企业110户，均为外商独资企业，注册资本1.22亿美元。个体商户2.03万户，从业人员4.02万人，注册资本36.71亿元。私营企业7228户，其中，有限责任公司4898户、独资企业2319户，雇工人数7.48万人，注册资本317.64亿元。农业专业合作社442个，注册资本7.60亿元。有各类商品市场12个，其中，农贸市场9个，工业品消费市场2个，小商品市场1个。广告经营单位74户，从业人员225人，广告经营额5020万元。全年检查合同230份，金额21.85亿元；办理动产抵押登记32件，帮扶企业融资5.35亿元，盘活企业资产6.42亿元。共受理发布户外广告备案登记102份。

【民营经济考核“六连冠”】 2015年，高港区净增私营企业1156户，完成年度目标144.50%；净增个体工商户2196户，完成年度目标209.14%；净增家庭农场等农村新型合作组织167户，完成全年目标任务112%；注销企业121户，退出率1.81%，居全市第二。培育发展工业设计、文化创意、科研成果转化、专利技术应用、招商引资、产权转让、物流、外包等中介组织10个，完成全年目标任务100%。举办创业培训1890人次，组织银企对接活动7次，招引上市审计、质量认证、专利申请等省外、境外优质中介组织到高港执业1个，完成年度目标任务的100%。新增新标准高新技术企业15个，完成年度目标任务的150%。民间固定资产投资比上年增长20%，高于全年目标任务1个百分点。各项发展指标均超额完成目标任务，获2015年全市民营经济发展一等奖，民营经济发展在泰州市考核中实现“六连冠”。

【工商登记制度改革】 2015年，高港区推进工商注册制度便利化，完善落实注册资本认缴登记、取消注册资本最低限额、放宽出资方式和出资期限、“企业名称自主查询系统”等改革措施，下放审批权限，实施就近办理，放宽住所（经营场所）登记条件（共办理住改非营业执照19户）。完善“负面清单”制度，全面梳理并依法削减前置审批事项179项，严格按照上级文件实施“先照后证”，全年办理“先照后证”营业执照554份。推行工商、质监、税务“三证合一”。9月，率先在全省试点“一照一码”工作。10月起，在所有企业和所有登记类型中实施“一照一码”，切实缩减审批流程，降低企业准入成本。

【信用监管】 2015年，高港区开展信用分类监管，指导企业做好年报和即时信息公示。在区政府门户网站、电视等媒体上以公告的形式宣传，印发公开信5000余份，发送提醒短信7000余条，开展企业年报集中培训，提高企业主对年报的知晓度和重视度。在各市场监管分局设立年报自助区，到镇街开展集中年报，对区属重点骨干企业实行上门指导，推进年报工作。2014年度市场主体年报率89.20%，全市排名第一，高于省平均水平8个百分点。加强数据抽查，抽查企业名单由省工商局根据企业总量按比例通过随机摇号自动产生，按照“谁管辖，谁负责”的原则，由属地基层分局实施检查。企业抽查的结果通过省企业信用信息公示平台向社会公示，检查中有异常的企业被列入经营异常名录并向社会公示。共进行年报公示信息抽查企业197个，抽查结果为正常的企业160个，37个企业通过登记住所无法取得联系，均依法列入经营异常名录。共进行企业出资信息抽查102个，抽查结果为正常的企业82个，约占全部抽查企业的80%，20个企业被依法列入经营异常名录。建立全区“先照后证”联动监管工作机制，累计向各相关部门寄送告知函112期，涉及市场主体近672户。加强部门协作和联动监管，推进企业信用信息在政府采购、项目招标等方面的应用，形成守信激励和失信惩戒的环境氛围。开展“守合同重信用”企业公示活动，提升企业信用建设水平，共有104个企业参加市级“守合同重信用”企业公示，江苏亚太吊具有限公司、江苏宇马铝业有限公司、江苏大邦清洗有限公司、泰州口岸船舶有限公司、江苏环宇水利水电工程有限公司、江苏光华运动器材制造有限公司、江苏长兴净化工程有限公司7个企业参加省级“守合同重信用”企业公示。

【商标品牌培育】 2015年，高港区新增注册商标200个，扬子江药业集团“扬子江”商标被推荐申报中国驰名商标，4个企业商标被评为江苏省著名商标，64个企业商标被评为泰州市知名商标。

2015年高港区新增著名商标、知名商标一览表

表14

类　　别	企　业　名　称	商标名称
江苏省著名商标	江苏华夏重工有限公司	HXZGZ
	江苏光华运动器材有限公司	喜洋洋
	江苏正申索具有限公司	高申
	江苏子辰教育设备有限公司	子辰教仪
泰州市知名商标	泰州市晨阳压缩机有限公司	晨威
	江苏昆仑光源材料有限公司	昆仑
	泰州市浩博机械设备有限公司	浩博
	江苏凯威药用包装有限公司	凯威
	江苏荣鑫通用设备有限公司	荣鑫
	江苏荣鑫通用设备公司	荣鑫
	泰州市华通劳保用品厂	永泰
	江苏亚力吊装设备有限公司	亚力
	泰州市昊鑫电力机具有限公司	昊鑫
	泰州市奥华体育健身器材有限公司	奥华
	江苏光华运动器材制造有限公司	喜洋洋
	泰州华峰救护装备有限公司	泰华峰
	泰州市高港区绿海花卉苗木专业合作社	绿涛
	江苏能建机电实业集团有限公司	远亚
	泰州市高港区奇香阁江鲜食府	奇香阁
	泰州市宏泰电力设备有限公司	宏泰
	泰州市宏泰电力设备有限公司	图
	江苏大邦清洗有限公司	普迪
	泰州御庐园现代农业科技有限公司	御庐园
	泰州亚星塑业有限公司	图形

续表14

类　别	企 业 名 称	商标名称
泰州市知名商标	泰州丰汇长江水产有限公司	真江
	泰州福太面粉有限公司	福兔
	扬子江药业集团	扬子江
	泰州追日齿轮有限公司	追齿
	江苏亚太吊具有限公司	亚太祖奎
	江苏郁金香装饰材料公司	图形
	江苏郁金香装饰材料公司	Yu jin xiang
	泰州市宇隆绳网有限公司	宇隆
	泰州市泰氟隆科技有限公司	泰氟隆
	江苏启迪教学仪器有限公司	启佑
	江苏美艺舞台设备工程有限公司	美艺舞台
	泰州市中泰教学设备有限公司	TZZT
	泰州市中兴医械科技有限公司	中鑫科技
	江苏省强槐体育用品有限公司	强槐
	泰州蓝天布业有限公司	蓝光
	江苏上华教学设备有限公司	上华教仪
	江苏子辰教育设备有限公司	子辰教仪
	江苏福缘达热工科技有限公司	福缘达
	江苏华夏重工有限公司	HXZG
	泰州市福齐天生物科技有限公司	福齐天
	江苏泰供海诞现代农业发展有限公司	海诞
	江苏鼎元厨房用具有限公司	爱维塔
	泰州宏达工矿安全部件有限公司	HD
	江苏省海通索具有限公司	TONGHAI
	江苏荣鑫通用设备有限公司	荣威
	泰州市西贝吊具厂	西贝
	泰州市榕兴医疗用品股份有限公司	ROOSIN
	泰州市创新电子有限公司	Stronkin
	泰州建源仪表有限公司	建源 jianyuan
	泰州龙冉装饰材料有限公司	龙冉壁纸
	江苏德泰墙纸有限公司	德泰墙纸
	泰州市药机制造有限公司	银杏
	泰州鸿安消防器材有限公司	鸿安
	泰州市翔宇吊索具有限公司	图形 xiang yu
	江苏兴迪氯碱设备有限公司	图形 XD

续表14

类　别	企 业 名 称	商标名称
泰州市知名商标	泰州市旺灵绝缘材料厂	旺灵
	江苏海企化工仓储有限公司	海企仓储
	泰州市杏都葡萄专业合作社	杏都
	江苏金震手机连锁商贸有限公司	金震
	泰州市元和丝业有限公司	图(元和)
	泰州市正峰机电有限公司	正峰
	江苏典雅墙纸有限公司	图形
	泰州市南方拖配有限公司	南方龙配NFLP
	泰州市博泰电子有限公司	图(–B)

【消费维权】 2015年,"12315"中心全年受理各类投诉、举报205件,为消费者挽回经济损失30.60万元,办结率98%,解答咨询806件。区人民法院、区市场监管局和区消协建立消费权益纠纷诉调对接机制。在大润发超市、红星美凯龙推行消费环节经营者首问和赔偿先付制度。（戴　静）

·质量技术监督管理·

【质量强区工作】 2015年,区委、区政府在工作目标考评体系中对质量工作进行单独考核。区质量强区工作领导小组办公室修订《泰州市高港区质量强区工作考核办法》,将质量工作考核内容从以产品质量为主扩充到对产品质量、工程质量和服务质量的全覆盖,先后召开质量强区联席会议2次,向各园区、镇街部门讲解考核办法、分解目标责任。益海(泰州)粮油工业有限公司金百香牌菜籽油、江苏宇马铝业有限公司宇马牌节能型隔热铝合金门窗、泰州正大饲料有限公司三泰牌饲料获省名牌产品称号,泰州港务集团有限公司获评省服务业名牌,新申报市名牌产品13个。组织区内企业申报AA级质量信用评价,泰州华强照明器材有限公司顺利进入现场评审。扬子江药业集团作为全市唯一一个省政府质量奖获得者申报中国质量奖。益海(泰州)粮油工业有限公司邀请扬州大学质量管理专家进行专项辅导,申报市长质量奖。在2015年度泰州市QC小组成果发布会上,高港区7个项目入选,扬子江药业集团和万向精工江苏有限公司分获一等奖和三等奖。奖励2014年质量工作成绩显著的企业、园区、镇街、部门、个人共108.56万元。泰州华强照明器材有限公司被列为省LED战略性新兴产业标准化试点,其牵头制定的《LED道路照明施工及工程验收规范》《LED道路照明产品及应用规范》两项省联盟标准获省质监局批准,创成AAAA级标准化良好行为企业。省级特防中心申报国家级特防中心,测绘计量中心建设中。

【产品质量安全管理】 2015年,高港区重点督查特防用品类企业,走访调研吊索具类中小企业发展情况。继续推进国抽、省抽不合格产品后处理工作,完成儿童用品等10类产品企业基本信息调查汇总及全市资质认定获证实验室信息调查汇总。开展危化品企业专项巡查,对2个产品标识不规范企业下达责令整改通知书。全年共为9个企业开展生产许可证到期换证申报服务工作,新申报3个。根据省、市质监局部署要求,对全区41个获证企业进行日常巡查。

【特种设备安全管理】 2015年,高港区加强学校、医院、车站、商场、体育场馆、公园等公众聚集区的特种设备安全检查,强化特种设备违法行为查处,减少公共安全事故,排查特种设备使用单位295个,排查特种设备事故隐患188个,督促隐患整改186处。组织开展造拆船、气瓶充装、劳动密集型企业消防等专项整治活动,加强对重点地区、重点行业、重要设备、重大事故隐患的监管,共出动安全监察人员190人次,下达安全监察指令书3份。对夏季80个"两重点"(蒸汽锅炉、场内机动车辆)企业和62个集镇浴室小锅炉开展"专项"安全隐患大检查,共检查特种设备183台,发现并消除一般隐患56处。开展"电梯安全大会战",针对发现的全区住宅小区52%的电梯存在井道地坑积水问题,召开区长办公会专题研究部署整改工作。组织开展电梯安全事故应急演练,提高电梯事故应对能力。推进电梯责任保险,提高参保率和覆盖面,全区共签订电梯责任保险22份。（戴　静）

·食品药品监督管理·

【概况】 2015年,高港区开展食品药品安全隐患大排查和食品生产经营主体普查统计活动,全区有食品生产经营单位2167个,药品医疗器械经营使用单位260个。全年抽检食品1058批次、药械247批次，处置不合格产品69批次。上报药品不良反应（ADR）400份、医疗器械不良事件（MDR）305份，药物滥用15份。全面检查500余个餐饮业（酒店），补贴宣传张贴画2000余份，督促300个单位完善各项制度和放置“不剩饭不剩菜”桌面提示牌。成功保障重大活动餐饮安全11次5000余人，未发生一起餐饮食品安全事故。在全市率先启动江苏省食品安全城市创建活动。开展零售药店电子监管工作，全区药品零售企业100%入网。成立胡庄镇医疗器械行业协会，举办医疗器械生产、经营企业监管工作会议。

【基层食品药品安全网络建设】 2015年，高港区在各园区、镇街成立食品药品安全委员会办公室，与各镇街（园区）、各职能单位签订食品药品安全责任书。将协管员配备工作纳入社区准入目录，经区委常委会通过，落实协管员每人每年5000元经费。90个村（社区）的食品药品安全协管员选聘到位。

【食品生产质量监管】 2015年，高港区对28个食品生产企业实行“三分”（食品分类、企业分级、监管分等）监管，建立食品生产企业责任人制度。全年巡查企业60个次，下达整改通知书20份，回访20个次。在泰州赵王酒厂开展食品生产电子追溯系统试点。

【食堂餐饮安全监管】 2015年，高港区开展学校、养老机构、工地食堂专项检查，推动5个硬件不达标学校食堂及时整改到位。对全区34所学校食堂及学校周边食品进行整治，落实学校食堂食品安全校长负责制。开展春、秋季学校食堂食品安全风险排查及校园周边食品专项整治工作，排查安全隐患5处，提高A级食堂比例。

2015年泰州市暨高港区食品安全事故应急演练观摩活动

【食品安全事故应急演练】 10月20日，高港区承办泰州市暨高港区食品安全事故应急演练，为市场监管体制改革以来全省最大规模的应急演练活动，省、市、区300余人现场观摩演练。演练活动以模拟口岸街道英才中学发生疑似群体性食物中毒事故为背景，分四部分（事故报告、指挥协调、应急处置、响应终止及善后处理）演练进行。

【食品经营许可发放】 2015年，全区审核发放餐饮服务许可证108份、小餐饮备案证228份。实施餐饮服务食品安全监管量化分级管理和监督公示，持证单位量化分级管理率100%，其中，A级单位76个，B级单位288个，C级单位263个。推进农村家宴服务队和宴席承办情况的“双备案”管理制度，强化家宴厨师管理，完善事前备案逐级上报机制，全年累计实施家宴备案1500户次。

【食品安全专项整治】 2015年，高港区开展重点区域、重点时段、重点品种和重点食品安全问题综合治理。开展食用油、冷冻肉制品、乳制品、白酒、农村食品、火锅底料、自制饮品、养老机构食堂、学校食堂等专项整治活动50余次，累计出动执法人员2850人次，检查食品经营者1503户次、各类食品市场26个次。

【药品经营质量管理】 2015年，高港区按照《药品经营质量管理规范认证管理办法》和《江苏省药品经营质量管理认证工作程序》组织认证检查。至6月底，全区77个药品零售企业、2个药品零售连锁总部全部通过新版GSP认证和换证，列全省第一。积极开展零售药店电子监管工作，全区药品零售企业100%入网。

【药械保化专项检查】 2015年，高港区开展药品、医疗器械、保健品和化妆品（以下简称“药械保化”）专项检查工作。检查医疗器械使用单位13个，高风险医疗器械（无菌、植入类）经营单位87个，对检查中发现的存在未进行入库验收记录、储存设施不符合要求、质量管理制度落实不到位等情况的18个单位下发责令改正通知书。开展隐形眼镜市场清理整治活动，对全区范围内隐形眼镜和护理液经营单位进行全面摸底排查。开展避孕套质量安全专项检查，共计检查经营避孕套的零售企业15个（不含零售、连锁药店）、药店80个，督促备案企业15个，累计发放“如何鉴别避孕套真伪”等宣传资料500余份。开展IVD专项检查，共计检查批发经营企业7个，使用单位13个，对储存设施不符合要求、冷链记录不全的3个单位，责令其限期整改并上报整改情况。开展注射用透明质酸钠专项检查，重点对辖区内医疗美容机构和相关医疗器械经营单位进行检查，未发现有违规经营使用透明质酸钠等相关产品现象。对全区保健食品、化妆品经营使用企业开展拉网式排查，为149个保健食品经营企业和158个化妆品经营、使用企业建立档案，经营使用企业监管率100%。开展保健食品快速筛查，抽检壮阳类、减肥类、降糖类、虫草类等保健食品共计21种，强化各经营单位索证索票以及台账落实，对保健食品质量情况进行严格把关，未发现虫草类保健食品标签说明书内容与批准不一致产品和进行虚假夸大宣传现象。

【要案查处】 2015年，高港区查办“4·23”非法走私进口牛肉案和“8·18”非法生产销售假药中药饮片案。查封用于贮存问题牛肉的冷库6个，查获牛肉28吨，货值224万元，共计拘留7人，拘留后取保候审10人。查办泰州江源康药业有限公司非法生产、销售假药中药饮片案，抓获犯罪嫌疑人1人，监视居住1人，现场查获假药中药饮片7642千克，货值105万元。（戴　静）

安全生产监督管理

【概况】 2015年，高港区共检查生产经营单位1476个次，其中，检查危化品企业102个次，发放现场检查记录102份，排查一般事故隐患356个，督促整改356个，整改率100%；检查烟花爆竹批发公司及零售网点182个次，发放现场检查记录182份，排查一般事故隐患210个，整改210个，整改率100%；检查造（拆）船企业21个次，发放责令整改指令书21份，排查事故隐患534个，督促整改534个，整改率100%；检查人员密集场所856个次，查处一般火灾隐患1124个，督促整改1085个，整改率96.53%；检查建筑施工企业315个次，排查一般事故隐患2300个，发放隐患整改通知书210份、停工通知书26份。全区发生各类生产安全事故128起，死亡27人。其中，道路交通事故58起，死亡19人，事故起数比上年下降3.30%，死亡人数下降5%；火灾事故63起，死亡1人，事故起数下降21.30%，死亡人数持平；工商贸事故4起，死亡4人，事故起数、死亡人数分别下降20%；特种设备事故1起，死亡1人，事故起数、死亡人数分别持平；建筑施工事故2起，死亡2人，事故起数下降75%，死亡人数下降77.80%。连续11年未发生有较大影响及较大以上生产安全事故，连续6年在市政府安全生产综合考核中名列前茅。

【安全生产责任制落实】 2015年，区安全生产委员会（以下简称“区安委会”）出台《高港区安全生产委员会成员单位工作职责》，重新界定各成员单位安全生产工作职责，重点明确各行业主管部门安全监管职责。突出行业监管责任的落实，要求16个负有行业监管责任的安委会成员单位缴纳安全监管保证金，设立安全监管科室或明确专人负责安全生产工作。在全市率先开展安全生产巡查工作，邀请区人大常委会、政协、纪委、检察院等监督及执法执纪部门参与，对全区8个园区、镇街属地监管责任和10个主管部门行业监管责任落实情况开展集中巡查，将巡查结果向区委、区政府专题报告并在全区通报。强化安全生产工作督查考核，区安委会办公室继续坚持重点工作完成情况季度通报制度，并及时寄送各园区、镇街党政主要负责人，其中重点工作每月一通报。强化企业安全生产主体责任落实，完善重点行业企业主要负责人履责报告制、安全告知制、安全承诺制、安全约谈制，在化工、冶金、造拆船行业开展述职点评质询制度。积极推进企业安全总监试行制度，全区29个化工、7个造拆船、18个重点工贸企业全面试行安全总监制度。

【重要节假日安全巡查】 2015年，区安监局建立重要节假日安全生产巡查制度，对重点企业开展节前、节中、节后安全生产巡查。全年共组织元旦、春节、清明节、劳动节、抗战胜利纪念日、国庆节等节假日巡查27次，巡查企业212个次，共排查隐患1085个，督促整改1083个，停工2个次。

全区安全生产工作会议

【安全生产检查整改专项行动】 8月中旬~9月中旬，高港区开展安全生产检查整改专项行动。开展危险化学品行业专项检查，围绕“两重点、一重大”（重点监管的危险化工工艺、重点监管的危险化学品和重大危险源的监管）、生产装置设计诊断、危险作业许可等重点内容，检查企业670个次，排查各类事故隐患2447个，整改2447个。开展造（拆）船专项检查，检查企业7个，排查整治隐患78个，督促整改78个。开展特种设备行业安全和电梯安全专项检查，检查单位46个次，排查隐患188个，整改188个。开展全区烟花爆竹零售网点专项检查，检查网点182个，关闭存在“下店上宅”“前店后宅”等形式和与居民居住场所设置在同一建筑物内的零售点；共关闭48个与人员密集场所和重点建筑物安全距离不符合条件、集中连片经营、在超市内销售、未按规定专店（或专柜）销售的零售点。开展消防专项检查，排查火灾隐患2817个，整改2817个，责令停业整改12个。检查建筑施工单位203个，排查事故隐患1132个，整改1132个，下达隐患整改通知书165份、停工通知书36份。开展油气管道专项检查，共排查隐患13个，全部整改到位。开展化工、冶金等行业企业夜查10余次，实施经济处罚15.50万元。

【危险化学品罐区专项大检查】 2015年，高港区对所有涉及重点化工工艺和高危储存设施的企业进行罐区专项安全大检查，对位于城区内构成危险化学品重大危险源的罐区，按照《危险化学品生产、储存装置个人可接受风险标准和社会可接受风险标准》，确定外部安全防护距离，不合标准的，全部整改到位。对周边有学校、医院、住宅小区和人员密集场所的罐区，立即责令其停产停业，采取转产、搬迁、关闭等措施，彻底消除隐患。共检查单位20个次，整改隐患93个。

【职业卫生监管】 2015年，高港区开展职业危害监督检查，共检查企业39个，共查出企业职业卫生存在的问题175条，下发整改指令书39份，并督促企业在规定的时间内将存在的隐患整改到位。经过复查，隐患整改率100%。对全区木制家具、蓄电池、电子产品、皮革箱包和制鞋、水泥五大行业23672个用人单位的职业卫生基本情况开展摸底调查。通过普查，共普查出全区涉及职业病危害的用人单位19440个，涉及人员7104人，接触职业病危害人数占职工总数比例为8.70%。督促限期整改，经过复查，整改率100%。

【安全生产标准化建设】 2015年，区安监局推进政府购买安全服务招投标平台建设，对不同类型项目外包实行差别化管理。以“提标扩面”为重点，聘请专家对一、二级标准化创建企业进行“一对一”个性化辅导，鼓励有安全管理能力的注册安全工程师成立安全服务事务所。对安全管理能力差的小微企业等单位开展安全服务外包工作，51个小微企业完成标准化创建。至年末，全区共有283个小微企业完成标准化创建。

【安全生产管理规范化建设】 2015年，各园区、镇街全面执行“党政同责、一岗双责”和“三个必须”要求，全部实现行政主要负责人担任安委会主任，其中，口岸街道、大泗镇由党委（党工委）书记担任安委会主任。继续深化基层安监机构能力建设，口岸街道、许庄街道通过省级考评验收。全区7个园区、镇街通过省级安监机构能力建设考核，省级创建覆盖率达87.50%。

【安全生产宣传与培训】 6月，高港区开展安全生产月活动，邀请安全法制专家为全区领导干部开设“新安全生产法”专题讲座。组织开展八大危险作业专题安全培训，邀请专家分批次对全区200余个企业、2700余人进行培训。在江苏明浩新能源发展有限公司、苏宁化工有限公司、江苏海企化工仓储有限公司等企业举行应急救援演练，模拟危化品装置、设施发生火灾及泄漏等事故后的应急处置和救援。区安监局在全市安全生产综合执法演练竞赛和新安全生产法电视知识竞赛中均获一等奖。全年共举办各类安全生产培训班89期，培训各类人员7600余人次。 （雷　磊）

城乡建设

城乡规划

【概况】2015年，泰州市规划局高港分局（以下简称“区规划分局”）更新城乡规划成果，落实新增建设用地指标，推进镇村布局规划调整，完善园区、镇街控制性详细规划。提升规划服务水平，服务重大工业项目和基础设施项目建设。强化城乡规划管理，组织召开项目编审会5期，办理各种审批材料199份。组织批前公示28项，批后公布33项。承办人大代表建议、政协委员提案26件（市人大代表建议1件，区人大代表建议、政协委员提案25件），其中，主办件10件，会办件16件。

【城市发展建设用地调整】2015年，区规划分局调整城市建设用地布局，新增4平方千米工业建设用地，其中，高港高新区增加1.10平方千米，临港经济园增加2.90平方千米。高港高新区、临港经济园按照城市总体规划建设用地范围完善园区规划编制成果。高港高新区将新增建设用地纳入许庄街区控制性详细规划编制范围，1月5日，规划编制成果经市政府批准；12月4日，临港经济园控制性详细规划通过专家论证，进行修改完善。

【镇村布局规划调整】2015年，高港区启动镇村布局规划调整。将镇村布局规划调整与土地占补平衡、增减挂钩相结合，在许庄街道开展试点工作。4月1日，区规划分局和规划编制单位听取园区、街道及国土部门意见，正式启动许庄街道镇村布局规划优化工作。通过现状调查，研究分析村庄特点，制定村庄建设指引，重点对村庄公共服务设施、公用设施作出规划安排，许庄街道镇村布局规划初步成果于年内完成。至年底，全面完成全区各镇街现场调研工作，组织编制规划布局方案。

【滨江新城控制性详细规划调整】2015年，区规划分局针对城市总体规划中泰州口岸船舶有限公司、泰州三福船舶工程有限公司和扬子江药业集团等重点工业项目为商业用地的矛盾，就该区域用地性质调整专题报市城乡规划委员会研究审查同意后，在滨江新城控规中按工业用地进行落实。6月8日，滨江新城控制性详细规划通过市城乡规划委员会审查，上报市政府审批。

【大泗镇镇区控制性详细规划调整】2015年，大泗镇针对工业用地不足，招商引资项目难以落户等问题，调整镇区控制性详细规划，减少规划商住用地规模，在工业集中区邻近区域增加工业用地规模。6月4日，调整方案通过专家论证；6月8日，通过市规委会审查；8月6日，通过市政府审批。

【项目审批】2015年，高港区共组织召开项目编审会5次，讨论项目90个。区规划分局共向市规划局技术审查委员会上报项目93个，办理建设项目选址意见书11份，用地面积33.40万平方米；办理建设用地规划许可证41份，用地面积148.90万平方米；办理建设工程规划许可证37份，建筑面积59.50万平方米；办理用地规划红线图53宗，用地面积314.70万平方米；依据规划编制上市规划条件及出具红线26份，用地面积77万平方米；批准各类单位建设、工业企业规划设计方案31个。

【规划公示】2015年，区规划分局继续加大建设项目规划方案审查力度，严格执行建设项目批前公示、批后公布工作。共组织批前公示28项，批后公布33项，在项目建设现场和市规划局网站同步公示，保障群众知情权。

【规划服务】 2015年，区规划分局向各园区、镇街报建人员讲解项目建设程序、报建要求，专人跟踪项目进度，定期梳理项目规划许可办理进展。完成扬子江龙凤堂中药产业园二期、江苏汇福蛋白科技有限公司、江苏扬泰电子有限公司、江苏港城中药养生有限公司、泰州海天半导体有限公司等一批1亿元以上工业项目规划许可办理。参与泰镇高速北延、江广高速扩建、355省道、东风路拆迁安置，完成柴墟路、金港路、龙窝路、创业大道、永盛路、科创路、马永路、文锦路等道路选址、方案审查。协助国电泰州电厂确定供热管网布局选线。完成港华燃气口岸气站用地规划许可、规划方案审查。推进高港实验小学西侧变电站迁建，完成项目用地规划许可办理、规划方案审查。配合城管部门研究确定观五、龙窝垃圾中转站布点方案，推动许庄街道、刁铺街道垃圾中转站合建布点。配合区民宗局开展古寿胜寺选址、现场踏勘、方案审查，组织规划方案论证、修改，办理选址许可。完成全民健身中心二期工程项目方案审批。完成柴墟水景街区二期棚户区改造、口岸转盘整治规划红线办理。

（李德江）

城市建设

【概况】 2015年，全区实施重点城建项目60个，完成投资71.60亿元。完成市政公用设施投入4亿元。全年建设道路13条、38.77千米。新增绿地面积98.36万平方米，绿化覆盖率43.36%。拆除合法房屋面积约21.47万平方米。

【重点城建项目建设】 2015年，全区实施重点城建项目60个，其中，龙湖美景二期、大泗安置区二期、永胜花苑和永安洲污水处理厂二期等项目竣工交付，新城花园二期、三星嘉苑二期等项目开工建设。

永安洲实验学校　为九年一贯制学校，总投资2亿元，占地9.33公顷，建筑面积7.50万平方米，主要建设小学部和初中部教学楼及实验楼，配套设施包括游泳馆、艺体中心、报告厅、图书馆、植物园及400米标准跑道操场等。年末，配套工程施工。

体育公园　高港区体育公园位于扬子江路西侧、生态公园北侧，占地6万平方米，建筑面积1.20万平方米，计划总投资6000万元。整个项目建设分为两期，一期工程于2014年建设完毕并交付使用；二期工程于2015年5月动工。年末，篮球场、网球场、足球场等场所竣工交付，游泳馆主体封顶。

龙湖美景二期　项目规划用地面积7.80万平方米，总建筑面积18.79万平方米。其中，地面建筑面积14.94万平方米、地下建筑面积3.86万平方米，总投资约7亿元。年末，配套工程施工。

基督教堂　位于高港汽车站南侧、扬子江路东侧，占地面积约1.60公顷，建筑面积7460平方米，哥特式建筑，具备宗教活动、学习培训、办公接待、生活居住等功能，总投资3600万元。8月竣工，10月13日开堂。

【道路建设】 2015年，高港区开工建设城市主次干道13条、38.77千米，完成投资12.85亿元。新港大道、海军东路、王营河路北延和珑湾路等道路项目竣工通车，金港路南延、龙窝路、春城路西延、柴墟路改扩建等项目开工建设。

金港路南延　北起人民路，南至长江大道，全长1824米，道路规划红线宽40米，总投资2.75亿元。年内，开工建设。

春城路西延（含春城支路）　东

高港城区一览

起王营河路，西至扬子江中路，全长653.57米，红线宽20米；春城支路南起港城路，北至春港路，全长682.40米，红线宽15米，两条路总投资3000万元。年内，开工建设。

【市政公共设施建设】 2015年，全区市政公用设施总投资4330万元。启动城区雨污水管网完善工程可行性报告编制、高港区排水专项规划编制等工作，完成黑臭水体整治、城区桥梁检测、城区地下管线探测、通扬路路牙改造、百年豪景雨水管网改造、城区路牙刷白、城区积水点整治、交通标志标牌整治、市政消火栓维修及新增51个市政消火栓等工程。全年修复城市道路1.40万平方米，疏通雨水管网50千米，更换路灯配件320盏，抢修电缆1380米，市政设施完好率、路灯亮灯率分别达95%、99%以上。铺设大泗镇、白马镇燃气管网23.50千米，延伸临港经济园、永安洲镇管网2.30千米，完成胡庄镇燃气主管网建设5.40千米，实现管道燃气达镇率100%。教师新村、海港花苑等14个老旧小区天然气接通入户。

【城镇绿化】 2015年，高港区新增绿地面积98.36万平方米，其中，道路绿化75.54万平方米，小区绿化9.66万平方米，公共绿地13.16万平方米。全区绿化覆盖率43.36%，城镇人均公共绿地面积11.40平方米，建成区绿化指标在市城镇绿化考核中排名第一。全年新建小游园9个。

【城市动迁】 2015年，高港区主要实施金港路南延、京沪高速江广段扩容、355省道改扩建工程、柴墟街区棚户区改造工程等7个项目动迁工作，共搬迁795户，拆除合法房屋建筑面积约21.27万平方米。动迁模式完成由“协议动迁、政府回购”向“市场化评估、货币化安置”转变，纪检、审计部门全程跟踪监督实施。全年动迁工作平稳有序，无遗留问题，无上访、无违法违纪事件发生。

（朱　群）

市政项目投融资

【概况】 2015年，泰州市港城建设投资发展有限公司（以下简称“区城投公司”）加快融资渠道转型升级，控制融资成本，融资工作重心由商业银行流动资金贷款转向投行业务，完成新增32亿元融资任务。投入工程款约25.18亿元，支付征地和拆迁安置费用4.71亿元。

【服务市政项目建设】 2015年，区城投公司实行项目包保责任制，限时完成。执行区委、区政府关于政府投资项目管理规定，实行设计、招标、实施单位“三权分离”操作模式，确保依法行政、按规办事。全年跟踪服务姜堰净水管网改造、永安洲污水处理厂二期、龙湖美景二期、田许路改扩建工程、金港路南延、柴墟路改造、凤栖湖、国际财富中心等区属工程项目，累计投入工程款约25.18亿元。移栽拆迁场地各类树木近20万棵（株），做好移栽苗木基地的维护监督、管理工作。

【拓展融资渠道】 2015年，区城投公司继续开拓银行直接融资，先后从农业银行、南京银行、华夏银行等金融机构取得中长期项目贷款授信25亿元；运用债券融资工具，在各类债券市场申请发展改革委通道企业债券10亿元；争取政策性贷款，获得全市首笔资本金贷款7000万元，获批国家开发银行项目贷款4亿元。（区城投公司）

房地产综合开发

【概况】 2015年，高港区开工住宅面积70万平方米，竣工面积40万平方米。龙湖美景一期、锦绣珑湾一期、腾龙御园一期等项目基本建成。鹏欣瑞都、天逸华府二期、龙湖美景二期开工建设。

鹏欣瑞都　南临春城路，北临春港路，东临王营河路。由泰州富林房地产开发有限公司投资建设，占地面积8.07公顷，建筑面积12万平方米，总投资5亿元。年内，主体完工。

天逸华府　南临港城路，北临春城路，东临通江路，西邻王营路。由江苏宇泰置业有限公司投资建设，占地面积15公顷，建筑面积38.61万平方米，总投资15亿元。年内，一期工程19.60万平方米竣工。

金通玉兰园　位于港城路南侧，高港大道西侧，占地面积4公顷，建筑面积12万平方米，总投资3.50亿元。年内，主体完工。

中建·锦绣龙湾　位于蔡圩河

建设中的金通玉兰园小区

北侧，扬子江路东侧，占地面积20.33公顷，建筑面积45.40万平方米，总投资23.50亿元。其中，一期南地块占地面积11公顷，建筑面积21.50万平方米；二期北地块用地面积9.33公顷，建筑面积23.90万平方米。年内，一期工程21万平方米竣工交付。

水岸景城　位于绕城公路以东，宣堡港以南，小田河中沟以北，占地面积17.87公顷，建筑面积48万平方米，总投资17亿元。年内，二期8万平方米竣工交付。

【房产管理】 2015年，区住房城乡建设局办理预销售许可事项16件，批准预售面积51.70万平方米。全年受理房产抵押、交易、评估、发证登记4186件，房地产测绘57.50万平方米，开具无房证明2581份。

【物业管理】 2015年，区住房城乡建设局征收住宅专项维修资金2369.38万元，新增外地备案企业3个，指导成立业主委员会3个。实施老小区整治改造，完成锦江花园、金港花园、百年豪景、江平小区、春江新村、港务新村、起风新村、教师新村、港城花园整治工程。配合区市场监管局开展全区住宅小区电梯底坑积水大排查，排除安全隐患。建立健全投诉回访机制，处理各类投诉102起，回访满意率100%。

（朱　群）

城市管理

【概况】 2015年，高港区29个城市环境综合整治项目全部完成并通过验收。推进优秀管理城市创建、文明城市复检、国家生态区创建工作，加强市容市貌管理，开展占道经营、户外广告、工程渣土车辆等专项整治。做好环境卫生管理，更新扫路机、冲洗车、垃圾压缩车等环卫设施，提升环卫机械化作业水平。推进城乡垃圾处理一体化，全年生活垃圾无害化处理量约5.09万吨，处理率100%。拆除违法建设205处、22640平方米。收集各类数字城管案件信息35070件，立案35049件，办结35016件，处置率99.84%，及时处置率96.06%。

【省级优秀管理城市创建】 2015年，高港区整治22条后街背巷、8个城中村、7条城市河道。开展渣土运输车辆密闭改装工作，成立运输公司3个，改装密闭车109辆。对港口东路及周边环境进行综合整治，有效改善口岸车站周边及港口路沿线的市容环境。新建1个便民疏导点、3处停车场、6个小游园，对扬子江路、通扬路、向阳路进行户外广告、店招店牌及立面整治，扬子江南路店招店牌全面实施硬质化整造，沿街立面全部出新。制定《高港区公共自行车服务项目站点布局方案》并获区政府批准实施。完成高港区户外广告规划编制及专家评审工作，推进停车场、便民疏导点规划及环卫专业规划编制。

【城市环境综合整治】 2015年，高港区召开城乡环境整治工作协调会11次，现场督查项目长效管理和推进情况10次，发出整改建议函8份、任务派遣单27份，编印城市环境综合整治工作简报10期。全年29个整治项目全部完成并通过验收，在市级年终考核中名列第一。城市环境长效维护水平、“大城管”格局构建、黑臭河道整治等被《新华日报》予以专题报道。刁铺街道校园路、永安洲镇海军公园主题广场等整治项目，被作为全市典型案例报送至省整治办。

2015年高港区城市环境综合整治项目一览表

表15

城郊结合部					
序号	名　称	位　置	占地面积（公顷）	牵头部门	责任单位
1	许庄社区许西	高港大道东侧	20.00	许庄街道	许庄社区
2	兴洲社区1、6组	育才路南侧	20.00	永安洲镇	兴洲社区
3	海军公园主题广场	永安洲镇永胜社区	1.20	永安洲镇	永安洲镇
总计	数量：3个		面积：41.20公顷		
城中村					
序号	名　称	位　置	占地面积（公顷）	牵头部门	责任单位
1	王营社区（拆迁）	王营路东侧，春港路北侧	20.00	区住房城乡建设局	口岸街道
2	城南社区（拆迁）	金港路南端	10.00	区住房城乡建设局	口岸街道
3	东方明珠二期（拆迁）	口岸街道王营社区	9.30	区住房城乡建设局	口岸街道
总计	数量：3个		面积：39.30公顷		

续表15

棚　　户　　区					
序号	名　　称	位　　置	住区户数（户）	牵头部门	责任单位
1	王营社区曹庄组	口岸街道王营社区	38	区住房城乡建设局	区住房城乡建设局
2	龙湖美景二期	口岸街道城南社区	112	区住房城乡建设局	区住房城乡建设局
3	银杏路许庄段	许庄街道	65	区住房城乡建设局	区住房城乡建设局
总计	数量：3个		户数：215户		

老　旧　小　区					
序号	名　　称	位　　置	占地面积（万公顷）	牵头部门	责任单位
1	起凤新村	镇溪路以西，老许庄河以南，陈东组以东	5.00	刁铺街道	刁铺街道
2	港务新村	春江路北侧，金港路西侧	2.12	口岸街道	蔡滩社区
3	江平小区	向阳路东侧，春江路南侧	6.97	口岸街道	蔡滩社区
4	春江新村	春江路南侧	13.80	口岸街道	新城社区
5	锦江花园	春港路北侧，蔡圩河南侧	5.17	口岸街道	新城社区
6	金港花园	金港路西侧，春港路北侧	6.40	口岸街道	蔡滩社区
总计	数量：6个		面积：39.46公顷		

背　街　小　巷					
序号	名　　称	位　　置	长度（米）	牵头部门	责任单位
1	校园路	泰高路以东，环溪小学以南	500	刁铺街道	刁铺街道
2	繁荣巷	扬子江路以西，府东路以东	300	刁铺街道	刁铺街道
3	湖滨路	王戚围庄河东侧	200	许庄街道	马厂社区
总计	数量：3条		长度：1000米		

城　市　河　道					
序号	名　　称	位　　置	长度（千米）	牵头部门	责任单位
1	太平中沟	许庄街道太平组	800	高港高新区	许庄街道
2	二井中沟	建设大厦南侧	1100	区水利局	区水利局
3	王营河	春港路至336省道	900	区水利局	区水利局
总计	数量：3条		长度：2800米		

建　设　工　地					
序号	名　　称	位　　置	类型	牵头部门	责任单位
1	东方明珠二期	春港路南侧	拆迁	区住房城乡建设局	区住房城乡建设局
2	天逸华府二期	春港路北侧	拆迁	区住房城乡建设局	区住房城乡建设局
3	龙湖美景二期	扬子江南路西侧	建设	区住房城乡建设局	区住房城乡建设局
总计	数量：3个		—		

经　营　疏　导　点					
序号	位　　置	摊位数量（个）	经营面积（平方米）	牵头部门	责任单位
1	兴洲社区	50	3000	永安洲镇	城管中队
2	许庄街道便民疏导点	60	1120	许庄街道	许庄街道
总计	数量：2个		面积：4120平方米		

续表15

停车设施					
序号	位置	方式	增加泊位（个）	牵头部门	责任单位
1	水景街区生态停车场	新建设施	260	区住房城乡建设局	水景街区项目部
2	润洲社区1~22幢	新建设施	318	永安洲镇	润洲社区
总计	数量：2处		泊位：578个		
户外广告					
规范整治项目			工作量（处）	牵头部门	责任单位
集中清理	未经审批、违规设置的户外广告		32	区城管办	区城管办
集中清理	高立柱广告		—	—	—
集中清理	楼顶广告		—	—	—
集中整治	设施陈旧破损的		16	区城管办	区城管办
集中整治	长期空白闲置的		—	—	—
集中整治	存在安全隐患的		—	—	—
总计	集中整治：48处		—		

【环境卫生管理】 2015年，高港区对城区26条主次干道实行16小时清扫保洁，增加5辆电动扫路机、5辆中型扫路车。投入40余万元购置600个三格式不锈钢果壳箱，对主次干道果壳箱进行更新；投入90余万元购置1辆5吨洗扫车和2辆3吨垃圾压缩清运车。提升机械化作业水平，解决群众反响强烈的扫路车扬尘及垃圾清运泼洒等问题。

【城乡垃圾处理】 2015年，高港区及时收集各镇街垃圾集中点的生活垃圾，统计垃圾进出站数量，建立台账，统一安排密闭式垃圾运输车送至垃圾焚烧发电厂无害化处理。全区7个镇街、82个涉农村（社区）全部通过市城乡生活垃圾一体化管理检查验收，全年生活垃圾无害化处理量约5.09吨，处理率100%。

【违法建设防治】 2015年，高港区修订违法建设防治工作考核扣分细则，制定违法建设防治督查暂行办法，推动违法建设防治工作长效有序开展。向镇街发送违法建设督办建议函5份、问责建议函2份，下派任务派遣单69份，提高违法建设处置效率。开展“百日拆违”专项行动，组织8次大规模的集中拆违活动，拆除违法建设32处、4584.60平方米，其中，历史违法建设13处、2358.90平方米，新生违法建设19处、2225.70平方米。全年共拆除违法建设205处、22640平方米，其中，历史违法建设46处、7111.55平方米，新生违法建设159处、15528.45平方米。

【数字城管建设】 2015年，高港区全面完成数字城管二期基础信息普查工作，对新增小区及道路的基础信息进行数据普查、建库。更新升级数字化城管平台网络系统，确保与市级数字化平台互联互通，实现实时通信。完成主城区（含永安洲镇）基础信息普查工作，并充实到基础信息库中，完善基础数据。开展数字城管社区行活动，通过发放宣传资料及画册，接受群众咨询，帮助群众解决问题。定期组织学习培训、轮岗交流、实际操作演练等各类业务培训11次，增强信息采集员、接线员、二级平台操作员、受理员的业务能力和操作水平，提高处置质量和服务效率。全年共收集到各类城市管理问题信息35070条，其中，立案35049件，办结35016件，处置率99.84%，及时处置率96.06%。在市考核通报中多次获得满分。（陈　乔）

镇村建设

【概况】 2015年，高港区实现82个涉农村（社区）、245个自然村村庄环境整治长效管理全覆盖，顺利通过国家生态区考核验收。胡庄镇宗林村和永安洲镇福沙社区成功创建三星级康居乡村并顺利通过省级验收。

【小城镇建设】 2015年，高港区用于小城镇基础设施建设投资1.83亿元，其中，道路建设3270.60万元，已铺设和正在修建道路13条，污水处理设施达镇率100%，管道燃气达镇率100%，各项指标均排在全市前列。实现公交、污水处理、天然气管道、垃圾无害化处理等镇域全覆盖。各镇街、社区均配有宣传文化中心、社会管理服务大厅、供电所、农贸市场、社区卫生服务中心。各村（社区）均建成农家书屋并开放管理，定期充实与更新图书。居民点健身路径或篮球场等体育设施建有率保持在90%以上。7个镇街新增绿化面积87万平方米，城镇绿化覆盖率提高至38%。各乡镇对骨干路段进行绿化完善和等级提升，结合村庄绿化和美丽乡村工作，以绿化打造村庄特色景观，营造一村一品。推进绿化养护管理的市场化运作，引进具有优秀资质的绿化公司进行日常养护。

【村庄环境整治】 2015年，全区82个涉农村(社区)、245个自然村开展村庄环境综合整治和综合长效管理，在全市率先实现村庄环境整治全覆盖、长效保洁队伍全覆盖，农民生活质量明显提高，村容村貌明显改观，村庄环境面貌综合提升。年内，胡庄镇宗林村、永安洲镇福沙社区创成三星级康居乡村。

【"美丽乡村"示范建设】 2015年，许庄街道乔杨社区、胡庄镇史庄村成功申报2014年度省级"美丽乡村"建设示范项目。总投资1000余万元，共获省补资金700万元。完成村口标识、道路改造、河道河坡整治、绿化种植、垃圾房配置、污水处理设施建设、文化氛围营造等"美丽乡村"建设项目。年末，通过市考核验收。

【农民集中居住】 2015年，永安洲镇投入6亿元建成永胜花苑集中居住区17.78万平方米，安置动迁户1038户，配套建成邻里中心、幼儿园、安息堂等工程。胡庄镇投资1.50亿元建成6.20万平方米杏港花苑家等农民集中居住区，安置农民240户，同时配套建设4000平方米邻里中心。大泗镇投资2000万元建成泰镇高速安置区二期，总面积1万平方米，安置规模90户。白马镇投资7680万元建成白南安置区1.75万平方米，安置规模64户。启动永安洲镇东江社区31户渔民上岸安居工程建设。

(朱　群)

交　通

【概况】 2015年，全区公路总里程685.20千米。其中，按技术等级分，高速公路18.20千米，一级公路99.30千米，二级公路84.70千米，三级公路70.40千米，四级公路412.40千米，等外公路4.50千米；按行政等级分，国道18.20千米，省道41千米，县道129千米，乡道213.80千米，村道283.20千米。公路桥梁273座。有过江通道1处(泰州长江公路大桥)，汽渡1处(高港汽渡)。有通航船闸2座。公路客运总量46.30万人次。有公交线路21条，营运车辆110辆，线路总长367.50千米，日运营989班次，实现全区90个村(社区)全覆盖。

【重点交通工程建设】 2015年，高港区实施银杏路绿化施工、田许线及田古线改扩建等重点交通工程，共完成投资6.20亿元。

新港大道　总投资12.50亿元。道路起点位于创新大道，沿周梓中沟向南，下穿宁通高速后经田河集镇段东侧向南，与江平路平交后继续向南，终点位于沿江高等级公路。道路全长10.44千米，全线桥梁7座，按一级公路标准建设。同步实施绿化工程，绿化面积6.90万平方米，并实施园林绿化游园节点3处，全线于年底建成通车。

田古线改扩建工程　总投资6500万元。西起于田河大桥，沿宣堡港向东，终点位于泰兴交界处。道路全长11.30千米，新建田古线0.45千米，按二级公路标准进行改造。同步改造胡曲线十字汪桥向南段4.50千米。全线于年底建成通车。

【农村公路建设与养护】 2015年，高港区实施农村公路建设项目26个33.70千米，其中，县道网改造项目6个18.10千米，提档升级项目15个9.40千米，路肩硬质化项目5个6.20千米。至年末，所有项目主体工程均完工，同步完成项目路肩备土和绿化、交安设施配套工程建设。新(改)建桥梁29座，全部完工。投入近150万元用于县道破损维修、道路灌缝及桥梁病害处置。按照校车通行安全要求，定期排查全区镇村公交校车线路安全隐患，明确整改措施，确保通行安全。

【客运管理】 2015年，高港车站设立服务点2个，开展优质服务，将部分过境车辆就近进站，合理安排班次及时间，方便旅客出行。公交行业推行"便捷公交、廉价公交、智能公交、绿色公交、文明公交"承诺制，优化调整公交线路1条，新增开线路1条。交通、教育、交警部门对校车经营单位、车辆、驾驶人认真梳理，加强安全教育，落实各项安全措施。

【货运管理】 2015年，区交通运输分局严格按照许可准入资质条件进行许可，做到许可期限不过时，许可资料规范完整，许可程序合法有序，共许可户主157户、车辆360辆，总载重2048吨，无一起行政不作为，无一起投诉。培植扬子江药业集团汽运公司为货运规范企业，核心港区永安联江物流为规模物流企业，泰州高港华盛集装箱运输公司、泰州顺风运输有限公司为快货品牌线路。加强对行业统计工作管理，运输企业每月按期上报统计报表。开展公路运输专项调查，向市交通局、区统计局及时准确上报各项统计报表。

【交通安全生产】 2015年，区交通运输分局检查公交、客运、汽渡、运输企业及在建工程27次，共出动123人次，排查隐患65起，整改65起，投入整改资金120万元。全年汽渡渡运客、货车辆25.80万辆;公交三分公司发班25380班次,行驶里程382万千米;车站每日发班次245班,运量46.30万人次;检测站检测车辆5200辆,未发生一起安全责任及死亡事故。

【518路公交线路开通】 5月6日,518路(高港车站至泰州中西医结合医院)公交线路开通,每天6辆车,8个班次,56趟次,沿途停靠27个公交站点,单程22千米。解决海陵南路、高港大道、市残疾人服务中心路段无公交车现状,缓解11路公交车高峰时段拥堵现状,方便高港区同海陵区间交通往来。(黄维民)

水 利

【概况】 2015年,高港区水利建设总投资1.50亿元,共开工建设防洪减灾、城市水利建设、农田水利建设、污水设施建设等15项工程。小型农田水利重点县工程项目完成投资3361.49万元,疏浚整治中沟5条,完善农田水利设施。完成4条中沟集镇段整治工程,建设城区水源调度建筑物,改善城区水环境。继续实施永安洲污水处理厂二期工程工程,自来水公司出厂总管改造工程投入运行。征收污水处理费638.91万元,水资源费209.08万元,堤防占用费147.20万元。小型农田水利重点县项目在省水利厅和省财政厅组织的绩效考评中获优秀等次。

·防汛防旱·

【汛前检查及物资储备】 2015年,区防汛防旱指挥部办公室组织工程技术人员,按照"查全、查细、查实"原则,对沿江涵、闸、站逐一检查,逐一技术鉴定,对城区防洪设施认真梳理,将检查出的问题向镇街、企业通报,督促落实除险加固措施。区防汛防旱指挥部修订2015年度高港区防洪、抗旱、防台等预案,建立巡查网络,将险工险段分工落实到人,汛期安排人员24小时值班,做好汛情的记载和防汛信息上传下达,确保险情能够及时发现和处理。根据气象和水文信息,科学调度水利工程运行,控制内河水位,保证不受涝受旱。区级共储备"三袋"(草袋、麻袋、编织袋)8.43万只、木桩440根、土工布0.45万平方米、块石3000吨、钢管9100米、应急排水泵6台(套)、打桩机2台、应急灯8盏、救生衣30件。开展防汛清障执法活动,共清理渔网214张、渔簖25个。

【安全度汛】 6月下旬,全区大部分地区出现集中强降雨,沿江地区连降2次暴雨。农历五月十八前后大潮汛,长江泰州段低潮不低,各通江口门自排涝水压力增加。6月27日,永安洲镇兴隆社区文胜河堤坝出现漫坝溢水险情,区防汛防旱指挥部、区人武部和永安洲镇政府组织应急抢险队员进行抢险,通过抬高围堰等措施,及时控制险情。

【汛后水利工程】 2015年,区水利局针对沿江防汛暴露出的问题,组织实施防汛岁修工程。共投资288万元实施长江堤防护坡维修工程、口岸闸上游段防护应急工程、口岸闸维修工程以及文胜河堤防兴隆、郎庄段应急处理工程,新增防汛块石储备2200立方米。针对暴雨期间农田受淹情况,各镇街利用秋播时机,开展农田内外"三沟"(墒沟、腰沟、围沟和隔水沟、中心沟、丰产沟)集中修整清理,全区共出动工时4.10万个工时,清理外"三沟"61千米。

·水利工程·

【小型农田水利重点县项目】 2015年,高港区小型农田水利重点县项目完成投资3361.49万元。疏浚整治友谊港、张马中沟、张马庄河、徐庄中沟、戴集中沟5条河道9.88千米,岸坡防护14.92千米,拆建电灌站3座,新建机耕桥5座,过路涵4座。项目实行独立法人制管理,全面实行项目法人负责制、招标承包制、工程建设监理制和合同管理制,友谊港因地形条件复杂,几易施工方案,攻克技术难题,完成全部工程量。

【农村河道疏浚整治】 2015年,高港区政府投资541.03万元,整治殷戚中沟、老大寨河、江干引水河3条中沟,长1.77千米;完成岸坡整治3.47千米及配套建筑物建设。各镇街投入计160万元疏浚中沟河道9条16.80千米、土方22.52万立方米;投资120万元疏浚村庄河道149条28.14千米、土方27.20万立方米。

【城区水环境整治】 2015年,高港区按照"标本兼治、综合治理、区镇(园)联动"思路,以《泰州市高港区水环境综合整治规划》为依据,推进城市水利建设。投资1000万元启动实施刁东中沟闸站工程;投资550万元实施蔡圩河改造工程。市政府水利工程建设投资7000万元,建设许庄河闸、宣堡港闸,疏浚治理前进河、凤凰河等。

【河道管护】 2015年,区政府出台《关于进一步加强和完善全区河道长效管理的意见》和《高港区农村河道长效管理考核评分细则》,按照属地管理原则,重新明确各级河道管护主体,加大河道管护考核频次,由"周巡查、季考核"调整为"日巡查、月考核",提高河道管理补助标准,全年管护经费500余万元。全区河道实现规范化、精细化管理。高港区被省水利厅列为全省河湖和水利工程管理范围划定工作试点区,编制《泰州市高港区河道管理范围和水利工程管理与保护范围划定工作实施方案》,通过省水利厅组织的符合性审查,项目有序推进中。

【黑臭河道整治】 2015年，高港区投入45万元对二井河进行疏浚整治，投入25万元继续采用加拿大生物治理技术对府后河、许陈河进行后期维护。完成黑臭河道3年整治计划，共投入1065万元实施王营河（通港路与蔡圩河段）开挖沟通工程和二井河、王营河南段清淤整治工程，被省、市媒体作为黑臭河道整治优秀典型进行报道。

【永安洲污水处理厂二期工程】 拟建DN1200~DN1800污水总管21.15千米，建设提升泵站4座，扩建规模3万吨/日，扩建后日处理污水4万吨。工程建设年限为2014~2015年，工程预算4.20亿元。全年完成投资1.35亿元，完成全部工程量，铺设污水管网22千米，建设4座泵站及厂区主体工程，设备全部安装调试，并投入使用。

【自来水公司出厂总管通港路延伸工程】 工程沿通港路南侧铺设DN500输水干管至王营河，沿王营路由北向南铺设至珑湾路，在王营路与珑湾路交界处，输水管通过DN500×DN300异径管将管径改为DN300钢管，并穿越王营路后沿珑湾路北侧铺设至珑湾路支路，共铺设各类自来水管道1.38千米，总投资约280万元。2015年5月，竣工交付，解决王营路附近锦绣珑湾等小区供水需求。

【凤栖湖建设】 凤栖湖系修建泰州长江大桥连接线时开挖取土而形成。2014年，区委、区政府决定整治湖区环境，打造沿湖水生态景观。凤栖湖水生态治理项目总投资1.10亿元，建设周期为2015~2016年。2015年，完成投资5000万元，完成土方61.80万立方米，实施护岸2.96千米、环湖路2.75千米，湖形开挖和环湖路工程完工，张马支沟闸站工程、集成中沟闸桥工程和湖区景观绿化工程开工建设。

·水政监察·

【概况】 2015年，区水政大队坚持每周巡查2~3次，全年共巡查159次。打击非法采砂30余次，查处非法采砂案件4起，非法占用案件3起，非法取土案件1起，制止违章行为4起。对辖区内的采砂船实行集中停靠点管理。5月18日，参加省水利厅组织的重点水域打击长江非法采砂行动，成功抓获长江嘶马水域的大型吸砂王。5月30日《人民长江报》和6月2日《中国水利报》报道高港区水行政执法全过程。协助解决海军主题公园、渔船停靠点建设矛盾，帮助国电泰州电厂供热管道穿越古马干河、泰州三福船舶工程有限公司栈桥平台等工程办理合法占用手续。 （白　伟）

土地资源管理

【概况】 2015年，泰州市国土资源局高港分局（以下简称“区国土资源分局”）共挂牌出让工业用地28宗，面积106.01公顷，获取出让金4.12亿元。足额征缴矿补费，入库率100%。及时做好地质灾害危险性评估级别核定和备案，全年共评估备案45宗。全区土地利用总体规划中期评估工作顺利开展，同一乡镇布局调整工作有序推进。借助“4·22”地球日、“6·25”土地日、“12·4”宪法日契机，开展“走进你我他，共建新高港”等专题宣传活动。区国土资源分局被评为江苏省国土资源信访工作先进集体、江苏省统计规范化建设部门统计示范点。

【用地服务】 2015年，区国土资源分局做好扬子江药业龙凤堂、东风路南延、江广线改扩建、古寿胜寺等重大项目和重点民生工程用地服务。从勘测定界、规划调整到征地洽谈、组卷报批，全程跟踪，专人服务，涉及面积200余公顷。巾帼测量队累计为服务对象办理用地勘测定界、地籍测量、交地放线45宗。创新提出“三同四联”（“三同”即同受理、同流程、同监管，“四联”即联合、联动、联办、联控）审批服务模式。泰州市国土资源局高港行政服务中心10月正式运行。至年底，累计发证193宗，其中，办理分割证77本，个人抵押融资112本，单位抵押融资4本。

【耕地保护】 2015年，区国土资源分局建立耕地补充机制，通过实施占补平衡完成新增耕地43.33公顷，按期完成市交指标，其中33.33公顷通过市国土资源局验收，耕地质量等级评定同步开展。开展永久基本农田划定工作，完成省国土资源厅下达的2780公顷核查面积目标。开展“十二五”高标准农田上图入库工作、高标准农田成效评估，共统计评估项目13个，建设总规模8133.33公顷。胡庄镇省级基本农田整理项目实施完成，申请省级验收。大泗镇省级高标准基本农田整理项目实施中。

【土地集约利用】 2015年，区国土资源分局建立“税评机制”“准入机制”和“倒逼机制”，提升项目用地节地水平和产出效益。出台《高港区节约集约用地考核细则》，对各园区、镇街从地均GDP、供地率、违法用地发生率等方面进行全方位考核。

【规范用地秩序】 2015年，区国土资源分局共立案查处违法用地25宗，面积37.61公顷（耕地23.21公顷），罚款134.06万元，没收建构造物26.38万平方米，责令拆除建构造物8.25万平方米，追究责任人24人。申请法院强制执行9件，面积11.07公顷。出台《高港区违法用地预防问责办法》，落实各层各级负责人工作职责，对辖区内违法用地发生、发现、报告、制止、整改等内容进行量化。

【土地确权登记】 2015年，区国土资源分局实行城镇地籍管理信息系统统一登记制度，办理宅基地登记发证15宗，抵押登记1097宗（其中单位抵押登记187宗），国有土地使用权登记发证（初始登记、分割登记、权属变更登记、名称地址变更登记、分割证换发证）2370宗，正确率100%。

【村庄建设用地布局调整试点】 年初，许庄街道被确定为省同一乡镇范围内村庄建设用地布局调整试点单位。区国土资源分局征求孔桥片区7个村居干部和群众意见，区政府拨付6000万元启动资金用于许庄街道集中居住区建设，并将此项工作纳入区绩效考核体系。项目实施规模66.67公顷，530户同意退出宅基地集中居住，拆旧复垦新增耕地约25.33公顷；重大工程环保拆迁、废旧工矿企业、不符合村镇建设规划及零星庄台拆旧面积28.58公顷。项目实施到位结余用地指标42公顷。

【工业用地调查】 2015年，区政府拨款70万元专项资金启动实施高港区工业用地调查，以"一张图"工程为载体，建立高港区节约集约用地评价系统，对全区企业运转状况进行实时监控。对已供项目投产达效状况进行动态跟踪监控，对企业用地集约化程度进行自动评价。年底，该项工作全面启动，为低效及闲置用地利用提供基础数据。

【遥感监测】 2015年，区国土资源分局完成国家下发高港432个遥感监测图斑、面积498.56公顷监测任务。根据现场踏勘小组调查情况，逐图斑逐宗地进行分析研判，梳理归类。明确由地籍科牵头负责图斑核查与变更报批；中心所负责现场核实，收集伪图斑基本信息，完善图斑举证；用地科负责农转用征收地块的审核、设施农用地的确认和报备以及临时用地的认定和报备；监察科负责拆除图斑核查和违法用地的确认工作。3月，提交的土地变更调查成果数据通过省、部级检查。

【涉土信访】 2015年，区国土资源分局处结群众来信28件、来访30批、来电13件，"12336"电话举报2件，市、区长信箱4件，网络公开答复当事人诉求25次，办结巡视组交办案件3件，处理结案率98%。会同住建、规划、财政等部门，化解宏达花园、港城花苑等小区历史遗留的800余户土地发证问题。

（王珊珊　王梅梅）

环境保护

【概况】 2015年，高港区集中式饮用水源水质达标率、覆盖率和地表水水质达标率均为100%，长江高港段水质达Ⅱ类标准，口岸闸、口岸桥等考核断面水质为Ⅲ类。区域声环境质量达到《泰州市区域环境噪声标准适用区域划分》规定标准，城市环境噪声达标区建设覆盖率100%，区域环境噪声、交通噪声符合相应标准。区域环境空气质量持续改善，城市环境空气质量优良率比上年上升6.60%，PM2.5浓度年均值下降10.50%。92个重点污染源企业参加2014年度泰州市环境行为评级，评定绿色企业7个、蓝色企业76个、黄色企业3个、红色企业5个、黑色企业1个。17个企业投保环境污染责任险。全年排污收费入库433万元。1月19日，高港区通过国家生态区技术评估。11月21日，通过国家级生态区考核验收。

【污染物减排】 2015年，市政府下达高港区主要污染物减排任务：化学需氧量、二氧化硫、氨氮、氮氧化物最低削减量分别为200吨、50吨、20吨、50吨。高港区科学制定减排方案，全面推进工程减排、结构减排和管理减排，排定水污染物减排项目8个、大气污染物减排项目3个。总投资4.20亿元的区污水总管网及污水处理厂二期工程完成21.15千米污水总管网和4座污水提升泵站建设，厂区设备安装到位，准备调试。市属重点污染源全部建立自动监控系统，并与市环保局监控中心24小时全天候联网。投入1800万元铺设2.30千米污水管网，每日增加生活污水量1000吨。对11个污染较重的企业实施强制性清洁生产审核，提高化工企业排放标准，加大现场监管频次，从源头上减少污染物产生。全区化学需氧量、二氧化硫、氨氮、氮氧化物分别削减235吨、267吨（益海粮油和扬子江药业集团南厂燃煤锅炉停用，改用国电泰州电厂蒸汽，二氧化硫大幅削减）、29吨、58吨，减排指标均超额完成。

【大气污染防治】 2015年，区环保局下发《2015年泰州市高港区大气污染防治工作计划》，全面实施"蓝天工程"。共淘汰各类燃煤锅炉54台，超额完成省、市交办任务。完成泰州口岸船舶有限公司、泰州三福船舶工程有限公司等5个企业挥发性有机物治理任务。核心港区投入140万元，建成高永化工园区大气污染监测监控预警系统并投入使用。针对滨江工业园区周边群众环境信访问题，建立全天候监测工作机制。全区环境空气质量持续改善，城市环境空气质量优良率比上年上升6.60%，PM2.5浓度年均值下降10.50%。对照年度空气质量改善要求，全面并超额完成市交考核任务。

【饮用水源地保护】 2015年，高港区建立健全饮用水源地日常巡查制度，持续开展饮用水源地日常巡查，切实加大饮用水源地的监察和监测频次，确保全市的饮用水安全。推进饮用水源保护区内的渔船锚泊地规范整治。永正饮用水源地水质全年保持Ⅱ类水标准，水质达标率100%。重点水功能区水质达标率89%，超过市交78%的控制指标。

【危险废物和放射源监管】 2015年，区环保局严格执行危险废物备案审查制度，规范危险废物转移，消除危险废物对环境的潜在隐患。全年督促辖区内33个危险废物产生单位按月实施网上申报，核发企业排污许可证20份。危险废物和废放射源安全处置率、动态信息申报审核率100%。

【排污费征收】 2015年，区环保局开展排污申报登记，规范排污费征收程序，坚持依法、足额、全面征收原则，合理分解收费任务，挖掘费源潜力，寻找建筑业、服务业增长点。新开征收费企业8个，重新调整收费企业12个，全年排污收费入库433万元，比上年增长41.97%。

【环境监察】 2015年，高港区出动环境监察人员1100余人次，监察企业200余个，制作整改和限期整改通知59份、监察记录900余份，立案查处5个违法排污企业，依法查封不符合产业政策企业2个，全区未发生一起环境污染事故。

【环境监测】 2015年，高港区对31个重点排污企业进行监督性监测182次。对城区5条整治河道每月开展水质监测。对主城区14个噪声网格内的区域环境噪声进行昼间监测。共接受16个企业各类监测委托，先后对泰州银杏织锦有限公司、泰州宇铨影视设备有限公司等12个符合验收条件企业进行验收监测。共出具验收监测报告15份、其他单项监测报告报表13份。开展滨江工业园区24小时应急监测工作。

【环保检查】 2015年，区环保局开展环境保护大检查，印发《高港区环保大检查工作方案》，加强督查督办。召开3次专题工作推进会，按照企业申报、镇街审核、区环保局复核程序，完成网上申报企业317个，核查存在环境安全隐患企业25个，责令2个企业停产整改，对3个违法排污企业实施立案查处，对2个不符合产业政策的企业依法查封，对3个污染严重、税负贡献低、环境危害大、不符合区产业政策的企业实施关停。

【建设项目环境管理】 2015年，区环保局缩短审批流程，取消建设项目环境影响咨询表审批环节，节约审批时间7个工作日。大幅压缩审批事项法定期限，建设项目环评报告及其他环保事项审批平均提速50%以上。对有利于结构调整和转型升级重点项目，采取“容缺受理”方式，加快审批速度。全年审批项目95个，其中，工业项目52个，三产项目43个。大中型建设项目环境影响评价报告书（表）、登记表审批率和“三同时”（环保设施与主体工程同时设计、同时施工、同时投产使用）执行率均达100%。督促完成核心港区、高港高新区、临港经济园等各类开发区、工业园区、产业集中区规划环评或跟踪评价工作。

【环保信访】 2015年，高港区畅通“12369”环保举报热线，完善环境信访领导责任制、包案负责制和环保投诉热线岗位责任制等制度。明确信访件的受理、登记、领导批示、调查、处理、告知、结案、归档等流程工作要求。省级以上越级访、重复访比上年下降50%，全区未发生重特大环境污染事故、因环境污染事故引发的赴京信访和严重影响社会稳定新环境信访。全年共处理人民来信、来访、来电377件，其中，城管数字化平台13件，网络论坛18件，政风行风热线93件，“12369”举报65件，值班受理188件。

【环境宣传教育】 2015年，区环保局以创建国家级生态区、法制宣传月、科普宣传周、世界环境日为载体，深入推进环保宣传进机关、进企业、进学校、进社区、进农村活动，累计张贴环保宣传标语150条，发放宣传画册200份、最新环保法律读本1600份。推进绿色学校、绿色社区创建工作，运用市场化方式在36个小区设置衣物回收专用箱70余个。在刁铺街道建立全区首个环保志愿服务实践基地，成立全区首个环保公益组织“绿地汇”。

（徐会兰）

生态大道——锦江路

社会事业

科　　技

【概况】 2015年，高港区完成高新技术产业产值899.67亿元，比上年增长19.10%，占规模以上工业产值51.71%；全社会研发投入占地区生产总值3.76%。获批各类科技计划项目200余项，获批省级科学技术奖2项、市级科技进步奖5项，评选出区科学技术一、二、三等奖20项。新签订产学研合作协议项目60项，新建产学研联合体16个。新增省级工程技术研究中心1个、省级研究生工作站2个、市级工程技术研究中心2个。获批江苏省可持续发展实验区，许庄街道和胡庄镇获批江苏省创新型试点乡镇。“泰晶e空间”获批省级“众创空间”品牌。省工程技术文献信息高港区分中心落户运转。13个企业获批省“苏科贷”，获批各级各类科技贷款3150万元。申请专利3177件，专利授权952件，万人拥有发明专利12.05件。高港区获批国家知识产权强县工程试点区，试点时限自2015年12月~2017年12月。获批省知识产权贯标先进单位2个，新增省贯标备案企业11个。

2015年高港区各级科学技术奖获奖项目一览表

表16

项目名称	承担单位	项目完成人	等　级
复杂环境下桥梁安全性能监控与预警关键技术及其集成示范	东南大学、苏交科集团股份有限公司、交通运输部公路科学研究所、中铁大桥勘测设计院集团有限公司、河海大学、江苏泰州大桥有限公司	丁幼亮、李爱群、王浩、孙震、周广东、王晓晶、沈刚、缪长青、刘华、王高新、陶天友	省级一等奖（参与申报）
局部麻醉药盐酸达克罗宁胶浆的开发和应用	扬子江药业集团	孙田江、顾孝红、周斌、李浩冬、赵鹏、江芳、夏博	省级三等奖
新型强效抗过敏药富马酸卢帕他定片的开发	扬子江药业集团	路显锋、陈令武、王庆辉、林彬彬、夏博、宣景安、石莹、孙春艳、顾剑	市级二等奖
宽介电信号传输用高频电路模块	泰州市博泰电子有限公司	倪新军、施吉连、刘兆、李健凤、李瑞、倪文波	市级三等奖
“异丁醛”低损耗化工储罐安全储存技术	江苏海企化工仓储股份有限公司	史先召、黄伟金、孙承莉、黄福光、李岩、钱慧、奚吉林、倪震、丁亚军	
电动客车用无离合器式自动变速箱	泰州市海博汽车科技有限公司	唐海滨、王军、卢晓辉、靳立强、刘文光、刘宏波	
汽车后窗玻璃印制天线系统	泰州苏中天线集团有限公司	蒋小平、宋健、殷伟、李春玫、施蓉、王月梅、叶鸭权、李红梅	

续表16

项目名称	承担单位	项目完成人	等 级
新型、强效抗过敏药富马酸卢帕他定片的开发	扬子江药业集团	陈令武、赵文镜、宣景安、顾孝红、石晶萍、石莹、李国贤、陈杨杨	区级一等奖
节能环保型64000DWT散货船	泰州口岸船舶有限公司	郭朝义、柳红兵、卞国奎、刘成阳、张阳、吴海荣、龙岩、杨建平、王进	区级一等奖
环保型秸秆复合纸板及纸箱	泰州永盛彩印包装有限公司	杨本纯、恽小燕、张井荣、周成喜、王德志、黎安祥、杨辉明	区级一等奖
一种抗失效性强的引线框架TO-220M	泰州东田电子有限公司	沈健、高迎阳、董德泉、邵富南、沈兵、唐澄、杜江	区级一等奖
绿色高品质高档装饰金属墙纸	江苏德泰墙纸有限公司	李兴东、李鹏举、李影、沈小锁、陈晶、孙学庆、朱璟	区级二等奖
高性能小型二极单相发电机	江苏神驰机电有限公司	王航、赵伟、艾小林、汪中利、武文发、王振林	区级二等奖
基于壳聚糖/海藻酸盐的动脉大出血用止血微球	泰州市榕兴抗粘敷料有限公司	褚加冕、褚省吾、陈煜、崔莉、陈达永、徐慧君、程文涵	区级二等奖
智能电网逆变器用绝缘栅双极型晶体管（IGBT）封装技术的研发及产业化	泰州海天半导体有限公司	陈长贵、朱虹、张春华、杨元慧、过佳、张佳妮、范仲雷	区级二等奖
膝关节腔穿刺术的技术改进	泰州市第三人民医院	万洪武、顾文德、蒋新华、杨敏、马云、赵爱华	区级二等奖
生物柴油联产生物基增塑剂	泰州市环科生物新能源有限公司	孙春扬、孔令康、卞伟莉、庄庆荣、陈春梅、金雨虹、秦秀林	区级三等奖
健脾益胃法治疗中晚期胃癌临床研究	泰州市第三人民医院	陈萍、徐寰骞、乔晨、马云、潘建荣、翟爱荣、蒋新华、陈翠华	区级三等奖
963坯饼镀层测厚/称重检测机器人	江苏保力自动化科技有限公司	秦勇峰、唐承德、庄开银、赵文龙、潘挺鸿、郭仁祥、朱林、周林生、李涛、蒋海洋	区级三等奖
齿圈在外的高密封性能双列圆锥轮毂轴承单元	万向精工江苏有限公司	潘予、杨志、戴向丽、秦永荣、唐李、张沛、王振林	区级三等奖
一种疏浚船用带副叶的泥泵叶轮	江苏华夏重工有限公司	栾绍根、严庆福、章庆生、朱金华、朱月东、乔增勇、乔荣杰、刘宝勤、廖治平、陈辉、栾娟萍	区级三等奖
设施草莓与水生蔬菜轮作克服连作障碍技术研究与示范	江苏泰供海诞现代农业发展有限公司	李乃平、孙燕、吴红、李成忠	区级三等奖
无线传感器监控装置用高频电路模块基板	泰州市博泰电子有限公司	施吉连、倪新军、李瑞、刘兆、倪文波	区级三等奖
“腹腔镜联合胆道镜胆总管切开取石T管引流术”的临床应用	泰州市高港中医院	石广东、孙建平、朱海涛、陈野、桂鹏程	区级三等奖
新型轻量化过共晶铝合金IP65系列发动机箱体的研发	泰州市天鑫机械有限公司	唐维刚、唐晓震、张荣山、陈国荣、严亚萍	区级三等奖
汽车用新型碳罐控制阀	泰州超人汽车电子有限公司	沈荣清、朱长冬、于清白、刘桂亮、卫思明	区级三等奖
IC封装专用的DIP4型引线框架	泰州友润电子有限公司	张轩、周亚兵、钟华明、陈钱、刘琴、张文武	区级三等奖

【产学研合作】2015年，高港区组织开展企业院校行、一对一项目专题对接会、专家高港行、科技成果专题讲座等专题科技推介活动16次，推广应用科技成果90余项，促成产学研合作协议项目60项，新建产学研联合体16个。新增江苏省（神驰）新型小型单项发电机工程技术研究中心，省级研究生工作站泰州三福船舶工程有限公司研究生工作站、泰州市凯威包装有限公司研究生工作站，省级工程技术研究中心泰州市（中航）精益化造船工程技术研究中心、泰州市药用高阻隔复合材料工程技术研究中心。

【科技金融】2015年，高港区组织申报“苏科贷”13项，分别为泰州市博泰电子有限公司、泰州市榕兴医疗股份有限公司、泰州市海博汽车科技有限公司、泰州市东兴合金材料有限公司、江苏保力自动化科技有限公司、泰州库宝制冷设备制造有限公司、江苏浩瀚蓝宝石科技有限公司、泰州市宏泰电力设备有限公司、泰州市奥鑫机械有限公司、泰州市追日齿轮有限公司、江苏荣畅牧业发展有限公司、江苏追日汽车同步器有限公司、江苏图南智能科技有限公司，获批科技低息贷款3150万元。对接省科技金融中心，制定《科技型中小企业贷款风险补偿专项资金管理办法》，参与省科技成果转化风险补偿专项资金贷款项目，首批区财政出资300万元。

【知识产权工作】2015年，全区专利申请量3177件，比上年增长0.25%，其中，发明专利申请量914件，增长8.42%；专利授权量952件，其中，发明专利授权43件，实现万人发明专利拥有量12.05件。新增泰州汇锦电子有限公司、江苏保力自动化科技有限公司、泰州艳阳天塑料科技有限公司、泰州市天鑫机械有限公司、万向精工江苏有限公司、泰州海天半导体有限公司、泰州诚德钢管有限公司、江苏华夏重工有限公司、泰州市亚星塑业有限公司、江苏乐彩印刷材料有限公司、泰州永盛彩印包装有限公司11个企业为省地方标准《企业知识产权管理规范》贯标备案企业。江苏康贝宠物食品有限公司、江苏神驰机电有限公司2个企业被列入江苏省知识产权贯标先进单位。扬子江药业集团、泰州市苏中天线有限公司2个企业获批2015年江苏省企业知识产权战略推进计划重点项目。

【科技计划】2015年，全区获批各类科技计划项目200余项，其中，火炬计划7项，星火计划6项，省科技型企业技术创新资金1项，新认定高新技术企业15个，省重点研发计划1项，省级科技副总1人，高新技术产品135项。共上争资金227万元。

2015年高港区国家级、省级科技计划立项情况一览表

表17

计划类别	项目（企业、工作站、个人）名称	承担单位	资助情况	地　区
国家级知识产权强县工程试点区	—	高港区	—	—
国家火炬计划	基于微波辐照技术玻封半导体用新型杜美丝	江苏昆仑光源材料有限公司	—	口　岸
	带磁感应圈的双列圆锥轮毂轴承单元	万向精工江苏有限公司	—	许　庄
	963坯饼镀层测厚称重检测机器人	江苏保力自动化科技有限公司	—	刁　铺
	尿失禁治疗用药曲司氯铵片	扬子江药业集团	—	区　属
	纳米复合陶瓷基板封装的LED灯具	泰州市华强照明器材有限公司	—	口　岸
	绝缘栅双极型晶体管IGBT封装技术的研发	泰州海天半导体有限公司	—	许　庄
	摩擦增力式A7G副箱汽车同步器	江苏追日汽车同步器有限公司	—	刁　铺
国家星火计划	新品种猕猴桃新技术集成与创新	泰州市御庐园农业科技有限公司	—	永安洲
	白果脱苦护色关键技术及低温真空加工休闲食品	泰州市集泰农产品有限公司	—	大　泗
	林药复合经营技术集成推广	江苏省腾龙园林绿化有限公司	—	白　马
	安全优质仿真鸡胸肉宠物食品的精深加工与产业化	泰州市康贝食品有限公司	—	许　庄
	有机蛙稻栽培技术与生物防治措施	江苏上膳源生态农业发展有限公司	—	胡　庄
	长江鲈鱼生态养殖技术集成与示范	泰州丰汇长江水产有限公司	—	永安洲
中国专利优秀奖	—	扬子江药业集团	20万元	区　属

续表17

计划类别	项目(企业、工作站、个人)名称	承担单位	资助情况	地　区
省可持续发展实验区	—	高港区	—	区　属
省创新型乡镇	—	胡庄镇	—	胡　庄
	—	许庄街道	—	许　庄
省战略性新兴产业发展专项	药物制剂创新技术研究及平台建设	扬子江药业集团	1000万元	区　属
省重点研发计划(工业)	船舶企业数字化制造综合管理系统平台研发	泰州口岸船舶有限公司	120万元	区　属
省科技基础设施建设	江苏省(神驰)新型小型单项发电机工程技术研究中心	江苏神驰机电有限公司	—	许　庄
省科技型企业技术创新资金	高频隔离型光伏并网逆变器及其智能微网控制系统	泰州市赋比兴新能源科技有限公司	27万元	许　庄
省高新技术企业	泰州汇锦电子有限公司	—	—	口　岸
	泰州库宝制冷设备制造有限公司	—	—	许　庄
	泰州市天鑫机械有限公司	—	—	许　庄
	泰州市康驰汽车配件有限公司	—	—	白　马
	泰州市宏泰电力设备有限公司	—	—	永安洲
	泰州市海天半导体有限公司	—	—	许　庄
	泰州市亚星塑业有限公司	—	—	永安洲
	泰州市恒源化织厂	—	—	口　岸
	泰州苏中天线集团有限公司	—	—	口　岸
	泰州市榕兴抗粘敷料有限公司	—	—	口　岸
	富彤化学有限公司	—	—	永安洲
	江苏华夏重工有限公司	—	—	永安洲
	江苏图南智能科技有限公司	—	—	口　岸
	江苏扬子江计算机科技有限公司	—	—	口　岸
	泰州市荣美液压机械制造有限公司	—	—	白　马
	江苏宇马铝业有限公司(复审)	—	—	大　泗
	泰州艳阳天塑料科技有限公司(复审)	—	—	刁　铺
	泰州口岸船舶有限公司(复审)	—	—	区　属
	泰州市海博汽车科技有限公司(复审)	—	—	许　庄
	江苏海企化工仓储股份有限公司(复审)	—	—	永安洲
	泰州诚德钢管有限公司(复审)	—	—	许　庄
省后备高企	江苏凯圣科技有限公司	—	—	口　岸
	泰州贺安特动力科技有限公司	—	—	刁　铺
	泰州建源仪表有限公司	—	—	刁　铺
	江苏子辰教学设备有限公司	—	—	许　庄
	江苏佳强照明电器有限公司	—	—	永安洲
省高新技术产品	活性黑L-RNN	泰州市恒源化织厂	—	口　岸
	高精度多点同步顶升液压系统	江苏飞耀机械制造有限公司	—	白　马
	新型全自动双机头四系统针织横机	泰州市晋晟针织机械有限公司	—	白　马
	新型挖泥船定位桩夹紧装置	江苏华夏重工有限公司	—	永安洲

续表17

计划类别	项目(企业、工作站、个人)名称	承担单位	资助情况	地　区
省高新技术产品	有不透槽高频三层电路板	泰州市金鼎电子有限公司	—	永安洲
	多连接端OLED照明专用无铅芯柱	江苏佳强照明电器有限公司	—	永安洲
	真空集油清洗装置	泰州市宏泰电力设备有限公司	—	永安洲
	石英晶体电路板盖板	泰州市光明电子材料有限公司	—	口　岸
	185S大型机械用同步器	泰州市金鹰齿轮有限公司	—	许　庄
	一种纳米复合材料微波高频电路板	泰州市博泰电子有限公司	—	永安洲
	YMZG50B新型节能平开门窗及铝型材	江苏宇马铝业有限公司	—	大　泗
	全角度可旋转照射汽车灯头	泰州超人汽车电子有限公司	—	口　岸
	全角度可旋转汽车灯架	泰州超人汽车电子有限公司	—	口　岸
	一种带热氟冲霜功能的小型冷风机	泰州库宝制冷设备制造有限公司	—	永安洲
	一种新风灭菌冷风机一体机	泰州库宝制冷设备制造有限公司	—	永安洲
	便于拆装的高强度七层硬纸板	泰州永盛彩印包装有限公司	—	胡　庄
	胃苏颗粒	扬子江药业集团江苏制药股份有限公司	—	区　属
	挖泥船的绞刀装置	江苏华夏重工有限公司	—	永安洲
	那氟沙星原料及乳膏	扬子江药业集团	—	区　属
	非诺贝特缓释片	扬子江药业集团	—	区　属
	利塞膦酸钠片	扬子江药业集团	—	区　属
	碘克沙醇注射液	扬子江药业集团	—	区　属
	奥美拉唑肠溶胶囊	扬子江药业集团	—	区　属
	罗红霉素胶囊	扬子江药业集团	—	区　属
	格列吡嗪缓释片	扬子江药业集团	—	区　属
	带磁性密封结构的双列圆锥轮毂轴承单元	万向精工江苏有限公司	—	许　庄
	钻井液用低荧光润滑剂	泰州市精细化工厂	—	永安洲
	基于柔性轧制高精度双金属带材	江苏昆仑光源材料有限公司	—	口　岸
	一种新型节能铝合金双层结构窗及铝型材	江苏宇马铝业有限公司	—	大　泗
	柏艾胶囊	扬子江药业集团	—	区　属
	光蓄互补离并网逆变器	泰州市赋比兴新能源科技有限公司	—	许　庄
	高频隔离型光伏并网逆变器	泰州市赋比兴新能源科技有限公司	—	许　庄
	自动成型机包(封)纸箱	泰州永盛彩印包装有限公司	—	胡　庄
	物理法分离回收混合芳烃气体的高分子膜装置	江苏海企化工仓储股份有限公司	—	永安洲
	膜吸收-膜蒸馏集成混合芳烃废气回收装置	江苏海企化工仓储股份有限公司	—	永安洲
	磷酸三(2-氯乙基)酯(TCEP)	泰州新安阻燃材料有限公司	—	永安洲
	冲制型引线框架-光耦	泰州友润电子有限公司	—	许　庄
	冲制型引线框架-TMB	泰州友润电子有限公司	—	许　庄
	用于清洁表面的新型粘尘布	江苏洁乐医用敷料有限公司	—	刁　铺
	新型环保型石蜡纱布片	江苏洁乐医用敷料有限公司	—	刁　铺
	一种新型吊架底座	江苏华夏重工有限公司	—	永安洲

续表17

计划类别	项目(企业、工作站、个人)名称	承担单位	资助情况	地 区
省高新技术产品	64000吨节能环保型散货船	泰州三福船舶工程有限公司	—	口 岸
	12000吨节能环保型多用途船	泰州三福船舶工程有限公司	—	口 岸
	2400箱江海联运集装箱船	泰州三福船舶工程有限公司	—	口 岸
	高光泽无卤阻燃PC与ABS合金塑料	泰州艳阳天塑料科技有限公司	—	刁 铺
	新型功能性ABS工程塑料	泰州艳阳天塑料科技有限公司	—	刁 铺
	无卤阻燃改性PET工程塑料	泰州艳阳天塑料科技有限公司	—	刁 铺
	环保高模量PC改性工程塑料	泰州艳阳天塑料科技有限公司	—	刁 铺
	防退火焊接工艺的重型汽车变速箱副箱同步器总成	泰州贺安特动力科技有限公司	—	许 庄
	激光电视架	泰州汇锦电子有限公司	—	口 岸
	新型多功能显示器底座	泰州汇锦电子有限公司	—	口 岸
	新型显示器底座(32K370底座)	泰州汇锦电子有限公司	—	口 岸
	医疗多功能支架底座(HMC3C21)	泰州汇锦电子有限公司	—	口 岸
	节能环保新型38000DWT散货船	泰州口岸船舶有限公司	—	区 属
	节能环保新型4350TEU集装箱船	泰州中航船舶重工有限公司	—	区 属
	邻苯二甲酸二甲酯	泰州市常佳化工有限公司	—	永安洲
	邻苯二甲酸二乙酯	泰州市常佳化工有限公司	—	永安洲
	基于物联网传感器件高频LTCC电路模块	泰州市博泰电子有限公司	—	永安洲
	高性能耐磨汽车轮毂	泰州市康驰汽车配件有限公司	—	许 庄
	高延展性的铝合金轮毂	江苏张弛轮毂制造有限公司	—	许 庄
	新型高强度汽车轮毂	江苏张弛轮毂制造有限公司	—	许 庄
	一种油液净化装置	泰州市宏泰电力设备有限公司	—	永安洲
	直读式远传水表嵌入式软件	泰州建源仪表有限公司	—	口 岸
	超导热铝基覆铜箔板	泰州市旺灵绝缘材料厂	—	永安洲
	阳图PS版	江苏澳伦特印刷器材有限公司	—	口 岸
	阴图CTP版	江苏澳伦特印刷器材有限公司	—	口 岸
	阴图CTCP版	江苏澳伦特印刷器材有限公司	—	口 岸
	阳图CTCP版	江苏澳伦特印刷器材有限公司	—	口 岸
	阳图热敏CTP版	江苏澳伦特印刷器材有限公司	—	口 岸
	高频加热料管	江苏格律斯科技有限公司	—	口 岸
	伺服喷雾机	江苏格律斯科技有限公司	—	口 岸
	一种用于避免高温打火的TO-220FA引线框架	泰州东田电子有限公司	—	许 庄
	一种用于开关稳压的TO-220引线框架	泰州东田电子有限公司	—	许 庄
	一种高强度引线框架	泰州东田电子有限公司	—	许 庄
	聚氯乙烯/聚乙烯/聚偏二氯乙烯固体药用复合硬片	江苏凯威药用包装有限公司	—	口 岸
	高性能汽车轮毂法兰盘	泰州浙华机械精锻有限公司	—	许 庄
	YMGT99推拉遮阳一体窗及铝型材	江苏宇马铝业有限公司	—	大 泗
	SFBA10/2森林消防泵	江苏福马高新动力机械有限公司	—	永安洲
	ASME SA335 GrP5石油裂化合金管	泰州诚德钢管有限公司	—	许 庄

续表17

计划类别	项目（企业、工作站、个人）名称	承担单位	资助情况	地 区
省高新技术产品	脱色抗燃油真空滤油机	江苏能建机电实业集团有限公司	—	永安洲
	厚8.0mm的陶瓷基电路板	泰州市金鼎电子有限公司	—	永安洲
	TO-220F-5L型引线框架	泰州友润电子有限公司	—	许 庄
	DIP桥框架	泰州友润电子有限公司	—	许 庄
	具有安全可靠性能的新型可滑动下模座装置	泰州浙华机械精锻有限公司	—	许 庄
	高性能电力施工机具	泰州市昊鑫电力机具有限公司	—	许 庄
	多功能组塔工具	泰州市昊鑫电力机具有限公司	—	许 庄
	新型旋转式发电机组	泰州市天鑫机械有限公司	—	许 庄
	具有抗振动功能的发动机变速箱体	泰州市天鑫机械有限公司	—	许 庄
	采用上下多排定力弹簧型升降支撑架	泰州市创新电子有限公司	—	口 岸
	采用拉绳滑轮型的升降支撑架	泰州市创新电子有限公司	—	口 岸
	具有底座快拆可旋转功能的显示器支撑架	泰州市创新电子有限公司	—	口 岸
	显示器用弧形滑轨型升降支撑架	泰州市创新电子有限公司	—	口 岸
	铝镁合金迷你游艇	泰州永洋船舶制造有限公司	—	永安洲
	蓝宝石晶体生长炉坩埚固定装置	江苏浩瀚蓝宝石科技有限公司	—	永安洲
	蓝宝石晶体生长炉籽晶下种装置	江苏浩瀚蓝宝石科技有限公司	—	永安洲
	蓝宝石晶体生长炉温场平衡装置	江苏浩瀚蓝宝石科技有限公司	—	永安洲
	蓝宝石晶体生长炉加热装置	江苏浩瀚蓝宝石科技有限公司	—	永安洲
	多用途超大尺寸泡生法晶体生长炉	江苏浩瀚蓝宝石科技有限公司	—	永安洲
	聚六亚甲基胍	泰州市苏宁化工有限公司	—	永安洲
	高纯度甲基磺酰氯	泰州市苏宁化工有限公司	—	永安洲
	智能化船舶导航雷达	泰州市柯普尼通讯设备有限公司	—	许 庄
	新型高精度石油钻杆接头	泰州浙华机械精锻有限公司	—	许 庄
	加长MB264型切片机导轮	泰州市胤鸿机械设备有限公司	—	永安洲
	加长PV800型切片机导轮	泰州市胤鸿机械设备有限公司	—	永安洲
	具有高强度抗拉性能的钢丝绳	泰州市伟业织造厂	—	口 岸
	农村生活污水处理一体化设备	泰州晟禾水处理设备制造有限公司	—	许 庄
	新型流体截污装置	泰州晟禾水处理设备制造有限公司	—	许 庄
	新型多功能便携式电机	江苏神驰机电有限公司	—	许 庄
	具有高稳定性能的新型高压清洗机	江苏神驰机电有限公司	—	许 庄
	新型光电阀控远程直读水表	泰州建源仪表有限公司	—	刁 铺
	多功能废油再生净油机	泰州市宏泰电力设备有限公司	—	永安洲
	新型正压式消防空气呼吸器	泰州鸿安消防设备有限公司	—	许 庄
	新型室内个人综合定位设备	泰州鸿安消防设备有限公司	—	许 庄
	飞机空投救生器	泰州市金海运船用设备有限责任公司	—	许 庄
	高强度减震脚轮	泰州市万达轮业制造有限公司	—	许 庄
	高强度低重心脚轮	泰州市万达轮业制造有限公司	—	许 庄
	全自动浮油处理装置	泰州市宏博节能环保科技有限公司	—	永安洲
	太阳能电池背板	江苏凯圣新材料科技有限公司	—	口 岸

续表17

计划类别	项目(企业、工作站、个人)名称	承担单位	资助情况	地 区
省高新技术产品	具有安全稳定性能的新型泥泵底座装置	江苏华夏重工有限公司	—	永安洲
	取筒机器人	江苏保力自动化科技有限公司	—	刁 铺
	基于柔性轧制高精度4J36膨胀合金材料	江苏昆仑光源材料有限公司	—	口 岸
	可平稳吊装的新型自动式吊钩	江苏中泰吊索具有限公司	—	口 岸
	新型抗拉型耐火防扭涤纶吊带	江苏中泰吊索具有限公司	—	口 岸
	新型高强度耐磨钢丝绳	江苏中泰吊索具有限公司	—	口 岸
	船舶通用紧急报警器	泰州市柯普尼通讯设备有限公司	—	许 庄
	船舶公共广播电台控制台	泰州市柯普尼通讯设备有限公司	—	许 庄
	新型纤维皮宠物饲料	江苏康贝宠物食品有限公司	—	许 庄
	新型高效纤维生物饲料	江苏康贝宠物食品有限公司	—	许 庄
	新型高效猪皮卷生物饲料	江苏康贝宠物食品有限公司	—	许 庄
	新型多功能吊具	泰州市伟业织造厂	—	口 岸
	具有阻燃性能的建筑用安全网	泰州市伟业织造厂	—	口 岸
	具有强抗拉性能的新型耐磨钢绳	泰州市伟业织造厂	—	口 岸
	具有阻燃性能的新型防静电滤袋	江苏赛维环保有限公司	—	刁 铺
	环保型PTFE除尘滤袋	江苏赛维环保有限公司	—	刁 铺
	新型多级齿条升降装置	江苏泓博舞台设备科技有限公司	—	大 泗
省民营科技型企业	泰州汇锦电子有限公司	—	—	口 岸
	泰州市扬子江胶囊厂	—	—	口 岸
	江苏昆仑光源材料有限公司	—	—	口 岸
	泰州祥云软件开发有限公司	—	—	口 岸
	泰州市东兴合金材料有限公司	—	—	口 岸
	江苏永大化工设备有限公司	—	—	口 岸
	江苏格律斯科技有限公司	—	—	口 岸
	泰州市兴东煤矿机械制造有限公司	—	—	口 岸
	江苏澳伦特印刷器材有限公司	—	—	口 岸
	泰州市光明电子材料有限公司	—	—	永安洲
	泰州市博泰电子有限公司	—	—	永安洲
	泰州市宏泰电力设备有限公司	—	—	永安洲
	泰州市宏博节能环保科技有限公司	—	—	永安洲
	泰州市御庐园现代农业科技有限公司	—	—	永安洲
	江苏华夏重工有限公司	—	—	永安洲
	泰州建源仪表有限公司	—	—	刁 铺
	江苏保力自动化科技有限公司	—	—	刁 铺
	泰州市柯普尼通讯设备有限公司	—	—	许 庄
	万向精工江苏有限公司	—	—	许 庄
	泰州市东方传动技术有限公司	—	—	刁 铺
	泰州库宝制冷设备制造有限公司	—	—	许 庄
	泰州市昊鑫电力机具有限公司	—	—	许 庄
	泰州诚德钢管有限公司	—	—	许 庄
	泰州市东方离合器有限公司	—	—	刁 铺

续表17

计划类别	项目（企业、工作站、个人）名称	承担单位	资助情况	地　区
省民营科技型企业	泰州天圣针织机械实业有限公司	—	—	白　马
	江苏海诞电子科技有限公司	—	—	白　马
	江苏宇马铝业有限公司	—	—	大　泗
	江苏省强槐体育用品有限公司	—	—	大　泗
	江苏子辰教育设备有限公司	—	—	许　庄
	泰州永盛彩印包装有限公司	—	—	许　庄
	泰州友润电子有限公司（复审）	—	—	许　庄
	江苏泰氟隆科技有限公司（复审）	—	—	永安洲
	泰州市鑫鑫秸秆能源化利用有限公司（复审）	—	—	口　岸
省省级众创空间	泰晶e空间	泰州市鼎顺创业投资有限公司	80万元	许　庄
省企业研究生工作站	南京理工大学	泰州三福船舶工程有限公司	—	口　岸
省科技副总	周 宁	江苏海企化工仓储股份有限公司	15万元	永安洲
省贯标优秀单位	—	江苏神驰机电有限公司	20万元	许　庄
	—	江苏康贝宠物食品有限公司	20万元	许　庄
省贯标备案	—	泰州汇锦电子有限公司	—	口　岸
	—	江苏保力自动化科技有限公司	—	刁　铺
	—	泰州艳阳天塑料科技有限公司	—	刁　铺
	—	泰州市天鑫机械有限公司	—	许　庄
	—	万向精工江苏有限公司	—	许　庄
	—	泰州海天半导体有限公司	—	许　庄
	—	泰州诚德钢管有限公司	—	许　庄
	—	江苏华夏重工有限公司	—	永安洲
	—	泰州市亚星塑业有限公司	—	永安洲
	—	江苏乐彩印刷材料有限公司	—	胡　庄
	—	泰州永盛彩印包装有限公司	—	胡　庄
省战略推进计划	—	扬子江药业集团	100万元	区　属
	—	泰州市苏中天线有限公司	100万元	口　岸
2015苏科贷	宽介电信号传输用高频电路模块	泰州市博泰电子有限公司	贷款500万元	永安洲
	新型医用水胶体敷料	泰州市榕兴医疗股份有限公司	贷款300万元	口　岸
	纯电动客车用机械式自动变速器(AMT)	泰州市海博汽车科技有限公司	贷款300万元	许　庄
	双金属片成型后的温度一致性	泰州市东兴合金材料有限公司	贷款100万元	口　岸
	绿色环保装配式农宅流水线设备	江苏保力自动化科技有限公司	贷款500万元	刁　铺
	纯钛热交换器	泰州库宝制冷设备制造有限公司	贷款100万元	许　庄
	蓝宝石半导体照明基片	江苏浩瀚蓝宝石科技有限公司	贷款300万元	永安洲
	真空集油清洗装置	泰州市宏泰电力设备有限公司	贷款300万元	永安洲
	CA142滑块式双锥汽车同步器产业化	泰州市奥鑫机械有限公司	贷款150万元	许　庄
	HCD4S电动汽车同步器	泰州市追日齿轮有限公司	贷款150万元	刁　铺
	羊用内窥镜的研发及产业化	江苏荣畅牧业发展有限公司	贷款200万元	永安洲
	A7G副箱汽车同步器	江苏追日汽车同步器有限公司	贷款150万元	刁　铺
	TIMS能源云管理系统	江苏图南智能科技有限公司	贷款100万元	口　岸

【省可持续发展实验区】 7月6日，高港区召开创建江苏省可持续发展实验区领导小组工作会议，全面启动创建江苏省可持续发展实验区工作。9月25日，江苏省社科院博士丁宏等到高港区就创建省可持续发展实验区建设规划（初稿）进行沟通对接。11月6日，举行申报江苏省可持续发展实验区建设规划专家论证会，由河海大学水利水电学院教授、博士生导师戴文鸿等5人组成专家组，考察口岸水景街区和核心港区润洲社区建设情况，观看宣传资料片，并听取创建江苏省可持续发展实验区建设规划情况汇报，通过高港区省级可持续发展实验区建设规划论证。12月，高港区成功创建江苏省可持续发展实验区，为全省第二家、苏中地区首家以区级层面为单位申报获批的省级可持续发展实验区。

【获批省创新型试点乡镇2个】 2015年，许庄街道和胡庄镇获批江苏省创新型试点乡镇，全区累计获批3个。许庄街道获批创新型试点乡镇后，重点围绕汽摩零部件及通用动力特色制造基地、研发检测中心、物流中心建设，着力打造特色产业聚集和专业化服务的创新型乡镇。胡庄镇获批创新型试点乡镇后，着力加快产城一体步伐，完成路、水、气、电网全面升级，提升产业集聚度。 （戚丹丹）

防震减灾

【群测群防网络建设】 2015年，高港区实现地震宏观观测报点镇街全覆盖。口岸街道蔡滩社区建成全市首个社区地震主题科普馆，开展应急疏散演练知识讲座和应急演练，被省地震局命名为省级地震安全示范社区。口岸实验学校开展安全疏散逃生演练，创成省级防震减灾科普示范学校。

【防震减灾知识宣传】 2015年，高港区开展地震科普知识进机关、进社区、进学校、进企业、进乡村宣传活动。在科技下乡、科普宣传周、“5·12”防灾减灾日、“7·28”唐山大地震纪念日、“12·4”宪法日等期间，开展防震减灾科普知识宣传、咨询活动，发放新修订的《中华人民共和国防震减灾法》、新修订的《江苏省防震减灾条例》、房屋抗震知识读本、地震应急防护手册等5000余份，展示防震减灾科普知识展板70块次，张贴防震减灾知识大幅挂图，发放本地抗震民居标准图集等资料1000余份，开展地震科普知识咨询活动。在高港科技信息网宣传防震减灾知识及防震减灾工作信息。 （戚丹丹）

全市首个社区地震主题科普馆在蔡滩社区设立

气　象

【概况】 2015年，区气象局履行汛期值守和日常值守职责，提高气象预报准确率和服务水平。研究制定气象灾害防御规划，建设全区重大气象灾害预警信息快速发布机制，建成突发事件预警信息发布平台，加强全区气象灾害防御能力建设。严格落实防雷安全监管责任，杜绝安全生产隐患。组织召开全区气象工作暨气象信息员业务培训会，对全区气象信息员进行业务技能培训。被市委、市政府评为2013~2014年度泰州市文明单位。

【突发事件预警信息发布平台建设】 年初，突发事件预警信息发布平台建设被列入区政府为民办实事项目。区气象局与各镇街和部门联系沟通，顺利完成预定任务并通过考核验收。安装单位10个（7个镇街、3个部门），明确专人负责平台，全年通过平台发送服务短信总数135万余条。短信服务内容涉及天气预报、气象预警、夏收夏种、秋收秋种、秸秆禁烧禁抛气象服务、农事建议、会议通知、气象科普、安全教育、文明宣传、蔬果价格、病虫防治等多方面。

【气象防灾减灾】 2015年，区气象局加强气象灾害预警信息发布工作。7月，以区政府办名义印发《关于建立全区重大气象灾害预警信息快速发布机制的通知》，与各部门沟通协调，形成预警信息快速发布绿色通道。与区委政法委开展合作，将气象防灾减灾融入基层网格化管理体系。制定《高港区气象灾害防御规划（2015~2020）》。在“3·23”世界气象日、科普宣传周、安全生产咨询日，宣传气象防灾避灾知识，3月23日，向许庄中心小学师生们讲解各类防灾避灾知识和天气预报的制作过程。开展气象灾害应急预案演练，5月14日，开展大范围暴雨应急响应演练；6月，启动暴雨应急预案实战演练；7月10日，启动防台风二级应急响应。

【预报预警服务】2015年，区气象局共发布重要天气报告25期，一周天气公报33期，各类专题服务材料25期，公报内容包括最新天气变化、天气过程防灾减灾建议、夏收夏种及秋收秋种意见等。节假日安排值守人员，做好应急值守、安全生产和信息报送工作，及时启动应急预案。全年共发布各类预警信号32次、警报30次。开通"高港气象"微信公众号。

【防雷减灾】2015年，区气象局开展防雷安全检测166家次，施工监督32次，竣工检测19个，出具整改通知书19份，整改复检完成19个，整改完成率100%。开展防雷安全分类管理，筛选监管重点，制定加强事中事后监管的制度、措施和办法。

（言文峰）

教　育

·综　述·

【概况】2015年，高港区有中小学、幼儿园36所，其中，普通中等专业学校1所、高中2所、初中8所、九年一贯制学校2所、小学10所、幼儿园13所。中小学生24884人，在园幼儿5298人。教师2508人，其中，普通中等专业学校249人、高中412人、初中753人、小学791人、幼儿园303人。省特级教师3人，省特级教师后备人才4人，市级骨干教师152人。

【素质教育】4月中旬，高港区组织1736名学生参加长跑、体能类、技能类3个项目体育考试。4月22日，举办"小小百家讲坛"演讲比赛，42名选手分小学、初中两个组别参赛。5月9~10日、5月16~17日，分别举行小学组、中学组乒乓球比赛，全区21所学校近200名学生参赛。7月15~21日，举行首届"区长杯"校园足球比赛，设小学男子、女子组，初中男子、女子组，21所中小学近400人参赛。9月16日，举办中小学师生"经典诗文"现场书写大赛，160余名师生参加硬笔书法和毛笔书法比赛。9月24日，举办以"孝敬、友善、节俭、诚信"为主题的中华经典诵读比赛，全区中小学24个优秀诵读作品参赛。10月17~18日，举办第19届中小学生田径运动会，全区中小学校21支代表队352人参赛，破6项赛会纪录，4人达国家少年级标准。10月31日、11月1日，胡庄中心小学、口岸实验学校运动队在泰州市中小学生田径比赛中分别获得小学组团体第1名、初中组团体第2名。11月14~15日，举行第5届中小学生冬季三项（阳光体育）比赛，22支代表队220人参赛。12月5~6日，举行第8届中小学生中国象棋比赛，21所中小学126人参赛。年内，口岸实验学校学生何森阳获省金钥匙科技比赛特等奖，大泗学校被评为全国校园足球特色学校，汪群小学被省教育厅评为书法特色学校。

【教学科研】2015年，高港区6所学校"优质化工程"项目全部完成，举办汇报展示活动，通过校长微论坛、教师成长微视频、主题班会、课堂教学等形式，向社会展示办学成果和办学特色。在口岸实验学校启动高港区"学科优质化"工程，以"名师工作室""研修坊"为依托，选取小学语文、数学和初中语文、数学4门学科为项目学科，每个学科组建8~9人学科教研共同体，由江苏省教育学会专家组对学科状况进行分析诊断，以制定学科发展规划和教师个人成长计划为突破口，强化教师课堂教学、课题研究、读书撰文等为重点，注重加强师德修养和提升教师价值追求，创新课程模式，创成科研成果，提升学科品质和教育质量。71项泰州市"十二五"教育规划课题和教学研究第九期（2013年度）课题结题。3个省级教育科学"十二五"重点规划课题开题研究，实现省级重点规划课题"零突破"。继续与常州市武进区实施"跨

口岸实验学校

江联动”战略，落实“送培到校”系列活动，选派教师参加跟踪培训。组织开展全区中小学全学科全年级“教学大比武”活动，搭建“新秀露台”“能手擂台”“骨干展台”“名师讲台”等比武平台。组织各学科教师说课、命题、解题、下水文等比赛，举办全学科45周岁以下教师基本功笔试比赛。21人次获省、市级教学比赛一等奖。

【教育督导】 2015年，区教育局先后对4所小学、3所初中进行素质教育督导评估。每月组织专兼职督学到督学责任区学校开展规范办学行为专项督查。6月30日~7月1日，高港区教育工作通过省督导评估组专家考核。12月30日，通过市教育督导组专家考核。

【教育基础设施建设】 2015年，高港区继续实施校舍安全工程，口岸实验学校小学部投入使用，完成高港实验小学和高港中等专业学校综合楼加固改造，基本完成孔桥实验学校、海军小学等学校规划建设方案。投入1000余万元为6所学校更换课桌椅、师生电脑，建成高规格录播教室和校园无线网络。投入1100余万元，完成口岸实验学校装备采购。实现省教育信息化资源平台、市“泰微课”资源平台建设全覆盖，在省教育信息化资源平台上传各类资源29026条，在“泰微课”资源服务平台共上传微视频资源3852条，教师注册数2055人次、学生注册数16649人次。

【校车安全工程】 2015年，高港区投入600余万元，在全市率先、全省领先实施新一轮校车安全工程。7月9日，召开全区校车更换工作座谈会，要求各镇街立即实施校车更换工作。8月20日，校车行驶线路隐患排查整改工作完成；24日，36辆新校车购置到位，全部符合国家安全技术标准；26日，各镇街完成校车公司组建任务；28日，区校车安全管理工作领导小组办公室联合教育、交通、交警等部门及各镇街对学校、校车服务公司负责人和驾驶员、随车照管员等140人进行专题教育培训。9月1日，全区36辆新校车正式运行。

【教师队伍建设】 2015年，高港区公开招聘中小学教师69人、幼儿教师34人，引进3名优秀幼儿教师。打造骨干教师队伍，21人被评为区学科带头人，43人被评为区教学能手，66人被评为区教坛新秀；5人被评为市学科带头人，14人被评为市教学能手，22人被评为市教坛新秀，孙冬萍被评为泰州市名教师。全区区级以上骨干教师350人。154名教师参加区内校际交流，参加交流教师占符合交流条件专任教师的16.20%；参加交流的骨干教师有44人，占符合交流条件骨干教师的21.90%。9名优秀教师参加出国（境）交流学习。开展以“立德树人”为主题的第四期“校长亮台”论坛活动，6名中小学校长代表围绕“立德树人”核心理念、具体措施、实践成效等方面进行交流发言。组织24人到南京参加“学校管理创新暨校长综合能力提升”校长培训班。选拔任用8名后备干部到校长助理岗位。

·学前教育·

【概况】 2015年，全区有幼儿园13所，其中，公办9所、民办4所。创成省优质园9所。在园幼儿5298人，幼儿教师303人，学前教育毛入园率99.87%。年内，高港区出台《关于明确区公办幼儿园过渡期管理权限相关事项的通知》，明确过渡期内仍以镇街管理为主，确保过渡平稳有序。公开招聘全额事业编制幼儿教师34人，占公办幼儿园专任教师总数28.34%。举办全区幼儿教师、保育员全员培训，开展全区幼儿教师基本功比赛。永安洲镇中心幼儿园成功申报泰州市首批学前教育课程游戏化基地，“魅力许庄，儿童乐园”幼儿园课程游戏化建设项目被列为2015年泰州市建设项目。

·义务教育·

【概况】 2015年，全区有义务教育阶段学校20所，其中，初中8所、九年一贯制学校2所、小学10所。在校中学生5394人、小学生12413人；初中教师753人，小学教师791人。20所学校全部创成市义务教育学校管理标准合格校，其中，11所创成市示范校。20所学校全部创成市依法治校先进学校。3月，许庄中心小学承办市级《义务教育学校管理标准（试行）》现场观摩会。6月，在泰州市召开的全国义务教育改革发展现场经验交流会上，高港实验小学代表高港区展示义务教育改革发展成果。年内，高港实验学校与荷兰范德卡佩伦公共学校缔结为友好姐妹学校。

【中考情况】 2015年，高港区1714人参加中考，全区中考平均分544.10分，首次超过全市平均分。口岸实验学校张徐纯中考成绩717.50分，列泰州市城区第1名。高港区考生连续2年获城区“中考状元”。

·普通高中教育·

【概况】 2015年，全区有公办普通高中2所，其中，江苏省口岸中学为四星级高中，泰州市第三高级中学为三星级高中。在校学生4201人，教师412人。

【高考情况】 2015年，1088人参加高校招生考试，其中，普通类考生952人、纯体育艺术类59人、新疆班考生77人。江苏省口岸中学作为高考考点，编排考场43个。被高校录取994人，其中本科632人。

·职业教育·

【概况】2015年，全区有中等职业学校1所——江苏省高港中等专业学校，在校学生2876人，教师249人。725名毕业学生中，近400人到纬创资通（泰州）有限公司、泰州市创新电子有限公司、泰州飞翔车辆工具厂、泰州港务集团有限公司等企业工作。普通高校对口单独招生考试，46人本科进线，公办大专及以上进线率100%，在泰州市对口单招综合考核中列第1名。加强与校外实训基地（企业）联系，高二、高三年级共300人次到企业顶岗实习。开展企业职工岗位培训、机动车维修从业人员培训、农村劳动力转移培训、社会创业培训、职业农民培训、退役士兵技能培训、统计人员从业资格培训、机关工勤人员培训等，累计近2000人次。在省职业学校公共基础课程"两课"（示范课、研究课）评比中，2人获示范课奖，2人获研究课奖。在第二届江苏省中等职业学校在校生模拟法庭大赛中，学校代表队获金牌，并获最佳模拟法官、最佳诉讼参与人和优秀指导老师3个单项奖。

·社区教育·

【概况】2015年，全区各镇街社区教育中心、居民学校开展以法律、道德、农业技术、职业技术、生活休闲、文化和技能等为内容的中短期培训，累计近9万人次。开展农村妇女"网上行"基础技能培训，共有508人获现代女性网络技能初级证书。制定《高港区"在线学习之星"评选实施细则（试行）》。"高港学习在线"平台共有1452名注册学习用户，人均获得30学分以上。大泗社区教育中心通过市级验收，并以高分被推荐到省教育厅参评。

（王劲松）

文 化

【概况】2015年，高港区历史文化展示馆、国学文化启蒙馆、中华武进士馆相继对外开放，美术馆（书画院）主体工程竣工，进入室内装修阶段。刁铺街道宣传文化中心建成开放。10个村居文体活动场（点）完成提档升级。举办各类较大规模文艺演出40余场，承办泰州市首届市民才艺大赛器乐大赛。编印出版《高港文艺》4期。组织开展文化下乡和精品文艺创作，推进文保单位保护修缮，保护传承传统文化，开展"非遗进校园"活动，3个项目入选江苏省第四批省级非遗项目名录。加强文化市场监管，开展文化行政执法活动。全年上争省、市各类引导资金510万元。全区文化产业增加值占GDP比重6.42%，单项考核名列全市第一。

·文化设施·

【高港美术馆（书画院）】位于口岸雕花楼景区西侧，占地面积2465平方米，建筑面积3540平方米，总投资1000余万元，内设展览厅、创作室、培训室、学术报告厅等，具有书画展览、交流、研究、收藏、培训等多项公共文化服务功能。

【高港历史文化展示馆】以口岸街道柴墟西路李信昌过载行为馆址，占地面积1200平方米，建筑面积1116平方米，总投资约500万元。2月底正式开馆，设历史沿革、商贸文化、民俗文化、宗教文化、红色文化、高港名人、柴墟八景、高港新貌8个展厅。全年接待游客近2万人次。

【国学文化启蒙馆】以口岸水景街区庆元街44号孙氏四方楼为馆址，占地面积367平方米，建筑面积405.65平方米，总投资约120万元。2月底正式开馆，设私塾、蒙学、民俗、礼制、语萃、百科6个展厅，重点展示国学文化知识及传统私学发展历史。全年接待游客近6万人次。

【中华武进士馆】以口岸水景街区庆元街94号戚宅为馆址，占地面积1906平方米，建筑面积1654平方米，总投资约180万元。2月底正式开馆，设戚氏人文、科举基础知识、戚家正堂、科举履痕、武进士知识、古代兵器、古代兵法、古代战役8个展厅。全年接待游客近3万人次。

【镇街宣传文化中心】2015年，总投资800余万元、建筑面积3550平方米的刁铺街道宣传文化中心建成开放。设有乒乓球室、台球室、棋牌室、档案室、影视厅、健身房、电子阅

大泗镇宣传文化中心

览室、图书室、书画室、创作室、乐器室、舞蹈房等功能室，集宣传、会议、教育培训、排练演出、健身、娱乐等功能于一体。胡庄镇、永安洲镇、大泗镇、口岸街道、许庄街道宣传文化中心均建成开放并通过验收。

【图书馆】 高港区图书馆位于区文化中心，建筑面积2051平方米，国家一级馆。2015年，新增图书6000册，征订报刊220种，接待读者3.20万人次，至年底馆藏图书69954册。"4·23"世界读书日期间，邀请作家沈石溪走进校园作读书、写作专题报告，激发学生读书写作热情；在大江剧院广场举办全民阅读宣传，现场办证、借阅，积极推进全民阅读活动的广泛开展。组织全区中小学生参加泰州市和江苏省2015年度红领巾读书征文比赛，3人获市级奖，其中，1人获省级奖，区图书馆获市级组织奖。总分馆一卡通建设实现全覆盖，全区所有"农家书屋"与区图书馆实现通借通还。数字化图书馆建设取得新进展，新增电子图书4万册，实现读者查阅信息程序自动化。

【文化馆】 2015年，高港区文化馆组织开展"大江放歌"广场文艺演出8场，"苏演院线"演出6场，大江艺术团"文化港城行"基层巡演8场，参与江苏省"三下乡"、泰州市新春文艺惠民演出，举办"庆胜利·迎国庆"京剧歌舞大型演唱会、"九九重阳·晚霞情"老年艺术节专场演出、"大江儿女·高港好人"颁奖晚会、"保护成果·全民共享"、全国第十个"文化遗产日"等品牌活动和演出，观众人数达10余万人。区文化馆组团参加在浙江杭州举行的长三角民乐大赛，在苏州举行的江苏省业余团队民乐大赛，组织人员和作品参加泰州市少儿美术作品大赛、泰州市纪念反法西斯暨抗战胜利70周年书法美术大赛、梅兰芳艺术节首届市民艺术大赛，共有近30人次获得不同类别的奖项。高港宫灯制作技艺、传统绳带编织技艺、泰州木雕入选江苏省第四批非遗项目名录。举办春、秋两季成人免费公益性培训班，培训学员500人次。顺利通过国家一级馆复评。

【中广蓝海影城】 泰州中广蓝海影城位于金港中路时代百货商场6楼，按照全国一线影院标准建设，总面积3600平方米，投资1000余万元。内设放映厅5个、座位813个。配备可放映15.1声道的全景立体声影厅，5个厅全部装备先进的2K放映装置、配备3D设备，是高港区首个星级多厅式影院。全年共放映电影6354场，观众60532人次，票房收入197万元。（仲伯荣）

·文学艺术·

【文联组织】 2015年，区文联下辖书法家协会、作家协会、诗词楹联协会、摄影家协会、音乐舞蹈家协会、京剧协会、老年书画协会，共有会员436人。其中，书法家协会52人，国家级会员2人，省级会员7人，市级会员9人；作家协会32人，省级会员2人，市级会员12人；诗词楹联协会135人，国家级会员1人，省级会员6人，市级会员12人；摄影家协会50人，国家级会员2人，省级会员6人，市级会员12人；音乐舞蹈家协会90人，省级会员3人，市级会员20人；京剧协会57人，市级会员3人；老年书画协会33人，省级会员5人，市级会员12人。

【文学艺术创作】 2015年，高港区作家协会会员共创作中短篇小说1部、散文120篇、诗歌集2部，在各级报刊发表文章130篇。做好"中国梦·我心中的梦"文艺作品征集工作，报送小说、散文、诗歌40余篇，摄影作品30余幅，舞蹈和快板作品4篇。高卫东摄影作品《晨曲》获省旅游局、《扬子晚报》联合举办的"发现运河美"摄影大赛一等奖。在泰州市梅兰芳艺术节首届市民才艺大赛上，王正昌作品《心经》获书法组一等奖，汪进作品《繁忙的引江河》获摄影组二等奖，徐瑛作品《港城晨曲》获摄影组三等奖，张婷演唱作品《亲吻祖国》获市青年歌手大赛三等奖，李文高获戏曲大赛三等奖，高港区大江艺术团民乐演奏获得团体表演奖。区文体旅游局选送的小品《红尘误》、歌舞《秋雪湖》获泰州市新创文艺节目调演活动银奖，舞蹈《绳之韵》获铜奖。孙志勇书法作品先后参加中国标准草书学社举办的纪念抗日战争胜利70周年海峡两岸书法名家作品邀请展、江苏省书法家协会举办的苏风墨韵——江苏书法名家精品巡回展、书法报社主办的月是故乡明——全国书法名家作品邀请展、江苏省文学艺术界联合会主办的江苏省书画精品大展·庆祝《扬子晚报》创刊30周年等；隋东美术作品入选中国美术家协会举办的江苏美术奖美术作品展览，先后参加南京微园美术馆举办的游春——南京中国画展、山东秦美术馆举办的汲古·六人中国画作品展、北京今日美术馆举办的写意一族——学术邀请展等。出版《高港文艺》4期，发行诗集《柴墟诗苑》和《戚正欣微小说选》。

【文学艺术活动】 2015年，高港区举办"迎国庆书画摄影展""迎国庆京剧大联唱""重阳节书画展""重阳节拍笑脸""名家进军营，名家进社区""大江艺术团巡演""扬子江放映队进社区"等志愿服务活动。区文联组织文艺家代表团赴兴化沙沟镇开展文化交流活动。区诗词楹联协会举办诗词歌赋征文、吟诵比赛。区书法家协会举办"为民务实清廉"书法作品展。

【"中国梦·劳动美"摄影大赛】 2015年，区摄影家协会联合区总工会举办以"中国梦·劳动美"为主题的高港区首届职工摄影大赛。3月15日，开始征集作品，至6月30日，共收到130余名摄影爱好者的近1200幅（组）摄影作品。7月13日，经过专家和评委6轮无记名投票，评选出特等奖1幅、一等奖2幅、二等奖4幅、三等奖8幅、佳作奖50幅。

（高卫东　孙　捷）

·公共文化·

【"大江放歌"广场演出】 2015年，高港区组织开展"大江放歌"广场文艺演出8场。4月，举办"劳动者之歌"总工会演出专场；5月，举办"弘扬法治精神，促进社会和谐"法治文艺专场；6月，举办"幸福口岸，和谐港城"口岸街道专场演出；7月，举办"构建法治财政，服务高港发展"财政系统专场；8月，举办"创新驱动发展，科技成就未来"科技系统专场；9月，举办"港城腾飞天翼行，万家欢喜在电信"电信专场文艺演出；10月，举办"打造核心港区，建设滨江新城"永安洲镇专场文艺演出；11月，举办"创建土地执法模范区，打造和谐美好新港城"国土专场演出。8场演出共演出小品、戏剧、舞蹈、音乐、快板等节目130余个，观众3.50万人次。

【"苏演院线"演出】 2015年"苏演院线"共演出6场，观众3700人次。2月，举办锡剧专场《珍珠塔》；4月，举办扬剧专场《百岁挂帅》；7月，举办比利时"天使合唱团"专场；8月，举办话剧专场《二月兰》；11月，举办"大江儿女·高港好人"颁奖晚会专场；12月，举办音乐剧《美发名家》专场和扬剧唱段专场。

【大江艺术团"文化港城行"巡演】 大江艺术团开展"文化港城行"巡演活动8场，观众近3.20万人次。8月12~21日，分别在永安洲镇、许庄街道、刁铺街道、白马镇、胡庄镇、口岸街道、大泗镇、大江剧院巡演，演出节目有原创小品《喝茶》《四大妈夸媳妇》《秸秆焚烧》，戏曲《鸿雁传书》《健康生活话科普》，歌舞《梦北京》《绽放》《共圆中国梦》。

【老年艺术节】 重阳节期间，在大江剧院举办"九九重阳·晚霞情"高港区老年书画展，共有80余幅书画、摄影作品参展，内容涵盖新农村建设、田园水乡、港口建设、民俗文化等，参观人数1000余人次；举办"九九重阳·晚霞情"第三届老年艺术节专场演出，有戏曲、小品、舞蹈、器乐等文艺节目12个，近700人观看演出。

【社区文艺调演】 12月27日，区文体旅游局主办"载歌载舞小康路上"第三届社区文艺调演活动，全区7个镇街12个社区代表队参加调演，舞蹈《绳之韵》、情景剧《走在小康路上》、小品《婆婆妈妈一样亲》、京歌伴舞《花好月圆》、舞蹈《我家住在长江边》5个节目获一等奖，手拍鼓《幸福港城红鼓情》、舞蹈《共圆中国梦》、扬剧《八月中秋采莲藕》、电吹管《红歌联奏》、舞蹈《在希望的田野上》、小品《退学费》、歌伴舞《阳光路上》7个节目获二等奖。

（仲伯荣）

·文化遗产保护·

【文物保护单位保护与修缮】 2015年，高港区完成市级文物保护单位解放街戚宅、解放街孙宅、口岸城隍庙及区级文物控制保护单位李信昌过载行保护性修缮，分别辟为中华武进士馆、国学文化启蒙馆、城隍庙、高港历史文化展示馆并向公众开放。省级文物保护单位口岸雕花楼进行整体木结构油漆保养，并安装避雷装置。

延伸阅读：文物保护单位情况简介

中国人民解放军海军诞生地旧址　位于白马镇。民国38年（1949）4月5日，中国人民解放军华东野战军司令部暨渡江战役指挥部驻此。民国38年4月23日，华东区海军在此宣告诞生。1989年，中央军委确定为中国人民解放军海军诞生地。为国家级文物保护单位。

口岸雕花楼　位于口岸街道向阳支路1号。楼平面呈四方形，又称"四方楼"。清乾隆三年（1738），江南木商姚氏到口岸经商，始建二层楼屋，砖木结构，高11米，面阔五间20米，进深七檩10米，硬山顶。民国初年，楼归李氏，新楼主又在楼西建相同楼屋五间，并于二楼间用厢楼连接，构成四合院式四方楼。由于木、砖、石等构件上雕刻有大量精美的花鸟鱼虫、飞禽走兽、人物故事等图案，故称雕花楼。2002年，被认定为省级文物保护单位。

龙泉池浴室　位于口岸街道龙窝北路1号。为晚清建筑。主体坐东朝西，南北宽约16米，东西进深约17.40米。以煤炭、柴禾作为加热燃料，火膛设置有多道龙口，能让热量遍布池下各个方位。2010年，被认定为市级文物保护单位。

泰昌生木号　位于口岸街道龙窝北路115号。民国初年，湖北大冶木材商人刘汉舫到口岸经营生意时建造。木号依水而建，三面环河，平面长方形，计有房屋30间，天井8个，使用面积约830平方米，有经营、居住的双重功能。用青砖小瓦材料，东西两侧砌马头山墙，布局与本地民居轴线对称迥异，是湖北大冶与高港地区民居相结合的代表作，也是高港现存较为完好的一处旧木行。2010年，被认定为市级文物保护单位。

解放街孙宅　位于口岸街道解放街44号。清朝晚期建筑民居，坐西朝东，平面呈四方形，东西两进二层小楼，面阔三间10米，东西16米。两小楼间有小天井呈回廊式，天井二层楼板外侧雕有"渔樵""耕读""福星、禄星、寿星"等人物图案，有"狮""凤凰""麒麟"等动物图案及"福""禄""吉""祥"文字图案和“梅、兰、竹、菊”花卉图案。天井的柱子上嵌挂木雕小花篮16只，楼上回廊四周是欧式铸铁护栏。2010年，被认定为市级文物保护单位。

解放街戚宅 位于口岸街道解放街70号。有大门堂、对厅、敞厅、卷屋、堂屋前后五进，对厅和敞厅间还有朝东的仪门。敞厅三间，梁架粗大，抬梁式结构，用雕刻的荷叶墩、栌斗装饰，柱下明式复盆式石础上雕刻包袱锦花纹的清式圆鼓形石础，有明式民居特征，当心间北墙上挂一对贴金雕龙纹“圣旨诰命”木箱，门前檐有一棵古黄杨。2010年，被认定为市级文物保护单位。

口岸城隍庙 位于口岸街道解放街116号。始建于999年，前后两进，前为四角起翘的单檐歇山屋面，面阔三间，高10米，进深7.70米；后系硬山屋面大殿，面阔5间，建造在高1.10米的高台之上，西侧还有面南和面东的厢屋6间。2010年，被认定为市级文物保护单位。

刁铺龙王庙 位于刁铺街道环溪路19号。又称为“龙王禅寺”，清乾隆时建，后曾有过修缮。现存大殿一座，南向，硬山屋面，青砖小瓦，面阔5间19米，进深9桁11.40米，抬梁式五架梁结构，前加双步梁，后添两架单步梁，面积216平方米。柱下鼓镜式石础上加垫木础，具清代中期建筑特色。2010年，被认定为市级文物保护单位。

佴家庄战斗纪念碑 位于大泗镇。民国35年（1946）7月，华中野战军第七纵队59团与国民党军队在佴家庄发生战斗。1995年，在大泗佴家庄北首姜泗公路南侧建立纪念碑。2010年6月，被认定为市级文物保护单位。

【非物质文化遗产保护】 2015年，区非物质文化遗产保护中心继续开展“非遗”进校园活动。3~5月，先后在永安洲中心小学、永安洲中心幼儿园、刁铺中心小学开展“童眼看非遗”“构建幼儿游戏化课堂”“飞旋的空竹”等活动。7月，区非物质文化遗产代表性项目传承人袁永亮、孙学仁入选泰州市民间文艺家协会会员。10月16日，口岸虎头鞋、高港根雕、高港宫灯参加泰州市第三届文化产业产品展示会。11月，高港宫灯制作技艺、传统绳带编织技艺、泰州木雕入选江苏省第四批非物质文化遗产名录项目。12月16日，江苏卫视《大美民间》摄制组采访拍摄高港根雕传承人袁永亮。

高港宫灯

【泰州市第十个文化遗产日宣传活动】 6月11日，“保护成果·全民共享”为主题的泰州市第十个文化遗产日宣传活动在口岸雕花楼景区举行。活动有非物质文化遗产图片展、非物质文化遗产项目实物展示、包粽子现场体验、《红楼梦》书法长卷展示、京剧演唱等内容，参与活动人员还到雕花楼、高港历史文化展示馆、中华武进士馆、国学文化启蒙馆等场馆进行参观。 （仲伯荣）

·文化产业·

【概况】 2015年，高港区组织泰州市世泽艺术品有限公司、泰州市华艺宫灯厂、江苏省郁金香装饰材料有限公司、江苏德泰墙纸有限公司、泰州龙冉装饰材料有限公司等文化企业参加泰州市第三届文化产业产品展示会。泰州市华艺宫灯厂、江苏麒雅墙纸有限公司等6个企业获泰州市文化产业引导资金115万元。全年文化产业增加值24亿元。

（仲伯荣）

·文化市场管理·

【概况】 2015年，高港区文化市场先后开展暑期娱乐市场清理整顿、夏季消防安全大检查大整治、打非治违安全生产专项行动、校园周边文化市场集中检查行动、暑期网吧和电子游戏室专项整治、中秋和国庆期间出版物市场集中检查、文明城市创建联合执法、娱乐场所安全隐患排查治理、打击非法销售安装卫星广播电视地面接收设施等文化行政执法专项行动。共出动检查人员1200余人次，检查各类经营场所400余个次，查缴非法音像制品、盗版软件50余盘，非法出版物和盗版图书600余册，立案4起。受理处置举报电话、人民来信10件。 （仲伯荣）

·党　史·

【概况】 2015年，高港区推进党史知识进机关、进农村、进社区、进学校、进企业、进军营“六进”活动；

开展纪念抗战胜利70周年征文活动，面向镇街、园区及机关单位征集优秀征文20余篇，3篇入选泰州市征文集；举办纪念建党94周年暨抗战胜利70周年知识竞赛活动；指导高港烈士陵园布展工作；编写10万余字《高港区党史大事记（2008~2012）》；开展党史三卷本（1997~2016）前期准备工作。

【纪念建党94周年暨抗战胜利70周年知识竞赛】 6月30日，区史志办联合区委组织部举办纪念建党94周年暨抗战胜利70周年知识竞赛，竞赛设必答题、抢答题、风险题3个环节，内容紧扣中共党史、地方抗战史和高港区情等6个方面。全区共有教育系统、卫生系统、园区、镇街10支代表队参赛。高港高新区代表队获一等奖，核心港区（永安洲镇）、卫生系统代表队获二等奖，临港经济园（口岸街道）、胡庄镇、白马镇代表队获三等奖。（王小萍）

·地　方　志·

【概况】 2015年，《高港年鉴》2011、2013卷分获全国版协年鉴奖综合二等奖、省年鉴奖综合一等奖，《高港年鉴》2015卷获省综合年鉴优秀框架设计一等奖。全省首部乡镇年鉴《永安洲年鉴》出版发行。完成《高港区志》初审、复审工作，形成160余万字终审送审稿。全年编印《高港区月度大事记》12期。

【区志编纂】 2015年，区史志办开展《高港区志》初审、复审工作。根据各单位稿件情况，进行修改完善；聘请省志办专家开展复审工作，对框架结构进行调整优化；针对复审中存在问题，组织承编单位进行修改完善。根据各篇内容，收集、整理图片2500余幅，分门别类整理800余幅待用图片。新增特色篇《人民海军诞生地》，专门抽调工作人员到白马镇收集、摘录、整理资料，到境内人民海军诞生地纪念馆、三野渡江战役指挥部旧址和江阴渡江战役纪念馆翻拍图片资料，形成3万余字稿件，并通过专家评审。

【《高港年鉴》编纂】 2015年，区史志办对年鉴框架进行大幅调整，印发编纂实施方案，举办年鉴业务培训班，指导各单位开展年鉴资料收集和稿件撰写工作，对各单位稿件进行编辑、修改、补充和校对，开展三次校稿和彩页排版工作。11月，《高港年鉴》2015卷出版发行，框架设计获全省一等奖。全书内芯288页、彩页128页，共63万字，附电子光盘。设工作报告、媒体聚焦、重点工作、高港概貌、高港名片、政治、法治·军事、经济、综合管理与监督、城乡建设、社会事业、街道·镇、人物·荣誉栏、附录14个类目。重点工作栏目主要反映年度特征，记述党的群众路线教育实践活动、全国文明城市创建、国家级经济开发区创建三大重点工作。高港名片栏目主要反映地域特色，设人民海军诞生地、港口、全国医药行业龙头企业（扬子江药业集团）3个分目，系最能体现高港特色的3张名片。彩页设领导关怀、重要会议、发展亮点、文化新事、文明新风和“江东明珠·美好高港”摄影大赛作品选介六大板块，生动、直观反映全区经济社会发展主要成就。区政协四届五次会议和区四届人大五次会议召开期间，向全区党代表、人大代表、政协委员免费赠送年鉴。

【全省首部乡镇年鉴《永安洲年鉴》出版】 2015年6月，全省首部乡镇年鉴《永安洲年鉴》2014卷出版发行。全书共200页、27.30万字，设22个类目、近600条条目、88张图片，全面真实客观记述永安洲镇2013年度经济社会发展情况。该卷追溯永安洲镇100余年历史。

（王小萍）

·档　　案·

【概况】 2015年，区史志办对全区66个机关事业单位开展档案年检常态化工作，合格率100%。区档案馆共有62个全宗馆藏档案，其中，文书档案6832卷38642件，会计档案685册（本），婚姻档案43148件，清房档案30卷，破产企业档案1788件，音像档案227盒，实物档案48件，光盘1055张，照片档案200张，图书、报刊资料1096册，检索工具299册。

【档案利用】 2015年，区档案馆共接待查档1600余人次，提供档案1500余卷、512册，出具证明1038次，复印档案资料上万页，网络、来电、来函查档接待30余人次，上传、邮寄文件资料80余份。完成《高港区档案利用效果2010~2014典型事例》编研工作。

【新农村档案建设】 2015年，区史志办在全区开展农村档案管理规范化和创建档案工作示范镇、示范村工作。对农村土地承包档案进行全面检查，明确确权档案保管限期和范围，规范档案整理方法。

【档案数字化建设】 2015年，区史志办投入10余万元，购买磁盘阵列，扩大档案数据存储空间，保障全区档案综合管理系统软件安全稳定运行和档案数据库安全。馆藏档案实现100%全文数字化。所有馆藏数据采用移动硬盘和光盘两种方式备份。

【档案目标管理认定】 2015年，高港区建成五星级档案室2个（区人民检察院、区人民法院），三星级档案室1个（区安监局）；完成3个企业项目验收；基本完成2个园区（高港高新区、核心港区）、1个街道（许庄街道）档案馆基础建设工作。

【档案执法检查】 2015年,区史志办对胡庄镇计生指导中心档案工作进行专项执法检查,对存在的问题进行通报,并责令其整改,至年底全部整改到位。对区教育系统档案执法整改工作进行复查。 (王小萍)

·电视节目·

【概况】 2015年,高港城市频道累计播出6205小时,每天播出17小时。全年自制电视节目260小时,承接制作各类专题片10余部,录制大型活动6场次。加强民生新闻采制力度,借助热线电话、QQ群、大江论坛等平台,关注老百姓热点问题。在2015年泰州市优秀广播电视节目评奖中,获一等奖1个、二等奖1个、三等奖4个;电视播音主持作品评选中,获一等奖1个,三等奖2个。

【新闻宣传】 2015年,高港电视节目中心在《泰州新闻》《新闻夜班车》《小范帮你忙》等栏目发片340余条,其中《泰州新闻》头条和主题新闻近80条。《听徐勤生讲他的"村官经"》《2015年"高港杯"第二届全国象棋青年大师赛开幕》《王建:固本强基提升干群幸福指数》《肴棒面:美好的一天从早餐开始》等18篇报道被江苏卫视采用。与泰州广播电视传媒集团(台)外宣中心合作采制的《2015年"高港杯"第二届全国象棋青年大师赛闭幕》《今晨现浓雾,多条高速限行》《中华医学科技奖(2014)颁奖大会暨第一届树兰医学奖颁奖仪式在高港举行》及全国"两会"组合报道(徐镜人)等6篇报道被中央电视台《新闻联播》《新闻直播间》《焦点访谈》栏目采用。

【《高港新闻》改版】 2015年,高港电视节目中心对《高港新闻》深度改版,增设《周日视点》和《洪斌有道》。做精头条,做强系列,做优动态,做到重大时政、活动当日播发。《高港新闻》开设《项目大突破》《"三严三实"在身边》《践行社会主义核心价值观》《身边的美丽》等专栏,以及《最美扶贫志愿者》《高港十大杰出青年》《高港先锋谱》《创业先锋》等系列、连续报道30余组200余篇。继续开展"走基层、转作风、改文风"采访活动,推出体验式和调查式报道40余篇。春节期间推出《政府为民办实事》7集,五一期间推出《劳动者之歌》10集,纪念抗战胜利70周年推出《高港抗战记忆》5集,教师节期间推出《教师风采》9集,全年推出《大江儿女》系列40集。摄制电视专题片24部。

【社会热点报道】 2015年,《高港新闻》民生热线接听观众反映的问题和新闻线索180余起,答复率95%以上,帮助群众解决出行难、环境污染、生活困难、矛盾纠纷等110余起。推出《解酒药真的有神效吗》《文明祭扫,让清明更"清明"》《高考诈骗花样多,考生家长别轻信》《文明创建永无止境》《放心餐具真能让我们放心吗》《年味都去哪儿了》等社会热点报道。

【特色新闻报道】 2015年,高港电视节目中心以"三严三实"专题教育活动为契机,开办特色栏目。9~11月,为民办实事项目《欢乐企业行》实施,主持人和记者采访7个镇街、3大园区的30个一、二、三产重点企业,宣传全区重大项目建设、企业转型升级、高效农业发展等亮点及特色工作。

【传播平台建设】 2015年,高港电视节目中心实施频道数字化改造,前端播出与传输全数字化。建成小媒资系统,设备高清化率达80%以上。建设全媒体记者队伍,《高港新闻》进入"我的泰州"客户端,实现手机点播《高港新闻》。

【编辑技术升级】 年初,高港电视节目中心对部分制作软件版本较低的非编工作站进行优化升级,初步满足高清节目制作,提升节目编辑制作功能。实现演播厅访谈类节目多机位切换和录制。严格执行技术维护检修制度,确定节目安全优质播出。全年高港城市频道播出6205小时,播出电视剧26部、电影365部、《大江放歌》文艺专场录像3场、《今日扬子江》栏目24期、《高港警方》栏目24期。 (孔令武)

医疗卫生

·综　　述·

【概况】 2015年,全区共有医疗卫生单位99个,其中,市第三人民医院、区中医院、区疾控中心、区卫生监督所、区妇幼健康计划生育服务中心各1个,镇街卫生院10个,民营眼科医院、儿科医院各1个,村卫生室(社区卫生服务站)79个,个体诊所3个。编制病床898张,实际开放病床880张,卫生技术人员1204人,门诊、急诊918671人次,住院20670人次。其中,泰州市第三人民医院编制病床400张,实际开放病床400张,卫生技术人员337人,门诊、急诊204608人次,住院9931人次;高港中医院编制病床120张,实际开放病床120张,卫生技术人员128人,门诊、急诊168414人次,住院3406人次。现有医务人员1204人,注册医生529人,每千人拥有医生数为2.04人,注册护士431人,床护比为0.47。高港区通过"十二五"江苏省人口协调发展先进区终期评估,被评为江苏省国家免费孕前优生健康检查项目临床检验室间质评优秀县。区卫生计生委被评为江苏省2015年统计规范化建设部门统计示范点。大泗镇卫生院被评为国家级2014~2015年度群众

高港中医院

满意的乡镇卫生院,胡庄镇史庄村计生协被评为全国计生协(村)级先进单位。

【分级诊疗】 2015年,高港区制定并印发《高港区分级诊疗及双向转诊工作实施方案》,建立上下联动、分工协作机制。综合运用医疗、医保、价格、宣传等手段,逐步建立"基层首诊、双向转诊、急慢分治、上下联动"的就医制度。完善基本药物制度,确保基层医疗机构药品配备满足常见病、慢性病等患者用药需求,适应专科、专病患者和康复期(恢复期)患者下转需求。

【乡村医生签约服务】 2015年,高港区积极探索基层卫生服务新模式,组建全科服务团队,积极推进"家庭医生"和乡村医生签约,为老年人、孕产妇、儿童、残疾人、慢性病人、精神病人以及行动不便的人员提供上门诊疗服务,落实好慢性病患者、高危孕产妇、体弱儿等人员的健康管理服务。全区共组建服务团队57个,每个团队每周至少下村(社区)一次,主要开展巡回医疗、健康管理、加强村卫生室培训和指导。至年末,全区共签约服务7513户家庭。 (王 军)

·公共卫生·

【概况】 2015年,高港区推广"居民健康素养评估学习系统"自测活动,全区7038人次参与学习系统自评。按照省、市统一部署和要求,完成国家食源性疾病监测项目1200人。建立居民电子健康档案24.31万份,建档率93%,其中,65岁以上老人建档4.06万份,规范体检3.38万人,体检率83.25%。高血压病人规范管理率82.86%,糖尿病病人规范管理率63.06%,居民死因登记报告2266例,报告率8.90‰,肿瘤登记报告1126例,心脑血管发病登记报告1328例,为全区261名低保精神障碍者提供免费服药服务。

【妇幼卫生】 2015年,高港区完成孕前优生健康检查1130人,目标人群覆盖率100%,评估为高风险人数71人,早孕随访345人次,妊娠结局随访424人次。育龄妇女"两癌"(乳腺癌和宫颈癌)筛查1万人,落实农村孕产妇住院分娩补助1056人。妇女增补叶酸806人,增补叶酸知识知晓率100%。禁止非医学需要胎儿性别鉴定和选择性别人工终止妊娠。全区无一例儿童死亡漏报、活产漏报;婴儿死亡率2.94‰、孕产妇死亡率0;婴儿出生缺陷率0.76‰。

【疾病防控】 2015年,全区无甲类传染病发生,共报告乙类传染病10种232例,丙类传染病4种323例。登记疑似肺结核病人179例,发现活动性肺结核病人71例。全区血防查病2471人(血检2471人、粪检1018人),流动人口查病1328人,均未查出病人,血检阳性8人,扩大化疗6人。全区儿童基础免疫接种率均在97%以上,按要求开展脊髓灰质炎、麻疹、乙肝、乙脑、流脑、流行性腮腺炎监测工作,圆满完成麻疹、麻风腮免疫水平监测任务。

(王 军)

·爱国卫生·

【国家卫生城市复审迎检】 5月31日、6月2日、8月10日,省、市、区国家卫生城市暗访组分别对高港区城区内农贸市场进行暗访督查,通报督查情况,并下发整改意见书。8月26日,市爱国卫生运动委员会(以下简称"爱卫会")召开国家卫生城市复审暗访迎检协调会。8月27日,区爱卫会召开国家卫生城市复审迎检工作会议,贯彻落实市爱卫会会议精神,通报存在问题,部署国家卫生城市复审暗访迎检工作。9月8日、9月22日,区督查组两次督查城区口岸、新城、果菓3个农贸市场卫生情况。督查发现,城区农贸市场均设立健康教育专栏和功能分区平面图,市场内部管理和环境有很大改善。10月8日,区爱卫会继续组织对城区及部分单位进行国家卫生城市复审迎检工作暗访,为国家卫生城市复审做好准备。

【爱国卫生月活动】 4月,高港区针对城乡卫生管理的薄弱环节,组织动员城乡居民开展环境清理活动,将城乡结合部、城中村、公路沿线、车站、农贸市场、建筑工地、工作场所和居室内外作为环境清理重点场所，彻底清除城乡积存垃圾、疏通污水管网河塘沟渠，保护饮用水水源。全年投放灭鼠毒饵600千克，毒饵宅2000个，灭蟑毒饵8000袋。

【卫生村创建】 2015年，高港区开展省、市级卫生村创建活动，按照“整体推进、择优推荐、以点带面、全面发展”工作思路，推进卫生村创建工作。口岸街道城东社区，许庄街道周梓社区，永安洲镇建安社区，胡庄镇汪群社区、刘元村5个村（社区）创成省级卫生村。口岸街道田河社区、郎庄村，刁铺街道关桥社区，许庄街道三旗营社区、赵王社区，胡庄镇庵桥村、单王村、刘荡村、丁庄村，白马镇前进村，大泗镇北港村、杨营村12个村（社区）创成市级卫生村。完成农村改厕700座（口岸街道郎庄村500座、田河社区200座）。（王　军）

·卫生监督·

【概况】 5月、11月，高港区对公共场所进行卫生监督检查。共检查公共场所123个，其中，住宿场所45个、沐浴场所12个、理发美容场所29个、饭馆和商场超市37个，对查出问题的单位下达卫生监督意见书108份，行政处罚6个。每季度督查口岸街道、永安洲镇2个集中式供水单位，6个二次供水单位，主要督查其三证持有情况、消毒设施设备运转情况、化学处理剂索证情况等，对其中1个水质化验室未达标单位下达卫生监督意见书。全年办理卫生许可证296份，复核174份，给餐饮、住宿、美容美发等行业从业人员办理健康证和卫生知识培训合格证5000余份。（王　军）

·中医药事业·

【概况】 2015年，高港区开展第五届“中医药就在你身边”中医药文化科普巡讲活动10场，听众1000余人次。所有社区卫生服务中心、镇街卫生院、社区卫生服务站和村卫生室均能提供中医药管理服务。泰州第三人民医院肛肠科通过市级中医重点专科复核。刁铺街道社区卫生服务中心被国家中医药管理局列为全国中医治未病试点单位。永安洲镇卫生院中医科创建成江苏省中医示范科。润洲、曹于、戴集3个社区卫生服务站（室）创成市基层中医药示范点。高港中医院儿科创成泰州市2015年中医护理示范岗。（王　军）

·医政管理·

【概况】 2015年，高港区推进医疗卫生对口合作工作，泰州市第三人民医院与泰州市人民医院、全区各基层医疗机构分别签订合作协议。开展“名医巡诊”工作，组织区内泰州市基层名中医3人、泰州市第三人民医院退休高级职称在聘人员7人，包涵骨科、泌尿外科、肛肠科、儿科、口腔科、中医内科、中医妇科，分批到基层巡诊20次。开展村卫生室人员药物合理应用培训30人次、基层医务人员参加泰州市适宜技术培训5次、江苏省病历书写规范培训、药品器械不良反应监测培训等。组织住院、全科医师规范化培训和全科医师转岗培训工作。制定《高港区基层“医疗质量推进月”实施方案》，开展医疗机构和医务人员依法执业情况、毒麻药品和处方管理规范情况、医院感染、抗菌药物规范使用、病历质量等专项检查，在基层巡回开展医院感染、医疗纠纷防范讲座等。基层医疗单位全面实行基本药物制度，高值医用耗材参加市招标平台招标。加大院感控制、医疗废弃物规范处置、污水处理监督管理力度，全区医院废水处理装置完好率100%，医疗废弃物规范处置率100%。

【医疗卫生对口支援】 2015年，泰州市第三人民医院与各基层医疗机构签订对口支援协议，安排骨干医生10人对口支援永安洲镇、大泗镇等9个基层医疗机构，解决区内基层医疗机构服务能力不足的困难，方便病人就医。

【特色专科打造】 2015年，泰州市第三人民医院、高港中医院创建中医儿科、针灸、肛肠科等市级重点学科。基层医疗机构按照“一院一品”要求打造特色专科，确认全区9个基层医疗单位创建9个特色专科。刁铺街道社区卫生服务中心引进“国医大师品牌”——朱胜华、朱

全国名老中医学术传承工作团队在刁铺街道社区卫生服务中心挂牌成立

婉华国医传人，在高港区设立名医工作室。许庄社区卫生服务中心引进江苏省人民医院康复技术，设立康复病区，实行一患一策、一患一护的健康指导和康复。永安洲镇卫生院、大泗镇卫生院、许庄社区卫生服务中心和田河社区卫生服务中心分别在骨科、中风后遗症针灸、康复及临终关怀等特色科室建设上取得初步成效。“一院一品”建设工作被《泰州日报》选刊。

【平安医院创建】 2015年，区卫生计生委定期召开平安医院创建专题会议和安全工作例会，每半年对医疗单位安全检查，全区11个公立医疗机构、2个民营医疗机构全部纳入平安医院创建体系。被区安委会评为综治平安先进集体。开展医院内电、气、医疗设备及压力容器等方面检修和维护，消除安全隐患，加强对各类技防监控设施维护和升级改造。医疗单位医疗责任保险参保率100%，1万元以上赔付医疗纠纷全部通过区司法局医患纠纷人民调解委员处理。在全市首家推出医务人员意外伤害险，由各单位为全体医务人员购买。建立健全警医快速对接机制，确保医院正常医疗工作秩序。邀请区安监局、区消防大队专家组织开展安全知识培训，指导全区各医疗机构进行安全评估。

（王　军）

体　育

【概况】 2015年，高港区全民健身中心一期工程正常运行，二期工程全面动工。完成90%的“农村15分钟体育健身圈”建设，配发健身路径60套、篮球架20副，推动优秀村居体育健身站点建设。举办全民健身活动60余项次。10月，举办“高港杯”第二届全国象棋青年大师赛。江苏大江体育发展有限公司获得2015年江苏省体育产业引导资金50万元，江苏泰州奥华体育健身器材有限公司获得2015年泰州市体育产业引导资金15万元。

·体育设施·

【全民健身中心】 高港全民健身中心占地面积约6万平方米，建筑面积约1.20万平方米。一期工程正常运行，二期工程全面动工。二期工程健身项目包括室内游泳馆、网球场、笼式足球场、文体广场、体育社团活动场所、体育项目培训场所、体育用品一条街、停车场等。至年末，累计完成投资8000万元，基本完成二期工程建设任务。

【体育健身圈建设】 2015年，高港区完善“城区10分钟体育健身圈”建设，90%的自然村实现体育健身器材全覆盖，农村“15分钟体育健身圈”基本建成。大力推进村（社区）体育健身工程提档升级，建成口岸街道引江社区、城东社区、徐桥村，永安洲镇永兴社区、永胜社区，刁铺街道万庄社区、关桥社区，胡庄镇刘元村、史庄村，许庄街道管营村等10个优秀村居体育健身站点，全区优秀村居体育健身站点总数53个。全年新建、更换健身路径60套和篮球架20副。　（仲伯荣）

·群众体育·

【全民健身日活动】 8月6日，泰州市庆祝全国第七个全民健身日暨高港区全民健身成果展示活动在大江剧院广场举行。全区7个镇街14支代表队共650余人参加，展示健身舞、乒乓韵律操、跆拳道、拉丁舞、街舞、手拍鼓、空竹、太极拳、太极刀、柔力球舞等体育健身项目。

【社会体育指导员培训】 5月29~30日，高港区在太阳神广场举办广场舞项目二级社会体育指导员培训班，新培训二级指导员100人。6月26~27日，高港区承办全省一线社会体育指导员健步走项目培训，培训学员150余人。选派近100人参加省、市级社会体育指导员培训。全区社会体育指导员总数1500人。

【广场舞获奖】 10月12~15日，高港区广场舞《大江儿女》《幸福港城红鼓韵》参加全国排舞联赛江苏赛区比赛，获常青组原创一等奖、常青组健身类广场舞二等奖和优秀组织奖。10月22~27日，参加在浙江杭州白马湖动漫广场举办的2015年“舞动中国·排舞联赛”总决赛，《大江儿女》获舞蹈类广场舞项目一等奖。

【首都与地方新闻媒体乒乓球友谊赛】 3月7日，高港区举办“首都与地方新闻媒体乒乓球友谊赛”，邀请《人民日报》《新华日报》《光明日报》《经济日报》《工人日报》《环球时报》《乒乓世界》等国家级新闻媒体，在高港区全民健身中心与扬州、泰州等地方新闻媒体举行乒乓球友谊赛，各家新闻媒体都对赛事进行报道。　（仲伯荣）

·竞技体育·

【“高港杯”第二届全国象棋青年大师赛】 10月16~18日，“高港杯”第二届全国象棋青年大师赛在高港区举办。男子24位青年大师、女子8位青年大师参加7轮角逐。等级分排名第一的王天一，以4胜3和积11分蝉联男子组冠军，徐超、赵鑫鑫、赵殿宇分获亚、季、殿军；左文静、唐思楠、陈幸琳分获女子组冠、亚、季军。与2014年相比，2015年除新增加女子象棋青年大师的比赛外，赛事规格也更高，联合主办的主体单位由中国象棋协会升格为国家体育总局棋牌运动管理中心，并签订为期5年的赛事协议。中央电视台、江苏电视台、泰州电视台和《中国体育报》《新华日报》《扬子晚

"高港杯"第二届全国象棋青年大师赛比赛现场

报》《现代快报》《泰州日报》《泰州晚报》等国家、省、市媒体进行专题报道，新浪网、中国棋牌网、中国智力运动网、广东象棋网等网络媒体进行网络现场直播。（仲伯荣）

人力资源

【概况】 2015年，高港区城镇新增就业12715人，新增创业7151人，带动就业22053人，城镇登记失业率1.79%，继续保持全市最低。城镇职工基本养老保险、医疗保险参保人数分别为6.15万人、7.24万人；城乡居民基本养老保险参保人数为5.65万人，城乡居民基本医疗保险参保率100%。职业技能鉴定获证人数4534人。引进高层次人才218人，其中海外人才42人。全年招聘事业单位工作人员99人（含教师、医护人员），实现事业单位招考安全无事故和零差错。招录公务员15人，安置军队转业干部2人、随军家属1人。劳动监察联动平台按期运行率100%，劳动人事争议案件处理结案率100%，立案受理举报投诉、劳动纠纷和突发事件161起，调解劳资纠纷481起，为职工追讨工资2053.28万元。区人力资源社会保障局被评为省部门统计示范点。

·城乡就业·

【就业情况】 2015年，全区城镇新增就业12715人；城镇登记失业人数1809人，比上年减少382人，城镇登记失业率1.79%，继续保持全市最低。帮助城镇失业人员再就业6865人，其中就业困难人员就业745人，城镇零就业家庭动态为零。新增家庭服务业从业人数201人。年末，全区城乡从业人员15.29万人，其中，第一产业从业人员2.68万人，第二产业从业人员6.74万人，第三产业从业人员5.87万人。

【创业带动就业】 2015年，高港区深入贯彻技能培训补贴管理暂行办法、促进全民创业暂行办法等扶持政策，落实培训补贴近35万元、社会保险补贴13.60万元，投放小额担保贷款1480万元、劳动密集型企业贷款1580万元，共扶持创业2238人，带动就业12000人。在全区7个镇街举办SYB（意为"创办你的企业"）创业培训52期，培训2010人。

【就业服务】 2015年，高港区完善"15分钟公共就业服务圈"和"就业e图"，186个打点单位提供327个工种、1.20万个岗位。实行全区城乡人力资源实名制动态管理，开展高校毕业生实名制调查，就业服务工作及就业率全市排名第一。举办招聘活动58场，提供岗位6700个，帮助2980人实现就业。2月26日，举办"春风行动——2015城乡劳动力洽谈会"，102个企业提供近4100个岗位，进场求职人数3800人以上，现场达成就业意向1700人。7月30日，举办夏季高校毕业生就业专场招聘会，扬子江药业集团、益海（泰州）粮油工业有限公司、泰州统实企业有限公司、明发集团、泰州口岸船舶有限公司等86个企业提供1500个岗位，进场求职人数800余人，现场达成就业意向286人。区人力资源社会保障局联合市人力资源社会保障局培训中心、泰州技师学院，先后到江苏能建机电实业集团有限公司、万向精工江苏有限公司、泰州汇锦电子有限公司、江苏神驰机电有限公司等企业举办职工技能提升培训，共举办培训班23期，培训1890人次。

【新建劳务合作基地7个】 2015年，高港区加强对外劳务合作交流，巩固外省劳务合作关系，新增江西、山西、湖北、河南、安徽等省的7个劳务合作基地，为重点企业和重大项目落户储备人力资源。（李　玲）

·人才开发·

【高端人才招引】 2015年，高港区围绕重点行业和关键领域，进一步加大企业博士后创新实践基地建设，为江苏能建机电实业集团有限公司和泰州市创新电子有限公司申报博士后创新实践基地。依托基地平台实施"人才+项目"引才，为泰州市创新电子有限公司引进外籍模具专家1人。组织区内企业到北京大学、清华大学、南京大学等知名高校和产业优势区域参加各类人才招引活动，依托科技镇长团建立"人才服务校园工作站"10个，实现常态化引才。全年共引进高层次人才218人，其中海外人才42人。

【人才培养】2015年，高港区拓展企业高层次人才培养渠道，推进"蓝领精英培育工程"。全年新增"市突出贡献专家"3人，2人获得国家"千人计划"专家资助，1人获国家"万人计划"专家资助。新增高技能人才552人，专业技术人员770人，1人获省企业首席技师称号。建成市技能大师工作室1个，每万名劳动者中高技能人数631人，高层次人才占全区人才资源总量8%，高于全市3.20个百分点。（李 玲）

·人事管理·

【"阳光安置"军转干部】2015年，高港区坚持"阳光安置"政策，通过档案积分、面试、公开选岗等程序，安置军队转业干部2人、随军家属1人，妥善做好军转干部服务管理工作。

【事业单位招考】2015年，高港区公开招聘事业单位工作人员99人，其中，中小学教师69人、医护人员10人、其他事业编制人员20人。招考工作全程接受纪检监察部门和社会监督，确保阳光招录、公平公正，考录工作实现安全、无事故和零差错、零投诉。

【事业单位人事管理】2015年，高港区健全完善事业单位人事管理制度，强化事业单位岗位设置和岗位聘用日常管理。全区32个部门168个事业单位全面完成岗位设置和人员聘用工作，涉及事业人员3210人，基本形成按需设岗、竞聘上岗、按岗聘用、合同管理的工作机制，事业单位岗位聘用率100%，聘用合同签订率95%以上。

【规范机关事业单位津补贴发放】2015年，高港区加大对全区各类机关事业单位津贴补贴和奖金发放情况专项检查力度，出台《关于进一步规范我区机关事业单位津贴补贴和奖金发放工作通知》，重申严格执行津贴补贴发放相关规定，并由区纪委、区委组织部、区审计局、区财政局、区人力资源社会保障局等部门组成联合检查组，5次深入74个机关事业单位进行核查，不断巩固规范津补贴工作成果，实现规范津补贴工作管理长效化、常态化。

【机关事业单位年度考核】2015年，全区行政机关公务员270人、参照公务员法管理人员69人参加年度考核。通过民主测评和实绩考核，评出优秀等次公务员48人、称职等次206人、1人不称职，15名新录用人员不定等次；优秀等次参公人员14人、称职等次52人、未定等次3人。对2013~2015年连续3年度获优秀等次15人记三等功，对2015年度获优秀等次58人给予嘉奖。事业单位工作人员3261人参加年度考核，其中，党委、政府直接管理8人，管理岗位489人，专业技术岗位2571人，工勤技能岗位193人。通过民主测评和实绩考核，管理岗位评出优秀73人、合格402人、不合格3人，未定等次11人；专业技术岗位评出优秀402人、合格2127人、不合格1人，未定等次41人；工勤技能岗位评出优秀2人、合格191人。

【工资福利管理】2015年，区人力资源社会保障局为全区机关事业单位工作人员办理正常晋升及职务、职称、津补贴等工资变动核定1.20万余人次。为80名达到退休年龄人员办理退休。办理抚恤金及遗属生活困难补助37人。组织离退休老干部318人参加健康检查。

【机关工作人员培训】2015年，高港区加大对科级以下机关工作人员培训考核力度，先后举办依法行政、行政强制法等8门课程学习培训，实施年轻公务员成长计划，组织新录用人员64人参加初任培训，选派基层科级公务员4人到苏南对口培训。（李 玲）

·维权服务·

【欠薪预防管理】2015年，高港区加大劳动工资欠薪预防管理力度，开展农民工工资支付专项检查，全面排查各类劳动密集型企业工资支付、欠薪隐患，共排查用人单位536个，其中，工业企业455个（其中造船企业5个）、建筑施工企业81个，涉及农民工26066人。经排查，共有22个工业企业（其中造船企业3个）、13个建筑施工企业分包队存在拖欠工资现象，拖欠金额约7675万元。区政府出台《高港区建设领域农民工管理实施办法》，在全市率先建立农民工工资支付直发机制，与前期出台的《高港区用人单位欠薪预防和处理实施办法》《高港区建筑业企业实名制用工实施办法》互为补充，形成全方位、立体化欠薪防控体系。在区财政设立"农民工工资支付专户"，确保工程款优先支付农民工工资。全年立案受理农民工工资类案件115件，比上年下降22%，利用专有账户直接监督23个用人单位发放1964名农民工工资2053.28万元。

【劳动争议仲裁】2015年，区劳动争议仲裁委员会打造柔性仲裁品牌，充分发挥劳动人事争议仲裁调解基层平台作用，最大限度钝化劳资矛盾。全年调解案件950件，占全年劳动争议调解总数78%以上。坚持"以点带面、典型引路"，口岸街道巡回仲裁庭作为全省试点，顺利通过省级验收，先后承接全市庭审观摩、天津市仲裁院调研等活动。（李 玲）

社会保障

·社会保险·

【养老保险】城镇职工基本养老保险　2015年，高港区企业退休人员达12277人，企业退休人员人均养老金每人每月1782元，人均增资每人每月192元。年末，全区城镇职工基本养老保险参保6.15万人，比上年增加2419人。其中，参保职工49194人，参保离退休人员12294人，参保农民工3304人。缴费人数49058人。企业退休人员全部纳入社区管理，基本养老金按时足额发放率100%。全年办理养老保险关系1281人次。城镇职工基本养老保险基金总收入44878万元，其中征缴收入40455万元；基金总支出27754万元，其中基本养老金支出25230万元；累计结余113231万元。

城乡居民基本养老保险　2015年，高港区城乡居民基本养老保险基础养老金标准每人每月115元，领取待遇人数为46263人，基础养老金发放率100%。年末，全区城乡居民基本养老保险参保人数达56500人；续缴费人数50474人。全年城乡居民基本养老保险基金总收入12885.98万元，其中个人缴费收入5021.16万元；基金总支出10552.99万元；累计结余34047.59万元。

机关事业单位养老保险　年末，全区机关事业单位养老保险参保1553人，比上年减少105人。其中，参保在职职工1553人，参保离退休人员755人。机关事业单位离退休人员养老金实现100%社会化发放。全年机关事业单位养老保险基金总收入3358万元，其中征缴收入3304万元；基金总支出4143万元；累计结余1706万元。

被征地农民社会保障　年末，全区办理失地保障2334人，其中，参加城乡居民社会养老保险509人，参加城镇职工基本养老保险860人；享受被征地农民基本生活保障39158人。

【医疗保险】 2015年，高港区提高对城乡居民医疗保险财政补助投入，学生儿童由每人每年320元提高到380元，新农合由每人每年380元提高到400元。实施城乡居民大病保险，城乡居民医疗区内实际补偿率58%。结合医疗保险基金运行情况，对全区城镇职工参保人员进行二次补偿，个人最高补偿额5万元，全年累计补偿355.19万元。

城镇职工基本医疗保险　年末，全区城镇职工医疗保险参保人数72408人，比上年增加7349人。其中，参保职工58192人，参保退休人员14216人。参加城镇职工基本医疗保险的农民工10803人。全年城镇职工基本医疗保险基金总收入33144万元，其中征缴收入31275万元；基金总支出20481万元，其中基本医疗保险待遇支出19948万元；累计结余58554万元。

城乡居民基本医疗保险　年末，全区城乡居民基本医疗保险参保168569人，其中，人力资源社会保障部门经办的新农村合作医疗保险138915人，城乡居民基本医疗保险参保率100%。全年享受待遇人数77311人。学生儿童医疗保险人均筹资每人每年440元，其中政府补助人均每人每年380元；新农合医疗保险人均筹资每人每年520元，其中政府补助人均每人每年400元。全年城乡居民基本医疗保险基金总收入8556万元，基金总支出6772万元，累计结余2600万元。

【工伤保险】 2015年，高港区开展工伤预防和康复工作，构建集预防、补偿、康复"三位一体"工伤保险体系，全力保障工伤职工合法权益。年末，全区工伤保险参保43326人，比上年增加1319人。其中，农民工参保12065人，事业单位参保3601人。全年工伤保险基金总收入2922万元，基金总支出2341万元，累计结余1449万元。完成工伤认定案件425件，劳动能力鉴定案件188件，其中，达到伤残等级的176件。

【生育保险】 年末，全区生育保险参保40329人，其中，女职工18806人，比上年分别增加3315人和1717人。全年享受生育保险待遇3626人次。生育保险基金总收入772万元，其中征缴收入735万元；基金总支出1349万元；累计结余820万元。

【社保基金管理】 2015年，高港区实施全民参保登记计划，全区户籍人口参保数据全部登记入库，企业职工基本养老保险（机关事业养老保险）、城镇职工基本医疗保险、失业保险金、工伤保险、生育保险五大社保基金实现网上监管全覆盖，业务、财务数据上线率均为100%。成立泰州市高港区社会保险监督委员会，加强基金监管，完善内控机制，

周末高港——社会保险政策咨询活动现场

确保社会保险基金安全完整，各项社会保险基金累计结余305695万元，运行质态全市最优。

【社会保障卡换发】 2015年，高港区全面启动江苏省社会保障卡换发工作，制定发放《省社保卡常见问题回答》和《省社保卡使用手册》，加大工作宣传，确保群众全面了解和使用新卡。至年末，共换发江苏省社会保障卡7.13万张。（李 玲）

·社会救助·

【最低生活保障】 7月，高港区将低保标准由每人每月530元提高到570元。按照"动态管理，阳光低保"操作程序，全面核实清理城乡低保对象的资格，严防错保、重保、漏保现象发生。民政、纪委、财政等部门人员走村入户，逐一排查，做到应保尽保、应退尽退、足额补差。共核减低保352户637人，增加低保187户414人。动态管理后，低保对象2718户4064人，人均月补差289.76元，全年发放低保金1407.21万元。

【医疗救助】 年初，高港区出资62.29万元资助5191名救助对象参加医疗保险，并将医疗救助对象所有资料录入城乡医疗管理系统。救助对象凭有效证件在区内13个医院实时结报。全年医疗救助支出510.41万元，其中，系统实时门诊救助20143人次、58.61万元，住院救助1248人次、451.80万元。

【"救急难"全国综合试点】 7月，高港区被民政部、财政部确定为国家级"救急难"试点单位。开通"12349"社会救助热线，与大江论坛、民生热线、"小范帮你忙"等平台互动联动，建立信息互动共享平台，第一时间获得信息，做到救助对象发现从"大海捞针"到"精确定位"。初步建立起纵向到底、横向到边应急救助网络，基本实现突发生活困难群众的早发现、早干预、早救助。全区共救助因重病、突发事件等原因导致的困难家庭208人次、50.69万元。（王志春）

·社会福利·

【老年福利保障】 7月1日起，高港区将五保供养标准由每人每年6740元提高到7035元，其中，集中供养为每人每年7740元，分散供养为每人每年6840元。年末，全区有农村五保对象391人，其中，分散五保214人，集中供养177人。全年发放五保供养金266.91万元、医药费统筹39.10万元。按季给80周岁以上老人发放尊老金109801人次、1236.53万元。在口岸街道引江社区等9个居家养老服务中心建立社区老年人助餐点。

【养老机构安全检查】 元旦、春节期间，高港区给4366名城乡低保对象、418名五保户共发放慰问金239.20万元。全年对各镇街敬老院、社区居家养老服务站等10个养老机构安全情况进行8次督查。重点检查用电、用水、食品卫生安全等方面，共发现各类安全隐患213条。针对专项检查中发现的安全隐患，分别下发整改通知书，逐项提出整改要求。6月11日，召开养老机构消防检查专题培训会，对各镇街民政办主任、养老机构负责人及安全工作具体负责人，进行消防隐患自查业务培训。

【重阳节敬老活动】 2015年，高港区开展为期两个月的"九九重阳·关爱老人"敬老主题活动。开展走访慰问送温暖、第三届"九九重阳节·老年艺术节"、免费健康体检、赡养案件巡回审理、传统家庭美德宣讲、"九九重阳·党员关爱服务行动"等活动。组织老年健身舞队参加市"中国人寿杯"老年文艺汇演并获一等奖。连续7年组织部分60周岁以上老年人和机关离退休人员免费体检，重点检查血压、血液、内科、心电图、B超、透视等10余个项目。

【儿童福利保障】 7月1日，全区散居孤儿基本生活费标准从每人每月1020元提高到1100元。全年76名孤儿基本生活保障得到落实，发放社会散居孤儿最低养育标准孤儿津贴104.80万元。

【福利彩票销售】 2015年，高港区新增6个福彩票销售站点。销售各类福利彩票6062.69万元，其中，快三销售2810.95万元、电脑票销售1328.26万元、即开票销售165.74万元、中福在线销售1757.74万元，筹集福彩公益金696.82万元。

（王志春）

·住房保障·

【概况】 2015年，高港区发放离休干部、退休教师、镇街退休人员及区级机关干部职工住房补贴160人次、496万元。基本建成公共租赁住房186套（间）；新开工建设棚户区改造安置住房1654套，建成1038套；发放城镇家庭廉租住房租金补贴18户、4.29万元。

【住房公积金管理】 2015年，泰州市住房公积金管理中心高港管理部累计归集住房公积金2.05亿元，比上年增长12%。完成新开户单位41个，新增开户职工4896人，新增月缴额301万元，开户人数37256人，公积金覆盖率99%，本年利息转本金845万元。发放个人住房贷款445户、1.26亿元，回收贷款4272万元，贷款余额4.60亿元，净增8228万元。个人贷款继续保持零逾期，按揭贷款抵押办结率82%。（朱 群）

·优抚安置·

【概况】 2015年，高港区共发放各类优抚对象慰问金2200人次、120

余万元。向抗战老兵每人发放抗战胜利70周年纪念章和8000元慰问金；给1000余户优抚对象家庭悬挂"光荣人家"光荣牌；对11名立三等功的高港籍现役军人家庭送立功喜报和立功奖励金。全年向880名各类优抚对象发放抚恤补助金800余万元。发放2012年冬季入伍义务兵家属优待金、立功奖励金126人次295.40万元。向115名2014年冬季退役士兵发放自谋职业一次性补助金406万元。为全区512名享受抚恤定补的重点优抚对象免费体检，建立健康档案，共为87名重点优抚对象报销医药费20余万元。

【烈士陵园建设】 高港区烈士陵园位于口岸街道引江社区，占地面积8738平方米，由烈士事迹陈列馆、纪念碑、纪念广场、烈士墓4个部分组成。4月1日，全面启动烈士事迹陈列馆布展装修工作。成立烈士事迹陈列馆布展大纲编写组，搜集烈士资料，编写布展大纲。完成布展设计及施工单位招标。

【退役士兵安置和免费职业技能培训】 2015年，全区共接收2014年冬季退役士兵115名。1月14日，举办退役士兵专场就业推介会，提供适合退役士兵的就业岗位1000余个，60余人当场达成就业意向。组织88名2014年冬季退役士兵报名参加免费职业技能培训，其中，参加泰州技师学院中高级技能培训31人，参加泰州职业技术学院中高级技能培训57人。（王志春）

社会事务管理

·人口和计划生育·

【概况】 2015年，全区年末总人数259461人。死亡人口1959人。出生人口2104人，其中，男1083人，女1021人，出生人口男女性别比106.07；计划内生育2094人，计划外生育10人，出生政策符合率（计划生育率）99.52%。自然增长率0.56‰。已婚育龄妇女44456人。流动人口流入25160人，流出11369人。已婚育龄妇女流入6899人，流出5838人。流动人口服务管理率99.65%，人口信息化建设达标率99%。

【"十二五"省人口协调发展先进区终期验收工作】 9月2~9日，高港区开展"十二五"省人口协调发展先进区终期验收自查工作。自查内容主要包括出生及其政策类型、党政领导重视、部门协作、财政投入、重点工作推进、主要指标完成6个方面情况。经自查评估，全区各项创建指标完成率100%。10月，顺利通过上级评估督查专家组复查验收。

【计生惠民政策落实】 4月，高港区开展奖励扶助（以下简称"奖扶"）和特别扶助（以下简称"特扶"）对象清理工作，及时注销户籍外迁、死亡等人员奖扶、特扶资格，共清理57人。4月、10月，先后两次开展奖扶和特扶新增对象的资格确认工作。新增农村部分计划生育家庭奖励扶助对象1258人，新增独生子女死亡、伤残特别扶助对象27人，新增退休职工一次性奖励对象735人。全年发放各类奖励扶助金1162.99万元，其中，奖扶709.39万元，惠及7657人；特扶151.80万元，惠及269人；退休职工一次性奖励220.50万元，惠及735人；独生子女父母奖励金35.03万元，惠及17517人。继续落实节育手术并发症人员生活补助制度，发放生活补助金46.26万元，惠及386户。

【"单独两孩"审批】 2015年，高港区在区有线电视台、政务村务公开栏以及通过发放宣传折页、举办街头咨询活动等宣传"单独两孩"（一方是独生子女的夫妇可以生育两个孩子）政策。组织摸底调查，掌握符合新政人员信息，由基层计生干部逐户了解生育信息，对有生育意愿者主动帮忙办理申报材料，提供代理服务。简化办理程序和证明材料，缩短办理时间，限时办结。将审批时限由法定45天缩短至15天。全年受理审批再生育731例，其中"单独两孩"549例。"单独两孩"中，城市单独72例，原单独477例，城市单独受理量占总受理量9.85%。

【出生人口性别比例综合治理】 2015年，高港区开展综合治理出生人口性别比自查自纠活动。3月、11月，开展"两禁止"（禁止非医学需要的胎儿性别鉴定、禁止非医学需要的选择性别人工终止妊娠）系列制度执行情况督查，对少数医疗保健机构在B超登记、"两禁止"警示标识张贴、妊娠药品处方管理等环节上存在的问题，予以通报并督促整改到位。

【流动人口服务管理】 2015年，全区共采集流动人口信息总数36529人。服务管理率99.65%。2月，完成省卫生计生委布置的跨省流动人口核查工作，共清理核查7577名跨省流动人口个案信息。4月，组织3个镇街6个社区计生员培训，发放调查问卷120份，完成国家布置的动态监测任务。9月，完成流动人口集中服务。10月，开展流动人口卫生计生服务管理信息系统平台培训。在流动人口集中的企业、市场中打造7个流动人口示范样板点，其中永安洲镇邻里中心被泰州市卫生计生委评为优秀示范样板点。

【生育关怀行动】 2015年，高港区计划生育协会继续推进生育关怀行动，以结对帮扶、资金慰问等方式对计划生育特殊困难家庭开展帮扶。为失独伤残家庭人员建立健康档案，免费为80个失独伤残家庭成员投保意外伤害住院保险，免费为114名手术并发症人员投保新型农

村合作医疗保险，根据自愿原则，将7300余人的独生子女父母奖励金转型为意外伤害保险。（王　军）

·婚姻·殡葬·

【婚姻管理】2015年，区婚姻登记处办理结婚登记2519对，离婚登记537对，补办婚姻登记346对，出具婚姻证明1554份，补录历史婚姻档案4256份。

【殡葬管理】2015年，高港区继续落实惠民殡葬政策，为2290名死亡人员免除基本丧葬服务费268万元。（王志春）

·基层自治组织建设·

【社区综合体制改革】2015年，高港区以永安洲镇、口岸街道15个城乡社区为试点，开展镇街、社区综合体制改革，重点围绕组织保障、公共服务、综合治理、可持续发展四大体系建设。强化组织保障体系，推行定岗定编、定责定酬和能进能出、能上能下的“四定四能”机制，建立健全晋升、流动机制，建强社区干部队伍。完善公共服务体系，坚持教育优先发展，提升基层医疗服务质量，加快养老事业发展，提高社区环境城乡一体化管理服务水平，提升群众幸福指数。创新综合治理体系，优化社区治理结构，落实社区减负增效，维护社区长治久安，营造和谐、稳定的社区环境。健全可持续发展体系，完善土地流转政策，建立植保合作社、农机合作社，发展农村电子商务，鼓励社区通过盘活集体资金、资产、资源，激发农业农村发展活力。

【基层民主政治建设】2015年，高港区推行重大事项“六议两公开”制度（即村级重大事务采取由村民小组提议、村党支部初议、村“两委”商议、驻村干部参议、村“两个代表议事会”评议、村民大会决议，议事过程公开、议事结果公开）。全区先后组建区、镇、村三级群众评议团98个，选聘群众评议员1700余人，化解各类矛盾纠纷204件。试点社区均建立“组织机构职责、便民服务、专项活动”3张指南图，向社会公布社区工作人员位职责、服务事项、社区活动等内容，方便群众办事。（王志春）

·社会组织管理·

【概况】2015年，高港区新增社会组织140个（社团76个，民办非企业单位64个），直接登记128个，年检106个，年检率90.60%。7月，召开全区社区社会组织推进会，介绍社区社会组织在社区建设和治理中的重要作用。11月，邀请江南大学博士鞠连和作题为“社会组织发展与社区治理创新”报告会。降低登记门槛，简化登记程序，全区社会组织数量迅速增加。至年末，全区登记社会组织286个，每万人拥有11个社会组织，其中，登记的社区社会组织161个，平均每个城市社区拥有4个以上社会组织，农村社区拥有1个以上。筹建社会组织孵化中心，将蔡滩社区美岸栖庭小区内近400平方米的公共服务用房作为孵化中心办公用房。向区政府申请18.65万元，用于孵化中心装修和购置设备。组织开展公益创投活动，将开展公益创投活动与推行政社互动和社区减负工作一并纳入社区综合体制改革体系。组织永安洲镇兴隆社区“最美夕阳红——老年人精神文化关爱项目”等6个项目申报市公益创投项目资助。（王志春）

·地名管理·

【概况】2015年，区民政局根据城市道路建设整体规划，广泛征求意见，整改不规范道路名称，报泰州市地名委员会核准，并对社会公布。完成13条道路（龙凤堂东路、龙凤堂西路、雕花楼步行街、柴墟路、扬子江路、新乔路、板子桥路、团结河路、友谊港路、新港大道、金果路、锦江路和迎江路）和5个住宅小区（新城花园、天然居、育才花苑、三星嘉苑和永胜花苑）的命名、更名，更换、增补道路名称标志牌200余块。

【“平安边界”创建】年初，高港区印发《2015年“平安边界”建设实施方案及工作计划》，进一步完善“平安边界”建设组织机构，明确各成员单位的工作职责。分别与泰兴、姜堰、海陵、江都、扬中等毗邻市、区订立共建“平安边界”协议，建立完善界线、界桩信息库，定期开展互访、联防、联调等活动，建立边界联席会议制度和边界纠纷应急处理机制。全年边界地区无民事纠纷案件。（王志春）

残疾人事业

【概况】2015年，高港区推进残疾人组织建设、康复服务、社会保障、就业培训等工作，改善残疾人参与社会生活的环境和条件，提高残疾人生活水平和质量。全区累计办理二代残疾人证7571本，重残无业人员1978人享受最低生活保障待遇，6263人参加意外伤害保险。建成市级扶贫基地3个，辐射带动贫困残疾人80余人。4名残疾人运动员参加泰州市残疾人青少年田径锦标赛，获得2金1银3铜。

【残联组织建设】2015年，高港区按照省、市《关于全面加强残疾人组织建设的意见》要求，配强镇、街道专兼职理事长和残疾人专职委员队伍，调整肢体协会、视力协会、精神协会、聋哑协会和智力协会组成人员名单。村（社区）均建立残疾人协会，配备专职委员。调整白马镇残疾人专职委员1人，增配刁铺街道、口岸街道残疾人专职委员各1人。全区镇街专职委员9人，村（社区）专职委员90人。

【残疾人康复服务】 2015年，高港区完成280户贫困残疾人家庭无障碍改造任务。为12名贫困残疾人免费安装普及型假肢，向225名残疾人捐赠轮椅，为93名贫困白内障患者实施免费复明手术，为4名听力残疾人免费配备助听器，为贫困残疾人家庭捐赠彩电100台、电饭煲160个、电风扇150台，为261名贫困精神病患者免费送药，为40户贫困残疾人家庭免费安装太阳能热水器，为230名贫困残疾人家庭发放爱心医疗卡。完善全区残疾儿童动态数据库和新生儿涉残情况常规查报机制，做到辖区内6岁以下贫困残疾儿童随发生、随发现、随报告、随登记。全年为60名6岁以下的残疾儿童落实康复训练方案。残疾儿童康复中心为20名残疾儿童提供免费康复训练。残疾人托养中心引进泰州市远大旅游用品公司、泰州荣泰手套有限公司工疗制作项目，培养残疾人的动手能力，共有入托人员25人。推进残疾人“幸福家园”工程，有6个村（社区）建成“幸福家园”。

【二代残疾人证办理】 2015年，高港区加大残疾评定监管力度，组织召开镇街残联理事长、专职委员会议，要求各镇街严把初审关口，残疾评定人员需要有病历或诊断书才能发放评定申请表。要求市第三人民医院评残医生坚持会诊原则，遇到评残级别介于两个等级之间的，按照就低不就高原则，从严标准。每月10日在市第三人民医院一楼大厅集中评定办证。至年末，全区累计办理二代残疾人证7571本，办证率48%。

【残疾人生活保障】 2015年，高港区对新增重残低保人员进行核查，做到应保尽保、应减尽减。至年末，全区有1978名重残无业人员享受最低生活保障待遇，发放标准提高到每人每月570元，年发放重残低保金1310万元。继续实施特殊困难残疾人生活救助政策，做到应补尽补。为全区一户多残家庭中的208名残疾人发放生活救助金82万元，为依老养残家庭中8名残疾人发放生活救助金3万元，为44名低保家庭重度残疾人发放重残补贴金4.50万元。护理补贴发放标准提高到农村每人每月80元、城镇每人每月120元，全年残疾人护理补贴提标部分补发到位。至年末，全区有158名残疾人享受到护理补贴金，发放金额10万元。

【残疾人参加社会保险】 2015年，高港区推进残疾人参加城乡居民社会基本养老保险和意外伤害保险工作。利用新闻媒体、残联网站及微信公众号、村（社区）橱窗栏，提高知晓率。10月，实现持二代证残疾人参加意外伤害保险全覆盖，保费由政府财政统筹安排。至年末，全区有1231名60周岁以上的残疾人享受每月100元养老补贴待遇。全区6263名持证残疾人全部享受参保待遇，30名残疾人发生意外伤害，4名残疾人发生意外身故，累计赔付12.48万元。

【残疾人教育救助】 2015年，全区资助残疾学生8人，发放资助金2.10万元。救助考上中等以上学校的贫困残疾考生和低保残疾人子女10人，发放资助金3.15万元。

【残疾人基本服务状况和需求专项调查】 2015年，高港区对全区符合调查条件6200名持证残疾人和6岁以下残疾儿童开展入户调查，通过调查登记、信息核查、逻辑审查、数据录入、复录验证，在全市率先完成复录工作，完成残疾人基本服务状况和需求专项调查工作。

【残疾人就业培训服务工作】 2015年，高港区开展残疾人失业登记、就业能力评估、职业介绍、就业指导和培训等工作。9月17日，组织30名残疾人参加残疾人编织培训。12月17~18日，对全区30名残疾人进行电商知识培训。全区16个福利企业集中安置残疾职工987人，按比例安排残疾人就业258人，鼓励扶持残疾人个体从业120余人，全区有劳动能力的残疾人就业率80%以上。组织100余名残疾人参加市残疾人就业专场招聘会，8人与用人单位达成用工意向。年内，建成市级扶贫基地3个，辐射带动贫困残疾人80余人。

【“助残月”活动】 5月，高港区开展“助残月”活动。5月7日，评选出首届高港区扶残助残先进个人10人和自强不息残疾人6人。向学校、医院、政府部门、企业发放《扶残助残，同奔小康》宣传倡议书4万份。5月13日，组织4名女企业家，向在康复中心训练的20余名残疾儿童捐赠学习用品、康复器具和儿童玩具。5月15日，组织泰州市中西结合医院医务人员为入托的25名残疾人义诊，并宣讲疾病预防、身心保健等方面知识。“助残月”期间，走访慰问贫困残疾人家庭60余户，送去慰问金和慰问品计6万元。

【居家养残虚拟托养服务试点】 2015年，区残联与区电信局签订合作协议，以购买服务的形式，在永安洲镇润洲社区试点启动“幸福1+N”（“1”代表的是惠残爱心服务平台，“N”代表的是针对不同残疾人个性需求提供多样的服务）残疾人呼应服务系统，为近40名残疾人免费发放残疾人呼叫机，采取以家庭服务为基础，以社区服务为依托，以机构服务为支撑的方式，为残疾人提供心理抚慰、政策咨询、诉求转化、纠纷协调等服务，探索居家养残虚拟托养新模式。至年末，为3名残疾人提供心理抚慰，为23名残疾人提

供政策咨询，为2名残疾人解决矛盾纠纷。（陈 磊）

红十字事业

【概况】2015年，高港区红十字会捐款收入103.13万元，支出82.32万元。拥有红十字基层组织7个，红十字会员6887人，其中，青少年会员5680人。红十字志愿者200人，其中，注册志愿者200人、登记志愿者200人。继续开展红十字博爱万人捐活动，募集社会捐款73.35万元。加强红十字会宣传，开展电视媒体宣传和重要节日纪念活动。强化应急救护培训，完成初级培训686人、普及性培训5480人。做好遗体捐献工作，2人进行自愿捐献遗体器官登记。开展专业志愿服务队进残联、进社区活动，关爱残疾人、留守儿童和空巢老人。

【区红十字会捐赠收支】2015年，区红十字会捐款收入103.13万元。其中，“红十字博爱万人捐”73.35万元，“诚泰测绘·红十字助学”行动经费2万元，其他定向助学款2.92万元，高港中医院汇红十字关爱女性健康项目经费5万元，省红会补助红十字关爱女性健康项目经费9万元，市红会补助港城红十字服务基地项目经费5万元，市红会补助重阳节活动经费0.80万元，白血病人定向捐款5.06万元。博爱万人捐，区级机关18.34万元，占25%；各镇街34.28万元，占46.70%；文卫系统13.77万元，占18.80%；企事业单位6.96万元，占9.50%。捐款支出82.32万元，其中，助医支出7.30万元，助困支出55.50万元，助学支出16.52万元，其他支出3万元。

【红十字宣传】2015年，区红十字会在高港电视台报道“爱心年夜饭”“博爱送万家”“重阳敬老”等活动。利用“3·5”学雷锋活动日、“5·8”世界红十字日、“5·12”防灾减灾日、“6·14”世界献血者日等重要纪念日，发放宣传资料，展示宣传站牌，宣传红十字知识。在口岸街道、刁铺街道4处科普画廊展出红会知识宣传展板。在区教育局网站开辟《红十字之窗》专栏，在政府网站及时更新消息动态和收支公开，在高港红十字网站公开区红十字会政务、事务、捐赠、救助等信息，主动接受社会监督。全年被国家级媒体采纳信息1条，被省级以上媒体采纳信息15条，被市、区媒体采纳信息42条，比上年增加162%。

【红十字青少年工作】2015年，区红十字会在学校开展普及救护知识培训，培训内容包括外伤止血、伤口包扎、骨折固定、伤员搬运、地震避险、现场心肺复苏术（CPR）等，共培训学生2289人。口岸中心小学通过市级红十字示范学校验收，高港实验学校通过省级红十字示范学校验收。

【公益性应急救护培训】2015年，区红十字会组织师资授课技能大比武，选拔4名新师资参加初训班。提请区政府出台《高港区2015年公益性应急救护培训项目实施方案》。加大救护培训进机关、进社区、进企业、进校园力度，完成新招录的公务人员、机关驾驶员、特勤人员专场培训。结合安全生产月，推进救护培训进企业。全年公益性应急救护培训项目共完成初级救护员培训10场次，参训人员686人，普及救护培训30场次，参训人员5480人。

【助医活动】2015年，关爱女性健康项目支出70人次、4.57万元，天使博爱资金项目救助13人、2.73万元。对51户常住高港区的居民，因突发事件或意外伤害造成暂时难以维持基本生活的低保户和低保边缘户家庭共给予10.10万元应急救助，对3名患有少儿大病的患儿共实施1.80万元大额应急救助。

【助困活动】2015年，区红十字会开展“红十字博爱送万家”活动，救助335人、20.24万元。将省红会下拨价值5.29万元的物资发放给许庄街道、永安洲镇232户困难群众。参加区文化科技卫生“三下乡”活动，向白马镇50户贫困家庭捐赠3万元慰问金。对301人实施定向救助21.06万元，对1户因火灾造成生活困难的家庭救助0.40万元。春节前为50户贫困孤寡老人送去年夜饭。

【助学活动】2015年，区红十字会调研全区孤儿（半孤儿）入学情况，公示拟救助孤儿，资助孤儿39人11.60万元。开展“诚泰测绘·红十字助学”活动，资助口岸街道贫困大学生4人2万元。定向助学43人2.92万元。

【造血干细胞和遗体器官捐献】2015年，区红十字会为68名造血干细胞志愿者采集血样，完成市交目标任务136%；完成再动员10例。2名志愿者填写捐献遗体申请登记表。

【红十字志愿服务】2015年，区红十字会组建“高港区许庄孔桥馨语爱心服务队”，开展志愿服务工作。5月12日，区红十字会工作人员和8名志愿者到区残疾人托养中心集中慰问残疾人，并开展为残疾人理发、打扫卫生等志愿服务。9月1日，红十字志愿者走进刁铺中心小学和许庄中心小学、许庄中心初中、孔桥小学，结对帮扶13名贫困优秀学生，送去书包、文具及资助金计6700元。（孙晓红）

民族·宗教

【概况】2015年，高港区共有土家族、苗族、满族等少数民族31个，定居人数695人，占全区总人口0.26%。有登记的宗教活动场（处）所10个，教职人员26人，其中，佛教场（处）所4个，基督教场（处）所5个，道教场（处）所1个。江苏省口岸中学有新疆班10个，学生430人。

【民族宗教政策法规宣传】 6月，高港举办"国法和教规的关系"宗教政策法规学习月活动。各场所明确宗教政策法规宣讲员，设置政策法规咨询台，悬挂宣传横幅、醒目标语，开展政策法规集中学习。9月，在口岸街道办事处广场举行民族团结进步宣传周启动仪式，通过发放宣传资料、设置民族工作展板、少数民族文艺表演、有奖知识问答等形式，宣传民族政策法规。

【服务少数民族群众】 春节、中秋等节日期间，区民宗局走访慰问少数民族经营户和贫困家庭30余人次，送去慰问金2万余元。帮助6人办理民族成分变更，为11个少数民族考生出具加分证明。组织外来穆斯林参加泰州市第二届清真拉面技能大赛活动。选派4名少数民族中小学生参加"民族一家亲·爱我新泰州"光彩同心行动暨少数民族学生夏令营活动。组织38名少数民族妇女参加"好苏嫂"家政服务培训班。

【清真食品补贴】 2015年，高港区开展清真饮食习惯少数民族户籍居民调查统计工作，全区有清真饮食习惯10个少数民族户籍人口43人，按照每人每月20元标准发放清真食品补贴，共发放补贴10320元。

【宗教慈善公益活动】 9月，高港区组织全区各宗教场所和信教群众开展"宗教慈善周"活动，共募集资金1.30万元，全部用于慰问少数民族贫困户。

【宗教教职人员队伍建设】 2015年，高港区引进基督教牧师1人，享受区人事代理待遇；从镇江聘请僧人1人到刁铺普贤禅林常驻。组织22个基督教同工参加市基督教"两会"（基督教三自爱国运动委员会和基督教协会）举办的"教风年"主题创建培训班，选派5名宗教界人士代表参加全市宗教界人士培训班。区基督教堂举办第一期同工学习班，全区50名同工参加学习培训。为12名教职人员发放社保补贴总计3.50万元。

【宗教活动场所建设】 10月13日，高港基督教堂开堂。到苏州、无锡等地教会参观考察，学习借鉴外地经验，逐步规范教堂各项事务。做好古寿胜寺规划设计工作，研究规划设计方案，召开规划建筑设计方案评审会，办理立项、用地、环评等手续，由区佛协向省宗教局提出筹备设立寺观教堂类场所的行政许可并获得批准。白马庙开展山门殿、寮房建设和大雄宝殿佛像塑造安装工作等。　（张　明　徐永强）

古寿胜寺规划效果图

关心下一代工作

【概况】 2015年，区委、区政府先后出台《关于加强校外辅导站建设的实施意见》《认真学习贯彻习总书记重要指示，切实做好关心下一代工作》等文件。全区共有各级关工委组织254个，其中，区级关工委1个，镇街关工委7个，村（社区）关工委90个，区直机关关工委2个，系统关工委4个，学校关工委21个，企业关工委116个。参加关心下一代工作和活动的"五老"（老干部、老战士、老专家、老教师、老模范）1014人。区关爱工作团共有成员352人。

【"崇德明礼，遵规守法"主题教育活动】 2015年，高港区开展"崇德明礼，遵规守法"主题教育活动。组织14名"五老"志愿者到21所中小学校、校外教育辅导站宣讲"高港名人故事""雷锋故事""高港好人事迹"；开展"红色经典诵读"活动和践行"家训""家规"心得交流活动；举行"小小百家讲坛，争做崇德明礼小模范"演讲比赛，全区21所中小学参赛，28名选手分获一、二、三等奖。暑期，组织中、小学生开展抗日老英雄采访活动，共向"阳光少年网"发稿24篇。

【校外教育辅导站建设】 2015年，高港区推广许庄街道校社联办和胡庄镇校外教育校内办等办站模式。许庄街道大学生村官联合泰州农牧科技职业学院、泰州学院等大学生志愿者，依托许庄街道科技馆，办起留守儿童"七彩课堂"，利用双休日和寒暑假开展青少年思想道德教育。胡庄镇利用学校资源,探索校外教育校内办的办站模式,实行"一不三为主"(以招收留守儿童为主、以节假日开课为主、以才艺技能培养为主和不向学生收费)模式。市关工委奖励资金10万元,区财政投入10万元,镇街投入2万元用于全区校外辅导站建设。全区有兼职教师122人,辅导总课时2277小时。有2个镇街实现电子阅览室全覆盖,48个村(社区)建成合格阅览室。

【未成年人犯罪预防】 2015年,高港区继续组织"五老"志愿者义务监督网吧,共有网吧义务监督员43人。完善法制副校长、法制辅导员、法制授课机制,推进"六五"普法法律进校园。组织36名"五老"志愿者结对帮扶社区矫正对象,34名"五老"志愿者挂钩帮扶服刑人员子女,进行心理辅导,帮助解决实际困难。全区实现连续13年在校生零犯罪,未成年人犯罪率全市最低。

【关爱青少年弱势群体】 春节前,全区各级关工委对特殊困难青少年进行救助,区关工委拿出4000元支持1名贫困大学生。6月,举办"点亮微心愿"活动,全区11所小学近1000个儿童实现愿望。6~8月,举行贫困大学生救助活动,13名贫困大学新生共获5.20万元资助。6名特困初中生获省关工委"冰凌花"助学金3000元。　(陈连龙)

老区建设・扶贫开发

【概况】 2015年,高港区老区经济建设促进会、扶贫开发协会(以下简称区"两会")按照"扶贫为主、融资为本、管理为重"的总体思路,助推项目建设、扶贫开发。新增扶贫资金460万元,新开发项目13个,争取省、市扶贫贴息贷款项目6个,资金100万元;区级扶贫贴息贷款项目3个,资金60万元。新增扶贫志愿者196人,结对帮扶2000余户。全区"两会"基层组织建设按照有人员、有阵地、有经费、有制度、有台账、有批文的"六有"要求全部落实到位。7个镇街配齐"两会"人员,90个村居建立扶贫工作小组。全区"两会"基层组织共有人员388人。评选表彰高港区第三届最美志愿者16人。

【扶贫资金筹集】 2015年,全区新增扶贫资金460万元,其中,区级50万元,区"两会"累计筹措150万元,全部存入区城投公司以10%利息固本付息,用于扶贫帮困;各镇街筹集150万元;各村居筹集260万元。各镇街"两会"结合本地实际,制定筹措使用管理意见,确保扶贫资金专户储存、专款专用。

【扶贫项目建设】 2015年,全区开发扶贫项目13个,其中贴息贷款项目8个。吸纳低收入农民就业268人。胡庄镇新增3个市级贴息贷款项目,贷款60万元,吸纳就业人员59人,43户贫困家庭180人受益;永安洲镇新增区级贴息贷款项目3个,贷款60万元,吸纳就业人员48人,圆梦助学3人,带动45户贫困家庭193人脱贫;白马镇新增市级贴息贷款项目1个,贷款20万,吸纳就业人员15人。

【扶贫帮困】 2015年,区"两会"投入近8万元,用于40余户贫困家庭、区扶贫工作联系点胡庄镇宗林村及7个镇街扶贫工作。发动党员干部、企业家、农场主开展"一帮一""一助一"结对帮扶,为贫困户提供就业、创业、公益帮扶及技术帮扶近400人。年内,全区新增结对帮扶志愿者196人。

【助学帮扶】 2015年,区"两会"开展"春风助学行动",资助11名贫困学生,每生每年3000元。资助20名特困生,每人1000元。胡庄镇大邦清洗有限公司大邦励志助学助教基金会出资10余万元、胡庄聚氨酯塑料厂出资6万元捐助贫困学生。刁铺街道泰州市东方离合器有限公司出资19万元,捐助15名贫困生、11户贫困家庭。许庄街道开展"牵手贫困学子,放飞明天梦想"捐资助学活动,12名非公经济代表人士与12名大学生结对帮扶,资助2.40万元。

【调研推介】 4月,区"两会"调研刁铺街道界牌社区扶贫帮困工作,在市"两会"网站发表《发展社区经济,致力扶贫帮困》调研报告;5月,调研泰州市万达轮业有限公司总经理乔业华倾心慈善事业的情况,撰写《扶贫帮困倾真情》一文,被《江苏老区》录用;6月,在胡庄镇召开老区经济建设扶贫开发工作推进会,参观胡庄扶贫基地及扶贫项目,形成《高港区老建会扶贫开发取得新成效》调研报告。8月,分别采访口岸街道引江社区党总支书记张竹山、江苏大邦清洗有限公司董事长谢卫东等人先进事迹,撰写人物通讯《一心为民,勇于担当》和《捐资助学的热心人——谢卫东》;根据区"两会"做法,撰写调研文章《自筹扶贫资金,致力脱贫帮困》。

(郑国生)

街道·镇

口岸街道

【概况】 2015年，口岸街道总面积53.32平方千米，总人口78276人，辖行政村6个、社区17个、村民小组377个，有居民27362户。全年实现地区生产总值96.46亿元，比上年增长13.86%。其中，第一产业增加值2.23亿元，增长5%；第二产业增加值48.92亿元，增长6%；第三产业增加值45.31亿元，增长15.22%。财政总收入5.06亿元，公共财政预算收入3.55亿元，分别增长30%和36%。全社会固定资产投资50.45亿元，增长26.10%，实际利用外资和港澳台资5053万美元，进出口总额7867万美元，其中，进口5135美元，出口2732万美元。全年招引1亿元以上项目16个，其中，超1亿美元或10亿元以上重大项目3个。新增私营企业178个，新增个体工商户475户。农民人均可支配收入25571元。

2015年口岸街道主要经济社会指标一览表

表18

项　　目	数据	项　　目	数据
地区生产总值（万元）	964618	建筑业从业人数（人）	9763
第一产业（万元）	22313	引进项目数（个）	16
第二产业（万元）	489233	实际利用外资和港澳台资数（万美元）	5053
第三产业（万元）	453072	第三产业从业人数（人）	22454
财政总收入（万元）	50630	新增个体工商户（户）	475
固定资产投资完成额（万元）	504532	村（社区）数（个）	23
农业总产值（万元）	36800	总户数（户）	27362
粮食产量（吨）	24124	总人口（人）	78276
油料产量（吨）	550	农民年人均纯收入（元）	25571
肉类产量（吨）	4972	从业总人数（人）	59669
牛奶产量（吨）	3736	年末常用耕地面积（公顷）	1771
禽蛋产量（吨）	325	绿化覆盖率（%）	28
水产品产量（吨）	2688	人均住房面积（平方米）	69
农业从业人数（人）	4173	人均年生活用电量（千瓦时）	565
工业企业数（个）	801	互联网用户（户）	14314
列统企业数（个）	132	学校数（个）	5
工业总产值（万元）	2890471	在校学生（人）	6849

续表18

项　　目	数据	项　　目	数据
规模以上工业总产值（万元）	2821147	教师总数（人）	656
规模以上工业企业数（个）	44	医院、卫生院（所）	23
工业企业年缴税金（万元）	127869	新型农村合作医疗保险参保（人）	25675
建筑业产值（万元）	1830303	新型农村社会养老保险参保（人）	22901

2015年口岸街道各村、社区基本情况一览表

表19

名　称	党支部（总支、党委）书记	村（居）委会主　任	户籍人口（人）	耕地面积（公顷）	各类企业数（个）	经济总收入（万元）	农民人均纯收入（元）
引江社区	张竹山	栾庆兵	2671	110	6	12448	24693
新明社区	吴家友	李　忠	2693	94	12	7700	24150
东南社区	卞　辉	陈宏才	2683	93	9	9236	24178
城南社区	李留华	戴兴国	4526	45	91	11480	24076
龙窝口社区	郁尚义	冯义国	2496	40	12	15860	25048
城东社区	李美娟（女）	许迎春	3755	40	15	42658	24363
王营社区	戚永生	戚志高	2464	9	23	8995	24628
蔡滩社区	刘　俊	张　毅	2030	—	12	13201	25707
口岸社区	—	赵庆晨	1646	—	166	2922	28283
田河社区	吉鹏军	徐永根	2643	92	24	26898	25036
集成社区	孙丽俊	徐玉生	2381	111	24	46793	23994
戴集社区	戴德恒	封学文	2143	97	5	18279	23653
张马社区	张继平	张社宏	3210	126	22	16735	23996
朱营社区	徐小圣	徐红明	1535	67	9	41527	26469
柴墟社区	笪克勤（女）	程秀兰（女）	4850	—	—	—	—
新城社区	薛余俊	薛余俊	4069	—	—	—	—
育才社区	李　鑫	—	5890	—	—	—	—
大石村	张桂荣	张桂荣	2512	124	44	18089	24584
徐桥村	孙　俊	周红生	3418	178	11	17547	24649
郎庄村	陈　明	张德祥	2226	96	5	9262	24497
雅儒村	卞庆生	陈叶林	2240	112	6	6820	23966
吴楼村	叶建峰	叶建峰	2688	140	9	16427	25037
徐庄村	徐勤生	徐永记	3000	126	12	17555	24560

说明：蔡滩社区、口岸社区、柴墟社区、新城社区、育才社区为非农社区，不统计相关数据。

【农业】 2015年，口岸街道实现农业总产值3.68亿元，增加值2.23亿元，分别增长5.50%和5%。新增设施农业面积58.02公顷，其中，田河花卉苗木基地10公顷，雅儒村稻田养蟹基地23.60公顷，引江葡萄基地4公顷、青蛙养殖基地0.33公顷，徐桥村葡萄基地10.08公顷，王营、张马花卉苗木基地10公顷。新增各类小农场7个，其中整村流转4个，新增土地流转面积146.67公顷。新增高速乘坐式插秧机3台，秧盘播种成套设备7台（套），自走履带式谷物联合收割机2台，大型拖拉机2台，大型植保机械5台，反旋灭茬机4台，推广机插秧973.33公顷。完成533.33公顷无公害稻麦基地认定，创成徐庄绿色大米生产示范基地。

【工业】 2015年，口岸街道实现工业总产值289.05亿元，比上年增长15%，其中，规模以上工业产值282.11亿元，增长25%；销售279.08亿元，增长26.80%；利税42.77亿

元，增长48%；利润25.90亿元，增长83.37%。列统企业132个，规模以上工业企业44个。

【建筑业】 2015年，口岸街道共有建筑企业26个，完成建筑业总产值183.03亿元，比上年增长53%；工程结算收入57.45亿元，增长40%；入库税收3791.47万元，增长9%；实现利润2.60亿元，增长0.40%。

【服务业】 2015年，口岸街道实现服务业增加值45.31亿元，税收4.26亿元，分别比上年增长15%和22.70%。共有规模以上服务企业60个，服务业固定资产投资33亿元，增长18%；服务业增加值占地区生产总值46.96%。完成服务业项目建设19个，其中，1亿元以上项目7个，分别增长46.15%和11.60%，获批苏中快递产业园临港园区，泰州市榕兴医疗用品股份有限公司在新三板挂牌上市。

【科技创新】 2015年，口岸街道实现高新技术产业产值120亿元，比上年增长35%，占全年计划任务的112.50%，全区排名第一。完成专利申请610件，其中发明专利75件，专利授权79件。申报省高新技术产品23个，科技创新券申请35个、710万元。

【城乡建设】 2015年，口岸街道完成高港大道东侧绿化景观，临港经济园区主次绿化带，企业的绿化、美化工作。高标准实施文胜河等4条河道环境整治及绿化带配套建设，完成临港经济园主入口规划建设工程。投入1200万元实施丰乐北村、港务新村、高港商城、建设巷、老旧小区、后街背巷建设工程，完成金港路南延拆迁扫尾，柴墟路棚户区动迁改造及水岸景城、龙湖美景安置分房工作。水岸景城二期加快建设，邻里中心、商业街、幼儿园配套工程顺利推进。投入200余万元实施村居垃圾箱房的新建改建。完成郎庄、田河改厕任务。投入5000余万元，实施张马中沟、徐桥中沟、小田河中沟共7条河道生态护岸石驳工程，配合区水利部门实施凤栖湖整治工程。新明、引江、戴集社区通过市级绿色社区验收，引江、新明社区获全区新农村建设先进集体。

水岸景城住宅小区

【社会事业】 2015年，口岸街道完成新口岸中心小学、口岸中心幼儿园建设方案设计，启动田河小学新建项目的规划论证选址工作，实施田河中学食堂建设。推进医疗卫生体制机制改革，高港中医院争创二甲医院；4个社区卫生室通过区级标准化验收，新建、在建社区卫生室7个；城东社区创成省级卫生社区。实施“幸福民生”五大工程，投入资金2000余万元，为民办实事项目106件，其中，阳光助学工程资助家庭困难学生100余名人，博爱医疗工程加大低保、五保户帮扶救助力度。发放低保金额279万元，对特殊困难群体临时救助30万元，对患有重病实施二次医疗救助50余万元，对10户孤儿落实月补助1020元，对重残无业人员发放资金216万元，发放残疾人养老补贴对象52人，对全街道80、90、100岁以上老人每人每月分别发放尊老金100、200、400元，对全街道五保户、低保户及下放职工全部购买新型农村合作医疗保险。积极推进百姓安居工程，帮助群众解决住房困难问题，实地踏看合法审批个人建房100余户，通过采取申请提前拆迁、危房改造等方式帮助22户农民改善住房条件。新增村组路灯500余盏。新增就业2400余人，创业1600人。组建18支群众文体队伍，编排文娱节目20余个，开展文艺巡回演出20余场，电影下乡140余场。举办首届“口岸好声音”歌唱大赛、“趣味运动会”等文体活动。

【平安与法治建设】 2015年，口岸街道围绕市、区平安建设两年行动计划，实施“护航三大主题10个主覆盖”工程，建立“谁执法谁普法”工作机制，完成“六五”普法任务。加强社会稳定源头防控，严格落实重大决策、社会稳定、风险评估机制。常态化开展矛盾纠纷排查化解活动，建立健全街道村（社区）两级平台运行管理机制，完善工作流程，严格督查考核，建立窗口服务首问负责制、服务承诺制、限时办结制等机制，全年化解矛盾纠纷180件、信访积案27件。省委巡视组巡视高港期间，创新开展阳光信访系统、信访权力保障卡、群众评议团工作，一批重点信访问题得到化解。

【党建工作】 2015年，口岸街道扎实开展“三严三实”专题教育活动，明确要求党员干部准确把握“三严三实”内涵，领会“三严三实”精神实质，对照“三严三实”把脉问诊找病根，对症下药解决问题，确保“三严三实”专题教育取得成效。围绕“守规矩、严管理、正风纪”三大主题，组织村（社区）干部参加泰州市第五届村干部“培训周”活动。强化远程教育，落实“固定学习日”活动。加大村级便民服务中心建设力度，明确功能配置及管理使用的具体要求，充分发挥“富民、便民、育民、乐民、助民”作用。全年新发展党员31名，均符合结构比例要求。结合抗战胜利70周年及七一、重阳节期间，走访慰问生活困难党员、老党员91人，落实慰问金8万元。开展“学习徐勤生，提升精气神”主题活动。

【综合体制改革】 2015年，口岸街道借助市、区两级改革试点契机，稳步推进各项改革工作。简政放权方面，健全“一办八局两中心”（党政办公室，组织人事和社会保障局、经济发展局、投资促进局、财政和资产管理局、农业农村工作局、规划建设局、社会事业局、综合执法局，社会管理服务中心、便民服务中心）组织体系，开展机关中层以上干部竞岗测评活动，构建以岗定人、人岗匹配的选人用人机制；按照“确需下放，能够承接”“权责一致，积极稳妥”需求，主动承接市、区下放权力事项1101项。村（社区）综合体制改革方面，引江、新城、徐桥、东南等试点村居先行先试，大胆改革，健全社区网格化管理、群众说事评理、村规民约及社区工作准入等工作机制。

（朱春生）

刁铺街道

【概况】 2015年，刁铺街道面积17.58平方千米，人口24720人，辖社区7个、居民小组110个，有居民7240户。全年实现地区生产总值28.12亿元，比上年增长13.55%。其中，第一产业增加值0.72亿元，增长5.63%；第二产业增加值14.41亿元，增长18.82%；第三产业增加值12.99亿元，增长17.36%。完成公共财政预算收入9013万元，增长28.08%。全社会固定资产投资13.68亿元，增长124.72%。实施1亿元以上项目8个。实现工业投资总额10.02亿元，增长95.21%。新办私营企业155个，新增个体工商户228户。

2015年刁铺街道主要经济社会指标一览表

表20

项　　目	数据	项　　目	数据
地区生产总值（万元）	281245	第三产业从业人数（人）	4609
第一产业（万元）	7214	新增个体工商户（户）	228
第二产业（万元）	144086	建筑业产值（万元）	292718
第三产业（万元）	129945	建筑业从业人数（人）	4655
财政总收入（万元）	13009	社区数（个）	7
固定资产投资完成额（万元）	136800	总户数（户）	7240
农业总产值（万元）	12511	总人口（人）	24720
粮食产量（吨）	6861	农民人均纯收入（元）	19907
油料产量（吨）	226	从业总人数（人）	15029
肉类产量（吨）	2626	年末常用耕地面积（公顷）	482
禽蛋产量（吨）	291	城镇建成区面积（公顷）	1000
水产品产量（吨）	663	人均住房面积（平方米）	56
农业从业人数（人）	650	互联网用户（户）	6592
工业企业数（个）	975	学校数（个）	4
列统企业数（个）	26	在校学生（人）	5833
工业企业营业收入（万元）	806996	教师总数（人）	518
工业企业年净利润（万元）	55862	医院、卫生院（所）	7
工业企业年缴税金（万元）	22214	新型农村合作医疗保险参保（人）	9202
引进项目数（个）	10	新型农村社会养老保险参保（人）	10050

2015年刁铺街道各社区基本情况一览表

表21

名　称	党支部(总支、党委)书记	居委会主任	户籍人口(人)	耕地面积(公顷)	各类企业数(个)	经济总收入(万元)	农民人均纯收入(元)
关桥社区	王继邦	吴月斌	3393	103	228	6719	19325
通太社区	汪春国	汪春国	4762	35	143	9530	19834
环溪社区	孙　松	陈玉俊	5207	100	162	6690	20273
万庄社区	薛　庆	杨继萍	3402	125	48	7218	20759
大丰社区	王海峰	霍荣康	3129	95	55	6223	19110
界牌社区	薛福荣	王甫智	2021	103	27	3866	20094
圩岸社区	匡雄杰	—	—	—	—	—	—

说明:圩岸社区为新成立社区,暂无相关数据。

【农业】2015年,刁铺街道实现农业总产值1.25亿元、增加值0.72亿元,比上年分别增长8.74%和5.63%。积极实施农业造林,完成造林面积41.33公顷,新增高效设施农业34.67公顷。全面推进机插秧,流转秧池3.47公顷集中育秧,新购插秧机2台,机插秧面积294.53公顷,机插秧率100%,实现街道社区全覆盖。夏秋两季秸秆还田672.80公顷,秸秆还田率95%,秋季秸秆清运250吨。

【工业】2015年,刁铺街道实现工业总产值83.36亿元、增加值14.41亿元,比上年分别增长32.56%和18.82%。其中,列统工业产值69.06亿元、增加值14.41亿元,分别增长30.33%和37.76%。

【项目建设】2015年,刁铺街道招商引资完成合同项目数10个,总投资达12亿元,其中,1亿元以上项目数8个,完成年度计划133%;实际新开工1亿元以上项目8个,完成年度计划200%。至7月底,全面超额完成全年目标任务。企业实施"优二升级",对城区范围内企业进行梳理,符合"优二升级"项目8个。全年启动实施泰州市欣港电子材料有限公司同平面推拉窗项目、泰州市逸帆农业机械有限公司农业机械项目和泰州市五星毛毯有限公司环保吸尘袋生产线项目等3个项目建设。

【服务业】2015年,刁铺街道实现服务业税收收入1.90亿元、增加值12.99亿元,比上年分别增长29.25%和17.36%。大力发展城市服务业,总投资1.20亿元郁金香大酒店建成投入使用,筹备申报星级酒店。

【科技创新】2015年,刁铺街道实现高新技术产业产值44.20亿元,专利申请量210件,其中发明专利65件。获批国家、省、市各类科技计划项目20余项,上争资金100余万元。泰州艳阳天塑料科技有限公司通过高新技术企业复审。新认定省高新技术产品11项,获批省民营科技型企业3个,获批国家火炬计划项目2项。

【城乡建设】2015年,刁铺街道投入400余万元,实施34个重点文明城市创建项目,在全市两次检查中总分名列第一。完成江广线扩容、355省道等项目的征地动迁,共动

明发广场

迁132户2.40万平方米。全面实施起凤新村、校园路、繁荣巷3个城市环境综合整治项目以及民主街后街背巷整治工程，并顺利通过市、区验收。配合高港高新区实施解放路、环溪路等各个道路节点改造。投入近300万元实施刁陈路、刁祥路等道路的拓宽改造和维修。投入20余万元，在刁庙路、刁蒋路、解放路安装路灯100余盏。投入800余万元，实施界牌中沟和刁东中沟整治。

【社会事业】2015年，刁铺街道发放低保金、尊老金以及各类补助279万元，涉及低保户119户194人、低保边缘户8户22人、重残全额低保159人，发放尊老金108万元。全年新增就业人数700人，新增创业人数400人，净增企业职工养老保险200人、医疗保险200人、失业保险200人、生育保险200人、工伤保险200人，完成扩面征缴任务，重点群体参保率95%以上。投入200余万元，建成街道宣传文化中心。成功创建市"政社互动"示范街道。常态化开展节日文艺慰问演出，承办"大江艺术团"送戏下乡等系列演出活动。

【平安与法治建设】2015年，刁铺街道组织法制宣传活动8场次，发放宣传资料3000余份。街道司法所获评泰州市司法所行政工作先进集体、泰州市十佳基层基础工作示范点。全年化解各类矛盾纠纷16余件，调处非正常死亡案件3起。加大信息公开力度，完善网络舆情监控和应急联动机制，认真办理"12345"热线、区长公开电话和市区长信箱500余件。自觉接受社会各界监督，办理建议提案6件（会办），办结率100%，满意率100%。

【党建工作】2015年，刁铺街道开展"三严三实"专题教育，抓好省委巡视组反馈意见的整改落实，"四风"问题和"不严不实"问题得到有效整改。加强廉政风险防控，履行"一岗双责"，党风廉政建设责任制落到实处。加强行政效能监察，坚决查处违纪违法案件，营造风清气正的政务环境。

【无地招商】2015年，刁铺街道面对没有一寸土地指标的客观实际，积极探索"飞地开发""楼宇经济"等发展模式。顺丰速运泰州中转场项目"飞地"落户高港高新区。泰州港务集团大楼六楼运输公司全年实现税收300余万元。

【圩岸社区成立】3月，刁铺街道组建圩岸社区。四址范围：东至扬子江路，南至蔡圩中沟，西至南宫河，北至许庄河。社区面积1.50平方千米，有格林美郡和水岸帝景2个小区。投入近50万元新建圩岸社区便民服务中心，内设社区卫生室、社区居家养老服务站、社会事业工作站、物业管理服务站、康复健身室、多功能会议室等功能室。（陈　业）

许庄街道

【概况】2015年，许庄街道面积42.51平方千米，总人口47021人，辖行政村4个、社区10个、村（居）民小组252个，有居民12199户。全年实现地区生产总值27.92亿元，比上年增长12.70%。工业总产值77.08亿元，增长24%；财政总收入10402万元，公共财政预算收入5983万元，分别增长34%和30.63%。服务业增加值14.62亿元，服务业税收收入2.18亿元，分别增长17.27%和28.24%。高新技术产业产值37.70亿元，专利申请量320件，其中发明专利申请量86件。农业总产值1.85亿元。农民人均纯收入22598元，增长9.60%。全社会固定资产投资14.94亿元。进出口总额6000万元，出口6000万美元。实施1000万元以上项目8个，其中，1亿元以上项目6个，完成投资14.22亿元。新增私营企业132个，新增个体工商户317户。许庄街道创成省级创新型试点乡镇，马厂社区建成全区首家"51赶网"电商服务站，乔杨社区、赵王社区分别创成省级"美丽乡村"、省级森林生态示范村，许庄中心幼儿园获全国"巾帼文明岗"称号。

2015年许庄街道主要经济社会指标一览表

表22

项　目	数据	项　目	数据
地区生产总值（万元）	279227	实际利用外资和港澳台资（万美元）	2319
第一产业（万元）	10427	第三产业从业人数（人）	10914
第二产业（万元）	122600	新增个体工商户（户）	317
第三产业（万元）	146200	村（社区）数（个）	14
财政总收入（万元）	10402	总户数（户）	12199
固定资产投资完成数（万元）	149400	总人口（人）	47021
农业总产值（万元）	18500	农民人均纯收入（元）	22598
粮食产量（吨）	21058	从业总人数（人）	32304

续表22

项　　目	数据	项　　目	数据
油料产量(吨)	1082	年末常用耕地面积(公顷)	1602
肉类产量(吨)	1389	工业园区面积(公顷)	1000
禽蛋产量(吨)	491	城镇建成区面积(公顷)	678
水产品产量(吨)	996	绿化覆盖率(%)	36
农业从业人数(人)	1259	人均住房面积(平方米)	57
工业企业数(个)	715	人均生活用电量(千瓦时)	50
列统企业数(个)	29	互联网用户(户)	9339
工业企业营业收入(万元)	770800	学校数(个)	5
工业企业年净利润(万元)	69500	在校学生(人)	4273
工业企业年缴税金(万元)	16800	教师总数(人)	484
建筑业产值(万元)	442000	医院、卫生院(所)	2
建筑业从业人数(人)	4421	新型农村合作医疗保险参保(人)	23975
建筑业利润(万元)	17500	新型农村社会养老保险参保(人)	15025
引进项目数(个)	9	—	—

2015年许庄街道各村、社区基本情况一览表

表23

名　称	党总支(总支、党委)书记	村(居)主任	户籍人口(人)	耕地面积(公顷)	各类企业数(个)	经济总收入(万元)	农民人均纯收入(元)
马厂社区	祁亚飞	祁亚飞	4170	15	69	172726	26047
三星社区	陈庆年	陈庆年	3831	—	2	5823	21500
周梓社区	杨传林	杨传林	3290	111	26	37795	22613
官沟社区	李惠民	周宜江	4132	79	7	26235	21946
三旗营社区	朱海军	李年富	1996	66	5	18719	21840
许庄社区	唐传荣	唐传荣	3221	376	16	56931	21200
曹官营社区	杨书红	杨书红	3234	65	18	101316	22000
乔杨社区	乔向民	乔向民	3046	263	48	46628	25643
孔桥社区	李　伟	蔡　斌	2129	201	15	21079	22071
赵王社区	—	赵兴华	3468	220	4	26447	22500
明河村	王纪明	王荣俊	1899	122	5	17423	20625
管营村	王正乐	孙学军	1847	114	8	15085	22546
钱赵村	程冬平	—	3884	260	3	16958	21156
蔡庄村	王纪明	—	3029	203	5	24465	22553

【**农业**】2015年，许庄街道农业生产总值1.85亿元，农业增加值1.04亿元，分别比上年增长12%和4%。农业利用“三资”2.45亿元，增长8.10%。兴办农业龙头规模项目3个，土地流转122.13公顷，兴办小农场4个。农业规模化经营1173.33公顷，高标准农田建设1200公顷，新增高效农业101.73公顷，其中高效设施农业面积61.30公顷，全街道高效农业面积833.33公顷，占耕地面积51%，绿色食品、有机食品、无公害食品1133.33公顷，农业标准化率90%。农业社会化服务体系健全，新增为农服务合作社6个。水稻种植实行统一育秧、统一供苗、统一机插、统一防病虫害，新增插秧机4台，全街道机插秧面积

440.60公顷，机插秧率达96%以上，秸秆禁烧及综合利用率100%。新增林业绿化面积77.73公顷，森林覆盖率28%。村(社区)综合体制改革工作有序进行，先行试点的马厂、乔杨、周梓、孔桥、管营、蔡庄6个村(社区)通过综合体制改革验收。

【工业】 2015年，许庄街道完成工业总产值77.08亿元，比上年增长24%；工业销售产值73.78亿元，增长21%；利税总额10.38亿元，增长44.37%；利润总额6.95亿元，增长81.90%。共有规模以上企业29个，规模以上工业完成总产值61.79亿元，增长30.09%；增加值12.99亿元，增长18.58%；利税总额8.34亿元，增长61.07%；利润总额5.82亿元，增长61.07%。完成工业企业净入库税收1265.95万元，增长17.01%。工业技改投入完成5.44亿元，增长42.78%。工业企业用电量2519.89万千瓦时，下降1.60%。组建民营工业园，征用土地5.25公顷，投资1.50亿元，新建6栋四层标准厂房5000平方米，引进泰州凯瑞电子有限公司、泰州政锋注塑有限公司、泰州源潮装饰材料有限公司、泰州兴洲工矿设备有限公司4个企业入驻，吸纳富余劳动力351人。正式签约1亿元以上项目6个，进入报批项目6个，实际新开2亿元以上项目3个。

【建筑业】 2015年，许庄街道拥有三级资质以上建筑企业18个，建筑业总产值完成44.20亿元，比上年增长30.20%，完成建筑工程结算收入35.65亿元，增长27.10%。全年新增资质以上企业2个(江苏新都建筑有限公司、江苏中源石化建设工程有限公司)，泰州市永发市政工程有限公司由三级资质企业提升为二级资质企业。

【服务业】 2015年，许庄街道完成服务业增加值14.62亿元，比上年增长17.27%；完成服务业税收2.18亿元，增长28.24%；完成服务业产业投资5.46亿元，增长43%；完成服务业投资6.86亿元，增长24.08%；完成限额以上社会消费品零售总额1.10亿元，增长120.04%；新增规模以上服务业企业3个，规模以上批零住餐企业4个，大个体1个，新建大型超市2个。新引进的泰州江源康药业有限公司完成开票销售1.90亿元、税收544万元，总投资1.50亿元的泰州市顺丰快递有限公司完成落户。

【科技创新】 2015年，许庄街道完成高新技术产业产值37.70亿元，比上年增长29.56%，占规模以上工业61.01%，完成年度计划110.43%。全年申请专利320件，其中发明专利申请量86件，专利授权量69件，发明专利授权数8件。泰州市天鑫机械有限公司成功申报新标准高企，泰州海博汽车电子有限公司通过省高新技术企业复审，子辰教育申报省级后备高企获得立项；泰州万达轮业制造有限公司、泰州市天鑫机械有限公司等5个企业获批高新技术产品10个。实施产学研合作项目4项，泰州海博汽车电子有限公司获得省级重点研发计划立项。许庄街道创成省科技创新型试点乡镇。

许庄民营工业园

【城乡建设】 2015年，许庄街道启动孔桥实验学校建设，年内完成校舍清理、教学搬迁、规划设计、土地报批、施工图审查、招投标等工作。投入1465万元加大基础设施建设，14个村(社区)的卫生室、居家养老服务中心、活动室、电子阅览室、农家书屋等办公条件均有提升。新建孔桥邻里中心，建设规模511平方米。新建孔桥农贸市场及临时疏导点。铺设三星南北路等硬质道路8.26万平方米。新建桥梁3座。新增绿化面积71.05公顷。疏浚村庄河道2条。曹官营、三旗营、官沟、许庄等社区办公大楼完成选址。投资500万元，建成占地面积3000平方米的农贸市场。共实施动迁项目6个。2月，实施江广线先导段管营社区17户动迁，动迁面积1469.77平方米。4月，实施江广线二期马厂、官沟社区9户动迁，动迁面积2439.57平方米。5月，实施亚力山卓项目周梓社区韩野自然庄198户动迁，动迁面积45818平方米。7月，实施特种兵项目官沟社区庄佴自然庄3个村民小组101户动迁，动迁面积26620平方米。10月，实施新城花园安置项目区马厂社区81户居民动迁，动迁面积21487.15平方米。

【社会事业】 2015年，许庄街道新增就业人数1429人，促进失业人员再就业250人,新增转移农村劳动力135人,新增职业技能鉴定获证120人,完成城乡劳动者就业技能培训205人,岗位技能提升培训519人,创业培训121人。组织企业参加泰州市第三届创业富民大赛,选定项目"超市附着力""TPU胶粒"获项目组第二名。办理失地保障新政策进保人员372人,劳动年龄段失保转城镇企业职工养老保险151人,劳动年龄段失保转新农保35人。培养复合型和实用型人才55人,引进高层次人才50人,新增留学回国人员8人,新增2个高校毕业生就业和40个见习岗位。调处劳资纠纷56起,经济补偿金额223万元,妥善解决118名失业职工工资,成功化解经济补偿金及失业金矛盾。全面推进社会管理服务中心建设,服务中心占地4000平方米,建筑面积1200平方米,累计投入建设资金2700万元。街道宣传文化中心免费对外开放,村(社区)建成文化书屋、10分钟健身圈。开展各类文体活动18场。全年送电影120场、送戏2场、送图书1000册。

【平安与法治建设】 2015年,许庄街道加大安全生产大检查,配齐配强安监管理队伍,加大安全生产装备投入,配备执法车辆,制定相关管理制度。9月,通过江苏省专家组审核验收。13个规模以上工业企业创建安全生产标准化企业。全年进行4次安全生产监督管理大检查,共发放限期整改通知12份,排查安全隐患4个,组织各村(社区)、企业、学校安全生产员培训,落实"注安师"或"安全总监"20名,各企业设立安全生产公告栏和风险告知卡,全年未发生安全责任事故。推进社区矫正和安置帮教,与24名社区矫正人员和9名刑释解教人员签订帮教协议。以法制宣传全覆盖为重点,定期开展法律大讲堂活动。完善各村(社区)法律顾问制度,推广村级法制办建设。共代理诉讼案件和非诉讼案件16起,调解民事纠纷8起,办理法律援助案件11起。

【党建工作】 2015年,许庄街道共有44个基层党组织(含马厂社区党委、孔桥中心社区党委),党员1651人。组织党员干部开展"周末党员义工服务""四进社区"活动,各村(社区)入党积极分子、发展对象和预备党员与所在的村(社区)贫困家庭、孤寡老人、留守儿童结成帮扶对子,大学生村官党支部开设"七彩阳光"公益课堂。6月,举办党组织书记培训班,提高党建工作"第一责任人"履职能力。开展入党积极分子培训班,全年发展党员13人。强化干部队伍管理,全年提拔和调整机关中层干部、村(社区)干部30人。

【乔杨社区建成省级"美丽乡村"】 乔杨社区建成占地26.67公顷的银杏生态园和81公顷农民科普文化园。实行垃圾集中处理和环卫一体化,建成垃圾房(箱)129座(个),农户门前实行包卫生、包清洁、包绿化。建成村级污水处理站,实施水污分流,新建雨水边沟5523米,铺设污水管网8086米。11月20日,通过省考核验收组考评,获省级"美丽乡村"称号。

(宗家林　戚连广)

永安洲镇

【概况】 2015年,永安洲镇总面积55.90平方千米,人口31015人,辖社区11个、居民小组218个,有居民8415户。全年实现地区生产总值85.54亿元,比上年增长11.50%。其中,第一产业增加值1.59亿元,增长5.29%;第二产业增加值59.81亿元,增长9.54%;第三产业增加值24.14亿元,增长17.31%。完成财政总收入8.53亿元,增长11.20%,公共财政预算收入6.34亿元,增长36.78%。全社会固定资产投资129.31亿元,增长25.60%。工业总产值528亿元,增幅31.37%。服务业增加值24.14亿元、税收4.73亿元,分别增长17.31%、25.16%。高新技术产业产值138.94亿元,增长33.76%。协议利用外资和港澳台资1.31亿元,实际利用外资和港澳台资7849万美元。进出口总额25440万美元。实施1000万元以上项目20个,其中,亿元以上项目17个,完成投资91亿元。新增私营企业257个,新增个体工商户358户。耕地面积1126.40公顷,农民人均纯收入(居民人均可支配收入)25578元,增长13%。

2015年永安洲镇主要经济社会指标一览表

表24

项　目	数据	项　目	数据
地区生产总值(万元)	855404	新增个体工商户(户)	358
第一产业(万元)	15904	社区数(个)	11
第二产业(万元)	598100	总户数(户)	8415
第三产业(万元)	241400	总人口(人)	31015
财政总收入(万元)	85286	农民人均纯收入(元)	25578
固定资产投资完成额(万元)	1293100	从业总人数(人)	18015

续表24

项　目	数据	项　目	数据
农业总产值(万元)	28942	年末常用耕地面积(公顷)	1126
粮食产量(吨)	14933	工业园区面积(公顷)	1560
油料产量(吨)	292	城镇建成区面积(公顷)	342
肉类产量(吨)	3410	绿化覆盖率(%)	42
禽蛋产量(吨)	476	人均住房面积(平方米)	63
水产品产量(吨)	4780	人均年生活用电量(千瓦时)	708
农业从业人数(人)	1109	互联网用户(户)	5181
工业企业数(个)	226	学校数(个)	3
工业企业营业收入(万元)	5164895	在校学生(人)	2560
工业企业年净利润(万元)	565220	教师总数(人)	187
工业企业净入库税金(万元)	18900	医院、卫生院(所)	1
建筑业产值(万元)	945900	新型农村合作医疗保险参保(人)	19914
实际利用外资和港澳台资数(万美元)	7849	新型农村社会养老保险参保(人)	13744
第三产业从业人数(人)	7991	—	—

2015年永安洲镇各社区基本情况一览表

表25

名　称	党支部(总支、党委)书记	居委会主任	户籍人口(人)	耕地面积(公顷)	各类企业数(个)	经济总收入(万元)	农民人均纯收入(元)
福沙社区	王启东	蒋永生	2764	188	25	35626	29471
新街社区	朱纪良	宣春美(代)	2237	167	6	14446	24746
中心社区	周义松	王文明	2614	145	20	66710	24687
永兴社区	王　敏	秦长林	2137	215	45	47272	26919
兴洲社区	孙仕民	李兴兵	5390	10	250	5480	26366
永胜社区	于　智	孙红才	2642	180	39	28202	25898
上桥社区	黄厚林	宗冬生	3128	216	2	12940	24151
建安社区	陆　军	薛　斌(代)	2135	306	21	6186	24009
东江社区	陈道贵	李文兰(代)	2327	169	29	8024	24750
兴隆社区	韩九灯	周建军	2151	322	34	30023	24115
润洲社区	杨义琴(女)	陈　燕(女)	3490	—	15	255	24000

说明:润洲社区为城市社区,无农田。

【农业】 2015年,永安洲镇实现农业总产值2.89亿元、农业增加值1.59亿元,比上年分别增长4%和5.90%。流转土地753.33公顷,建成规范化小农场23个,农业机械化率100%,新增高效设施农业面积64.07公顷、土地复垦面积25.60公顷。全年新开工建设农业项目5个,新招引农业项目1个。农产品加工集中区实现累计开票销售收入115.50亿元,实现利润12.90亿元。秸秆禁烧禁抛和综合利用工作扎实推进,夏季收集秸秆132.95公顷,还田秸秆322.65公顷,秋季收集秸秆453.80公顷,秸秆机械化还田680.70公顷。农村环境全域整治通过国家级生态区考核验收。

【工业】 2015,永安洲镇实现工业总产值528亿元、销售518.19亿元、利税89.89亿元、利润56.52亿元,增幅分别为31.37%、31.04%、34.33%、32.47%。共有规模以上工业企业43个,规模以上工业总产值522.35亿元、销售512.98亿元、利税86.86亿元、利润53.50亿元,增幅分别为30.93%、29.84%、30.71%、26.49%。工业企业净入库税收1.89亿元。工业企业用电量21427万千瓦时。粮油食品产业园成功申报省级特色产业园,汇福粮油一期工程进行设备安装调试;重工装备产业逐步回暖,船舶企业新接订单突破280万载重吨；扬子江药业集团江苏龙凤堂中药项目二期工程进展顺利。

【服务业】 2015年，永安洲镇实现服务业增加值24.14亿元、税收4.73亿元，比上年分别增长17.31%、25.16%。共有规模以上服务业企业39个。服务业产业投资增加值33.93亿元，增长14.91%。服务业占地区生产总值28.22%，提高1.40个百分点。高港综合物流园创成省级现代物流示范基地，泰州化工产品交易市场创成首批省级进口商品交易中心，江苏海企化工仓储股份有限公司入选江苏省“十百千”行动计划创新型企业。

【科技创新】 2015年，永安洲镇高新技术产业项目立项49个，获批江苏省高新技术产品36个，实现高新技术产业产值138.94亿元，比上年增长37.76%。新增注册商标50件，获批泰州市名牌产品2个、江苏省名牌产品1个，完成专利申报545件、授权293件。泰州市亚星塑业有限公司、富彤化学有限公司、江苏华夏重工有限公司、泰州市宏泰电力设备有限公司被认定为省高新技术企业，泰州市宏泰电力设备有限公司、江苏华夏重工有限公司、泰州市御庐园现代农业科技有限公司、泰州市博泰电子有限公司、泰州市宏博节能环保科技有限公司、江苏泰氟隆科技有限公司、泰州市光明电子材料有限公司被评为省级民营科技企业。

【城乡建设】 2015年，永安洲镇加快推进老街区改造升级，兴洲社区城中村完成首期拆迁，沿街门面房改造工程开工建设；国学文化大道建成使用；35千伏变电站完成搬迁；明珠大道东延、文锦路北延、马永路拓宽改造工程全线开工；中心幼儿园分园完成规划设计；永安花苑12公顷安置房一期工程全面施工；润洲社区17幢小高层安置房实现智能化、标准化管理。全面推进滨江新城核心区建设，完成江堤景观大道、海军文化公园、锦江路、春江花月夜绿化造景，万人观江广场全面开放，东江渔船停靠点投入使用，海军文化舰艇公园完成规划设计并启动建设，新城名邸（永胜花苑）高层安置房交付使用。启动镇村布局规划调整，镇区控制性详规通过专家评审，获得市政府批复。投入1500余万元，对村庄环境实施环境美化、道路亮化、河道净化工程，全年新增绿化面积102公顷，城市片区林业绿化覆盖率42%，农村片区37%，春江生态湿地公园通过省专家组考核验收。全年疏浚骨干河道3条10.50千米，污水管网实现全覆盖。

永安洲镇区夜景

【社会事业】 2015年，永安洲实验学校基本建成。中心幼儿园被评为省级示范幼儿园，初级中学中考升学率名列全区前茅，全镇教育资源实现集中共享。建成9个标准化社区卫生服务室。率先实现城乡居民社会基本养老保险全覆盖，失地农民即征即保、应保尽保。建立低保户数据信息动态更新、对口扶持制度，最低生活保障实现城乡一体化。推进创业、就业和再就业工程，免费开展企业职业技能提升培训779人次，新增创业就业人数2130人。加大扶贫帮困力度，全年向困难家庭、弱势群体发放慰问金200余万元，向在外过渡拆迁户发放慰问金220万元。酒店式老年养护中心完成土地招拍挂并启动建设，润洲、福沙社区居家养老服务中心建成投入使用。依托江鲜美食广场、宣传文化中心、社区文化广场，开展“欢乐社区行”群众文艺汇演6场、“欢度元宵·民俗文艺汇演”1场。联合民盟泰州市委、泰州职业技术学院开展送戏下乡活动2次；协助举办文化港城行文艺演出1次，举办首届江鲜美食啤酒文化节。围绕“书香永安，诵读学传”主题，开展文艺演出2次，小学生成语听写、造句比赛各1次。关注企业职工文化生活，组织开展“欢乐企业行”文艺演出3次、篮球比赛1次、职工相亲会1次、演讲比赛1次。

【平安与法治建设】 2015年，永安洲镇常态化开展社会治安综合整治、矛盾纠纷排查化解、安全生产检查整改、环境保护、网络舆论引导“五大专项”行动。化解上桥、永胜拆迁遗留问题。推行“五到位”（调查研究深入到位、群众诉求解决到位、思想工作细致到位、法律手段跟进到位、后续工作完善到位）工作法，促进社会管理向社会治理转变，实现“零去京”“不去省”信访目标。建立征地拆迁、安置保障、政法综治管理网格，实现智能化、信息化、动态化管理。严厉打击各类违法犯罪活动，人民群众安全感和幸福指数显著提升。全年未发生一起安全环保责任事故和群访集访越级访事件，政法综治、安全生产和环境保护工作走在全区前列。开展全民“六五”普法教育，自觉遵法、学法、守法、用法。完善议事规则，形成行政办公会议制度，推动决策科学化、民主化。加大政府信息公开力度，完善网络舆情监控和应急联动机制，及时办理市长热线、区长公开信箱20余件。主动接受社会各界监督，定期向镇人大报告工作、向镇政协工委通报情况，办理各级人大代表、政协委员议案提案40余件，办结率、满意或基本满意率均达100%。

【党建工作】 2015年，永安洲镇扎实开展“三严三实”专题教育，全年开展“三严三实”专题研讨会6次，专题民主生活会1次。加强行政效能监察，坚持跟踪问效、监察问责，加强工作研究和督查督办，用句号工作法提升行政效能，确保重大决策和重点工作落到实处。认真贯彻落实中央“八项规定”和省、市、区委“十项规定”精神，突出抓小抓早、抓细抓实，常抓不懈整治“慵、懒、散、慢、怕”顽症；坚持用制度管权管人管事，严格按照要求推进公车改革，严控“三公经费”，降低行政成本，政府一般性支出进一步压减；全面落实党风廉政建设责任制，履行“一岗双责”“一案双查”，加强政府投资项目工程审计和资金监管，严肃查处各类违法违纪案件，树立为民务实清廉的政府形象，营造风清气正的政务环境。

【社区综合体制改革】 9月29~30日，全区社区综合体制改革现场观摩会在永安洲镇召开。年内，永安洲镇以“四大体系”（组织保障体系、公共服务体系、综合治理体系、可持续发展体系）为抓手，深入推进社区综合体制改革。

组织保障体系　分类确定社区领导岗位和管理岗位职数，建立“四定四能”工作机制，打造高素质、高水平干部队伍，全年5名社区书记被推荐到领导干部岗位，4名社区干部被辞退。

公共服务体系　新建2个社区卫生服务站，整合7个社区卫生服务站，聘用26名乡村医生，按照“六统一”（机构统一、人员统一、业务统一、药械统一、财务统一、绩效统一）要求，构建市人民医院、区人民医院、镇卫生院、社区卫生室“四位一体”医疗服务体系。

综合治理体系　开展“三大直评”（村民直评村官和民生部门、基层直评机关部门、两代表一委员和企业负责人直评镇村领导班子）活动，推行重大事项“六议两公开”，推动决策科学化、议事民主化。建立56个社区群众自治组织，组建11个社区群众评议团，出台《群众评议工作实施办法》。推行网格化管理，建成覆盖全镇、条块结合、横向到边、纵向到底的社区管理网格，实现征地拆迁、安置保障、生老病死全过程信息化管理。

可持续发展体系　出台《农村土地流转以奖代补办法》，733.33公顷耕地实现全流转，成立23个家庭小农场。通过租赁、股份合作、有偿转让等方式盘活社区闲置厂房、校舍、河塘废沟等资产，实现集体资产增收创收；组建劳务公司、物管公司等实体，建立花卉苗木、高效农业、特种养殖等产业基地和电商平台，增加社区经营性收入。加大对宣传文化中心、市民健身广场等公益性资产管护力度，建成15分钟健康服务圈，实现集体资产保值增值。发展社区工业，出台《扶持社区工业园发展的政策意见》，鼓励社区招引工业项目，利用闲置资金参与标准厂房建设，通过项目招引和税收分成增加社区造血功能，稳定社区收入来源。

【抗洪抢险】 6月26日晚7点~6月27日晚8点，永安洲镇降雨量达188毫米，兴隆社区十五组文胜河段水位逐渐攀升。镇政府紧急组织400余人赶赴现场抗洪抢险。供电部门架设临时照明灯，交警部门维护交通秩序，水利部门紧急抽调水泵抽排水，全体机关、社区干部将沙土装入编织袋中，并把装满沙土的编织袋有序堆积到河岸上，堆高加固岸堤。晚上10点左右，险情得到控制，共用编织袋15000个，沙土500余立方米，加高岸堤1200米、高约0.80米。

【首批团购安置房开工】 11月17日，永安花苑一期安置房工程开工奠基。永安花苑安置房项目是永安洲镇首批团购安置房项目，由江苏广鑫投资发展有限公司开发，广厦建设集团承建，分期分批开发建设安置房和商品房，同步建设幼儿园、超市、文化广场、物管服务用房等各项配套设施，安置房建成验收交付后由永安洲镇按照约定价格进行统一回购。项目总占地面积40万平方米，总建筑面积80余万平方米（含30万平方米安置房）。一期工程占地12万平方米，建筑面积24.80万平方米，其中安置房面积约11万平方米（约1100套）。（李　誉）

白　马　镇

【概况】 2015年，白马镇面积24.02平方千米，人口22091人，辖行政村5个、社区2个、村（居）民小组127个，有居民6331户。全年完成地区生产总值11.44亿元，比上年增长13.78%。公共财政预算收入7334万元，增长26.78%。固定资产投资7.41亿元，增长47%。建筑业总产值11.16亿元，完成工程结算收入9.28亿元，建筑业增加值3.12亿元。新增个体工商户140户。农民人均可支配收入19320元，增长13.87%。

2015年白马镇主要经济社会指标一览表

表26

项　目	数据	项　目	数据
地区生产总值(万元)	114400	引进项目数(个)	11
第一产业(万元)	10500	实际利用外资和港澳台资数(万美元)	150
第二产业(万元)	48329	第三产业从业人数(人)	3612
第三产业(万元)	55571	新增个体工商户(户)	140
财政总收入(万元)	7334	村(社区)数(个)	7
固定资产投资完成额(万元)	74100	总户数(户)	6331
农业总产值(万元)	17356	总人口(人)	22091
粮食产量(吨)	17281	农民年人均纯收入(元)	19320
油料产量(吨)	851	从业总人数(人)	13353
肉类产量(吨)	1369	年末常用耕地面积(公顷)	1390
牛奶产量(吨)	121	工业园区面积(公顷)	180
禽蛋产量(吨)	327	城镇建成区面积(公顷)	374
水产品产量(吨)	886	绿化覆盖率(%)	29
农业从业人数(人)	2056	人均住房面积(平方米)	64
工业企业数(个)	301	人均年生活用电量(千瓦时)	740
规模以上企业数(个)	30	互联网用户(户)	1696
工业企业营业收入(万元)	387094	学校数(个)	3
工业企业年净利润(万元)	20870	在校学生(人)	1407
工业企业年缴税金(万元)	17000	教师总数(人)	140
建筑业产值(万元)	111600	医院、卫生院(所)	1
建筑业从业人数(人)	1860	新型农村合作医疗保险参保(人)	14484
建筑业利润(万元)	14464	新型农村社会养老保险参保(人)	10171

2015年白马镇各村、社区基本情况一览表

表27

名　称	党支部(总支、党委)书记	村(居)委会主任	户籍人口(人)	耕地面积(公顷)	各类企业数(个)	经济总收入(万元)	农民人均纯收入(元)
金马社区	李　泽	马恒良	4647	224	32	99676	19326
白马社区	王中亚	—	2467	170	9	46235	19319
岱白村	王加凤	孔怀东	3388	232	23	67677	19324
陈家村	陈　林	—	3459	213	34	57365	19312
陆家村	李乃平	李　栋	2256	141	14	43000	19313
黄河村	李　萍(女)	张伯平	2625	221	21	29247	19310
前进村	袁华卫	袁富平	3249	189	25	77854	19329

【农业】 2015年，白马镇完成农业总产值1.74亿元、增加值1.05亿元，比上年分别增长29.77%和5.86%。粮食单产实现六连增，全年总产量1.70万吨。新增家庭农场6个，土地规模经营面积80公顷，盘活嫁接农业项目46.67公顷，新增高效设施农业面积60.67公顷，水稻机插秧面积493.33公顷，机插率90%。白马镇气象站年发送气象预报预警、秋收秋种、“双禁”简报等各类信息1.80万条次。全面完成秸秆“双禁”任务，实现秸秆综合利用率100%。基本完成农村土地确权颁证工作。

【工业】 2015年,白马镇完成工业总产值45.29亿元,比上年增长32.34%。完成工业开票销售46亿元、工业入库税收1.75亿元。其中,完成规模以上工业产值26.90亿元、销售23.40亿元、利税2.20亿元、利润1.10亿元,分别增长34.10%、36.80%、65.70%、61.80%。全年新引进江苏祥宏消防装备有限公司、江苏华铭人防设备有限公司等企业。泰州市协和轧钢制管有限公司、江苏飞耀机械制造有限公司、泰州市奥华体育健身器材有限公司等企业保持平稳发展势头。

【项目建设】 2015年,白马镇组织参加广交会、深交会、上海投资促进周等大型招商推介和经贸交流活动,邀请台湾两岸经营俱乐部、两岸企业家联合会、中华两岸连锁经营协会考察。全年完成有效项目信息备案16件,完成区交指标任务160%;新增项目合同备案11件,完成区交指标任务的157.14%,其中,新增1亿元以上项目合同备案6件,完成区交指标任务120%。新开工1亿元以上项目4个,完成区交指标任务100%,竣工项目1个,完成区交指标任务100%。全年工业投资5.01亿元,比上年增长86.69%,完成区交指标任务的138.80%。实际到账外资和港澳台资150.08万美元,完成区交指标任务150.08%。

【科技创新】 2015年,白马镇实施专利申报、产学研合作、平台建设三大战略,完成高新技术产业产值11.89亿元,完成年计划114.33%;完成发明专利申请25件,授权专利75件,万人发明专利拥有量3件。泰州市康驰汽配有限公司、泰州市荣美液压机械制造有限公司获批高新技术企业,飞耀机械高精度多点同步顶升液压系统、荣美两柱液压机、康驰汽配高性能耐磨汽车轮毂项目获批省级高新技术产品。引导企业加大产学研合作力度和技改投入,全年组织3名博士挂职企业,达成产学研合作项目4项,其中,泰州市天圣针织机械实业有限公司与扬州大学、江苏飞耀机械制造有限公司与浙江大学达成技术合作协议,逸夏果园猕猴桃疾病防控体系成功申报市级科技支撑项目。

【镇村建设】 2015年,白马镇共投入资金100余万元,配备专兼职保洁员92人,整治河道21条,新增绿化面积13.33公顷。城镇自来水普及率100%,地表水、空气、声环境质量达到环境规划要求,重点实施污染减排项目7个,重点工业污染源排放达标率100%,生活垃圾无害化处理率100%。全面抓好污水管网建设,投资1000余万元新建镇区污水管网9千米,新建岱白村小型污水处理设施1座,升级改造镇区原有管网。推进市委党校、清水管网建设,总投资4.20亿元的海军东路建成通车。将军一品、新城领域住宅区竣工交付,白马、陆家、岱白3个安置区完成建设并交付使用,完成海诞花园回迁安置工作。

【社会事业】 2015年,白马镇实现农村养老保险和医疗保险全覆盖,农村养老保险参保人数10171人,医疗保险参保人数14484人,参加失地农民养老保险296人。新增就业再就业1305人,创业带动就业704人,金马社区、陈家村创成省就业示范村(社区)。全年落实低保五保367人,发放保障金98万元,五保集中供养率60%。社会救助制度不断健全,发放救助金39万元,发放重残补助金162万元。全年送电影84场,送图书4000册,"农家书屋"实现全覆盖,举办各类文化活动84场次。全镇7个村(社区)居民学校全部通过省级标准化验收。社区养老服务站和日间照料中心实现全覆盖,白马镇敬老院先后被评为江苏省文明敬老院、江苏省二星级农村五保供养服务机构。

【平安与法治建设】 2015年,白马镇共组织安全生产大检查10次,排查各类安全隐患800余起,依法取缔非法经营烟花爆竹单位23个、非法经营危化品单位2个。全镇有36个企业通过三级安全标准化验收。开展食品药品生产经营企业集中排查活动,建立农村小餐饮、包厨申报备案制度,做到食品药品安全监管全覆盖。调处各类矛盾纠纷135起,全镇无一例去省赴京上访。坚持依法行政,推进决策科学化、规范化、民主化。全镇7个村(社区)配齐"法制副主任",开展法制宣传教育活动,加大法律援助和司法救助

世泽雕艺园

力度，构建便民法律服务体系。被市委、市政府评为社会治安综合治理和法治创建工作先进单位，金马社区、陆家村获评省级民主法治示范村（社区）。

【党建工作】 2015年，白马镇深入开展“三严三实”专题教育，镇党政负责人以“做敬业、诚信、拼搏、奋进的白马人”为主题上党课。组织45岁以内48名机关干部开展“围绕三大主题工作，推进三大名镇建设”专题交流活动。出台镇村干部月度考核意见，成立工作目标绩效考核领导小组及办公室，对村居、团队以及个人进行科学考评，每月通报考核结果。推动非公党建工作，非公组织党组织组建率、覆盖率100%。新发展党员10人。严格执行大学生村官管理制度，成立白马镇大学生村官“为民电商创业联盟”，大学生村官开办“为民电商会员店”。

【文化旅游名镇建设】 2015年，白马镇依托中国人民解放军海军诞生地独特资源，以大旅游思路谋划产业布局、提升服务水平、做亮旅游名片，世泽雕艺园一期工程全面建成并向社会开放，白马庙二期工程基本建设到位，老行当文化产业园1~4号楼主体封顶，鑫马生态园成功申报省AAAA级乡村自驾游基地。以海诞农业、腾龙绿化、逸夏果品等特色农业园区为主体，成功创建市级现代农业产业园，江苏泰供海诞现代农业发展有限公司被评为全国供销总社龙头企业，逸夏果品千亩猕猴桃国庆期间接待游客1.20万人次。邀请市、区政协委员召开“白马文化与旅游融合发展”座谈研讨会，研究制定推动白马旅游风景区建设的工作方案和政协提案，“白马庙的传说”入选市级非物质文化遗产项目。

【海军东路建成通车】 9月2日，海军东路（春兰路—海纪馆）通车运行。海军东路全长2.50千米，道路规划红线宽45米，采用一级公路技术标准，双向6车道。工程自2014年6月12日开工建设以来，重点桥梁控制性主体工程全部保质完工，按预期目标完成道路主体工程建设，实现通车。白马镇至泰州主城区路程由原来的20分钟缩短至8分钟。

【海军政委苗华参观海纪馆】 10月19日，海军政委苗华一行参观海纪馆新址及旧址，并向海纪馆赠送“辽宁号”航空母舰模型。苗华听取关于粟裕、张爱萍、张震等老一辈革命家指挥渡江战役历史讲解，参观中国人民解放军海军从诞生到壮大发展历程展览。省委常委、副省长徐鸣，市委书记蓝绍敏等陪同。

（李正斌　朱　峰）

大泗镇

【概况】 2015年，大泗镇总面积36.70平方千米，人口33399人，辖行政村12个、社区1个、村民小组232个，有居民10244户。全年实现地区生产总值11.05亿元，比上年增长12.92%。实现公共财政预算收入3659万元，增长30.20%。固定资产投资4.40亿元，增长50.30%。服务业投资2.95亿元，增长28.02%。高新技术产业产值7.91亿元，增长29.60%。净增个体工商户230户，完成年计划的184%。净增私营企业108个，完成年计划的154%。完成个体工商户转型升级为企业共3个。专利申请量167件，其中发明专利30件，专利授权量95件。新认定省级技术研究中心1个，省级高新技术产品3个。农民人均纯收入16887元，增长12%。

2015年大泗镇主要经济社会指标一览表

表28

项　目	数据	项　目	数据
地区生产总值（万元）	110500	村（社区）数（个）	13
第一产业（万元）	18178	总户数（户）	10244
第二产业（万元）	42263	总人口（人）	33399
第三产业（万元）	50059	农民人均纯收入（元）	16887
财政总收入（万元）	8190	从业总人数（人）	18116
固定资产投资完成额（万元）	43979	年末常用耕地面积（公顷）	2045
农业总产值（万元）	30201	工业园区面积（公顷）	30
粮食产量（吨）	22551	城镇建成区面积（公顷）	180
油料产量（吨）	2056	人均住房面积（平方米）	46
肉类产量（吨）	4042	人均年生活用电量（千瓦时）	289
禽蛋产量（吨）	2351	互联网用户（户）	3596

续表28

项　目	数据	项　目	数据
水产品产量（吨）	1814	学校数（个）	2
农业从业人数（人）	3606	在校学生（人）	1343
工业企业数（个）	390	教师总数（人）	117
列统企业数（个）	10	医院、卫生院（所）	1
建筑业产值（万元）	595847	城乡居民医疗保险参保（人）	22254
建筑业从业人数（人）	2629	城乡居民养老保险参保（人）	11694
新增个体工商户（户）	230	—	—

2015年大泗镇各村、社区基本情况一览表

表29

名　称	党支部（总支、党委）书记	村（居）委会主　任	户籍人口（人）	耕地面积（公顷）	各类企业数（个）	集体经营性收入（万元）	农民人均纯收入（元）
大泗社区	钱爱军	陈宏茂	4017	148	150	165	17023
时庄村	—	王道清	3151	223	15	51	16256
马龙村	谢加宣	马　星（女）	1686	102	10	139	15332
康乐村	刘根东	吴灯喜	1839	114	14	105	15239
霍堡村	栾中庆	栾中庆	2695	153	23	173	17896
大马村	于　涛	于　涛	2456	199	20	176	17524
佴陈村	曹宏宝	曹宏宝	1922	120	18	111	17011
佴庄村	王　勇	于　祥	2475	137	7	122	17645
二陈村	谢圣兵	张萃莲（女）	2576	182	6	69	15448
北港村	周　莹（女）	谢加宣	2504	154	4	74	15358
曹于村	李成焱	程保平	2376	130	9	80	16709
前进村	于留贯	于留贯	1982	105	16	122	16803
杨营村	杨学军	陈小明	3720	275	12	142	16177

【农业】 2015年，大泗镇实现农业总产值3.02亿元、增加值1.82亿元，比上年分别增长0.52%和5.85%。成立植保专业化服务合作社13个，植保社会化服务组织防治覆盖面75%以上，创成市、区“五好”（服务成员好、经营效益好、利益分配好、民主管理好、示范带动好）示范合作社4个；新增家庭农场9个，规模经营面积135.20公顷；建成总投资3800万元的江苏西来原生态农业有限公司二期工程钢架大棚6.70公顷。新增高效设施农业面积80.30公顷、新建高效规模设施园艺项目3个，完成机插秧面积823.70公顷。秸秆实现全量还田，秸秆禁烧禁抛暨综合利用率100%。组织职业农民培训382人次，开展农业法律法规及农业科技下乡活动2次。推进高效设施农业保险，完成保费152.11万元。积极开展农村产权交易平台，成功交易3个项目。

【工业】 2015年，大泗镇实现工业总产值41.10亿元，比上年增长28.60%。其中，列统企业完成总产值39.10亿元，增长38.40%。工业投资1.43亿元，增长130.60%；工业企业一般纳税人开票销售11.57亿元，增长8.23%。

【项目建设】 2015年，总投资1.15亿元医疗器械第三方交易平台项目，总投资1.20亿元的泗水商业中心项目，总投资1亿元的页岩气高压软管项目，总投资1亿元的美诺医疗项目和总投资1.06亿元的瑞泰物流5个1亿元以上项目签约落户。4个1亿元以上开工项目有序推进。美诺医疗和页岩气高压软管项目进行调试设备并试生产，电梯配件项目厂房和办公楼进行内外装修，泗水商业中心项目启动基础设施建设。个性化装饰材料项目、医疗器械生产项目、舞台设备产业园项目、铝板生产项目、消防器材项目、商业中心项目6个储备项目达成合作意向。

【服务业】 2015年,大泗镇实现服务业税收收入4971万元,比上年增长21.47%;实现服务业投资2.94亿元,增长28.02%。年销售额100万元以上欣源康医疗科技有限公司进驻京东、阿里等电商平台。江苏中药科技园推进长寿湖、智能温室等子项目的建设。

【镇村建设】 2015年,大泗镇推进泰镇高速安置区建设,其中,建筑面积1.01万平方米二期工程全面竣工;建筑面积1.63万平方米三期工程,联排住宅和多层套房建设有序推进。泗水人家小区配电、路灯工程竣工验收,实现天然气进镇入户。泗白路南延竣工通车,畅通大泗南出口。实施集镇区府前路东延、老街东延、学苑路改造升级工程,启动建设工业集中区北野田路、港北路、兴业路,逐步拉开城镇框架。在老镇区新建4座公厕。完成公交站点升级和搬迁。规划实施国家农业综合开发、省级高沙土农业综合开发等项目,其中,改造中低产田666.70公顷,建设机耕桥9座,排灌站2座,涵闸25座,衬砌渠道3.89千米,新建硬质道路13.81千米,进一步改善农田水利设施,畅通农村路网体系。推进"一事一议"财政奖补工作,新建道路9条,约4.60千米,路灯181盏,绿化广场1座。新建高标准农田林网372公顷。

【社会事业】 2015年,大泗镇净增企业职工养老保险参保人数301人,城镇职工医疗保险参保人数323人,城乡居民养老保险参保人数11694人,城乡居民医疗保险参保人数22254人。举办劳动力技能培训班4期,结业人数240人,全年新增就业人数752人,新增创业人数297人,新增农村劳动力转移人数196人。首次在全镇分步骤、分批次办理失地农民保障304人。核查落实城乡低保366户422人、低保边缘户184户386人、五保户71人、重残无业人员331人、孤儿12人、烈士子女16人、80周岁以上老年人1261人,办结临时救助52例、大病救助85例,发放各类补助资金近800万元。优先发展教育事业,规划实施学校改扩建工程,逐步提升学校硬件条件,大泗学校成功入选全国青少年足球特色学校,成为全区唯一一所国家级足球特色学校。逐步提升大泗卫生院和村居卫生室服务水平,探索试行低保等困难群体看病"绿色通道"制度,加强食品、药品安全监督管理。修缮改造敬老院老旧设施,配齐消防安全器材。稳步实施公墓规划建设。分片区建设文化健身广场28座,组建文艺骨干队伍3支,举行大型文艺巡演6次。

江苏中药科技园

【平安与法治建设】 2015年,大泗镇全面开展平安村(社区)、平安学校、平安医院、平安家庭、平安企业等创建活动,全面推行"一委一居一站一办"社区服务管理模式,对社会治安综合治理工作随时跟踪、动态管理、及时反馈。集镇、村居等重点技防点实现网络监控全覆盖,开展全方位、多层次的治安巡逻工作。畅通信访渠道,引导群众合理表达诉求,加大信访存量化解力度,重点解决集访、缠访、闹访。认真办复各类网络舆情和群众举报件,妥善处置各类应急事件,并注重后期跟踪和信息反馈。开展"六五"普法等法制宣传教育,依法打击各类违法犯罪活动。贯彻落实新《中华人民共和国安全生产法》,按照"党政同责、一岗双责、齐抓共管"要求抓安全生产不放松。签订各项安全生产责任书、承诺书192份。常态化开展安全生产检查工作,排查企业96个,排查安全隐患142条,并全部督促整改到位。

【党建工作】 2015年,大泗镇按照"三严三实"专题教育活动的学习计划和工作部署,开展学习研讨、专题调研、查摆问题。全镇党政班子成员集中学习16天,平均自学篇目50篇,撰写读书笔记48篇、心得体会和调研报告各1份。梳理整理出问题清单24份,查找出"不严不实"问题172条,并按要求整改到位。加强基层队伍建设,选拔和培养年轻干部走上村居主要领导岗位,组织党员干部到先进地区学习发展经验,提高干事创业的能力。高标准履行"一岗双责",党风廉政建设责任制落到实处。充分运用短信平台、网站等多种形式,开展党风廉政建设教育。贯彻执行中央"八项规定"和省、市、区委"十项规定",严格公务接待制度，全面落实公务用车制度改革。加大执纪问责力度，办复各类信访举报件12件，追缴违纪款近40万元。

【大邦少年足球队揭牌开训】 1月4日，大泗学校大邦少年足球队举行揭牌暨开训仪式，成为38所泰州市青少年校园足球活动布局学校之一。12月，泰州市高港区大邦青少年足球俱乐部成立。俱乐部是由大泗学校主办、江苏省大邦清洗有限公司赞助的一家民非企公益单位。

【《大泗镇现代农业发展总体规划》通过评审】 6月19日，《大泗镇现代农业发展总体规划》通过专家评审。根据规划，大泗镇现代农业发展定位于创新、示范、效益、生态四个方面，主要功能为优质安全农副产品生产供应区、现代生态环保绿色农业先行区、城郊休闲农业养生观光汇集区及城乡统筹美丽乡村建设示范区，功能布局为优质稻麦种植区、生态种养示范区、经济林果种植区、精品园艺作物种植区、特色中草药种植区及农产品冷链物流区。

（邵粉兰　徐田昊）

胡　庄　镇

【概况】 2015年，胡庄镇面积45.30平方千米，总人口42363人，辖行政村13个、社区2个、自然村34个，有居民13263户。全年实现地区生产总值13.63亿元，比上年增长14.23%。实现工商税收收入6880万元、一般公共预算收入2658万元，分别增长27.10%、28.50%。实现高新技术产业产值4.95亿元，增长128.50%。全年新签约1000万元以上产业投资项目13个，其中，1亿元项目4个、投资总额达7亿元。到账外资和港澳台资102万美元。实施产学研合作项目4个，完成专利申请160件，其中发明专利申请25件。全年净增私营企业61个，新增个体户346户，举办创业培训200人次。农民人均可支配收入18235元。年内，获批江苏省创新型试点乡镇。

2015年胡庄镇主要经济社会指标一览表

表30

项　目	数据	项　目	数据
地区生产总值（万元）	136300	第三产业从业人数（人）	8484
第一产业（万元）	25100	新增个体工商户（户）	346
第二产业（万元）	37700	村（社区）数（个）	15
第三产业（万元）	73500	总户数（户）	13263
财政总收入（万元）	7204	总人口（人）	42363
固定资产投资完成额（万元）	38100	农民年人均纯收入（元）	18235
农业总产值（万元）	27289	从业总人数（人）	23835
粮食总产量（吨）	35001	年末常用耕地面积（公顷）	3067
油料总产量（吨）	1997	工业园区面积（公顷）	109
肉类总产量（吨）	4326	镇建成区面积（公顷）	269
牛奶产量（吨）	—	绿化覆盖率（%）	30
禽蛋产量（吨）	1135	人均住房面积（平方米）	46
水产品产量（吨）	1247	人均年生活用电量（千瓦时）	56
农业从业人数（人）	2838	互联网用户（户）	8851
工业企业数（个）	118	学校数（个）	4
列统企业数（个）	23	在校学生（人）	1882
工业企业年净利润（万元）	23154	教师总数（人）	189
工业企业年缴税金（万元）	11702	医院、卫生院（所）	2
建筑业产值（万元）	72530	新型农村合作医疗保险参保（人）	28753
建筑业从业人数（个）	1539	新型农村社会养老保险参保（人）	9406
实际利用外资和港澳台资数（万美元）	102	—	—

2015年胡庄镇各村、社区基本情况一览表

表31

名　称	党支部（总支、党委）书记	村（居）委会主任	户籍人口（人）	耕地面积（公顷）	各类企业数（个）	经济总收入（万元）	农民人均纯收入（元）
胡庄社区	程春生	田　龙	3847	233	183	13673	18131
汪群社区	毛　宁	张鑫明	3358	229	30	15587	18484
赵市村	徐伯成	叶文虎	2843	219	11	11461	18590
薛垛村	张晓兰（女）	张晓兰（女）	1801	155	12	8111	18502
戴陈村	谢桥华	刘　勇	3022	223	15	15925	17960
刘荡村	季宝宏	刘新宏	2685	219	5	10332	18716
单王村	王桂山	杨梅生	3445	275	20	31185	17939
刘元村	刘建华	王泰生	2016	141	6	8884	18817
史庄村	史建伟	史奎生	2523	167	9	14655	18345
庵桥村	—	栾春勇	2324	162	7	12999	18205
周马村	李声岳	蔡桂泉	3236	202	18	15796	17867
宗林村	刘伯阳	曹月华	3797	291	31	20282	18208
丁庄村	张　杰	孔维亮	3247	211	16	19800	17505
田野村	张　杰	刘纪云（女）	2162	146	4	9655	18722
陈隆村	顾国林	陶　荣	2057	176	5	11274	18203

【农业】 2015年，胡庄镇实现农业总产值2.73亿元、增加值2.51亿元，比上年分别增长2.50%和6.06%。全年新增流转土地287公顷，累计流转土地1824公顷，占承包耕地面积76.60%。新增小农场14个，累计组建小农场45个，规模经营面积1824公顷。村组集体经济组织数302个，合作社57个。实施小麦高产创建和水稻高产创建项目，水稻高产田测产最高达760千克，通过省级A级方验收。新开工建设1000万元以上农业项目5个，其中5000万元以上农业项目2个；新增高效设施农业面积146.67公顷，新增高效规模设施园艺项目5个。园区检测中心全年抽检农产品7477个，市级以上农产品抽检合格率99.80%。新增造林面积28.70公顷，创成省级村庄绿化示范村3个。新增大中型农机具64台（套），新建烘干点3个，购置安装粮食烘干机4台（套），新建1100平方米农机库1座，为全镇农机提供免费存放、保养、维修服务。水稻集中育秧面积28.30公顷，全镇机插秧面积超1470公顷，机插秧率98%，机插秧整村推进率100%。15个村级植保合作社规范运行，全镇统防统治面积1333公顷，水稻统防统治继续实现全覆盖。新建泵站44座、渠道41.19千米，实施小型公益设施桥梁9座。胡庄粮食生产现代化示范园顺利创成市级农业产业园区，成功创建泰州市粮食产业园区，乐太食品创成省级农业龙头企业，上膳源农场、新城林业发展有限公司创成市级农业龙头企业。

【工业】 2015年，胡庄镇实现工业总产值28.73亿元，比上年增长40.23%。完成规模以上工业产值9.72亿元、销售9.47亿元、利税15708万元、利润10179万元，分别增长56%、60%、80.88%和74.84%。新上工业投资项目9个，投资总额7.80亿元，其中，1亿元以上项目3个，分别为投资2.50亿元的阅胜铝板材项目、投资2亿元的茂林健康产业园项目和投资1.20亿元的亿泰电力设备项目。江苏乐彩印刷材料有限公司开票销售突破1.50亿元大关。

【项目建设】 2015年，乐彩二期、友谊二期、宏达工矿、华威动力、泰港动力、九龙消防等项目竣工投产，科创医械、建军索具、海港设备主体工程全面竣工。注重农业项目选人选资选址，上膳源农耕文化体验中心、薛垛名贵苗木园、胡庄御膳源、扬子江益生菌等重点项目，通过工商资本注入方式成功落地落户；注重城建项目提速提质提效，中兴大酒店、富力臣商务宾馆建成运营，文泉交易市场、泰达医械大楼、谢翔商贸大楼主体封顶，辉春医疗器械交易中心即将交付使用，圆融·杏港花苑6万平方米商住小区主体全面竣工。

【服务业】 2015年，胡庄镇实现服务业增加值73500万元，比上年增长17.89%；服务业税收4600万元，增长30.38%。新上1000万元以上服务业项目6个，其中1亿元项目1个，为投资1.30亿元乐夫乡村旅游项目。杏都葡萄园、上膳源泰州农场分别通过省三、四星级乡村旅游点验收。

【镇村建设】 2015年，胡庄镇胡曲线、古田线升级改造工程全面竣工，

三星级康居示范村——宗林村

创业西路拓宽、安康大道西延、创业东路北延工程顺利实施，福齐天、戴陈桥以及9座小型设施农桥建成通车。校车道路安全防患整改全面落实，集镇消防栓设置实现全覆盖，港华燃气主管网接通镇区，胡庄110千伏变电站主体封顶。重点打造胡曲线、兴达路等重要节点，完成集镇主干道亮化绿化改造工程，实施店招出新、店面改造，强化镇区乱停乱放、乱搭乱建管控力度，集中整治后街背巷，查处违法建设8起，拆除违建面积2245平方米。坚持严防、还田与利用并举，夏秋两季秸秆"双禁"及综合利用工作市、区名列前茅。重视水环境整治，村庄河道管护成效明显。重视做好村居环境长效管护，全面健全网格化管护体系，4个村居完成连片环境整治任务，史庄村顺利通过省"美丽乡村"创建验收，宗林村获省"最美乡村"提名奖。

【社会事业】 2015年，胡庄镇32名学生被四星级重点高中录取，其中9名学生被省泰州中学录取，重点高中录取率居全市农村初中首位，汪群小学被授予中国书法（写字）特色学校称号，2所幼儿园晨检室建成达标。4个村居卫生室规范化建设通过验收，2所卫生院接管计划生育技术服务工作，摘除泰州市控制出生婴儿性别比重点镇牌子，史庄村获评全国计生协会先进单位。新增健身点6个、健身路径4个。成功举办胡庄镇第三届"乡村歌手大赛"、"乐太杯"拔河比赛、"大邦杯"乒乓球比赛，开展纪念抗战胜利70周年主题征文、演讲、书法、绘画、歌咏等比赛活动。喜洋洋农民艺术团新春"送戏下乡"18场。史记宏、赵玉芳夫妇获评"感动江苏十大人物"。全年新增就业622人。城乡居民养老保险续缴工作全区领先，"新农合"参保率保持在98%以上。赵市、刘元等5个村全面完成市三年扶贫计划任务。发放低保、五保、优抚等各类经费850万元。

【平安与法治建设】 2015年，胡庄镇建成创业东路法治一条街和史庄村法治小游园，通过市"六五"普法终期验收。创新人民调解机制，强化社区矫正工作，积极开展法律援助。全面推行网格化规范管理，层层落实维稳责任，13起非正常死亡事件得到化解，一批陈年积案和突发事件得到妥善处置，全年无一起赴省进京上访，未发生一起民转刑案件，信访综治工作全区名列前茅。开展烟花爆竹、燃煤锅炉、特种设备、危化品使用、消防安全等各类专项整治16次，排查各类安全隐患300余个，责令停业整顿2个；组织专家对3个生产经营性企业进行风险评估，全年未发生重大安全生产责任事故。

【党建工作】 2015年，胡庄镇组织召开党委中心组学习会10余次，深入学习习近平系列重要讲话和中央及省、市、区委有关文件精神。每季度专题召开1次党建工作分析会，全镇40个基层党组织均建立功能完备的党员活动中心，村居便民服务中心建设逐步走上规范化轨道。年内新发展党员18人。督促基层党组织认真执行"三会一课"制度，全年召开支部大会200余次、支委会600余次，上党课45次。开展"周末高港·党员关爱服务""干部下基层、民情大走访""联村联企联户"等活动，党员干部分别联系1个村居、1个企业、1户困难户和1名孤儿。践行"三严三实"要求，所有领导班子成员根据学习目录和个人实际情况，整理出26周个人学习计划，总计52篇；列出问题清单13份，查找问题200余条；到村居召开座谈会10余次、讲党课13次；班子成员集中学习3次，集中交流研讨2次。

【上膳源泰州农场体验中心】 2015年，投资3500万元的上膳源泰州农场体验中心对外运营。体验中心建筑面积3150平方米，包括有机文化展示中心、品尝中心、种植体验中心等，全部为钢结构非永久性建筑，无硬化路面，无圈建围墙，融入自然耕作农田。

【农村产权交易中心成立】 12月，胡庄镇农村产权交易中心正式挂牌成立，首笔6.80公顷土地流转项目在省级平台上成功交易。交易中心实行"一站式"管理服务，提供政策信息咨询、信息发布、交易鉴证等配套服务。

（束　羽　史杏香　田珍丽）

人物·荣誉

组织机构及负责人名录

中共泰州市高港区委员会

书　　记　王　建
副 书 记　周裕昌（至4月1日）
　　　　　顾　萍（女，8月21日任）
　　　　　张兆洋
常　　委　王　建
　　　　　周裕昌（至4月1日）
　　　　　顾　萍（女，8月21日任）
　　　　　张兆洋
　　　　　陈　军
　　　　　程荣稳（至8月21日）
　　　　　韩　亚
　　　　　薛永忠
　　　　　高宇彤（女，8月21日任）
　　　　　吴　斌
　　　　　蒋向荣
　　　　　陈志斌
　　　　　王友茂

泰州市高港区人大常委会

主　　任　王　建
副 主 任　刘振东
　　　　　张　勤（女）
　　　　　王国平
　　　　　杨春宣（1月10日任）

泰州市高港区人民政府

区　　长　周裕昌（至9月2日）
代 区 长　顾　萍（女，9月2日任）
副 区 长　陈　军
　　　　　吴　斌
　　　　　蔡秋云（女）
　　　　　肖志勇
　　　　　李新美（女）
　　　　　徐绍文（至7月31日）
　　　　　包　亚（援藏）
　　　　　胡道勇（挂职，至9月2日）
　　　　　李亚林（挂职，至5月29日）
　　　　　陈永清（挂职，9月2日任）
　　　　　薛荣美（12月8日任）
　　　　　史晓进（挂职，12月8日任）

政协泰州市高港区委员会

主　　席　任寿南
副 主 席　仲新光（至1月7日）
　　　　　周法鸣
　　　　　李　强
　　　　　李新美（女，至1月7日）
　　　　　钱亚东（至8月4日）
　　　　　胡万源（1月9日任）
秘 书 长　马步忠（至1月7日）
　　　　　杨　勇（1月9日任）

中共泰州市高港区纪律检查委员会

书　　记　薛永忠

人民法院、人民检察院、人武部

人民法院
院　　长　陈富贵（1月10日任）
人民检察院
检 察 长　华为民
人武部
部　　长　丁　杰

区委工作机构及区委部门管理机构

办公室（研究室、督查考核办公室与其合署，挂接待办公室牌子）
主　　任　田宝武
督查考核办公室
主　　任　朱双六（11月29日任）
网络信息管理中心
主　　任　徐旭东（至11月29日）
　　　　　王　辉（12月27日任）

组织部（非公有制企业和社会组织工作委员会与其合署）
部　长　陈志斌
非公有制企业和社会组织工作委员会
书　记　戴建斌
组织员办公室
主　任　叶俊东
党建工作领导小组办公室
主　任　蒋加华（12月27日任）
宣传部［挂文明办、外宣办（新闻办）牌子，社科联与其合署］
部　长　程荣稳（至8月21日）
　　　　高宇彤（女，8月21日任）
社科联
主　席　邵釜明（12月31日任）
外宣办（区政府新闻办）
主　任　邵釜明（至11月29日）
统战部（区委台办与其合署，挂区政府台湾事务办公室、区民宗局牌子）
部　长　周法鸣
台　办
主　任　吴　琥
政法委（综治办与其合署）
书　记　蒋向荣
综治办
主　任　钱润泽
编委办（挂区事业单位登记管理局牌子）
主　任　高志勇
维稳办
主　任　姚　飞
区级机关工委
书　记　陈振东
老干部局
局　长　包志明
信访局
局　长　王镇静
机要保密局（正乡科级）
局　长　于　云（12月30日任）
文明办
主　任　陶春山（11月29日任）
沿江开发办
主　任　王　庆

区人大常委会工作机构

办公室（挂研究室牌子）
主　任　李友荣
研究室
主　任　张　平（至11月29日）
人事代表工作委员会
主　任　丁春枝（至12月8日）
　　　　尹晓平（12月8日任）
财经工作委员会
主　任　刘晓春
法制工作委员会
主　任　李秀年
教科文卫体工作委员会
主　任　朱冬林
城乡建设工作委员会
主　任　戴凤鸣（至12月8日）
　　　　陆成林（12月8日任）

区政府工作机构

办公室（挂政府研究室、外侨办、应急办牌子，正科级下属事业单位：机关事务局）
主　任　王飞平
政府研究室
主　任　王飞平（至1月10日）
发展改革委（挂物价局、服务业发展办牌子）
主　任　王　庆
服务业发展办
主　任　叶　智（至12月7日）
物价局
局　长　吴玉春
经济和信息化委（挂中小企业局牌子）
主　任　秦荣生
中小企业局
局　长　程永进（至12月7日）
教育局（挂教育督导室牌子）
局　长　李俊仁
教育督导室
主　任　张宏泉（至12月7日）
科技和知识产权局（挂地震局牌子）
局　长　孙　跃（至12月8日）
　　　　邱小平（12月8日任）
监察局（与区纪委合署，挂纠风办牌子）
局　长　丁新成（至12月8日）
　　　　余　磊（12月8日任）
民政局
局　长　毛一鸣
司法局
局　长　张洪生
财政局
局　长　王金云（至12月8日）
　　　　张　琴（女，12月8日任）
人力资源社会保障局（挂公务员局牌子）
局　长　匡裕民
住房城乡建设局（挂规划服务办牌子）
局　长　邱小平（至12月8日）
　　　　孙　跃（12月8日任）
水利局
局　长　胡万源（至12月8日）
　　　　陈宝进（12月8日任）
农　委
主　任　陈宝进（至12月8日）
　　　　李明荣（12月8日任）
商务局（挂粮食局牌子）
局　长　吴　琥
文体旅游局
局　长　张霁明（至12月8日）
　　　　卞晓江（12月8日任）
卫生计生委
主　任　陈新兵（8月3日任）
审计局
局　长　曹映华
环保局
局　长　左祥生
统计局
局　长　李正堂（至12月8日）
　　　　李凤华（12月8日任）
安监局
局　长　胡怀扣
市场监督管理局
局　长　高希兆
法制办
主　任　冷　洪（8月3日任）

区委、区政府直属机构及直属事业单位

城管办
主　　任　张万卿
供销社
主　　任　毛照明
史志办
主　　任　阙　进
政务办
主　　任　尹晓平（至12月7日）
　　　　　吴清华（女，12月7日任）
机关事务管理局
局　　长　戴永建

区政协工作机构

办公室
主　　任　（暂缺）
学习提案文史委
主　　任　朱长顺
经济城乡建设委
主　　任　邹贤平
社会法制委
主　　任　陆惠章（至12月30日）
　　　　　孙素红（女，12月30日任）
科教文卫体委
主　　任　徐亚明（至1月7日）
　　　　　张霁明（12月30日任）

群众团体

总工会
主　　席　张　琴（女，至12月21日）
　　　　　丁新成（12月21日任）
团区委
书　　记　（暂缺）
妇　联
主　　席　李　平（女，至1月30日）
　　　　　曹小平（女，1月30日任）
工商联
主　　席　李　强（至12月10日）
　　　　　周正青（12月10日任）
残　联
理 事 长　刘富庭（至2月4日）
　　　　　王瑞云（2月4日任）
科　协
主　　席　蒋　为
文　联
主　　席　（暂缺）
侨　联
主　　席　卢国平
红十字会
党组书记、常务副会长　唐秧林

垂直管理部门（单位）

公安分局
局　　长　薛荣美
国土资源分局
局　　长　朱秋生
国税二分局
局　　长　赵剑三
地税三分局
局　　长　李　进
高港电视节目中心
主　　任　周越星（女）
交通运输分局
局　　长　高林海
规划分局
局　　长　刘国圣
人防办
主　　任　戈　琦
交警二大队
大 队 长　薛荣明
消防大队
大 队 长　杨　帆
气象局
局　　长　赵　蓓（女）
电信分局
局　　长　郭宏文
邮政分局
局　　长　冯利平
邮政管理局
局　　长　印红松

园区、街道、镇

高港高新技术产业园区
党工委书记　陈　军
管委会主任　顾为进
财政局局长　陆　青
社会事业一局局长
　　　　　邵剑峰（至1月10日）
社会事业二局局长
　　　　　张宏生（至1月10日）
招商局局长　田光明
规划建设局局长　刘长军
党政办主任　栾　勇
经济发展局局长　栾　勇（1月10日任）
监察室主任　（暂缺）
泰州港核心港区
党工委书记　韩　亚
党政办主任　金正文（至12月7日）
　　　　　于跃进（12月7日任）
财政局局长　王镇静（至1月10日）
　　　　　黄　伟（12月7日任）
规划建设局局长　孙忠厚
招商局局长　（暂缺）
经济发展局局长　金　星
社会事业局局长　（暂缺）
口岸街道（临港经济园）（因口岸街道简政放权改革试点，原口岸街道、临港经济园有关职务自动免除）
党工委书记　张桂林（11月29日任）
办事处（管委会）主任
　　　　　韩记国（12月7日任）
人大工委主任　戚永生（12月8日任）
政协工委主任　（暂缺）
刁铺街道
党工委书记　袁　斌
办事处主任　李伯英（至1月10日）
　　　　　张小平（1月10日任）
人大工委主任　李风华（至12月8日）
　　　　　严美华（女，12月8日任）
政协工委主任　陈礼晟（12月30日任）
许庄街道
党工委书记　田光明
办事处主任　田光明（至1月10日）
　　　　　李伯英（1月10日任）
人大工委主任　（暂缺）
政协工委主任　（暂缺）

永安洲镇

党委书记　韩　亚
镇　　长　王镇静（至1月29日）
　　　　　邵剑峰（1月29日任）
人大主席　金　星
政协工委主任　沈　亚（12月30日任）

白马镇

党委书记　马才本
镇　　长　马才本（至1月31日）
　　　　　许建中（1月31日任）
人大主席　许建中（至1月31日）
　　　　　肖建华（1月31日任）
政协工委主任　徐思达

大泗镇

党委书记　魏玉云
镇　　长　于勇军（1月31日任）
人大主席　周鑫科（至1月31日）
　　　　　戴曙光（1月31日任）
政协工委主任　何　强（1月7日任）

胡庄镇

党委书记　卞晓江（至11月29日）
　　　　　徐旭东（11月29日任）
镇　　长　陆明航
人大主席　曹建芳（女）
政协工委主任　戴永平（1月7日任）

先进人物

（按姓氏笔画排序）

王　建

王建，男，1958年8月生，江苏兴化人。1976年10月加入中国共产党，1975年7月参加工作，2007年11月起担任高港区委书记。因讲政治、勤政、廉政、重民生，2015年被评为全国优秀县（区）委书记。在职期间先后受胡锦涛、习近平和刘云山接见。

史保东

史保东，男，1926年10月生，新四军老战士，胡庄镇史家村人。1940年8月参加新四军，1943年10月入党，历任战士、班长、排长、副连长、连长、副营长、营长、副团长兼参谋长等职。曾参加抗日战争和解放战争，1988年离休，享受副厅级待遇。抗日战争时期，随部队开辟江高宝一分区，兴化、东台二分区，泰兴、江阴三分区，南通、如皋四分区等根据地。参加反清乡反扫荡和对日伪大反攻等数十次战斗、战役。1942年7月和1945年5月，因作战勇敢两次获战斗模范奖章。解放战争时期，参加济南、孟良崮、淮海等战役，为新中国的解放作出贡献。1956年，被授予抗日自由奖章、解放战争三级勋章。2015年9月3日上午，史保东应邀参加纪念中国人民抗日战争暨世界反法西斯战争胜利70周年阅兵式观礼，在央视直播阅兵式的画面中，其敬礼的特写镜头长达5秒钟。《人民日报》关于其“致敬老兵”的一条微博在网上流传甚广，吸引近7万人转发。

乔向民

乔向民，男，1970年7月出生，中共党员。许庄街道办事处副主任、乔杨社区党总支书记。乔向民勇于创新，把一个名不见经传的小村打造成江苏省新农村建设示范村、江苏省康居示范村、泰州市十强村。两次被泰州市委评为勤政廉政好干部，先后被评为全国青年致富能手、江苏省劳动模范、创业富民带头人，分别当选为江苏省党代表、泰州市人大常委会常委。2015年5月，被授予全国先进工作者称号。

纪进珠

纪进珠，女，1944年2月出生，胡庄镇史庄村村民。悉心照料35年未曾谋面的婆婆王长珠，8年来寸步不离，换来婆婆安详的晚年生活，在当地传为美谈。2015年1月，纪进珠被评为“泰州最美人物之孝老爱亲”先进典型。《泰州日报》对其先进事迹进行报道。

赵玉芳、史记宏夫妇

赵玉芳，女，1962年11月出生，泰州市公安局高港分局胡庄派出所户籍管理员。史记宏，男，1962年3月出生，中共党员，泰州市高港区胡庄建筑装饰装潢有限公司总经理。从1992年起，这个“先富起来”的家庭就把胡庄镇史庄村里的困难全部“揽”下，他们捐资助学、修路筑桥、扶危济困……23年来，夫妇俩将大部分收入用来造福乡亲，累计捐资超过200万元。二人的善举在村里形成“好人效应”，越来越多人投入造福乡邻的公益事业。2015年，当选为“感动中国·2015江苏十大感动人物”。

袁亚琴

袁亚琴，女，1976年5月出生，中共党员，高港区人民检察院未成年人刑事检察科科长兼公诉局副局长。在15年检察生涯中，办理各类案件约600件，其中，大案要案近100件，没有出现过一起冤假错案，帮助大量失足青少年重新步入社会。2015年，袁亚琴当选7月“敬业奉献”类“中国好人”。

党代表、人大代表、政协委员名录

（按姓氏笔画排序）

·党代表名录·

高港区出席中共江苏省第十二次代表大会代表名录

王建、乔向民

高港区出席中共泰州市第四次代表大会代表名录

万晓玲（女）、王建、王群、王国平、王俊泽、叶红（女）、乔向民、刘刚、刘荣富、吴斌、张兆洋、张华女（女）、杨海峰、肖志勇、陆俊、陈军、陈克勤、周裕昌、居山林、封六生、封留才、封新华、查学斌（女）、胡万源、胡冬生、唐小英（女）、徐绍文、戚俊宏（女）、蒋向荣、虞敏（女）、蔡秋云（女）

中共高港区第四次代表大会第三次年会代表名录

丁兆宏、丁春枝、丁新成、刁德林、万晓玲（女）、万福龙、于义祥、于跃进、凡卫东、马翔、马才本、马步忠、卞珍凤（女）、卞晓江、孔永红（女）、尤俊明、尹晓平、毛宁、毛一鸣、毛照明、王庆、王建、王飞平、王友茂、王阿明、王国平、王明龙、王金云、王俊泽、王海峰、王瑞华、王镇静、包亚、包志明、卢国平、史亚军、叶涛、叶建峰、左祥生、田光明、田宝武、石泰、乔峰、乔向民、乔国平、仲新光、任寿南、刘治、刘长军、刘伯阳、刘荣富、刘振东、刘富庭、匡裕民、华为民、吉俊、吉鹏军、孙跃、孙冬林、孙永忠、孙宏许、孙建新、孙剑平、成旭、朱月红（女）、江国辉、江淑平、汤德荣、祁亚峰、纪网兰（女）、许钧、冷洪、吴娓、吴斌、吴加友、吴玉春、吴荣成、吴朝勤、张琴（女）、张万卿、张小平、张长华、张兆洋、张华女（女）、张竹山、张宏生、张桂林、张海峰、张霁明、时彬、李平（女）、李亚、李伟、李泽、李友荣、李文贵、李风华、李正堂、李达华、李伯英、李声岳、李国璋、李俊仁、李帮明、李相文、李继新、李葛敏、杨勇、杨春宣、杨桂喜、杨海峰、沈卫娟（女）、沈光西、肖志勇、邱卜雨、邱小平、邵剑峰、邵荣华、邵釜明、陆河、陆成林、陆明航、陈军、陈龙根、陈志斌、陈宝进、陈建国、陈荣亚、陈荣成、陈振东、陈鸿斌、陈富来、陈道贵、陈新兵、陈献华、周昌军、周法鸣、周树发、周裕昌、周鑫科、居山林、金星、侯玉生、封卫东、封六生、胡万源、荣春兰（女）、赵达民、赵志胜、赵剑三、唐书萍、唐吉武、唐纪祥、唐秧林、徐小圣、徐亚明、徐江飞、徐绍文、徐思达、徐勤生、栾中庆、秦荣生、袁斌、袁荣堂、郭建东、陶恒杰、陶春山、顾为进、高伟、高丽生、高寿祥、高志勇、高林海、崔寅生、戚永生、戚俊宏（女）、曹云（女）、曹小平（女）、曹兴洪、曹建芳（女）、曹明日、曹春明、梅跃、程永进、程荣稳、葛武、葛玉书、蒋为、蒋加华、蒋向荣、谢卫东、谢桥华、韩亚、韩记国、阚进、雷兵、蔡秋云（女）、薛永忠、薛余俊、薛荣美、戴永平、戴永建、戴龙锦、戴建斌、戴济林、戴珍福（女）、戴海霞（女）、戴德恒、戴霞美（女）、魏玉云

·人大代表名录·

高港区出席十二届全国人大三次会议代表名录

徐镜人

高港区出席江苏省十二届人大三次会议代表名录

杨屹峰、周裕昌

高港区出席泰州市四届人大四次、五次会议代表名录

丁新成、王建、王群、王红英（女）、王镇静、石杰、叶平、叶红（女）、乔向民、华为民、刘振东、李伯英（女）、杨屹峰、余雨俊、张杰、张娟（女）、陆新、陈文兰（女）、陈志斌、陈建国、陈富贵、邵剑峰、周江丽（女）、周裕昌、徐建青（女）、郭余庆、韩记国、薛余俊、鞠建中、魏国俭

高港区四届人大四次会议代表名录

丁杰、丁春枝、丁新成、卜秀琴（女）、于智、于永祥、于留贯、万福龙、马才本、王庆、王建、王友茂、王红英（女）、王甫智、王启东、王国平、王金云、王俊峰、王泰生、王海峰、王镇静、尤俊明、毛继生、卞晓江、孔文四、石晶萍（女）、叶月琴（女）、叶文虎、叶忠民、田光明、田红梅（女）、史俊、史建伟、吉云、吉俊、吕春红（女）、朱冬林、朱庆荣、朱金荣、朱桂珍（女）、乔向民、任寿南、华为民、刘俊、刘小如、刘纪云（女）、刘振东、刘晓春、刘海霞（女）、刘瑞华、江国辉、许长坤、许建强、孙云生、孙永忠、孙宝泉、孙建华（女）、李平（女）、李曼（女）、李友荣、李风华、李达华、李年娣（女）、李伟平、李兴华、李秀年、李伯英（女）、李金兰（女）、李菊萍（女）、李新美（女）、杨春宣、杨德富、肖志勇、吴斌、吴金灯、吴继山、

吴朝勤、邱翠琴（女）、沈同章、沈金凤（女）、沈培林、沈菊平、宋晓平（女）、张平、张娟（女）、张勤（女）、张小冬（女）、张兆洋、张连兰（女）、张宏山、张宏生、张素玉（女）、张桂林、张晓兰（女）、张联生、张锦萍（女）、陆军、陈军、陈尧、陈叶林、陈华琴（女）、陈志斌、陈荣成、陈根柏、陈富贵、陈献华、邵剑峰、季宝宏、金星、周义松、周江丽（女）、周树发、周菊平（女）、周裕昌、周鑫科、单银珠（女）、孟伯兰（女）、侯玉生、姚永杰、姚宏明、袁斌、袁荣堂、耿金芳（女）、夏永清、顾妲（女）、徐琴（女）、徐亚萍（女）、徐志辉、徐念久、徐绍文、徐春兰（女）、徐勤生、徐镜人、殷国海、殷德明、奚美芳（女）、栾进、栾庆兵、栾如军、高国达、高瑞斌、郭宏鹤、唐维刚、陶春山、曹月华（女）、曹建芳（女）、曹春明、戚庆朋、戚俊宏（女）、葛士平、葛玉书、蒋向荣、韩亚、韩九灯、韩记国、韩绍庆、程春生、程荣稳、程桂兰（女）、谢加宣、谢圣兵、谢春华（女）、虞继罗、窦新谋、蔡年生、蔡国平、蔡秋云（女）、樊伟、薛永忠、戴凤鸣、戴兴国、魏玉云

·政协委员名录·

高港区出席泰州市政协四届四次会议委员名录

任寿南、刘荣富、吴红艳（女）、李强、杜环宇（女）、杨宏强、邹贤平、陈龙、陈栋、周正青、周法鸣、姚家跃、胥利民、曹斌、梅娟（女）、焦开慧（女）、董伟柱、褚平忠、

高港区政协四届四次会议委员名录

丁觉民、于建江、马步忠、马建国、马翔、尹晓平、毛庆武、毛红星、王东兴、王蓉（女）、王明龙、王玥、王洪善、王荣芳（女）、王卿（女）、包继林、卢国平、史爱梅（女）、叶留纪（女）、左祥生、田建国、石敏（女）、仲新光、任寿南、刘华礼、刘志军、刘勇涛、刘富庭、匡裕民、印江、吉长平、孙乃清、孙小平、孙冬林、孙阳（女）、孙志勇、孙建新、孙素红（女）、孙跃、孙雅琴（女）、朱长顺、朱平、朱建军、汤德荣、许世忠、何强、吴婋、宋仁学、宋杰（女）、张小山、张月霞（女）、张长荣、张巧华（女）、张明、张明生、张金虎、张显伟、张海峰、张海霞（女）、张敏（女）、张琴（女）、张霁明、李文（女）、李付林、李兰香（女）、李苏华、李京、李俊、李俊仁、李家生、李强、李蓉（女）、李鹏举、杨华（女）、杨希（女）、杨国平、杨勇、杨钧、杨谢、汪晶（女）、沈建、邱卜雨、邱小平、邹贤平、陆玲玉（女）、陆惠章、陈文兵、陈礼晟、陈学东、陈宝进、陈杰汉、陈栋、陈荣亚、陈富来、陈新兵、周法鸣、周娟（女）、周章红（女）、周越星（女）、宗家林、居山林、郑璐（女）、姚立中、姚洁、姚莉（女）、封茜（女）、施瑾瑜（女）、胡万源、胡建、赵燕来（女）、凌照明、唐秧林、徐亚明、徐亚峰、徐泽超、徐思达、徐美华（女）、徐桂明、殷继东、秦荣生、袁国湘、袁彩（女）、都兴宇、钱玉明、钱亚东、顾为进、高巧珠（女）、高进云（女）、崔正彬、常小红（女）、常建斌、戚兆庆、戚鸭章、戚银凤（女）、曹小平（女）、曹明德、曹逸群、梅娟（女）、梅跃、程林森、葛武、蒋小平、蒋为、褚平忠、詹绛（女）、雷兵、蔡国祥、蔡晶（女）、樊凯、冀小燕（女）、薛兰红（女）、薛兴建、薛松林、薛雨生、薛荣明、戴永平、戴永建、戴永星、戴建斌、瞿香龙

荣 誉 栏

·先进集体·

2015年高港区获国家级（含条线）表彰的先进集体一览表

表32

荣　　誉	获奖单位	授予时间	授予单位
2014年集团公司奖励基金一等奖	国电泰州发电有限公司	2015-01	中国国电集团公司
中国国电集团公司2014年度五星级企业	国电泰州发电有限公司	2015-01	中国国电集团公司
全国巾帼文明岗	许庄中心幼儿园	2015-03	全国妇联
五一劳动奖状	农行泰州高港支行	2015-05	中国农业银行股份有限公司
2014~2015年度先进基层党支部	国电泰州发电有限公司运行党总支	2015-06	中共中国国电集团公司党组
2014~2015年度先进基层党组织	国电泰州发电有限公司	2015-06	中共中国国电集团公司党组

续表32

荣　　誉	获奖单位	授予时间	授予单位
2014年度集团公司先进单位（国电一级奖状）	国电泰州发电有限公司	2015-07	中国国电集团公司
电力工程造价工作先进集体	国电泰州发电有限公司	2015-11	电力工程造价与定额管理总站
2014~2015年度群众满意的乡镇卫生院	大泗镇卫生院	2015-12	国家卫生计生委办公厅

2015年高港区获省级（含条线）表彰的先进集体一览表

表33

荣　　誉	获奖单位	授予时间	授予单位
江苏省平安渔业示范县	高港区	2015-01	省海洋与渔业局
2014年度信访工作先进单位	高港区	2015-02	省信访工作联席办
江苏省农村电子商务示范县（区）	高港区	2015-04	省商务厅
江苏省部门统计示范点	区商务局	2015-01	省统计局
江苏省部门统计示范点	区经济和信息化委	2015-01	省统计局
江苏省部门统计示范点	区农委	2015-01	省统计局
江苏省部门统计示范点	区科技和知识产权局	2015-01	省统计局
全省防震减灾工作优秀单位	区科技和知识产权局	2015-01	省地震局
江苏省第三次全国经济普查先进集体	刁铺街道	2015-01	省第三次经济普查领导小组
第三届江苏省年鉴综合一等奖（《高港年鉴（2013）》）	区史志办	2015-03	省政府办公厅
江苏省工人先锋号	地税三分局	2015-04	省总工会
江苏省工人先锋号	泰州宇航航空器材有限公司销售部	2015-04	省总工会
2014年度江苏省“安康杯”竞赛组织工作优秀单位	区总工会	2015-04	省总工会
2014年度江苏省“安康杯”竞赛优胜单位	泰州统实企业有限公司	2015-04	省总工会
2014年度江苏省“安康杯”竞赛优胜班组	海企仓储发车台	2015-04	省总工会
江苏省水产技术推广系统先进单位	区农委水产站	2015-04	省水产技术推广中心
2014年江苏省五四红旗团支部（总支）	国电泰州发电有限公司设管工程团支部	2015-05	共青团江苏省委
2014~2015年度先进基层党组织	国电泰州发电有限公司	2015-06	中共国电江苏电力有限公司党组
“创效发展争先锋，对标提升做贡献”主题实践活动先进集体	国电泰州发电有限公司	2015-06	中共国电江苏电力有限公司党组
江苏省职工书屋示范点	泰州中航船舶重工有限公司	2015-09	省总工会
江苏省“两化”融合试验区	高港高新区	2015-10	省经济和信息化委员会
《人民与权力》杂志通联先进集体	区人大办	2015-12	省人大常委会研究室
国防动员先进单位	区人武部	2015-12	省国防动员委员会

续表33

荣　　誉	获奖单位	授予时间	授予单位
全省综合年鉴优秀框架设计一等奖（《高港年鉴（2015）》）	区史志办	2015-12	省地方志编纂委员会办公室
2015年度全国科普日优秀组织单位	区科协	2015-12	省科协
江苏省创新型试点乡镇	许庄街道	2015-12	省科技厅
江苏省创新型试点乡镇	胡庄镇	2015-12	省科技厅
"法网杯"社区矫正信息化应用竞赛二等奖	大泗镇司法所	2015-12	省司法厅
2015年江苏省示范村卫生室	口岸街道引江村卫生室	2015-12	省卫生和计划生育委员会
2015年江苏省示范村卫生室	口岸街道徐桥村卫生室	2015-12	省卫生和计划生育委员会
2015年江苏省示范村卫生室	永安洲镇兴洲村卫生室	2015-12	省卫生和计划生育委员会
2015年江苏省示范村卫生室	永安洲镇润洲村卫生室	2015-12	省卫生和计划生育委员会
全省厂务公开民主管理工作先进单位	区推行厂务公开领导小组办公室	2015-12	省厂务公开协调小组办公室
全省厂务公开民主管理工作示范单位	国电泰州发电有限公司	2015-12	省厂务公开协调小组办公室

2015年高港区获市委、市政府表彰的先进集体一览表

表34

荣　　誉	获奖单位	授予时间	授予单位
2014年度全市安全生产工作先进市（区、管委会）二等奖	高港区	2015-02	市政府
2014年度全市工业经济工作目标考核先进市（区）	高港区	2015-02	市委、市政府
2014年度全市科技创新工作目标考核先进市（区）	高港区	2015-02	市委、市政府
2014年度全市开放型经济工作目标考核先进市（区）	高港区	2015-02	市委、市政府
2014年度全市开放型经济工作目标考核先进开发区	高港高新区	2015-02	市委、市政府
2014年度全市工业国税开票销售十强企业	扬子江药业集团	2015-02	市委、市政府
2014年度全市工业国税开票销售十强企业	益海（泰州）粮油工业有限公司	2015-02	市委、市政府
2014年度全市十佳转型升级示范企业	泰州市博泰电子有限公司	2015-02	市委、市政府
2014年度全市十佳高新技术企业	扬子江药业集团	2015-02	市委、市政府
2014年度全市发明专利十强企业	扬子江药业集团	2015-02	市委、市政府
2014年度全市外经贸十强企业	益海（泰州）粮油工业有限公司	2015-02	市委、市政府
2014年度全市十佳工业投资重大项目	扬子江药业集团"碘酒海醇注射液、盐酸格拉司琼葡萄糖注射液等国家新药生产线"项目	2015-02	市委、市政府
2014年度全市十佳工业投资重大项目	泰州市鹏翎胶管有限公司"年产15000万件橡胶板、管、带及橡塑制品"项目	2015-02	市委、市政府

续表34

荣　誉	获奖单位	授予时间	授予单位
法治泰州建设依法行政示范单位	区工商分局	2015-02	市委
法治泰州建设公正司法示范单位	区人民检察院	2015-02	市委
法治泰州建设法治文化示范单位	区教育局	2015-02	市委
社会治安综合治理集体二等功	区综治办	2015-02	市委
社会治安综合治理集体二等功	区公安分局	2015-02	市委
2014年度平安乡镇(街道)	口岸街道	2015-02	市委
2014年度平安乡镇(街道)	刁铺街道	2015-02	市委
2014年度平安乡镇(街道)	许庄街道	2015-02	市委
2014年度平安乡镇(街道)	永安洲镇	2015-02	市委
2014年度平安乡镇(街道)	白马镇	2015-02	市委
2014年度平安乡镇(街道)	大泗镇	2015-02	市委
2014年度平安乡镇(街道)	胡庄镇	2015-02	市委
南京青奥会信访维稳集体三等功	区信访局	2015-02	市政府
全市安全监管规范化管理乡镇(街道)	口岸街道	2015-02	市政府
全市安全监管规范化管理乡镇(街道)	永安洲镇	2015-02	市政府
全市安全监管规范化管理乡镇(街道)	白马镇	2015-02	市政府
泰州市2014年度全面小康建设十强村	口岸街道引江社区	2015-02	市政府
泰州市十佳和谐企业	泰州港务集团有限公司	2015-02	市政府
泰州市十佳和谐企业	扬子江药业集团	2015-02	市政府
泰州市和谐劳动关系企业	国电泰州发电有限公司	2015-02	市政府
泰州市和谐劳动关系企业	益海(泰州)粮油工业有限公司	2015-02	市政府
泰州市创建全国文明城市突出贡献集体二等功	区委	2015-04	市委、市政府
泰州市创建全国文明城市突出贡献集体二等功	区政府	2015-04	市委、市政府
泰州市创建全国文明城市突出贡献集体三等功	区委宣传部	2015-04	市委、市政府
泰州市创建全国文明城市突出贡献集体三等功	口岸街道	2015-04	市委、市政府
泰州市创建全国文明城市突出贡献集体三等功	区城管办	2015-04	市委、市政府
泰州市创建全国文明城市集体嘉奖	区住房城乡建设局	2015-04	市委、市政府
泰州市创建全国文明城市集体嘉奖	区市场监管局	2015-04	市委、市政府
泰州市创建全国文明城市集体嘉奖	交警二大队	2015-04	市委、市政府
泰州市创建全国文明城市集体嘉奖	区教育局	2015-04	市委、市政府
泰州市创建全国文明城市集体嘉奖	区卫生计生委	2015-04	市委、市政府
泰州市创建全国文明城市集体嘉奖	区经济和信息化委	2015-04	市委、市政府

续表34

荣　　誉	获奖单位	授予时间	授予单位
泰州市创建全国文明城市集体嘉奖	区商务局	2015-04	市委、市政府
泰州市创建全国文明城市集体嘉奖	区文体旅游局	2015-04	市委、市政府
泰州市创建全国文明城市集体嘉奖	区综治办	2015-04	市委、市政府
泰州市创建全国文明城市集体嘉奖	区消防大队	2015-04	市委、市政府
泰州市创建全国文明城市集体嘉奖	区人力资源社会保障局	2015-04	市委、市政府
泰州市创建全国文明城市集体嘉奖	区机关事务局	2015-04	市委、市政府
泰州市创建全国文明城市集体嘉奖	区政务服务中心	2015-04	市委、市政府
泰州市创建全国文明城市集体嘉奖	刁铺街道	2015-04	市委、市政府
泰州市创建全国文明城市集体嘉奖	许庄街道	2015-04	市委、市政府
泰州市创建全国文明城市集体嘉奖	口岸街道新城社区	2015-04	市委、市政府
2013~2014年度泰州市文明行业标兵	区财政局	2015-05	市委、市政府
2013~2014年度泰州市文明行业标兵	地税三分局	2015-05	市委、市政府
2013~2014年度泰州市文明行业标兵	国税二分局	2015-05	市委、市政府
2013~2014年度泰州市文明单位标兵	扬子江药业集团	2015-05	市委、市政府
2013~2014年度泰州市文明单位标兵	区市场监管局（食品药品监督管理局）	2015-05	市委、市政府
2013~2014年度泰州市文明单位标兵	区国土资源分局	2015-05	市委、市政府
2013-2014年度泰州市文明单位标兵	区公安分局	2015-05	市委、市政府
2013~2014年度泰州市文明单位标兵	区总工会	2015-05	市委、市政府
2013~2014年度泰州市文明单位标兵	泰州市第三人民医院	2015-05	市委、市政府
2013~2014年度泰州市文明单位标兵	国电泰州发电有限公司	2015-05	市委、市政府
2013~2014年度泰州市文明单位标兵	江苏泰州大桥有限公司	2015-05	市委、市政府
2013~2014年度泰州市文明社区标兵	许庄街道乔杨社区	2015-05	市委、市政府
2013~2014年度泰州市文明社区标兵	许庄街道马厂社区	2015-05	市委、市政府
2013-2014年度泰州市文明社区标兵	口岸街道新城社区	2015-05	市委、市政府
2013~2014年度泰州市文明社区标兵	永安洲镇福沙社区	2015-05	市委、市政府
2013~2014年度泰州市文明行业	区市场监管局（食品药品监督管理局）	2015-05	市委、市政府
2013~2014年度泰州市文明行业	区国土资源分局	2015-05	市委、市政府
2013~2014年度泰州市文明行业	区公安分局	2015-05	市委、市政府
2013~2014年度泰州市文明行业	区卫生计生委	2015-05	市委、市政府
2013~2014年度泰州市文明行业	区物价局	2015-05	市委、市政府
2013~2014年度泰州市文明行业	区交通分局	2015-05	市委、市政府
2013-2014年度泰州市文明行业	区教育局	2015-05	市委、市政府

续表34

荣　　誉	获奖单位	授予时间	授予单位
2013~2014年度泰州市文明单位	口岸中学	2015-05	市委、市政府
2013~2014年度泰州市文明单位	中国人民解放军海军诞生地纪念馆	2015-05	市委、市政府
2013~2014年度泰州市文明单位	区委办公室	2015-05	市委、市政府
2013~2014年度泰州市文明单位	区政府办公室	2015-05	市委、市政府
2013~2014年度泰州市文明单位	区委政法委	2015-05	市委、市政府
2013~2014年度泰州市文明单位	区人民检察院	2015-05	市委、市政府
2013~2014年度泰州市文明单位	区人民法院	2015-05	市委、市政府
2013~2014年度泰州市文明单位	区发展改革委	2015-05	市委、市政府
2013~2014年度泰州市文明单位	区信访局	2015-05	市委、市政府
2013~2014年度泰州市文明单位	区商务局	2015-05	市委、市政府
2013~2014年度泰州市文明单位	区机关事务局	2015-05	市委、市政府
2013~2014年度泰州市文明单位	区人力资源社会保障局	2015-05	市委、市政府
2013~2014年度泰州市文明单位	交警二大队	2015-05	市委、市政府
2013~2014年度泰州市文明单位	区科技和知识产权局	2015-05	市委、市政府
2013~2014年度泰州市文明单位	区审计局	2015-05	市委、市政府
2013~2014年度泰州市文明单位	区统计局	2015-05	市委、市政府
2013~2014年度泰州市文明单位	区文体旅游局	2015-05	市委、市政府
2013~2014年度泰州市文明单位	区住房城乡建设局	2015-05	市委、市政府
2013~2014年度泰州市文明单位	区气象局	2015-05	市委、市政府
2013~2014年度泰州市文明单位	高港中医院	2015-05	市委、市政府
2013~2014年度泰州市文明单位	白马水利管理服务站	2015-05	市委、市政府
2013~2014年度泰州市文明单位	口岸街道财政所	2015-05	市委、市政府
2013~2014年度泰州市文明单位	许庄街道财政所	2015-05	市委、市政府
2013~2014年度泰州市文明单位	大泗镇财政所	2015-05	市委、市政府
2013~2014年度泰州市文明单位	胡庄镇财政所	2015-05	市委、市政府
2013~2014年度泰州市文明单位	口岸派出所	2015-05	市委、市政府
2013~2014年度泰州市文明单位	刁铺派出所	2015-05	市委、市政府
2013~2014年度泰州市文明单位	白马派出所	2015-05	市委、市政府
2013~2014年度泰州市文明单位	第五国土资源中心所	2015-05	市委、市政府
2013~2014年度泰州市文明单位	第四国土资源中心所	2015-05	市委、市政府
2013~2014年度泰州市文明单位	高港实验学校	2015-05	市委、市政府
2013~2014年度泰州市文明单位	口岸实验学校	2015-05	市委、市政府

续表34

荣　誉	获奖单位	授予时间	授予单位
2013~2014年度泰州市文明单位	白马中学	2015-05	市委、市政府
2013~2014年度泰州市文明单位	许庄初级中学	2015-05	市委、市政府
2013~2014年度泰州市文明单位	田河初级中学	2015-05	市委、市政府
2013~2014年度泰州市文明单位	许庄中心小学	2015-05	市委、市政府
2013~2014年度泰州市文明单位	海军小学	2015-05	市委、市政府
2013~2014年度泰州市文明单位	口岸中心小学	2015-05	市委、市政府
2013~2014年度泰州市文明单位	胡庄中心小学	2015-05	市委、市政府
2013~2014年度泰州市文明单位	田河小学	2015-05	市委、市政府
2013~2014年度泰州市文明单位	泰州港务集团有限公司	2015-05	市委、市政府
2013~2014年度泰州市文明单位	泰州永安港务有限公司	2015-05	市委、市政府
2013~2014年度泰州市文明单位	泰州港务集团有限公司集装箱分公司	2015-05	市委、市政府
2013~2014年度泰州市文明单位	高港联通公司	2015-05	市委、市政府
2013~2014年度泰州市文明单位	农业银行高港支行	2015-05	市委、市政府
2013~2014年度泰州市文明单位	工商银行高港支行	2015-05	市委、市政府
2013~2014年度泰州市文明单位	人保财险高港营业部	2015-05	市委、市政府
2013~2014年度泰州市文明单位	泰州三福船舶工程有限公司	2015-05	市委、市政府
2013~2014年度泰州市文明单位	江苏能建机电实业集团有限公司	2015-05	市委、市政府
2013~2014年度泰州市文明乡镇	白马镇	2015-05	市委、市政府
2013~2014年度泰州市文明乡镇	大泗镇	2015-05	市委、市政府
2013~2014年度泰州市文明乡镇	胡庄镇	2015-05	市委、市政府
2013~2014年度泰州市文明村	白马镇黄河村	2015-05	市委、市政府
2013~2014年度泰州市文明村	白马镇陈家村	2015-05	市委、市政府
2013~2014年度泰州市文明村	胡庄镇薛垛村	2015-05	市委、市政府
2013~2014年度泰州市文明村	大泗镇霍堡村	2015-05	市委、市政府
2013~2014年度泰州市文明社区	口岸街道朱营社区	2015-05	市委、市政府
2013~2014年度泰州市文明社区	口岸街道王营社区	2015-05	市委、市政府
2013~2014年度泰州市文明社区	刁铺街道关桥社区	2015-05	市委、市政府
2013~2014年度泰州市文明社区	永安洲镇中心社区	2015-05	市委、市政府
2013~2014年度泰州市文明社区	永安洲镇上桥社区	2015-05	市委、市政府
2013~2014年度泰州市文明社区	白马镇金马社区	2015-05	市委、市政府
2012~2014年度全市征兵工作先进单位	区人武部	2015-06	市政府、泰州军分区
2015年泰州市安全生产先进乡镇	大泗镇	2015-12	市政府

·先进个人·

2015年高港区获国家级(含条线)表彰的先进个人一览表

表35

姓　名	荣　　誉	工作单位	授予时间	授予单位
王　建	全国优秀县委书记	区委	2015-06	中共中央组织部
杨宏强	2014年集团公司奖励基金一等奖	国电泰州发电有限公司	2015-01	中国国电集团公司
张苏闽	2014年集团公司奖励基金一等奖	国电泰州发电有限公司	2015-01	中国国电集团公司
吕春俊	2014年集团公司奖励基金一等奖	国电泰州发电有限公司	2015-01	中国国电集团公司
王　平	2014年集团公司奖励基金一等奖	国电泰州发电有限公司	2015-01	中国国电集团公司
王　强	2014年集团公司奖励基金一等奖	国电泰州发电有限公司	2015-01	中国国电集团公司
乔向民	全国先进工作者	许庄街道乔杨社区	2015-05	全国总工会
高瑞斌	优秀党务工作者	国电泰州发电有限公司	2015-06	中共中国国电集团公司党组
袁亚琴	敬业奉献类“中国好人”	区人民检察院	2015-07	中央文明办
陈宏伟	集团公司优秀员工	国电泰州发电有限公司	2015-07	中国国电集团公司
陈　卫	集团公司优秀员工	国电泰州发电有限公司	2015-07	中国国电集团公司
郑　磊	电力工程造价工作先进个人	国电泰州发电有限公司	2015-11	电力工程造价与定额管理总站

2015年高港区获省级(含条线)表彰的先进个人一览表

表36

姓　名	荣　　誉	工作单位	授予时间	授予单位
周月康	全省离退休干部先进个人	区商务局	2015-02	省委组织部、省委老干部局
戚正欣	全省离退休干部先进个人	口岸街道	2015-02	省委组织部、省委老干部局
金秋桦	个人二等功	区人民检察院	2015-03	省人民检察院
蒋宝华	江苏省五一劳动奖章	区级机关事务局后勤部	2015-04	省总工会
詹　森	江苏省五一劳动奖章	泰州三福船舶工程有限公司新造船部	2015-04	省总工会
史记宏	感动中国2014江苏十大感动人物	胡庄建筑装饰装潢有限公司	2015-05	省文明办
赵玉芳	感动中国2014江苏十大感动人物	胡庄镇派出所	2015-05	省文明办
鞠荣祥	二等功	区公安分局	2015-05	省公安厅
陆冬梅	江苏省行青年岗位能手	农行泰州永安支行	2015-05	中国农业银行江苏省分行
邵銮明	《新华日报》十佳通讯员	区委宣传部	2015-06	新华日报社
张　玲	《新华日报》优秀通讯员	区委宣传部	2015-06	新华日报社
陈　群	全省科协工作先进个人	区科协	2015-06	省科协
陈　卫	优秀共产党员	国电泰州发电有限公司	2015-06	中共国电江苏电力有限公司党组
周亚明	优秀共产党员	国电泰州发电有限公司	2015-06	中共国电江苏电力有限公司党组
叶　罗	优秀共产党员	国电泰州发电有限公司	2015-06	中共国电江苏电力有限公司党组
吕声波	优秀党务工作者	国电泰州发电有限公司	2015-06	中共国电江苏电力有限公司党组

续表36

姓　名	荣　　誉	工作单位	授予时间	授予单位
夏成钰	“创效发展争先锋，对标提升做贡献”主题实践活动优秀个人	国电泰州发电有限公司	2015-06	中共国电江苏电力有限公司党组
曹江华	“创效发展争先锋，对标提升做贡献”主题实践活动优秀个人	国电泰州发电有限公司	2015-06	中共国电江苏电力有限公司党组
汪腾腾	“创效发展争先锋，对标提升做贡献”主题实践活动优秀个人	国电泰州发电有限公司	2015-06	中共国电江苏电力有限公司党组
刘跃东	“创效发展争先锋，对标提升做贡献”主题实践活动优秀个人	国电泰州发电有限公司	2015-06	中共国电江苏电力有限公司党组
许　尧	“创效发展争先锋，对标提升做贡献”主题实践活动优秀个人	国电泰州发电有限公司	2015-06	中共国电江苏电力有限公司党组
徐勤生	全省优秀党务工作者	口岸街道徐庄村	2015-07	省委
高瑞斌	2014年度江苏省电力行业优秀宣传工作领导者	国电泰州发电有限公司	2015-08	省电力行业协会
顾　炜	2014年度江苏省电力行业优秀宣传工作者	国电泰州发电有限公司	2015-08	省电力行业协会
徐勤生	全省“吴仁宝式优秀村书记”	口岸街道徐庄村	2015-09	省委组织部
张竹山	全省“吴仁宝式优秀村书记”	口岸街道引江社区	2015-09	省委组织部
乔向民	全省“吴仁宝式优秀村书记”	许庄街道乔杨社区	2015-09	省委组织部
王启东	全省“吴仁宝式优秀村书记”	永安洲镇福沙社区	2015-09	省委组织部
王国民	江苏省文化科技卫生“三下乡”活动先进个人	区委宣传部	2015-12	省委宣传部
陈晓帮	“江苏最美警察”特别奖	胡庄镇派出所	2015-12	省公安厅
吴　宾	江苏省水产品质量安全专项整治工作先进个人	区农委水产站	2015-12	省海洋与渔业局

2015年高港区获市委、市政府表彰的先进个人一览表

表37

姓　名	荣　　誉	工作单位	授予时间	授予单位
王　建	泰州市创建全国文明城市突出贡献个人二等功	区委	2015-04	市委、市政府
周裕昌	泰州市创建全国文明城市突出贡献个人二等功	区委	2015-04	市委、市政府
程荣稳	泰州市创建全国文明城市突出贡献个人二等功	区委	2015-04	市委、市政府
高宇彤	泰州市创建全国文明城市突出贡献个人二等功	区委	2015-04	市委、市政府
陈　军	泰州市创建全国文明城市突出贡献个人三等功	区委	2015-04	市委、市政府
张宏生	泰州市创建全国文明城市突出贡献个人三等功	区司法局	2015-04	市委、市政府
邵剑峰	泰州市创建全国文明城市突出贡献个人三等功	核心港区	2015-04	市委、市政府
夏　玮	泰州市创建全国文明城市突出贡献个人三等功	区文明办	2015-04	市委、市政府
徐绍文	泰州市创建全国文明城市突出贡献个人三等功	区政府	2015-04	市委、市政府
陶春山	泰州市创建全国文明城市突出贡献个人三等功	区委宣传部	2015-04	市委、市政府
薛荣明	泰州市创建全国文明城市突出贡献个人三等功	交警二大队	2015-04	市委、市政府
马才本	泰州市创建全国文明城市突出贡献个人嘉奖	白马镇	2015-04	市委、市政府

续表37

姓　名	荣　　誉	工作单位	授予时间	授予单位
王金云	泰州市创建全国文明城市突出贡献个人嘉奖	区财政局	2015-04	市委、市政府
毛一鸣	泰州市创建全国文明城市突出贡献个人嘉奖	区民政局	2015-04	市委、市政府
刘　俊	泰州市创建全国文明城市突出贡献个人嘉奖	口岸街道蔡滩社区	2015-04	市委、市政府
刘　宁	泰州市创建全国文明城市突出贡献个人嘉奖	许庄街道	2015-04	市委、市政府
孙永忠	泰州市创建全国文明城市突出贡献个人嘉奖	刁铺街道关桥社区	2015-04	市委、市政府
祁亚飞	泰州市创建全国文明城市突出贡献个人嘉奖	许庄街道马厂社区	2015-04	市委、市政府
李俊仁	泰州市创建全国文明城市突出贡献个人嘉奖	区教育局	2015-04	市委、市政府
李伯英	泰州市创建全国文明城市突出贡献个人嘉奖	许庄街道	2015-04	市委、市政府
李新美	泰州市创建全国文明城市突出贡献个人嘉奖	区政府	2015-04	市委、市政府
张霁明	泰州市创建全国文明城市突出贡献个人嘉奖	区文体旅游局	2015-04	市委、市政府
张万卿	泰州市创建全国文明城市突出贡献个人嘉奖	区城管办	2015-04	市委、市政府
张桂林	泰州市创建全国文明城市突出贡献个人嘉奖	口岸街道	2015-04	市委、市政府
汪春国	泰州市创建全国文明城市突出贡献个人嘉奖	刁铺街道通太社区	2015-04	市委、市政府
陈礼晟	泰州市创建全国文明城市突出贡献个人嘉奖	刁铺街道	2015-04	市委、市政府
陈新兵	泰州市创建全国文明城市突出贡献个人嘉奖	区卫生计生委	2015-04	市委、市政府
陈振东	泰州市创建全国文明城市突出贡献个人嘉奖	区委区级机关工委	2015-04	市委、市政府
邱小平	泰州市创建全国文明城市突出贡献个人嘉奖	区住房城乡建设局	2015-04	市委、市政府
吴　彪	泰州市创建全国文明城市突出贡献个人嘉奖	区商务局	2015-04	市委、市政府
谷　洋	泰州市创建全国文明城市突出贡献个人嘉奖	区委宣传部	2015-04	市委、市政府
周越星	泰州市创建全国文明城市突出贡献个人嘉奖	区电视节目中心	2015-04	市委、市政府
袁　斌	泰州市创建全国文明城市突出贡献个人嘉奖	刁铺街道	2015-04	市委、市政府
耿　慧	泰州市创建全国文明城市突出贡献个人嘉奖	区委宣传部	2015-04	市委、市政府
顾为进	泰州市创建全国文明城市突出贡献个人嘉奖	高港高新区	2015-04	市委、市政府
高林海	泰州市创建全国文明城市突出贡献个人嘉奖	区交通分局	2015-04	市委、市政府
曹映华	泰州市创建全国文明城市突出贡献个人嘉奖	区审计局	2015-04	市委、市政府
崔正彬	泰州市创建全国文明城市突出贡献个人嘉奖	永安洲镇	2015-04	市委、市政府
樊庆勇	泰州市创建全国文明城市突出贡献个人嘉奖	口岸街道	2015-04	市委、市政府
薛余俊	泰州市创建全国文明城市突出贡献个人嘉奖	口岸街道新城社区	2015-04	市委、市政府
薛荣美	泰州市创建全国文明城市突出贡献个人嘉奖	区公安分局	2015-04	市委、市政府
戴建斌	泰州市创建全国文明城市突出贡献个人嘉奖	区委组织部	2015-04	市委、市政府
虞荣章	社会治安综合治理个人二等功	区委政法委	2015-02	市委、市政府
戴建军	个人二等功	区公安分局	2015-02	市委
朱　俊	泰州市安全生产工作先进个人	区安监局	2015-02	市政府
吴海英	泰州市安全生产工作先进个人	区供销总社	2015-02	市政府
田光明	泰州市安全生产工作先进个人	高港高新区	2015-02	市政府
李科峰	泰州市安全生产工作先进个人	永安洲镇	2015-02	市政府

附　　录

重要文件

·重要文件题录·

2015年区委重要文件题录一览表

表38

文　号	文　件　标　题	文件日期
泰高委〔2015〕4号	关于表彰2014年度高港区“人民满意机关（单位）”和“效能建设先进单位”的决定	2015-02-16
泰高委〔2015〕5号	关于表彰2014年度工作目标综合考评先进园区、镇街的决定	2015-02-14
泰高委〔2015〕6号	关于表彰2014年度“创新创优”奖的决定	2015-02-14
泰高委〔2015〕7号	关于调整中共泰州市高港区委政法委员会组成人员的通知	2015-02-14
泰高委〔2015〕11号	关于表彰2014年度泰州市高港区综治平安和法治建设工作先进集体的决定	2015-02-14
泰高委〔2015〕16号	关于表彰2014年度农业农村工作先进园区、镇街的决定	2015-03-25
泰高委〔2015〕17号	关于表彰2014年度新农村建设先进村（社区）和先进个人的决定	2015-03-25
泰高委〔2015〕18号	关于对2014年度全区“人民满意政法单位（集体）”“人民满意政法干警”记功奖励的决定	2015-03-25
泰高委〔2015〕19号	关于表彰高港区人才工作先进单位及先进个人的决定	2015-03-25
泰高委〔2015〕20号	关于表彰2014年度全区科技工作先进单位和先进个人的决定	2015-03-25
泰高委〔2015〕22号	关于表彰2014年度开放型经济工作先进单位和招商引资先进个人的决定	2015-03-25
泰高委〔2015〕23号	关于表彰2014年度工业经济工作先进单位的决定	2015-03-25
泰高委〔2015〕24号	关于表彰2014年度全区服务业工作先进单位和优秀个人的决定	2015-03-25
泰高委〔2015〕25号	关于表彰2014年度全区民营经济发展先进单位和先进个人的决定	2015-03-25
泰高委〔2015〕28号	关于表彰高港区“最美工会人”的决定	2015-04-28
泰高委〔2015〕30号	关于印发《关于加强党管人才工作的实施办法》的通知	2015-04-09
泰高委〔2015〕50号	关于设立中共泰州市高港区委非公有制企业和社会组织工作委员会的通知	2015-07-30
泰高委〔2015〕63号	关于成立中国少年先锋队泰州市高港区工作委员会的批复	2015-09-09

续表38

文　号	文　件　标　题	文件日期
泰高委〔2015〕68号	关于成立高港区社区建设和管理指导委员会的通知	2015-10-29
泰高委〔2015〕70号	关于印发《中共泰州市高港区委关于省委第三巡视组巡视反馈意见整改工作方案》的通知	2015-11-12
泰高委〔2015〕110号	关于成立中共泰州市高港区委党建工作领导小组办公室的通知	2015-12-23

2015年区政府重要文件题录一览表

表39

文　号	文　件　标　题	文件日期
泰高政规〔2015〕1号	关于印发《泰州市高港区城乡居民基本医疗保险实施办法》的通知	2015-05-20
泰高政规〔2015〕2号	关于印发《关于加强敬老院规范化建设与管理的实施意见》的通知	2015-07-06
泰高政发〔2015〕12号	关于表彰2014年度统计工作先进集体、先进个人以及部门统计合格单位的决定	2015-03-03
泰高政发〔2015〕13号	关于表彰第三次全国经济普查先进集体和先进个人的决定	2015-03-03
泰高政发〔2015〕15号	关于表彰2014年度林业绿化工作先进单位的决定	2015-03-25
泰高政发〔2015〕16号	关于表彰2014年度质量强区工作贡献奖单位、先进单位和先进个人的决定	2015-03-25
泰高政发〔2015〕17号	关于2015年全区建筑业工作目标考核的意见	2015-03-26
泰高政发〔2015〕18号	关于表彰2014年度高港区建筑业先进单位和先进个人的决定	2015-03-26
泰高政发〔2015〕23号	关于表彰2014年度安全生产先进集体、先进个人的决定	2015-03-31
泰高政发〔2015〕41号	关于表彰2014年度消防工作先进单位的决定	2015-05-18
泰高政发〔2015〕51号	关于对2014年度全区机关年度考核优秀人员给予记功、嘉奖的决定	2015-07-06
泰高政发〔2015〕63号	关于印发《泰州市高港区科技型中小企业贷款风险补偿专项资金管理办法》的通知	2015-08-20
泰高政发〔2015〕64号	关于印发《泰州市高港区土地综合整治项目管理实施意见》的通知	2015-08-27
泰高政发〔2015〕71号	关于进一步加强校车管理工作的实施意见	2015-08-26
泰高政发〔2015〕85号	关于深化行政审批制度改革加强事中事后监管的实施意见	2015-11-19
泰高政发〔2015〕95号	关于2014年度高港区科学技术奖励的决定	2015-12-10

2015年区委办公室重要文件题录一览表

表40

文　号	文　件　标　题	文件日期
泰高委办发〔2015〕3号	关于印发《高港区重点项目建设督查推进工作实施办法》的通知	2015-01-04
泰高委办发〔2015〕4号	关于转发中共泰州市委《关于落实党风廉政建设责任制防止“挂帅不出征”的九项规定》的通知	2015-01-04
泰高委办发〔2015〕13号	关于转发市委办公室、市政府办公室《关于严防在招商引资和项目建设中弄虚作假的暂行规定》的通知	2015-01-29
泰高委办发〔2015〕14号	关于成立高港区招商引资项目建设领导小组的通知	2015-02-02
泰高委办发〔2015〕30号	关于《中共泰州市高港区委关于市落实党风廉政建设责任制情况检查考核的反馈意见整改工作方案》的报告	2015-04-01
泰高委办发〔2015〕42号	关于严格执行公务接待审批制度的通知	2015-04-20
泰高委办发〔2015〕49号	关于印发《高港区2015年度创新型经济目标考核意见》的通知	2015-05-12
泰高委办发〔2015〕50号	关于印发《高港区2015年度农业农村工作考核办法》的通知	2015-05-12
泰高委办发〔2015〕51号	关于印发《高港区2015年度服务业专项考核办法》的通知	2015-05-13

续表40

文　　号	文　件　标　题	文件日期
泰高委办发〔2015〕52号	关于印发《2015年市级全面小康村建设和农村新一轮实事工程考核办法》的通知	2015-05-14
泰高委办发〔2015〕54号	关于印发《高港区2015年度开放型经济专项考核办法》的通知	2015-05-22
泰高委办发〔2015〕55号	关于印发《深入推进平安法治高港建设两年行动计划（2015~2016）责任分工方案》的通知	2015-05-25
泰高委办发〔2015〕56号	关于印发《关于开展"三严三实"专题教育的实施方案》的通知	2015-05-27
泰高委办发〔2015〕57号	关于印发《区纪委、区委组织部关于服务企业、改进作风"三个必须、三个严禁、十个不准"规定》的通知	2015-06-01
泰高委办发〔2015〕61号	关于泰州市高港区社会管理综合治理委员会更名为泰州市高港区社会治安综合治理委员会及组成人员任职的通知	2015-06-09
泰高委办发〔2015〕62号	关于成立泰州市高港区深化全国文明城市创建领导小组的通知	2015-06-09
泰高委办发〔2015〕63号	关于印发《关于建立文明城市创建长效机制的意见》的通知	2015-06-09
泰高委办发〔2015〕64号	关于印发《高港区2015~2017年深化文明城市创建的意见》的通知	2015-06-09
泰高委办发〔2015〕65号	关于转发市委办、市政府办《关于建立"三位一体"特殊人群关怀帮扶体系的实施意见》的通知	2015-06-10
泰高委办发〔2015〕66号	关于转发市政务办《关于全市镇（村）级便民服务中心（站）规范化建设的指导意见》的通知	2015-06-12
泰高委办发〔2015〕68号	关于印发《2015年高港区民生幸福工程工作考核办法》的通知	2015-06-17
泰高委办发〔2015〕71号	关于印发《高港区2015年工业经济（民营经济）工作目标考评办法》的通知	2005-06-30
泰高委办发〔2015〕72号	关于印发《高港区2015年度政治精神文明专项考核办法》的通知	2015-07-07
泰高委办发〔2015〕74号	关于印发《高港区2015年领导班子成员及机关部门挂钩联系企业考核办法》的通知	2015-08-04
泰高委办发〔2015〕78号	关于转发《江苏省党员领导干部践行"三严三实"三十条行为规范》的通知	2015-08-17
泰高委办发〔2015〕80号	关于转发《关于落实从严管理干部"五个要"的若干规定》的通知	2015-08-27
泰高委办发〔2015〕83号	关于成立区委农村领域改革领导小组的通知	2015-09-25
泰高委办发〔2015〕84号	关于印发《高港区农村产权交易管理办法（试行）》的通知	2015-10-12
泰高委办发〔2015〕88号	关于印发《泰州市高港区2014~2015年度法治建设重点任务责任分解方案》的通知	2015-10-29
泰高委办发〔2015〕91号	关于印发《关于加快培育发展社会组织的实施意见》的通知	2015-11-06
泰高委办发〔2015〕92号	关于印发省委第三巡视组《关于对泰州市高港区巡视情况的反馈意见》和王建同志在情况反馈会上讲话的通知	2015-10-30
泰高委办发〔2015〕93号	关于印发《关于进一步加强城乡社区网格化服务管理规范化建设的实施意见》的通知	2015-11-10
泰高委办发〔2015〕94号	关于印发《高港区推进农业规模经营构建社会化服务体系扶持办法（暂行）》的通知	2015-11-09
泰高委办发〔2015〕95号	关于印发《关于加强城乡社区人居环境长效管理工作的意见》的通知	2015-11-11
泰高委办发〔2015〕96号	关于对省委第三巡视组巡视反馈意见整改落实情况开展督查的通知	2015-11-12
泰高委办发〔2015〕97号	关于转发《高港区总工会服务农民工"123"工程实施方案》的通知	2015-11-12
泰高委办发〔2015〕99号	关于印发《高港区社区（村）建设专项资金管理办法》的通知	2015-11-18
泰高委办发〔2015〕101号	关于印发《高港区清理整治拖欠农民工工资专项行动方案》的通知	2015-11-24
泰高委办发〔2015〕102号	关于印发《高港区防范和打击非法集资、金融诈骗专项行动方案》的通知	2015-11-24
泰高委办发〔2015〕104号	关于转发《江苏省村务监督委员会工作规则（试行）》的通知	2015-12-07
泰高委办发〔2015〕109号	关于贯彻落实习近平总书记重要指示精神进一步加强关心下一代工作的意见	2015-12-30

2015年区政府办公室重要文件题录一览表

表41

文　号	文件标题	文件日期
泰高政办发〔2015〕5号	关于成立泰州市高港区2015年春节运输工作领导小组的通知	2015-02-02
泰高政办发〔2015〕11号	关于成立泰州市高港区社会保险监督委员会的通知	2015-02-10
泰高政办发〔2015〕12号	关于下达省级生态市考核验收反馈意见整改任务的通知	2015-02-12
泰高政办发〔2015〕14号	关于加强和完善全区河道长效管理的意见	2015-03-03
泰高政办发〔2015〕16号	关于印发《泰州市高港区环境保护大检查工作方案》的通知	2015-03-16
泰高政办发〔2015〕17号	关于印发《泰州市高港区2015年创建国家生态区实施方案》的通知	2015-03-16
泰高政办发〔2015〕18号	关于印发《高港区创建国家生态区评估整改意见的分解方案》的通知	2015-03-16
泰高政办发〔2015〕19号	关于印发《泰州市高港区2015年主要污染物减排任务》的通知	2015-03-16
泰高政办发〔2015〕20号	关于明确2015年度新农合筹资标准和财政补助标准的通知	2015-03-16
泰高政办发〔2015〕22号	关于印发《泰州市高港区2015年价格调控目标责任制实施意见》的通知	2015-03-23
泰高政办发〔2015〕23号	关于进一步加强全区应急管理工作的通知	2015-03-23
泰高政办发〔2015〕25号	关于表彰2014年度气象防灾减灾先进集体和优秀气象信息员的通知	2015-03-20
泰高政办发〔2015〕27号	关于印发《泰州市高港区2015年大气污染防治工作计划》的通知	2015-03-24
泰高政办发〔2015〕29号	关于印发《高港区全面发送义务教育薄弱学校基本办学条件项目规划》的通知	2015-03-26
泰高政办发〔2015〕30号	关于印发《高港区小型农田水利工程管理及维修养护办法》的通知	2015-03-30
泰高政办发〔2015〕31号	关于调整区劳动人事争议仲裁委员会成员的通知	2015-03-31
泰高政办发〔2015〕33号	关于转发《高港区红线区域保护监督管理暂行办法》的通知	2015-04-01
泰高政办发〔2015〕37号	关于印发《高港区2015年血吸虫病地方病和寄生虫病防治工作意见》的通知	2015-04-21
泰高政办发〔2015〕45号	关于印发《高港区2015年夏季秸秆综合利用暨禁烧工作考核奖补办法》的通知	2015-05-08
泰高政办发〔2015〕48号	关于工商登记前置改后置审批后加强市场主体事中事后监督管理工作的通知	2015-05-19
泰高政办发〔2015〕49号	关于印发《高港区猪肉配供体系建设实施方案》的通知	2015-05-19
泰高政办发〔2015〕51号	关于印发《高港区2015年度新农村建设和农村新一轮实事工程任务分解方案》的通知	2015-06-05
泰高政办发〔2015〕54号	关于印发2015年实行最严格水资源管理制度目标任务的通知	2015-06-10
泰高政办发〔2015〕55号	关于印发《区政府办信息调研工作考核办法》的通知	2015-06-10
泰高政办发〔2015〕56号	关于报送贯彻落实稳增长促改革调结构惠民生防风险政策措施相关资料及工作联系人的通知	2015-06-15
泰高政办发〔2015〕58号	关于印发《泰州市高港区安全生产专项资金使用管理办法》的通知	2015-06-19
泰高政办发〔2015〕60号	关于推进公共体育服务体系示范区建设的实施意见	2015-06-26
泰高政办发〔2015〕61号	关于成立高港区省级公共体育服务体系示范区创建工作领导小组的通知	2015-06-26
泰高政办发〔2015〕62号	关于成立区政府推进职能转变协调小组的通知	2015-06-19
泰高政办发〔2015〕63号	关于成立泰州市高港区创建江苏省可持续发展实验区领导小组的通知	2015-06-26

续表41

文　　号	文　件　标　题	文件日期
泰高政办发〔2015〕64号	关于印发《高港区2015年农业保险工作实施方案》的通知	2015-06-26
泰高政办发〔2015〕73号	关于建立全区重大气象灾害预警信息快速发布机制的通知	2015-07-13
泰高政办发〔2015〕74号	关于做好涉农乱收费乱摊派问题清理整治工作的通知	2015-07-12
泰高政办发〔2015〕76号	关于印发《泰州市高港区人民政府办公室议事规则》的通知	2015-07-20
泰高政办发〔2015〕77号	关于印发《泰州市高港区江苏省食品安全城市创建工作方案》的通知	2015-07-24
泰高政办发〔2015〕79号	关于印发《泰州市水生态文明城市建设试点工作任务分解表》的通知	2015-07-31
泰高政办发〔2015〕80号	关于转发《市政府办公室关于印发宁靖盐高速公路泰州段建设资本金股权收购方案》的通知	2015-08-06
泰高政办发〔2015〕87号	关于转发《省政府办公厅关于在我省重点行业领域试行安全总监制度的通知》的通知	2015-09-14
泰高政办发〔2015〕88号	关于成立区“用电安全达标单位”创建活动领导小组的通知	2015-09-14
泰高政办发〔2015〕89号	关于印发《高港区排查清理涉嫌非法集资广告资讯信息活动方案》的通知	2015-09-18
泰高政办发〔2015〕92号	关于印发《泰州市高港区建设用地节约集约利用考核细则》的通知	2015-09-29
泰高政办发〔2015〕93号	关于成立高港区第二次全国地名普查领导小组的通知	2015-09-30
泰高政办发〔2015〕95号	关于成立高港区农村危房改造工作领导小组的通知	2015-10-16
泰高政办发〔2015〕96号	关于印发《高港区2015年农村危房改造工作方案》的通知	2015-10-16
泰高政办发〔2015〕97号	关于成立高港区危化品运输船舶安全专项整治工作领导小组的通知	2015-09-29
泰高政办发〔2015〕98号	关于印发《泰州市高港区2015年危化品运输船舶专项整治工作方案》的通知	2015-09-29
泰高政办发〔2015〕99号	关于印发《高港区2015年秋季秸秆综合利用暨禁烧禁抛工作考核奖补办法》的通知	2015-10-28
泰高政办发〔2015〕100号	关于做好高港区“十二五”妇女儿童发展规划终期评估及迎检准备工作的通知	2015-10-30
泰高政办发〔2015〕102号	关于印发《高港区2015年畜禽规模养殖场(小区)污染物节能减排工作方案》的通知	2015-11-10
泰高政办发〔2015〕106号	关于印发《泰州高港区区级部门行政权力事项目录清单管理办法》的通知	2015-11-17
泰高政办发〔2015〕107号	关于印发《高港区扬子江路户外广告、店牌店招及建筑立面整治工作实施方案》的通知	2015-11-19
泰高政办发〔2015〕108号	关于印发《高港区河道渔网、渔簖整治工作实施方案》的通知	2015-11-26
泰高政办发〔2015〕109号	关于印发《农村小型生活污水处理设施长效运行管理实施意见(试行)》的通知	2015-12-07
泰高政办发〔2015〕114号	关于调整区打击侵犯知识产权和制售假冒伪劣商品专项行动领导小组成员的通知	2015-12-17
泰高政办发〔2015〕115号	关于印发《2016年泰州市高港区政府集中采购目录及采购限额标准》的通知	2015-12-19
泰高政办发〔2015〕116号	关于印发《推进政府购买公共服务工作实施意见》的通知	2015-12-21
泰高政办发〔2015〕117号	关于推进企业投资建设项目并联审批规范中介服务的实施意见	2015-12-21
泰高政办发〔2015〕118号	关于印发《泰州市高港区“救急难”综合试点工作实施方案》的通知	2015-12-21
泰高政办发〔2015〕122号	关于成立高港区旅游业发展领导小组的通知	2015-12-29

·重要文件选录·

泰州市高港区城乡居民基本医疗保险实施办法

泰高政规〔2015〕1号

第一章　总　则

第一条　为构建城乡一体的基本医疗保障管理制度，进一步实现城市居民医疗保险、新型农村合作医疗和学生儿童医疗保险并轨运行，健全社会医疗保障体系，提高城乡居民医疗保障水平，促进社会和谐稳定，根据国务院和省有关文件精神，结合我区实际，制定本办法。

第二条　本办法所称城乡居民基本医疗保险（以下简称居民医保），是指由政府组织、引导、支持，城乡居民自愿参加，实行门诊统筹与住院统筹相结合的城乡居民基本医疗保障制度。

第三条　居民医保按照以收定支、收支平衡、略有结余的原则建立，筹资标准和保障水平与我区社会经济发展水平相适应，坚持依法管理。

第四条　区人力资源社会保障部门主管本行政区域内的居民医保工作，负责居民医保工作的组织实施和监督管理，制定和调整居民医保的相关政策，定点医疗机构的资格审查和确定，协调、检查、监督经办机构的业务管理工作；区医疗保险经办机构负责居民医保的日常运行服务、业务管理和基金支出会计核算等具体业务工作。

区卫生部门负责城乡居民就医管理服务工作。

区财政部门负责居民医保基金收入核算管理、财政补助资金的预算管理及基金运行监管。

区审计部门负责对居民医保基金的使用和管理进行审计监督。

区监察部门负责对区各有关单位履职情况及基金使用和管理情况进行监督。

区教育部门负责全区所有学校在校学生、幼儿园在园儿童参加居民医保的组织、筹资和宣传工作。各学校、幼儿园协助区教育局做好基金征缴、人员建档等工作。

区民政部门负责全区符合医疗救助条件的人员（以下简称医疗救助对象）身份确认，并协助其参加居民医保。

区公安部门负责提供每年居民医保所需的户籍信息。

各镇（街）负责居民医保的组织、筹资和宣传工作。镇（街）人力资源和社会保障服务中心、财政所、村（社区）在镇（街）领导下做好辖区内居民医保的基金征缴、人员建档等工作。

第二章　参保管理

第五条　居民医保的参保对象为本区行政区域内具有本区户籍的全体城乡居民及持有本区居住证的非本区户籍人员。

居民医保实行整户参保制度，城镇职工基本医疗保险、居民医保不得重复参保。

第三章　基金筹集

第六条　按照《江苏省新型农村合作医疗条例》和省《关于建立城镇居民基本医疗保险筹资机制的指导意见》（苏政办发〔2013〕10号）的精神，我区居民医保筹资标准按我区上一年度全体居民人均可支配收入的一定比例确定，其中，个人缴费比例为筹资标准的20%左右，其余为财政补助。医疗救助对象参加居民医保个人缴纳费用由区医疗救助基金承担。

第七条　每年11~12月为下一年度居民医保的集中缴费期，在校学生和在园儿童的集中缴费期从2015年起调整为每年11~12月。

在校学生和在园儿童参加居民医保由所在学校和幼儿园负责办理参保缴费手续，医疗救助对象由各镇（街）民政科统一为其办理参保手续，其他人员凭身份证（或户口簿）到居住地或户籍所在地的村（社区）办理参保缴费手续。非本区户籍人员凭本人身份证和居住证在居住地所在村（社区）办理参保缴费手续。当年出生的婴儿、退役的士兵、刑满释放人员及其他未在集中缴费期缴费的人员凭相关材料到区医疗保险经办机构办理参保缴费手续。

第八条　征收的居民医保资金，应及时汇入区财政社保基金专户，不在集中缴费期征收的居民医保资金，应于每月底之前汇入区财政社保基金专户，区、镇（街）财政做好相应补助资金的配套工作。

第九条　居民医保个人缴纳的费用统一使用财政监制的缴费票据。

第十条　各镇（街）必须按时将所征缴的个人缴纳的基金上缴至区财政社保基金专户，当年度财政补助资金在审核后于每年6月30日前划入区财政社保基金专户。

第四章　基金分配和使用

第十一条　居民医保基金实行财政专户管理，基金支出由区医疗保险经办机构根据基金使用进展情况编制年度预算，按月向区财政局报送用款计划，区财政局审核后及时拨付。

第十二条　当年筹集的居民医保基金分为风险调剂金、统筹基金和大病保险基金三部分。风险调剂金为当年筹集基金总额的10%，剩余部分为统筹基金和大病保险基金，大病保险基金根据大病保险规定标准提取。

第十三条　基金支付范围

（一）风险调剂金用于解决居民医保基金在特殊情况下造成的基金运行困难。

（二）统筹基金分为门诊统筹基金和住院统筹基金，门诊统筹基金支付符合居民医保补偿政策的门诊医疗费用（含普通门诊、慢性病门诊和生育费用），住院统筹基金支付居民医保补偿范围内的、由居民医保基金按比例负担的住院医疗费用。

（三）大病保险基金支付参保人员符合大病保险规定的医疗费用。大病保险规定由区人力资源社会保障部门会同区财政部门另行制定。

第五章 就医管理

第十四条 参保人员就诊时必须提供身份证件，定点医疗机构必须认真进行核对。

第十五条 参保人员门诊就医到参保地已实行联网结算的定点村（社区）卫生室就诊，也可选择在参保地基层医疗机构就诊。

第十六条 参保人员住院实行首诊基层、逐级转诊的制度。参保人员可选择区内任何一家基层医疗机构住院。到泰州市第三人民医院住院必须经参保地基层医疗机构转诊。因医疗条件限制需要转区外医疗机构诊治的，必须经泰州市第三人民医院转出。危重抢救病人可先转诊，但应及时补办转诊手续，一般情况不超过1周。

第十七条 参保人员在区外因突发疾病需住院治疗的，可就近就医。在异地长期居住或工作学习连续超过六个月（含六个月）的参保人员，凭异地居住证（或工作证明、学习证明）到区医疗保险经办机构申办异地就医手续，可在异地居住地选择一至三家当地医保定点医疗机构作为住院就诊医院，并选择其中一家基层医疗机构作为门诊定点就诊医院。

第六章 补偿待遇

第十八条 参保人员在规定缴费期内足额缴纳居民医保费的，待遇享受期为次年的1月1日至12月31日（在校学生和在园儿童2015年度待遇享受期调整为2014年9月1日至2015年12月31日）。

第十九条 当年出生的婴儿在出生后三个月内参保缴费可从出生之日起享受居民医保待遇。当年退役的士兵、刑满释放人员参保后自缴费的次月起享受居民医保待遇。其他未在规定缴费期间参保的居民，执行3个月的待遇等待期，即从参保之日起3个月后方可享受居民医保待遇。

第二十条 居民医保参保人员，参加城镇职工基本医疗保险的，其在城镇职工医疗保险待遇等待期内发生的医疗费用按居民医保相关规定结算。城镇职工基本医疗保险、居民医保待遇不得重复享受。参保人员因出国定居、死亡或参军、就业等已享受其他医疗保障的，其居民医保关系自行终止，所缴费用不予退还。

第二十一条 居民医保药品目录执行《江苏省基本医疗保险工伤保险和生育保险药品目录》中的基本医疗保险药品目录部分，诊疗项目、服务设施执行泰州市基本医疗保险诊疗项目和医疗服务设施范围，其中：单项化验及检查费超过100元的个人自付比例为50%，治疗费个人自付比例参照职工医保支付比例执行，一次住院材料费10000元以内50%纳入补偿范围，10000元以上部分不予补偿，住院日床位费32元（含）以下纳入补偿范围，32元以上部分不予补偿。

第二十二条 参保人员在参保地基层医疗机构和村（社区）卫生室就诊，其补偿范围内的普通门诊费用，补偿比例为50%，每人每天补偿限额为40元，其中，村（社区）卫生室补偿限额为20元，一个年度内最高补偿限额为600元，其中，村（社区）卫生室最高补偿限额为150元，最高限额以上部分不予补偿。

第二十三条 参保人员发生的补偿范围内的住院医疗费用，实行起付标准以下由个人自付、起付标准以上按比例补偿的办法，并设定年度最高补偿限额，最高限额以上部分不予补偿。

（一）起付标准

区内一级医疗机构400元，二级医疗机构600元，三级及区外转诊医疗机构1000元，年度内二次及以上住院起付标准为300元；15日内因同一病种再次入院视同一次住院，如在不同级别医疗机构住院，起付标准按就高原则收取；普通病种同一年度内连续住院时间每超过90天，视同另一次住院，需再次收取起付标准；患恶性肿瘤、肾功能衰竭需透析以及器官移植的，其门诊放疗、化疗、透析及服用抗排异药物的费用参照住院标准补偿，同一结算年度内只收一次起付标准；跨年度连续住院的，本次住院出院时新的结算年度内费用不收起付标准，新的结算年度再次入院的执行年度第一次住院起付标准。

（二）起付标准以上范围内费用补偿比例：区内一级医疗机构补偿比例为80%；区内二级医疗机构补偿比例为70%，未按规定转诊直接在泰州市第三人民医院住院的补偿比例减半；三级及区外指定医疗机构补偿比例为：0~20000元（含）补偿35%，20000~40000元（含）补偿40%，40000以上补偿45%，转区外非指定医疗机构（必须是当地医保定点医疗机构，否则不予补偿）补偿比例降低10个百分点，未按规定转诊的补偿比例减半。

不满18周岁参保人员住院补偿比例按上述标准增加10个百分点，并实行政策范围内费用保底补偿65%。

意外伤害医疗费用执行正常补偿标准的70%。

参保人员经抢救后死亡或住院的，门诊抢救医疗费用参照住院标准报销。

（三）居民医保住院年度最高补偿限额为15万元。

第二十四条 参保的孕产妇符合国家计划生育政策的生育医疗费用，单胎顺产定额补偿800元，剖宫产定额补偿1000元，多胞胎每增加一孩增加补偿定额400元，未按规定转诊区外生育的，不予补偿。

第二十五条　参保人员在区内定点医疗机构门诊或住院就诊的，必须凭本人身份证件在就诊医院实时结算；区外转诊医疗费用先由本人先垫付，后凭住院发票原件、费用明细清单、出院小结（或出院记录）和转诊审批手续等材料申请补偿；在区外突发疾病所发生的住院医疗费用经本人申请，并提供入院前的急诊证明材料，可参照本地住院政策进行补偿；符合异地就医申请条件的参保人员在履行审批手续后，其所发生医疗费用可参照本地政策进行补偿。

第二十六条　特殊病种补偿办法按省有关文件规定和区人力资源社保障局《关于印发〈高港区城乡居民医疗保险特殊病种补偿办法〉的通知》（泰高人社发〔2012〕120号）执行。

第七章　基金监督管理

第二十七条　居民医保基金纳入区财政社保基金专户核算，实行收支两条线管理，任何单位和个人不得侵占挪用。

第二十八条　区人力资源和社会保障部门会同区卫生、财政等部门按照总额控制的原则，制定科学合理的医疗费用结算方案，完善支付制度和风险共担机制。区医疗保险经办机构与定点医疗机构签订包括服务范围、服务内容、服务质量、结算办法等内容的协议，明确双方的责任、权利和义务。

第二十九条　居民医保基金的收支和管理情况接受区财政、审计和监察部门的监督。

第三十条　基金当年结余率控制在10%以内，累计结余率不超过当年筹集基金总额的20%。当年基金结余率超过10%或历年累计结余率超过20%时，应及时调整补偿政策。

第三十一条　在基金征缴过程中，严禁搭车收费，严禁擅自改变筹资标准，严禁发生账实不符现象，严禁截留、挤占、挪用基金。在基金支付过程中，不得将国家、省及市规定不予补偿的情形纳入补偿范畴。

第三十二条　对医疗保险经办机构、定点医疗机构、各镇（街）人力资源社会保障服务中心、参保人员等单位或个人违反相关基金管理规定的，依照《中华人民共和国社会保险法》《江苏省新型农村合作医疗条例》《社会保险费征缴暂行条例》和《劳动保障监察条例》等法律法规予以处罚。涉及党员干部违规违纪违法行为的，由区纪检监察机关依据相关规定给予相应党纪政纪处分。情节严重，构成犯罪的，由司法机关依法追究其法律责任。

第八章　附　则

第三十三条　区人力资源社会保障部门会同区财政部门可根据全区经济社会发展水平和居民医保基金的运行情况，提出筹资标准和医疗待遇的调整意见，报区人民政府批准后施行。

第三十四条　本办法由区人力资源和社会保障局负责解释。

第三十五条　本办法自发文之日起实施。区政府《关于印发〈泰州市高港区城乡居民医疗保险试行办法〉的通知》（泰高政发〔2008〕24号）及政府办历年关于城乡居民医疗保险政策调整文件不再执行。

泰州市高港区科技型中小企业贷款风险补偿专项资金管理办法

泰高政发〔2015〕63号

第一章　总　则

第一条　为推进全区企业品牌化、标准化、资本化、上市化、信息化、高端化“六化”转型工程，进一步促进科技与金融相结合，提升园区承载力、产业凝聚力、行业吸附力、加强企业竞争力，推进创新型城区的建设，缓解科技型中小企业贷款困难，根据《江苏省科技成果转化风险补偿专项资金管理办法》（苏财规〔2014〕36号），设立泰州市高港区科技型中小企业贷款风险补偿专项资金（以下简称“风险补偿资金”），参与省科技成果转化风险补偿专项资金贷款项目。根据相关规定和要求，制定本办法。

第二条　区财政设立风险补偿资金池，首批资金规模为500万元，并与省风险补偿资金匹配，主要用于补偿合作金融机构在支持科技型中小微企业具有自主知识产权的科技成果产业化过程中所发生的贷款损失。其风险责任按规定由省、区、合作金融机构及项目单位共同承担。

第二章　管理机构及职责

第三条　区科知局、财政局共同负责风险补偿资金的管理工作，风险补偿资金同时接受区审计局和区金融办的审计和监管。

区科知局主要职责：配合区财政局制定完善区风险补偿资金管理办法；会同区财政局确定合作金融机构，审定不良贷款代偿建议，开展经费监管与绩效考核；会同区财政局推荐上报项目。

区财政局主要职责：会同区科知局制定完善区风险补偿资金管理办法；协助区科知局确定合作金融机构和审定不良贷款代偿建议，协助区科知局推荐上报项目。

第四条　区生产力促进中心受区科知局、区财政局委托具体负责风险补偿资金的日常管理工作。其主要职责：与省生产力促进中心、合作金融机构签署合作协议；负责项目组织、评审及推荐工作；跟踪了解项目实施情况；督促项目承担单位按时归还贷款；审查风险补偿申请与提出建议。

第三章　运作方式

第五条　经区科知局、区财政局确定的合作金融机构，由区生产力促进中心与省生产力促进中心、合作金融机构签订合作协议，向合作金融机构专用账户存入风险补偿资金；合作金融机构在省及区风险补偿资金规模的基础上给予10倍放大的贷款授信。

第六条 省风险补偿资金、区风险补偿资金、合作金融机构各自分担的具体风险比例，由有关合作协议予以明确。

第七条 区风险补偿资金存入金融机构的利息收入作为区生产力促进中心用于组织专家评审等工作经费使用。

第四章 支持对象

第八条 合作金融机构的授信贷款重点支持科技金融风险补偿资金备选企业库内企业，备选企业库内企业应符合《江苏省科技型中小企业备案暂行办法》（苏科高〔2012〕402号）及省有关科技型中小微企业的标准条件。申请授信贷款支持的科技型中小微企业，企业和其法定代表人无不良信用记录。

第九条 合作金融机构的授信贷款主要用于扶持我区战略性新兴产业和高新技术产业中的科技型中小微企业成果转化项目，其项目应符合以下条件：

（一）符合国家、省产业政策，符合各园区产业集聚重点发展领域，技术创新性强，技术水平领先。

（二）拥有作为申报项目依托的自主知识产权。

（三）项目实施能产生较好的经济效益和社会效益。

（四）已完成研究开发，技术成熟度高，具备产业化生产的基本条件。

第十条 合作金融机构的授信贷款优先支持符合下列条件的科技型中小微企业：

（一）经认定的省级高新技术企业。

（二）国家、省及地方各类高层次人才引进计划资助对象所创办的企业。

（三）与高校、科研院所开展产学研合作，并实施科技成果转化的企业。

第五章 项目申报与审核

第十一条 授信贷款项目申报材料一般包括：

（一）贷款（项目）申报书。

（二）企业营业执照副本、法人代码证、国税和地税登记证副本复印件。

（三）企业章程、注册资本验资报告、上年度财务报表。

（四）项目情况的佐证材料（市级以上科技计划项目批准文件、技术报告、检测报告、用户意见等）。

（五）项目知识产权归属的证明文件（商标专用权证书、专利证书、著作权登记证书及新药证书等）。

（六）与申报项目和企业有关的其他佐证材料（国家专卖、专控及特殊行业的产品，需提供主管机关出具的批准文书复印件）。

第十二条 区生产力促进中心及合作金融机构根据省生产力促进中心发布的申报通知和要求，开展贷款项目的组织、评审及推荐工作；对符合条件的企业，由区科知局会同区财政局审核上报。

第十三条 经批准贷款的项目，合作金融机构与项目承担单位签订贷款合同。

第十四条 对批准贷款的项目，项目承担单位应按要求办理相应的自主知识产权质押或其他处置工作。

第十五条 项目贷款期限不超过2年，项目首次贷款金额不超过300万元，同一个贷款项目续贷次数不超过2次，续贷金额不超过500万元。

第六章 项目管理与风险补偿

第十六条 区科知局不定期对贷款企业用贷情况进行监督，并指导区生产力促进中心对贷款企业开展日常跟踪管理，合作金融机构负责项目贷款后的财务监管。

第十七条 项目承担单位在贷款期内被并购重组的，其还款责任依法由并购重组后的企业承担。

第十八条 项目承担单位未能按期归还全部贷款本金的，发放贷款的金融机构应负责追偿，项目承担单位对贷款项目承担相应的法律责任。

第十九条 项目承担单位因技术开发不成功导致项目失败、中止，致使贷款无法归还的，合作金融机构可在启动追偿工作程序后提出风险补偿申请。区生产力促进中心进行审查后报区科知局，经区科知局、区财政局审核提出申请报区政府同意后，按照相关合作协议规定的区级风险分担比例办理资金划款手续，同时由区财政对风险补偿资金进行及时补充。因地震等自然灾害导致的项目贷款风险，按国家相关金融政策办理，财政不予补偿。

第七章 监督与约束

第二十条 区科知局、财政局及合作金融机构对企业申报、调查、审批、放贷要严格按规定程序办理。对可能出现风险的企业，要加强财务状况的监控，发现风险预警应互相通报，及时采取措施，力求将风险控制在最小。

第二十一条 贷款企业如有违法经营、弄虚作假或在贷后管理中不按管理要求提供财务报表等材料的，企业经营活动出现预警信号、抵质押物出现问题、企业偿付其他债权人债务的，提前中止和追讨贷款企业的贷款，并依法追究其法律责任。

第八章 附 则

第二十二条 本办法自印发之日起施行。

区政府关于进一步加强校车管理工作的实施意见

泰高政发〔2015〕71号

2012年3月，国务院颁布《校车安全管理条例》，省、市政府分别配套出台了《省政府关于校车安全工程的实施意见》和《泰州市规范和加强校车安全管理的意见》。为认真贯彻落实相关文件精神，进一步规范和加强校车管理工作，最大限度保障学生乘车安全，结合我区实际，特制定本意见。

一、指导思想

以党的十八大和十八届三中、四中全会精神为指引，坚持“属地管理、部门监管、确保安全”原则，采取公司运行、镇街管理、部门监督的运作模式，认真做好校车配备、运行、管理各项工作，确保学生上下学乘车安全。

二、组织架构

各镇街成立专业校车公司，全面落实校车运行管理工作。专业校车公司隶属于各镇人民政府（或街道办事处）管理。各镇街落实属地管理责任，交警、交通、教育、财政、物价、安监、监察等部门落实本部门条线的行业监管责任。

三、实施细则

1.运作原则。镇街为运作主体，每个镇街道成立1家校车公司，负责校车更换、运行及具体管理工作。区、镇财政适当补贴学生乘车费用。校车实现专业公司运行、镇街负责管理、部门联合监管。社会车辆、未加入校车公司的专用校车均不得从事接送学生服务工作。

2.接送对象。家校距离3公里以外，且需接送的小学生。

3.车辆要求。专用校车必须符合《校车安全管理条例》和《机动车运行安全技术条件》规定要求，并得到市车管所行业确认。所有校车由区统一安装监控系统。

4.车辆更换。校车公司在区镇指导下组织购置符合要求的校车。新车购置后，由区实行定额补贴，40座左右的补助10万元，26座左右的补助8万元，车辆所有权归购置者所有。

5.车辆保险。区政府为所有校车统一购买保险，保险费用区镇两级各承担50%。实际保险费用由区确定险种，采购中心统一招标采购。

6.乘车补贴。区、镇制定以奖代补政策，镇街落实考核工作，按学生数补贴费用，区、镇各承担50%。每学期结束后一个月内，区、镇将补贴费用发放到校车公司。计算方式如下：

每生每天补贴费用＝（车辆运行总费用–学生缴纳费用）/全区乘车学生总数/200天。

车辆实际补贴费用＝每生每天补贴费用*接送学生数*实际接送天数。

四、部门职责

区政府办负责督促、协调各镇街及相关部门做好校车运行管理的相关工作。

各镇街负责做好乘车学生资格审查，摸清乘车学生人数、线路和时间等，指导校车公司科学合理地设置接送学生运行路线、站点和时间，建好车辆停靠点及站牌，满足学生上下学乘车需求。各镇街对校车经过的道路、桥梁、会车点、交通设施和停车站点等情况进行检查，对不符合安全通行条件或存在安全隐患的道路和桥梁等要会同相关单位、部门进行加宽、维修加固，彻底消除安全隐患。对学生上下车接送站点要坚持安全、就近、便利、右侧下车的原则科学设定。负责对校车公司进行监管考核和财政补贴发放工作，负责做好辖区内学校安全管理和学生安全教育的检查、督促和指导工作。

校车公司按照镇街要求，对学生开展安全教育，统计上报乘车学生信息，和学生家长签订乘车协议，配备好符合资质的校车驾驶员和随车照管人员。负责对公司内校车驾驶员和随车照管人员进行管理、培训，对车辆进行专业维护，对每辆车运行过程进行监管考核。负责初步制定校车行驶路线，合理安排校车的型号和数量，落实区镇、部门交办的其他工作。

区安监局负责将校车公司的管理事项纳入安全生产综合监管范围，定期组织对校车公司安全工作进行督查。

交警二大队在学生上下学集中时段，对重点学校和路段安排警力进行交通疏导。定期会同校车公司做好校车驾驶员的培训工作；做好校车标牌的审批工作。严厉查处专用校车超载、超速等违规违法行为。交警二大队会同区交通分局、区教育局、各镇街审批车辆行驶线路。

道路或者交通设施的管理养护单位按照标准设置校车停靠站点预告标识和站点标牌，施划校车停靠站点标线。车辆停靠场地要相对宽敞，候车设施要规划完备。道路或者交通设施的管理养护单位定期组织公路技术状况检查，完善通校公路、学校周边公路和学校门口的交通安全设施，在必要地段和路口设立交通安全警示牌和交通提示标志，保障公路安全畅通。交通管理部门严厉查处黑车，打击非法接送学生行为。

区教育局会同交警二大队以及相关学校加强学生的日常安全教育培训，有计划、有重点地开展交通安全知识教育和安全实践活动，切实增强广大师生的交通安全意识，提高交通安全自护能力。督促各校按规定程序做好学生上下车的组织管理工作，确保学生准时上车，准点开车。督促各校和家长做好交接工作。

区财政局负责安排相关资金。

区政府采购中心负责校车保险的招标、采购。

区物价局加强收费管理，调查、核定校车运行成本。

区监察局要加大行政监察和行政问责力度，督促各镇街、各部门切实履行职责。

五、工作要求

1.校车安全问题，不仅关系到广大学生生命安全，而且关系到千家万户的幸福安宁和社会稳定。各镇街、各相关部门要从服务民生、维护稳定的大局出发，充分认识做好校车更换及运行工作的重要性，认真抓好落实。

2.各部门、单位要从行业内部要求切实加强监管，为广大学生提供安全便捷的上下学交通服务，努力从源头上消除安全隐患，确保校车管理工作扎实有效。

3.校车公司全面落实各项安全工作要求，确保接送学生安全、有序、高效。

关于进一步加强城乡社区网格化服务管理规范化建设的实施意见

泰高委办发〔2015〕93号

为深入贯彻落实党的十八大和十八届三中、四中全会精神，进一步推进基层社会治理，完善社区管理体系，健全社区服务网络，提升和谐社区建设水平，现就进一步加强城乡社区网格化服务管理规范化建设提出如下实施意见。

一、指导思想

认真贯彻落实中央和省、市、区关于加强和创新社会治理的决策部署，以构建文明、和谐、幸福的现代化新型社区为重点，以便民、利民、惠民为宗旨，按照管理网络全面覆盖、社会资源全面整合、服务效能全面提高的总体要求，进一步推进城乡社区网格化服务管理规范化建设，努力把城乡社区建设成为管理有序、服务完善、文明祥和、平安和谐的社会共同体。

二、基本原则

（一）以人为本，服务为先。围绕社区居民多层次、多样化需求，以服务社区居民为出发点和落脚点，寓管理于服务之中，实现管理与服务的有机统一，努力提升城乡社区居民的生活质量和幸福感。

（二）整合资源，共同治理。充分整合社区各类服务管理资源，发挥警务人员、各类协管员、志愿者和社会组织、物业服务企业、驻区单位等各种力量的协同作用，有效调动居民群众参与社区管理的积极性、主动性和创造性，推动形成社区和谐人人有责、和谐社区人人共享的工作格局。

（三）因地制宜，注重实效。针对不同类型社区特点，贴近居民需求，科学划分社区服务管理网格，建立符合实际、操作性强的社区服务管理运行新机制，促进社区服务更加优质、管理更加高效。

三、目标任务

通过加强网格化服务管理规范化建设，2015年全面建成覆盖城乡、条块结合、横向到边、纵向到底的基层服务管理网格体系，努力把城乡社区网格打造成为基层社会治理的平台、居民日常生活的依托、构建和谐社会的基础。

（一）社区服务管理能力明显增强。完善“一格多元、多元联动”服务机制，将社区服务管理的各项工作整合到网格中，做到“管理到门口、服务进家庭”。按照网格基础信息准、民意反映畅、遇事处置快的要求，社区动态信息快速通达到镇（街道），重大事件应急处置能够“坐标式”迅速定位，群众需求在最短时间和最小空间予以解决。

（二）社区居民自治水平明显提升。以社区党组织为核心，以社区自治组织为基础，通过组建网格管理员队伍、组织志愿者服务团队进网格和开展网格邻里互助系列活动等，广泛动员社会力量参与社区服务管理，营造志愿服务、互助服务的良好氛围，提高村（居）民自我管理、自我服务、自我教育、自我监督的能力。

（三）社区党建引领作用明显发挥。注重强化社区党组织的领导核心作用，将社区网格化服务管理工作与基层组织建设相结合、与党建网格化服务管理工作相结合、与党员干部直接联系服务群众相结合，着力增强社区党组织的统领、协调和服务功能，促进社区和谐稳定发展。

四、网格设置

（一）规范网格划分。按照“人口规模适度、服务管理方便、资源配置有效、功能相对齐全”的要求，根据社区、小区楼幢、自然村落分布特点和人口数量、居住集散程度、群众生产生活习惯等因素，大体按照城市社区200~300户、农村社区150~200户的标准划定管理网格。每个社区划分3~5个一级网格，每个一级网格划分3~5个二级网格。相对独立、规模较大的行政机关、企事业单位、学校以及流动人口集中居住地等特定区域，可单独建立相应网格，隶属所在社区管理。网格划分既要做到界线分明无交叉，又要做到不留缝隙全覆盖，确保“户户入网，人人进格”。

（二）规范人员配备。每个城乡社区由1名镇（街道）负责人担任网格督导员，负责督促、指导、协调网格服务管理工作；村（社区）党组织书记或村（居）委会主任具体负责网格化服务管理工作。每个一级网格设置1名网格长，一般由村（社区）“两委”成员兼任，以企事业单位等为主的网格，可由单位分管领导或职能科室负责人担任。每个二级网格选聘1名责任心强、热心公益事业的同志担任网格员。网格员选聘工作按照自愿原则，由村（居）民推荐和村（社区）“两委”会考察拟定人选名单，并经村（社区）公示且群众无异议后，报镇（街道）党（工）委、政府（办事处）审批同意，由村（社区）正式选聘，同时报区民政局备案。既要注重整合资源，将现有社区“两委”成员和物业人员整合到网格管理员队伍中，又要强调居民自治，积极鼓励驻区单位、物业管理机构、中介服务组织、村（居）民代表、村（居）民小组长和社区志愿者等参与到社区网格化服务管理工作中。

（三）规范工作职责。网格长在村（社区）“两委”会领导下，网格员在网格长领导下，按照“一岗多责、一专多能”要求，分别在一级、二级网格内开展工作，主要承担以下职责：一是宣传教育。积极宣传党的方针政策和国家法律法规以及各级党委、政府的决策部署。充分发挥村（社区）“道德讲堂”的教育引导功能，弘扬先进文化、宣扬先进人物和先进事迹，培养健康向上的社区风尚。二是信息采集。依托综治信息系统及社区服务管理信息平台，做好网格内人、地、物、事、组织等基础信息的采集工作，及时上报网格内动态信息。三是民意反馈。负责网格内村（居）民与村（居）委会之间的信息沟通，及时收集社情民意，发挥“上传下达”的作用，反映村（居）民的诉求和愿望，维护村（居）民合法权益。四是便民服务。全面推行代办制，对网格内居民特别是困难群体，通过事务代理等方式，为网格内居民提供多样化、便捷式服务。组织网格内机构、单位、社会组织和居民开展自助、互助、志愿者服务，为居民排忧解难。认真落实各项民生保障政策，广泛组织开展公益慈善活动，协助群众解决实际问题。五是治安防范。积极组织网格内群防群治力量，广泛开展形式多样的群防群治活动，加强治安巡逻守护，及时发布治安动态，督促落实治安防范措施。配合相关部门做好应急处置工作，对网格内的流动人口、重点青少年、刑满释放人员、易肇事肇祸精神病人、吸毒人员等特殊人群，协助帮教管理。六是矛盾调处。及时了解和掌握网格内发生的矛盾纠纷，第一时间进行调处化解，引导群众以理性合法方式表达诉求、维护权益，努力做到“小事不出村、大事不出镇、矛盾不上交”。

（四）规范工作制度。一是上岗公示制度。在网格区域醒目位置设置公示牌，公示网格责任人和网格管理员姓名、职务、职责、联系电话、工作内容、监督电话等基本信息。网格管理员要佩带统一标识，主动接受群众求助、监督。二是工作例会制度。村（社区）每周至少召开一次网格长参加的民情分析会或工作碰头会，对收集到的社情民意进行梳理，并落实责任人限期办理。三是巡查走访制度。网格长每月至少走访30户居民或驻区单位，保证每年责任区域内的住户至少走访1次，网格员每天在网格内至少巡查1次，对一般家庭每年走访不少于2次，每周在网格内服务管理时间不少于12小时。网格管理员实行申办事项登门服务、矛盾纠纷登门调处、特殊人群登门帮扶；坚持做到“五必访”，即困难群众每月必访、独居老人每月必访、残疾家庭每月必访、留守儿童每月必访、流动人员每月必访。四是民情回应制度。对职责范围内能够解决的问题，网格员要及时处理，对解决难度大或需要协调解决的问题，要及时上报村（社区），由村（社区）或上级部门协调解决，并及时向当事人反馈进展情况和办理结果。网格管理员对自己了解到的情况、居民反映的问题及办理过程和结果等要记好一本《民情日记》。五是定期考评制度。村（社区）定期对网格管理员工作进行考核测评，定期组织群众对社区网格化服务管理工作进行评议，考评结果与网格管理员待遇挂钩，建立奖惩制度。

五、工作要求

（一）强化组织领导。各地、各部门要高度重视村（社区）网格化服务管理工作，将网格化服务管理工作摆上重要议事日程，及时研究解决重点难点问题。区综治、组织、民政部门要加强组织领导和督促检查，确保各项工作按照序时进度落实到位。各有关部门要积极支持、密切配合，努力形成齐抓共管的工作合力。

（二）落实经费保障。各地要加大经费保障力度，将网格化服务管理所需经费纳入财政预算，解决好社区服务管理平台、信息化装备、网格员报酬待遇等问题。网格员以义务工作为主，区级给予网格员每人每年1200元的误工补贴，镇（街道）、村（社区）不少于50%配套考核发放，并纳入各级年初财政预算。各部门有关工作事项进社区要严格坚持“权随责走、费随事转”的原则，支持社区协助政府做好公共服务和社会管理工作。

（三）严格责任考核。各地各部门要将网格化服务管理规范化建设工作列为综治和平安建设的重要内容，科学制定考核办法，确保网格设置到位、人员配备到位、责任落实到位、经费保障到位。

高港区推进农业规模经营　构建社会化服务体系扶持办法（暂行）

泰高委办发〔2015〕94号

为加快推进我区农业规模化、机械化，培育新型农业经营主体，构建社会化服务体系，实行农业生产全程社会化服务，特制定本办法。

一、扶持家庭农场规范建设

1.建设要求

（1）经工商部门注册登记，农场主为高港籍的居民或农民合作经济组织、农村集体经济组织。有固定从业人员，家庭农场固定从业人员2人以上，经过相关职业技能培训。

（2）粮食种植连片200亩以上，服从管理、指导，规模种植所需良种（稻麦）为当地农技部门主推品种，病虫防治实行统防统治。

（3）农业生产主要环节基本实现机械化，农业综合机械化水平达90%以上。

（4）农场有标识，实施全程标准化生产，生产过程有记录，形成生产档案。有完整的财务收支记录，土地流转年限不低于5年，且签订规范的土地流转合同，建立台账。

（5）实现清洁生产。农业生产废弃物、农作物秸秆、畜禽粪污规范处理，秸秆禁烧率达100%，综合利用率达95%以上。

（6）遵纪守法、诚信经营。自觉履行土地流转合同，经营期间无不良信贷记录和违约记录。

2.扶持标准

（1）鼓励土地承包者流转土地。组建的家庭农场中，主动、自愿流转土地承包经营权，签订流转合同期限10年以上的农户，对男60周岁、女55周岁以上人员参加新型农村合作医疗保险，区财政按其个人承担部分的50%采用先征后补的形式给予补助。区人社部门优先安排流转土地的农民参加就业培训，并享受有关就业补贴政策，所需资金列入财政预算。

（2）鼓励各类主体实行规模经营。农民合作经济组织、村集体经济组织、种植大户等农业规模经营主体享受就业、创业贷款及贴息政策。省、市农业项目资金优先用于家庭农场基础设施建设，并按照下列标准给予资金扶持：新增规模200亩~500亩的，扶持3万元；新增规模500亩以上的，扶持6万元；新增规模1000亩以上的，扶持10万元；扶持资金分两年兑付到位。

（3）鼓励整村流转土地。对于新增整村（社区）土地流转、建立家庭农场、面积在1000亩以上的，一次性奖励10万元；土地面积300亩~1000亩的，一次性奖励5万元。

二、支持农业社会化服务体系建设

（一）植保社会化服务组织

1.建设要求

（1）经工商部门注册登记，组织机构健全，章程制度完备。

（2）从事植保社会化服务必须达到五个环节：全程承包、合理收费、统一购药、统一防治、保证效果。

（3）财务管理规范。财务账册齐全，资金流动明细真实具体。

（4）档案资料齐全。与农户签订规范的病虫防治合同并单独建档，每次防治的具体时间、人员、用药品种、数量等必须记录翔实，并有不少于两张的现场照片。

（5）队伍相对稳定，服务高效规范。有专门的防治人员进行防治，拥有的机械数量与服务面积相匹配，服从区、镇农技部门病虫害统防统治的统一安排。

（6）防治质量符合合同要求，群众满意度达85%以上。

2.扶持标准

对全程提供水稻、小麦统防统治的植保社会化服务组织，水稻病虫防治全程承包每年每亩补助30元，小麦病虫防治全程承包每年每亩补助10元。

（二）农机专业合作组织建设

1.建设要求

（1）依法经工商注册登记，遵守相关法律法规、章程。

（2）建立独立的会计核算和完整的成员账户，财务账册齐全，农机具台账翔实。

（3）单季农机作业面积（不包括机插秧、病虫害统防统治、粮食烘干）达到2000亩以上。

（4）签订规范的作业合同，机具拥有量与作业面积相匹配，提供详细的面积清单，作业质量符合规定或约定标准，社员和公众认可度较高。

（5）农机挂牌率、检验率及驾驶人员持证率达到100%，无责任事故发生。

2.扶持标准

经验收合格，按农机作业面积每亩次补助5元。

（三）水稻集中规模育秧

扶持标准：

（1）连片达到5亩以上的，每亩标准秧池补贴800元；连片10亩以上的，每亩补助1000元。

（2）使用基质育秧的每亩标准秧池另补助1200元。

（3）采用基质与营养土混配使用的，按基质使用比例进行折算。

（四）粮食烘干

1.建设要求

（1）列入农机场库建设规划的农机专业合作社或符合规范建设要求的“家庭农场”及农业企业，购置烘干设备，进行粮食烘干作业。

（2）烘干加工间根据烘干机型号、燃料类型、储粮间、除尘间等具体情况在专业厂家的指导下建设。

（3）财务账册齐全，与服务对象签订规范合同，落实好生产、操作、防火、用电安全等防护措施。

2.扶持标准

经验收，区财政按每烘干1亩次补助10元（购买烘干机械享受区以上财政项目补助的除外）。

（五）农机社会化服务保障能力建设

1.农机机库建设

（1）符合《高港区关于规范农机场库建设的实施意见》（泰高政办发〔2014〕53号）的要求，建设主体为镇街农技（机）部门或村、社区集体经济组织。

（2）大门设计方便机具进出；机库高度不影响机具存放，单体机库的面积不少于1000平方米。

（3）与机主签订农机存放及维修保养合同，负责集中存放农机具的统一保养、维修。

（4）机库不得改变用途。

2.农机4S店（农机服务超市）建设

（1）经工商注册登记，具有独立法人资格。

（2）具有2个以上品牌大型农机具销售代理权。

（3）有常用农机零配件供应、农机维修服务、农机操作培训等服务能力，具备二级以上维修点资格，有必备的维修硬件设施，有专职的持有专业证书的农机修理工2名以上。

（4）具有完善的企业管理、财务等规章制度，有明确的管理、财务、销售、售后服务等责任分工和人员，有详细的维修记录。

（5）新建销售门市、维修车间、配件间、仓库、培训室等设施，面积在1000平方米以上。

3.镇街农机综合服务合作社建

设

（1）建设主体为镇街农业服务中心。

（2）具有农机作业、维修服务、技术培训能力。

（3）对辖区农机购置、作业等进行管理、服务。

（4）拥有所有权的机械原值达100万元以上。

（5）符合农机机库建设要求。

4.扶持标准

单独建设并开展服务的，按下述标准进行扶持：

（1）经验收，达到农机库建设标准的一次性补助机库建设主体20万元；对机库中集中存放的、在使用年限内能正常使用的、接受管理部门管理的大型农机具每年按购机价5%补助维护保养费用（大型农机具主要指联合收割机、6行以上高速插秧机、75马力以上拖拉机、秸秆还田机等，并进入江苏省农机购置补贴目录）。

（2）经验收，达到农机4S店（农机服务超市）建设标准的一次性补助建设主体20万元。

（3）经验收，达到镇街农机综合服务合作社建设标准的，除享受本办法规定的相关扶持政策外，区财政对新购置的机械，按剔除国省补贴后价格的20%投资入股。合作社运转三年，经组织评估，达到运转正常、管理有序、财务规范、基层认可度较高，有一定社会和经济效益的，财政投股改为财政补助；反之，由镇街负责归还区财政投资。

整合上述功能，进行综合建设和服务的，相关基础设施建设不重复补助。

三、建立农业规模经营灾害风险补偿基金

1.基金来源：政府拨款、社会捐赠、其他收入。

（1）政府首期安排启动资金300万元，此后每年根据收支情况，由财政补足300万元。

（2）鼓励社会各界自愿捐赠资金。

（3）其他收入。

2.区财政局对农业生产灾害风险补偿基金实行专账核算，专项管理，专款专用，封闭运转。

3.农业生产灾害风险补偿基金的补助对象：全区所有经农业部门审核、工商部门注册登记、种植粮食的农场；连片5亩以上的设施蔬菜种植户；市级以上规模养殖场（户）。

4.启动农业生产灾害风险补偿基金的条件：第3条所列的补助对象在生产“米袋子”“菜篮子”产品的过程中，因遭受台风、冰雹、洪涝、干旱、毁灭性病虫害等不可抗拒的自然灾害，或者遭受其他特殊意外事故导致减收且损失达到50%以上的，在遭受灾害时积极采取有效补救措施，但无法挽回损失的。

5.农业生产经营风险补偿基金的申请补贴程序：由受灾对象在受灾日后七个工作日内提出书面申请报各镇（街道）农经站，经各镇（街道）人民政府（办事处）核查后，报区农委。区农委联合区财政等部门组织专家进行审核确认。

6.启动农业生产经营风险补偿基金时，补助标准是按受灾时发生的实际损失剔除保险公司理赔金额后的30%进行封顶补偿。

7.补助资金只能用于农业生产恢复、发放农民工资、土地流转租金等方面，不得作其他用途。补助金额确定后，由区财政局按程序及时通过“一折通”发放，特殊情况下也可将补助资金直接支付上述费用。

8.有下列情形之一的对象，农业生产经营风险补偿基金将不予补助。

（1）未经区政府农业产业结构调整项目审批的，或未在区政府及农业部门备案的。

（2）超出申报时限的。

（3）受灾后不采取有效补救措施放弃管理等人为因素造成损失的。

（4）不服从管理、指导的。

（5）不参加政策性农业保险的。

四、考核验收办法

1.水稻集中育秧于每年5~6月组织考核验收；家庭农场、农机库、农机服务超市、镇街农机综合服务合作社建设项目于每年12月组织考核验收；农业规模经营风险补偿及时核查，其他项目于每年7月、12月分两次考核验收。

2.各镇街每季在规定时间内及时向区农委、区财政提出书面申请，同时提供相关证明材料，由农委、财政等部门联合进行考核验收。

3.经区验收、核查并公示无异议后，区财政于一个月内一次性将扶持资金拨付至镇街，镇街应于资金到账后10个工作日内兑现给扶持对象。农业规模经营风险补偿按前述规定办理。

五、附则

1.本办法所涉奖补资金，由区财政根据近年农业奖补资金发放及当年现代农业建设、财政收入增长情况，提出资金使用规模，列入支出预算。

2.本办法自印发之日起实施，此前相关奖励扶持规定与本办法不一致的，一律以本办法为准，不重复奖励；本办法未涉及事项仍按原政策执行。

3.本办法执行期限暂定三年。

4.本办法由区农委、区财政局负责解释。

统计资料

2015年高港区行政概况一览表

表42

指标名称	单位	年末数
一、总户数	户	80846
二、户籍人口	人	262680
其中:城镇人口	人	164122
三、常住人口	人	252200
四、出生人口	人	2800
五、死亡人口	人	2420
六、土地面积	平方千米	286.83
其中:建成区面积	平方千米	17.25
七、镇政府	个	4
八、街道办事处	个	3
九、居民委员会	个	50
十、村民委员会	个	40
十一、亿元以上市场	个	3
十二、列统工业企业数(2000万元以上)	个	228
其中:大中型工业企业	个	37
十三、限额以上批发和零售、住宿和餐饮单位	个	104
十四、规模以上服务业企业	个	96

2015年高港区人口及其变动情况一览表

表43 单位:户、人

指标名称	全区合计	口岸街道	刁铺街道	许庄街道	永安洲镇	白马镇	大泗镇	胡庄镇
总户数	80846	23019	7191	12105	8407	6617	10244	13263
总人数	262680	70536	23520	39564	31015	22283	33399	42363
#男	132729	35216	11569	19769	15236	11515	17571	21853
女	129951	35320	11951	19795	15779	10768	15828	20510
出生人口	2800	842	255	435	349	223	334	362
#男	1521	432	137	246	192	123	184	207
女	1279	410	118	189	157	100	150	155
死亡人数	2420	539	180	394	279	226	319	483
#男	1364	285	112	226	151	126	182	282
女	1056	254	68	168	128	100	137	201

续表43

指标名称	全区合计	口岸街道	刁铺街道	许庄街道	永安洲镇	白马镇	大泗镇	胡庄镇
迁入人数	1256	397	136	204	90	88	159	182
#省内	641	248	80	109	41	30	64	69
省外	615	149	56	95	49	58	95	113
迁出人数	957	411	48	91	100	60	68	179
#省内	490	200	20	53	51	22	22	122
省外	467	211	28	38	49	38	46	57

2015年高港区社会经济基本情况一览表

表44

指标名称	计量单位	数值
一、人口、就业及土地面积		
年末总人口	万人	26.27
#女	万人	13.00
年平均人口	万人	26.25
年末常住人口	万人	25.22
#城镇人口	万人	15.76
当年出生人口	人	2800
当年死亡人口	人	2420
年末总户数	户	80846
从业人员	万人	15.29
第一产业	万人	2.68
第二产业	万人	6.74
第三产业	万人	5.87
年末单位从业人员	人	119107
#女	人	27350
（一）按国民经济行业分组		
#采矿业	人	15
制造业	人	50259
电力、热力、燃气及水生产和供应业	人	218
建筑业	人	51388
批发和零售业	人	5379
交通运输、仓储和邮政业	人	2537
住宿和餐饮业	人	312
信息传输、软件和信息技术服务业	人	89
金融业	人	228
房地产业	人	576

续表44

指标名称	计量单位	数值
租赁和商务服务业	人	383
科学研究和技术服务业	人	297
水利、环境和公共设施管理业	人	271
居民服务、修理和其他服务业	人	170
教育	人	3045
卫生和社会工作	人	1155
文化、体育和娱乐业	人	72
公共管理、社会保障和社会组织	人	2708
#第一产业（农林牧渔业）	人	5
第二产业	人	101880
第三产业	人	17222
（二）按登记注册类型分组		
#国有单位	人	7306
城镇集体单位	人	2252
港澳台商投资单位	人	1338
外商投资单位	人	17030
在岗职工人数	人	109733
#国有单位	人	7227
城镇集体单位	人	2186
港澳台商投资单位	人	997
外商投资单位	人	15881
在岗职工平均人数	人	109997
#国有单位	人	7257
城镇集体单位	人	2007
港澳台商投资单位	人	1014
外商投资单位	人	15322
私营企业从业人员	人	79011
#城镇私营	人	69362
个体从业人员	人	40524
#城镇个体	人	36874
年末城镇登记失业人员数	人	754
行政区域土地面积	平方千米	287
#建成区面积	平方千米	17.25
城市现状建设用地面积	平方千米	33.63
#居住用地	平方千米	8.18

续表44

指标名称	计量单位	数值
公共管理与公共服务用地	平方千米	2.36
商业服务业设施用地	平方千米	1.39
工业用地	平方千米	13.78
物流仓储用地	平方千米	0.96
道路与交通设施用地	平方千米	4.97
公用设施用地	平方千米	1.44
绿地与广场用地	平方千米	0.55
本年征用土地面积	平方千米	1.05
其中:耕地	平方千米	0.59
二、综合经济		
地区生产总值	亿元	377.67
#农业	亿元	7.90
林业	亿元	0.09
畜牧业	亿元	2.13
渔业	亿元	0.76
农林牧渔服务业	亿元	0.23
工业	亿元	207.00
建筑业	亿元	20.72
批发和零售业	亿元	32.21
交通运输、仓储和邮政业	亿元	12.63
住宿、餐饮业	亿元	5.27
信息传输、软件和信息技术服务业	亿元	1.05
金融业	亿元	22.39
房地产业	亿元	16.70
租赁和商务服务业	亿元	16.17
科学研究、技术服务	亿元	7.60
水利、环境和公共设施管理业	亿元	1.94
居民服务、修理和其他服务业	亿元	3.78
教育	亿元	3.92
卫生和社会工作	亿元	3.43
文化、体育和娱乐业	亿元	0.82
公共管理、社会保障和社会组织	亿元	10.93
#第一产业	亿元	10.88
第二产业	亿元	226.91
第三产业	亿元	139.88

续表 44

指标名称	计量单位	数值
人均地区生产总值（按常住人口计算）	元	149899
地区生产总值（2010年价格）	亿元	354.75
第一产业	亿元	8.37
第二产业	亿元	245.78
#工业	亿元	231.97
第三产业	亿元	100.60
地区生产总值指数（上年=100）	—	111.1
第一产业	—	103.5
第二产业	—	111.2
#工业	—	111.5
第三产业	—	111.6
人均地区生产总值指数（上年=100）	—	111.0
三、固定资产投资		
固定资产投资（不含农户）	万元	3046487
#工业投资	万元	1872185
#房地产开发投资	万元	131179
#住宅	万元	125052
固定资产投资本年资金来源		
国家预算内资金	万元	3200
国内贷款	万元	297289
利用外资和港澳台资	万元	—
自筹资金	万元	2838141
其他资金	万元	171082
新增固定资产	万元	2334478
住宅竣工面积	万平方米	34.61
商品房销售面积	万平方米	38.77
#住宅	万平方米	35.47
#别墅、高档公寓	万平方米	3.54
商品房销售额	万元	243106
#住宅	万元	190525
#别墅、高档公寓	万元	18925
待售面积	万平方米	19.03
#住宅	万平方米	18.65
保障性住房本年完成投资	万元	35400
公共租赁住房	万元	4392

续表44

指标名称	计量单位	数值
保障性住房新开工面积	万平方米	8.32
公共租赁住房	万平方米	1.02
四、财政、金融、保险		
财政总收入	万元	585500
上划中央收入	万元	234632
增值税（75%）	万元	190542
消费税	万元	2613
企业所得税（60%）	万元	29272
个人所得税（60%）	万元	12205
一般公共预算收入	万元	350868
#税收收入	万元	289208
#增值税（25%）	万元	72185
营业税	万元	129499
企业所得税（40%）	万元	19515
个人所得税（40%）	万元	8137
一般公共预算支出	万元	317842
#一般公共服务	万元	44791
科学技术	万元	9904
教育	万元	63530
文化体育与传媒	万元	2097
医疗卫生	万元	18814
节能保护	万元	11109
城乡社区事务	万元	65247
交通运输	万元	178
社会保障和就业	万元	21789
住房保障	万元	4064
农林水事务	万元	40199
财政供养人员	人	5805
财政供养人员全年工资总额	万元	35722
年末金融机构各项存款余额（人民币）	万元	3540700
年末金融机构各项贷款余额（人民币）	万元	2330500
保费收入	万元	76014
财产险	万元	14041
人寿险	万元	61973
赔款和给付	万元	14506

续表44

指标名称	计量单位	数值
财产险	万元	7763
人寿险	万元	6743
五、规模以上工业、建筑业		
规模以上工业企业单位数	个	228
1.内资企业	个	199
#国有企业	个	—
私营企业	个	135
2.港澳台商投资企业	个	11
3.外商投资企业	个	18
#高技术产业企业	个	57
#亏损企业	个	28
#国有控股企业	个	3
#轻工业	个	70
#大型企业	个	10
中型企业	个	21
小型企业	个	195
工业总产值（当年价）	万元	17490799
1.内资企业	万元	14839710.0
#国有企业	万元	—
私营企业	万元	6685274
2.港澳台商投资企业	万元	105444
3.外商投资企业	万元	2545645
#高技术产业企业	万元	8027850
#国有控股企业	万元	468619
#轻工业	万元	8503589
#大型企业	万元	9805196
中型企业	万元	3692879
小型企业	万元	3833143
#制造业	万元	17050599
电力、热力、燃气及水生产和供应业	万元	438940
资产合计	万元	8351696
流动资产合计	万元	3922482
固定资产合计	万元	2965506
负债合计	万元	4078218
主营业务收入	万元	17286023

续表 44

指标名称	计量单位	数值
主营业务成本	万元	12568613
主营业务税金及附加	万元	114415
利润总额	万元	1542188
利税总额	万元	2425372
本年应交增值税	万元	768769
全部从业人员年平均人数	人	88028
战略性新兴产业总产值	万元	5211058
建筑企业单位数	个	55
建筑企业从业人员	人	105892
建筑业总产值	万元	4026400
房屋建筑施工面积	万平方米	2511.16
房屋建筑竣工面积	万平方米	1283.36
六、交通运输、邮电通信、电力		
公路里程	千米	799
#等级公路	千米	795
#高速公路	千米	23
一级公路	千米	112
内河港口货物吞吐量	万吨	3135
水上客运量	万人	140.00
邮政局所数	处	12
邮电业务总量	万元	—
#邮政业务总量	万元	18600
邮政业务收入	万元	23000
电信业务收入	万元	23494
固定电话用户	户	79165
#农村电话用户	户	43564
移动电话年末用户	户	281127
# 4G移动电话用户	户	104404
互联网宽带接入用户	户	63494
全年用电量	万千瓦时	—
#工业用电	万千瓦时	70549
城乡居民生活用电	万千瓦时	—
七、批发零售贸易、外经、旅游		
社会消费品零售总额	万元	439733
#批发和零售业	万元	402259

续表44

指标名称	计量单位	数值
住宿和餐饮业	万元	37473
限额以上批发和零售业主要指标		
法人企业个数	个	89
#零售业	个	39
从业人员平均人数	人	6455
商品销售总额	万元	3075264
流动资产合计	万元	1080360
固定资产合计	万元	18649
主营业务收入	万元	2616124
主营业务成本	万元	2375531
主营业务税金及附加	万元	9157
利润总额	万元	31747
应交增值税	万元	52238
进出口总额	万美元	121450
#出口总额	万美元	45468
外商投资企业个数	个	11
协议外资和港澳台资	万美元	28017
实际到账外资和港澳台资	万美元	17270
接待海外旅游者人次数(含一日游)	人次	501
外国人	人	474
港、澳、台同胞	人	27
旅游外汇收入	万美元	—
国内游客	人次	1439957
国内旅游收入	万元	7851.6
星级饭店数	个	2
星级饭店客房总数	间	121
八、市政公用事业、环境保护		
城市维护建设资金支出	万元	82189
供水综合生产能力(包括自备水源)	万吨/日	7
供水总量	万吨	1615
售水量	万吨	1255
#居民生活用水量	万吨	502
用水人口	万人	15.65
用水普及率	%	100
年末公交车路数	路	21

续表44

指标名称	计量单位	数值
出租汽车数	辆	35
供气总量（人工煤气、天然气）	万立方米	1749
#家庭用量	万立方米	362
用气人口	人	61200
液化石油气供气总量	吨	3000
#家庭用量	吨	2000
用液化气人口	人	94600
道路面积	万平方米	805
排水管道长度	千米	268
绿化覆盖面积	公顷	2884
#建成区	公顷	750
绿地面积	公顷	679
#建成区	公顷	679
公园绿地面积	公顷	152
公园面积	公顷	27
污水处理厂数	座	1
污水处理率	%	57.04
#污水集中处理率	%	23.22
生活垃圾无害化处理率	%	100
自然保护区面积	公顷	4515
工业废水排放量	万吨	587
工业废气排放量	万立方米	14.06
工业二氧化硫产生量	吨	1274
工业二氧化硫排放量	吨	1274
化学需氧量排放量	吨	4929
工业氮氧化物产生量	吨	389
工业氮氧化物排放量	吨	389
工业烟（粉）尘产生量	吨	4083
工业烟（粉）尘排放量	吨	428
一般工业固体废物综合利用率	%	93.70
空气质量达到及好于二级的天数	天	241
九、教育、科技、卫生		
学校总数	个	21
#普通高等学校	个	—
普通中等专业学校	个	1

续表44

指标名称	计量单位	数值
普通中学	个	10
职业高中	个	—
技工学校	个	—
小学	个	10
毕业生总数	人	4630
#普通高等学校	人	—
普通中等专业学校	人	771
普通中学	人	1798
职业高中	人	—
技工学校	人	—
小学	人	2061
招生总数	人	4586
#普通高等学校	人	—
普通中等专业学校	人	798
普通中学	人	1813
职业高中	人	—
技工学校	人	—
小学	人	1975
在校学生总数	人	19751
#普通高等学校	人	—
普通中等专业学校	人	2107
普通中学	人	5378
#女生	人	2539
#高中	人	—
职业高中	人	—
技工学校	人	—
小学	人	12258
#女生	人	5484
专任教师总数	人	1784
#普通高等学校	人	—
普通中等专业学校	人	249
普通中学	人	751
职业高中	人	—
技工学校	人	—
小学	人	784

续表44

指标名称	计量单位	数值
幼儿园数	个	13
在园幼儿数	人	5903
学龄儿童入学率	%	100
初中毕业生升学率	%	—
成人高等学校数	所	—
成人高等学校专任教师数	人	—
成人高等学校在校学生数	人	—
成人中专学校数	人	—
成人中专专任教师数	人	—
成人中专在校学生数	人	391
成人高中在校学生数	人	—
从事科技活动人员数	人	4791
R&D人员数	人	3401
R&D经费内部支出	万元	139723
各类专业技术人员数	人	24437
#农业技术人员	人	159
专利申请受理量	件	3177
#发明	件	914
专利申请授权量	件	952
#发明	件	43
体育场馆数	个	5
广播覆盖率	%	100
电视覆盖率	%	100
有线电视入户率	%	—
剧场、影剧院数	个	3
公共图书馆	个	1
公共图书馆图书总藏量	千册、件	176.3
订销报纸杂志累计份数	千份	12592.7
卫生机构数	个	92
#医院	个	3
卫生院	个	5
卫生机构床位数	张	937
#医院	张	446
卫生院	张	210
卫生技术人员	人	1046

续表44

指标名称	计量单位	数值
#执业（助理）医师	人	401
注册护士	人	325
#卫生防疫人员	人	13
医院、卫生院技术人员	人	622
#执业（助理）医师	人	240
注册护士	人	233
十、人民生活		
人均住房建筑面积	平方米	65.1
在岗职工工资总额	万元	627660
#国有单位	万元	59050
城镇集体单位	万元	13390
港、澳、台商投资单位	万元	5273
外商投资单位	万元	91602
在岗职工平均工资	元	57062
居民收支		
#工资性收入	元	22469
经营净收入	元	4373
财产性收入	元	3414
转移性收入	元	4126
居民人均可支配收入	元	28140
#城镇居民人均可支配收入	元	34382
居民人均消费性支出	元	19699
#城镇居民人均消费性支出	元	21867
#食品	元	6036
衣着	元	1738
居住	元	4341
家庭设备用品及服务	元	1363
医疗保健	元	3320
交通和通信	元	2506
娱乐教育文化及服务	元	1966
其他用品及服务	元	597
每百户拥有		
#家用汽车	台	31
消毒碗柜	台	7
洗碗机	台	—

续表44

指标名称	计量单位	数值
固定电话	部	55
移动电话	部	189
#接入互联网	部	139
计算机	台	73
#接入互联网	台	69
电冰箱（柜）	台	82
彩色电视机	台	143
中高档乐器	架	4
照相机	架	22
摄像机	架	4
洗衣机	台	83
居民消费价格指数（上年＝100）	—	—
城镇基本养老保险参保人数	人	166455
城镇职工基本养老保险参保人数	人	61488
城镇居民社会养老保险参保人数	人	102659
城镇基本医疗保险参保人数	人	240977
城镇职工基本医疗保险参保人数	人	72408
城镇居民基本医疗保险参保人数	人	168569
失业保险参保人数	人	—
工伤保险参保人数	人	43326
生育保险参保人数	人	40329
社会福利收养性单位数	个	10
社会福利收养性单位床位数	张	1200
社区服务设施数	个	179
城市社区综合服务设施覆盖率	%	100
城镇居民最低生活保障人数	人	305
农村居民最低生活保障人数	人	3700
十一、社会治安		
刑事案件立案数	件	145
罪犯罪人数	人	162
#青少年人数（14~25岁）	件	31
交通事故死亡人数	人	—
交通事故损失额	万元	—
火灾死亡人数	人	1
火灾损失金额	万元	45.32

索 引

主题分析索引说明

1.本索引采用主题分析法提取,部分则选用关键词。

2.本索引按首字汉语拼音字母顺序排列。

3.索引名称后的数字表示内容所在的页码,数字后面的a、b、c分别表示左栏、中栏和右栏。

4.图片、表格分别在页码出处后标注“图”或“表”字。

A

B

C

D

E

F

G

H

J

M

N

P

Q

R

S

T

W

X

Y

Z

机关、园区、镇街、社区选介

泰州市高港区人民法院

院 长 陈富贵

全年共受理各类案件4723件，审、执结4008件，比上年分别增长22.01%、24.82%。结案标的额10.79亿元，增长64.73%。受理各类刑事案件168件，审结147件，分别增长33%、40%，判处罪犯209人。受理各类民事案件2144件，审结1874件，分别增长13.92%、16.98%；调解率50.83%。受理各类商事案件577件，审结496件，分别增长65.33%、83.03%，标的额3.90亿元。受理执行案件1785件，执结1444件，分别增长33.81%、36.48%，执行到位标的额1.47亿元。获评全省法院执行工作先进集体、党建工作先进集体；全市十佳示范政法单位、廉政文化建设示范点、模范职工之家，全市法院便民诉讼先进单位。

江苏省法院党组书记、院长许前飞（左一）考察高港区人民法院

泰州市委常委、秘书长、政法委书记张余松（前左四）考察驻交警二大队“何芬法官工作室”

主动服务区重点企业

家事审判改革亮点工作新闻发布会

“七位一体”便民诉讼

“何芬法官工作室”金融法制讲座

“基层法官百村行”危险驾驶巡回法庭

“道德讲堂”活动

“凌晨执行”破解“执行难”

泰州市高港区人民检察院

检察长 华为民

2015年，高港区人民检察院共办理审查逮捕案件55件87人，审查起诉案件133件218人，无一出现错漏。坚持宽严相济，对20名犯罪嫌疑人作出不批捕、不起诉决定；刑事案件办结率达100%。查办贪污贿赂犯罪7件7人，查办渎职犯罪2件2人，其中涉及科级以上干部4人。结合典型个案召开案例剖析会，强化警示效应。开办“法治与责任”预防渎职侵权犯罪巡展，深度剖析“软腐败”风险，在全体公职人员中强化“既要廉政、也要勤政”的从业认知。立案监督6件8人，开展的刑事案件见证人见证情况专项核查，被评为全省检察机关“2013~2015年度十大优秀侦查监督活动”。检察长列席区法院审判委员会讨论案件并发表意见2次，均得到采纳。向行政机关发出纠正违法或检察建议13份，监督收监执行5人。对25家行政部门的150本执法案卷进行分析，就梳理出的11类问题向有关单位发出督促履职建议5份。出台《信访接待“八要八忌”规定》，审查处理刑事申诉9件，开展国家司法救助5件，发放救助金4.30万元。放大“陈新群众工作示范岗”的品牌效应，不断丰富检察群众工作外延。提供涉法涉诉预约服务120余次，成功化解矛盾纠纷14件，继续保持涉检赴省进京“零上访”。加强与代表委员的常态化联络，邀请观摩评议庭审、视察办案场所53人次；加大案件信息公开力度，公开信息、文书等410份，相关做法被最高人民检察院、省人民检察院《简报》转发。检务保障水平进一步提升，创成全区首家五星级档案室，检察为民服务中心、侦查指挥中心、刑事直诉办案区相继建成使用。

2名干警分别入选全国检察机关刑事申诉专门人才库和全省检察机关预防人才库，1名干警被评为全省检察机关“十佳侦查员”，袁亚琴获评“敬业奉献中国好人”和“泰州市最美法治人物”，金秋桦被省人民检察院记二等功一次并获评“高港区十大杰出青年”，陈新获评“泰州市我最喜爱的共产党员”。2篇论文分获“第十届中国法学家论坛征文”优秀奖和全国检察机关“2015年度刑事执行检察重点课题研究”三等奖。全年在省级以上刊物发表文章69篇次，编发《检察简报》9期、《情况反映》31期。

到大泗镇佴庄村开展“三严三实”专题调研

省、市领导视察区人民检察院非公预防示范点建设

开展走访调研，护航企业经济发展

出庭公诉

举报宣传周活动

“牵手朝阳·校园卫士”未成年人关护工程

规范司法专项整治

向市、区两级代表委员通报检察工作

中共泰州市高港区委区级机关工作委员会

区委区级机关工委按照走前头、作表率的要求，以服务中心、建设队伍为目标，以“两学一做”学习教育活动为契机，加强机关党的思想、组织、作风、制度和反腐倡廉建设，努力提高区级机关党建工作规范化、制度化、科学化水平。

学习型党组织建设 认真抓好经常性教育。在机关党员干部中开展“争做勤廉公仆，服务转型升级”等系列活动，将活动安排与“三会一课”有机结合起来，做到主题突出、内容丰富、形式多样。扎实开展专题学习教育。深入开展“两学一做”学习教育，党员干部以身作则，率先垂范，将专题学习教育与推进“三大主题”工作相融合，做到两手抓、两促进。创新开展教育培训。举办党员发展对象和新发展党员培训班，开展形式多样、丰富多彩的心得交流、社会实践等活动,做到培训内容、培训制度、培训理念、培训方式四个创新，收到良好的效果。

服务型党组织建设 深化机关服务品牌创建。通过举办创建培训班、以会代训、逐单位个别指导、品牌展示等活动，持续推进机关服务品牌创建，“周末高港·党员关爱服务行动”“涉法涉诉预约服务”获市文明优质服务品牌，7家单位创成市级服务品牌，23个品牌初见雏形。推进党建规范化建设。根据规范、细化的内容和标准，抓好机关党建工作督查评比。积极推行“一岗双责”工作机制，实行“四个同时”，使党组织和党员的组织生活制度化、规范化、经常化。强化党风廉政建设。制定党风廉政建设责任清单、负面清单、监督清单，进一步完善党风廉政建设制度，落实“两个责任”，着力营造不敢腐、不能腐、不想腐的政治氛围。

创新型党组织建设 切实改进工作作风，通过开展市、区“党员示范岗”创建等活动，进一步完善服务守则，规范服务行为，提高服务质量，创新服务方式，提升服务形象，机关作风建设得到广泛认可，满意率进一步提高。充分发挥载体作用，常态化开展“周末高港·党员关爱服务行动”，组织开展“点亮微心愿、助力微梦想”、转型升级进企业等各类主题活动，全区1500余名党员志愿者累计开展各类公益服务50余次，投入资金近300万元，服务群众2万余人，慰问帮扶社会弱势群体400余人次，关爱帮扶留守儿童1000余名。“党员服务队”获市十佳志愿服务组织。

泰州市高港区经济和信息化委员会

主 任 秦荣生

2015年，高港区完成工业总产值1871.90亿元，比上年增长20.70%；规模以上工业产值、销售、利税、利润分别达1739.80亿元、1719.70亿元、251.50亿元和153.90亿元，分别增长20.10%、22.60%、28.30%和25.10%。全年实施1亿元以上重大工业项目46个，工业投资187.20亿元，增长48.40%。扬子江药业集团入选中国质量奖提名奖，为唯一获“全国质量标杆企业”的医药行业企业；泰州益嘉物流有限公司被认定为省级重点物流企业；泰州口岸船舶有限公司被认定为省级工业设计示范企业；泰州市博泰电子有限公司、江苏宇马铝业有限公司获批省级企业技术中心；江苏扬泰电子有限公司、泰州中航船舶重工有限公司、益海（泰州）粮油工业有限公司等8个企业获批市级企业技术中心；益海（泰州）粮油工业有限公司、泰州市旺灵绝缘材料厂、江苏宇马铝业有限公司、江苏华夏重工有限公司等10个企业获评泰州市转型升级示范企业；核心港区粮油食品产业集群被认定为江苏省特色产业集群；许庄街道乔杨社区被认定为江苏省农村信息化应用示范基地；益海（泰州）粮油工业有限公司被认定为省“两化”融合示范企业，万向精工江苏有限公司被认定为省“两化”融合试点企业；江苏保力自动化科技有限公司、泰州天鑫机械有限公司、泰州市天圣针织机械实业有限公司、江苏昆仑光源材料有限公司等4个企业被认定为泰州市“两化”融合示范企业，江苏扬泰电子有限公司、泰州市银杏织锦有限公司、泰州市汇锦电子有限公司、江苏浩瀚蓝宝石科技有限公司、泰州新安阻燃材料有限公司等5个企业被认定为泰州市“两化”融合试点企业；临港经济园通过省“两化”融合示范园区复核。

区领导调研榕兴抗粘敷料有限公司

泰州市高港区城市管理委员会办公室
泰州市城市管理行政执法局高港分局

区城管办党组书记、主任
区城管执法分局局长 张万卿

2015年，区城管办以优秀管理城市、文明城市复检、国家生态区创建为抓手，不断提升城市管理水平。29个城市环境综合整治项目全部完成并通过验收。加强市容市貌管理，开展占道经营、户外广告、工程渣土车辆等专项整治。做好环境卫生管理，更新环卫设施，提升环卫机械化作业水平。推进城乡垃圾处理一体化，全年生活垃圾无害化处理量约5.09万吨，处理率达100%。拆除违法建设205处、22640平方米。收集各类数字城管案件信息35070件，立案35049件，办结35016件，处置率99.84%，及时处置率96.06%。高港区获泰州市村庄环境长效管理、城市环境综合整治、市区防违控违考核第一名。区城管办获泰州市创建全国文明城市集体三等功、全市城管系统绩效管理目标考核第一名。

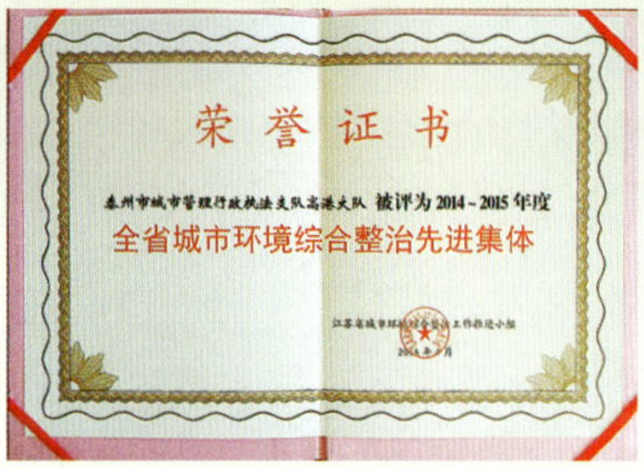

泰州市高港区发展和改革委员会

主 任　王 庆

2015年，区发展改革委着力破解发展难题，强化综合协调服务，抓好固定资产投资，加快发展服务业，推进重大项目建设，出色完成各项工作目标任务。全区固定资产投资完成304.65亿元，比上年增长23.20%。服务业增加值占GDP比重达37%；完成服务业固定资产投资117.43亿元，服务业产业投资95.50亿元，增长38.97%，获市服务业发展先进市（区）一等奖；“项目大突破”工作取得卓越成效，全区新开工1亿元以上项目60个，其中，10亿元以上项目5个，30亿元以上项目2个。年内，区发展改革委被评为泰州市文明单位。

区领导调研区发展改革委工作

泰州市高港区商务局

局长 陆波

2015年，高港区商务局深化思想认识，创新工作方法，各项工作再创佳绩，全年完成进出口总额12.15亿美元，比上年增长17.81%。其中，进口7.60亿美元，增长4.26%；出口4.55亿美元，增长50.51%；社会消费品零售总额43.97亿元，增长9%，其中，批发贸易额18.29亿元，零售贸易额21.94亿元。外经实现营业额5119万美元，完成市交任务的108.91%，增长20.70%；新设境外企业5个，完成市交任务的166%，新增境外投资2203.75万美元。全年原粮收购123643吨，其中，小麦30944吨，粳稻92699吨；累计销售27951吨，其中，小麦13239吨，粳稻14712吨。年内，高港区被评为江苏省农村电子商务示范县，获泰州市项目大突破利用外资特等奖、泰州市开放型经济工作目标考核一等奖。

区商务局党委选举区第五次党代会代表党员大会

高港区创建国家级经济开发区领导小组会议

区商务局开展“两学一做”集中学习活动

区商务局支部改选党员大会

高港区企业上市工作座谈会

泰州市高港区农业委员会

主 任　李明荣

2015年，高港区粮食生产实现十二连丰，平均亩产475.30千克。畜禽养殖平稳发展，生猪、蛋禽、奶牛和山羊规模养殖比重分别达84.24%、97.28%、100%和52.68%。有序推进土地适度规模经营，小农场、农业龙头企业、农民专业合作社和专业大户分别达214个、18个、328个和186户，新型规模经营主体规模经营面积6647公顷，占承包耕地面积比重62.40%。实施高标准农田项目1000公顷。推广各类农机具274台（套），农机化综合水平达82%。推动农业社会化服务组织建设，经工商注册登记的农业社会化服务组织106个，全区专业化统防统治和联防联治覆盖面67.60%。农产品质量安全追溯监管信息平台运行率100%，农产品质量抽检合格率100%。新申报无公害农产品68个，绿色食品3个，有机食品24个。全区“三品”产量占比56.71%，在全市率先完成农业基本现代化进程监测指标，获评2015年度泰州市农产品质量安全绩效考核优胜单位。完成成片造林222.27公顷，森林抚育面积666.67公顷，建成省级村庄绿化示范村10个。农业利用“三资”24.79亿元，其中，1000万元以上农业内资项目19个，总投资15.36亿元。农业实际利用外资和港澳台资600万美元，农产品出口1823.72万美元。高港区政府被泰州市委、市政府评为市农业农村工作一等奖，区农委被泰州市委、市政府评为扶贫开发工作先进集体。

全区农业系统工作会议

泰州市委副书记、市长史立军（左二）考察上膳源泰州农场

到黄桥战役纪念馆重温入党誓词

江苏西来原生态农业有限公司

义务植树活动

上膳源泰州农场连片大棚

泰州市高港区住房和城乡建设局

局长 孙跃

2015年，全区实施重点城建项目60个，完成投资71.60亿元。开工建设城市主次干道13条、38.77千米，完成投资12.85亿元。动迁项目7个，搬迁797户，拆除合法房屋面积约21.47万平方米。开工住宅面积70万平方米，竣工面积40万平方米。完成市政公用设施投入4亿元，市政设施完好率、路灯亮灯率分别达95%、99%以上。铺设燃气主管网30余千米，管道燃气达镇率100%。新增绿地面积98.36万平方米，绿化覆盖率43.36%。实现全区82个行政村、245个自然村村庄环境整治长效管理全覆盖，顺利通过国家生态区考核验收。胡庄镇宗林村和永安洲镇福沙社区成功创建三星级康居乡村并通过省级验收。完成建筑施工总产值431.69亿元，工程结算收入228.69亿元。年内，区住房和城乡建设局被区委、区政府评为2015年度效能建设先进单位。

区领导调研城建工作

龙湖美景一、二期

全民健身中心

永安洲实验学校

高港基督教堂

新港大道

口岸雕花楼景区停车场

美丽乡村——永安洲镇东江社区

泰州市高港区环境保护局

局 长 左祥生

高港区国家生态区建设考核验收汇报会现场

2015年，高港区域集中式饮用水源水质达标率、覆盖率和地表水水质达标率均为100%，长江高港区段水质达Ⅱ类标准，口岸闸、口岸桥等考核断面水质为Ⅲ类。区域声环境质量达到《泰州市区域环境噪声标准适用区域划分》规定标准，城市环境噪声达标区建设覆盖率100%，区域环境噪声、交通噪声符合相应标准。区域环境空气质量持续改善，城市环境空气质量优良率比上年上升6.60%，PM2.5浓度年均值下降10.50%。1月19日，通过国家生态区技术评估。11月21日，通过国家级生态区考核验收。区环保局获全市环保工作一等奖，获区人民满意机关、创新创优一等奖等称号。

高港区纪念第45个世界环境日暨首届高港区最美绿色庭院颁奖仪式

市委书记蓝绍敏（前中）调研高港区生态建设工作

环保部考核组考核验收高港区国家生态区创建工作

区委书记顾萍（女，前中）调研生态建设工作

副区长李新美（女，中）调研水源保护区生态修复工程

局长左祥生（右二）检查化工企业环保工作

泰州市高港区水利局

局 长 陈宝进

2015年，高港区水利工程建设总投资1.50亿元，共开工建设防洪减灾、城市水利建设、农田水利建设、污水设施建设等15项工程。全年农村河道疏浚整治投资1.05亿元，疏浚河道18条49.35千米，岸坡防护33.39千米，拆建电灌站86个，新建及改造渠道89.31千米，新建涵洞104个，水泥路3.87千米。凤栖湖水生态治理项目投资5000万元，完成土方61.80万立方米，实施护岸2.96千米，环湖路2.75千米，湖形开挖和环湖路完工，张马支沟闸站工程、集成中沟闸桥工程和湖区景观绿化工程相继开工建设。投资1000万元，启动实施刁东中沟闸站、许庄河闸、宣堡港闸等闸站工程。投资280万元沿通港路、王营路铺设供水管道1.38千米，有效解决王营路附近锦绣珑湾等小区的供水需求。永安洲污水处理厂二期扩建工程经过两年的努力，完成全部工程量。开展农田内外三沟集中修整清理，全区出动4.10万工时，清理外三沟61千米。

口岸闸

洁净的城区河道

水利部水资源司副司长石秋池（女，前右二）考察凤栖湖水生态治理项目建设情况

国家防汛抗旱指挥部领导视察高港区同兴闸抛石工程

区委书记顾萍（女，前右二）视察防汛工作

区水利局"两学一做"学习教育动员部署会

高港区防汛抢险军地联合演练

泰州市高港区科学技术和知识产权局

局 长　邱小平

2015年，高港区完成高新技术产业产值899.67亿元，比上年增长19.10%，占规模以上工业产值51.71%；全社会研发投入占地区生产总值3.76%。获批各类科技计划项目200余项。获批省级科学技术奖2项，市级科技进步奖7项，评选出区科学技术一、二、三等奖20项。新签订产学研合作协议项目60项，新建产学研联合体16个。新增省级工程技术研究中心1个、省级研究生工作站2个、市级工程技术研究中心2个。获批江苏省可持续发展实验区，许庄街道和胡庄镇获批江苏省创新型试点乡镇。“泰晶e空间”获批省级“众创空间”品牌。省工程技术文献信息高港区分中心落户运转。13个企业获批省“苏科贷”，获批各级各类科技贷款3150万元。申请专利3177件，其中发明专利914件；专利授权952件，其中发明专利授权43件；万人拥有发明专利12.05件。高港区获批国家知识产权强县工程试点区，试点时限自2015年12月至2017年12月。获批省知识产权贯标先进单位2个、新增省贯标备案企业11个。高港区获全市科技创新工作先进市（区）二等奖。区知识产权局被评为江苏省知识产权执法维权工作先进单位。

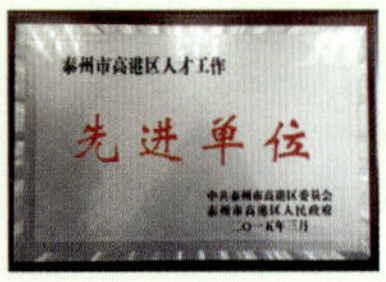

2015年江苏省文化科技卫生“三下乡”活动科技分团江苏农村科技服务超市现场咨询活动

全市首个社区地震主题科普馆在蔡滩社区揭牌

全市首个社区地震主题科普馆内景

江苏省工程技术文献信息高港分中心揭牌暨业务培训会

高港区“科技+金融”融合发展对接会

高港区科技创新政策落实推进会

高港区科技产业招商专题发布会

泰州市高港区教育局

区委教育工委书记、区教育局局长　李俊仁

2015年，高港区教育系统围绕“学有优教”战略目标，深化综合改革，加强学校管理，不断推进教育现代化建设进程。实施校舍安全工程，口岸实验学校投入使用，完成高港实验小学和高港中等专业学校综合楼加固改造，孔桥实验学校、海军小学等学校规划建设方案基本完成。继续与常州市武进区实施“跨江联动”战略，落实“送培到校”系列活动，选派教师参加跟踪培训。3个教育科学“十二五”重点规划课题开题研究，实现省级重点规划课题零的突破。9名优秀教师参加出国（境）交流学习，高港实验学校与荷兰范德卡佩伦公共学校结为友好学校。投入600余万元，在全市率先、全省领先实施新一轮校车安全工程。全区有中小学、幼儿园36所，其中，中专1所、高中2所、初中8所、九年一贯制学校2所、小学10所、幼儿园13所。中小学生24884人，在园幼儿5298人。教师2508人，其中，中专249人、高中412人、初中753人、小学791人、幼儿园303人。省特级教师3人，省特级教师后备人才4人，市级骨干教师152人。

全国义务教育改革发展现场经验交流会高港实验小学现场

区领导开展教师节走访慰问活动

“学科优质化项目”签约仪式

首届“区长杯”足球赛

学生参加劳动实践

《义务教育学校管理标准》现场观摩会

高港区第三届中小学“校长亮台”论坛活动

新一轮校车安全工程启动

泰州市高港区文体旅游局

局 长　卞晓江

2015年，高港区加快推进文体阵地建设，高港历史文化展示馆、国学文化启蒙馆、中华武进士馆建成开放，高港美术馆（书画院）主体完工，全民健身中心二期工程全面动工。完成90%的“农村15分钟体育健身圈”建设，推动“优秀村居体育健身站点”建设。组织开展文化下乡和精品文艺创作，推进文保单位保护修缮，保护传承传统文化，加强文化市场监管。举办较大规模文艺演出40余场、全民健身活动60余项次。成功举办“高港杯”第二届全国象棋青年大师赛、承办泰州市首届市民才艺大赛器乐大赛活动，举办“大江放歌”广场文艺演出8场、“文化港城行”基层巡演8场、“苏演院线大江剧院”专场演出6场。编印出版《高港文艺》4期。全区文化产业增加值占GDP比重7.11%，单项考核名列全市第一。全区年内共接待游客62.10万人次，比上年增长72.90%，实现旅游总收入8731.16万元，增长20.06%，新创成省四星级乡村旅游点、三星级乡村旅游点各1个，旅游产业带动周边就业1334人。年内，区文体旅游局获评2015年度高港区人民满意机关、2015年度高港区创新创优一等奖。

第三届社区文艺调演

“大江放歌”广场文艺演出

江苏省委常委、省纪委书记弘强（女，前左）在泰州市委书记蓝绍敏（前右）的陪同下参观口岸雕花楼景区

江苏省人大常委会党组书记、常务副主任蒋定之（前左二）参观口岸雕花楼景区

泰州市委书记蓝绍敏（右一）考察口岸雕花楼景区

泰州市人大常委会专题视察高港区旅游工作

举办第十一个全国“文化遗产日”宣传活动

2015年“高港杯”第二届全国象棋青年大师赛比赛现场

“苏演院线”大江剧院演出现场

高港区元宵民俗展演活动现场

泰州市高港区卫生和计划生育委员会

主 任 陈新兵

2015年6月，高港区卫生局和高港区人口和计划生育委员会合并为高港区卫生和计划生育委员会（简称卫生计生委）。机构改革后，区卫生计生委内设9个科室，核定行政编制13名、行政附属编制1名、全额拨款事业编制5名，现有行政编制12名、行政附属编制1名、全额事业编制4名。核定主任1名、副主任5名，现有主任1名、副主任2名、副书记1名、副主任科员1名，按规定设纪委书记1名。整合区疾控中心妇幼科与区计划生育宣传技术指导站资源，成立区妇幼保健计划生育服务中心，全面履行妇幼保健服务职能。各镇街计划生育技术服务职能及设备全部划入各镇（街道）卫生院（医院），挂“XX镇（街道）妇幼保健计划生育服务站”牌子。各镇（街道）计划生育管理工作仍由镇（街道）负责。全区共有医疗单位96个，其中，市第三人民医院、区疾控中心、区卫生监督所、区妇幼健康计划生育服务中心各1个，镇街卫生院10个，民营眼科医院、儿科医院各1个，村卫生室（社区卫生服务站）77个，个体诊所3个。编制病床898张，实际开放病床880张，卫生技术人员1046人，门诊、急诊918671人次，住院20670人次。其中，泰州市第三人民医院编制病床400张，实际开放病床400张，卫生技术人员337人，门诊、急诊204608人次，住院9931人次；高港中医院编制病床120张，实际开放病床120张，卫生技术人员128人，门诊、急诊168414人次，住院3406人次。现有医务人员1046人（编内551人，编外495人），注册医生529人，每千人拥有医生数为2.04人，注册护士431人，床护比为2.08。高港区顺利通过“十二五”江苏省人口协调发展先进区终期评估，获评江苏省国家免费孕前优生健康检查项目临床检验室间质评优秀县。高港区卫生计生委被评为江苏省2015年统计规范化建设部门统计示范点，获泰州市卫生计生系统考核一等奖、泰州市创建全国文明城市突出贡献集体嘉奖。泰州市第三人民医院（高港人民医院）获评2015年度泰州市平安医院创建先进集体。高港中医院内儿科被评为泰州市2015年中医护理示范岗。大泗镇卫生院获评国家级2014～2015年度群众满意的乡镇卫生院，胡庄镇史庄村计生协获评全国计生协先进单位。

参加政风行风热线活动

名老中医学术传承工作团队揭牌

全市基层中医药服务能力提升工程现场会在高港区召开

调研基层卫生工作

医药卫生体制改革政情通报会

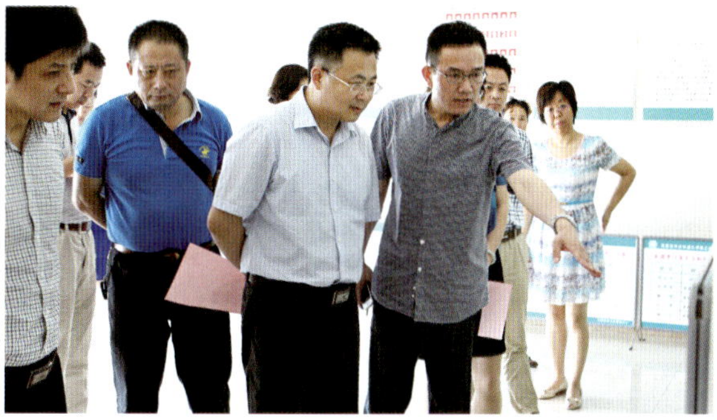
建设“一院一品”现场会

村卫生室提升工程现场会

邀请市级专家开展慢病培训

名医巡诊活动

泰州市高港区财政局

局长 张琴

2015年，区财政局紧紧围绕区委、区政府的各项决策部署，以推动经济社会转型升级为统领，充分发挥财政职能，积极开展各项工作，努力壮大地方财源，组织财政收入，深化改革创新，各项任务按序时完成，推动全区经济社会又好又快发展。全年共完成财政总收入81.66亿元，比上年增长15.76%。一般公共预算收入35.09亿元，增长22.40%。其中，税收收入28.92亿元，完成目标任务的104.80%，增长22.66%，增幅列全市第一。一般公共预算收入规模首次超过姜堰区。一般公共预算支出31.78亿元，政府性基金支出22.20亿元。年内，区财政局获评2015年度高港区人民满意机关。

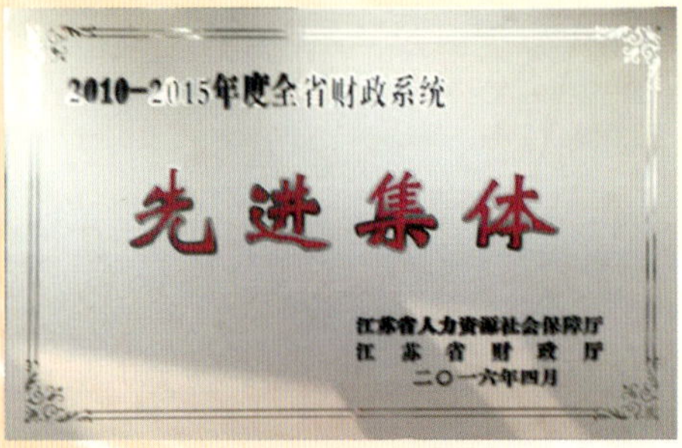

区领导调研区财政局

泰州市委督导组督查区财政局“两学一做”学习教育

镇街财政干部技能竞赛

党员会议

组织机关干部参观新四军黄桥战役纪念馆

区财政系统第九届职工运动会开幕式

泰州市高港区民政局

江苏省民政厅副厅长章大李（前右三）考察许庄街道社会救助窗口

民生保障　强化兜底作用，基本民生保障明显增强。2011年7月起，在全省率先实行最低生活保障标准城乡一体化，并建立健全自然增长机制，城乡最低生活保障标准分别由每人每月340元和210元提高到目前的每人每月590元。

医疗救助　健全困难群众医疗救助制度，缓解困难群众看病就医难问题。2012年起建立“一站式”医疗救助平台，民政救助对象可在全区13家定点医院内实时结报。

“救急难”全国试点单位　指导各镇街依托社会管理中心平台设立“一门受理”窗口，村（居）依托社会事业工作站设立“协助办理”窗口，打通化解急难问题的“绿色通道”。2015年7月，高港区被民政部、财政部确定为国家级“救急难”综合试点单位。

养老服务机构建设　2013年12月，区政府投资2000余万元建成区老年养老院，并交由市第三人民医院管理运营，实现养老机构和医疗机构的资源互补和共享。从2013年起，以“三有三能六达标”为目标，加强各镇街敬老院规范化建设。截至2015年底，各镇街先后投入700余万元用于敬老院升级改造。

老年福利保障　每年投入1200余万元发放尊老金，标准处于全省领先水平。加大五保供养力度，五保对象平均供养标准为7680元，医疗统筹费1000元，为全市最高。

烈士陵园建设　在口岸街道引江社区兴建烈士陵园，占地面积8738平方米，由革命烈士纪念馆、纪念碑、纪念广场、烈士墓4个部分组成。

泰州市委书记蓝绍敏（左二）慰问高港区困难群众

泰州市委副书记、市长史立军（前右一）慰问高港区困难群众

区领导集体参观新建成的高港区革命烈士纪念馆

泰州市人大常委会副主任、时任区委书记王建（前中）带队慰问“泰州舰”官兵

区领导八一期间慰问驻泰官兵

高港区社会组织发展暨社区工作准入推进会

高港区社区综合体制改革推进大会

泰州市高港区人力资源和社会保障局

局 长 匡裕民

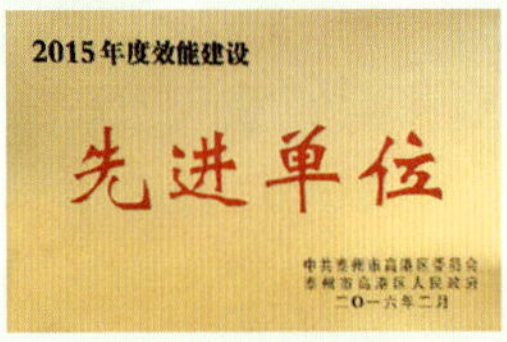

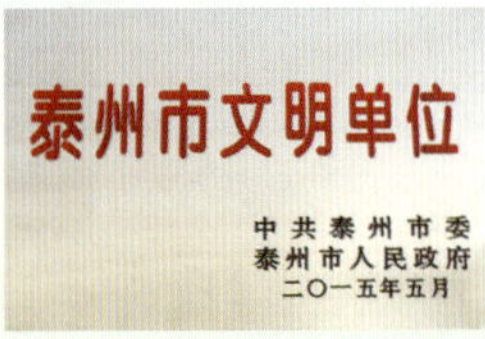

2015年，高港区城镇新增就业12715人，新增创业7151人，带动就业22053人；城镇登记失业率1.79%，继续保持全市最低。城镇职工基本养老保险、医疗保险参保人数分别为6.15万人、7.24万人；城乡居民基本养老保险参保人数为5.65万人，城乡居民基本医疗保险参保率100%。职业技能鉴定获证人数4534人。引进高层次人才218人，其中海外人才42人。全年招聘事业单位工作人员99人（含教师、医护人员），实现事业单位招考安全无事故和“零差错”。招录公务员15人，安置军队转业干部2人、随军家属1人。劳动监察联动平台按期运行率100%，劳动人事争议案件处理结案率100%，立案受理举报投诉、劳动纠纷和突发事件161起，调解劳资纠纷481起，为职工追讨工资2053.28万元。区人力资源社会保障局被评为江苏省部门统计示范点。

江苏省人社厅巡察高港区“两大体系”建设情况

泰州市人大常委会副主任、时任区委书记王建（前右一）察看区人力资源市场

党员大会

“千名硕博看泰州——走进高港”活动现场

泰州市人社局调研高港区社会保险“一窗式”服务

高港区年轻公务人员演讲比赛颁奖仪式

高港区高校毕业生购房券发放仪式

全区社会保险基金征缴专项检查工作布置会

社会保险政策咨询活动现场

“春风行动”专场招聘会现场

高港区2015年“古井贡杯”退休人员太极拳大赛现场

泰州市高港区审计局

局 长 曹映华

2015年，全区审计系统在区委、区政府和上级审计机关的领导下，坚持审计工作“二十字”方针，紧扣“三大主题”工作，认真履行审计监督职责，审计工作取得新成效。全年共完成审计项目113个，查出违纪违规金额2648万元，管理不规范金额70628万元，核减工程造价15500余万元，向有关部门移送案件线索2条。各镇街审计所共审计和审核项目265个，审计金额35148.42万元，促进增收节支2055.60万元，提出65条建议被采纳。区审计局被评为区人民满意机关、文明城市创建工作先进集体，1个审计项目在全市优秀审计项目评比中获第一名。

泰州市审计局局长刘汉秋（女，左三）调研区审计局工作

区委常委、区纪委书记薛永忠（后中）调研审计局工作

区人大常委会领导调研审计局本级预算执行审计工作

高港区土地出让收支审计进点会

高港区卫生局领导干部“三责联审”进点会议

区审计局组织全体人员观看省审计厅和省审计学会举办的第六届青年审计论坛

组织全体人员观看“三严三实”专题教育党课

局长曹映华（左）慰问永安洲镇兴洲社区困难群众

局长曹映华（左一）到工程审计现场调研指导工作

泰州市高港区司法局

局 长 张洪生

2015年，全区各级调解组织共调处各类民间纠纷422件，调解成功率100%，劝阻群体性上访26起1536人次，防止民转刑案件13起21人。全年开展各类法治宣传讲座300余场，法治文艺演出10余场，发放各类宣传资料16万份，创新开展“法治大讲堂”活动，创建省级民主法治示范村（社区）4家。社区矫正工作年度目标考核晋升全市第一方阵，在册145名社区服刑人员无一脱管、漏管和重新犯罪。“法网杯”竞赛名列全省前茅、全市第一。法律服务从业人员全年代理诉讼案件579件、非诉案件167件，办理各类公证事项864件，办理法律援助案件293件，“12348”平台接待群众来电、来访、网上咨询1010人次。年内，区司法局被省司法厅评为绩效考评优秀单位，胡庄司法所被授予省优司法所称号。全区司法行政系统受市以上表彰的先进集体8个次、先进个人9 个次，其中，省级以上先进集体3个次、先进个人5个次。

开展“12·4”国家宪法日宣传活动

全区司法行政工作会议

区领导调研“六五”普法工作

区人大代表视察“六五”普法工作情况

高港区“六五”普法工作情况汇报会

胡庄镇“法治大讲堂”活动

泰州市高港区市场监督管理局

局 长　高希兆

2015年，系区市场监管体制改革的开局之年，全局干部努力进取，积极作为，各项工作成效显著。扬子江药业集团“扬子江”商标被推荐申报中国驰名商标，4个企业商标被评为江苏省著名商标，64个企业商标被评为泰州市知名商标，扬子江药业集团获得中国质量奖提名奖。公示市级“守合同重信用”企业104个，省级7个，2个企业获评AAAA级标准化良好行为企业。区市场监管局获评全市食品药品安全工作先进集体、区人民满意机关（单位）。

泰兴市党政代表团调研高港区企业

2015年泰州市暨高港区食品安全事故(Ⅳ级)应急演练

区市场监管局党员干部培训班

高港区医疗器械行业企业家座谈会

“3·15” 国际消费者权益日纪念活动

开展“法律进社区”普法宣传活动

泰州市高港区物价局

局 长 吴玉春

2015年，区物价局以省政府《关于进一步深化价格改革切实加强价格监管的意见》为主线，深化价格改革和服务，保障改善民生，营造良好价费环境。全年累计发布监测数据22000多个，撰写价格波动简析47篇、月度价格监测分析12篇、季度分析4篇。顺利实施居民阶梯式水价改革、居民用气阶梯气价改革、医药价格综合改革。建立收费清单制度，公布《高港区行政事业性收费目录》和《高港区涉企行政事业性收费目录》清单。规范价格行为，全年共接听电话50次，接待来信来访12次，受理价格举报投诉案件3件，价格咨询59件，办结率和回复率均达100%。强化成本监审，完成水价、气价、旅游价格改革的前期成本监审，开展校车运营成本测算，为政府购买服务"守门把关"。强化价格认定服务，全年累计开展涉案价格鉴证、涉纪涉税价格认证、政府重点工程附着物价格服务共163件，标的总额5.80亿元。年内，区物价局被评为江苏省部门统计示范点、泰州市价格工作先进集体、高港区综治平安和法治建设工作先进集体。

全区价格工作会议

区领导调研高港大润发超市

高港区居民管道天然气价格改革听证会

大江论坛·周末法治报告会——价格法律法规专题讲座

招商引资洽谈

“3·15”现场宣传咨询活动

为红星美凯龙华日家居授“高港区价格诚信单位”牌

副区长肖志勇（右二）检查水景街区商铺明码标价执行情况

高港区居民用水阶梯价格听证会

泰州市高港区机关事务管理局

局 长　戴永建

2015年，区机关事务管理局以“思想再解放、管理更规范、服务新提升”为总体目标，推进机关事务管理工作持续健康发展。年内，完成省委第三巡视组巡视高港、市委四届十次全会、省市公共机构节能工作现场会议等重要会议、重大活动后勤保障任务；保障机关公务出行125万千米；保障工作用餐人数11万人次。承担全民健身中心二期工程、区人民检察院业务用房等10余个项目的建设和改造。公共机构能耗数据实现“十二五”既定目标，主要能耗指标均下降15％以上。加强所辖楼宇的安全管理，做好物业管理工作。开展消防演练培训30人次。推进公务用车制度改革，确保新旧制度平稳衔接。6月，更名为高港区机关事务管理局。

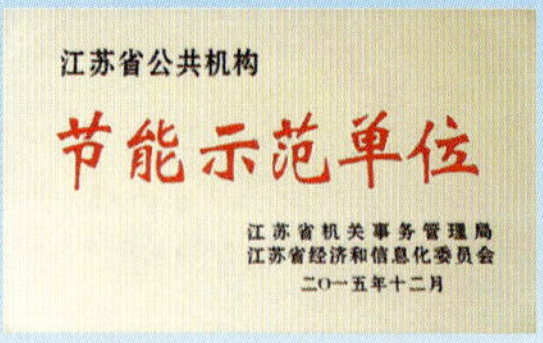

全省公共机构节能合同能源管理现场会

泰州市人大常委会党组书记、副主任高纪明（前右三）考察全民健身中心

泰州市大人常委会副主任戴胜利（左二）考察全民健身中心

区委书记顾萍（女，前中）考察全民健身中心二期工程

联合区物价局举办“道德讲堂”总堂活动

区机关事务管理局“两学一做”学习动员部署会暨专题党课

区机关事务管理局年度总结表彰暨警示教育大会

高港区首场公车拍卖会

“节能有道、节俭有德”宣传周活动

泰州市高港区政务服务管理办公室

主 任 吴清华

2015年，泰州市高港区政务服务中心进驻部门20个，审批服务项目157个，工作人员共61人。另设有国税、人社2个分中心，以及高港高新区、核心港区、临港经济园3个园区综合服务窗口。区政务办不断深化服务理念、创新服务方式，努力提高审批效率。大厅办理各类审批项目70118件，其中，即办件61378件、承诺件8740件，办结69831件，办结率99.59%，群众满意率100%。先后被评为泰州市规范管理先进单位、优质服务先进单位。

区政务办牵头组织相关部门到临港经济园现场会办企业房产证、土地证“两证”遗留问题

区政务办赴核心港区为海企化工项目现场会办

区政务办赴大泗镇为威迈机电、美诺医疗、伟华石油开展“两证”补办

高港区成立“店小二”专业服务团队

区政务办牵头组织市、区有关部门为万向精工项目联审会办

高港高新区重大项目集中服务现场办公会

区人大代表视察政务服务中心工作

泰州市高港区总工会

主 席　丁新成

2015年，区总工会主动适应新常态，围绕中心，服务大局，改革创新，打造出服务农民工“123”工程、“蓝领”提升工程、工资集体协商“个性版”、“工会伴你行”志愿服务队、规范化企业工会等特色工作。全年新建独立基层工会36个，净增工会会员3200余人。《中国工运》《工会信息》《江苏工人报》《泰州日报》等新闻媒体报道有关高港工会工作信息80余篇。连续7年获得区人民满意机关（单位）称号。

市委书记蓝绍敏（中）慰问高港区困难职工

区总工会三届十一次全委会

“工会企业行”·服务农民工专场

区总工会慰问特殊岗位女职工

"工人先锋号"表彰大会

高港区"金秋助学"座谈会

高港区船舶专业学历班开班仪式

高港区"中行杯"职工篮球联谊赛

高港区"职工好声音"歌手大赛

"工会伴你行"志愿服务

泰州市高港区残疾人联合会

领导班子（左二为理事长王瑞云）

2015年，高港区残联认真贯彻落实党的十八大及十八届三中、四中、五中全会和习近平总书记系列重要讲话精神，以“三严三实”专题教育活动为契机，紧紧围绕“基础管理提升年”和“残疾人全面小康攻坚年”两大主题，扎实推进残疾人康复医疗、社会保障、教育就业、信访维权等工作，残疾人生活环境和条件明显改善、幸福感和获得感明显提升。至年末，全区累计办理二代残疾人证7571本，1978名重残无业人员享受最低生活保障待遇，6263人参加意外伤害保险。建成市级扶贫基地3个，辐射带动贫困残疾人80余人。4名残疾人运动员参加泰州市残疾人青少年田径锦标赛，获得2金1银3铜。

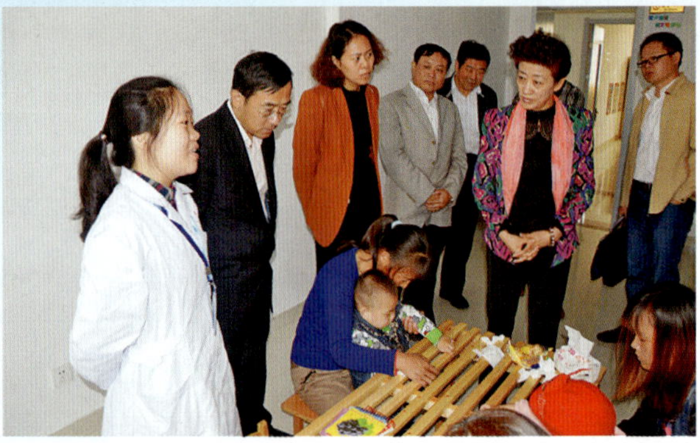
江苏省残联副理事长肖敏（女，右二）、泰州市残联理事长邹晶（左二）调研高港区残疾人康复工作

中共十八大代表、全国道德模范张云泉（右一）作专题辅导讲座

泰州市残疾人教育就业工作座谈会在高港区召开

高港区残联系统业务培训班

区人大常委会实地调研残疾儿童康复中心

区委常委、政法委书记蔡秋云（女，左一）慰问残疾人贫困家庭

区残联召开“三严三实”专题党课部署会

高港区残疾人工作委员会工作会议

高港区残联系统演讲比赛

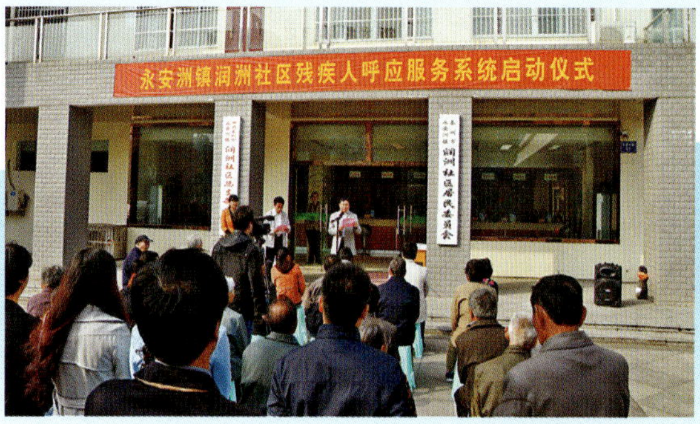

永安洲镇润洲社区残疾人呼应服务系统启动仪式

泰州市公安局高港分局

副区长、公安分局局长　薛荣美

公安分局政委　梅庆原

2015年，区公安分局破获刑事案件240起，抓获刑事作案成员377人，刑拘185人，提请批准逮捕113人，公诉189人；破获经济犯罪案件16起，刑拘17人，移送起诉14人，挽回经济损失2000余万元。查破治安案件1955起，查处违法人员401人。接待处理群众来信来访73件，比上年上升28%，其中，来信35件，上升37.80%；来访38次，下降23%。查办信访57件，查结率76.30%。受理“12345”政府热线48件，增长41.18%，市长信箱9件。完成重大活动安保任务23次，妥善处置群体性事件40起。全区公众安全感和群众对公安满意度连续10余年保持全市前列，实现平安创建省优“十三连冠”，荣膺省级文明单位“五连冠”。升级版“微警务”、“小威士”智能报警平台、“群众议事团”化解矛盾等经验在省市政法、公安机关内部推介交流，并被央视等中央级媒体宣传报道。再次获得执法质量“省优”奖牌。民警戴建军、鞠荣祥、张俊杰被记个人二等功，李波、吴斌分别获第二届“泰州最美警察”称号和提名奖，胡庄派出所牺牲民警陈晓帮被追授“江苏最美警察”特别奖。

全区公安工作会议

高港区平安义工启动仪式

区四套班子领导慰问公安干警

江苏省公安厅党委委员、纪委书记、督察长陈建平（前左一）考察高港区公安工作

泰州市副市长、市公安局局长杜荣良（左一）慰问高港区基层民警

副区长、公安分局局长薛荣美（右一）慰问基层干警

副区长、公安分局局长薛荣美（中）接待来访群众

泰州市国土资源局高港分局

局 长　朱秋生

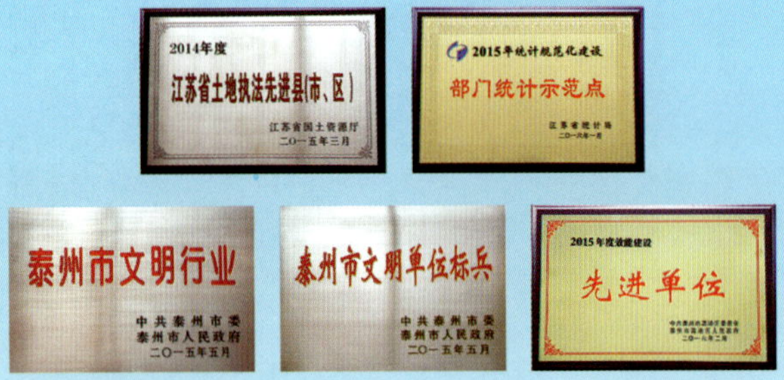

江苏省国土资源厅厅长李侃桢（前右四）考察胡庄镇土地整治项目

区委书记顾萍（女，前右二）调研集中居住工作

2015年，区国土资源分局共挂牌出让工业用地28宗，面积106.01公顷，获取出让金4.12亿元。足额征缴矿补费，入库率100%。及时做好地质灾害危险性评估级别核定和备案，全年共评估备案45宗。借助“4·22”地球日、“6·25”土地日、“12·4”宪法日契机，开展“走进你我他，共建新高港”等专题宣传活动。年内，区国土资源分局被评为江苏省国土资源信访工作先进集体、江苏省统计规范化建设部门统计示范点。

泰州市不动产登记中心高港分中心揭牌

接受群众咨询

许庄街道同一乡镇范围内村庄建设用地布局调整试点工作会议

区领导调研国土工作

“三服务三尊重”座谈会

高港区颁发第一本不动产权证书

周末高港·国土资源分局党员义工胡庄行

江苏泰州高港高新技术产业园区

高港区委常委
常务副区长
高新区党工委书记
（现任区委副书记） 陈军

高新区党工委副书记
管委会主任
（现任区委常委、
高新区党工委书记） 顾为进

2015年，江苏泰州高港高新技术产业园区实现地区生产总值88.40亿元，比上年增长12.21%；规模以上工业总产值294.35亿元，增长30.83%；公共财政预算收入4.75亿元，增长39.50%；高新技术产业产值161.08亿元，增长33.48%。服务业税收收入4.08亿元，增长21.15%；工业企业一般纳税人开票销售81.04亿元，增长2.90%，固定资产投资105.75亿元，增长25.50%。获批设立江苏高港通用动力产业园，列2014年度江苏省开发区科学发展综合评价第35名，较2013年上升4名。

泰州市委书记蓝绍敏（左四）参观江苏鹏翎胶管有限公司

泰州市委书记蓝绍敏（右二）参观泰州大自然德森堡木业有限公司

泰州市委副书记、市长陆志鹏（左二）参观泰州大自然德森堡木业有限公司

泰州统一超商物流中心投资项目奠基仪式

高港高新区项目集中开工仪式

高港高新区总结表彰暨作风建设大会

顺丰速运泰州高港中转场项目签约仪式

泰州市泰州港核心港区
泰州市永安洲镇

高港区委常委
高港区常务副区长
核心港区党工委副书记
永安洲镇党委书记 蒋向荣

核心港区党工委副书记
永安洲镇党委副书记、镇长 王小飞

2015年，泰州港核心港区实现地区生产总值85.54亿元，比上年增长11.50%。完成财政总收入8.53亿元，增长11.20%，公共财政预算收入6.34亿元，增长36.78%。全社会固定资产投资129.31亿元，增长25.60%。工业总产值528亿元，增长31.37%。服务业增加值24.14亿元、税收4.73亿元，分别增长17.31%、25.16%。高新技术产业产值138.94亿元，增长33.76%。进出口总额25440万美元。协议利用外资和港澳台资1.31亿元，实际利用外资和港澳台资7849万美元。实施1亿元以上项目17个，完成投资91亿元。分别获评高港区2015年度工作目标综合考评先进园区（镇街）一等奖、工业经济（民营经济）先进园区（镇街）一等奖及招商引资项目建设先进园区，泰州市2015年度绩效管理先进市级专业园区一等奖。

江苏省委副书记、省长李学勇（前右二）考察核心港区集装箱码头

江苏省委常委、省纪委书记弘强（女，左二）考察永安洲镇社区综合体制改革

泰州市委书记蓝绍敏（前右一）调研核心港区项目建设情况

泰州市人大常委会副主任、时任区委书记王建（前中）调研核心港区项目建设情况

区委书记顾萍（女，前左三）调研核心港区经济社会发展情况

全区社区综合体制改革现场观摩会在核心港区召开

繁忙的集装箱码头

永安洲实验学校

扬子江龙凤堂中药项目

汇福粮油项目

泰州市高港区口岸街道
泰州市高港区临港经济园

党工委书记　张桂林

党工委副书记、办事处（管委会）主任　韩记国

2015年，口岸街道总面积53.32平方千米，总人口78276人，辖行政村6个、社区17个、村民小组377个，居民27362户。全年实现地区生产总值96.46亿元，比上年增长13.86%。财政总收入5.06亿元，公共财政预算收入3.55亿元，分别增长30%和36%。全社会固定资产投资50.45亿元，增长26.10%，进出口总额7867万美元，其中，进口5135万美元，出口2732万美元。全年招引1亿元以上项目16个，其中，超1亿美元或10亿元以上重大项目3个；实际利用外资和港澳台资5053万美元，超额完成区交目标任务；完成项目有效信息26.50个，占全年指标的106%。开工建设1亿元以上项目18个，其中，超1亿美元或10亿元以上重大项目2个，6个1亿元以上项目竣工投产。居民人均可支配收入25571元。组织群众创编的《大江儿女》舞蹈第三次蝉联全国一等奖，《茉莉飘香中华情》《洲堤杨柳舞港城》两夺世界排舞联赛冠军。获全区目标考核综合奖和开放型经济、工业经济、服务业工作一等奖。

江苏省人大常委会党组书记、常务副主任蒋定之（前中）调研口岸街道人大工作

江苏省副省长张雷（右二）考察口岸街道基层安监机构规范化建设情况

泰州市委书记蓝绍敏（前左一）调研临港经济园

区委书记顾萍（女，前中）调研口岸街道社区综合体制改革工作

“三严三实”专题学习研讨会

临港经济园项目集中开工仪式

临港经济园王老吉（泰州）创新产业基地揭牌

“口岸好声音”歌唱大赛

水岸景城住宅区

泰州市高港区刁铺街道

党工委书记　袁 斌

党工委副书记、街道办主任　张小平

2015年，刁铺街道面积17.58平方千米，人口24720人，辖社区7个、居民小组110个，有居民7240户。全年实现地区生产总值28.12亿元，比上年增长13.55%。其中，第一产业增加值0.72亿元，增长5.63%；第二产业增加值14.41亿元，增长18.82%；第三产业增加值12.99亿元，增长17.36%。完成公共财政预算收入9013万元，增长28.08%。全社会固定资产投资13.68亿元。实施1亿元以上项目8个。实现工业投资总额10.02亿元，增长95.21%。新办私营企业155个，新增个体工商户228户。刁铺街道在2015年度全区工作目标综合考评中获二等奖，文明城市创建工作获市政府嘉奖。

江苏省妇联副主席李玉娟（女，前）出席刁铺街道大丰社区“最美家庭”故事会活动

泰州市副市长王学锋（女，左一）督查刁铺街道深化文明城市创建迎检工作

区四套班子领导调研刁铺街道教育现代化工作

区委书记顾萍（女，前中）调研刁铺街道项目建设

区委常委、宣传部部长高宇彤（女，前左二）调研刁铺街道文明城市创建工作

区人大常委会主任赵晓玲（女，前左二）调研刁铺街道人大工作

区政协主席韩亚（右三）调研刁铺街道政协工作

刁铺街道项目集中开工仪式

刁铺街道举办纪念中国人民抗日战争胜利70周年文艺演出

泰州市高港区许庄街道

高港高新区党工委副书记
许庄街道党工委书记 田光明

许庄街道党工委副书记
办 事 处 主 任 王 瑾

许庄街道位于京沪高速泰州出口处，属于省级经济开发区——江苏泰州高港高新技术产业园区开发建设的主阵地。总面积42.51平方千米，下辖4个村、10个社区、252个村（居）民小组，总人口47021人。

2015年，许庄街道实现地区生产总值27.92 亿元，比上年增长12.70%。财政总收入10402万元，公共财政预算收入5983万元，分别增长34%和30.63%。农业总产值1.85亿元，农民人均纯收入22598元，增长9.60%。实施1000 万元以上项目8 个，其中，1亿元以上项目6个，完成投资14.22亿元。许庄街道创成省级创新型试点乡镇，马厂社区建成全区首家“51赶网”电商服务站，乔杨社区、赵王社区分别创成省级“美丽乡村”、省级森林生态示范村，许庄中心幼儿园获全国“巾帼文明岗”称号。

许庄街道片区党员代表会议

许庄科技创业中心全景效果图

区委书记顾萍（女，前中）到许庄街道开展教师节慰问活动

区委副书记、代区长孙宏建（前左二）走访慰问许庄街道贫困户

区人大常委会主任赵晓玲（女，后中）调研许庄街道教育事业

孔桥实验学校开工典礼

泰州万诺纺织科技项目开工仪式现场

泰州市白马镇

党委书记　马才本

党委副书记、镇长　徐思达

2015年，白马镇面积24.02平方千米，人口22091人，辖行政村5个、社区2个、村（居）民小组127个，有居民6631户。全年完成地区生产总值11.44亿元，增长13.78%；公共财政预算收入7334万元，增长26.78%；固定资产投资7.41亿元，增长47%；农民人均可支配收入19320元，增长13.87%。2015年，获评全区“四个文明”综合考评一等奖、开放型经济二等奖、工业经济二等奖、服务业二等奖和招商引资、质量强区先进集体。

海军政委苗华（左四）参观海纪馆

泰州市委书记蓝绍敏（前右四）考察海军东路项目建设

区领导参加海军小学庆六一活动

区领导考察白马镇医疗卫生工作

白马镇第十六届人民代表大会第五次会议

白马镇2014~2015年度党员干部冬训班

白马镇党政代表团到海陵区、泰兴市考察项目建设

新城领域精品小区

泰州市大泗镇

党委书记　魏玉云

党委副书记、镇长　于勇军

2015年，大泗镇面积36.70平方千米，人口33399人，辖行政村12个、社区1个，村民小组232个，居民10244户。该镇坚定不移推进“三大主题工作”，实现5个1亿元以上项目签约，总投资额达5.41亿元，4个1亿元以上项目开工建设。实现地区生产总值11.05亿元，比上年增长12.92%；公共财政预算收入3659万元，增长30.20%；累计完成工业总产值41.10亿元，增长28.60%，其中，列统企业完成总产值39.10亿元，增长38.40%；工业投资1.43亿元，增长130.60%。农民人均可支配收入16887元，增长12%。全面推进文昌花苑小区建设，实现天然气进镇入户。泗白路南延顺利竣工通车。启动大泗生态园建设，打造良好的生态环境。年内，大泗镇获评国家级生态镇。

泰州市委副书记、市长史立军（右一）调研大泗镇农业农村工作

泰州市委常委、常务副市长卢佩民（右二）调研大泗镇医疗器械、舞台设备产业发展情况

泰州市人大常委会副主任、时任区委书记王建（前中）考察大泗镇工业企业

区委书记顾萍（女，前右三）调研江苏中药科技园

中共大泗镇第十六届代表大会第四次会议

大泗镇建党94周年纪念大会

大泗镇重大项目集中签约仪式

大泗镇重点项目开工奠基

泰州市胡庄镇

党委书记　徐旭东

党委副书记、镇长　陆明航

2015年，胡庄镇面积45.30平方千米，总人口42363人，辖行政村13个、社区2个，自然村34个，有居民13263户。全年实现地区生产总值13.63亿元，比上年增长14.23%；实现工商税收收入6880万元、一般公共预算收入2658万元，分别增长27.10%、28.50%；实现高新技术产业产值4.95亿元，增长128.50%。全年新签约1000万元以上产业投资项目13个，其中，1亿元项目4个，投资总额达7亿元。完成到账外资和港澳台资102万美元；实施产学研合作项目4个，完成专利申请160件，其中，发明专利申请25件。全年净增私营企业61家，新增个体户346户，举办创业培训200人次。农民人均可支配收入18235元。获批江苏省创新型试点乡镇。

中央政治局委员、国务院副总理汪洋（前右）视察上膳源泰州农场

区委书记顾萍（女，右四）看望慰问胡庄镇教师

胡庄镇医疗器械产业园项目奠基仪式

辉春医械交易中心

圆融杏港花苑项目顺利开盘

省“美丽乡村”——史庄村

胡庄镇区

口岸街道引江社区

党总支书记　张竹山

居委会主任　栾庆兵

区委书记顾萍（女，前左二）慰问社区百岁老人

区统计局“机关干部百村行”团队与社区共同商讨发展规划

引江社区位于口岸街道西北角，东与泰州滨江工业园相邻，南距国家一类深水港“泰州港”3千米，西与扬州市江都区接壤，北邻刁铺街道，由原天如、宁都两个自然村合并而成。共有21个居民小组，678户，2465人，党员88人。辖区面积4.50平方千米，其中，耕地110公顷。国家重点水利工程引江河、336省道、沿江高等级公路穿境而过，水陆交通便利，自然环境、地理位置优越。社区先后荣获江苏省民主法治示范社区、江苏省社会主义新农村建设示范社区、江苏省和谐社区建设示范社区、江苏省生态村、江苏省森林生态示范村、江苏省卫生村、江苏省美丽乡村、江苏省水美乡村、泰州市最美乡村、泰州市十强村、泰州市文明社区标兵、泰州市四星级文明社区等多项省、市级荣誉。

引江社区居民委员会换届选举候选人提名大会

引江社区干部抗洪排涝现场

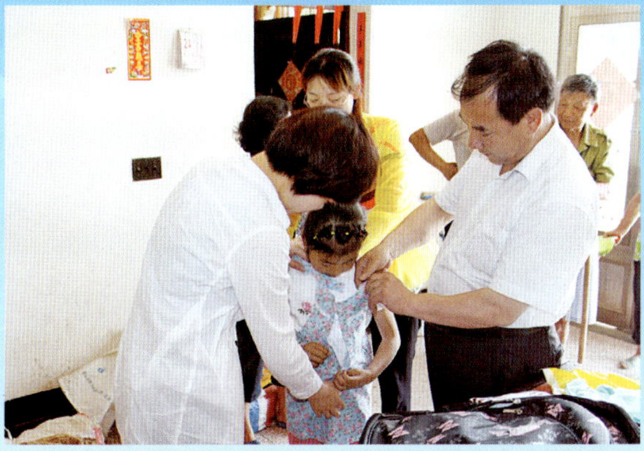

关心慰问留守儿童

引江社区服务中心

引江社区居家养老服务中心

引江社区“一站式”服务大厅

口岸街道城东社区

党总支书记　许迎春

党总支副书记、居委会主任　李鸭荣

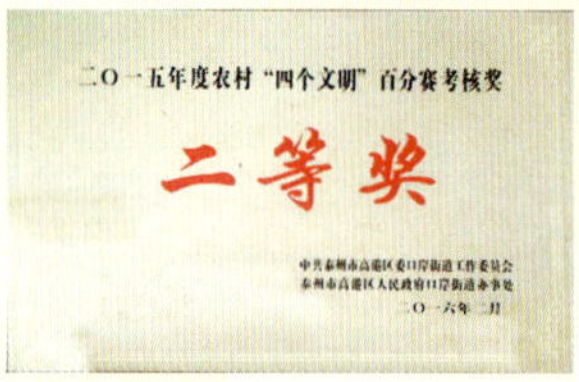

泰州市司法局检查城东社区创建民主法治示范社区工作

城东社区地处高港区主城区，面积2平方千米，耕地面积40公顷，居民1039户，人口5137人。社区先后荣获泰州市文明社区、泰州市先进社区、泰州市小康示范村、江苏省卫生村、省级民主法治示范社区等荣誉称号。

社区建立健全各类群众自治组织，严格落实“六民主，两公开”规范化管理制度；全面推行网格化管理机制，常态化开展群众说事评理释法活动，及时有效化解社区矛盾；加强村级社会管理服务站、便民服务站、医疗服务站、居家养老服务站等公共服务平台建设；先后建成3个健身广场，积极开展群众运动会、送戏进社区等活动。

社区不断加大资金投入，切实为民办实事。对部分居民小组的破损路道进行全面修缮拓宽，为每个居民小组均安装路灯；对2个居民小区环境进行综合改造。投入500余万元对辖区环境进行综合整治，重点对沈岱中沟、许东中沟等10余条河道进行疏浚、绿化，修建电灌站、泵站，加固危桥；成立专职保洁队伍，常态化开展村庄环境长效化管护工作；成立城东社区博爱基金会，筹集善款16万元，积极为社区重残、低保、因病致贫等特困群众解决生活困难。

区领导检查社区法治综治工作

春节走访慰问困难群众

城东社区雷锋日政策咨询活动

城东社区农业政策保险宣传活动

城东社区春节文艺表演

城东社区为民服务中心

整治后的许东河道

口岸街道王营社区

党总支书记　宗　峰

党总支副书记、居委会主任　戚志高

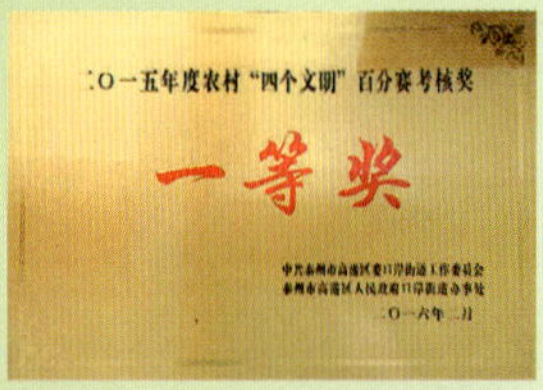

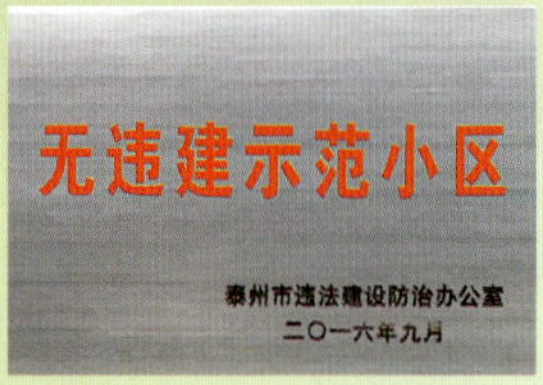

区领导调研王营社区“两学一做”监测点学习情况

王营社区地处高港主城区，泰高路、春港路、沿江高等级公路贯穿全境，交通便利，自然环境、地理位置优越。社区现辖15个居民小区，户籍人口2464人，在册党员91人。东方明珠小区，是全市规模较大的保障性住房小区。社区内基础设施日趋完善，居民生活环境舒适优美。先后被评为平安法治高港建设先进集体、泰州市文明社区、泰州市无违建示范小区、江苏省级民主法治示范社区。

王营社区党员干部冬训学习班

创成泰州市第一批无违建示范小区

王营社区党组织换届选举党员大会

王营社区党员义工参与环境整治工作

王营社区党员干部“两学一做”专题党课

王营社区“最美家庭”故事宣讲会

王营社区文化惠民专场演出

王营社区组织大学毕业生参加区内招聘会

王营社区劳动力培训

许庄街道马厂社区

党委书记、居委会主任　祁亚飞

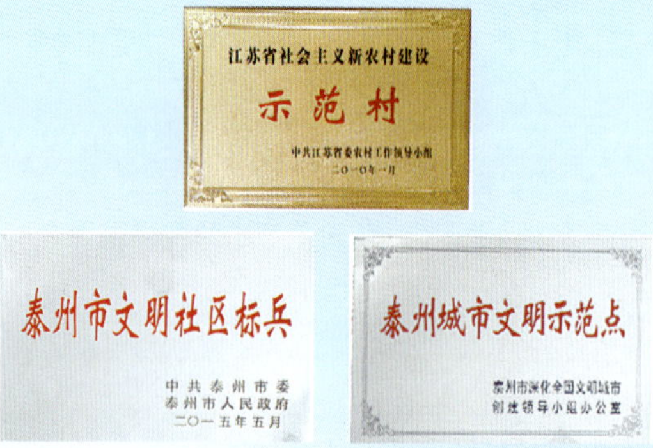

马厂社区地处京沪高速公路泰州出口处，面积3.60平方千米，下辖18个小组、1213户、4170人，党员109人。近年来，社区党委坚持以科学发展观为指导，围绕“改革、发展、稳定”的总体目标，在社区科学发展、协调发展、和谐发展上进行新的探索和实践。2015年，社区实现工业产值15.63亿元、工业销售15.31亿元、利税9000万元，集体收入530万元。马厂社区先后获评全国科普示范社区、江苏省文明村、江苏省小康示范村、江苏省三星级康居示范村、江苏省新农村建设示范村、泰州十强村。

泰州市委常委、组织部部长张国梁（左三）考察马厂社区科普馆

区领导走访慰问马厂社区老党员

“关爱女性健康，免费两癌普查”活动启动仪式

市、区关工委领导参观社区青少年之家

组织慰问革命老同志活动

许庄街道志愿者慰问留守儿童

马厂片区区人大代表工作日活动

马厂社区“两委”成员学习

马厂社区“两学一做”专题党课

马厂社区文化惠民演出

永安洲镇永兴社区

党总支书记　秦长林

居委会主任　李四明

永兴社区位于永安洲镇南部，西临沿江高等级公路,南靠国电泰州电厂，东靠新材料产业园，北望古马干河大桥。社区总面积4.81平方千米，耕地面积215公顷，村民小组26个，总户数995户，总人口3693人。党员83人。

近年来，社区紧紧围绕“整环境、出形象、惠民生、促发展”的工作思路，建设“经济强、百姓富、环境美、社会文明程度高”的新型社区。划分为北片、南片、中片3个网格，分别由3名定补干部担任网格长，每片设置5名网格员，实现网格化管理，并设置便民服务卡。2015年，社区为715名60周岁以上老人购买意外伤害保险，为333名70周岁以上老人购买合作医疗保险，共计71890元。

近年来，社区两委班子在上级党委、政府的领导下，扎实苦干、务实创新，在各项工作中都取得显著成绩，获泰州市十强村、高港区新农村建设先进社区一等奖等荣誉。

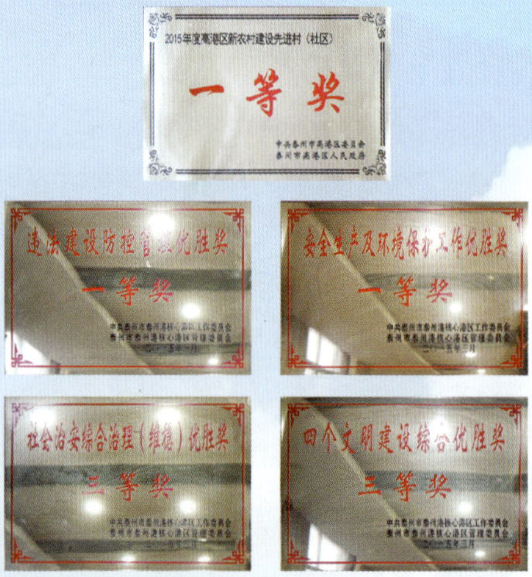

永兴社区

泰州市纪委调研永兴社区

区领导考察永兴社区

永兴社区党总支书记秦长林（左二）看望社区低保户

永兴社区开展民主评议党员活动

永兴社区召开重阳节老干部座谈会

永兴社区开展公共卫生服务下乡体检活动

永兴社区开展交通安全知识讲座

永兴社区文化惠民演出